Elie Wiesel

ALLE FLÜSSE FLIESSEN INS MEER

Autobiographie

Aus dem Französischen übersetzt von
Holger Fock, Brigitte Große und Sabine Müller

Hoffmann und Campe

Die Originalausgabe erschien 1994 unter dem Titel
Tous les fleuves vont à la mer bei Editions du Seuil, Paris

Die vorliegende Übersetzung wurde durch
das Französische Kultusministerium gefördert.

Die Deutsche Bibliothek –CIP-Einheitsaufnahme
Wiesel, Elie:
Alle Flüsse fließen ins Meer: Autobiographie / Elie Wiesel.
Aus dem Franz. von Holger Fock … – 2. Aufl. – Hamburg:
Hoffmann und Campe, 1995
Einheitssacht.: Tous les fleuves vont à la mer <dt.>
ISBN 3-455-11108-4

Schutzumschlaggestaltung: Rambow van de Sand
Satz: Utesch Satztechnik GmbH, Hamburg
Druck und Bindung: Mohndruck, Gütersloh
Printed in Germany

Welchen Vorteil hat der Mensch von all seinem Besitz, für den er sich anstrengt unter der Sonne? Eine Generation geht, eine andere kommt. Die Erde steht in Ewigkeit. Die Sonne, die aufging und wieder unterging, atemlos jagt sie zurück an den Ort, wo sie wieder aufgeht. Er weht nach Süden, dreht nach Norden, dreht, dreht, weht, der Wind. Alle Flüsse fließen ins Meer, das Meer wird nicht voll. Zu dem Ort, wo die Flüsse entspringen, kehren sie zurück, um wieder zu entspringen. Alle Dinge sind rastlos tätig, kein Mensch kann alles ausdrücken, nie wird ein Auge satt, wenn es beobachtet, nie wird ein Ohr vom Hören voll.

Das Buch Kohelet

INHALT

KINDHEIT

Gestern nacht habe ich meinen Vater im Traum gesehen. Während sein unrasiertes Gesicht starr seine Miene beibehielt, wechselte seine Kleidung ständig. Mal trug er seinen Sabbatanzug, mal hatte er die gestreiften Lumpen der Verfluchten und Zermalmten an. Woher kam er gestern nacht? Habe ich ihn danach gefragt? Ich erinnere mich nicht mehr. Ich erinnere mich nur noch an seinen traurigen, gefaßten Blick. An der Art, wie sich seine Lippen bewegten, konnte ich erkennen, daß er mir etwas sagen wollte. Aber er brachte keinen Laut hervor. Plötzlich überkamen mich Zweifel im Schlaf - in meinem oder in seinem Schlaf? -, und ich traute meinen Augen nicht länger: War das mein Vater? Ich war mir nicht mehr sicher.

Dieses Gesicht sah dem seinen zweifellos ähnlich, aber das hat nicht viel zu bedeuten. Im Traum geht es immer so: Kaum zeichnet sich eine Gewißheit ab, verschwimmt sie auch schon wieder und löst sich in nichts auf. Morgengrauen und Abenddämmerung, Wirkliches und Eingebildetes vermischen sich. Und trotzdem war es mein Vater, der mir gestern nacht erschienen ist. Wollte er mir eine Botschaft überbringen?

Oder vielleicht eine Warnung? Ich bin mit Herzrasen und in Schweiß gebadet aufgewacht. Ein verrückter und beängstigender Gedanke durchzuckte mich: Er will mich holen.

Ich habe meinen Vater nicht gekannt. Nicht wirklich. Es fällt mir schwer, dies zuzugeben, aber ich täte ihm noch mehr unrecht, wenn ich mir dauernd etwas vormachen wollte. In Wirklichkeit weiß ich wenig von dem Mann, den ich am meisten liebte auf der Welt, und seinem verschwiegenen Innenleben. Ein Blick von ihm genügte, um mich völlig durcheinanderzubringen. Woran dachte er, wenn er stumm einen weit entfernten, unsichtbaren Punkt ins Auge faßte? Was waren seine geheimen Freuden, was sein Ehrgeiz als

Mann und als Vater? Er verbarg seine Sorgen, Nöte und Enttäuschungen vor mir. Hielt er mich für zu jung, um das alles zu verstehen, oder für unwürdig?

Ich frage mich, ob andere Söhne sich auch mit diesem Problem quälen. Kennen sie ihre Väter? Ich meine: Kennen sie sie anders als in der familiären Rolle des herrischen und allwissenden Erzeugers, der morgens aus dem Haus geht und dafür sorgt, daß Brot und Wein auf dem Tisch stehen, wenn er abends wiederkommt? Verkörpert nicht ein Vater für den Sohn das für immer unergründliche Geheimnis seiner Herkunft und seiner Abstammung?

Als Kind und auch als Jugendlicher sah ich ihn selten. Die Woche über pendelte er, schlecht gekleidet, sorgenvoll, aber stets gesprächig, zwischen unserem Laden, wo er mit seinen Kunden ebenso gern plauderte, wie er ihnen Lebensmittel verkaufte, und den städtischen Ämtern, wo er sich listenreich für jüdische Häftlinge und Flüchtlinge einsetzte, um sie vor der drohenden Ausweisung zu bewahren.

Sighet war ein typisches Schtetl, Dorf und Zufluchtsort für die Juden seit 1640, behaupten die Historiker. Nach den Pogromen und den Verfolgungen in der Ukraine unter der Herrschaft Bogdan Chmelnizkis ließen sich hier zahlreiche Flüchtlinge nieder. 1690 forderte der Pöbel von den Behörden, alle jüdischen Bewohner aus der Gegend zu vertreiben. Aber es muß auch in jener Zeit schon Männer wie meinen Vater gegeben haben, die unsere Gemeinde beschützten.

Ich konnte meinem Vater nur am Sabbat nahe sein, der bei uns bereits am Freitagnachmittag begann. Die Läden schlossen zeitig vor Sonnenuntergang. Wer sich widersetzte oder trödelte, den riefen die Boten und Aufpasser der Rabbis zur Ordnung: »Auf geht's, schneller, schließt die Läden, zieht die Vorhänge zu, es ist spät, der Sabbat kommt!« Wehe dem, der nicht gehorchte. Nach der rituellen Waschung kleideten wir uns dem Anlaß entsprechend und gingen zum Gottesdienst. Wenn wir an der nahe gelegenen Polizeiwache oder am Gefängnis vorbeikamen, nahm mein Vater mich manchmal beschützend bei der Hand. Ich mochte das, und ich erinnere mich gern daran. Ich fühlte mich geborgen und war glücklich. Fest zusammengeschweißt, bildeten wir eine Einheit; mein Vater gehörte mir. Aber kaum trafen wir einen anderen Gläubigen, ließ er meine nun überflüssig gewordene Hand wieder los. Ahnte er, welchen

Kummer er mir damit bereitete? Ich fühlte mich zurückgesetzt, allein gelassen, verstoßen. Nichts war dann mehr wie zuvor. Ich wurde mürrisch und wortkarg, und während des Kabbalat-Schabbat-Gottesdienstes* sprach ich noch weniger. Ich hätte gern einmal mit meinem Vater geredet, richtig geredet. Von Mann zu Mann. Ihm freimütig von ernsten oder belanglosen Dingen erzählt. Aber was heißt belanglos? In diesem Alter nimmt man alles ernst. Ich hätte ihm gern von den Ängsten erzählt, die mich nachts heimsuchten, von den Toten, die, wie ich genau wußte, um Mitternacht aus ihren Gräbern stiegen und zum Beten in die große Synagoge kamen: Wehe dem Passanten, der sich taub stellte und vor der Toralesung nicht die üblichen Segenssprüche für sie sprach. Oder von meinen armen Freunden, deren Hunger Schuldgefühle in mir erweckte. Ich hielt mich für reich, aber womit hatte ich das verdient? In meiner Naivität schrieb ich der Armut alle Tugenden zu. In meinem Innersten war ich auf die Armen eifersüchtig. Um es mit dem großen jüdischen Humoristen Scholem Aleichem zu sagen: Ich hätte alles dafür gegeben, um ein kleines bißchen Elend zu erfahren. Über diese Dinge hätte ich nur zu gerne mit meinem Vater gesprochen. Manchmal überkam mich Neid auf Isaak: Er war mit seinem Vater allein, als sie den Berg Moria erklommen. Nur Gott konnte damals wissen, daß wir eines Tages gemeinsam in ungeheurer Einsamkeit vor einen Altar ganz anderer Art treten sollten. Und daß von dieser Prüfung, anders als in der Bibel, der Sohn zurückkehren und seinen Vater mit den Schatten allein zurücklassen würde.

Ich bewunderte, ich fürchtete meinen Vater, und ich liebte, wie ein Sohn seinen Vater lieben soll. Er aber zog die Söhne anderer vor, die Schwächlichen und Bedürftigen. Er liebte die Verrückten; ernst und in Gedanken versunken hörte er ihnen gern zu, wie sie lachten, sangen und weinten, wie sie mit unsichtbaren Vögeln sprachen. Bettler zog er magisch an und nahm sie bei sich auf. Er lud sie ein, unser Sabbatmahl zu teilen. Eines Tages sagte einer zu ihm: »Der Talmud will uns einreden, die Armut stehe den Juden gut zu Gesicht. Wie ist das möglich? Armut ist etwas Häßliches; sie kehrt das Häßliche hervor ...« Da schüttelte mein Vater den Kopf, als wollte er sagen: Du bist wirklich arm, du weißt besser als der Talmud, was Armut bedeutet ...

* Zur Erklärung einzelner Begriffe siehe das Glossar S. 599

In meinem Traum habe ich geträumt.
Ich hätte gern die Besonnenheit meines Vaters, die innere Ruhe meiner Mutter, die kindlich reine Anmut meiner kleinen Schwester, ich wünschte, ich fühlte die Wut des Widerstandskämpfers, die Schmerzen des mystischen Schwärmers, die Einsamkeit des Waisenkinds in einem verplombten Viehwagen, ich würde gern den Tod eines jeden von ihnen sterben und den Tod aller Menschen, ich würde gern aus mir heraustreten können, um mich mit ihnen zu vereinigen.
Ich würde gern mein Gedächtnis für alles offenhalten, es weit über den Horizont hinaus wachsen lassen und es über meinen Tod hinaus am Leben erhalten. Ich weiß, das ist unmöglich. Na und? Im Traum ist alles, was unmöglich ist, nicht jüdisch.

Mein Vater genoß hohes Ansehen in der Gemeinde. Noch heute kommt es vor, daß mich in Brooklyn, in der Rue des Rosiers in Paris oder in Bnei Brak ein Greis anspricht: »Ach, du bist der Sohn von Reb Schlomo Wiesel?« Und ich bin stolz und glücklich darüber, daß man mich so kennt oder anerkennt: Ich komme nicht aus dem Nichts; ich bin zwar nur ein Zweig, aber der Baum ist groß, und seine Wipfel ragen in die Wolken.

Mein Vater wurde für seine Klugheit und für seinen Scharfsinn gerühmt, für seine Menschlichkeit gepriesen. Die Leute fragten ihn nach seiner Meinung und baten ihn um Rat. Geduldig und aufgeschlossen empfing er jeden, ganz gleich, aus welchem Grund er kam. Er hörte Reichen und Armen, Freunden und Unbekannten mit derselben Aufmerksamkeit zu. Alle nahmen seine Vorschläge an und folgten seinen Empfehlungen. Kein Wunder, daß er so häufig aufgesucht wurde. Aber im tiefsten Inneren verstand ich eines nicht: Für jeden hatte er Zeit, nur für mich nicht. Warum war er so zerstreut, wenn er mir zuhörte? Warum waren seine Antworten so knapp? Gern hätte ich mir von seiner Jugend, seinen Studien, seinen Erfahrungen erzählen lassen. Wie war er, als er den Cheder besuchte? War er ein braves oder ein freches Kind? Wer waren seine Freunde, wie sahen ihre Spiele aus? Von seinem Vater, dessen Name ich trage, sprach meine Großmutter häufig und immer mit einem Lächeln, aber das war nicht dasselbe.

Ich sehe Großmutter Nissel noch vor mir: ihr mageres, blasses, fast weißes, schon durchscheinendes Gesicht, das immer vom selben schwarzen Kopftuch eingerahmt wurde. Und ihre Augen, ich erinnere mich an ihre Augen. Wenn sie auf mir ruhten, schienen sie einen anderen Elieser zu sehen. Und wenn sie mir zulächelte, galt ihr Lächeln ihm.

Der Freitag war unser Tag. Ich kam vom Cheder und ging bei ihr vorbei. Vom Fenster aus, wo sie herumwirtschaftete, rief sie mir zu: »Elieser ... Komm, mein Kind, ich habe auf dich gewartet.« Sie hielt ein Stück ofenfrischen, warmen Hefezopf für mich bereit; mit gefalteten Händen vor mir sitzend, glücklich und zufrieden, schaute sie zu, wie ich mich wusch und das passende Gebet sprach. Ein kleiner Funke tanzte in ihren Augen. Sie wollte sprechen, etwas fragen, doch es gelang ihr nicht. Zweifellos hatte sie in dieser Haltung auch vor ihrem Mann gesessen: bescheiden, ehrerbietig und bereit, seine Worte als ein Geschenk entgegenzunehmen. Seltsamerweise bekümmerte mich ihr Schweigen nicht. Während ich aß, sah ich sie an. Ich beobachtete sie. Nach einer Viertelstunde stand ich schließlich auf: »Ich muß nach Hause, Großmutter, sonst verpassen wir noch den Sabbat.« Ich war schon an der Tür, als sie mich zurückrief: »Erzähle mir, was du diese Woche gelernt hast.« Das gehörte zu unserem Ritual: Ich erzählte ihr eine Geschichte aus der Bibel und später eine Passage aus dem Midrasch. Einmal, ich erinnere mich genau, hatte ich sie zum Lachen gebracht. Ich war noch sehr klein und lernte gerade, daß Mose aus Ägypten geflohen war. Atemlos rief ich: »Großmutter, ich habe eine wichtige Neuigkeit für dich ... Mose lebt ... Es ist dem bösen Pharao nicht gelungen, ihn zu töten ... Er wird heiraten, unser Herr und Meister, Mose ... Und weiß du, wen? Zippora, die Tochter des Priesters Jitro ...«

Großmutter Nissel lebte wenige Schritte von uns entfernt allein in ihrem Witwenhaus, obwohl sie sicherlich auch bei uns hätte wohnen können. Wir liebten sie über alles, und sie wußte es. Sie war unsere einzige Großmutter, denn Mama war Waise.

An den Markttagen kam Großmutter Nissel in den Laden, um auszuhelfen. Ich sehe sie noch hinter der Kasse sitzen, wie sie den Bauern, die gestreifte Westen und Kleider in grellen Farben trugen, regungslos und mit verschlossenen Lippen das Wechselgeld gab. Abends kehrte sie nach Hause zurück. Sie wollte nicht stören. Vielleicht lag ihr daran, keines ihrer Kinder zu bevorzugen. Zwar war mein Vater ihr Ältester, aber sie war genauso eng mit meinem Onkel

Mendel verbunden, dessen bescheidener Lebensmittelladen am anderen Ende der Stadt lag. Zwei meiner Tanten lebten in der Tschechoslowakei: Tante Idiss in Solotwin und Tante Giza in Uschgorod oder (auf ungarisch) Ungvár. Tante Giza, die wir für die Schönste hielten, weil sie uns immer Geschenke mitbrachte, hat die Deportation überlebt. Später habe ich sie in Israel wiedergetroffen. Ich nehme das vorweg, ich habe das Gefühl, daß ich es tun muß. 1950 besuchte ich sie. Sie weinte vor Freude und vor Kummer. Sie hatte ihren Mann und ihre Kinder verloren. Nach der Befreiung aber ist sie einem Jugendfreund wiederbegegnet, den sie einst liebte (und der sie ebenfalls liebte). Auch er hatte seine Kinder und deren Mutter in Birkenau verloren. Ist es Ironie des Schicksals oder Hohn? Damals hatten sich ihre Familien einer Heirat widersetzt. Jetzt gab es nichts mehr, was ihr entgegenstand: Es gab keine Familien mehr. Nun, wo sie verheiratet waren, schienen sie glücklich zu sein. Ein vollkommenes, reines Glück, wie es so schön heißt? Aber wie hätte das sein können? Sie mußten sich schuldig fühlen. Und wenn ich an sie denke, spüre ich immer noch ein schlechtes Gewissen. Denn sie gaben mir Geld, damit ich ihnen irgend etwas aus Paris mitbringe. Ich habe sie nie wiedergesehen. Sie starben, bevor ich ihnen das Gewünschte besorgen oder meine Schuld bei ihnen begleichen konnte.

Die beiden anderen Töchter Großmutter Nissels lebten in Sighet. Zlati, die Jüngste, litt darunter, daß man sie hinter ihrem Rücken wie eine alte Jungfer behandelte: Sie heiratete spät, mit einundzwanzig Jahren. Ihr Gatte, Nachman-Elie, war meiner Erinnerung nach ein zurückhaltender, hochmütiger Mann, der niemanden beachtete, der kleiner war als er selbst. Sie hatten zwei kleine Töchter.

»Großmutter, könntest du mir einen großen Gefallen tun?« fragte ich bei einem unserer wöchentlichen Treffen.

Es war ein Freitag im Juni, zwischen Pessach und Schawuot, zwischen Ostern und Pfingsten. Seide, der Melamed, hatte uns früher als sonst aus dem Unterricht entlassen, und mir blieb noch etwas Zeit.

»Bitte mich um den Wald und seine Geheimnisse, und ich werde sie dir geben. Bitte mich um die Welt und ihre Reichtümer, und ich werde sie dir schenken«, sagte meine Großmutter mit ihrer leisen, sanften Stimme.

Niemals zuvor hatte ich sie so viele Worte auf einmal sprechen hören. Was war geschehen? Sie mochte wahrscheinlich einfach Festtage.

»Nein, nein«, antwortete ich verlegen. »Ich möchte nur, daß du mir von Großvater erzählst ...«

Ein Schatten verdunkelte ihr Gesicht: »Warum möchtest du etwas über ihn erfahren?«

»Nur so. Und weil ich seinen Namen trage ...«

Sie schwieg eine Weile. Betete sie? Ihr Blick schweifte in die Ferne. Sah sie sich vielleicht, wie sie jung und schön war? Ich fand sie jedenfalls immer schön.

»Dein Großvater, mein Kleiner, dein Großvater ... Wo soll ich anfangen, dir von ihm zu erzählen? ... Er liebte Gott und die Tora. Nie hat er sich von Gott entfernt oder ist von ihm abgefallen, nie hat er die Gebote der Tora mißachtet oder gegen sie verstoßen. Von morgens bis abends, sogar im Geschäft steckte er seinen Kopf immer in die heiligen Bücher. Manchmal frage ich mich, ob er mich überhaupt wahrgenommen hat.«

In ihrer Stimme lag kein Bedauern und keine Klage. Im Gegenteil, sie schien stolz und glücklich zu sein, einen so gläubigen und frommen Gatten gehabt zu haben, der sein Leben ganz in den Dienst Gottes stellte.

»Und du, Großmutter? Hast du ihn wahrgenommen? Hast du ihm zugesehen?«

»Die ganze Zeit. Ich habe ihn beobachtet. Um zu sehen, ob es ihm gutging, ob es ihm an nichts fehlte. Ob sein Hemd nicht zerrissen war. Ob nicht sein Kaftan geflickt oder eine Socke gestopft werden mußte. Wenn er lächelte, vertrieb sein Strahlen meine Wolken. Wenn er sang, antwortete ihm die ganze Erde. Mit ihm war der Sabbat das Paradies. Sogar die Engel habe ich zu seiner Ehre singen hören. Haus und Garten strahlten in einer himmlischen Reinheit, wie ich sie niemals beschreiben könnte ... Vielleicht steht es mir ja nicht zu, aber ich fühlte mich erhöht, dem göttlichen Thron näher ...«

Ich wußte, daß Großvater Elieser nicht weit von unserer Stadt entfernt in einem grausamen Gemetzel gefallen war. Er war Krankenpfleger und wollte einem Verwundeten zu Hilfe eilen, als er getroffen wurde. Gestorben für das Vaterland, gestorben für die Ehre seiner Majestät, des Kaisers Franz Joseph.

»Als man mir die Nachricht brachte«, fuhr Großmutter fort, »verstand ich, was Unglück bedeutet. Ich wußte, daß für mich eine endlose Trauerzeit angebrochen war. Ich hatte das Gefühl, in meinen Tränen ertrinken zu müssen.«

Und ohne sich zu regen, ohne die Hände voneinander zu lösen, begann sie leise zu weinen. Die Tränen liefen ihr über die Wangen und rannen in den Knoten ihres Kopftuchs. Ich kam mir dumm und ungeschickt vor. Was konnte ich sagen, damit sie aufhörte? Das Thema wechseln? Wie sollte ich mich verhalten? Ich betrachtete sie wie hypnotisiert. Wo war sie in ihren Gedanken?

»Mein Kleiner«, sagte sie schließlich mit kaum hörbarer Stimme, »denke immer an den Namen, den du trägst. Bemühe dich, ihm keine Schande zu machen.«

Jahre, viele Jahre später, als ich nach Sighet zurückkehrte, ging ich zum Friedhof und suchte nach dem Grab meines Großvaters. Der Grabstein war von Unkraut überwuchert, aber er stand noch und überragte die Steine daneben. Nur mühsam konnte ich die Inschrift entziffern. Ein unbekanntes Gefühl übermannte mich. Ich sah Großmutter Nissel vor mir, und ihre Worte klangen in meiner Erinnerung wider. Ich sprach einen Psalm und richtete meine Worte an den Mann, durch dessen Dasein ein Fleck im Universum getilgt worden war: »Ich bin es, Elieser ben Schlomo ben Elieser, dein Enkel. Ich wollte das Kaddisch für dein Seelenheil sprechen, aber es gab nicht genug Männer für einen Minjan. Ich bin allein. Höre mich. Ich möchte dir von dem Mann erzählen, der deinen Namen trägt. Dir obliegt es zu urteilen, ob er seiner würdig ist. Und da du jetzt mit Großmutter Nissel vereint bist, sag ihr einen Gruß von mir. Sag ihr, daß ich mich an meine Besuche freitags bei ihr erinnere, daß ich mich an ihren Hefezopf erinnere, daß ich mich an ihr Lächeln erinnere und an ihr Schweigen ...«

Und ich weinte, wie sie damals weinte oder wie ein Kind weint, wenn es Hunger hat, wie ein Kind, das immer Hunger haben wird. Stumme Tränen rannen über mein Gesicht, über mein Kinn, schließlich über meinen Hals und meine Brust; ich tat nichts, um sie aufzuhalten.

Nach einer Weile fuhr ich fort: »Wenn Großmutter ein Grab hätte, ich würde bis ans Ende der Welt gehen, um sie zu besuchen. Aber sie hat keines, wie du weißt. Und weißt du, daß sie es ahnte? Weißt du, Großvater, daß Großmutter Nissel die einzige aus unserer Familie war, fast die einzige in unserer ganzen Gemeinde, die alles vorhergesehen hat? Sie hatte begriffen, daß sie nie wieder in ihr Haus zurückkehren würde. Bevor sie diese verfluchte Stadt verließ, legte sie ihr Sterbekleid an; ja, sie trug ihr Leichentuch unter ihrem schwarzen Kleid. Sie allein war darauf vorbereitet. Sie war die einzige im Zug, die von Anfang bis Ende schwieg. Bin ich ihres Schweigens würdig, Großvater?«

Nie wird sich das Kind in mir von den Großeltern lösen, ebensowenig, wie ich mich als Mann von meinem Vater trennen würde. Mein Vater ist immer bei mir, als Mitstreiter, als Richter oder einfach als Wegweiser. An ihn wende ich mich in Augenblicken des Zweifels. Ich fürchte sein Urteil und bemühe mich um seine Zustimmung. Ich brauche seine Ermutigung, und seine Vorwürfe sind schmerzlich für mich. Wie oft habe ich eine neue Richtung eingeschlagen, um ihn nicht zu sehr zu enttäuschen?

Ich war kein Musterknabe. Es kam vor, daß ich meinen Eltern Kummer bereitete. Ich war ein Trotzkopf, ein Dickschädel, ein Egoist, ich war ungehorsam und nicht fleißig genug. Ich glänzte nicht mit Leistungen. Es fiel mir schwer, mich zu konzentrieren, ich ließ mich zu leicht ablenken ... Ich jammerte wegen jeder Kleinigkeit. Statt zu lernen, verträumte ich meine Zeit mit Freunden. Ich aß zuwenig. Ich war nicht unternehmungslustig. Ich jagte keine Tauben, und ich kletterte nicht auf Bäume. Heute tun mir meine Eltern leid: Ich war ein ganz normaler Junge, aber sie wollten es nicht wahrhaben. Über meine Magerkeit wurde täglich debattiert, auch über meine Blässe und meine Migräneanfälle. Sie gaben Unsummen aus, schickten mich von einem Arzt zum anderen, von einer Stadt in die nächste, um mich behandeln zu lassen. Dank meiner »Leiden« lernte ich Satu Mare und Budapest kennen. Hätten meine Eltern mehr Geld gehabt, ich wäre um die ganze Welt gekommen.

Eigentlich war ich kein besonders schlechter Schüler. Meine Lehrer mochten mich sehr: Ich lernte meine Lektionen und erledigte meine Hausaufgaben. Sie hielten mich für ein verwöhntes Kind. Wegen meiner Kränkelei blieb ich oft ganze Tage zu Hause. Das war aber kein triftiger Grund für sie. Was hindert es den Geist auf der Suche nach einem Weg zu Gott, wenn der Leib krank ist?

Wenn ich das Bett hütete, lag das, ehrlich gesagt, nicht daran, daß ich irgendwelche Schmerzen hatte. Vor allem nicht am Anfang. Vielmehr lag es daran, daß ich keine Lust hatte, mein Zimmer, mein Zuhause, zu verlassen. Denn dort konnte ich vom Fenster aus das

Treiben auf der Straße beobachten, unseren Garten betrachten und, was mir am liebsten war, meiner Mutter zusehen. Sie lachen, Doktor Freud? Ich hing sehr an meiner Mutter. Vielleicht zu sehr? Sie brauchte bloß hinauszugehen, um meinem Vater im Laden auszuhelfen, schon kauerte ich zitternd unter meiner Bettdecke. War sie auch nur für einen kurzen Augenblick nicht in meiner Nähe, fühlte ich mich verstoßen und verlassen. Dann drohte Gefahr. Wenn ich mein Gedächtnis nach meiner ersten Erinnerung durchforste, habe ich das Bild eines kleinen Jungen vor Augen, der auf seinem Bett (oder war es der Fußboden?) sitzt und nach seiner Mama ruft. Sogar meinen Vater vermißte ich weniger als sie. Unter meinen Mitschülern im Cheder (wir waren vielleicht drei, vier oder fünf Jahre alt) fühlte ich mich nicht wohl, weil die anderen mich nicht in Ruhe ließen. Ich zählte die Minuten (ich konnte nur bis zehn zählen, dann mußte ich wieder von vorn anfangen), bis ich wieder bei meiner Mutter war. Ich verstand nicht, warum sie nicht jeden Vormittag mit mir verbringen konnte. Und die Nachmittage? Wäre sie dagewesen, ich hätte das Alphabet und den Pentateuch im Handumdrehen beherrscht und alle Feinde Israels besiegt. Ich träumte davon, nie mehr von ihrer Seite zu weichen. Ich klammerte mich an ihren Rock, selbst wenn sie zur rituellen Waschung ging. Ich blieb auf der Treppe sitzen und wartete mit angehaltenem Atem auf sie. »Warum darf ich nicht mir dir hineingehen?« fragte ich. »Weil es verboten ist«, erwiderte sie. »Warum ist es verboten?« – »Weil es so in der Tora steht.« Weiter fragte ich nicht. Die Tora verlangte Schweigen. Und sie verlangte Achtung, eine Art heilige Achtung. Alles, was verboten war, stand in der Tora.

Mit der Zeit wurde der Unterricht ein echtes Abenteuer für mich. Mein erster Lehrer, der Batiser Rebbe, ein sanftmütiger Greis, dessen schneeweißer Bart das Gesicht fast überwucherte, brachte uns die zweiundzwanzig heiligen Buchstaben des Alphabets bei und sagte: »Kinder, hier habt ihr den Anfang und das Ende aller Dinge. Tausend und abertausend Werke sind mit diesen Buchstaben geschrieben worden oder werden noch mit ihnen geschrieben. Seht sie euch gut an, lernt sie mit Hingabe: Sie werden euer Schlüssel zum Leben sein. Und der Schlüssel zur Ewigkeit.«

Als ich das erste Wort laut las, *Bereschit* (im Anfang), hatte ich das Gefühl, in ein fremdes Universum einzutreten, verzaubert zu werden. Als ich den Sinn des ersten Verses erfaßte, überkam mich ein unbändiges und unbekanntes Glück. »Gott schuf die Welt mit den zweiundzwanzig Buchstaben des Alphabets«, lehrte uns der alte Meister, der genaugenommen gar nicht so alt war. »Geht achtsam damit um, dann werden sie auf euch achtgeben. Sie werden euch überallhin begleiten. Sie werden euch zum Lachen und zum Weinen bringen. Besser gesagt: Sie werden weinen, wenn ihr weint, und sie werden lachen, wenn ihr lacht. Und wenn ihr fleißig seid, werden sie euch den Weg zu den verborgenen Heiligtümern eröffnen; dort wird alles zu ...« Diesen Satz hat er nie beendet. Dort wird alles zu ...? Staub? Wahrheit? Leben?

Beim Lesen der ebenso alten wie einfachen Texte entdeckte ich etwas, das mich erschreckte, in Bann schlug und entzückte. Ohne mich von der Stelle zu rühren, streifte ich durch sichtbare und unsichtbare Welten. Ich war an zwei, an tausend Orten gleichzeitig, machte tausend Dinge auf einmal. Ich war im Anfang, bei Adam, kaum daß er auf die im Licht erstrahlende Welt gekommen war. Ich war mit Mose unter dem Flammenhimmel auf dem Berg Sinai. Ich pickte einen Satz, eine Geschichte heraus, und schon ließ ich alle Entfernungen hinter mir.

Das Lesen machte mich aber auch einsam. Plötzlich waren die Freunde nicht mehr an meiner Seite. Ich sah sie nicht mehr, ich hörte sie nicht mehr. Ich war anderswo, weit weg, in den Königreichen der Sprache. Sogar meine Mutter blieb zurück, wie hinter einem Schleier oder am anderen Ufer. Es war immer noch eine große Freude, nach Hause zu ihr zurückzukehren, aber ich wußte nicht, wie ich das schmerzliche Gefühl vertreiben konnte, das mich beschlich, wenn ich bei meiner Lektüre nicht bei ihr war. Aber ich fand eine Lösung: Ich nahm meine Mutter einfach mit. Es ist nur eine Frage des Willens und der Einbildungskraft. Wenn ich Adam besuchte, hatte Eva das verstörte Gesicht meiner Mutter. Ich folgte Mose in die Wüste, und schon war seine Schwester nicht mehr Miriam, sondern meine Mutter. Es gab nichts mehr, das uns trennte. Nicht einmal der Cheder: Ich brauchte nur ein Buch aufzuschlagen, schon sah ich sie. Nur in den Pausen, wenn ich nichts zu lesen hatte, fühlte ich mich allein und verlassen.

Und doch fürchtete ich einmal, ich hätte ihr weh getan. Und sie mir. Aber die eigentliche Ursache war Rabbi Israel von Wischnitz, der Sighet einen Besuch abstattete.

Ich bin acht Jahre alt. Wie gewöhnlich nimmt meine Mutter mich mit zu ihm, um seinen Segen zu empfangen: Gesundheit für die Ihren, Erfolg und Achtung für das Familienoberhaupt, tüchtige Gatten für ihre Töchter und Gottesfurcht für ihren Sohn. Im Vorzimmer drängt sich eine große Menschenmenge, die über den Flur bis auf die Straße hinaus reicht. Als Tochter Reb Dodyes muß meine Mutter nicht Schlange stehen. Nicht der Sekretär, sie selbst schreibt ihr Anliegen auf. Lächelnd unterhält sich der Rabbi mit ihr über unzählige die Familie betreffende Kleinigkeiten. Ich verstehe nicht alles, so versunken in den Anblick der sanften und leuchtenden Gesichtszüge des Rabbis bin ich an der Hand meiner Mutter. Er ist berühmt für seine *Ahawat Israel* (die Liebe zu Israel und damit zu jedem in Israel). Ich kann meinen Blick nicht von seinen Augen, den Augenbrauen und dem Bart lösen. Plötzlich fordert der Rabbi mich auf, näherzutreten. Er setzt mich auf seinen Schoß und befragt mich voller Zartgefühl über meine Lektüre. Es sind einfache Fragen, und ich antworte, so gut ich kann, stammle abgehackte, sicher wenig zusammenhängende Sätze. Da bittet der Rabbi meine Mutter, uns allein zu lassen. Sie verläßt das Zimmer und schließt die Tür hinter sich. »Gut«, wendet sich der Rabbi mir zu, »jetzt können wir uns in Ruhe unterhalten.« Aber worüber? Über alles. Über die Sidra der Woche, über einen Kommentar von Raschi, über einen Abschnitt aus dem Talmud, den ich gerade durchnehme ... Wie lange waren wir allein? Einige Minuten oder zwei Stunden. Irgendwann drückt er einen Kuß auf meine Stirn und sagt: »Geh jetzt, warte draußen, und sage deiner Mutter, sie möge wieder hereinkommen.« Meine Mutter geht hinein, und als sie nach einer Ewigkeit wieder aus dem Zimmer kommt, bin ich wie vom Blitz getroffen. Ich möchte ihr entgegenlaufen, aber meine Beine versagen. Sie ist nicht mehr dieselbe, heftiges Schluchzen schüttelt sie. Erstaunt und voller Mitleid sehen die Leute sie an: Der Rabbi muß ihr schwerwiegende, schreckliche Dinge gesagt haben ... Auch ich denke das. Sie muß Ungeheuerliches erfahren haben ... über mich gehört haben ... Sicher habe ich ihr Schande gemacht, mich vielleicht danebenbenommen, die Fragen des Rabbis falsch beantwortet. Zu Hause frage ich sie, warum sie weint. Sie will mir keine Antwort geben. Ich frage zweimal, fünfmal – vergeblich. Ich frage sie am nächsten Tag und auch am übernächsten. Ich stoße immer nur auf dieselbe Weigerung, auf dieselben Tränen. Hartnäckig bohre ich, bedränge sie: Ich bestehe darauf zu erfahren, womit ich ihr soviel Kummer bereite. Was habe ich Schlimmes getan? So geht es wochenlang. Schließlich werde ich des Fragens überdrüssig und lasse es bleiben. Und sie hört auf zu weinen.

Fünfundzwanzig Jahre später ruft mich ein entfernter Verwandter an, Dr. Oscar Sreter. Aus dringendem Grund: Mein Vetter Reb Anschel Feig ist schwer erkrankt. Er muß operiert werden, will den Eingriff aber nicht vornehmen lassen, bevor er mich gesehen hat. Ich befürchte das Schlimmste und springe sofort in ein Taxi. Anschel ist erheblich älter als ich, doch er hat mich nie wie einen kleinen Jungen behandelt. Mit der Kippa auf dem Kopf sah er stets glücklich und zufrieden aus, und mitten in Manhattan redete er mit demselben leisen Singsang wie einst in Sighet. Er hat ein Fischgeschäft auf der Amsterdam Avenue, in Höhe der 86. Straße, nicht weit von mir. Ich plaudere gerne mit ihm. Was er wohl von mir will? Oscar Sreter empfängt mich am Eingang des Krankenhauses und begleitet mich zu ihm.

»Danke, daß du gekommen bist«, begrüßt mich mein Vetter. »Ich habe auf dich gewartet. Ich brauche dich. Du mußt mich segnen.«

»Willst du mich auf den Arm nehmen, oder was?« antworte ich, so scherzhaft ich kann. »Du willst doch nicht im Ernst von mir gesegnet werden? Ausgerechnet von mir! Du stehst dort oben viel besser da als ich ...«

Denn Anschel ist in seinem chassidischen Glauben noch genauso eifrig wie vor der Deportation. Er befolgt sorgsam alle Gebote der Tora, geht morgens und abends in die Synagoge, wohingegen ich ... Doch Anschel besteht darauf, gesegnet zu werden. Und mein ärztlicher Verwandter flüstert mir ins Ohr: »Komm schon, beeil dich, es geht um sein Leben ...« Also gut. Ich nehme die Hand des Kranken und spreche denselben Segen, der mir als Kind zuteil wurde, wenn ich mich krank fühlte: Alles wird wieder gut, Gott wird dir beistehen, Er wird für deine schnelle und vollständige Genesung sorgen ...

Einige Tage später statte ich Anschel einen Besuch ab. Die Operation ist geglückt und der Patient wohlauf. Jetzt kann ich offen mit ihm reden: Warum wollte er unbedingt von mir gesegnet werden? Meine Frage überrascht ihn keineswegs.

»Erinnerst du dich an den letzten Besuch des Rabbis von Wischnitz in Sighet?«

»Und wie!« rufe ich aus. »Als wäre es gestern gewesen ...«

Plötzlich tauchen die alten Bilder in meiner Erinnerung wieder auf und blenden mich. Ich sehe wieder die Tränen meiner Mutter; sie brennen in mir. Sie flossen unaufhörlich, und ich glaubte damals, sie flössen meinetwegen und würden durch meine Schuld immer weiter fließen bis ans Ende ihrer und meiner Tage ... Ich sage zu Anschel: »Es ist doch seltsam, daß ich nie erfahren habe, warum sie weinte, als sie aus dem Zimmer des Rabbis kam ...«

Ein Lächeln huscht über Anschels Gesicht: »Ich weiß es.«

Ich springe auf: »Was sagst du? Du weißt, warum meine Mutter weinte?« Am liebsten würde ich ihn schütteln, selbst auf die Gefahr hin, daß er in den Operationssaal zurück müßte. »Du weißt, warum, und du hast mir nichts gesagt? Mußtest du krank werden, damit ich es erfahre?«

Ihm steigen die Tränen in die Augen.

»Ich habe damals mit den anderen im Vorzimmer gewartet, bis ich zum Rabbi hinein durfte«, erzählt Anschel nachdenklich. »Als deine Mutter aus seinem Zimmer kam, sah ich, daß sie weinte, und bin aufgestanden, um sie nach Hause zu begleiten. Auf dem Weg hat sie mir unter dem Siegel der Verschwiegenheit anvertraut, was Rabbi Israel von Wischnitz, möge uns das Gedenken an ihn beschützen, ihr gesagt hatte: ›Sarah, du sollst wissen, daß aus deinem Sohn ein *Gadol ben Israel* wird, einer der großen Söhne Israels. Doch weder du noch ich werden es erleben. Deshalb sage ich es dir jetzt ...‹ Und darum konnte deine Mutter ihre Tränen nicht zurückhalten.«

Ich sehe ihn wie versteinert an. Wir sagen beide nichts. Dann fährt Anschel nach einem tiefen Seufzer fort: »Und deshalb wollte ich deinen Segen. Wenn der Wischnitzer Rabbi solchen Glauben in dich setzte, dann wird dein Segen im Himmel wohl zählen ...«

Für mich dagegen zählte immer nur der Segen meiner Mutter. Es ist ganz einfach: Wenn sie nicht bei mir war, verlief oder verirrte ich mich. Dann war ich von Feinden umgeben, von Räubern bedroht. Alle Kräfte des Bösen versammelten sich, um mich zu vernichten. In meiner kindlichen Vorstellungswelt hatte ich mir die Verachtung des Batiser Rabbis zugezogen. Um ihn mir gewogen zu machen, mußte ich mich bessern, sehr viel besser werden. Dann gab es noch einen anderen Melameden, der sommers wie winters einen pelzgefütterten Mantel trug. Seine kalte, gleichgültige Miene beunruhigte mich: In der Hoffnung, ihn freundlich zu stimmen, verdoppelte ich meine Anstrengungen bei der Auslegung des Talmuds. Ich war davon überzeugt, daß meine Mitschüler mich haßten ... Um sie zu versöhnen, beschloß ich, sie zu kaufen. Anfangs teilte ich mein Butterbrot, mein Obst und meine Süßigkeiten mit ihnen, dann überließ ich sie ihnen ganz. Abseits stehend, beobachtete ich verschämt und niedergeschlagen, wie sie meine Pausenbrote lachend verschlangen, ohne sich zu bedanken. Sie freuten sich und taten, als gäbe es mich überhaupt nicht. Ich hätte mir ein Herz fassen, mir andere Mittel ausdenken müssen, um mich zu behaupten, aber ich hatte nicht den Mut dazu. So ging das jahrelang, bis zu meiner Barmizwa. Ich schenkte meinen Mitschülern alles, was ich erhielt. Es kam sogar vor, daß ich in die Geschäftskasse griff. Wenn ich daran denke, schäme ich mich noch heute. War das übertriebene Großzügigkeit oder eher übersteigerte Unsicherheit? Ich hatte Angst, ausgeschlossen zu werden, allein zu bleiben. Da ich unbedingt einer von ihnen sein wollte, da ich so sein wollte wie sie und mit ihnen zusammen, stand ich immer abseits. Meine Mutter war meine Verbündete, mein einziger Halt. Nur sie verstand mich. Trotzdem habe ich ihr nie etwas geschenkt.

Wir hatten damals einen Untermieter. Ich habe keine Erinnerung an ihn, außer daß er uns abends mit seinen Taschenspielertricks unterhielt. Er behauptete, hypnotische Kräfte zu besitzen und wahrsagen zu können. Wenn ich einen Gegenstand versteckte, fand er ihn sofort. Ich nahm mir fest vor, als Erwachsener so zu werden wie er: Ich wollte auch solche Kräfte besitzen. Nachdem er ausgezogen war, nahmen wir keine Untermieter mehr auf. Aber das Haus wurde deshalb nicht leerer. Täglich kam ein Student aus der Jeschiwa zum Essen zu uns. Am Sabbat hatten wir immer einen Gast zu Tisch, der gewöhnlich nicht zur Familie gehörte, manchmal war es ein Bettler. Am häufigsten kam Mosche der Trinker. In meinen Erzählungen und Romanen nenne ich ihn Mosche den Verrückten. Er war nur im Sommer verrückt. Das übrige Jahr verhielt er sich normal, das heißt, er verhielt sich wie ein normaler Verrückter. Er verbrachte seine Zeit im Lehrhaus, wo er dem Küster half, auszufegen und das Feuer im Ofen zu schüren. Er studierte auch, aber nur, wenn niemand zugegen war. Am Sabbat sang er die Semirot, um meinem Vater eine Freude zu machen. Ich erinnere mich an seine schöne Stimme, mit der er jedes Wort, jede Silbe richtig betonte. Er sang mit geschlossenen Augen und wirkte dabei entrückt. Er sang auch im Sommer, dann aber schneller.

Eines Abends überraschte er mich am Brunnen, als ich gerade den Eimer für die Küche heraufholte. Ich fuhr erschrocken auf. »Hast du Angst vor mir?« fragte er mich. Ich antwortete, vor ihm hätte ich keine Angst, aber der Brunnen sei mir unheimlich. Es hieß, eine Frau habe sich einmal darin ertränkt. Wenn ich am Handrad drehte, befürchtete ich jedesmal, ihre Leiche heraufzuholen. Ich rechnete damit, ausgelacht zu werden. Er aber schwieg eine Weile und beugte sich dann vor, um auf den Grund zu sehen: »Du brauchst keine Angst zu haben«, sagte er schließlich mit seiner rauhen Stimme, »sobald die Frau auftaucht, werde ich es erfahren und mich darum kümmern. In Zukunft kannst du unbesorgt hierher kommen.«

Ich war davon überzeugt, daß es uns nicht an Geld fehlte. Wie sonst hätten wir so viele Gäste empfangen und so viele Bettler speisen können? Und wie sonst hätte ich mich meinen Mitschülern gegenüber als so großzügig erweisen können?

Heute weiß ich, daß wir keineswegs reich waren. Vielleicht wohlhabend, aber wahrscheinlich nicht einmal das: Wenn Kirschen gekauft wurden, bekam jeder zehn Stück. Und es gab für jeden einen Maiskolben. Drei Aprikosen, ein Stück Wasser- oder Honigmelone an einem Sommerabend, das war schon ein seltener Luxus. Wenn ich heute daran denke, überkommt mich bisweilen tiefe Reue. Meine Eltern arbeiteten hart, um unser Brot zu verdienen, und es war empörend, wie bedenkenlos ich dieses Brot meinen Mitschülern im Cheder schenkte, nur um von ihnen anerkannt zu werden. Hatte ich das Recht dazu?

Jahre nachdem ich meine Heimatstadt verlassen hatte, kehrte ich für einen Tag und eine Nacht dorthin zurück. Als ich unser Haus und die anderen jüdischen Häuser in unserer und den umliegenden Straßen wiedersah, begriff ich plötzlich, in welchem Irrtum ich gelebt hatte: Selbst die Juden, die damals als wohlhabend galten, lebten an der Grenze zur Armut. Und plötzlich fiel mir auch das endlose Getuschel meiner Eltern in manchen Herbstnächten wieder ein: War es notwendig, einen neuen Ofen für das Eßzimmer, einen Wintermantel für meine kleine Schwester Zippuka zu kaufen? Würden wir uns mit den hohen Schulden, die uns belasteten, im nächsten Sommer noch Ferien in den Bergen leisten können?

Das alles hinderte sie nicht daran, ihr Brot mit jedem zu teilen, der Hunger hatte, und mich vom besten Lehrer der Gegend unterrichten zu lassen. »Einem Bedürftigen kann man nie genug geben und in den Texten nie genug studieren«, sagte mein Vater immer. Einmal in der Woche, ich glaube, es war immer mittwochs, am Markttag, stellte unsere »alte« Haushälterin - sie hieß Maria, gehörte quasi zur Familie und war noch gar nicht so alt - für die Bettler, die von Stadt zu Stadt zogen, einen riesigen Topf Bohnensuppe in den Hof. »Wie sollen wir denn die erkennen, die wirklich Hunger leiden?« fragte Maria. »Kümmere dich nicht darum«, erwiderte mein Vater. »Es ist besser, sich von einem mit vollen Taschen täuschen als einen mit leerem Magen ziehen zu lassen.« Maria wußte ebensowenig wie ich, daß mein Vater am Monatsende häufig Geld borgen mußte. Aber meine Mutter hat ihm daraus nie einen Vorwurf gemacht.

Ich versuche mich zu erinnern, ob sie jemals miteinander Streit hatten und sich zankten, ob es Spannungen zwischen ihnen gab und sie aneinandergerieten. Wenn ja, so habe ich keine Erinnerung mehr daran. Aber ich glaube nicht, daß sie jemals ernsthaft gestritten haben, zumindest will ich es nicht glauben. Ich glaube, daß sie sich liebten. Und daß kein Schatten jemals ihre Liebe trübte. Mag sein, daß ich ihre Liebe in der Erinnerung zu sehr idealisiere, aber das hindert mich nicht, daran festzuhalten. Ein alter Chassid, Reb Jesiekil Fuchs, erzählte mir später in New York, daß die Heirat meiner Eltern Aufsehen erregte, weil mein Vater sich in meine Mutter verliebt hatte. Das gehörte sich nicht bei uns. Normalerweise wandten sich in den guten jüdischen Familien die Eltern an den Heiratsvermittler der Gemeinde. Doch als mein Vater eines Tages ein wunderhübsches Mädchen in einer Kutsche erblickte, verliebte er sich so sehr, daß er hinterherrannte und ihr nachrief. »Wer sind Sie?« Sie ließ sich zu keiner Antwort verleiten. Doch am selben Abend erfuhr er vom Kutscher, daß sie die älteste Tochter von Reb Dodye Feig aus einem Dorf namens Bitschkew war. Ein Jahr später heirateten sie und hatten vier Kinder, drei Mädchen und einen Jungen. Ich war das dritte Kind. Hilda und Bea waren älter, Zippora war die Jüngste. Auf ihrer Geburtsurkunde steht zwar Judith (da die rumänischen Behörden einige jüdische Namen nicht anerkannten), doch wir nannten sie liebevoll Zippuka. Mit meinen älteren Schwestern konnte ich mich durchaus zanken, mit ihr nie. Wir hatten sie alle ins

Herz geschlossen und liebten sie abgöttisch. Mein Vater umgab sie mit einer Zärtlichkeit, die wir sonst an ihm nicht kannten. Für sie hatte er immer Zeit. Er spielte mit ihr, brachte sie zum Lachen, nahm sie in den Garten und in den Laden mit, er setzte sie auf seinen Schoß, um ihr eine Geschichte zu erzählen oder ein Bonbon in den Mund zu schieben. Er verhätschelte und verwöhnte sie. Wie wir alle. Vielleicht ahnten wir, daß uns nicht mehr viel Zeit bleiben sollte, um ihr all die Liebe, all die Freude, all die Zuwendung zu geben, die sie bald entbehren mußte.

»Was, du willst deine Memoiren schreiben? Jetzt schon? Du könntest ruhig noch ein wenig damit warten ...« So oder ähnlich reagierte man auf mein Vorhaben. Ehrlich gesagt, ich verstehe das nicht. Worauf soll ich warten? Und wie lange? Die Leute sind merkwürdig. Niemand kommt auf den Gedanken, Alter und Erinnerung zu verknüpfen. Ich bin fünfundsechzig. Ich gehöre einer Generation an, die von der Aufgabe besessen ist, alles festzuhalten, alles weiterzugeben. Für keine andere Generation ist das Gebot »Sachor, erinnere dich!« so wichtig und so bedeutsam. Warum also sollte ich mich nicht laut und deutlich erinnern? Gibt es denn ein Alter, in dem man warten, und ein anderes, in dem man sprechen soll?

»Du hast noch viel Zeit«, höre ich. Das stimmt, aber wieviel noch? Und was soll ich statt dessen tun? Etwa zulassen, daß das Vergessen die letzten Spuren der Opfer verwischt? Unseren Planeten erforschen und dabei zuschauen, wie immer mehr zerstört wird? Mich mit den kindischen Spielen irgendwelcher Hampelmänner abgeben, die vor Berühmtheit strotzen? Vielleicht warten, bis ich krank werde? Oder bis mein Gedächtnis nachläßt?

»Wer seine Memoiren schreibt, zieht einen Schlußstrich unter einen Abschnitt seines Lebens, wenn nicht unter sein ganzes Leben«, bekomme ich immer wieder zu hören. Ob ich bereit bin, diesen Schlußstrich zu ziehen? Bereit, eine endgültige Bestandsaufnahme meines Lebens zu machen? »Laß dir doch Zeit«, rät man mir. Es ist doch unsinnig, eine Sache zu überstürzen, die man auch langsam, Schritt für Schritt, in gesichertem, geordnetem Gang erreichen kann. Sonst könnte sich herausstellen, daß das Gedächtnis alles verschlingt und aufsaugt, oder schlimmer noch, daß es über alles hinwegtröstet. Was bedeutet es, sich zu erinnern? Es bedeutet, Vergangenes wieder aufleben zu lassen, Gesichter und Ereignisse ins Licht oder in den Schatten zu stellen, die Wörter vom Staub der Zeit zu befreien, nein zu sagen zu Vergessen und Tod. Ist das Vorhaben zu ehrgeizig?

Ich bin nicht mehr jung, bin es schon seit Jahren nicht mehr. Ich möchte nicht noch einmal die Angst und die Aufregung erleben, die früher mein Dasein bestimmten, aber ich möchte den Weg wiederentdecken, der zu ihnen geführt hat. Wie jeder Mensch war ich auf der Suche, und manchmal habe ich gefunden, was ich suchte, manchmal nicht; wie jeder Mensch habe ich geliebt und aufgehört zu lieben; ich habe Schlechtes und Gutes getan, laut gelacht und heimlich geweint; wie so viele Menschen war ich manchmal auf dem Holzweg und habe hier ein bißchen Kummer, da ein bißchen Freude erlebt.

Ich soll vorsichtig sein und Zurückhaltung üben, wird mir nachdrücklich empfohlen. Natürlich werde ich nicht gleich alles sagen, nicht jetzt und nicht auf einmal. Ich werde mittendrin abbrechen, in Jerusalem, zu einem Zeitpunkt ... Warten wir es ab.

In einem zweiten Band möchte ich, sofern Gott mir die Zeit dazu gibt, über andere Geschehnisse und Begegnungen berichten: über Zerwürfnisse und Bündnisse, politische und humanitäre Aktionen, über mein Studium, über den Jom-Kippur-Krieg, über Ronald Reagan und seinen unseligen Besuch in Bitburg, über die Wutausbrüche des Nazijägers Simon Wiesenthal, über meine Freundschaft mit François Mitterrand und Kardinal Jean-Marie Lustiger, über den Nobelpreis und seine angenehmen und weniger angenehmen Folgen, über das Holocaust-Museum in Washington, über Reisen nach Südafrika und ins ehemalige Jugoslawien, über meine Missionen in Polen, an der kambodschanischen Grenze und in der UdSSR, über den Golfkrieg und vieles mehr. Die Seiten meines Tagebuchs sind voll, ich muß sie nur herausreißen.

Wer seine Lebenserinnerungen aufschreibt, verfolgt ein bestimmtes Ziel und schließt ein Abkommen mit dem Leser. Sagt man zumindest. Und: Der Autor verspricht dem Leser, alles zu offenbaren, nichts auszulassen oder zu verheimlichen. Willst du das tun? Kannst du das überhaupt? Glaubst du wirklich, du könntest alles erzählen, alles preisgeben? Von den Frauen, die du ein Jahr oder eine Nacht geliebt hast? Von den Menschen, die dir geholfen haben, und von denen, die dich verleumdet haben? Von hochtrabenden Plänen und kleinlichen Intrigen? Von wahren Freundschaften und solchen, die wie Seifenblasen zerplatzt sind? Von gewinnbringenden und enttäuschenden Unternehmungen? Von Kindern, die an Hunger starben, und Greisen, die vor Schmerz erblindeten? Du hast doch selbst geschrieben, es gäbe Erfahrungen, die niemand ausdrücken, Ereignisse, die niemand beschreiben kann, daß einem manchmal schlicht die Worte fehlen, um etwas darzustellen, was man nicht verschweigen darf. Wie willst du diesen Widerspruch überwinden? Hast du Wittgenstein schon vergessen? Was sich nicht sagen läßt, darüber soll man schweigen. Dann sag uns doch, wie du in der Sprache des Schweigens Geheimnisse offenbaren willst, die zwangsläufig unergründbar sind, denn sonst wären es schließlich keine Geheimnisse. Wie willst du Wahrheiten vermitteln, die nach deinen eigenen Worten in einem Bereich liegen, der dem menschlichen Verstand für immer und ewig verschlossen bleibt? Man sagte über Rabbi Mendel von Kotzk, er habe selbst beim Sprechen noch geschwiegen. Gibt es eine Sprache, die ein anderes Schweigen enthält, ein Schweigen, das durch die Sprache Gestalt annimmt und vertieft wird?

Und trotzdem – das ist mein Lieblingsausdruck. Er paßt immer, in glücklicher wie in aussichtsloser Lage. Die Sonne geht auf? Und trotzdem wird sie untergehen. Die Nacht kündigt Verzweiflung an? Und trotzdem wird auch sie vorübergehen und nie mehr wiederkommen. Wichtig ist, nicht aufzugeben, sich keinem fruchtlosen Fatalismus zu überlassen. König Salomo, der große Pessimist, hat es treffend gesagt: »Die Tage kommen, die Tage gehen. Eine Generation geht, eine andere kommt und wird wieder durch die nächste abgelöst. Nur die Erde besteht weiter; die Sonne geht auf, die Sonne geht unter ..., was war, wird sein ...« Soll man folglich die Zeit anhalten? Und den Lauf der Sonne? Manchmal muß man es versuchen. Selbst wenn es vergeblich ist? Auch dann. Manchmal ist es unsere Aufgabe, etwas zu versuchen, gerade weil es vergeblich ist. Weil am Ende des Weges der Tod auf uns wartet, müssen wir aus vollen Zügen leben. Weil ein Geschehen uns sinnlos erscheint, müssen wir ihm einen Sinn geben. Weil wir unsere Zukunft nicht in den Händen halten, müssen wir sie schaffen.

Gut, wir wollen diese moralisierenden Überlegungen anderen überlassen oder später auf sie zurückkommen. Wir stehen erst am Anfang unseres Vorhabens. Habe ich einen Ausblick darauf eröffnet? Es geht nicht darum, meine Lebensgeschichte zu erzählen, sondern die Geschichte meiner Geschichten. Dadurch werden Sie alles andere vielleicht besser verstehen. Manche erblicken in ihrem Werk einen Kommentar zu ihrem Leben, bei anderen ist es umgekehrt. Ich gehöre zu den anderen. Betrachten Sie diesen Bericht also als eine Art Kommentar und erst in zweiter Linie als ein bescheidenes Zeugnis.

Anders ausgedrückt: Sie sollten nicht nach etwas suchen, was nicht darin zu finden ist, und schon gar nicht etwas finden, was ich nicht geschrieben habe. Wahrheit ist ein großes Wort. Die Wahrheit, die ganze Wahrheit, nichts als die Wahrheit - welch schöne Litanei. Ich beanspruche sie nicht für mich. Nicht zu lügen, so hat Rabbi Mendel von Kotzk einmal gesagt, bedeutet nicht, die Wahrheit zu sagen. Auch ich habe die Wahrheit nicht gepachtet.

Außerdem möchte ich Sie gleich warnen: Ich werde durchaus einige Ereignisse übergehen, die mein Privatleben und das anderer betreffen, die für Freunde oder Bekannte Unannehmlichkeiten bergen könnten, und im allgemeinen verzichte ich darauf, über Dinge zu sprechen, die dem jüdischen Volk schaden könnten. Ob aus Vorsicht oder aus unangebrachter Feigheit - nennen Sie es, wie Sie wollen: Zum einen ist mir jeglicher Exhibitionismus zuwider, zum anderen lege ich, bis auf wenige Ausnahmen, keinen Wert darauf, den Ankläger zu spielen, mit anderen, wie es allgemein üblich geworden ist, abzurechnen, oder irgend jemanden zu demütigen. Das hat alles Zeit, es kann noch lange auf sich warten lassen. Außerdem kennt kein Mensch die ganze Geschichte. Kein Zeuge ist in der Lage, sie von Anfang bis Ende wiederzugeben. Das kann nur Gott. Denn Gott allein vergißt nichts.

Wir armen Sterblichen kratzen lediglich die Krümel zusammen. Wir sind alle Amateure, sagte der gute alte Charlie Chaplin und zwinkerte dabei.

Ich hoffe, die letzte Seite wird mir mehr Gewißheit verschaffen als die erste, wie es im Talmud so schön heißt. Ich hoffe, aus der letzten ebenso rein - im schlichten Sinne des Wortes: bar jeder Niedertracht - hervorzugehen, wie ich es war, als ich mit der ersten Seite begann.

Schreibt man aus Zufriedenheit oder aus Unzufriedenheit? Eine Legende aus dem Midrasch erzählt, König Salomo habe einen Ring getragen, der die Macht hatte, ihn glücklich zu machen, wenn er traurig war, und ihn traurig zu stimmen, wenn er glücklich war.

Aber warum hätte er sich wünschen sollen, traurig zu sein, wo er doch die Möglichkeit besaß, im Glück zu leben? Salomo war Jude und Schriftsteller, das heißt, er war nie zufrieden. Soll man darüber lachen oder weinen? Weinen heißt säen, sagte der Maharal von Prag, mit dem Lachen fährt man die Ernte ein.

Schreiben heißt zugleich säen und ernten.

Gestern abend habe ich meinen Vater wieder im Traum gesehen. Die Landschaft veränderte sich, er aber nicht. Er sah mich seltsam an; wie lange schon und warum, weiß ich nicht. Wartete er darauf, daß ich etwas zu ihm sagte, vielleicht, daß ich glücklich sei, ihn zu sehen? Ich war nicht glücklich. Aber ich war auch nicht unglücklich. Ich war, ich war, ich weiß nicht mehr, was ich war. Ich weiß nicht mehr, was ich empfand. Ich weiß nur, daß ich ihn betrachtete und daß er mich betrachtete. Und daß sich unsere Blicke nicht treffen konnten. Denn seiner war erloschen und meiner nicht. Wirklich? Vielleicht. Gab er mir ein Zeichen? Wollte er mich irgendwo hinbringen? An einen Ort, wo nur noch die Erinnerung lebt? In unsere tote Stadt vielleicht?

Wenn ich meine Kindheit in Gedanken an mir vorüberziehen lasse, erscheint sie mir ruhig und beschaulich. Trotzdem gab es stürmische Erschütterungen, zunächst persönliche. Wie allen Kindern widerfuhren mir Mißgeschicke, erlitt ich Niederlagen und begehrte dagegen auf. Gegen diesen oder jenen Lehrer, diesen oder jenen Tutor, diesen oder jenen Mitschüler. Auch gegen meine Eltern. Manchmal war ich davon überzeugt, sie verstünden mich nicht, sie gingen zu hart mit mir ins Gericht, sie seien ungerecht. Ein etwas strengerer Blick, ein zu hartes Wort, und schon wollte ich sterben oder zumindest weggehen, weit weg, auf die andere Seite der Flüsse und Täler, am allerliebsten zu meinem Großvater. Oder ins Heilige Land fliehen. Lachen Sie nicht: Ich glaubte tatsächlich, dies sei möglich, ich bräuchte nur den Berg zu erklimmen und die verborgene Tür des Geheimgangs zu finden, der, wie es hieß, nach Galiläa führte. Fern meiner Familie würde sich mein Ärger schnell legen. Aber ich war zu klein. Es war einfacher, zu leiden und im stillen Kämmerlein vor sich hinzuschmollen. Glücklicherweise dauerten solche Stürme nie lange.

Von den Auswirkungen großer weltgeschichtlicher Ereignisse

spürte ich wenig in der damaligen Zeit. Ich war einfach nicht alt genug, um sie begreifen zu können. Die Entdeckung des Penizillins durch Alexander Fleming in Großbritannien, das Ende der Prohibition in den USA, die Einführung des Fünfjahresplans in der Sowjetunion, Tschiang Kai-scheks Aufstieg zum Ministerpräsidenten in China, die Verbannung Leo Trotzkis, der Sieg der Faschisten über das italienische Parlament, die blutigen Aufstände in Palästina, das alles geschah, als ich noch in der Wiege lag oder meine ersten Gehversuche unternahm. Sogar von den folgenden Ereignissen erreichte mich lediglich ein schwaches, schnell verhalltes Echo. Über Franklin Delano Roosevelts Wahl zum amerikanischen Präsidenten, den Reichstagsbrand, das Attentat auf König Alexander in Marseille, die Ermordung Kirows und die ersten stalinistischen Säuberungen, über die sozialen und politischen Erschütterungen in Spanien, den Krieg in Äthiopien, die Tatenlosigkeit des Völkerbundes wurde in der Synagoge gesprochen, und mein Vater redete darüber abends mit Gästen bei Tisch, doch ich fühlte mich nicht betroffen. Angst machte mir dagegen die Lage in Sighet. Jedesmal, wenn die antisemitische »Eiserne Garde« den Kopf erhob, zogen wir die Köpfe ein. An den Häuserwänden tauchten Schmierereien auf: »Zsidans (Juden) nach Palästina!« Strolche mit haßverzerrten Gesichtern fielen auf der Straße über Juden her und rissen ihnen den Bart und die Peot aus. Die »Kuzisten«, so nannten sie sich, waren die rumänischen Nazis. Barbarisch und nach jüdischem Blut dürstend, ergriffen sie die kleinste Gelegenheit, um ein regelrechtes Pogrom anzuzetteln. Ich erinnere mich, wie mein Vater mit sorgenvoller Miene zu mir sagte: »Heute gehst du besser nicht in den Cheder, es ist zu gefährlich.« Meine Schwestern durften nicht in die Schule, der Laden blieb geschlossen, Fenster und Türen wurden verriegelt, die Stammkunden durchs Wohnzimmer hereingelassen. Bei der geringsten Gefahr eilten wir in den Keller. Warum in den Keller? Fürchteten sich die Schufte vor der Dunkelheit? Das alles war mit Vernunft nicht mehr zu erklären. Selbst auf die Polizei konnten wir uns nicht verlassen: Sie schützte uns nicht vor den Halunken, sie machte mit. Wir lebten in ständiger Angst. Man konnte nie wissen: Die Feinde waren zu allem fähig. Sie beschuldigten uns sogar des Ritualmords.

Mir fällt ein trauriges Lied ein, das meine Mutter mir vorsang. Darin klagt ein Jude sein Leid: Er wird des Ritualmords an einem christlichen Kind beschuldigt. Verzweifelt ruft er: »Verflucht seien unsere Feinde, die behaupten, die Juden bräuchten Blut zur Ausübung ihrer Religion!«

Gewöhnlich nahm ich das Aufflammen des Judenhasses als selbstverständlich hin, er gehörte zum Leben in der Diaspora. Schläge am Weihnachtsabend, Drohungen zu Ostern, das ging vorüber. Betrunkene, die uns beschimpften, der Vorwurf, wir hätten »die Hostie in den Schmutz gezogen«, »die Brunnen vergiftet« oder »den Herrn getötet«, das war gang und gäbe, es erschien uns normal. Ich nahm diese Prüfungen auf mich, ohne mich zu wundern, fast ohne Kummer. Der Gedanke, das sei eher ihr Problem als unseres, schien mir damals nahezuliegen.

Doch in den schlimmsten Zeiten, wenn die Bedrohung gar zu lange auf der Gemeinde lastete, stellte ich mir einfache, vielleicht törichte und jedenfalls kindliche Fragen:

Warum haßt man uns? Warum vertreibt man uns? Warum sind wir gequält und gefoltert worden? Warum werden wir so sehr verfolgt und unterdrückt? Was haben wir denn den Menschen getan, daß sie uns so übel mitspielen? Ich vertraute mich meinen Lehrern an und häufiger noch meinen Freunden. Wir bemühten uns zu verstehen.

Als Antwort auf alle Fragen ließen unsere Lehrer uns immer wieder die Bibel, die Propheten und die Schriften über die Märtyrer lesen. Die jüdische Geschichte ist die Geschichte eines ständigen Konflikts der Juden, die trotz unermeßlicher Leiden allen Widrigkeiten die Stirn bieten und allen anderen Völkern. Seit Abraham stehen wir auf der einen Seite, die übrige Welt auf der anderen. Daher rührt die Feindseligkeit, die uns entgegengebracht wird. »Abraham, der erste Patriarch, war ein besserer Jude als du«, sagte der Selischter Rabbi zu mir, ein lebhafter, angespannter Mann, dessen Augen vor Wut zu glühen begannen. »Er war tausendmal besser als wir alle zusammen. Von ihm sagt der Midrasch, man habe ihn in einen brennenden Ofen geworfen, und du willst dein Leben verbringen, ohne einen Kratzer abzubekommen? Daniel war viel weiser, viel gottesfürchtiger als du: Er wurde zum Tod in einer Löwengrube verurteilt, und du träumst davon, durch das Leben zu kommen, ohne zu leiden? Die Kinder Jerusalems wurden von den Soldaten des Generals Nebusaradan niedergemetzelt, und du beklagst dich?« Später mußte ich auf Geheiß Kalmans, meines Kabbalalehrers mit dem gelblichen Bart, Litaneien und Chroniken vortragen, in denen vom Leid der durch die Kreuzzüge und Pogrome weit verstreuten jüdischen Gemeinden berichtet wurde, vom Leid der jüdischen Gemeinden von Blois und Mainz, York und Reims, die alle durch Feuer und Schwert ums Leben kamen, weil sie sich weigerten, ihrem Glauben abzuschwören. Und er schloß mit einem Satz aus dem Talmud: »Es ist besser, zu den Opfern zu gehören als zu den Schlächtern.«

Ich liebte diese Geschichten. Ich wappnete mich mit ihnen. Ich war stolz auf diese Juden, deren Treue gegenüber dem Bund sie zugleich verletzlich und unsterblich machte. Ich fühlte mich zu den Gefangenen der Inquisition hingezogen. Jeder von ihnen erinnerte mich an Isaak, wenngleich kein einziger Engel erschienen war, um das Feuer zu löschen, das sie verschlingen sollte. Ihr langsamer, unabwendbarer Foltertod beschäftigte mich: Hätte ich die Kraft gehabt, standzuhalten? Ich dachte an Rabbi Chanania ben Teradjon, den Talmudgelehrten, den die Römer zum langsamen Tod auf dem Scheiterhaufen verurteilt hatten, weil er das jüdische Gesetz auf einem öffentlichen Platz gelehrt hatte. Wie war es ihm und seinen nahen und entfernten Schülern gelungen, standhaft zu bleiben? Ich dachte an meinen Vorfahr, Rabbi Jomtow Lipmann Heller, den Autor der »Tossafot Jomtow«, der während des Dreißigjährigen Krieges in Prag und in Wien gefangengehalten wurde: Hätte ich unter den Schlägen der Kerkermeister die Kraft gehabt, Jude zu bleiben? Ebenso gern führte ich mir das Bild eines anderen Ahnen vor Augen, des Rabbis Schela ha-Kadosch: Würde er mir in der Todesstunde beistehen, damit ich ihm ohne Furcht und Schande folgen könnte?

Bis heute, ein halbes Jahrhundert später, sind das offene Fragen, und ich kann sie noch immer nicht beantworten. Und wie der Haß, der dem jüdischen Volk weiterhin entgegenschlägt, mir nie aus dem Sinn geht, verblüfft mich auch sein Überleben stets aufs neue.

Von meinen Lehrern geführt, hoffte ich, eine Antwort in den Büchern zu finden. Ich las sie also eifrig, zu eifrig vielleicht. Daher kam meine Geringschätzung für den Sport, was sicher ein Fehler ist: Fußball, Skilaufen, Tennisspielen, das kam für mich nicht in Frage. Einige junge reiche Juden aus sogenannten assimilierten Familien gingen diesen Sportarten nach. Ich konnte nicht einmal schwimmen. Zur Entspannung spielte ich Schach, manchmal auch Karten, am Weihnachtsabend zum Beispiel (und, um ehrlich zu sein, sehr schlecht). Das machten sogar die ultraorthodoxen Juden, denn an diesem Abend tat man besser daran, nicht in die Synagoge zu gehen, sich nicht auf der Straße blicken zu lassen. Die anderen Abende verbrachte ich mit meinen Freunden bei den Chassidim, die immer einen Anlaß zum Feiern fanden. Im Frühling spazierte ich manchmal Samstag nachmittags durch den Mühlenpark oder an den Böschungen der beiden Flüsse Theiß und Issa entlang, die unsere Stadt umgaben. An einem Sommerabend folgte ich einmal der Menschenmenge auf den Hauptplatz. Stundenlang schaute ich einem Gaukler auf riesigen Stelzen zu, dessen Kopf bis zu den Dächern ragte. Ein anderes Mal sah ich einen Seiltänzer auf seinem straff gespannten Seil um sein Gleichgewicht ringen: Er stürzte ab, und ich höre immer noch den gellenden Schreckensschrei der Menge. »So ist das Leben: ein einziger Seiltanz«, bemerkte jemand. Eine jüdische Schauspieltruppe - aus Wilna? - gab einige Vorstellungen. Welche Stücke sie spielten, weiß ich nicht mehr. Und einmal nahm mich meine Mutter ins Kino mit, als ein jiddischer Film gezeigt wurde. Handelte er von den jüdischen Siedlungen in Palästina? Oder vielleicht von denen in Birobidschan? Junge Leute, Jungen und Mädchen, arbeiteten lachend auf den Feldern und pflügten singend den Boden. Ein anderes Mal wurde ein ungarischer Film gezeigt: *Az északa lánya* (Tochter der Nacht). Ich erinnere mich noch an den Namen und das Gesicht der Hauptdarstellerin - es war die schöne Karády Katalyn -, aber nicht mehr an den Film selbst. Aus einem einfachen Grund: Ich habe ihn nicht gesehen. Wer die heiligen Texte studiert, verliert doch nicht seine Zeit - und seine Seele - damit, sich Frauen anzusehen, die Gott weiß was anstellen.

In pädagogischer Hinsicht täuschten sich meine Eltern und meine Lehrer bestimmt. Wenn ich auch den Film nicht gesehen hatte, so doch die Schauspielerin. Sie beschäftigte mich sehr, und es kostete mich einige Anstrengung, sie aus meinem Kopf zu verjagen, besonders nachts. Sie war nicht die einzige. Trotz (oder wegen) der Verbote kam es vor, daß ich hinsah, wo ich nicht hinsehen sollte, daß ich der jungen Nachbarin hinterherguckte oder einer schönen Unbekannten, die durch das Viertel ging. Mein inneres Auge folgte ihr. Sie führte mich zu gefährlichen Orten; ich wurde verlegen und bestrafte mich. Satan brachte mich vom rechten Weg ab und schlug mich in seinen Bann. Er wollte mich zu seinem Diener, seinem Opfer machen, er wollte sich meiner Seele bemächtigen und sie in den Staub treten. Wie konnte ich mich retten, mich dagegen zur Wehr setzen? Ich erinnere mich an die Tochter eines Richters, eine stolze blonde Schönheit mit langem, seidigem Haar und gemessenem

Gang. Wenn sie an unserem Haus vorbeiging, schlug mir - ich wußte nicht, warum - das Herz bis zum Hals. Mein Atem ging schneller, ich wurde zappelig, linkisch. In Gedanken rang ich mit mir, um der Hölle und ihren Flammen zu entgehen. Um meinen Kopf freizubekommen, vertiefte ich mich ins Gebet, eine geläufige und bisweilen wirksame Methode, zumindest lenkt sie ab. Psalmen am Morgen, Psalmen am Nachmittag, Psalmen am Abend. In der Zeit meiner Barmizwa ging ich jeden Morgen vor dem Gottesdienst zur rituellen Waschung. Dreizehnmal untertauchen, denn diese Zahl entspricht dem Zahlenwert Echads. Gott ist eins. Sechsundzwanzigmal untertauchen, weil sechsundzwanzig die Zahl des Tetragramms ist. Ich betete inbrünstig. Ich war davon überzeugt, mit ein bißchen Kawwana, Hingabe, die Versuchungen des Bösen und das Böse selbst überwinden zu können. Mit ein bißchen mehr Selbstdisziplin würden meine Gebete zum siebten Himmel aufsteigen und die Richterstochter und alle anderen aus meinem Kopf verschwinden lassen.

Manchmal war ich auf diesen oder jenen Freund neidisch: nicht weil er besser gekleidet war als ich oder unsere Lehrer ihn häufiger lobten, sondern weil er mit mehr Inbrunst betete und sich weniger ablenken ließ. Ach, wenn ich doch heute noch meine Seele im Gebet öffnen könnte, wenn ich noch nach der Reinheit streben könnte wie damals ...

Ich sehe meinen Vater oder träume, ihn zu sehen. Manchmal sehe ich nur ihn. Er wirkt sorgenvoll, bedrückt. Was sucht er? Einen kleinen jüdischen Jungen, wie es so viele gibt in einer kleinen jüdischen Stadt unter so vielen anderen; einen jüdischen Jüngling auf der Suche nach Erlösung? Das bin ich, Elieser, Sohn des Schlomo. Unser Laden liegt an der Schlangenstraße, Ecke Dragós Voda. Rabbi Pinchas Hager, der Rabbi von Borsche, wohnt gegenüber. Nebenan empfängt der Slotfener Rabbi seine begeisterten Anhänger. Links steht das Haus von Reb Schloimele Heller, dem rabbinischen Richter, der für sein ausgewogenes Urteil bekannt ist.

Ich weiß, Sie lächeln darüber: In meiner Kleinstadt gibt es viele Rabbis, und jeder schart eine noch größere Zahl von Anhängern um sich. Man könnte meinen, Sighet sei eine einzige riesige Synagoge, der Gottesdienst unsere einzige Beschäftigung, und materielle Angelegenheiten seien uns gleichgültig. Täuschen Sie sich nicht: Wir haben auch unsere Diebe, unsere Spitzel, unsere Übergeschnappten. Jeder kennt sie. Sie heißen »Jankel der Pferdedieb« oder »Berl der Petzer«. Wir sind keine Gemeinde von religiösen Spinnern oder Fanatikern. Zankende Nachbarn, eifersüchtige Frauen, Haß zwischen Rivalen findet man überall, auch bei uns. All diese Juden gehen einer Beschäftigung nach, haben Verpflichtungen und Steckenpferde. Wir müssen es richtig leben, das Leben, das der Herr uns schenkt, wir müssen es gestalten und unser Bestes geben. Bittet er uns denn nicht, ihm ein wenig zu helfen? Also strengen wir uns an. Jeder strengt sich an. Die einen liegen ständig ihrem Rabbi in den Ohren, andere versuchen es mit Schleichhandel, Meditation oder Psalmen. Wieder andere arbeiten als Schuster, Schneider, Schlachter oder Gepäckträger, helfen den Armen, trösten traurige Witwen, singen, fordern mit aberwitzigem Gebrüll das Recht auf Freiheit und das Recht auf den ekstatischen Rausch, das Recht auf ihren Traum und auf das Erwachen daraus: Und am Ende wird alles gut. Nur noch ein wenig Geduld, der Messias kommt bald. Ob die Bewohner meiner Stadt Optimisten sind? Sie haben gar keine andere Wahl. Was würde aus den Juden werden, wenn sie in Pessimismus verfielen? Außerdem wartet am Ende aller Dinge doch wieder der Messias, nicht wahr? Oder kann man sich einen pessimistischen Messias vorstellen?

Der Messias, ach, der Messias: Meine arme Mutter beschwor und erwartete sein Kommen unaufhörlich. Er ging ihr nie aus dem Sinn. Abends wiegte sie mich mit dem tiefen Glaubensbekenntnis einer jüdischen Mutter in den Schlaf. Ihrem Kind würde nichts Böses widerfahren, denn der Messias würde immer rechtzeitig erscheinen, um es zu beschützen. Und was war mit den Antisemiten? Sie waren bereits zu Lebzeiten verdammt, ohnmächtige Schurken. Mit einem Augenzwinkern schlüge der Messias sie in die Flucht. Und was war mit dem Militärdienst? »Mach dir darüber keine Sorgen, mein Junge. Es wird keine Armee mehr geben. Wo solltest du denn eine Uniform herbekommen?« Wie alle jüdischen Mütter glaubte meine Mutter natürlich von ganzem Herzen daran. Bald würde das jüdische Volk befreit sein und seine Söhne nie wieder für die Kaiser und Könige Europas in den Tod schicken. Ich weiß nicht, ob man den Erlöser überall mit derselben Inbrunst und Sehnsucht erwartete wie in Sighet, aber ich weiß, daß jedes jüdische Kind auf der Welt in derselben Hoffnung lebte. Seltsam, wie sich die jüdischen Kinder alle gleichen. Und die jüdischen Dörfer, die kleinen Weiler …

Und trotzdem: Jedes ist anders. Jedes hat seinen eigenen Charakter, seine eigene Denkweise, seine besondere Färbung, sein besonderes Temperament, ich würde sogar sagen, seine eigene Persönlichkeit. Zum Beispiel die Dörfer um meine Stadt herum: Ein Fremder würde sich verlaufen: überall die gleichen Hütten, die gleichen Gasthöfe, die gleichen Schlachter. Ich aber kann auf einen Blick Kretschenew, wo mein Onkel Israel, der Kaufmann, lebt, von Bitschkew unterscheiden, wo Großvater Dodye seinen kleinen Hof hat.

Doch bleiben wir noch einen Moment in Sighet, denn zum einen ist es die Bezirkshauptstadt, und zum anderen bin ich dort geboren. Meine Stadt ist eher launisch. Man schneuzt sich kurz, und schon erkennt man sie nicht wieder. Denn die Stadt, die mich zur Welt kommen und Abschied nehmen sah, hat die seltsame Angewohnheit, ständig ihren Namen, ihre Staatsangehörigkeit und damit ihre Treuepflicht zu wechseln.

Als mein Vater geboren wurde, war sie ein stolzes Mitglied der Donaumonarchie und hieß Màrmarossziget. Als ich zur Welt kam, trug sie den großspurigen Namen Sighetul Marmatiei und gehörte zum Königtum Groß-Rumänien. Als ich sie verließ, war sie wieder Màrmarossziget geworden, eine ungarische Stadt mit lautstarkem Patriotismus. Und heute folgt sie den Weisungen Bukarests, aber Budapest beansprucht sie wieder für sich im Namen von ... Halt, mischen wir uns lieber nicht in diese überkommenen ethnischen Streitereien ein.

Nie werde ich meine Schwierigkeiten mit der ungarischen Nationalhymne vergessen, die ich von einem Tag auf den anderen auswendig lernen mußte. Die königlich rumänische Hymne wurde abgelegt wie ein alter Schuh. Mit derselben Begeisterung, wie wir »Lang lebe der König« gerufen hatten, sangen wir jetzt »Gott schütze Ungarn«.

Zu Hause sprachen wir natürlich in erster Linie Jiddisch, aber den jeweiligen Umständen entsprechend auch Deutsch, Rumänisch und Ungarisch. Und im Laden hörten wir noch Ruthenisch, Ukrainisch und Russisch. Um die Bauern zu verstehen und von ihnen verstanden zu werden, mußten wir mehrsprachig sein. Das war gar nicht so schwierig, man lernt alles. Außerdem genügten einige Wörter: Guten Tag, Ja, Nein. Meistens aber hatten wir es mit Kunden zu tun, die sich auf Jiddisch verständigen konnten. Maria, unsere Hausangestellte, beherrschte es vollkommen und sprach es nahezu akzentfrei, zweifellos auch mit großer Überzeugung. Kein Wunder! Schließlich kannte sie unsere Bräuche, unsere Sitten, unsere Gesetze. Sighet war beinahe eine jüdische Stadt. Unsere christlichen Nachbarn wußten alle, daß ein Jude am Sabbat kein Feuer machen, zu Ostern kein Brot essen und kein unreines Fleisch anrühren durfte. Umgekehrt war das nicht so: Ich wußte nichts über die christliche Religion. Sie weckte keine Neugier in mir, nur Furcht, eine unbestimmte, nicht in Worte zu fassende Furcht, die aber stets gegenwärtig war und auf mir lastete. Wenn ich in die Synagoge oder ins Lehrhaus ging, wechselte ich die Straßenseite, um nicht an der Kirche vorbeigehen zu müssen. Wovor fürchtete ich mich dort? Vor dem Weihrauch oder den liturgischen Prozessionen, vor den Ikonen oder vor der Menge der Gläubigen, die, so dachte ich, das Volk Israel haßten? Vielleicht erinnerte ich mich dunkel an furchteinflößende Erzählungen, in denen jüdische Kinder von Mönchen entführt und gewaltsam bekehrt wurden. Trotzdem hatte ich christliche Schulkameraden. Waren es wirklich Kameraden? Nein, nur Mitschüler. Ich sehe noch, wie sie im Schulhof spielten und dabei immer unter sich blieben. Einige kamen in den Laden, um ein Kilo Zucker oder Mehl zu kaufen. Dann lächelten sie mir zu. Aber in der Schule taten sie so, als würden sie mich nicht kennen. An Heiligabend beteiligten sie sich, als kleine Teufelchen verkleidet, mit Hörnern und Peitsche an der Judenhatz. Alle? Nein, nicht alle. Ich erinnere mich an einen blassen und schüchternen Jungen, Pischta oder Petru?, der auch ein ausgezeichneter Schüler war. Wenn seine Freunde uns ihren Haß spüren ließen, zwinkerte er mir verständnisvoll zu, als wollte er mich ermutigen, standhaft zu bleiben. Als später das Ghetto eingerichtet wurde, half er mir, unser Funkgerät zu einem Freund meines Vaters zu bringen.

War ich außerhalb des Cheder ein guter Schüler? Lange Zeit plagte mich Prüfungsangst, doch ich hatte gute Noten in der Volksschule. Ich erledigte meine Rechenaufgaben und lernte den Stoff des Geschichts- und Erdkundeunterrichts auswendig. Vielleicht lag es daran, daß meine Lehrer sich bemühten – besonders ein gewisser Muresan, der mürrisch und streng war –, meinen Eltern zu gefallen, denn sie waren bei uns Kunden, die gewisse Vorteile genossen. Dafür war ich ihr Lieblingsschüler. Wenn ich mit meinen Gedanken woanders war, sahen sie großzügig darüber hinweg. Das geschah häufig, weil mich weltliche Dinge weniger fesselten als die heiligen

Schriften: Die patriotischen Gemetzel zwischen Rumänen und Ungarn bewegten mich nicht mehr als die Legenden, die sich um die Geburt von Romulus oder die Heldentaten Attilas rankten. Die Prüfungen zu bestehen war nicht schwer: Einen Monat vorher begann ich zu lernen. Aber dann machte ich nichts anderes mehr. Ich entschuldigte mich beim Talmud, daß ich ihn so vernachlässigte, und ich versprach, ihn wieder zur Hand zu nehmen, sobald ich die Prüfung hinter mir hätte, und ich hielt mein Versprechen. Nach einer Woche hatte ich alles Gelernte wieder vergessen: Ob in Rechnen oder Erdkunde, ich wurde wieder ein schlechter Schüler. Und dann spielte ich auch noch Geige. Ein Polizeibeamter gab mir Unterricht. Zweimal wöchentlich ging ich mit einer Flasche Tzuika unter dem Arm zu ihm. Er trank, ich spielte. Wenn die Flasche zur Neige ging, war die Stunde beendet.

Auf dem Gymnasium änderte sich nichts: Was ich lernte, vergaß ich schnell wieder. Meine Eltern schickten mich als Externen auf die jüdischen Gymnasien in Debrecen und Nagyvárad. Es war der Traum meiner Mutter, daß aus ihrem Sohn ein Doktor Rabbiner, ein Rabbi mit Doktorhut würde. Bevor ich den Lehrern in den großen Städten gegenübertreten durfte, nahmen mich einen Monat lang Privatlehrer in Latein, Algebra und Physik unter ihre Fittiche. Als es soweit war, begleitete mich meine Schwester Bea. Ich sehe sie noch, wie sie mit ihrem Barett vor dem Schultor auf mich wartet und mir zuversichtlich entgegenlächelt, als wollte sie sagen: Siehst du, du hast es geschafft, und ich bin bei dir! Das Bild kam mir viele Jahre später im Krankenhaus von Montreal wieder ins Bewußtsein. Meine Schwester war von Krebs gezeichnet, und wir wußten beide, daß sie sterben würde. Ich hielt ihr die Hand und lächelte, als wollte ich sagen: Ich bin bei dir, du wirst es schaffen.

Hilda und Bea besuchten die Höhere Mädchenschule in Sighet. Ihre Hauptsorge galt dem Sabbat: Wie sollten sie es anstellen, an diesem Tag nicht schreiben zu müssen? Gewöhnlich fand mein Vater Mittel und Wege, indem er eine bewährte Methode anwandte: Er bestach die Direktorin. Zippuka, meine kleine Schwester, war noch zu jung, um zur Schule zu gehen. Sie lernte allein zu Hause. Ich liebte es, sie über ein Buch oder Heft gebeugt zu sehen, ernst, fleißig und schön wie ein Engel mit goldenem Haar. Ich hielt den Atem an, um sie nicht zu stören. Nie wieder werde ich für jemanden das empfinden, was ich für sie empfand.

Ich erinnere mich an ihre Geburt. Eines Nachts schickte mein Vater mich eiligst, um Doktor Fisch zu holen. Er blieb allein bei meiner Mutter im Zimmer, während Maria und Großmutter Nissel Zuber voll kochendem Wasser hin- und hertrugen. Irgendwann befahl mir Großmutter, gegenüber beim Rabbi von Borsche ans Fenster zu klopfen. »Aber Großmutter, er schläft doch«, widersprach ich. »Dann weck ihn«, sagte meine Großmutter, »und bitte ihn, sich dort oben für deine Mutter einzusetzen.« Ich gehorchte selbstverständlich. Der Rabbi schlief nicht. Sein Fenster stand offen, und es brannte Licht. Er schien auf mich zu warten. »Komm herein«, sagte er. »Laß uns ins Bet ha-Midrasch hinuntergehen.« Dort öffnete er den heiligen Schrein und sagte vor den heiligen Schriftrollen zu mir: »Wir wollen zusammen einen Psalm sprechen. Ein Kind wie du und ein Greis wie ich werden im Himmel nicht auf taube Ohren stoßen.« Vers für Vers sprachen wir ein Bittgebet. »Noch eines«, sagte der Rabbi stirnrunzelnd. Ich gehorchte. Nachdem wir den dritten Psalm gesprochen hatten, schwieg er. Ich ging nach Hause zurück. Durch die geschlossene Tür hörte ich, wie Großmutter meine Mutter anflehte: »Halte dich nicht zurück, schrei! Heul einfach los! Man muß schreien, wenn man Schmerzen hat, und ich weiß, daß du Schmerzen hast!« Da ging ich wieder zum Rabbi. »Es ist nicht besser geworden«, sagte ich zu ihm. »Meine Mutter will nicht schreien.« – »Gut«, erwiderte er, »dann wollen wir das Buch der Gebete aufschlagen.« Er fand das Gebet, das zur Lage meiner Mutter paßte, sprach einen Vers, und ich sprach ihm nach. Plötzlich hörten wir einen mächtigen Schrei aus unserem Haus. Der Rabbi küßte das Buch und sagte: »Hast du gehört? Unserem Volk ist soeben ein neues Kind geschenkt worden. Gott segne es.«

Meine kleine Schwester war ein Segen. Aber ... Nein, kein aber. Noch nicht. Alles zu seiner Zeit. Meine kleine Schwester erlebte einige glückliche Jahre. Und ich auch.

Wenige Jahre später rannte meine Mutter über die Straße zum Rabbi von Borsche: Ich krümmte mich vor Schmerzen wegen einer Blinddarmentzündung, und der Arzt bestand darauf, daß ich sofort operiert werden müsse. Seiner Meinung nach sollten wir noch am selben Tag nach Satmàr fahren, denn das jüdische Krankenhaus dort würde wahre Wunder vollbringen. »Aber es ist Sabbat!« riefen meine Eltern. Der Arzt zuckte mit den Schultern: »Es wird Ihnen nichts anderes übrigbleiben.« In ihrer Verzweiflung wollte meine Mutter den Borscher Rabbi um Rat bitten. Selbstverständlich, versicherte er ihr, das heilige Gesetz dulde eine Verletzung des Sabbats, wenn es darum gehe, Leben zu retten.

Von meinem Krankenhausaufenthalt ist mir der Äther, den ich einatmen mußte, in Erinnerung geblieben: Wenn es in der Hölle einen ganz bestimmten Geruch gibt, dann sicher nicht den Geruch von Schwefel, sondern den von Äther. Und ich erinnere mich an die Krankenschwester. Ich weiß, sollte es im Himmel einen Engel geben, der Kranke pflegt, so ist es Raphael, aber ich weiß auch, daß es in diesem Fall eine wunderschöne und gütige junge Frau war. Ich war damals noch sehr klein, aber ich hätte mich auf der Stelle in sie verlieben können. Ihre feinen Gesichtszüge, die dunklen Augen, die zärtlichen Hände - ein Lächeln von ihr genügte, um meine Schmerzen zu lindern. Ich mochte vor allem die Art, wie sie mich aufrichtete, damit ich trinken konnte: Wenn sie sich über mich beugte, streifte ihre Brust mein Gesicht und weckte in meinem Körper ein seltsames Beben.

Ich schämte mich, denn ich mußte mir eingestehen, daß ich traurig war, als ich nach nur einer Woche aus dem Krankenhaus entlassen wurde.

1938 bedeutete, wie ich später erfahren sollte, München, Daladier und Chamberlain; Léon Blums *»lâche soulagement«*, wie die Franzosen seinen Rücktritt nannten; Churchills prophetischer Zorn. Die ersten Flüchtlinge kamen aus der Tschechoslowakei, diesem kleinen Land voller Begeisterung und Eifer für die Demokratie, das von ganz Mittel- und Osteuropa beneidet wurde. Masaryk und Beneš standen für Toleranz und Freiheit.

Die Flüchtlinge waren enttäuschte Soldaten, Menschen ohne Hoffnung, Bürger eines Landes, das für ein paar hochtrabende Versprechungen von seinen französischen und englischen Verbündeten verraten worden war. Wohin waren sie unterwegs? Sie sprachen wenig, baten um nichts. Ich weiß nicht einmal, ob sie in Sighet übernachtet haben. Als die westliche Welt 1968 die Tschechoslowakei zum zweiten Mal verraten hat, mußte ich wieder daran denken. Und wenn Václav Havel 1989/90 so große Zustimmung aus aller Welt bekam, liegt das vielleicht daran, daß die sogenannte freie Welt sich seiner Nation gegenüber schuldig fühlte.

Die Tragödie bahnte sich an, und das Leben ging seinen gewohnten Gang, meines wie das der anderen Juden in Sighet; ich achtete wenig darauf. Ich wurde größer, reifer, ich lernte schwierigere, geheimnisvollere Texte kennen. Und Hitler? Sein Gebell drang nicht in mein Bewußtsein. Die Nürnberger Gesetze, die Olympischen Spiele, die Ermordung vom Raths, die Reichskristallnacht? Hadrian und die Inquisition hatten Schlimmeres getrieben. Hauptsache, das Dritte Reich bricht in sich zusammen, die europäischen Großmächte weichen nicht zurück, Hitler und seine Gefolgsleute verrecken, und es kommt nicht zum Krieg ...

Aber der Krieg kam. Er brach an einem Freitag aus. Ich erinnere mich: Es war im Monat Elul, und alle bereiteten sich auf die Hohen Feiertage vor. Am Morgen erklang der Schofar, um die sündigen Seelen zur Buße zu rufen. In diesem Monat, heißt es, zittern selbst die Fische im Wasser. In einer Ecke des Bet ha-Midraschs besprach mein Vater, den Gebetsschal um den Hals und die Gebetsriemen um Stirn und Arme gewickelt, mit seinen Freunden die neuesten Nachrichten. Vor Aufregung redeten sie so laut, daß sie sich den Tadel der Ältesten zuzogen: »Pscht, pscht ... Es wird gebetet!« Dieses »Pscht, pscht« höre ich immer noch, und ich glaube, ich kenne seine Bedeutung: Wie kann man nur so schwatzen, sich so erregen, wenn Juden das Wort an den Herrscher der Welt richten? Wie können die Völker und ihre Armeen sich für ein Fleckchen Erde oder ein paar Sätze gegenseitig umbringen, wenn Gott den Gläubigen sein Ohr leiht ...

Das Gespräch hörte auf, der Gottesdienst ging weiter und endete wie gewöhnlich mit dem Kaddisch. In der Ferne donnerten schon die Kanonen, der Tod ging um, und die ersten Waisen lernten, Trauer zu tragen. Mein Leben veränderte sich deswegen nicht. An jenem Freitag hielt meine Großmutter wie immer ein Stück Hefezopf für mich bereit, ich nahm die rituellen Waschungen vor, um mich für den Sabbat zu reinigen, ich zog ein weißes Hemd und meinen guten Anzug an und öffnete mein Herz dem Frieden des siebten Schöpfungstages, den menschliche Leidenschaften grundsätzlich weder stören können noch dürfen.

An jenem Sabbat ereignete sich nichts Außergewöhnliches. Beim Morgengottesdienst erfuhr ich, daß ein bekannter Prediger auf der Durchreise Station machte und am Nachmittag predigen würde. Er war so klein, daß man schon die Augen aufsperren mußte, um ihn zu sehen. Was schaffte es dieser kleine Mann, seiner Stimme einen so feierlichen und vollen Klang zu geben? Ich erwartete eine Rede zur augenblicklichen Lage, aber er hatte andere Schwerpunkte. In seinem Singsang beschrieb er die grausame und erbarmungslose Strafe, die alle Gottlosen erwartete, die Gesetze mißachteten und sich sexuellen Ausschweifungen hingaben, die ich damals noch nicht kannte. Es hieß, er sei kurzsichtig, nahezu blind, aber er schien sich in der Hölle auszukennen, als hätte er von Geburt an, wenn nicht schon früher, dort gelebt.

In den folgenden Wochen suchten Flüchtlinge aus Polen Zuflucht in unserer Stadt und brachten schlechte Nachrichten mit: Hitlers Armee sei unbesiegbar, und sie wüte gnadenlos.

Wir befanden uns im Krieg, aber ich fühlte mich nicht bedroht. Mein Leben ging weiter wie zuvor. Ich mußte mich auf das bevorstehende Neujahrsfest vorbereiten, und das war nicht so leicht. Um Seligkeit zu erlangen, muß man aufrichtig sein: Schummeln geht nicht. Am Tag des Jüngsten Gerichts wird ein unbestechlicher himmlischer Richter darüber befinden, wer leben darf und wer sterben muß, wer durch das Schwert, wer durch das Feuer und wer durch den Durst enden soll.

Mein Großvater kam zu Besuch, um die Hohen Feiertage mit uns zu verbringen. Ich überließ ihm mein Bett und schlief auf einer Bank, glücklich darüber, zwei Fliegen mit einer Klappe zu schlagen: Die Unbequemlichkeit half mir, meine Sünden abzutragen, und gleichzeitig konnte ich meinem Großvater eine Freude machen.

Ich erinnere mich, daß er während des anstrengenden und ergreifenden Gottesdienstes an Rosch ha-Schana und besonders während des Mussafgebets viel weinte. Er weinte mehr als sonst. Sicher ahnte er, was ich mir nicht vorstellen konnte, da ich noch zu jung war: daß der Krieg, nachdem er erst einmal ausgebrochen war, nicht enden würde, bevor er nicht Tausende von jüdischen Gemeinden mit in den Untergang gerissen hätte.

Was wußten wir über die Ereignisse jenseits der Grenzen? Die ungarischen und jiddischen Zeitungen lieferten uns mehr oder weniger ungenaue Nachrichten. Wir wußten, daß es schlecht stand. In den von Deutschland besetzten Gebieten erlebten die jüdischen Gemeinden schwere Zeiten. Aber was hätte man anderes erwarten sollen? Hitler hatte es oft genug und auf vielfältige Weise angekündigt und seine verbrecherischen Absichten unserem Volk gegenüber nie verheimlicht. Und wir wußten genau, daß es immer eine Katastrophe für uns bedeutet, wenn der Haß von der Staatsgewalt getragen wird. Hitlers Judenhaß war so groß und seine Macht so unumschränkt, daß man auf das Schlimmste gefaßt sein mußte. Was diese Worte allerdings wirklich bedeuten sollten, ahnte damals jedoch keiner von uns. In unseren schlimmsten Alpträumen befürchteten wir vielleicht willkürliche Verhaftungen, systematische Erniedrigungen, kollektive Verfolgungen, Pogrome und Massaker, wie sie die Juden im Exil und zu Zeiten der Kreuzzüge so häufig erleiden mußten, als sie gemartert, gerädert und vertrieben wurden. Aber nicht mehr. Und nichts anderes.

Denn wir hatten trotz allem, was wir über Nazideutschland bereits wußten, seltsamerweise Vertrauen in die deutsche Kultur oder zumindest in den deutschen Humanismus. Die Deutschen sind ein zivilisiertes Volk mit einer großen Kultur, redeten wir uns ständig ein, man sollte den sicher stark übertriebenen Gerüchten keinen Glauben schenken, die von der Propaganda über die Wehrmacht verbreitet werden. In Kriegszeiten wird viel erzählt …

Leider dachten das tatsächlich viele Juden bei uns, auch meine Mutter. Und zwar aus einem einfachen Grund: Wir sind alle in eine Falle gegangen, die die Geschichte uns gestellt hatte. Während des Ersten Weltkrieges war die deutsche Armee den Juden zu Hilfe gekommen, als sie unter der russischen Besatzung von den wilden Kosakenhorden geschlagen, verhöhnt und unterdrückt wurden, deren Anschauungen und religiöse Traditionen von Antisemitismus geprägt waren. Nach dem Rückzug der Kosaken erlebten wir in unserer Gegend eine kurze Zeit der Ruhe. Die deutschen Offiziere waren höflich, hilfsbereit und gebildet. Von dieser Erinnerung an die Deutschen in Sicherheit, vielleicht sogar in den Schlaf gewiegt, wollten die Juden einfach nicht glauben, daß deren Söhne so unmenschlich sein könnten. Und ging es nur den Juden so? Neville Chamberlain dachte und verhielt sich nicht anders. In München vertraute er Hitler, obwohl dieser ihn gerade lächerlich gemacht hatte.

Eine Folge des »komischen Krieges«, wie die Franzosen den Zeitraum vom Überfall auf Polen bis zum Einmarsch in Frankreich nennen, war der Einmarsch der Roten Armee in das kleine Finnland, dessen mutiger Widerstand selbst unter den Juden Bewunderung hervorrief. Dann teilten Stalin und Hitler Polen, Ungarn und Rumänien untereinander auf. Die Sowjetunion rückte Sighet immer näher, und ein Dutzend junger Juden nutzte die Gelegenheit, heimlich über die Grenze zu gehen, um gemeinsam das kommunistische Paradies aufzubauen. Ihre »kommunistischen« Brüder steckten sie sofort ins Gefängnis und schickten sie in das Reich der Unterdrükkung, das wir heute unter dem Namen Gulag kennen. Lejser Basch und seine junge Verlobte, beides entfernte Verwandte meines Vaters, brachten dort mehr als zehn Jahre zu. 1954 in Kanada erfuhr ich, was ihnen widerfahren war. Kaum hatten sie sowjetischen Boden betreten, da wurden sie auch schon verhaftet, der Spionage für die ungarischen Faschisten angeklagt und verurteilt. Später wurden sie von Gefängnis zu Gefängnis, von einem Lager ins nächste verschleppt, bis sie in Sibirien landeten. Sie durchlebten unsagbares Leid und zahllose Abenteuer. Lejser entdeckte seine Berufung zum jiddischen Schriftsteller. Seine Bücher wären es wert, übersetzt zu werden. In ihnen fände der Leser einen Augenzeugenbericht aus dem Gulag, der dem Alexander Solschenizyns um zehn Jahre vorausging.

Die zweite Folge des Krieges war der Einmarsch der Deutschen in den Niederlanden, Belgien und Luxemburg. An diesem Freitagmorgen schöpften die Juden wieder Hoffnung. Denn nun begann der Krieg eigentlich erst richtig, und das bedeutete für uns das baldige Ende Hitler-Deutschlands.

Dritte Folge: Sighet wurde wieder Mármarossziget. Unter Jubel begrüßte die Bevölkerung die ersten »motorisierten« (das heißt mit dem Fahrrad einmarschierenden) Einheiten der ungarischen Armee. Auch meine Mutter war glücklich über den Wechsel der Staatsangehörigkeit. Für sie bedeutete dies eine Art Rückkehr in ihre Kindheit, und dafür sollten wir Gott danken.

Dennoch fehlte es nicht an schlimmen Vorzeichen. Zwar sprach man weder von Vernichtung noch von Ausrottung, aber man erwähnte bereits die Massaker in Polen. Das hätte eigentlich genügen müssen. Über tausend »Auslandsjuden« – also Juden, die keine Papiere besaßen, mit denen sie ihre ungarische Staatsbürgerschaft nachweisen konnten – wurden 1941 von ungarischem Gebiet nach Galizien abgeschoben. Ich sehe mich noch am Bahnhof stehen und ihnen Lebewohl sagen. Die ganze Gemeinde hatte sich versammelt. Wir dachten, wir würden sie eines Tages wiedersehen, aber sie kehrten nie mehr zurück. Einem einzigen gelang es zu entkommen: Mosche dem Küster. Stumpfsinnig und mit irrem Blick erzählte er von haarsträubenden Dingen: Alle Abgeschobenen (zu dieser Zeit nannte man sie noch nicht Deportierte) waren massakriert und nackt in Panzergräben bei Kolomea, Stanislau und Kamenez-Podolski verscharrt worden. Er erzählte und erzählte von der Grausamkeit der Schlächter, vom Todeskampf der Kinder, vom Sterben der Greise. Man schenkte ihm keinen Glauben. Die Deutschen sind doch Menschen, hieß es, auch wenn die Nazis Unmenschen sind. Je mehr Mosche sich bemühte, die anderen zu überzeugen, desto weniger nahmen sie ihn ernst. Sie bemitleideten sein Schicksal: Der Ärmste, hieß es, er muß viel erlitten haben, vielleicht zu viel, und jetzt weiß er nicht mehr, wovon er spricht. Er regte sich furchtbar auf: »So hört mich doch an, ich schwöre, daß ich euch die Wahrheit sage! Ich schwöre es bei meinem Leben! Bei eurem Leben! Wenn ich lüge, warum bin ich dann alleine hier? Wo ist meine Frau geblieben? Wo sind meine Kinder? Warum sind sie nicht mit mir zurückgekehrt? Und meine Freunde, eure einstigen Nachbarn, wo sind sie? Ich sage euch: Sie sind alle umgebracht worden. Wenn ihr mir nicht glauben wollt, so habt ihr selber den Verstand verloren!« Der Ärmste, hieß es, er faselt wirres Zeug. »Ich sage euch, ihr seid die Wahnsinnigen!« schleuderte er ihnen wütend entgegen. »Was dort mit uns geschehen ist, wird euch eines Tages hier heimsuchen! Und ihr seht weg? Wenn ich lüge, warum spreche ich dann jeden Morgen und jeden Abend das Kaddisch? Und warum antwortet ihr mir mit einem Amen, warum?« Tatsächlich betete er morgens und abends für die Toten, zehnmal morgens und zehnmal abends. Er ging zu allen Gottesdiensten, lief von Synagoge zu Synagoge und versuchte überall, ein Minjan zusammenzubekommen, um immer noch ein Kaddisch mehr beten zu können. Aber seine Klagen stießen auf taube Ohren. Ich hörte ihm zwar zu und betrachtete sein fiebriges Gesicht, wenn er seine Qualen beschrieb, aber mein Verstand sträubte sich, ihm zu glauben, obwohl ich ihn gern hatte und ihm häufig Gesellschaft leistete. Galizien liegt nicht am anderen Ende der Welt, sondern nur wenige Stunden von hier entfernt, sagte ich mir. Wenn es stimmte, was er erzählt, wüßte man doch davon …

Außerdem hatte meine Mutter nicht ganz unrecht. Ihre Zuversicht war durchaus verständlich: Seit Nikolaus Horthy in Ungarn die Macht übernommen hatte, lebten die Juden einigermaßen unbehelligt. Horthy hatte einflußreiche jüdische Freunde, von denen einige, aber nicht alle, konvertiert waren. Die schlimmsten staatlichen Schikanen, wie die Abschiebungen nach Galizien, hatten aufgehört. Obgleich mit Deutschland verbündet, behandelte Ungarn seine Juden nach eigenem Gutdünken. Abgesehen vom Numerus clausus an Universitäten und Hochschulen konnten sich die Juden nicht beschweren. Die Hetze der faschistischen Nyilas beunruhigte uns zwar, da sie jedoch nicht an der Macht waren, machten wir uns keine ernsthaften Sorgen. Die jungen Juden waren vom Wehrdienst befreit und dienten in der Munkaszolgálat, einer Art Hilfstruppe, die das Heer begleitete und die Heeresverwaltung besorgte. Im Sommer mußten sie Panzergräben ausheben und im Winter Holz schlagen. Weder sie noch ihre Familien beklagten sich besonders darüber. Die Synagogen waren ebenso überfüllt wie die jüdischen Schulen und Gymnasien, die Jeschiwot entwickelten sich prächtig, der jüdische Handel blühte. Sportvereine, Kulturzirkel und zionistische Organisationen führten ihre Veranstaltungen offen und legal durch: Studienfahrten, Seminare, Debatten, alles war erlaubt. Wirklich alles? Ich übertreibe. Nikolaus Horthy war alles andere als ein Demokrat. Er duldete keine Opposition. Seine Polizei jagte und folterte die Kommunisten – insbesondere jüdische Kommunisten – und terrorisierte ihre Familien. Im Lehrhaus wurde viel darüber gesprochen. Damals nahm ich davon keine Notiz, ich erfuhr es später, nach dem Krieg, als ich Material für *Das Testament eines ermordeten jüdischen Dichters* sammelte. Das Phänomen des gläubigen Juden, der sich für den Kommunismus einsetzt, beschäftigt mich immer noch. Wie kann ein von Mose und Jesaja durchdrungener Jude sich die Theorien – oder den Glauben – von Karl Marx und Josef Stalin zu eigen machen? Im Verlauf meiner Nachforschungen stellte ich mit Erstaunen fest, daß es sie sogar in unserer Kleinstadt gab. Man nannte mir bekannte und weniger bekannte Namen. Diese Talmudschüler versammelten sich doch tatsächlich nachts in einem dunklen Bet Midrasch, um Lenin und Engels mit demselben heiligen Eifer zu analysieren, den sie tagsüber beim Studium der Lehren von Maimonides an den Tag legten.

Ich glaube, sogar meine doch so fromme Mutter fühlte sich vom kommunistischen Ideal angezogen. Ich erinnere mich an einen spöttischen Mann mit Schnauzbart, der sie während ruhiger Geschäftszeiten im Laden aufsuchte. Sie unterhielten sich mit leiser

Stimme. Nach dem Krieg erfuhr ich, daß er ein kommunistischer Untergrundkämpfer war. Vielleicht lag es an seinem Einfluß, daß meine Mutter ab einem bestimmten Zeitpunkt nicht mehr Radio London, sondern Radio Moskau hörte.

Hitlers Einmarsch in Paris, die deutschen Siege in Nordafrika, der japanische Bombenangriff auf Pearl Harbor: Darüber wurde natürlich gesprochen. Ständig fielen Ortsnamen, die uns bislang unbekannt waren: Tobruk, El Alamein, Woronesch, Stalingrad. Dennoch schien der Krieg fern, unwirklich, fast mythisch, und erreichte uns nur, wenn italienische Truppen auf dem Weg zur Front durch die Stadt kamen (und die Soldaten Mandoline spielten) oder wenn sie von dort zurückkehrten (schweigsam, mit gesenkten Köpfen). Er brach sporadisch über uns herein, wenn polnische Flüchtlinge nach Sighet kamen. Hatte mein Vater, der sich im Auftrag der Gemeinde um sie kümmerte, ein offenes Ohr für ihre Berichte? Er setzte jedesmal Himmel und Erde in Bewegung, um den Flüchtlingen falsche Papiere und Geld zu verschaffen und zu verhindern, daß die Polizei sie zurückschickte.

Ich erinnere mich, wie in dieser Zeit einmal jemand am Sabbat zu meinem Vater kam und berichtete, eine junge Frau sei von zwei Polizisten abgeführt worden. Für einen Augenblick schien er zu zögern: Sollte er während des Sabbatmahls aufstehen? Hastig sprachen wir die üblichen Tischgebete, und mein Vater verließ uns. Nach einigen Stunden kam er zurück. »Es sieht schlimm aus«, sagte er finster. »Schlimmer als sonst. Sie hat dem Beamten, der sie verhörte, alles erzählt: Wie sie aus dem Ghetto in Galizien geflohen ist und wie ihre Eltern niedergemetzelt wurden. Sie hätte besser geschwiegen.«

Gott sei Dank ließen sich die Beamten mit Geld und etlichen Flaschen Schnaps bestechen, und ihre Handlanger, Gott sei nochmals gedankt, gaben sich mit einer einzigen Flasche und wenigen Groschen zufrieden. Als die Gesetze schärfer wurden und ihre Anwendung strenger, verfiel mein Vater auf eine neue Idee: Er hatte erfahren, daß jeder, der mit ausländischen Devisen aufgegriffen wurde, sofort der Spionageabwehr in Budapest übergeben werden sollte. Also fand er Mittel und Wege, die Flüchtlinge mit ein paar amerikanischen Dollars, Schweizer Franken oder englischen Pfund Sterling auszustatten und dadurch ihre Abschiebung nach Polen zu verhindern. In Budapest kümmerte sich eine Untergrundorganisation um sie. Fast alle haben überlebt. Bei einer Razzia wurde einer von ihnen jedoch verhaftet. Unter der Folter legte er ein Geständnis ab und nannte den Namen meines Vaters. Niemals werde ich die Verhaftung meines Vaters vergessen und seinen Blick, nachdem er wieder freigelassen worden war. In seinen Augen konnte ich alles lesen, was er mir immer verschwiegen hatte. Er verbrachte endlose Wochen im Gefängnis, zuerst in Sighet selbst, dann in Debrecen. Seine Freilassung verdankte er Freunden in Budapest, die Geld aufgetrieben hatten, um den Ankläger oder sogar den Richter zu bestechen. Bea – von allen Familienmitgliedern wußte sie immer am besten, was zu tun war – fuhr ihm mit dem Zug entgegen. Er schien gealtert zu sein. Als er uns am Bahnhof versammelt sah, deutete er zwar ein Lächeln an, aber dabei sah er so traurig und ernüchtert aus, wie ich ihn noch nie gesehen hatte. Tagelang beobachtete ich ihn: Hatte man ihn geschlagen? Gefoltert? Was hatten sie ihm angetan, daß sein Gesicht so grau, von Spuren der Erschöpfung und Hoffnungslosigkeit gezeichnet war? Ich hatte nicht den Mut, ihn zu fragen. Dennoch brannte ich darauf, es in Erfahrung zu bringen. Jahre später sagte mir Bea, sie wisse es. Ich flehte sie an, das Geheimnis mit mir zu teilen. Sie lehnte es ab und wiederholte immer nur: »Ich weiß es, ich weiß es.« Sie war schon schwer krank, und ich bedrängte sie nicht weiter. Ich hätte meinen Vater später im Lager fragen können, als wir zusammen waren, unsere Leiden und unsere Angst teilten. Aber mein Schamgefühl ließ eine Anspielung auf seine Gefangenschaft nicht zu. Ich sagte mir, dies sei weder der richtige Augenblick noch der richtige Ort. Es war ein Irrtum. Denn nun werde ich nie mehr erfahren, was im Leben meines Vaters ohne jeden Zweifel ein schreckliches und einschneidendes Erlebnis war.

Hatte ihn der Aufenthalt im Gefängnis verändert? Wenn ja, so zeigte er es nicht. Und schließlich gewann, wie immer, der Alltag wieder die Oberhand.

Warum fühle ich mich noch heute so sehr zu meiner Heimatstadt hingezogen? Weil sie in der Erinnerung mit meiner Kindheit verschmilzt? Sie dient mir als Rahmen, Umgebung, Bezugspunkt für alle meine Romane. Hilft mir meine Phantasie, sie immer wieder lebendig und unversehrt vorzufinden?

Oft habe ich meine kleine Stadt, die anderen so ähnlich und doch anders ist, ganz neu erschaffen, um so zu tun, als hätte sie sich nicht verändert. Ich gehe an der Seite meiner Romanpersonen in ihr spazieren. Sie helfen mir, sie zu erkunden, sie führen mich und sind meine Schutzengel: Dank ihrer Hilfe bleibt das Schlechte verborgen und die Zeit stehen. *Gezeiten des Schweigens* entstand 1961, vor meiner Rückkehr nach Sighet. Ich habe dieses Buch geschrieben, weil es zur damaligen Zeit die einzige Möglichkeit für mich war, Sighet wieder aufleben zu lassen.

Die Begebenheiten, von denen meine Romane erzählen, sind zweifellos vielfältig, aber der Ort, an dem sie sich zutragen, bleibt der gleiche. Alle meine Helden sind dort gefangen: Es ist unmöglich, sie zu befreien. Selbst wenn ich auf Geschichten aus der Bibel, dem Talmud oder der chassidischen Tradition zurückgreife, nehmen sie ihren Ausgang in Sighet. Es sind die Gärten meiner Stadt, in denen die Weisen den Talmud schreiben und bearbeiten; im Licht ihrer flackernden Kerzen stricken sie an den Legenden des Midrasch, am Ufer ihrer Flüsse stellen die Vertriebenen ihre Harfen beiseite und denken unter Wehklagen an Zion, und in der Dunkelheit ihrer Wälder träumt Rabbi Isaak Luria mit seinen Schülern von der endgültigen Erlösung. Ich kann nichts dagegen tun: Ich habe Sighet verlassen, aber Sighet läßt mich nicht los.

Warum habe ich so lange und hartnäckig versucht, meine kleine Stadt wiederzufinden? Je näher ich ihr komme, desto weiter entferne ich mich von ihr. Je besser ich sie kennenlerne, desto mehr strenge ich mich an, sie zu entdecken. Denn eigentlich kenne ich sie nicht gut. Ich glaubte, sie von Grund auf zu kennen, aber das war eine Täuschung. Es gab ein verborgenes Leben in Sighet, von dem ich nichts ahnte. Ich wußte zum Beispiel weder, daß angesehene Männer der Gemeinde Schleichhandel und Devisenschmuggel trieben, noch daß es bei uns ... ein Bordell gab. Nach dem Krieg haben mir Leute aus Sighet unzählige Geschichten erzählt. Schenkt man ihnen Glauben, so sprachen einige der Prostituierten ein hochgebildetes Jiddisch. Eine von ihnen diskutierte leidenschaftlich mit den Freiern über Religion. Heute gebe ich freimütig zu, daß mir vieles entgangen ist. Dennoch interessierte ich mich schon damals für alles, beobachtete gern und hörte gern zu. Kaum gab es einen Streitfall unter den Chassidim, wollte ich schon die Gründe erfahren, die Nebensächlichkeiten genauso wie die Kernfragen. Kaum war ein jüdisches Mädchen zum christlichen Glauben übergetreten, um einen ungarischen Offizier zu heiraten, beschäftigte mich der Kummer ihrer unter der Schande leidenden Eltern. Ein Bettler, in dem vielleicht ein Gerechter steckte; eine verlassene Frau, die nun durch die Gegend zog, weil sie die Unterschrift von hundert Rabbinern benötigte, um wieder heiraten zu können; ein reicher Händler, der in den Bankrott getrieben worden war; ein Schriftsteller, dessen Buch den Himmel in Aufruhr schildert, weil der Todesengel beschlossen hat zu streiken; ein Abtrünniger, den die Gemeinde ausgestoßen hatte – all diese Schicksale fesselten meine Phantasie. Neben den Menschen bewegten mich auch Bäume, Vögel und Wolken, am meisten jedoch die Schwärmer: Mosche der Verrückte, dessen Lachen mich in meinen Träumen verfolgt, Kalman, der Kabbalist, dessen verschleierter Blick meinen trübt, Schmukler, der Prinz, mein Freund Itzu, mit dem ich den Siddur des Rabbi Jakob Emden las, mein Schulfreund Jerachmiel – wir lernten zusammen modernes Hebräisch. Natürlich erinnere ich mich an sie, wie ich mich auch an den schweigsamen Bettler erinnere, der seinen Finger an die Lippen legte und mir damit zeigte, wie sehr er dem Sprechen mißtraute. Und an die fünf- oder siebenköpfige Zwergenfamilie: Von überall kamen die Leute, um sie zu bestaunen und zu beklatschen; übrigens haben alle Mitglieder dieser Familie die Selektionen und Quälereien Mengeles in Birkenau überlebt. Und ich erinnere mich an die alte Vettel, die an Markttagen ihren Rock hob, um die Jugendlichen zu erschrecken. Sie verfolgten sie und warfen mit Kieselsteinen nach ihr, obwohl sie ihnen nichts getan hatte. Wen wollte sie herausfordern? Sie wagte sich niemals zu Stätten vor, wo Juden sich dem Gottesdienst widmeten. Ihr Platz war der Markt.

Meine Barmizwa habe ich im Haus gegenüber gefeiert, beim Rabbi von Borsche. Vor die Tora gerufen, las ich laut die entsprechenden Segenswünsche und im stillen einen Abschnitt aus dem Buch der Propheten. Nach dem Gottesdienst waren die Gläubigen zu einem Kiddusch eingeladen. Das war alles. Ich sehe noch Rabbi Chajim-Meir'l vor mir, den Nachfolger des alten Rabbi Pinchas, der mir am darauffolgenden Montag half, als ich zum erstenmal die Gebetsriemen um den linken Arm und die Stirn legte, wie die Bibel es vorschreibt. Jetzt gehörte ich zu den Erwachsenen, trug Verantwortung und war ein vollständiges Mitglied der israelitischen Gemeinde.

Ein neues Leben beginnt. Auf der Suche nach Gott vergesse ich seine Schöpfung. Der Satz stammt, glaube ich, von Renan. Den Griechen die Vernunft, den Römern die Macht, den Juden die Gottgefälligkeit. Ich suche Gott überall, lauere ihm überall auf, besonders an geheiligten Orten, als ob Er sich dort versteckte. Hatte Giordano Bruno recht, als er sagte, das Licht sei der Schatten Gottes? Ich suche Ihn, um Ihn stärker zu lieben, suche Ihn überall, um Seiner Gaben teilhaftig zu werden, um Sein Leiden in unserem Exil zu teilen: Ich suche Ihn in den Gebetsräumen der Schneider und der Schuhmacher wie in der großen Synagoge der Reichen und in den Lehrhäusern der Armen.

Auch die Gottlosen haben ihre Synagoge, hieß es bei uns immer. Wir jungen hatten die *Tif'eret Bachurim* eingerichtet, ein ziemlich dunkles Zimmer im Haus der »Talmud Tora«. Warum ausgerechnet ich zum Gabbai oder Vorsitzenden gewählt wurde? Vielleicht weil mein Vater uns über den ganzen Winter mit Holz für den Ofen versorgte? Für uns Schüler war es angenehm, einen eigenen Raum zu haben, um die Feste zu feiern, Psalmen zu lesen, die heiligen Schriften zu studieren, zu beten und miteinander zu reden. Wie die Erwachsenen verfolgten wir nun die besorgniserregenden Kriegsereignisse. Jiddele Feldman, der Enkel des rabbinischen Richters, war unser Spezialist für den russischen Frontverlauf. Er hatte in einem Folioband des Talmuds eine Landkarte versteckt, auf der viele farbige Pfeile eingezeichnet waren. Über seine Schultern gebeugt, lauschten wir begierig seinen Ausführungen über die deutschen Siege in der Ukraine und in Weißrußland. Mit einem Bleistift, auf dessen Ende er beim Nachdenken kaute, beschrieb er uns die Stellungen der Panzer, der Panzerwagen, der Bodentruppen, die Luftwaffenstützpunkte und die Truppenbewegungen. In Jiddele steckte ein General. »Der Vormarsch der Deutschen ist überwältigend«, sagte er. »Eine taktische Meisterleistung, furchterregend und unaufhaltsam. Der Roten Armee wird es nicht gelingen, den Einmarsch aufzuhalten, zumindest jetzt noch nicht. Später bestimmt, aber das wird für uns zu spät sein. Meiner Meinung nach müssen wir andere Mittel und Wege finden, um der Katastrophe zu entgehen.« Nur welche? Nach Palästina auswandern? »Ihr müßt in euch gehen«, gab Kalman, der Kabbalist, seinen ergebensten Schülern zur Antwort, »und mit noch tieferer innerer Sammlung beten. Die Antwort Gottes liegt in der Suche des Menschen nach dem Geheimnis.«

In den Geheimwissenschaften also? Warum nicht. Das meinte Kalman zwar nicht, denn er war eher ein Gegner der sogenannten »kabbalistischen Praxis«; ihm ging es allein um die messianische Erleuchtung. Dies hinderte mich jedoch nicht daran, es mit der Kabbala zu versuchen. Ich begann Werke auf hebräisch, aramäisch und ungarisch zu lesen, die das Irrationale in seiner ganzen Vielfalt behandelten: die Astrologie, die verschiedenen orientalischen Geheimlehren, die *Chochmat ha-Parzuf* oder Morphologie, den Hypnotismus, die Graphologie, die Parapsychologie, die Alchimie. Kurz gesagt, ich ließ mich von der anderen Seite der Wirklichkeit in Beschlag nehmen. Mit ein bißchen Glück, dachte ich, fiele mir vielleicht die Gabe zu, Staub in Gold zu verwandeln, Gefahr in Sicherheit und harmlose Handbewegungen in wehrhafte Taten gegen den Krieg zu verwandeln ... Leider ließ ich mich tatsächlich von den mystischen oder pseudomystischen Erfahrungen begeistern, von denen in über die Jahrhunderte vergilbten Büchern berichtet wurde. Konnte man mit einer Mischung aus Essig und dem Blut eines unter Zauberformeln rituell geschlachteten Hahns wirklich den Satan über die Berge jagen? Konnte man die Kräfte des Bösen bannen, Flugzeuge abstürzen lassen, Panzer zurückschlagen, die Todesritter besiegen und in den Staub treten, indem man zu genau festgelegten Zeiten bestimmte »Namen« mehrmals hintereinander aufsagte? Heute, fünfzig Jahre später, kann ich Ihnen versichern: Es klappt leider nicht. Ich spreche aus Erfahrung. Wie oft habe ich versucht, Hitler in die Falle zu locken, wie oft habe ich ihm tausend Übel und Krankheiten an den Hals gewünscht!

Und auch auf einem anderen Gebiet muß ich mein Scheitern gestehen, was niemanden erstaunen wird, denn auf diesem Gebiet bin auch heute noch sehr ungeschickt: im Geldanlegen.

In einem Werk über Okkultismus hatte ich einmal gelesen, man könne seine Ersparnisse vermehren, wenn man sie nach Anrufung eines dafür zuständigen Himmelsgeistes in der Erde vergräbt. Ich beschloß, es mit fünfzehn Pengös zu versuchen. Jeden Morgen grub ich meinen Einsatz wieder aus, um nachzusehen. Eines Tages war das Geld weg. Offenbar war mein Vermögensberater gerade anderweitig beschäftigt.

Enttäuscht machte ich Schluß mit diesen wenig ertragreichen Geheimpraktiken.

Um meinem Vater einen Gefallen zu tun, sang ich im Chor der großen Synagoge mit, der von Akiwa Cohen geleitet wurde. Ich habe so viel bei ihm gelernt, daß ich später in Frankreich, in einem Kinderheim der OSE* selbst einen Chor leiten konnte. Während einer Konferenz an der Universität von Connecticut erwähnte ich eines Abends meine musikalischen Anfänge und zollte den pädagogischen Fähigkeiten meines ersten Kantors große Anerkennung. Als ich seinen Namen erwähnte, rief es aus dem Saal: »Das bin doch ich!« Er war jetzt Kantor in einer Synagoge vor Ort.

Ich sah Akiwa Cohen nur selten, nur zu Gesangsstunden vor den Hohen Feiertagen; meinen Lehrer in Mystik traf ich dagegen jeden Abend. Wir waren drei Jungen, die sich unter seinen wachsamen Augen auf den Weg zum Pardess machten, zum Garten des verbotenen Wissens. Unsere mystische Suche nach dem Absoluten begann damit, daß wir jeden Montag und Donnerstag fasteten. Bis Mitternacht beugten wir uns im Lehrhaus über das Sefer jezira (das Buch der Schöpfung), das Abraham übergeben worden war, und über die Schriften von Rabbi Chajim Vital, dem Lieblingsschüler des Begründers der lurianischen Mystik. Fasziniert von den betörenden Theorien über die Schöpfung, konnte ich gar nicht mehr aufhören. Der Sprung in den Gefäßen, das Entweichen des ersten Lichts, die verstreuten Funken - wie konnte die Reinheit des Anfangs wiedergefunden werden? Wie konnte der Herr als Gefangener seiner selbst und unseres Handelns befreit werden? Wie konnten der erste mit dem letzten Atemzug verbunden, die Quelle und was ihr entspringt beherrscht werden? Für einen wissensdurstigen und träumerischen Jugendlichen bietet die Kabbala die stärksten Anreize, Romantik und die größte Verlockung. Wenn man im Gebet und beim Nachdenken bis an die Grenzen geht, erschließt sich hinter den Toren der Kabbala, die in den Himmel reichen, das Geheimnis der menschlichen Macht, die sich im Guten wie im Bösen zeigt. Auf dem Fußboden sitzend, beteten wir Litaneien, die schon Rahel und Lea gesprochen haben sollen. Vorsichtig wies uns der Lehrer den Weg zu jenem Gnadenmoment, wo der Mensch allein durch das Aussprechen einiger geheimnisvoller Formeln die Ereignisse vorantreiben und die Ankunft des Messias beschleunigen kann. »Es ist das einzige Mittel«, sagte unser Lehrer. »Um unser Volk zu retten, muß

* Das franz. Kinderhilfswerk: Œuvre de secours aux enfants.

die gesamte Menschheit gerettet werden.« Das war gefährlich. Wir kannten die tragische Geschichte von Rabbi Josef della Reina, dem Schüler Ari Hakadoschs und Freund eines geheimnisvollen Greises namens Natala Natali aus Safed sowie eines »verrückten Italieners«. Dieser arme, tollkühne junge Träumer hatte versucht, den erhabensten Traum der Menschheit zu verwirklichen. Nachdem er tausenderlei Gefahren zu Wasser und zu Land getrotzt hatte, scheiterte er am Ende doch. Satan war bereits wehrlos, an Händen und Füßen gefesselt und hatte seine Macht verloren. Er war harmlos, untertänig, demütig. Einen Augenblick noch, und die Menschheit würde ins Licht treten und die Wahrheit erkennen. Doch im letzten Moment beging der Rabbi einen Fehler: Er ließ sich von Satan erweichen, der seine Ketten zerbrach. Das Gebäude stürzte zusammen. Einmal mehr war die Hoffnung der Menschen erloschen. Wie aber sollten wir das Ziel erreichen, wenn Rabbi Josef della Reina gescheitert war? Würde es uns gelingen, den Fallen und Tücken aus dem Weg zu gehen? Wir dachten: Wenn wir es auch nicht schaffen, fangen wir eben wieder von neuem an. Schließlich hatte sich der Bescht auch nicht entmutigen lassen, als er für denselben Versuch bestraft worden war (er wurde seiner Fähigkeiten, seines Wissens und sogar seines Erinnerungsvermögens beraubt). Waren wir denn nicht alle seine Schüler?

Eines Samstagnachmittags nahm mein Vater mich zur Seite und fragte nach unserem aus mehreren Gründen kindischen Unterfangen, von dem er gehört hatte. Ja, an den Gerüchten war etwas dran. Ich nickte zustimmend, machte aber den Mund nicht auf. »Bist du nicht ein bißchen zu jung, um die Kabbala zu erforschen oder sie sogar anzuwenden?« Ich schüttelte den Kopf: Nein, ich fühlte mich nicht zu jung. War ich denn nicht ein Barmizwa, ein Sohn der Pflicht, geworden? Hatte ich meine Reife nicht bewiesen? Er wollte noch mehr über meine außerschulischen Beschäftigungen wissen, aber ich konnte seine Neugier aus einem einfachen Grund nicht befriedigen: Meine beiden Kameraden und ich hatten gelobt, kein Wort zu reden, ehe der Sabbat nicht vorüber war. Mein Vater schimpfte: *»Bigserat ha'Aw*, ich befehle dir in meiner Eigenschaft als Vater, mir zu antworten!« Da hatte ich keine andere Wahl und enthüllte ihm unsere Absicht. Als unverbesserlicher Rationalist schlug er mir einen Handel vor: »Du kannst mit der Kabbala machen, was du willst, solange es dich nicht davon abhält, die wirklich wichtigen Texte zu studieren, nämlich den Talmud mit seinen Kommentaren einerseits und das moderne Hebräisch andererseits.« Was soll ich mit modernem Hebräisch anfangen, hielt ich ihm entgegen. Mein Vater bestand darauf, daß ich die Sprache lernte und mich mit der modernen hebräischen Literatur bekannt machte. Er zeigte mir einige Gedichte und Erzählungen von David Frischmann, Chajim Nachman Bialik, Saul Tschernichowsky und Salman Schneur. In einigen fand ich so viele erotische Gedanken, daß ich errötete. Und so etwas sollte ich nach dem Willen meines Vaters studieren? Er bestand darauf. Mußte man diese Schriftsteller nicht für Gottlose, für Häretiker halten? In seinen Augen war Unwissenheit schlimmer als Häresie.

In der Stadt sah man unseren Dreierbund mit scheelen Blicken an. Eltern warnten ihre Kinder: »Seht nur, wie verantwortungslos diese Jungen sind. Sie rennen in ihr Verderben. Am besten, ihr geht ihnen aus dem Weg.« Denn der Mystizismus ist gefährlich, das weiß doch jeder. Gefährlich für alle, die nicht in der geistigen Verfassung oder nicht würdig sind, seine Lehren zu empfangen. Die Eschatologie ist nur Eingeweihten zugänglich, sie birgt lauter Sprengsätze – Zutritt verboten. Niemand spielt ungestraft mit den grundlegenden Geheimnissen der Schöpfung oder der Endzeit. Wie die Weisen, die in den Pardess, in den sagenhaften himmlischen Garten, eindrangen, läuft man Gefahr, im Wahnsinn, bei der Häresie oder im Grab zu enden. Es ist doch leicht einzusehen: Das menschliche Gehirn ist nicht in der Lage, ein Licht zu ertragen, das zu hell strahlt, ebenso wie das Herz nicht in der Lage ist, ein Gefühl zu ertragen, das zu tief reicht. Es gibt Grenzen, die man nicht überschreiten darf. Wie kann ein schwaches, verwundbares und sterbliches Geschöpf sich anmaßen, Gott seinen Willen aufzuzwingen? Seit Jahrhunderten erzählen zahllose Legenden von den Fallen und Gefahren, die jedem drohen, der es versucht. »Kinder«, meinte indessen unser Lehrer, »die Gefahr besteht sicher, denn Satan ist alles andere als wehrlos. Er wird versuchen, unser Unternehmen zu hintertreiben. Aber das Ziel lohnt die Mühe.«

Nach einem halben Jahr erlitten wir unseren ersten Rückschlag: Einer von uns, der älteste, wurde krank. Er verlor die Sprache und die Lebenslust. Von morgens bis abends lag er nur in seinem Bett, starrte ins Leere, war unansprechbar und teilnahmslos. Man lief zu den Rabbinern, sprach Psalmen, suchte die Gräber der Gerechten auf. Während des Sabbatgottesdienstes wurden besondere Gebete gesprochen. Man zog die Ärzte unserer Kleinstadt zu Rate, dann die aus den größeren Städten der Gegend. Mein Freund blieb stumm, sein Zustand unverändert. Dank verschiedener Empfehlungen konnte ein berühmter Psychiater aus Budapest herbeigeholt werden, der einen ganzen Tag am Bett des kranken Jungen verbrachte. Am nächsten Tag besuchte er die Schulen und Synagogen, befragte Eltern, Nachbarn und Freunde, auch mich. Da ich geschworen hatte, das Geheimnis zu bewahren, sagte ich nichts, was unserem Vorhaben hätte schaden können. Nein, ich hatte nichts Verdächtiges, nichts Außergewöhnliches an unserem Freund bemerkt. Nein, er wurde nicht von Wahnvorstellungen heimgesucht. Nein, es gab nichts, was ihn bedrückte. Wie man sich dann seinen Zustand erklären sollte? Der Psychiater befragte meinen anderen Freund, den zweiten im Dreierbund, und wurde daraus auch nicht schlauer. In seiner Ratlosigkeit bat er seinen schwedischen Professor um Hilfe, den berühmten Dr. Olivecrona. Und eines schönen Tages erhielt unsere kleine, in einem verlassenen Winkel Transsylvaniens gelegene Stadt den Besuch des großen Schweden. Mit konzentrierter Miene und lebhaftem, neugierigem Blick musterte er jeden, der ihm über den Weg lief, und spazierte seelenruhig durch die Straßen, bevor er sich zu dem Kranken bringen ließ. Das Spiel begann von neuem. Olivecrona untersuchte ihn, überprüfte seine Reflexe, befragte seine Eltern, lud seine Freunde vor ... und reiste enttäuscht wieder ab.

Am folgenden Sabbat zog mein Vater mich erneut zur Seite:

»Ich hoffe, das wird dir eine Lehre sein.«

»Was für eine Lehre?«

»Mach Schluß mit dieser verrückten Geschichte.«

»Ich kann nicht, Vater.«

»Warum nicht?«

»Wir tun doch nichts Schlechtes. Wir vertiefen nur unser Wissen auf einem Gebiet, das Teil unseres Erbes ist. Was ist daran so verwerflich?«

Das Gesicht meines Vaters verdüsterte sich.

»Ich verstehe. Aber bleib vernünftig. Versprich mir, auf dich achtzugeben.«

Ich atmete auf. Wir waren mit einem blauen Auge davongekommen. Unter Anleitung unseres Lehrers setzten der zweite Freund und ich unsere Bemühungen fort: asketische Übungen, glühende

Gebete und Beschwörungen. In der Hoffnung, zu schwindelerregenden Gipfeln emporzusteigen, ließen wir uns in die Abgründe der schlimmsten Qualen sinken. Nachts hörten wir nicht nur Hunde bellen, sondern auch, wie wir glaubten, die mal leichten, mal schweren Schritte des Messias. Noch eine Anstrengung, und die Rettung ist da, steht unmittelbar bevor. Noch ein Schub geistiger Energie, kühner Vorstellungskraft, und der Feind unseres Volkes, der Feind aller Völker, liegt vor uns auf den Knien.

Aber auch diesmal war Satan wachsam. Er vereitelte unser Unternehmen. Mein zweiter Freund erkrankte; er zeigte dieselben Symptome wie der erste. Heute sind mir die Fachausdrücke bekannt: Aphasie, Ataxie. Und wieder geriet unsere Stadt in Aufruhr. Man sammelte Geld: Ärzte aus den Nachbarstädten, Psychiater aus Kolozsvàr, Neurologen aus Budapest, das kostete viel. Olivecrona reiste erneut an. Er blieb eine Woche, um Fragen zu stellen, Untersuchungen durchzuführen und in den geheimen Wendungen des gestörten Denkens meiner Freunde herumzustöbern. Und wieder reiste er unverrichteter Dinge ab.

Vierzig Jahre später war ich mit Marion zum Abendessen bei einem New Yorker Psychiater, der uns mit einer Schwedin bekannt machte, der Freundin oder Frau eines Kollegen. Es war die Tochter von Olivecrona. Ich fragte sie, ob ihr der Name Sighet etwas sagte. »Sighet, Sighet ... Ja, das kommt mir bekannt vor ... Mein Vater ist während des Kriegs dort gewesen. Ich weiß nicht mehr, warum.« Ich erzählte ihr von unserem kindischen Abenteuer, und sie fing an zu lachen: »Ach so, deshalb war mein Vater nach seiner Rückkehr völlig durcheinander ... Wer hätte das gedacht! Sie hätten ihm einige schlaflose Nächte ersparen können ...«

Nachdem Olivecrona abgereist war, sprach mein Vater seine Sorge ganz offen aus: »Du mußt den Tatsachen ins Auge sehen, mein Sohn. Deine beiden Freunde wurden von einer Krankheit befallen, die einem Fluch gleicht. Also hör auf, bevor es zu spät ist.« Ich versuchte, mit ihm zu diskutieren: »Hab Vertrauen zu mir, Vater. Ich bin vorsichtig. Und in Zukunft werde ich noch siebenmal vorsichtiger sein.« Wußte meine Mutter von der Sache? Bislang hatte sie kein Wort darüber verloren. An jenem Abend jedoch musterte sie mich ernst, mit schmerzlichem Gesichtsausdruck, und sagte: »Du siehst blaß aus. Ich fürchte, du wirst krank.« Ich versicherte ihr, Gott sei mit mir und es gehe mir gut.

Damit beruhigte ich sie jedesmal, wenn ich ihre Befürchtungen bemerkte. Ich bat sie: »Hab doch Vertrauen in mich.« In meinen Augen machte sie sich grundlos Sorgen. Und die »Krankheit« meiner Freunde? Zweifellos hatte sie schon geraume Zeit in ihnen geschwelt. Aber nicht in mir ... Ob sie mir glaubte? Sie war taktvoll und drang nicht weiter in mich. Aber sie flehte mich an, vorsichtig zu sein.

Ich versprach es ihr, obwohl ich im tiefsten Inneren wußte, daß ich mein Versprechen nicht halten würde. Im Gegenteil, ich war bereit, noch größere Gefahren auf mich zu nehmen. Denn die Krankheit meiner beiden Freunde hatte mich von Richtigkeit, Nutzen und Wirksamkeit unserer Verschwörung überzeugt. Satan suchte uns mit solcher Macht heim, weil wir seine Pläne durchkreuzten. Folglich hieß es, nicht aufzugeben, nicht auf halbem Wege stehenzubleiben.

Während ich an diesem Vormittag die Geschichte aus meiner Jugend niederschreibe, wird mir bewußt, wie naiv ich damals war. Ich bildete mir wirklich ein, es sei möglich, mit ein paar Gebeten und kabbalistischen Beschwörungsformeln dem Henker Einhalt zu gebieten und die Opfer zu retten. Auch meine Freunde waren davon überzeugt. Vielleicht sind sie wahnsinnig geworden, weil sie ihren Irrtum erkannten.

Ich blieb allein mit meinem Lehrer, der immer noch zuversichtlich und voll Eifer war. »Der Erlöser wird kommen«, sagte er. »Du wirst sehen, Elieser, am Ende wird er erscheinen. Ein einziger könnte vielleicht die ganze Welt erlösen, wenn er es wirklich wollte, wenn er es aufrichtig und von ganzem Herzen wollte.« Und noch am selben Abend machten wir uns wieder an unser Werk.

April 1943. Es ist die Woche vor Ostern. Bei der Küchenarbeit macht meine Mutter Bemerkungen zu einer Nachricht, die sie in irgendeiner Zeitung gelesen hat: Im Warschauer Ghetto hat es einen Aufstand gegeben. »Warum haben unsere jungen Juden das getan?« fragt sie. »Hätten sie nicht in Ruhe (sie sagte wirklich: »in Ruhe«) das Ende des Krieges abwarten können?«

Meine arme Mutter.

Jahre später erfuhr ich die Wahrheit über diesen Aufstand, der zu den edelsten und bewundernswertesten in der jüdischen Geschichte gehört. Und es war der erste Volksaufstand im besetzten Europa.

Er dauerte ebenso lange wie 1940 der Kampf der französischen Truppen gegen den Einmarsch der Deutschen. Die jüdischen Kämpfer wußten, daß sie weder eine Chance hatten zu siegen noch zu überleben. Ihr Kampf war von vornherein verloren. Und doch nahmen sie ihn auf, um, wie sie es nannten, die Ehre der Juden zu retten. In der ersten Nacht des Aufstands fielen sich die Kämpfer in die Arme und beglückwünschten sich angesichts der ersten Leichen deutscher Soldaten: Die Henker waren also auch sterblich. Mordechai Anielewicz, der Befehlshaber an der Spitze des jüdischen Widerstands, schreibt: »Das Ghetto kämpft ... Dies ist der schönste Tag in meinem Leben.« Sein Stellvertreter, Jizhak Zuckerman, der aus dem Ghetto geschleust worden ist, um draußen Waffen zu besorgen, rennt gegen eine Mauer des Unverständnisses an. Das Ghetto brennt, und vor den Mauern stehen Liebespaare, um sich das Schauspiel anzusehen. Czesław Miłosz hat dies in seinem aufrührenden Gedicht *Campo di fiori* verarbeitet. »Man hat uns verraten«, schreibt Mordechai, bevor er in den Erdbunkern der Mila 18 Selbstmord begeht. Artur Zygelbaum, Leiter des Bunds und Abgeordneter des polnischen Exilparlaments, nimmt sich das Leben, um das Gewissen der Menschheit wachzurütteln. Der Arme: Wer hat seinen »Fingerzeig« schon wahrgenommen?

In meiner Kleinstadt fließen die Tage schnell dahin. Schon bereitet man das nächste Fest vor, Schawuot, das Wochenfest zur Erinnerung an die göttliche Offenbarung am Berg Sinai. Damals befahl der Herr dem Menschen: »Du sollst nicht töten.«

Sollten die Menschen Mörder sein? Die Mörder sind jedenfalls Menschen, das habe ich bald darauf erkennen müssen.

In diesem Jahr – 1943 – fuhren wir in den Ferien nicht weg. Gewöhnlich reisten wir zur Erholung nach Fantana, ein Bergdorf bei Borsche, wo mein Vater am Sabbat zu uns stieß. Ich mochte diese vier Wochen »Tapetenwechsel«. Manchmal spielte ich Schach mit Freunden meines Vaters. Häufig verlor ich dabei. Aber mir gefiel die bloße Tatsache, mit Erwachsenen zu spielen – von ihnen ernst genommen zu werden. Nachmittags zog ich auf eigene Faust los. Eines Tages, als das Dorf hinter mir lag, hatte ich das Gefühl, nicht allein zu sein. In meine Gedanken versunken, sah ich plötzlich einen Mann und eine Frau im Gras liegen. Sie lachten. Ich erkannte die beiden und sah schnell weg. Mir kam ein Ausspruch des Bescht in den Sinn: »Siehst du, wie jemand insgeheim eine Sünde begeht, ist das für dich ein schlechtes Zeichen, denn du hättest dort nicht sein sollen, du hättest das nicht sehen sollen.«

Meine Eltern beschlossen also 1943, daß in diesem Jahr Ferien nicht angebracht seien. Hatten sie Geldsorgen? Oder verzichteten wir auf die Reise, weil die Nachrichten immer besorgniserregender wurden? Jeder wußte bereits, daß es das Warschauer Ghetto nicht mehr gab, doch niemand hatte eine Ahnung von der »Endlösung«. Zwar fuhren andere Familien in die Sommerfrische, doch ich war froh, daß wir zu Hause blieben. Mein Lehrer brauchte mich. Die jüdische Geschichte brauchte unsere Träume, brauchte die Träume verrückt gewordener Kinder. Nach dem Gottesdienst am Abend von Tisch'a be-Aw, bei dem die Klagelieder Jeremias gesprochen werden, blieb ich lange bei meinem Lehrer, und wir wachten die ganze Nacht. Durch das inbrünstige, ständige Wiederholen der mit einem dunklen Wissen befrachteten Verse spürte ich eine ungeheure Kraft in mir aufsteigen, die mich in immer neue Abgründe stieß. Gegen vier Uhr meinte ich, ein Wesen mit verhülltem Gesicht zu erblicken, das an einen riesigen, vertrockneten Baum gekettet war. Tausend Hunde bellten und spien Feuer wie in dem Bericht von Rabbi Josef della Reina. Das Wesen verharrte regungslos, sein Kopf trug den Himmel. »Da ist er!« rief ich. »Meister, seht doch, da ist er! Befreien wir ihn!« – »Vorsicht«, antwortete er mir. »Vorsicht, denn ...« Schweißgebadet und atemlos kam ich wieder zu mir. Ich faselte wirr, ich wußte nicht mehr, ob ich träumte oder bei Bewußtsein war. Ich wußte nicht einmal mehr, wer und wo ich war. Auf dem Boden sitzend, raufte sich mein Lehrer die Haare. Er schien verzweifelt zu sein: Sein ganzer Körper wurde von Schluchzern geschüttelt. Da spürte ich, daß wir beide dem Wahnsinn nahe waren. Aber ich blieb entschlossen, unsere Suche nicht aufzugeben, koste es, was es wolle. Und ich bin bis heute davon überzeugt, daß ich dasselbe Schicksal erlitten hätte wie meine beiden unglücklichen Freunde und erst im tiefsten Abgrund wieder zu mir gekommen wäre, wenn nicht im darauffolgenden Frühjahr die Deutschen in Sighet einmarschiert wären. Welche Ironie: Ausgerechnet die Mörder haben mich »gerettet«, wie man so schön sagt. Wehe mir, denn in gewisser Weise blieb ich ihretwegen von diesem Schicksal verschont. Olivecrona hat sich kein drittes Mal zu uns bemühen müssen, und der Messias ist auch nicht gekommen.

Beim Blättern im Buch meiner Kindheit halte ich einen Augenblick inne, um auf etwas zurückzukommen, was ich bereits weiter oben angesprochen habe: Glauben Sie nur nicht, meine Kindheit hätte sich ausschließlich im Lehrhaus abgespielt. Nicht genug, daß ich den Himmel mit meinen aberwitzigen Träumen herausfordern wollte, ich war auch sonst alles andere als vernünftig. Schrullen, Ängste, Wutausbrüche und Eifersuchtsanfälle, frivole Spielereien und kindischer Trotz, das alles gab es auch bei mir. Wenn zwei Freunde sich untereinander besser zu verstehen schienen als mit mir, konnte ich nachts nicht mehr schlafen. Wenn mich im Lehrhaus ein Gläubiger schief anblickte, hätte ich mich am liebsten lebendig begraben lassen. Man sah mir an, daß ich zu empfindlich und zu eigensinnig war, jeder wußte es. Ich konnte mich schlecht verstellen, außer bei meinen pubertären Empfindungen. Der Dämon der Lust suchte mich zu oft heim. Ich verabscheute mich dafür. Hilda und Bea hatten Freundinnen, die zu uns ins Haus kamen. Manche von ihnen waren so betörend, daß ich zu stottern begann, wenn ich auf ihre Fragen antwortete. Und dann gab es noch die Tochter des Richters: blond, schön und schamlos. Das lange Haar fiel ihr in den Nacken; sie hätte genausogut sechzehn wie sechsunddreißig Jahre alt sein können. Liebte ich sie insgeheim? Ich wußte nicht, was es bedeutete, eine Frau zu lieben. Nachmittags kam sie immer bei uns vorbei, und ich wartete mit geröteten Wangen und stockendem Atem auf sie; ich fühlte mich schuldig, im Unrecht ... Eines Nachts träumte ich, sie käme ganz nahe zu mir, und mit ihrem Lächeln deutete sie mir eine Lust an – ihre oder meine? –, die ich noch nicht benennen konnte. Beim Erwachen litt ich Höllenqualen. Mochte ich auch meine Gedanken jede Nacht tausendfach knebeln, mein Körper beanspruchte gebührende Aufmerksamkeit. Die Engel, die ich in meinen Träumen berührte, waren keine himmlischen Geschöpfe.

Eines Nachmittags, es war Markt, erblickte ich im Hof ein Paar in seltsamen Bewegungen. Es waren Bauern, ein Mann und eine Frau. Sie lehnte mit hochgezogenem Rock an der Wand, während der Mann gegen sie zu stoßen schien ...

In jener Nacht wachte ich schweißgebadet auf.

Es ist Zeit, einen letzten Rundgang durch die Nachbardörfer von Sighet zu machen. Im Grunde genügt eines: Waren sie nicht alle ähnlich? Schauen wir uns Bitschkew – so sein jiddischer Name – an, das auf ungarisch Bocskó und auf rumänisch Botschkoi heißt. Mein Großvater mütterlicherseits, Reb Dovid (Dodye) Feig, lebte dort bis ... Nein, ich will nicht vorgreifen. Noch ist nicht die Zeit, über seinen Tod zu sprechen. Ich kann ihn besser beschreiben, solange ich ihn am Leben weiß.

Wie lebendig Großvater war und was für ein großartiger Mann! Ich weiß: Fast alle Kinder vergöttern ihren Großvater. Aber meiner war wirklich etwas Besonderes. Sie lächeln? Ausgezeichnet, denn ich lache, wenn ich ihn mir in Erinnerung rufe, ich lache wie damals. Er gibt mir die Kraft, er zwingt mich, das Leben zu lieben, es als Jude anzunehmen und aus ihm ein Fest für das jüdische Volk zu machen. Als ergebener Anhänger des Rabbis von Wischnitz verkörperte er schöpferische Kraft und chassidischen Eifer. Gesl, sein Vater, der abends gern in den Wald ging, um dort vor Gott als einzigem Zuhörer Geige zu spielen, erreichte das Alter von vierundneunzig Jahren. Auch mein Großvater wäre sicher so alt geworden, wenn er nicht ...

Reb Dodye Feig war ein kräftiger Mann mit breiten, starken Schultern. Er wußte, wie man das Feld bestellte, den Betrunkenen in der Kneipe Respekt einflößte oder ein störrisches Pferd bändigte. Für die Juden im Dorf war das selbstverständlich, jeder schlug sich durch, so gut er konnte. Doch Reb Dodye Feig war auch ein Mann mit weitgefächertem Wissen, der in seinem Dorf und den umliegenden Weilern große Achtung genoß. Er war eine angesehene Persönlichkeit. Kam ein Rabbi aus der Wischnitzer Dynastie ins Dorf, dann stieg er bei ihm ab.

Mein Großvater verband seine Suche nach dem Heiligen auf vollkommene Weise mit den Erfordernissen des alltäglichen Lebens. Er war ein ganzheitlicher Mensch, gebildet und gelehrt, ein begieriger Leser der Bibel und der Kommentare von Raschi, dem Ramban und mehr noch der Werke von Rabbi Chajim Ben Atar, voller Begeisterung für den Midrasch, die Werke aus der Mussarbewegung und die chassidische Literatur.

Ihn zu besuchen war ein Fest. Ein Fest für die Sinne und für das Herz. Ich bereitete mich körperlich und geistig so sehr darauf vor, daß ich nicht einmal mehr schlafen konnte. An seiner Seite fühlte ich mich in den Himmel gehoben und geläutert. Ich fühlte mich in Sicherheit. Bei ihm sah mich niemand schief an, brach niemand den Stab über mich. Ich war frei und unbeschwert. Alles stand mir offen, alles stand mir zu. Die Sonne, deren Strahlen in den Obstbäumen spielten, der Wind, der die Berge flimmern ließ, der Fluß, der meine Geheimnisse mit ins nächste Dorf nahm, der Himmel, diese blaugrau-purpurne Decke hinter dem Horizont: Die ganze Natur war nur da, damit mein Großvater von ihrer schlichten und ewigen Schönheit erzählen konnte.

Und zudem sang er auch wundervoll. Er hatte eine warme, klangvolle Stimme, mit der er nahe und ferne, malerische und geheimnisvolle Welten schildern konnte. Er kannte die Weisen, die am Hof von Wischnitz gesungen wurden. Solche, die man am Vorabend des Sabbats sang, und solche, die man am nächsten Tag in der Abenddämmerung zu seinem Ausklang murmelte. Er kannte auch die romantischen und mystischen Lieder, die der Rabbi von Kalew auf ungarisch sang. Und er kannte die wehmütigen Melodien der rumänischen Schäfer, die langsamen und inbrünstigen Doinas, in denen der Traum vom Ruhm und der Schmerz zerbrochener Herzen beschworen wird. Sobald er zu singen aufhörte, um Luft zu holen, bettelte ich ihn an: noch eines, noch eines. Und mit einem Lächeln, das immer heller erstrahlte, erinnerte er sich dann an ein neues Lied, das man diesem oder jenem Zaddik zuschrieb. Einmal unterbrach er sich mitten in einem Niggun. Er hatte die Augen geschlossen, schien eingeschlafen zu sein. Aus Angst, ihn zu wecken, rührte ich mich nicht. Doch er schlief nicht: »Ich träume«, sagte er. »So habe ich noch nie gesungen. Ich glaube, ich verdanke es dir, wenn ich mich zum *Chejchal ha-Negina* erheben kann, zum himmlischen Allerheiligsten, wo die Worte sich in Lieder verwandeln.«

Dann erzählte und erzählte er: Geschichten von Männern, die Wunder vollbringen, von Gerechten, die im Verborgenen leben, von unglücklichen Prinzen. All meine Erzählungen auf dem Gebiet der chassidischen Literatur verdanke ich ihm. Er kannte die zauberhaften Geschichten von Rabbi Nachman von Brazlaw, die Gleichnisse des Rabbis von Kotzk, die Sprüche des Rischiners, die Entgegnungen des Ropschitzers. Und er erzählte sie mir. Er lehrte mich, sie auszukosten und ganz in mich aufzunehmen. Mit einem Mal befand ich mich auf dem Schiff, das Rabbi Nachman ins Heilige Land brachte. Ich folgte dem Rischiner ins Exil. Ich wartete vor des Kotzkers Tür, um ihn in seiner beunruhigenden Abgeschiedenheit sehen zu können. Ich sah sie alle, und ich sah mich vor ihnen stehen. Von Minute zu Minute, von einer Erzählung zur anderen wurde ich überschwenglicher, ich fühlte mich beflügelt, innerlich reicher. »Ich werde diese Geschichten nie vergessen«, sagte ich zu meinem Großvater. Und er erwiderte: »Deshalb erzähle ich sie dir. Damit sie nicht vergessen werden.«

Während des Neujahrsfestes kam er in die Stadt, um am Gottesdienst von Rabbi Pinchas, dem Rabbi von Borsche, teilzunehmen. Dann wohnte er bei uns. Da mein Vater in der großen Synagoge betete, begleitete ich meinen Großvater zum chassidischen Bet Midrasch gegenüber. Als bekannte Persönlichkeit hatte er das Vorrecht auf einen Platz nahe dem Rabbi, und ich durfte an seiner Seite sitzen. Manchmal wußte ich nicht, auf wen ich meinen Blick richten sollte, auf meinen Großvater oder auf den Rabbi. Bei den zu dieser Feier vorgesehenen Gebeten, die man mit ehrfürchtiger, zitternder Stimme spricht, zog er mich unter seinen Tallit, um mir Schutz und Trost zu bieten. Ich spürte seine schwere Hand auf meinem Kopf und lauschte den Worten, die bis zu den höchsten Sphären aufstiegen, um für mein Wohl und das Wohl Israels zu bitten.

Bei uns war es Brauch, an den Tagen von Rosch ha-Schana die Tür für jedermann offen zu halten. Zwischen Tora-Lesung und Gottesdienst, der besonders feierlich abgehalten wurde, waren die Anhänger des Borscher Rabbis zu einem Glas Tee in unseren Hof eingeladen. Die Kinder bedienten, und dies war für meinen Großvater ein stolzer Augenblick: Er wachte über uns und segnete uns mit seinem Blick. Dann begleiteten wir ihn zum zweiten Teil der Feier.

Mit Kaftan und Schtreimel bekleidet, den vergilbten Machsor unter den Arm geklemmt, überquerte er singend die Straße, ein Prinz unter Prinzen, ein Vertrauter der Mächtigen. Dann kehrte er zu uns zurück und wünschte uns fröhlich ein »frohes neues Jahr«. In seiner Art lag so viel Vertrauen, so viel Wohlwollen und so viel Liebe, daß ich wußte, es würde ein gutes Jahr werden.

War es 1943 auch so? Ja, auch 1943.

Und trotzdem:

Es war sein letztes Rosch ha-Schana.

Im April 1944 luden meine Eltern ihn und seine Frau ein, bei uns zu wohnen. »Laßt uns zusammenbleiben«, schlugen sie vor. Schon wurde über die Einrichtung eines Ghettos in Sighet gesprochen. »Laßt uns zusammen ins Ghetto gehen.« Er lehnte ab. Er wollte lieber bei seinen drei Söhnen Israel, Chajim Mordechai, Esra und deren Kindern bleiben. Daher weiß ich nicht, wie er die letzten Wochen seines Lebens zugebracht hat, ich weiß nichts über seine letzten Tage. Später wurde mir berichtet, die ganze Familie hätte sich im Ghetto eines Nachbarorts einfinden müssen. Ihr Transport wurde an den dritten Zug aus Sighet angekoppelt.

Ich versuche mir vorzustellen, wie es ihm im Ghetto ergangen ist, oder mir vorzustellen, ich wäre an seiner Seite. Wie mag er der Freude Ausdruck gegeben haben, der chassidischen Freude, die er aus der Schöpfung und neben dem Schöpfer empfing? Ich versuche mir vorzustellen, wie er in dem verplombten Güterwaggon aussah, wie mag er dort wohl gebetet haben? Wem hat er sein Testament anvertraut? Ich versuche mir vorzustellen, wie er mit den Kranken und Alten ins Meer der Flammen ging, aus dem niemand zurückkehrte, und ... Nein, das will ich mir nicht vorstellen. Ich kann es nicht. Es würde gegen jeden Anstand verstoßen. Die Begegnung eines Menschen mit dem Tod muß sein Geheimnis bleiben. Hier ist Zurückhaltung geboten. Ich ziehe es vor, den Blick abzuwenden. So sehe ich ihn wieder vor mir, wie er sprühend vor Lebenslust und Begeisterung mit voller Stimme die Lieder fürs Jüngste Gericht anstimmt. Ich frage ihn: »Großvater, wie sieht das Heiligtum des Gesangs aus?« Und er antwortet: »Dieses Heiligtum ist voller Inbrunst und Licht. In seiner Flamme schmelzen selbst Herzen aus Eis.«

Ich hatte vier Onkel mütterlicherseits: Chajim Mordechai war der umtriebigste und geschickteste, Esra war der schüchternste, Israel der strengste und Mosche Izik der verträumteste.

Chajim Mordechai war schlank, großgewachsen, rothaarig, hatte lebhafte Augen und besaß eine klangvolle Stimme. Er verzauberte mich mit den moralisierenden Fabeln des Maggid von Dubno, die er singend erzählte, wie es die litauischen Prediger taten. Ich gebe kurz eine davon wieder: Eine Frau ist gestorben. Sie hinterläßt einen Mann und einen kleinen Knaben, der noch zu jung ist, um sein tragisches Schicksal zu verstehen. Er weiß nicht, daß er Waise geworden ist. Während der Beisetzung weint er nicht, sondern beginnt mit dem schwarzen Tuch zu spielen, das den Sarg seiner Mutter bedeckt ... »Tun die Juden im Augenblick nicht dasselbe?« fragte mein Onkel. »Eigentlich sollten sie ein Klagelied anstimmen, doch sie vergnügen sich.«

Esra, armer Esra – er besaß am wenigsten, war immer zurückhaltend und blieb im Hintergrund. Mit einem traurigen Lächeln auf den Lippen murmelte er unhörbare Worte. Sicher betete er. Und vermutlich bat er um Verzeihung für die Störung; dabei hat er nie gestört.

Israel, der Älteste, kam nur selten nach Sighet. Um ihn zu sehen, mußten wir in sein Dorf gehen, nach Kretschenew. Er führte einen winzigen Lebensmittelladen. Er bediente seine Kunden, Bauern aus den Nachbarweilern, in einem geflickten Kaftan und hatte immer einen Psalter in Reichweite ...

Mosche Izik litt an Tuberkulose. Wenn man über ihn sprach, seufzte man: Möge der liebe Gott Erbarmen mit ihm haben. Ich bewunderte ihn. Er hatte einen hastigen, schnellen Gang. Kaum war er da, ging er schon wieder. Er reiste unablässig, suchte irgendwen oder irgendwas. Wenn man ihm Fragen stellte, zuckte er mit den Schultern. Ich sah ihn gerne lachen, denn es war das Lachen eines Mannes, der die Entfernung nicht fürchtet, der keine Angst vor dem Tod hat. Wir aber hatten Angst, Angst um ihn. Man war immer auf das Schlimmste gefaßt. Und trotzdem hat er seine Brüder und Schwestern überlebt. Vielleicht hat der Tod ihn beschützt, sein eigener Tod, der ihn bereits erwartete, so daß der Feind keine Macht über ihn bekam. Ich traf ihn Anfang der fünfziger Jahre in Israel wieder. Immer noch sehr lebhaft und von sonnigem Gemüt, hatte er wieder zu reisen begonnen, quer durch Europa. Eines Tages erhielt ich einen Brief von einem Berliner Rechtsanwalt: Mein Onkel war soeben in Berlin gestorben und hinterließ mir ungefähr hundert Dollar. Ich sehe ihn noch vor mir: immer zwischen zwei Seufzern, zwei Hustenanfällen oder zwei Momenten von Geistesabwesenheit. Ich hätte gern mehr über sein Leben gewußt.

Das Leben meiner Vettern und Kusinen – ich spreche von den wenigen, die überlebt haben – gleicht mehr oder weniger meinem.

Auf väterlicher Seite waren es Lejser, Jankel, Welwel, Reschka, Bassi, Aigju ... Mütterlicherseits: Woiksi, Dewora, Silka, Leibi, Schiku, Sruli, Eli ... Warum haben sich unsere Wege getrennt?

Einige von ihnen leben in Belgien, manche in Kalifornien, eine Kusine hat sich in Buenos Aires niedergelassen, eine andere in São Paulo. Die meisten sind aus der Diaspora nach Israel gegangen. Warum haben die einen diesen, die anderen jenen Weg gewählt? Die Erklärungen dafür sind meistens unbefriedigend, mangelhaft oder falsch. Bei ihren Entscheidungen haben zweifellos die unterschiedlichsten Erwägungen eine Rolle gespielt. Welchen Umständen können wir unsere völlig verschiedenen Beschäftigungen und Berufe zuschreiben? Unter meinen Vettern und ihren Kindern befinden sich Ärzte, Rabbiner, Diamantenhändler, Lehrer, Kaufleute, Schriftgelehrte ...

Meine Schwester Hilda versorgt mich mit Nachrichten über die Familie: Der Ehemann einer Kusine ist in Argentinien gestorben, nachdem ihm beide Beine abgenommen worden waren. Der einer anderen ist während des Golfkriegs wahnsinnig geworden.

Häufig denke ich an diejenigen, die nicht überlebt haben. Es waren die Jüngsten, die Kleinsten. Ich erinnere mich an ihre Besuche bei uns, an unsere Besuche bei ihnen. An den Feiertagen teilten sie mir unter den Bäumen ihre kleinen Geheimnisse mit, die natürlich längst vergessen sind.

Noch häufiger denke ich an meine Freunde von damals, an Izu Junger, Chajimi Kahan, Izu Goldblatt, Mosche Scharf, Herschi Farkas. Die Freundschaft war für mich immer lebensnotwendig, und ich suchte sie beständig. Als ich älter war, mochte ich Epikur besonders, denn unter allen griechischen Philosophen macht er aus der Freundschaft ein ethisches Prinzip.

Die Freundschaft oder der Tod - so steht es im Talmud. Ohne Freunde ist das Leben leer, öde, überflüssig. Ohne Freunde fehlt es dem Leben an Wärme, an Kraft, an Sonne. Die Freundschaft zählt mehr im Leben eines Menschen als die Liebe. Sie ist von größerer Dauer als diese. Sie ist auch selbstloser. Man kann aus Liebe töten, aber nicht aus Freundschaft. Kain hat Abel umgebracht, weil er nur sein Bruder war, dabei hätten sie doch Freunde sein sollen. David ist eine herausragende Persönlichkeit in der Geschichte nicht nur, weil er viele Gebiete erobert hat, sondern auch aufgrund seiner wahrhaftigen, zarten und unerschütterlichen Freundschaft zu Jonathan. Zu einer solchen Freundschaft ist nur ein besonderer Mann fähig.

Der Erfolg der chassidischen Bewegung beruht ebensosehr auf der sorgsam gepflegten Freundschaft unter ihren Anhängern wie auf der Treue zum Meister, eine unentbehrliche, fruchtbare und schöpferische Freundschaft. Der Chassid besucht den Hof des Rabbis nicht nur, um ihn zu sehen, sondern auch, um Freunde zu treffen, die aus demselben Grund gekommen sind. Er fühlt sich mit jedem verbunden; die chassidische Literatur nennt diese Verbundenheit »die Wurzel der Seele«. Gemeinsam bilden die Freunde eine aktive Gemeinde, deren Mitglieder vor Gott und dem Rabbi alle gleich sind. Sicher gibt es weniger Reiche als Arme unter ihnen, mehr Glücklose als Wohlhabende. Doch das ist es gerade: Den Reichen geziemt es, den Bedürftigen zu helfen, wie es den Armen geziemt, den Glücklichen ihren Reichtum nicht übelzunehmen. Die Solidarität unter den Chassidim wirkt in Brooklyn wie in Paris. Wer in Bedrängnis ist, dem stehen seine Freunde bei. Taucht ein Flüchtling von irgendwoher auf, wird er sogleich von hilfreichen Händen mit Wohnung, Nahrungsmitteln, Geld und Beziehungen versorgt.

Um Gott zu preisen, sagte der berühmte Rabbi Pinchas von Korez: »Gott ist nicht nur der Vater unseres Volkes, der Herr des Universums, der Richter aller Menschen, er ist auch ihr Freund.«

Das schlimmste Unheil für einen Vater ist Kinderlosigkeit. Für ein Kind das Fehlen eines Heims. Für einen Gläubigen der Mangel an Gerechtigkeit. Für einen Suchenden das Fehlen von Wahrheit. Für einen Gefangenen das Fehlen von Hoffnung. Und für jeden Menschen das Fehlen von Freunden. Ohne Freunde ist jede Freiheit sinn- und zwecklos. Wer keine Freunde hat, ist ein Gefangener ohne Gefängnis.

Als Kind brauchte ich mehr Freundschaft als Zärtlichkeit, um mich weiterzuentwickeln, um nachdenken, träumen, mit anderen teilen und atmen zu können. Schon der kleinste Streit mit einem Freund führte dazu, daß ich schlaflos im Bett lag. Und dann fragte ich mich beklommen, ob ich künftig auf die aufregenden Spaziergänge am späten Abend, die endlosen Gespräche über das Glück, die Zukunft der Menschheit und den Sinn des Lebens verzichten müßte. Wenn ich von einem Freund enttäuscht wurde, schmerzte mich das mehr als jeder schulische Mißerfolg.

Kurz bevor ich zwölf Jahre alt wurde, fühlte ich mich selbstsicherer. Ich versuchte nicht mehr, mir Freunde zu »kaufen«. Phantasien und gemeinsame Pläne brachten uns jetzt zusammen. Unzählige Erinnerungen verbinden mich mit ihnen.

Ich hätte liebend gern die Freundschaft des jungen Dovid'l erworben, eines Enkels des berühmten Reb Schaje Weiß. Er war ein frühreifer Talmudforscher, dem man eine glänzende Zukunft voraussagte. Aber er hatte nie Zeit und war viel fleißiger als ich: unmöglich, ihn von seinen Büchern wegzulocken. Er war das Wunderkind unserer Gemeinde. Erst viel später schlossen wir Freundschaft, als er Talmudlehrer am Jewish Theological Seminary von New York war (dann erhielt er einen Lehrstuhl an der Columbia University) und ich Professor für Judaistik an der Universität der Stadt New York (vor meinem Wechsel an die Universität von Boston).

Jerachmiel Mermelstein, der Sohn eines Wassermelonenhändlers, besaß die besten Voraussetzungen für eine glänzende Laufbahn. Als schwärmerischer Zionist versuchte er unermüdlich, uns für die Ideen Theodor Herzls zu gewinnen. Samstagnachmittags, wenn wir eigentlich in der Synagoge sein sollten, um einen der Wanderprediger zu hören, bestand er darauf, uns die schwierigen wirtschaftlichen und gesellschaftlichen Verhältnisse in Palästina darzulegen. Er hatte sich in den Kopf gesetzt, modernes Hebräisch zu lernen, und bestand darauf, daß wir es ihm gleichtaten. Der Arme – er scheiterte auf der ganzen Linie. Keiner meiner Freunde ließ sich breitschlagen, und ich hatte auch keine Lust dazu. Für uns hatten andere Dinge Vorrang. Mein Vater aber teilte seine Begeisterung. Also mußte ich mit Jerachmiel Hebräisch lernen. Mein Vater besorgte uns einen Lehrer, und Jerachmiel stöberte eine Grammatik auf, die er mir lieh. Da ich nicht genug Geld hatte, um sie kaufen zu können, lernte ich sie auswendig, als wäre es ein Kapitel aus einer Abhandlung des Sanhedrins.

Als ich 1949 zum ersten Mal nach Israel reiste, mußte ich vor allem an meinen Vater und Jerachmiel denken. Dank ihrer Begeisterung für das moderne Hebräisch erhielt ich die Stelle des Paris-Korrespondenten einer israelischen Zeitung. Warum war es mir vergönnt, das Land kennenzulernen und die Sprache zu sprechen, für die Jerachmiel in unserer fernen Kleinstadt mit solchem Feuereifer gekämpft hatte, ihm aber nicht?

Ich sehe Izu Junger wieder vor mir, ernst und lächelnd zugleich, mager und behende. Seine Eltern waren reich, das vermutete ich jedenfalls. Sie wohnten neben der großen Synagoge in einem luxuriös ausgestatteten Haus mit vielen Zimmern und einem Garten, in dem ich oft zu Besuch war. Izu war so großzügig, daß ich annahm, er leide unter derselben Unsicherheit wie ich und wolle Freunde gewinnen. Ein Jahr lang hatten wir denselben Tutor. Wir waren ein Dutzend Schüler, die gemeinsam in einem für uns eingerichteten Raum unterrichtet wurden. Manchmal lernten wir bis spät in den Abend, und dann blieben wir die Nacht über dort. Mir machte das Spaß, ich haßte alles, was nach Gewohnheit aussah.

Als wir einen anderen Tutor bekamen, war Schluß mit dem Unterricht bei Izu, doch wir trafen uns weiterhin: beim Gottesdienst, am Sabbatnachmittag, an den Feiertagen. Dann kam der Sturm und trennte uns endgültig. Hatte er überlebt? Durch einen Zufall trafen wir uns in Israel wieder: Er überließ mir sein »Zimmer«, eine mönchische Zelle ohne Fenster in einem Vorort von Tel Aviv. Nach einigen Nächten gab ich es ihm wieder zurück. Ich befürchtete, darin ersticken zu müssen. In den fünfziger Jahren, während meines ersten Aufenthalts in den Vereinigten Staaten, traf ich ihn in Brooklyn wieder. Zu meiner großen Freude schlossen wir erneut Freundschaft. Es folgten lange Spaziergänge im Stadtteil Williamsburg, bei denen wir Erinnerungen austauschten und von unseren Plänen erzählten. Dann schrieben wir einander regelmäßig. Er muß damals schon krank gewesen sein, auch wenn er es noch nicht wußte. In seinen Briefen hat er jedenfalls nie etwas davon erwähnt. Ein Leberkrebs raffte ihn hinweg, doch niemand benachrichtigte mich von seinem Tod. Warum antwortete er nicht auf meine Briefe? Er hatte wahrscheinlich zuviel um die Ohren. Ich schrieb ihm weiterhin. Da ich nie eine Antwort erhielt, ließ ich es irgendwann sein. Zwei oder drei Jahre später, als ich mich in New York niedergelassen hatte, versuchte ich, ihn zu treffen. Er war nicht mehr unter seiner alten Nummer zu erreichen. Ich rief seine Schwester an, die in Brooklyn lebte. Sie brach in Tränen aus: Ich hatte einem Toten geschrieben.

Chajimi erlag einem Herzanfall. 1989 war er an einem Sabbatnachmittag bei sich zu Hause in Monsey im Bundesstaat New York zusammengebrochen, mitten im Kreis seiner Familie.

Wir hatten uns 1949 in Israel wiedergetroffen. Ich war damals Betreuer in einem Kinderdorf. Einmal war ein Arbeiter von den Elektrizitätswerken da, um etwas zu reparieren. Er kam mir bekannt vor. »Du bist Elektriker geworden?« Warum auch nicht. Er hatte den Beruf im Lager gelernt. Das wunderte mich nicht. Schon in Sighet hat er uns mit seiner Geschicklichkeit beeindruckt. In unserem Kreis war er das Mädchen für alles. Wenn es darum ging, eine klecksende Feder zu reparieren, ein kaputtes Schloß auszutauschen, einen Stromausfall zu beheben, einen zerrissenen Gürtel zu flicken, war Chajimi stets zur Stelle. Und sein Vater, Reb Nochum-Hersch, war Hauslehrer beim Oberrabbiner. Sobald wir in irgendeiner Schrift auf einen rätselhaften Absatz stießen, fragten wir ihn um Rat.

Chajimi war außergewöhnlich stark. Wenn wir nachts aus dem

Haus gingen, bot uns seine Gegenwart einen wirksamen Schutz. Er flößte allen Strolchen Angst ein. Dennoch habe ich es nie erlebt, daß er sich geprügelt hätte. Er war nicht gewalttätig, sondern im Gegenteil sehr gutmütig, und er sah immer gelassen aus. Ich erinnere mich an seinen ältesten Bruder Leibi. Chajimi sah ihn wenige Wochen nach ihrer Ankunft im Lager sterben. Er war klein, gedrungen, mit der Kraft eines Herkules, und wurde von einem Baum erschlagen - hätte er nicht einen anderen, natürlichen Tod verdient gehabt?

Welchen Weg ist Chajimi gegangen? Erst war er in einem Lager für Displaced persons im besetzten Deutschland, dann folgte der Versuch, illegal nach Palästina einzuwandern, der mit der Lagerhaft auf Zypern endete, und schließlich kam der Militärdienst in Israel. »Und immer noch so fromm, Chajimi?« In Sighet war er sehr fromm gewesen. In Amerika wurde er es noch mehr und ließ sich einen eindrucksvollen Bart wachsen. Er arbeitete als Juwelier in der 47. Straße, der Straße der Diamantenhändler. Während des Sabbats trug er einen Schtreimel wie früher sein Vater. Als Angehöriger des Rabbis von Sighet, der die väterliche Tradition fortsetzte, geriet er in New York wahrscheinlich unter den Einfluß der ultraorthodoxen Juden von Satmàr. Nun sind die Anhänger von Satmàr bekannt für ihre extrem ablehnende Haltung gegenüber Israel, dem Zionismus und allen Juden, die weniger fromm sind als sie. In ihren Augen war ich folglich ein Häretiker, zum einen wegen meiner Liebe zu Israel, zum anderen wegen meiner liberalen Haltung bei der Befolgung religiöser Vorschriften. Da wir zwei verschiedenen, wenn nicht sogar entgegengesetzten Welten angehörten, trafen wir uns nicht mehr.

Wenige Tage vor seinem Tod hatte er Izu Goldblatt - er ist ebenfalls Goldschmied - gefragt, ob er ihm nicht eine Kassette meiner Rede im Reichstag beschaffen könne. Warum interessierte ihn diese Rede mehr als die anderen? Warum bat er nicht um ein Buch von mir? Hatte er jemals gelesen, was ich schrieb? Ich weiß es nicht. Vielleicht wollte er die Kassette, weil ich diese Rede aus symbolischen Gründen auf jiddisch begonnen hatte. Selbstverständlich gab ich Izu eine Kassette für Chajimi. Doch zu spät: Chajimi hatte uns schon verlassen.

Früher waren Izu Goldblatt und ich Rivalen auf allen Gebieten, sogar in unserer Schüchternheit ... Als gleich gute Schüler versuchten wir einander an Frömmigkeit, Andacht und, lachen Sie nicht, an Bescheidenheit zu überbieten. Jeder wollte dem Himmel näher sein als der andere. Wer würde den Propheten Elias zuerst im Traum sehen? Ich erzählte ihm meine Träume, er mir seine. Gemeinsam schlugen wir in den Schriften nach, um sie auszulegen. Was sollten wir tun, damit unsere Seelen in den Himmel kämen? Wenn Izu das Gebet Schemone Essre in zehn Minuten sprach, nahm ich mir dreißig Minuten Zeit. Wenn er eine Stunde mit einem Abschnitt aus dem Ez ha-Chajim, dem Buch »Baum des Lebens« (das Hauptwerk von Chajim Vital), verbrachte, verwandte ich drei darauf. Wenn ich beim rituellen Bad vor dem Gottesdienst sechsundzwanzigmal untertauchte, gab er sich erst zufrieden, wenn er siebenundvierzigmal untergetaucht war. Dasselbe galt für den Unterricht. Lernte ich Latein und modernes Hebräisch, nahm er sich Englisch vor und machte so gute Fortschritte, daß er mir schließlich die ersten Englischstunden gab. Sein Englisch sollte ihm ebenso nützlich werden wie mir das moderne Hebräisch. Während er auf Zypern mit mehreren tausend anderen illegalen Einwanderern, die die Briten aus Palästina abgeschoben hatten, in einem Lager interniert war, bekleidete er einen Vertrauensposten in der Verwaltung. Wahrscheinlich hätte er auch im Wissenschaftsbetrieb Erfolg gehabt. Ich hingegen wäre sicher kein guter Goldschmied geworden, denn ich bin so ungeschickt, als hätte ich zwei linke Hände.

Und ich erinnere mich an Moische Chajim, den Sohn des Kantors. An Herschi Farkas, dessen Schwester sich wenige Tage vor Tisch'a be-Aw in der Iza ertränkt hat. An Mosche Scharf, der einen angeborenen Sinn für das Kaufmännische besaß. An Chajim Hersch mit dem schelmischen Blick und dem schönen Bariton. Und an die beiden Söhne des Selischter Rebbe: Ihre mutlosen, niedergeschlagenen Gesichter werde ich nie vergessen. Sie waren traurig wie ihr Vater, aber schweigsam. Ich hätte ihnen mit größerer Zuneigung begegnen sollen ...

Ich messe der Rolle, die die Freundschaft in meinem Leben spielt, größte Bedeutung zu. Ich kann es nicht oft genug wiederholen. Sie ist grundlegender Bestandteil aller meiner Unternehmungen, und ich opfere für sie alles, was ich besitze und noch mehr. Aus einem einfachen Grund: Ich kann nur in einer vertrauens- und verständnisvollen Umgebung arbeiten, anders ausgedrückt, nur in einer freundschaftlichen Atmosphäre. Als Journalist gewann ich die Freundschaft meiner Chefredakteure. Als Lehrer suchte ich die Freundschaft meiner Kollegen ebenso wie die meiner Vorgesetzten. Ein argwöhnischer Blick, und ich verbrachte eine schlaflose Nacht. Ein kühles Wort, und ich zog mich zurück. War ich überempfindlich? Zweifelsohne. Ich hatte eine dünne Haut und bin sehr verletzbar gewesen, meiner Rechte und Möglichkeiten nie sicher. Ich fühlte mich oft anderen unterlegen und meinte, ich könnte dem Bild nicht genügen, das ich oder andere von mir hatten. Also mußte ich immer etwas gutmachen. Als Kind verteilte ich Süßigkeiten. Als Erwachsener war ich immer bereit zu helfen: mit Übersetzungen, Ratschlägen, Empfehlungen, Beiträgen, Vorworten, Zeitungsartikeln - ich wollte nicht gefallen, aber mich gebraucht und geliebt fühlen. Manchmal machte ich Versprechungen, obwohl ich wußte, daß ich sie nicht erfüllen konnte. Ich weiß, dann hätte ich nichts versprechen sollen. Aber einen Moment lang spürte ich ein heftiges Verlangen danach, zu wissen, daß jemand etwas von mir erwartete, daß ich an seiner Zukunft teilnehmen und ihm behilflich sein könnte. Dieses Gefühl verringerte für kurze Zeit meine Einsamkeit.

Später hat man mir vorgeworfen, die weiblichen Personen in meinen Romanen häufig ungerecht zu behandeln, sie oberflächlich zu gestalten, ohne seelische Tiefe. Das mag schon richtig sein. Meine männlichen Personen sind besser dargestellt, besser entwickelt. Rührt das daher, daß sich meine Beziehungen zu ihnen aus der Quelle der Freundschaft speisen? Es war sicher ein Fehler, ausschließlich die Freundschaft zwischen Männern zu beschreiben. Einige Romane - darunter *Gezeiten des Schweigens* - habe ich nur geschrieben, um die Freundschaft zu feiern. Ich mag die Person des Pedro, weil er in einer Welt aufwächst, die von der Freundschaft erleuchtet wird.

In *Die Pforten des Waldes* schrieb ich:

»Was ist ein Freund? Mehr als ein Bruder, mehr als ein Vater, er ist etwas anderes: ein Weggenosse; mit ihm stellt man die Strecke wieder her, mit ihm versucht man das Unmögliche wiederzuerobern, bereit, es später wieder zu opfern. Die Erfahrung der Freundschaft prägt ein Leben ebenso tief - ja tiefer - als die der Liebe. Die Liebe läuft Gefahr, in Besessenheit auszuarten, die Freundschaft bedeutet nie etwas anderes als Teilhabe. Das Erwachen der Begierde, die Geburt einer Vision, eines Schreckens, dergleichen vertraut man dem Freund an; die ersten Ängste vor der Flucht der Sonne, vor dem Fehlen von Ordnung und Gerechtigkeit, all das teilt man dem Freund mit: die Seele, ist sie unsterblich und wenn ja, warum dann die Angst, die uns untergräbt? Wenn Gott ist, wie kann man dann Anspruch auf Freiheit erheben, da Er ihr Ursprung und Ziel ist? Der Tod, was ist er eigentlich? Einfach das zweite Klammerzeichen? Und das Leben? Im Mund des Philosophen klingen diese Fragen häufig falsch, doch von der Jugend, von der Freundschaft gestellt, lösen sie eine Seinswandlung aus: der Blick beginnt zu brennen, die Alltagsgebärde strebt ihrer Überwindung entgegen. Was ist ein Freund? Er ist derjenige, der dir zum erstenmal deine und seine Einsamkeit bewußtmacht und dir hilft, dich aus ihr zu lösen, damit du ihm deinerseits hilfst, sich aus der seinen zu lösen. Dank ihm darfst du schweigen, ohne dich schämen zu müssen, du darfst dich ihm eröffnen, ohne dich zu erniedrigen.«

Im Lager war ich in Gedanken oft bei den Freunden aus meiner Kindheit und allen anderen, die meine innere Landschaft besiedelten. Leider sind wir getrennt worden: Sie waren bei den ersten Transporten, ich eine Woche später im letzten. Im Lager hatte ich keine Freunde, um die Erinnerung an meine Kindheit wachzuhalten. Im Lager hatte ich keine Kindheit mehr. Ich hatte nur noch meinen Vater. Er war mein bester Freund. Der einzige.

FINSTERNIS

Dann kam der Bruch. Nicht der Krieg, sondern etwas Schlimmeres als der Krieg: die Vernichtung.

19. März 1944. »Verdammt sei dieser Tag«, hätten Jeremia und Ijob gesagt. Warum hat es diesen Tag des Fluchs, der Strafe und der Trauer gegeben? Wer hat ihn erschaffen? Warum stand er unter einem Stern aus Asche? Von diesem Tag an wurde unser Leben von unseren Feinden bestimmt und von ihrem Lärmen, von ihren Flammen überschüttet. Um es in biblischer Sprache auszudrücken: Am Abend werdet ihr auf die Wiederkunft der Sonne warten, am Morgen werdet ihr für die Rückkehr der Nacht beten. Von diesem Tag an habe ich alles gesehen wie jemand, der weiß, daß er blind werden wird, ich habe alles in mich aufgenommen, damit ich es nie vergesse.

Ich erinnere mich noch genau: Ich bin beim Gottesdienst. Es ist Sonntag. Unbeschwert haben wir mit den Feierlichkeiten zum Purim-Fest begonnen. Im Lehrhaus ist die Komödie noch in aller Munde, die die Studierenden, wie es Brauch ist, beim Rabbi von Borsche aufgeführt haben. Wir haben den Landstreicher nahe der Tür, der nicht mitlachen wollte, nicht weiter beachtet. Der Rabbi von Kretschenew spielte länger als gewöhnlich auf der Geige und in einer Tonhöhe, die herzzerreißender war als sonst. Warum rannen Tränen in seinen buschigen Bart?

Plötzlich kommt atemlos ein Mann hereingestürmt und unterbricht den Gottesdienst: »Habt ihr schon gehört? Was? Ihr wißt es noch nicht?« In seinen düsteren Augen blitzt es. »Seid ihr denn alle taub? Oder einfältig und dumm? Wißt ihr wirklich nicht, was los ist? Ihr betet und betet, während...« Jemand fragt: »Na, was denn?« Er holt tief Luft und schreit: »Während der Todesengel vor der Stadt steht!« Er brüllt wie der Narr Kierkegaards: »Es brennt!« – und die Umstehenden halten es für Spaß oder wirres Gerede. Mahnend erheben sich Hände: Er möge sich aus dem Staub machen, uns in Ruhe unsere Gebete sprechen lassen! Doch eine Stimme in seinem

Rücken sagt vernehmbar: »Er hat recht. Im Radio ist es soeben gemeldet worden: Die Deutschen haben die Grenze überschritten. Sie besetzen das Land.« Mit einemmal herrscht ein bedrücktes Schweigen unter den Gläubigen. Sie sehen sich an. »Was hat das zu bedeuten?« fragen die einen. Andere antworten: »Nichts Besonderes, die Front rückt näher, das ist alles.« Und die Optimisten fügen hinzu: »Bald wird der Krieg zu Ende sein.« Der Verrückte schweigt. Mosche läßt seinen Blick über die Menge schweifen, sieht diejenigen an, die gesprochen haben, zuckt mit den Schultern und macht sich auf den Weg zur Tür. Dort bleibt er stehen. Eine Weile scheint er zu zögern, dann verläßt er, die Hände in den Hosentaschen, mit verächtlichem Blick die Synagoge. Jemand ruft uns wieder zum Gebet: »Und was ist mit dem Alenu? Sollen wir das Schlußgebet etwa morgen sprechen?« Stimmt, wir haben das Gebet vergessen, das doch so wichtig ist, denn erst hinterher dürfen die Waisen das Kaddisch sprechen. Also beten wir und hören dann zerstreut dem Kaddisch zu.

Zu Hause hat sich die Familie vor dem Radio versammelt. Ich will die Nachricht verkünden, von Mosches Wutausbruch erzählen, aber ich werde ermahnt, still zu sein. »Pscht«, bedeutet mir meine kleine Schwester mit dem Finger auf den Lippen und ist dabei ungewöhnlich ernst. Auf dem Tisch steht das Frühstück, aber offenbar hat es noch keiner angerührt. »Die Deutschen…«, flüstert Bea mir zu. »Ich weiß«, antworte ich. Die Stirn meines Vaters liegt in Falten, er konzentriert sich, versucht herauszuhören, was auf uns zukommt und wie man dem Schicksal entgehen könnte. Haben sie Angst? Wenn ja, so zeigen sie es nicht. Ich habe keine Angst. Ich weiß nicht, was ich empfinde, aber Angst ist es nicht. Vielleicht Neugier? Ich spüre, daß dies ein wichtiger, ein entscheidender Augenblick ist. Der Arm der Geschichte hat uns erreicht. Sie wird lebendig. Bald werden wir den Lärm hören, der erschallt, wenn sie den Menschen verändert. Dann wird das Ungeheuer, das uns so fern war, sein gieriges, brüllendes, blutverschmiertes Maul aufsperren. Wir werden nicht länger am Rand der Ereignisse stehen. Wir werden keine Zuschauer mehr sein, sondern mitten auf der Bühne stehen und keine Boten mehr brauchen, die uns Nachricht geben; wir werden sozusagen selbst in der vordersten Reihe sitzen. »Das bedeutet nichts Gutes«, sagt mein Vater und schaltet das Radio aus. »Ach, da sind schon andere Dinge auf uns zugekommen«, antwortet meine Mutter. Und fügt hinzu: »Kommt frühstücken, bald werden die ersten Kunden da sein.« Am Sonntag ist der Laden geschlossen, doch die Nachbarn wissen, daß sie durch die Küche hereinkommen können und auch bedient werden. Ich trinke rasch eine Tasse heißen Kaffee und schlinge ein Butterbrot hinunter, dann laufe ich los, um Großmutter zu benachrichtigen: »Die Deutschen, ja wirklich, die Deutschen... Sie sind auf dem Weg hierher... Sie werden bald da sein.« Meine Großmutter ist fassungslos: »Herr, hab Erbarmen mit meinen Kindern«, murmelt sie und ringt ihre feingliedrigen Hände. Dann sagt sie zu mir: »Ich glaube, ich sollte zum Friedhof gehen und am Grab deines Großvaters beten...« Ich verlasse sie und renne zum Lehrhaus hinüber. Meine Freunde sind schon dort. Wir sprechen die Lage durch. Alle sind sich einig: Die deutsche Besatzung wird für die Juden verheerend sein, doch weiter reicht unsere Vorstellungskraft nicht. Niemand kann genau sagen, was auf uns zukommt. Außerdem ist die Rote Armee nicht mehr fern, sie steht schon auf der anderen Seite der Berge. Jerachmiel, der gute Zionist, schlägt allen Ernstes vor: »Wir sollten schnell nach Palästina gehen. Nutzen wir die Zeit, bis die Deutschen hier sind.« Jemand erwidert: »Hast du vergessen, daß wir Krieg haben?« Er sagt: »Das ist es doch gerade.« Und wie will er über die Grenzen kommen? »Wir werden es schon schaffen, wir müssen es nur wollen.« Ich habe als einziger keinen Zweifel daran. Ich bin insgeheim davon überzeugt, daß wir über kurz oder lang alle ins Heilige Land gelangen werden und daß der Messias selbst uns dorthin führen wird. Und der Krieg? Für mich ist es der Krieg, den Gog und Magog am Ende der Tage gegen Israel führen. Man nennt diese Zeit »die Schrecken der Befreiung«. Am Ende wird der Feind, der sich anschickt, in unser Land einzufallen, besiegt sein. Und seine Niederlage wird den Einzug des Erlösers bedeuten. »Du und deine mystischen Schwärmereien«, erwidern meine Freunde.

Ich lasse sie stehen, gehe meine beiden kranken Kameraden besuchen. Sie wollen mich nicht wiedererkennen. Fürchten sie zudringliche Blicke? Oder daß Dr. Olivecrona noch einmal kommt? Sie wollen unser Geheimnis nicht preisgeben, das ist es. Doch warum verbergen sie sich vor mir? Warum tun sie so, als sähen sie mich nicht oder als kennten sie mich nicht? Bei jedem der beiden sitze ich im Halbdunkel, flüstere ihnen leise zu, unser Vorhaben werde bald sein Ziel erreichen, und die Endzeit mit ihren Umwälzungen stehe unmittelbar bevor. Es könne sich nur noch um einige Tage oder Wochen handeln, und der Engel des Todes werde von Gott selbst vernichtet werden. Hören sie mir zu? Lächeln sie mich an, oder bilde ich mir das nur ein? Möglicherweise nehmen sie mir übel, daß ich ihnen nicht in den Wahnsinn gefolgt bin.

Ein hektisches Treiben kennzeichnet diesen Tag, aber die Aufregung hält sich in Grenzen. Jeder geht seinen Geschäften nach. Eine Kundin kauft Salz, eine andere Zucker. Meine Mutter und meine beiden älteren Schwestern bedienen pausenlos. Zippuka und eine Freundin spielen im Hof mit dem Reifen. Mein Vater ist weggegangen, um Näheres zu erfahren. Die Vorsteher der jüdischen Gemeinde wissen auch nicht mehr als wir. Ihre christlichen Freunde antworten nicht auf ihr Nachfragen. Mein Vater läuft von einem zum anderen, doch keiner ist zu Hause. Ich vertiefe mich wieder in den Midrasch und die Meditation.

In Sighet kann sich noch niemand vorstellen, daß unser gemeinsames Schicksal schon besiegelt ist. In Berlin hat man uns bereits verurteilt, aber wir wissen nichts davon. Wir wissen nicht, daß ein gewisser Adolf Eichmann sich bereits in Budapest aufhält und ein kleines, aber wirkungsvolles Einsatzkommando leitet (fünfunddreißig SS-Männer), daß die schwarze Spinne ihr Netz ausspannt, daß Eichmann jenes Unternehmen vorbereitet, das den Höhepunkt seiner Karriere bilden wird. Wir wissen nicht, daß an einem Ort namens Birkenau bereits alles Notwendige zu unserer »Behandlung« eingerichtet ist.

In meinen Träumen richtet mein Vater immer einen abwesenden Blick auf mich, und jedesmal frage ich mich, ob er mich überhaupt sieht. Spricht er zu mir? Ich höre ihn nicht.
Ich frage ihn nach seinem Leben und seinem Tod. Ich frage nach den heimatlosen Seelen, die seine Seele zu mir schickt, damit sie ihr flüchtiges Licht auf meinen Weg werfen.
Warum sagt er nichts? Was will er mir durch sein Schweigen mitteilen?
Plötzlich kommen Schatten hervor und umstellen ihn. Ich flehe sie an, sie mögen mich nicht von meinem Vater trennen. Auch wenn er tot ist, kann ich nicht leben, ohne ihn in meiner Nähe zu wissen.
Wir müssen zusammenbleiben, sagte meine Mutter mehrmals, bevor wir getrennt wurden.
Wir wollen uns nie wieder trennen, nie wieder, sage ich zu mei-

nem Vater, der schon hinter seinem Blick verschwunden ist. Was muß ich tun, damit die Toten in meinen Träumen endlich sprechen?

In der Ferne hat sich das Schicksal schon gegen Hitler-Deutschland gekehrt. Sogar die Deutschen sind sich dessen bewußt. Hat Hitler nicht einen neuen Marschbefehl für Knaben und Greise ausgegeben? Der Belagerungsring um Leningrad ist seit Januar durchbrochen. Die Alliierten sind an der Küste von Anzio gelandet. Die Rote Armee rückt weiter vor, sie ist schon ganz nah. Bald wird die Landung in der Normandie stattfinden. Berlin wird jeden Soldaten, jeden Zug brauchen. Doch die Deportation der ungarischen Juden hat Vorrang vor dem militärischen Nachschub. Hitler hat es seinem Volk versprochen, und er ist entschlossen, sein Versprechen zu halten: Bis zum letzten Tag und mit den letzten noch verbleibenden Waffen wird er die letzten noch in seinem Reich lebenden Juden vernichten. Das weiß man in Washington und auch in London, in Stockholm, in Bern und im Vatikan.

Aber wir in unserer kleinen Stadt, wir wissen es nicht.

Am nächsten Tag besuchte uns ein jüdischer Flüchtling aus Polen, dem mein Vater zwei oder drei Jahre zuvor eine Aufenthaltserlaubnis besorgt hatte.

Es handelte sich um einen sogenannten assimilierten Intellektuellen, der mit der Gemeinde nur wenig Berührung hatte. Als Ingenieur aus Krakau oder Rechtsanwalt aus Warschau hatte er genug Geld, um eine luxuriöse Wohnung mit Blick auf den großen Platz zu mieten. Er war mit einer hellblonden Frau verheiratet, die eine aufregende Figur hatte und sehr schön war (zu jener Zeit erschienen mir alle Frauen schön). Offenbar hielt sie ihre gelangweilte Miene für besonders schick. Sie sprach nur Polnisch, geruhte aber manchmal einige Worte in vornehmstem Deutsch einzuflechten. Ihr einziger Sohn war so alt wie ich. Auf Bitten meiner Mutter ging ich ihn von Zeit zu Zeit besuchen, denn er kannte niemanden, der mit ihm las oder spielte. Ich sehe ihn noch vor mir: ein Schleckermaul mit hochnäsigem Gesicht und scheuem Blick. Wie sollte ich mich mit ihm verständigen? Er fuchtelte nur wild mit den Armen und sprach Polnisch dabei. Zum Glück spielte er gern Schach. Also vollbrachte ich zweimal in der Woche eine gute Tat und spielte Schach mit ihm in seinem Zimmer. Ich gewann oder verlor, ohne daß auch nur ein

Wort fiel. Zum großen Ärger seiner Mutter brachte ich ihm mit der Zeit einige jiddische Ausdrücke bei. War das der Grund, weshalb ich ihn nicht mehr besuchen durfte?

Ich fand es seltsam, daß seine Eltern mit der Gemeinde nichts zu tun hatten. Sie gingen nicht in die Synagoge, nicht einmal an den hohen Feiertagen. Verkehrten sie in nichtjüdischen Kreisen? Ich glaube nicht. Schließlich dachte ich nicht mehr an sie. Ich hatte andere Sorgen.

Nun besuchte uns also der Mann. Was er wohl wollte? Später erklärte uns mein Vater, der Ingenieur oder Anwalt sei gekommen, um ihm seine Befürchtungen anzuvertrauen. Falls (falls?) die Deutschen kämen, gehörte er mit seiner Familie zu den ersten, um deren Wohl man bangen müsse. Was sollte er tun? Wo könnte er Zuflucht finden? Sollte er nach Budapest reisen? Dort waren die Deutschen schon. Sollte er konvertieren? Eigentlich sei er ja nicht gläubig...

Er war der erste, wenn nicht gar der einzige, der sich solche Fragen stellte. Wir Juden lassen die Dinge im allgemeinen gern auf uns zukommen.

Gerüchte erreichten uns aus Dörfern ebenso wie aus Großstädten: Die Nyilas nutzten die deutsche Besatzung, um sich an den Juden auszutoben, die ihre bevorzugten Opfer waren. Sie rissen ihnen die Bärte aus, warfen Studenten aus fahrenden Zügen, demütigten Frauen, machten Jagd auf Kinder: Diese Dreckskerle machten vor nichts halt. Ach was, sagte mein Vater, das geht vorüber. Alles geht vorüber, sogar der Hunger nach jüdischem Blut. Aber sind die ortsansässigen Nyilas nicht besonders eifrig? Stellen sie ihre »Vaterlandsliebe« nicht allzusehr zur Schau? Nun, das wird ihnen schon noch vergehen. Sie werden sich wieder beruhigen, irgendwann haben sie es satt. Wir kennen doch unsere Nyilas; es sind unsere Mitbürger, unsere Nachbarn, unsere Kunden. Solange sie laut bellen, beißen sie nicht. Und was war mit den eingeworfenen Fensterscheiben, den entweihten Büchern? Was war mit den Greisen, die auf der Straße niedergeschlagen wurden? Gut, wir müssen doppelt vorsichtig sein, leiser beten und nicht so häufig aus dem Haus gehen. Also gehen wir seltener aus dem Haus und reisen gar nicht mehr. Überdies wird kurze Zeit später sowieso alles per Gesetz eingeschränkt: Die Regierung in Budapest hat soeben Verordnungen erlassen, die Anwesenheit und Handlungsspielraum der Juden im Land begrenzen sollen. Läden werden geschlossen, die Wohnungen dürfen nur noch zu bestimmten Uhrzeiten verlassen werden. Die jüdischen Beamten werden gekündigt. Ein Jude darf keinen öffentlichen Park mehr durchqueren und nicht ins Kino gehen. Er darf weder Busse noch Straßenbahnen, noch Züge benutzen. Aber Gott sei Dank darf er noch Bergluft atmen und Frühlingssonne tanken. So leben wir hinter verschlossenen Türen und sind wachsam. Hauptsache, das Leben geht auch im Ausnahmezustand normal weiter. Hauptsache, es gibt keine Pogrome. Noch sind die Synagogen geöffnet. Fast überall wird das Pessach-Fest vorbereitet. Wir feiern zusammen mit anderen bei unserem Nachbarn, dem Rabbi von Slotfeno. Bald werden die Mazzot, die ungesäuerten Fladenbrote, in einem eigens dafür vorbereiteten Ofen gebacken. Es gefällt mir, wenn der Rabbi mit wogendem Bart und geschlossenen Augen verzückt ruft: »Eine Mazza in den Ofen! Noch eine Mazza in den Ofen!« Der Rabbi von Slotfeno ist immer verzückt. Ob er betet oder studiert, ob er ißt oder die rituelle Waschung vornimmt, immer tanzt seine Seele und singt das Lied von seiner Liebe zu Gott. Alles, was den Juden dem Himmel näher bringt, heiligt ihn. Sogar die Mazzot nennt der Rabbi von Slotfeno heilig. Auf einmal kommt jemand hereingerannt: »Sie sind da! Sie sind da!« Der Rabbi erstarrt; er hält den Teig für eine Mazza noch in den Händen. Der Überbringer der Nachricht ist wieder gegangen, einige Männer folgen ihm eilig. Ich bleibe allein beim Rabbi zurück, der wie versteinert ist. Schließlich gebe ich meiner Neugier nach und laufe auf die Straße. Ja, sie sind da, die Deutschen sind da. Sie sitzen in Panzerfahrzeugen, in Wagen mit offenem Verdeck, auf Motorrädern. Sie tragen schwarze Uniformen, so schwarz, daß es angst macht, und rücken ein, ohne nach rechts oder links zu schauen. Wie lange bin ich draußen geblieben? Einige Minuten? Es können nur wenige Sekunden gewesen sein, denn als ich zurückkehre, finde ich den Rabbi in derselben Haltung wieder, in der ich ihn zurückgelassen habe. »Verzeihen Sie, Rabbi«, sagte ich, »ich hätte nicht...« Er schüttelt sich, schiebt den Teig in den Ofen und stößt erneut seinen Schlachtruf aus: »Eine Mazza, eine heilige Mazza für das heilige Pessach-Fest.« Er schwitzt. »Wo sind die anderen?« fragt er mich. »Draußen. Sie sind nachsehen gegangen. Die Deutschen sind da!« Er senkt den Kopf, hebt ihn wieder: »Die Deutschen sind da, sagst du? Du sagst es, weil du sie siehst? Aber ich frage dich nach unserem Schöpfer, gelobt sei Er: Siehst du Ihn? Du kannst Ihn nicht sehen, und doch ist Er da, sie aber werden verschwinden. Was bilden die sich ein? Glauben sie, sie könnten uns ungestraft bei der Arbeit stören? Glauben sie, sie könnten den Schöpfer beleidigen, wenn sie uns hindern, Sein Gesetz zu erfüllen? In ein paar Tagen ist Pessach. Das allein zählt! Solltest du vergessen haben, was Pessach bedeutet? Die Feinde gehen unter, das Volk Israel überlebt.« Er bereitet noch eine Mazza zu, und ich helfe ihm dabei. Als die anderen endlich zurück sind, gehe ich nach Hause. Meine Eltern, meine Schwestern und ein paar Gäste stehen am Fenster und schauen den Fahrzeugen zu, die aus Bitschkew kommen und den Hauptplatz mit den umliegenden Straßen ansteuern.

Ein neues Leben beginnt. Jetzt spüren wir die deutsche Besatzung in Ungarn am eigenen Leib. Doch sie ist nicht drückend. Zur allgemeinen Verwunderung betragen sich die Offiziere des Dritten Reiches überwiegend gesittet. Man kann ihnen nichts vorwerfen. In den beschlagnahmten Häusern - ob von Juden oder anderen Bürgern - stellen die Haushälterinnen fest, daß die Offiziere ihre Betten selbst machen. Höflich verneigen sie sich vor der Herrin des Hauses, stecken den Kindern Bonbons und Süßigkeiten zu. Man weiß nicht, was man davon halten soll. Gab es nicht Gerüchte über ihre Greueltaten? War nicht von hemmungslosem Nazismus und von Hitlers Judenhaß die Rede? Alles nur Übertreibungen und Propaganda. »Wie im Ersten Weltkrieg«, sagten die Alten. »Was hat man uns damals nicht alles weismachen wollen... Das Volk Goethes und Schillers wird doch wohl nicht in die Barbarei zurückfallen!« Niemand sagt uns, daß wir das Lächeln und die Handküsse der deutschen Offiziere teuer bezahlen werden. Niemand warnt uns, daß die Höflichkeit der Deutschen Bestandteil des Plans ist, den Eichmann mit seinen Beratern ausgeheckt hat. Seine psychologische Taktik gegenüber unserem Volk zeigt Wirkung. Sie zielt darauf ab, unsere Wachsamkeit zu verringern und uns in Hoffnung zu wiegen. Wir sollen geblendet werden. Er bedient sich unserer Vertrauensseligkeit und unserer Frömmigkeit. Daran gewöhnt, nachzugeben, sagen wir uns: Warum sollen wir uns ängstigen, schließlich lächelt der Feind und ist höflich?

Also machen wir uns keine Sorgen. Außerdem ist jetzt Pessach, das Fest der Erinnerung und der Hoffnung. Am Vorabend wurde die Schließung der Synagogen angeordnet. Traurig nehmen meine Freunde und ich Abschied von unserer Synagoge. Ein letztes Mal streift mein Blick die Mauern: Ich vertraue ihnen die heiligen Schriftrollen, die Bände des Talmud an. Werden wir sie wiederbekommen? Was für eine Frage! Wenn alles vorbei ist, werden wir sie selbstverständlich zurückbekommen... Sonst müßten wir sie traditionsgemäß auf dem Friedhof vergraben. Tatsächlich drängt es mich, dorthin zu gehen und die Toten um Fürsprache zu bitten. Ich gehe nicht hin - ich weiß nicht mehr, warum. Vielleicht, weil wir Dringenderes zu klären haben. Zum Beispiel, wo wir während der Festtage beten sollen. Es bleibt uns nichts anderes übrig, als uns in Privathäusern zu versammeln. Mein Vater und ich gehen zum Gottesdienst des Rabbi von Borsche. Wir sprechen das Hallel, eine Folge von Psalmen, um Gott zu preisen und um ihm für die Güte gegenüber seinem Volk zu danken. Uns ist schwer ums Herz, trotzdem singen wir, wenn auch leise. Zum Abschied drücken wir einander die Hände und wünschen uns gegenseitig »Ein glückliches, ein frohes Fest!« Zu Hause ist der Tisch gedeckt: weißes Tischtuch, sechs Kerzen, strahlendes Silber. Großmutter, festlich gekleidet, ist noch andächtiger als sonst. Die kleine Zippuka auch. Mein Vater verbirgt seine Niedergeschlagenheit nicht: »Zum erstenmal seit langer Zeit haben wir keinen Gast an unserem Tisch!« Gewöhnlich brachten wir die Gäste aus den Bet- und Lehrhäusern mit, aber die sind geschlossen. Trotzdem gibt mein Vater nicht auf; mit einem »Wartet auf mich« verschwindet er. Eine gute Stunde vergeht. Wir fürchten schon das Schlimmste, da öffnet sich die Tür. Mein Vater führt unseren Gast herein: Es ist der kleine Moischele, Mosche der Küster, mit seltsam glänzendem, leidvollem Blick. Schon seit Wochen habe ich ihn nicht gesehen, das letzte Mal am 19. März. Wo hat er sich versteckt gehalten? Mein Vater ist glücklich und bittet ihn, an meiner rechten Seite Platz zu nehmen. Während des ersten Teils der Feier schweigt der Gast. Liest er die Haggada? Folgt er der Erzählung? Mein Vater setzt Zippuka auf seinen Schoß und rezitiert: »Dies ist das Brot unseres Elends und unseres Kummers... Unsere Väter haben es in Ägypten gegessen...« Warum sieht es so aus, als lächelte unser Gast halb ironisch, halb verzweifelt? Ich stelle die erste der vier rituellen Fragen. »Warum unterscheidet sich diese Nacht von allen anderen Nächten?« Wieder erscheint ein hämischer Zug im Gesicht unseres Gastes, in den sich Verbitterung mischt. Vater antwortet: »Weil wir einst in Ägypten unter der Herrschaft des Pharaos in Knechtschaft lebten...« Ich schiele zu meinem Nachbarn. Kein

Zweifel, der Mann findet das komisch. Doch es ist offensichtlich ein freudloses Lachen. Ein Gedanke schießt mir durch den Kopf: Wenn er der Prophet Elias wäre, der sich als Küster verkleidet hat? Heißt es nicht, er besuche an diesem Abend jedes jüdische Haus, in dem der Befreiung gedacht und vier Becher Wein zu ihrer Feier getrunken werden? Beim Essen sagt Moischele plötzlich leise und erregt: »Ich danke euch, Reb Schloime, daß ihr mich eingeladen habt. Alle haben mich vergessen. Sie fürchten sich vor mir. Ihr allein habt keine Furcht. Und daher habe ich ein Geschenk für euch: Ich will euch erzählen, was euch erwartet. Ich schulde es euch.«

Alle starren auf seine spröden Lippen. Nur meine kleine Schwester, die brav auf dem Schoß meines Vaters sitzt, so sanft und anmutig, so schön und ernst, daß es einem das Herz zerreißt, hält sich die Hand vor die Augen, als müßte sie ein quälendes Bild vertreiben. Mein Vater tröstet sie und streichelt ihr übers Haar. »Nicht jetzt«, sagt er zu Moischele dem Küster. »Deine Erzählungen sind traurig, und das Gesetz verbietet uns, am Abend vor Pessach traurig zu sein.« Mosche besteht darauf: »Es ist wichtig, sehr wichtig. Ihr habt keine Ahnung, was euch erwartet. Ich weiß es. Warum wollt ihr mir nicht zuhören, Reb Schloime? Es geht um euer aller Zukunft.« Mein Vater wiederholt: »Nicht jetzt, Reb Mosche, nicht jetzt. Ein andermal.« Schweigend und mit gesenktem Kopf beenden wir die Mahlzeit. Wir sprechen den Segen. Als wir uns vom Tisch erheben und die Tür öffnen, um mit dem Kelch in der Hand den Propheten Elias zu empfangen, macht sich unser Gast aus dem Staub.

Es sollte mein letztes Pessach-Fest sein – mein letztes Fest überhaupt –, das ich zu Hause feierte. Und die Schwermut dieses Abends lastete auf allen Festen, die ich später feierte.

Bleiben wir noch einen Augenblick bei Mosche dem Küster. Warum spielt er eine so bedeutende Rolle in der Welt meiner Romane? Weil er dort den ersten Überlebenden verkörpert? Manchmal verwechselt man ihn – verwechsle ich ihn? – mit Mosche dem Trinker oder Mosche dem Verrückten. Doch der Fall von Mosche dem Küster liegt anders. Er hatte schon vor uns allen erlebt, was uns noch drohte. Als wäre er ein Abgesandter der Toten, legte er schreiend oder schweigend Zeugnis ab, aber keiner wollte ihm zuhören. Man wandte sich ab, um ihm nicht in die Augen sehen zu müssen, als fürchtete man, darin eine unfaßbare Wahrheit zu lesen, eine Wahrheit, die seine Vergangenheit und unsere Zukunft mit stählerner Faust umschloß. Man bemühte sich vergeblich, ihn dazu zu bringen, an seinem Verstand, an seinen Erinnerungen zu zweifeln. Er sollte glauben, er habe für nichts und wieder nichts überlebt, und es bedauern, überlebt zu haben.

Am siebten Tag von Pessach, am Tag des Wunders, als sich für unsere Vorfahren das Rote Meer teilte, tritt eine Reihe unheilvoller Verordnungen in Kraft. Von nun an überstürzen sich die Ereignisse. Der städtische Ausrufer, ein kleiner Buckliger, der mit einer viel zu großen Trommel ausgerüstet ist, verkündet sie mit unerschütterlicher Miene. Auf Anordnung der Militärverwaltung müssen alle Geschäfte und Büros schließen, die Juden gehören. Es ist verboten, das Haus zu verlassen, nur am späten Nachmittag darf man sich mit Lebensmitteln versorgen. Hamsterkäufe beginnen. Eigentlich dürfen wir nichts mehr verkaufen, doch die Regale im Laden leeren sich. Ob die Kunden zahlen oder nicht, ist unerheblich: Mein Vater vertraut ihnen. Mit meinen Schwestern helfe ich, sie zu bedienen. Sogar die kleine Zippuka, das Haar sorgfältig gekämmt, macht sich nützlich. Und wenn uns die Polizei erwischt? Gott wird uns beistehen. Wer weiß, was morgen kommt. Es kommt eine dreitägige Ausgangssperre. Zum Glück hat sich jeder eingedeckt. Wir haben nichts zu befürchten. Der gelbe Stern stört mich kaum. Durch ihn fühle ich mich den Juden des Mittelalters noch inniger verbunden, die in den italienischen Ghettos ein Rad trugen. Ich erlebe tatsächlich – nicht nur aus Büchern, sondern aus eigener Erfahrung – ein stürmisches Kapitel der Geschichte, mit dem sich später Generationen von Studierenden beschäftigen werden. Nein, der gelbe Stern macht mir keine angst. In allen jüdischen Familien schneidet man gelbe Stoffreste zurecht. Ein jämmerlicher und blödsinniger Handel entsteht. Es gibt Sterne in allen Preislagen. Die der Reichen glänzen, die der Armen sind blaß. Es ist seltsam, aber ich trage meinen mit ungekanntem Stolz. Auf der Straße schauen mich die Passanten spöttisch an. Andere wenden sich ab. Sollen sie doch, das ist ihre Sache. Die Anschläge an den Hauswänden lesen wir dagegen mit furchtsamem Schweigen. Sie tragen die Unterschrift des deutschen Militärkommandanten, und ihre Botschaft ist eindeutig: Wer sich den Anordnungen widersetzt, wird erschossen. Erschossen? Ich will es nicht glauben und kann es nicht glauben. Aber warum zittern mir dann die Knie? Sondereinheiten der Armee und der Gendarmerie durchkämmen die Häuser der Juden. Überprüfungen, Durchsuchungen, Drohungen: Schmuck, Silber, ausländisches Geld, Edelsteine, Wertsachen müssen ihnen ausgehändigt werden. Mein Vater bemüht sich, uns zum Lachen zu bringen: »Sie werden enttäuscht sein... Bei den meisten von uns Juden finden sie nur Elend... Ich hoffe, sie nehmen auch das mit.« Doch auch arme Familien besitzen silberne Kerzenständer für den Sabbat oder silberne Kidduschbecher. Eilig treffen wir Vorsorge. Wir holen die weniger wertvollen Teile hervor und verstecken die anderen auf dem Speicher oder im Keller. Es wird erzählt, daß die Soldaten alle schlagen, die sich nicht fügen. Bei uns geschieht nichts dergleichen. Ein Leutnant und zwei Gendarmen listen den Hausstand auf. Sie gehen durch die Wohnung und den Laden. Sie kramen in den Schränken, öffnen Schubladen, werfen Bücher auf den Boden. Meine arme Mutter ist trotz allem beeindruckt: »Habt ihr gesehen? Der Leutnant hat uns beim Kommen und beim Gehen gegrüßt.« Vielleicht haben sie auch einen Scherz gemacht, jedenfalls haben die Gendarmen erreicht, was sie wollten: Die armen Juden meiner Stadt sind noch ärmer geworden.

Über die ungarische Polizei kann man gar nicht genug Schlechtes sagen. Sie setzt den Eichmann-Plan mit einer Brutalität und einem Eifer in die Tat um, die dem ungarischen Volk und seiner Armee für immer zur Schande gereichen werden. Sind alle Polizisten Antisemiten oder Parteigänger der faschistischen Nyilas? Wie sonst lassen sich ihre Grausamkeit und ihr Sadismus erklären? Sie schlagen Frauen und Kinder, treten Kranke und Greise. Sie erfüllen ihre Aufgabe so gründlich, daß die Einrichtung eines Ghettos beinahe mit Erleichterung aufgenommen wird: Dort werden wir unter Juden sein, unter uns. Und auch dabei habe ich wieder das Gefühl, als öffnete ich eine Seite im Buch unserer mittelalterlichen Geschichte. Wir werden so leben, wie unsere Vorfahren zuerst in Italien und Spanien, später in Deutschland und Polen gelebt haben. Wir werden nicht allein sein, ihre Gegenwart wird uns beschützen. Ich sehe mich bereits hinter den Mauern von Frankfurt und Venedig, von Lublin und Carpentras. In meinem Kopf spuken die Meister vergangener Zeiten herum, die mir darlegen, daß der Weg durch die engen, dunklen Gassen zum Licht der Erkenntnis führt. Warum also schwarz sehen? Um mich zu vergewissern, eile ich an das Regal, in dem meine Mutter ihre deutschen Bücher aufbewahrt. Ich ziehe die jüdische Enzyklopädie zu Rate, die ihr ganzer Stolz ist, und schlage unter dem Stichwort Ghetto nach. Ich staune, als ich erfahre, daß die Juden in der Antike in Rom, Antiochia und Alexandria die jüdischen Viertel selbst einrichteten, um sich vor fremden Einflüssen zu schützen. Erst viel später wurden sie gezwungen, im Ghetto zu leben, das unterschiedlich benannt wurde: Judaria in Spanien und Portugal, Rue des Juifs in Frankreich. 1288 befahl König Alfonso III. den Juden von Saragossa, von den Christen abgesondert zu leben. 1480 erließen Ferdinand und Isabella, das katholische Königspaar, eine ähnliche Verordnung. 1555 veranlaßte Papst Paul IV. die Ausweisung aller Juden aus seinen Städten, mit Ausnahme derjenigen, die in den Ghettos lebten. 1662 untersagte Kurfürst Johann-Philipp den Juden in Mainz, außerhalb der Mauern ihres Stadtviertels zu leben. Das Ghetto konnte, auch wenn es materielle Not bedeutete, für die geistige Entwicklung heilbringend sein. Es half, die Kultur und die Tradition zu bewahren, die das jüdische Erbe darstellen. War mein Urahn, Rabbi Jomtow Lipmann-Heller, nicht froh gewesen, 1652 beim Bau der Mauern um das jüdische Ghetto in Leopoldstadt mitgeholfen zu haben?

Tatsächlich hätten viele Juden aus Sighet das Ghetto vermeiden können. Im milden Frühling hätten sie nur ins Gebirge flüchten und dort abwarten müssen, bis diese Prüfung überstanden wäre. Uns will beispielsweise Maria helfen, die wunderbare Maria, unsere alte Hausangestellte, die seit meiner Geburt bei uns arbeitet. Sie fleht uns an, mit ihr zu kommen, sie will uns ihre Hütte in einem verlassenen Nest zur Verfügung stellen, dort gibt es Platz für alle sechs und Großmutter Nissel. Zu siebt in einer Hütte? Ja, sagt Maria, sieben Personen, da legt sie ihre Hand drauf, ruft Christus zum Zeugen. Sie wird für uns sorgen, alles für uns tun. Warum haben wir ihr Angebot freundlich, aber entschieden abgelehnt? Wir wußten einfach nicht, was uns erwartete. Es ist unvorstellbar, aber wahr: Im April 1944, wenige Wochen vor der Landung der Alliierten in der Normandie, haben die Juden aus Sighet noch keine Kenntnis von den verzweigten Wegen zur »Endlösung«. Die freie Welt, die Juden in den Führungspositionen Amerikas und Palästinas wissen seit 1942 Bescheid. Wir wissen nichts. Warum haben sie uns nicht gewarnt? Ohne die Schuld der Mörder und ihrer Gehilfen mindern zu wollen, aber über die Passivität unserer Brüder und Schwestern in Amerika und in der Schweiz, in Schweden und in Palästina kann man nur entrüstet sein. Hätten Roosevelt und Churchill, Ben Gurion, Weizmann und andere jüdische Persönlichkeiten in der Weltpolitik über den Rundfunk Aufrufe verbreitet: »Juden Ungarns! Laßt euch nicht in Ghettos zusammenpferchen, steigt nicht in die verriegelten Viehwaggons, flieht, versteckt euch in Höhlen, sucht Schutz in den Wäldern!« - wie viele wären dem Feind entronnen? Hätte man uns gesagt, der Weg ins Ghetto führe zum Bahnhof und von dort nach Auschwitz, und hätte man uns darüber aufgeklärt, was Auschwitz heißt, hätten viele Juden aus Sighet sich entschieden unterzutauchen - und überlebt.

Seit Kriegsende verfolgt mich eine Frage: Wie ist das Verhalten der Juden in der freien Welt uns gegenüber zu erklären? Hat unser Volk nicht dank seines immerwährenden Zusammenhalts Jahrhunderte der Verfolgung und Vertreibung überlebt? Als die Juden nach der Niederlage gegen die Römer aus Judäa vertrieben wurden, fanden sie Zuflucht bei ihren Brüdern in Rom oder auf Zypern. Nach der Vertreibung aus Spanien wurden sie von ihren Glaubensbrüdern in der Türkei und den Niederlanden mit offenen Armen empfangen. Litt eine Gemeinde Not, wurde sie von allen Gemeinden der gesamten Diaspora unterstützt. Warum war es jetzt anders?

In meinem ersten Essay zum Eichmann-Prozeß - er ist in *Commentary* und *L'Arche* erschienen - habe ich versucht, eine Antwort darauf zu finden: »Bevor wir das Urteil über die Mörder und ihre Gehilfen fällen, müssen wir unsere eigenen Versäumnisse und Fehler erkennen. Wir, die Juden, haben nicht Himmel und Erde in Bewegung gesetzt, um die europäischen Juden zu retten... Die Palmach hätte Boten nach Polen und Ungarn senden können, um die Juden dort auf den Kampf vorzubereiten oder sie wenigstens zu informieren... Sie hat es nicht getan...«

Mit diesem Text zog ich mir den Zorn Golda Meirs zu, die damals Außenministerin von Israel war. »Du vergißt, daß sich die Welt im Krieg befand... Daß Palästina unter britischer Verwaltung stand... Wie hätten unsere Jungs denn in das besetzte Europa gelangen sollen?« Gewöhnlich war ich nicht so mutig, mich auf eine Diskussion mit ihr einzulassen, denn ich hatte Achtung vor ihr und vermied es, sie zu reizen. Diesmal antwortete ich dennoch: »Alle Jungen und Mädchen in Polen, die von einem Ghetto zum anderen, von einer Gemeinde zur anderen liefen, setzten ihr Leben aufs Spiel, um die Verbindung zwischen den verfolgten Juden aufrechtzuerhalten. Sie alle waren viel größeren Gefahren ausgeliefert als eure Abgesandten, und trotzdem haben sie sie auf sich genommen. Eure Jungs hingegen sind auf euren Befehl in Palästina geblieben.«

»Du vergißt die Fallschirmspringer. Sobald wir die Einwilligung der britischen Armee gehabt hätten, wären die Fallschirmspringer bereit gewesen...«

»Ja«, antwortete ich, »die Fallschirmspringer... Ihre Tapferkeit und ihr Heldenmut stehen außer Frage, doch als sie in Budapest landeten, gab es in den Provinzen praktisch keine Juden mehr, die man hätte retten können!«

Und diese Feststellung gilt auch für den großen Raoul Wallenberg. Zweifellos verdient er unsere ewige Dankbarkeit. Er setzte seine Freiheit und sein Leben aufs Spiel, verließ die Sicherheit seiner schwedischen Heimat und ging in die ungarische Hauptstadt, wo er Tausenden von Juden das Leben gerettet hat. Doch für die Juden auf dem Land kam er zu spät.

Wie man es auch dreht und wendet, für uns war es zu spät. Wir wurden geopfert und verraten, wir standen dem Eindringling allein gegenüber, waren ihm hilflos ausgeliefert; wir zählten einfach nicht mehr, außer für den Feind. Er allein kümmerte sich um uns. Und da er uns ins Ghetto trieb, lebten wir im Ghetto. Wie die anderen und mit den anderen.

Bilder vom Exodus, von der Entwurzelung – Bilder, die eine Vergangenheit lebendig werden lassen, die im Gedächtnis vergraben war. Erschöpfte, stumpfe und ratlose Gesichter. Von einem Tag auf den anderen ist nichts mehr, wie es war. Wenige Worte aus dem Mund eines Mannes in Uniform genügen, und die Ordnung der Schöpfung bricht zusammen. Alles gerät in einen Strudel: Ämter, Stellungen, alle Anhaltspunkte lösen sich auf. Die Verbindungen sind abgebrochen, die Worte geben keinen Sinn mehr. Der Herd steht nicht mehr, wo er stand, mein Haus ist nicht mehr mein Zuhause. Alles, was eine Familie im Laufe der Zeit an Besitzstand anhäufen konnte, muß sie zurücklassen. Haushaltsgeräte, Kleider, Bücher, Möbel. Alles ist zu schwer oder zu sperrig für das kleine Zimmer oder den Keller im Ghetto, in dem eine Familie jetzt leben muß. Herzzerreißende, erschütternde Szenen spielen sich ab: Ein alter Chassid, Reb Feiwisch, schiebt einen Kinderwagen vor sich her. Er ist allein. Er weint. Ein Junge bietet ihm seine Hilfe an. Reb Feiwisch möchte ihm danken, doch Tränen ersticken seine Stimme. Auch der Oberrabbiner mit seiner Familie zieht um. Wie der Borscher Rabbi und der rabbinische Richter Reb Schloimele Heller. Desgleichen die Gemeindevorsteher. Es ist ein Exil im Exil. Es herrscht ein ständiges Kommen und Gehen, als wäre die Stadt ein Karussell: Alles dreht sich. Auch im Kopf dreht sich alles. Ich möchte hier und da zugleich sein, alles sehen, nichts soll mir entgehen, überall möchte ich mit Hand anlegen. Denn wir gehören zu denen, die Glück haben: Unser Haus liegt innerhalb des Ghettos, wir brauchen nicht umzuziehen. Aber wir müssen unsere Zimmer umräumen. Wir behalten das größte, die anderen überlassen wir nahen Verwandten. Die Reichs ziehen bei uns ein. Sie fühlen sich wie zu Hause, und ich gebe ihren Töchtern Unterricht in modernem Hebräisch. Was ist aus meinem Kabbalalehrer geworden? Ich suche ihn vergeblich. Er soll im kleinen Ghetto am anderen Ende der Stadt wohnen. Ich rede mir ein, daß er sich irgendwo verborgen hält. Vielleicht hat er seine Zaubersprüche und Amulette benutzt, um sich unsichtbar zu machen. Kann er mich hören? Warum tut er nichts, um den Feind zu entwaffnen? Er kennt die himmlischen Wunder, warum ruft er nicht ihren Schöpfer zu Hilfe? Ist es nicht seine Aufgabe, das Böse zu bannen? Die Bewohner des Ghettos erfüllen ihre Pflicht doch auch.

Im Ghetto ist man nämlich großzügig. Man hilft sich gegenseitig. Es gibt weder Diebstähle noch Streitigkeiten oder gegenseitige Anschuldigungen. Man kennt auch keinen kleinlichen Neid. Hier gibt es die jüdische Solidarität wirklich.

Soweit es möglich ist, studieren meine alten Mitschüler und ich weiter die heiligen Texte. Meistens treffen wir uns im Garten von Esra Malek. Wir sitzen auf dem Rasen unter einem Baum und vertiefen uns in die schwierigen Fragen zum Fasten oder zu den Feiertagen. Läßt uns die Auseinandersetzung mit den Ansichten Raws und seines Gegners Samuel die immer größer werdende Gefahr vergessen?

Die Deutschen verlangen, daß ihnen das Ghetto täglich eine Kolonne jüdischer Arbeiter zur Verfügung stellt. Es werden Listen aufgestellt. Nur wenige drücken sich. Nicht aus Angst, sondern aus Kameradschaft: Wenn ich nicht gehe, muß ein anderer an meiner Stelle gehen; und das ist nicht gerecht, so verhält sich kein Jude.

Später las ich viele besserwisserische, überhebliche Kommentare über den Judenrat und die jüdische Polizei in den Ghettos. Haben sie sich schuldig gemacht, weil sie um jeden Preis überleben wollten und dabei so viele Leben wie möglich zu retten versuchten? Waren sie Kollaborateure oder Märtyrer? Im allgemeinen verteidige ich die Gefangenen dieses jüdischen Zwiespalts. Adam Czerniakow zum Beispiel, der sich in Warschau am selben Tag das Leben nahm, als die Deutschen eine Liste von zehntausend Juden täglich für den Transport nach Treblinka von ihm forderten. Aber kann man auch Chajim Rumkowski verteidigen? Der »König« des Ghettos von Lodz lebte in so großer Behaglichkeit, mit so viel Luxus, daß ich mich nicht zu seinem Anwalt machen will. Trotzdem sehe ich auch in ihm ein Opfer der Unterdrückung, der mörderischen und menschenverachtenden Ordnung, die die Henker dem ganzen jüdischen Volk aufzwangen. Waren also auch die jüdischen Kapos Opfer? Ja, auch sie – bis auf wenige Ausnahmen. Damals waren alle Juden Opfer, wenn auch nicht alle Opfer Juden waren.

Einige Kommentatoren vergleichen die Ältesten des Judenrats mit der Regierung Pétain. Sie unterstellen beiden dieselben guten Absichten – sich zwischen die Sieger und die Besiegten zu stellen –, dieselben Versäumnisse und dasselbe Versagen: Wer sich mit dem Feind einläßt, bleibt nicht unberührt von dessen Denken. Doch ich mag Analogien nicht. Keiner der jüdischen »Ältesten« verfügte über die Macht und die Mittel eines Pétain oder Laval. Der Judenrat stand keinem Staat, sondern einem Gefängnis vor. Und außerdem, ich wiederhole es, waren die »Ältesten« selbst zum Tode verurteilt, weil sie Juden waren. Genossen sie Sonderrechte? Ja. Hatten sie genug zu essen? Wieder lautet die Antwort ja. Besaßen sie Macht über Leben und Tod ihrer Glaubensbrüder? An dieser Stelle muß deutlich gesagt werden, daß sie diese Macht nicht wirklich besaßen. Dieses Recht behielten die Mörder sich und ihren Gehilfen vor. Sicher konnten die verschiedenen jüdischen Amtsträger Mitarbeiter ihrer Wahl benennen, konnten ihren Verwandten oder Freunden Arbeitspapiere, Lebensmittelkarten oder Wohnraum zuweisen und ihnen so einen Aufschub bis zur nächsten »Aktion« verschaffen. Aber das war alles. Am Ende wurden alle Ghettos liquidiert. Mit ihren Führern.

In unserem Ghetto stellen sich solche ethischen Fragen nicht. Unsere Führer geraten in keine Zwickmühle. Außerdem verbringen wir dort nur kurze Zeit, so daß sich keine neue soziale Ordnung bilden kann, die Anlaß zu Konflikten gäbe. Das Ghetto besteht nur etwas über einen Monat, und diese Zeit reicht nicht aus, um unsere Gesetze und Bräuche auszulöschen. Zwar haben die Deutschen einen assimilierten Ingenieur zum »Judenältesten« ernannt, doch bei Fragen wendet man sich noch immer an den Vorsitzenden der Gemeinde und hört auf ihn. Man folgt dem Oberrabbiner, nicht der Polizei. Mir ist kein einziger Fall zu Ohren gekommen, wo jemand von der Polizei oder vom Judenrat geschlagen oder gedemütigt wurde. Obwohl wir auf engstem Raum zusammengepfercht und die Lebensmittel streng rationiert sind, gibt es keine sichtbaren Anzeichen von Haß, Rachsucht oder Sittenverfall. Die Reichen brüsten sich nicht in der Öffentlichkeit (wo hätten sie ihre Neigung zum Luxus auch zeigen wollen?), und die Armen verübeln ihnen die Annehmlichkeiten nicht, die sie bis vor kurzem noch genossen haben. Vielleicht, weil alle spüren, daß ihnen dasselbe Leben bevorsteht und daß es begrenzt ist?

Je mehr Abstand ich gewinne, desto klarer erkenne ich, daß ich die Juden und meine Stadt erst im Ghetto wirklich lieben lernte. Leidgeprüft bewahrten sie ihre Würde als Menschen wie als Juden. Eingeschlossen und zu Untermenschen herabgewürdigt, zeigten sie noch Seelengröße. Angesichts des Feindes wuchsen sie gemeinsam über sich hinaus und bekräftigten ihren Glauben durch neuen Glauben. Ich gebe zu, man kann eine Gemeinde nicht an ihrem Verhalten innerhalb weniger Wochen messen. Doch hier geht es nicht darum, ein Urteil zu fällen, sondern darum, zu lieben.

Und ich liebe die Juden meiner Stadt, die Juden des Ghettos. Deshalb verherrliche ich sie auch in meinen Büchern – ich mache gar kein Hehl daraus. Im Gegensatz zu manchem Kollegen weigere ich mich, endlos über die Häßlichkeit und Niedertracht zu reden, mit der jede Gesellschaft (die jüdische wie alle anderen) zu kämpfen hat, wenn sie ins Elend fällt und sich selbst überlassen bleibt. Meine Figuren sind keine Sexbesessenen, keine krankhaften Geizhälse, keine weichlichen, würdelosen Geschöpfe. Oft sind sie vom Heiligen ergriffen, vom Streben nach Reinheit beherrscht. Nicht alle waren messianische Schwärmer oder Dichter der Hoffnung. Und wenn schon! Der Feind hat diesen Juden genug Übles nachgesagt. Was hätte ich davon, dem noch mehr hinzuzufügen? Er hat sie in den Dreck gezogen und ihnen dann vorgeworfen, sie seien schmutzig. Er ließ sie hungern und machte sich dann über ihre Schwäche lustig. Er entstellte ihre Züge und verhöhnte sie dann für ihr Aussehen. Er quälte sie, bis sie vor Einsamkeit und Kummer krank wurden, und dann behandelte er sie wie verkommenes Gesindel, wie Geisteskranke.

Für mich sind die Juden aus Sighet weder häßlich noch abstoßend. Entblößt, blutverschmiert, gebeugt, zermalmt und verstümmelt, verkörpern sie in meinen Augen die Würde Israels und die Ewigkeit Gottes, während in ihrem Feind - der zugleich der Feind jedes Menschen ist - das Allerniedrigste im Menschen Gestalt angenommen hat. Ich werde sie nicht verraten, sondern ihr Fürsprecher sein, ihr Meliz Joscher - nein, verzeihen Sie, wenn ich mich verbessere: Wer bin ich denn, welches besondere Verdienst kommt mir zu, daß ich mir erlauben könnte, für sie zu sprechen? Das haben sie nicht mehr nötig. Im Gegenteil: Ich hoffe, sie legen dort oben für mich und die Meinen ein gutes Wort ein! Und hoffentlich erweise ich mich ihrer Fürsprache würdig!

Der schwarze Samstag kam im Mai. Ich habe oft erzählt, was an diesem Tag geschehen ist, ich werde es wieder erzählen und niemals aufhören, die Erinnerung daran wachzurufen, in der Hoffnung, irgendeine verborgene Wahrheit darin zu finden, eine leise Hoffnung auf Errettung.

Der Gang der Ereignisse beschleunigt sich. Indem der Feind uns seinen Rhythmus aufzwingt, wird er Herr über die Zeit. Und uns wird die Zeit selbst zum Feind. Zwei Stabsoffiziere von der Gestapo kommen nach Sighet - später sagte man uns, der eine sei Eichmann gewesen. Deshalb meinte ich, ihn während seines Prozesses in Jerusalem wiederzuerkennen. Der Judenrat tritt zu einer Dringlichkeitssitzung zusammen. Banges Warten auf die Rückkehr meines Vaters, der unterwegs ist, um Neuigkeiten zu erfahren. Die Nachbarn versammeln sich. Ein Gerücht verbreitet sich wie ein Lauffeuer: Die Juden sollen abtransportiert werden.

Der erste Zug soll am nächsten Morgen abfahren, aber wir sind noch nicht dabei. Die Nacht über helfen wir Freunden und Nachbarn bei den Reisevorbereitungen. »Brauchen Sie Mehl, Zwieback, Eier? Oder Kleider?« Die Abschiedsszenen voller Verzweiflung, Trennungsschmerz, aber auch voller Zärtlichkeit sind unvergeßlich. Ich klopfe an die Tür der Nachbarn, murmele unhörbare Worte, drücke Hände. Ich verabschiede mich von Jerachmiel, ich bitte den Slotfener Rabbi um seinen Segen, ich küsse dem Borscher Rabbi ehrerbietig die Hand. Ich gehe weg und komme wieder. Überall wird gebacken. Überall bereitet man sich auf eine lange Reise vor, überall versucht man sich zu trösten: Wir werden nicht lange weg sein, nach dem Krieg sehen wir uns wieder. Bei Sonnenaufgang sprechen die Männer die Morgengebete, anschließend verstauen sie die für den Gottesdienst notwendigen Dinge in ihrem Rucksack. Das Wetter ist schön: Es ist ein sonniger, ungewöhnlich heißer Tag. Auf der Straße drängen sich verstörte, hilflose Männer und Frauen. Sie sind durstig. Doch die Gendarmen hindern sie, noch einmal zu ihrem letzten Obdach zurückzukehren, und wäre es auch nur für einen Augenblick. Meine Schwestern und ich eilen mit Töpfen und Flaschen voll Wasser von einem zum anderen. Nie habe ich die kleine Zippuka so klein und doch so groß gesehen. Sie gibt einem Kranken zu trinken, der viel älter ist als sie, dann noch einem und noch einem. Schließlich setzt sich die Kolonne in Bewegung. Alles schweigt, fast wie bei einer religiösen Andacht. Dort geht der Oberrabbiner, mit Rucksack und ohne Bart. Es ist mir unerträglich, ihn so zu sehen, ich wende mich ab. Und meine Lehrer! Meine Freunde! Mit jedem von ihnen geht ein Teil von mir. Ich leide, ich habe noch nie so gelitten. Ich würde am liebsten schreien, heulen wie ein Wahnsinniger. Ich möchte wahnsinnig werden. Wie meine beiden Freunde, Gottesnarren, die den Verstand auf einem Schlachtfeld verloren haben, das von mystischen Träumen und Träumern übersät war. Was ist jetzt noch vom Messias geblieben, meine Freunde? Dort sind sie ja: Zu schwach, um zu gehen, werden sie getragen. Ich sage ihnen Lebewohl, rufe ihnen zu: Macht's gut. Bald sind auch wir an der Reihe. Für heute begleiten wir die Kolonne bis zum Ausgang des Ghettos. Wir schämen uns ein wenig, zurückzubleiben. Wie betäubt und von Angst bedrückt kehren wir an den Küchentisch zurück. Es herrscht ein Gefühl wie bei einer Beerdigung. Die Kolonne hat die Stadt noch nicht verlassen. Wir erhalten die Nachricht, daß die Menschen in der Synagoge übernachten sollen. Das ist schon fern, so fern von uns. Eine merkwürdige Stille liegt über den Dächern. Im großen Ghetto gehen die Zurückgebliebenen von Haus zu Haus, nur um sich die Hände zu drücken, ein wenig belangloses Zeug zu plaudern, sich nicht so niedergeschlagen zu fühlen und sich zu vergewissern, daß sie noch am Leben sind.

Wir verbringen den Abend im Hof, lauschen der sowjetischen Artillerie, deren Mündungsfeuer die Berggipfel erhellen. Wie weit mag die Rote Armee noch entfernt sein? Vielleicht zwanzig Kilometer. Wenn wir ein bißchen Glück haben, ist sie vor den Zügen da. Ein Angriff, eine Verschiebung des Frontverlaufs, und wir sind gerettet. Es wäre zu schön, grenzte an ein Wunder. Doch die Zeit, in der wir leben, ist keine Zeit der Wunder. Gott spart sie auf. Für wen? Für wann?

Und trotzdem. Es gibt menschliche Wunder, oder vielmehr, es könnte sie geben. Samstag nacht klopfte jemand an das vernagelte Fenster, das zur Straße hinausgeht, auf der die Grenze des Ghetto verläuft. Mit stockendem Atem sahen wir uns an. Wer konnte das sein? Ein Polizist, der uns aufforderte, das Licht auszumachen? Ein Freund meines Vaters, der ihn, wie versprochen, vor einem schrecklichen Unglück warnen wollte, das unmittelbar bevorstand? Es dauerte, bis wir das Fenster einen Spalt breit öffnen konnten. Der Unbekannte war verschwunden.

Und dann gab es noch Maria, noch immer und immer wieder sie. Ich habe bereits von ihr erzählt, und ich bewahre ihr Andenken: Sie war tapfer, mutig, treu, gläubig und immer mit ihrem Schicksal zufrieden. Habe ich deutlich genug gemacht, daß sie zur Familie gehörte? Wenn wir in die Ferien fuhren, begleitete sie uns. Ob wir ein Fest feierten oder um jemanden trauerten, sie war immer dabei. Sie verließ uns erst, als die Regierung Nichtjuden verbot, für Juden zu arbeiten. Damals weinte sie bitterlich und schwor, zurückzukehren, sobald »das hier ein Ende hat«. Während unserer Zeit im Ghetto schlüpfte sie häufig durch die Absperrungen und Stacheldrähte und brachte uns Käse, Eier, Gemüse und Obst. Auch in dieser Nacht, der Nacht zum Sonntag, findet sie den Weg zu uns. Wie ist es ihr gelungen, durch den verstärkten Sicherheitsgürtel zu schlüpfen, den die Gendarmen um das halbleere Ghetto gezogen haben? »Oh, das ist keine Hexerei«, sagt sie schluchzend. »Man kann rein und raus. Ich kenne eine sichere Stelle ... Ich wollte euch unbedingt noch einmal sagen, ich flehe euch an ... Die Hütte liegt in den Bergen ... Sie ist eingerichtet ... Kommt mit ... Bei mir habt ihr nichts zu befürchten ... Ihr werdet eure Ruhe haben ... Bei uns sind die Deutschen nicht. Und Pack, das ihnen die Stiefel leckt, gibt es auch nicht. Kommt mit ...« Gute Maria. Wenn andere Christen wie sie gehandelt hätten, wären die Züge ins Unbekannte nicht so überfüllt gewesen. Hätten Priester und Pastoren ihre Stimme erhoben, hätte der Vatikan sein Schweigen gebrochen, hätte der Feind nicht so freie Hand gehabt... Doch die meisten unserer Mitbürger dachten nur an sich selbst. Sobald ein jüdisches Haus von seinen Bewohnern verlassen wurde, kamen sie herbei und stürzten sich wie Aasgeier auf den zurückgelassenen Hausrat. Sie brachen Schränke und Schubladen auf, suchten sich Bettwäsche und Kleidung aus, zerschlugen, stahlen, plünderten. Für sie war es ein Fest, eine richtige Schatzsuche. Nein, sie waren nicht wie unsere Maria.

Wir sitzen um den Küchentisch, ein letztes Mal berät die Familie gemeinsam, was zu tun sei. Sollen wir Maria folgen oder bleiben? Ich sage es noch einmal: Wenn wir gewußt hätten, daß »mit unbekanntem Ziel« Birkenau bedeutete – oder auch nur, daß man uns außer Landes bringen wollte –, wir hätten ihr Angebot bestimmt angenommen. Aber wir wußten es nicht. Man hatte uns gesagt, daß die Züge ins Landesinnere führten, und wir glaubten es. Sogenannte gutinformierte jüdische Kreise in Budapest hatten uns das eindeutig versichert. Was sollen wir also tun? Marias Angebot ablehnen? Das ist die allgemeine Ansicht. »Warum?« fragt sie flehend, mit gebrochener Stimme. »Weil ein Jude«, antwortet mein Vater, »weil ein Jude sich nie von seiner Gemeinde entfernen soll. Was mit den anderen geschieht, soll auch mit uns geschehen.« Meine Mutter überlegt laut, ob es nicht besser sei, »die Kinder mit Maria wegzuschicken«. Sie meint die drei Ältesten. Zippuka und die Eltern sollten bleiben. Und Großmutter auch... Wir protestieren: »Wir sind jung und stark, wir werden den Transport gut überstehen... Wenn jemand mit Maria gehen sollte, dann ihr.« Nach einer kurzen Beratung danken wir Maria für ihren Großmut, aber...

Mein Vater hat recht: Wir wollen zusammenbleiben wie die anderen auch. Es gehört seit uralter Zeit zu unserer Tradition, die Einheit der Familie zu bewahren. Das weiß der Feind genau. Heute macht er es sich zu Nutzen: Im Ghetto wird das Gerücht verbreitet, die jüdische Bevölkerung werde in ein ungarisches Arbeitslager gebracht, und die Familien, das ist entscheidend, könnten dort zusammenbleiben... Wir haben es geglaubt. So wurde die starke familiäre Bindung innerhalb des Judentums – die jahrhundertelang zu seinem Überleben beigetragen hat – ein Werkzeug in den Händen seiner Vernichter.

Und wir haben das Wunder ausgeschlagen, das Maria vollbracht hätte. Ich denke oft mit Zärtlichkeit und Dankbarkeit an sie. Auch mit Erstaunen. Diese einfache Frau ohne jede Bildung erhob sich moralisch weit über die Intellektuellen der Stadt, über die Honoratioren und den Klerus. Mein Vater hatte viele Beziehungen zur christlichen Gemeinde und sogar Freunde dort, aber nicht einer brachte die Kraft dieser Bäuerin mit ihrem Seelenleid auf. Was war deren Glaube wert, was ihre Bildung und ihre soziale Stellung, wenn davon weder ihr Gewissen erschüttert noch ihr Mitgefühl wach wurden?

Damals hat eine einfache, gottesfürchtige Bäuerin ohne Pomp und Trara die Seele unserer Stadt gerettet.

Am Dienstag, den 16. Mai, sind wir an der Reihe. »Juden raus!« brüllen die Gendarmen. Schon stehen wir auf der Straße. Die Hitzewelle liegt immer noch über der Stadt. Meine kleine Schwester ist durstig, Großmutter auch. Sie beklagen sich nicht. Aber ich jammere, nicht laut, aber das ist egal. Ich fühle mich elend, ich bin krank. Ich leide und weiß nicht, woran. Unsagbare Traurigkeit überkommt mich. Wie in einem Sterbezimmer wage ich nicht, die Stimme zu erheben. Darauf lief also alles hinaus: meine Kindheit, meine Jugend, meine Gebete, meine Studien, meine Fastentage. Von nun an werden die Stunden sich in meinem Kopf eingraben, werden unauslöschbar sein, und keiner der Eindrücke, die sich meinem Gedächtnis auf meiner zukünftigen Wanderschaft einprägen sollten, wird jemals diese Bilder überdecken. Wo immer mich meine Füßen hintragen, ein Teil von mir ist in der Straße zurückgeblieben, wartet vor dem offenstehenden Haus auf den Marschbefehl.

Ich nehme die Bilder in mich auf: Ich sehe meine kleine Schwester mit dem Rucksack, der so voll und schwer ist. Ich betrachte sie, und eine unermeßliche Zärtlichkeit erfüllt mich. Niemals wird ihr melancholisches und unschuldiges Lächeln in meiner Seele erlöschen. Ihr Blick wird mich mein Leben lang aufwühlen. Ich möchte ihr helfen, aber sie wehrt ab. Niemals wird ihre Stimme in meinem Herzen verklingen. Die kleine Zippuka ist durstig. Ihre Lippen sind halb geöffnet. Auf ihrer blanken Stirn bilden sich Schweißperlen. Ich reiche ihr etwas Wasser. Lächelnd sagt sie: »Ich halte es noch aus.« Meine kleine Schwester will tapfer sein. Hätte ich doch nur für sie in den Tod gehen können!

In meinen Erzählungen spreche ich wenig darüber, ich habe nicht den Mut dazu. Meine kleine Schwester mit dem goldglänzenden Haar ist mein Geheimnis, ich bewahre es für mich. Ich habe weder Marion noch Elischa von ihr erzählt. Ich möchte nicht in der Vergangenheitsform von ihr sprechen. Ich fürchte mich davor. Denn sie ist gegenwärtig. Ihre Gegenwart ist für mich wirklicher als meine eigene. Meine kleine Schwester, Zippora, mein kleiner Engel unter einer schwarzen Sonne, ich kann mir einfach nicht vorstellen, daß der Tod dich ereilt hat. In meiner Erinnerung wirst du immer in unserer Straße stehen, auf dem Pflaster vor unserem Haus, wie eine Träne unter einem glühenden Himmel.

Wie die anderen betrachte ich noch einmal unser Haus. Der Abschiedsschmerz steht uns ins Gesicht geschrieben. Hier, in unserer Familie, erlebten wir ein jüdisches Zusammenleben, wie es nie wieder entstehen wird. Es gab Höhen und Tiefen. Es gab den Frieden am Sabbat, das Gebet »Gott Abrahams«, das meine Mutter und meine Großmutter murmelten, das Laubhüttenfest, die Gesänge zu Rosch ha-Schana, das Pessach-Mahl, die Gemeindeversammlungen, die Besuche meines Großvaters... die Erzählungen der umherziehenden Bettler... die Berichte der Flüchtlinge... die verbotenen Sendungen von Radio London und Radio Moskau, die man nachts hinter zugezogenen Vorhängen und geschlossenen Fensterläden hörte... Ich sehe mich mit einem Buch in den Händen unter einer Akazie sitzen und mit den Wolken sprechen. Zippuka spielt mit ihrem Reifen. »Komm, spiel mit mir«, bittet sie. Ich habe keine Lust zu spielen. Aber jetzt, wo ich dies niederschreibe, zerreißt es mir das Herz: Ich hätte aus meinen Tagträumen auftauchen sollen, hätte das Buch schließen und alles liegenlassen sollen, um mit meiner kleinen Schwester zu spielen... Neue Bilder steigen in mir auf: der Schlitten im Winter, das Pferdegespann im Sommer, das Begräbnis einer Kusine, deren Tod eine Seherin vorausgesagt haben soll. Bea, die ein Zimmer für sich allein bekam, als sie an Typhus erkrankte. Das Fieber und die Ansteckungsgefahr – sie schwebt zwischen Leben und Tod. Großmutter bittet mich, sie in die Synagoge zu begleiten. Es ist schon dunkel. Sie öffnet den heiligen Schrein und ruft unter Tränen: »Heilige Tora, bitte für Batja, die Tochter Sarahs. Sie ist jung. Sie kann noch viele gute Taten zu deinem Ruhm vollbringen. Bitte den Herrn, gelobt sei Er, sie am Leben zu erhalten. Sie wird Ihm nützlicher sein können, als ich es bin.« Sie schließt den Schrein wieder und geht zur Tür zurück. Dort bleibt sie stehen und sagt: »Wenn mir noch einige Jahre zu leben bleiben, Herr, dann gib sie ihr. Ich tausche meine Zukunft gegen ihre. Das soll mein Geschenk sein.« Beas erste Schritte... Ich beobachte Großmutter verstohlen: Sie hat Bea ihre Zukunft geschenkt, was wird nun bloß aus ihr? Ich betrachte unser Haus und sehe Hilda, die älteste von uns, deren strahlende Schönheit alle Heiratswilligen der Umgebung auf Trab brachte. Und all die Menschen, die Tag und Nacht über unsere Schwelle traten, um sich von meinem Vater Rat zu holen. Jetzt krümmt er sich unter dem Gewicht seines Rucksacks und weiß nicht, wen er um Rat fragen könnte. Und meine anmutige, kluge Mutter fürchtet sich, uns anzusehen, sie fürchtet sich, das Haus anzusehen, sie hat Angst, in Tränen auszubrechen und die Fassung zu verlieren. Deshalb schaut sie in den Himmel, in einen unbarmherzigen Himmel, der mit einer für die Jahreszeit viel zu schwülen und stickigen Hitze über uns lastet. Und unser Grundstück, wird es sein Geheimnis wahren? Gestern abend haben wir wie Totengräber bis spät in die Nacht ein Dutzend Löcher unter den Bäumen gegraben und dort versteckt, was uns an Schmuck, Wertsachen und Geld geblieben war. Ich habe die goldene Uhr hineingelegt, die ich zu meiner Barmizwa geschenkt bekam. Wird die Erde alles für uns bewahren?

Jahrelang dachte ich unablässig an die Rückkehr in die Stadt, in der ich geboren wurde. Ich war besessen von diesem Gedanken. Zwanzig Jahre mußte ich warten, und jetzt ist auch diese Rückkehr Bestandteil meiner Obsession. Es war nachts. Die Stadt lag im Schlaf. Das Haus lag im Schlaf. Es hatte sich nicht verändert: dieselbe Tür, derselbe Garten, derselbe Brunnen. Die Angst schnürte mir den Hals zu. Gesichte wirbelten wild um mich. Und wenn alles nur ein Traum gewesen wäre? Wenn unsere jüdischen Nachbarn noch da wären? Und ebenso meine Eltern, meine Schwestern? Ängste türmten sich auf, rissen mich fort und trieben mich zurück: Ich meinte, gleich müsse ein Fenster aufgehen und ein Junge, wie ich einer war, riefe mir zu: He, Fremder, was haben Sie in meinem Traum zu suchen?

Ich greife vor: In unserem Haus wohnen jetzt Fremde. Sie haben meinen Namen nie gehört. Nichts wurde verändert. Es sind dieselben Möbel, derselbe Kachelofen, den mein Vater mit einem Darlehen gekauft hatte. Die Betten, die Tische, die Stühle, es sind unsere, sie stehen am alten Platz. Meine unruhigen Augen wandern von rechts nach links, von oben nach unten. Sollte es möglich sein, daß alles geblieben ist, wie es war? Nein, eine Veränderung hat es gegeben, eine einzige. An der Wand über meinem Bett hing das Foto des alten Meisters, den ich so sehr bewunderte: Rabbi Israel von Wischnitz. Ich erinnere mich, daß ich es an seinem Todestag, am zweiten Tag im Monat Siwan, dort angebracht habe. Ich sehe noch, wie ich einen Nagel mit dem schweren Hammer einschlage und den Rahmen daran aufhänge. Während ich dies schreibe, wird mir plötzlich bewußt, daß meine Mutter, meine kleine Schwester und auch Großmutter Nissel am selben Tag acht Jahre später starben. Als ich das Bild des verstorbenen Rabbis an der Wand über meinem Bett befestigte, standen mir Tränen in den Augen. Der Nagel ist noch immer da. Aber jetzt hängt ein großes Kreuz daran.

»Es geht weiter«, sagt meine Mutter, »laßt uns zusammenbleiben.«

Dienstag nachmittag sind wir noch immer in der Stadt. Unser Transport soll sich um ein paar Tage verzögern. Im Augenblick sind wir im kleinen Ghetto untergebracht, dessen Bewohner schon verschleppt worden sind.

Wir wohnen in Mendels Haus. Er ist mein Onkel väterlicherseits. Meine Mutter steht in der Küche. Sie bereitet Latkes zu, Kartoffelpuffer auf jiddische Art, unsere Leibspeise. Heute darf jeder davon essen, soviel er will, ohne Einschränkung, ohne Rationierung.

Ich habe Onkel Mendel als schweigsamen Mann in Erinnerung. Er hatte Golde geheiratet, die Tochter Israels, eines Onkels mütterlicherseits. Ich weiß noch, daß er sehr fromm und zaghaft war. Sie hatten drei Kinder, deren Alter ich vergessen habe. Aber ich habe ihr Bild vor Augen. Ich betrachte sie und befrage sie.

Heilige Bücher liegen verstreut auf dem Boden. Jemand muß sie in letzter Minute aus seinem Rucksack gezogen haben. Der Tisch ist gedeckt, auf den Tellern liegen Essensreste. Kein Zweifel: Die Bewohner sind vom Tisch weg abgeführt worden. Mehr ist damals von einer Familie nicht zurückgeblieben.

Nach dem Krieg fragte ich alle Überlebenden des zweiten Transports, die ich traf: »Könnt ihr mir sagen, was aus Onkel Mendel geworden ist?« 1988 in Miami glaubte ich, die Antwort zu erhalten. In der Halle meines Hotels spricht mich ein älterer Herr an: Er ist rumänisch-ungarischer Herkunft wie ich und stammt aus einem kleinen Dorf in der Umgebung von Sighet. Außerdem war er bis zu seinem Abtransport im kleinen Ghetto. Es kommt noch besser: Er war mit meinem Onkel im selben Lager. »Wirklich?« rufe ich ganz aufgeregt,

»Sie haben meinen Onkel gekannt?« – »Gekannt? Er hat mich jahrelang im Schlaf verfolgt...« Dann erzählt er: Wie mein Vater und ich waren Mendel und sein ältester Sohn zunächst verschont geblieben und kamen in ein Lager, in dem die Bedingungen verhältnismäßig erträglich waren. Aber sie waren nicht im selben Block und sahen sich nur bei der Arbeit. Eines Abends konnten sie sich vor dem Appell nicht voneinander losreißen. Der Blockführer SS zählte die Gefangenen, er zählte ein zweites Mal und befahl: »Der Häftling, der nicht zu diesem Block gehört, soll vortreten.« Mendels Sohn ging ein paar Schritte nach vorn. »Näher«, brüllte der SS-Mann. Mein junger Vetter gehorchte. Vor dem SS-Mann blieb er stehen. Langsam zog der SS-Mann seinen Revolver und jagte ihm aus nächster Nähe eine Kugel in den Kopf. Daraufhin stürmte mein stets so sanfter, zaghafter Onkel vor und warf sich über den Leichnam seines Sohns, als wollte er ihn noch im Tod schützen. Der SS-Mann betrachtete ihn eine Weile, dann schoß er auch ihm eine Kugel in den Kopf. »Seither«, sagte der Augenzeuge, »sehe ich Mendel und seinen Sohn immer in meinen Träumen.«

Und ich erinnere mich an ein biblisches Gesetz, das dem Menschen aus Mitleid mit den Tieren verbietet, die Kuh am selben Tag zu schlachten wie ihr Kalb. Die Deutschen schreckten nicht davor zurück und mordeten, ohne mit der Wimper zu zucken, nacheinander Vater und Sohn, wie man Insekten zertritt.

Später haben mir meine Vettern aus Antwerpen, Fischel und Woiksi, eine andere Version von ihrem Tod erzählt.

Ich weiß nicht, wem ich glauben soll. Eines ist sicher: Der Feind hat den Zweig der Familie meines Onkels Mendel ausgerottet. Ich kann mich für keine der beiden Geschichten entscheiden.

So geht es mir auch mit meiner Tante Zlati, der jüngeren Schwester meines Vaters. Was ist aus ihr geworden? Ich grabe in meinen Erinnerungen ans Ghetto, aber ich finde sie nirgends.

Sie war mit Nachman-Elie verheiratet. An ihre beiden kleinen Kinder erinnere ich mich ebensowenig wie daran, was sie in den Wochen vor den Transporten taten. Anscheinend gehörte Nachman-Elie zu den Juden, die von der ungarischen Armee erst aus Munkaszolgàlat entlassen und anschließend wieder ins Ghetto gesperrt wurden. Und er war offenbar schon beim ersten Transport dabei. Im Lager soll er, ob unter Druck oder durch die Lagerordnung dazu verführt, Kapo geworden sein. Und zwar ein grausamer Kapo, ein Mörder. Ehemalige Lagerinsassen haben ihm angeblich den Prozeß gemacht, ihn zum Tode verurteilt und hingerichtet. Wahrscheinlich stimmt das alles. Ich kann mich nur schwer dazu durchringen, es zu glauben. Sollte mein Onkel wirklich ein Helfershelfer des Feindes, ein Kapo gewesen sein? Mein Onkel - ein Folterknecht, der seine unglücklichen Brüder gequält hat, weil sie schwächer, menschlicher waren als er?

Es stimmt leider, genauso war es.

Wir stehen am Bahnhof. Die Viehwagen stehen bereit. Seit meinem Buch *Die Nacht zu begraben, Elischa* erinnere ich unaufhörlich an diese Züge, die nachts den verwüsteten Kontinent durchquerten, ich verfolge sie regelrecht. Ihr Schatten spukt durch alle meine Bücher. Sie bedeuten Einsamkeit, Not, das unerbittliche Nahen der Todesqualen und das Ende zahlloser Juden. Jedesmal, wenn ich einen Zug pfeifen höre, erstarrt etwas in mir.

Warum hat man sie ungestört nach Polen fahren lassen? Warum hat man die Bahngleise, die nach Birkenau führten, nicht bombardiert? Ich habe diese Fragen den Präsidenten und den Generälen der Vereinigten Staaten und den sowjetischen Armeeführern gestellt. Moskau und Washington haben doch gewußt, was diese Mörder in den Todeslagern trieben; warum haben sie nicht wenigstens etwas unternommen, um ihre »Produktion« zu bremsen? Daß kein einziger Bomber versucht hat, die Gleisanlagen um Auschwitz zu zerstören, bleibt für mich empörend und unbegreiflich. Damals wurden in Birkenau täglich zehntausend Juden »behandelt«. Wie viele Kinder hätten länger leben können, wenn ein Zug nur eine Nacht, eine einzige Nacht, vielleicht sogar nur einige Stunden Verspätung gehabt hätte? Es wäre zumindest eine Warnung an die Deutschen gewesen: »Achtung! Das Leben der Juden ist uns etwas wert!« Doch der freien Welt war es gleichgültig, ob die Juden lebten oder starben, ob sie heute oder morgen verschwanden.

So fuhren die verplombten Züge weiter durch Europa und störten die Ruhe blühender Landschaften.

Und unser Lebensraum wurde weiter beschnitten. Das Land schrumpfte zu einer Stadt, die Stadt schrumpfte zu einer Straße, die Straße zu einem Haus, das Haus zu einem Zimmer, das Zimmer zu einem verriegelten Viehwagen, der Viehwagen zu einem betonierten Keller und dort zu ...

Halt. Taktgefühl und Achtung vor unseren Bräuchen gebieten uns, hier nicht weiterzugehen. Ich habe bereits davon gesprochen, als ich von meinem Großvater erzählte. Nach jüdischer Auffassung gehört der Tod eines Lebewesens nur ihm allein. Es ist besser, die Gaskammern bleiben vor neugierigen Blicken verschlossen. Auch die Vorstellungskraft sollte vor ihnen haltmachen. Nie wird man erfahren, was sich hinter den Stahltüren abspielte. Es wurde behauptet, die Opfer hätten einander niedergeschlagen, wären auf die Schultern der Schwächeren geklettert für einen Atemzug, eine Sekunde Leben: Angeblich kämpften sie den berühmten »Todeskampf«, den Kampf der Sterbenden gegen den Tod, der einigen Denkern so sehr am Herzen liegt. Es wurden so viele Dinge gesagt, über die man besser geschwiegen hätte. Sollen die Toten darüber sprechen, wenn sie es tun wollen. Da jedoch niemand weiß, ob sie es möchten, sollten wir sie lieber in Frieden lassen.

Im übrigen sind wir noch nicht soweit.

Es ist unfaßbar, wie schnell man sich an alles gewöhnt. Wenn ich heute daran denke, kann ich es fast nicht glauben: Nach einigen Stunden in der üblen, stickigen Luft im Viehwagen fühlen wir uns wie zu Hause. »Zuhause« ist das Stückchen Bretterboden, auf dem ich sitze. Ich denke an die Judenvertreibungen in der Antike und im Mittelalter. Jetzt geht es mir wie den Juden damals: Ich bin ihr Bruder. Meine Neugier ist größer als die Angst. Trauer mischt sich mit Spannung: Wir sind Zeugen eines historischen Geschehens, eines historischen Augenblicks. Hauptsache, wir bleiben zusammen. Hätte man uns gesagt, die Reise würde Wochen oder selbst Jahre dauern, wir hätten wie aus einem Mund geantwortet: Gebe Gott, daß es wirklich so ist. Nichts ist schlimmer als die Ungewißheit. Aber niemand weiß, wohin die Reise geht. Das hat man uns oft genug gesagt. Ich suche Halt in der Vorstellung, daß Gott alles weiß und der Mensch nichts.

Im Zug kursiert ein Gerücht: Die jüdischen Ärzte und ihre Familien, denen bislang der Aufenthalt außerhalb des Ghettos erlaubt war, hätten am Tag zuvor den Befehl erhalten, sich uns anzuschließen und am Morgen mit uns am Bahnhof zu sein. Doch niemand hat sie gesehen. Es heißt, sie hätten sich am Abend zuvor bei einem Arzt versammelt und gemeinsam beschlossen, aus dem Leben zu scheiden. Dieses Gerücht war offensichtlich falsch, denn in Birkenau traf ich unseren Hausarzt Dr. Fisch wieder, der meiner Mutter bei Zippukas Geburt beigestanden hatte. Dreißig Jahre später erfuhr ich, daß das Gerücht nicht aus der Luft gegriffen war. Ich bin Gast einer großen Universität bei Boston, wo ich ein Seminar über ein biblisches Thema abhalte. Plötzlich spricht mich ein junger Physiklehrer an: »Stammen Sie aus Sighet? Da komme ich auch her.« Er stellt sich vor. Sein Name läßt mich aufhorchen: Er ist der Sohn eines berühmten Chirurgen. In Sighet gehörten wir verschiedenen sozialen Schichten an, aber wir waren im selben Zug nach Auschwitz. Lange kreist unser Gespräch um unsere kleine Heimatstadt. Dann frage ich nach dem Gerücht. Er bestätigt es: Es stimmt, die Ärzte hätten sich ohne Umschweife zur gemeinsamen Selbsttötung entschlossen. »Aber warum? Man wußte doch nicht...« Es stellt sich heraus, daß sein Vater Bescheid wußte. Er hatte einen deutschen Offizier operiert, der ihm alles gebeichtet hatte... Daraufhin rief er seine Kollegen zusammen, um mit ihnen zu besprechen, wie sie sich verhalten sollten. Die Mehrheit sprach sich gegen den Transport aus: Wenn schon sterben, dann lieber bei sich zu Hause. Einigen mißlang der Versuch, sich das Leben zu nehmen. Sie wurden auf Krankenbahren zu den Viehwaggons getragen...

Mein Freund starb an einem Abend im Juni 1991. Hat er sich das Leben genommen? So hieß es jedenfalls. Ich rechnete nach und fand heraus, daß sein Todestag am zweiten Siwan war, genau siebenundvierzig Jahre, nachdem er dem Tod in Birkenau entronnen war.

In meinem ersten Buch *Nacht* berichtete ich über die Zugfahrt. Eines bedarf jedoch noch einer Klärung – und es ist eine heikle Angelegenheit: Es geht um die erotische Atmosphäre, die sich in unserem Wagen ausgebreitet haben soll. In der französischen Ausgabe heißt es: »Befreit von aller Kontrolle der Umwelt gaben die Jungen hemmungslos ihren Trieben nach und paarten sich im Schutze der Nacht, ohne die geringste Rücksicht zu nehmen, als seien sie allein auf der Welt. Die anderen taten so, als sähen sie nichts.« Der Ausdruck »paarten sich« rief bei puritanischen Lesern ein Stirnrunzeln hervor, doch das ist nicht so schlimm. Um so schlimmer war das Stirnrunzeln bei den Leidensgenossen, die damals im Zug waren. Ich knöpfte mir die jiddische Originalfassung des Textes vor. Dort liest sich der Abschnitt anders: »In der Enge des Viehwagens erwachten viele Triebe. Erotische Triebe. Jungen und Mädchen gaben im Schutz der Nacht ihren erregten Sinnen nach...« Tatsächlich handelte es sich um schüchterne Kontakte, zaghafte Berührungen, die niemals die Grenzen des Anstands überschritten. Wie konnte ich das mit »Paarung« übersetzen? Ich weiß es nicht. Doch, ich weiß es. Ich will es nicht aus falscher Scham verschweigen. Ich erzählte möglicherweise über mich selbst, erzählte von meinen eigenen Begierden, die ich bis dahin verdrängt hatte. Ich lag neben einer Frau. Ich spürte die Wärme ihres Körpers. Zum erstenmal in meinem Leben konnte ich eine Frau berühren. Nur wenige Male streifte ich ihre Arme und ihre Knie, ohne daß sie es bemerkte. Der Rest gehört ins Reich der Phantasie.

Ich erinnere mich.

An das Leben im Viehwagen. An das Ende meiner Jugend. Wie schnell ich gealtert bin: Als Kind liebte ich das Unvorhergesehene. Ein weitgereister Gast, eine unverhoffte Begebenheit, eine Hochzeit, ein Sturm, ein Unglück, alles war besser als das Alltägliche. Jetzt ist es umgekehrt. Alles ist besser als die Veränderung. Wir suchen Halt in der Gegenwart und fürchten die Zukunft.

Wir sind bereit, alles auszuhalten, alles auf uns zu nehmen: den Hunger, den Durst, die Hitze, den widerlichen Gestank, die hysterischen Schreie einer Frau, die die Nerven verloren hat.

Zumal sich im Viehwagen sehr schnell ein »normales« und geordnetes soziales Leben einpendelt. Die Familien bleiben zusammen: Sie helfen sich gegenseitig, teilen großzügig harte Eier, Zwieback und Obst. Sie halten sich an die strengen Vereinbarungen über die Ausgabe von Trinkwasser und an die Regelungen für den Gang zu den Fensterritzen oder zum Klokübel, den man mit Decken abgeschirmt hat. Die Reisenden haben sich den Verhältnissen mit unglaublicher Geschwindigkeit angepaßt. Morgens und abends sprechen wir gemeinsam unsere Gebete. In meinem Rucksack stecken wertvolle Bücher: ein Kommentar von Rabbi Chajim David Azulai (dem Hida), die Keduschat Levi des Rabbis von Berditschew. Ich öffne sie und gebe mir alle erdenkliche Mühe, mich darauf zu konzentrieren. Ein Satz aus dem Sohar läßt mir keine Ruhe: Als das Volk Israel ins Exil ging, begleitete Gott sein Volk. Wo war er jetzt? fragte ich mich. Bis wohin wird Gott mit uns gehen?

Am letzten Tag, als der Zug am Bahnhof von Auschwitz hält, kommen wieder schlimme Vorahnungen auf. Manche »Nachbarn« verschlingen jetzt mehr von den Rationen, als ihnen zusteht. Vielleicht ahnen sie, daß ihre Tage gezählt sind. Meine Mutter ermahnt uns ständig, wir mögen um jeden Preis zusammenbleiben. Daraufhin fragt jemand, ich weiß nicht mehr, wer es war: »Und wenn es nicht möglich ist? Wenn man uns trennt?« – »Dann treffen wir uns zu Hause wieder, sobald der Krieg zu Ende ist«, sagt meine Mutter.

Es gibt Bilder aus diesen Tagen und Nächten im Zug, die immer wieder in meinen Träumen erscheinen: die bangen Ahnungen, die Furcht in der Dunkelheit, die Schreie der unglücklichen Frau Schechter, die im Wahn Flammen in der Ferne sah, die Bemühungen, sie zum Schweigen zu bringen, die entsetzten Augen ihres kleinen Sohnes. Ich erinnere mich an jede Stunde, an jede Sekunde. Wie könnte ich sie vergessen? Es waren die letzten, die ich im Kreise meiner Familie verbrachte. In meinem Gedächtnis habe ich alles gesammelt und gespeichert: die gemurmelten Gebete meiner Großmutter, deren Blick schon nicht mehr von dieser Welt ist, die Gesten meiner Mutter, die nie zuvor so zärtlich gewesen sind, das besorgte Gesicht meiner kleinen Schwester, die ihre Angst nicht zeigen will.

Das plötzliche Erzittern, das uns alle erfaßt, als der Zug sich nach mehrstündigem Halt gegen Mitternacht wieder in Bewegung setzt. Das Pfeifen klingt noch in meinen Ohren. Es weckt in mir den Schmerz der Trennung und des Zerrissenseins. Was folgt, habe ich an anderer Stelle erzählt oder vielmehr zu erzählen versucht. Es kommt mir vor, als wäre es gestern geschehen, als geschehe es in diesem Moment. Durch die Fensterritze sehe ich die endlosen Reihen der Stacheldrahtzäune. Ein Gedanke schießt mir durch den Kopf: Es ist wahr, die Kabbala hat recht, es gibt die Unendlichkeit.

Ich sehe mich verwirrt und verstört dasitzen, ein Schatten unter Schatten. Ich höre den stockenden Atem meiner kleinen Schwester. Ich bemühe mich, mir den Gesichtsausdruck meiner Mutter, meines Vaters einzuprägen. Ich brauche jemanden, der mir Sicherheit gibt. Mein Herz schlägt zum Zerspringen. Ohrenbetäubende Schläge, dann ist es still. Bedrückend still. Vollkommen still. Man spürt, es wird etwas geschehen. Endlich wird das Schicksal uns eine Wahrheit zeigen, die ausschließlich für uns bestimmt ist. Eine erste Wahrheit, ein allerletztes Postulat, das alle bekannten Vorstellungen sprengen oder überragen wird. Ein Lärmen setzt ein, und die Nacht zerbirst in tausend Scherben. Ich werde angerempelt, hochgezogen. Jetzt stehe ich wieder, werde zur Tür gestoßen, unwirklichen, grölenden Wesen und kläffenden Hunden entgegen. In einer Menschenmenge, die immer mehr anschwillt, bis sie die ganze Welt überflutet.

In *Die Nacht zu begraben, Elischa* berichte ich über die Wut der »Alten«. »Warum seid ihr gekommen, ihr Hundesöhne? Warum bloß?« fluchten sie. Ich verstand sie nicht. Glaubten sie, wir seien freiwillig, aus reiner Neugier in diese Hölle gegangen? Erst Jahre später begriff ich: Zwei von ihren Kameraden, Rudolf Vrba und Alfred Wetzler, war 1944 die Flucht aus Birkenau gelungen. Ihr Ziel war es, die ungarischen Juden vor der »Behandlung« zu warnen, der die Deutschen sie unterziehen wollten. Sie glaubten, wir hätten es wissen müssen. Deshalb waren sie so wütend, daß einige uns sogar schlugen.

Wohin gehen wir? Ist es nicht gleichgültig, ist es nicht überall dasselbe? Alle Wege enden in den Händen des Feindes. Er wird diese unsichtbare, schwarze Tür öffnen, die nur auf uns wartet. »Laßt uns um Gottes willen zusammenbleiben«, sagt meine Mutter. Wir sind noch eine Minute zusammen. Wir halten uns fest an den Händen. Nichts auf der Welt kann uns auseinanderbringen. Die ganze deutsche Wehrmacht wird mich nicht von der Seite meiner kleinen Schwester reißen. Ein kurzer Befehl: Männer auf die eine, Frauen auf die andere Seite. Das war's! Ein Befehl hat genügt, und schon sind wir getrennt. Mein ganzes Dasein beschränkt sich auf einen Blick. Ich möchte meine Mutter, meine kleine Schwester mit dem goldblonden Haar, meine Großmutter und meine beiden älteren Schwestern nicht aus den Augen verlieren. Ich sehe sie noch immer, denn ich suche noch immer nach ihnen. Ich suche sie, um sie ein letztes Mal in die Arme zu schließen. Wir sind auseinandergegangen, ohne daß ich meiner Mutter Lebewohl gesagt habe und schon gar nicht ihr die Hand geküßt und sie für die Verfehlungen um Verzeihung gebeten, die ich ihr gegenüber begangen hatte. Wir sind auseinandergegangen, ohne daß ich Zippuka an mich gedrückt habe, meine kleine Schwester. Was bleibt von dieser Nacht, der keine andere jemals gleichen wird? Eine unheilbare Wunde, die der Verlust, die Trennung schlug. Meine Mutter und meine kleine Schwester sind gegangen, ohne daß ich mich von ihnen verabschiedet habe. Mir kommt es so vor, als wäre das alles nicht wahr. Du träumst, sage ich mir, während ich, an den Arm meines Vaters geklammert, weitergehe. Du träumst nur, daß man deine Lieben von dir getrennt hat. Du träumst, daß man Menschen zu Tode prügelt.

Birkenau gibt es nur im Traum, nur im Traum steht der riesige Altar, wo die Dämonen des Feuers unser Volk verschlingen. Du träumst einen bösen Traum Gottes, in dem menschliche Wesen jüdische Kinder bei lebendigem Leib in die Flammen werfen, die aus offenen Gruben emporlodern.

Beim Wiederlesen der Zeilen, die ich gerade schreibe, zittert meine Hand, zittert alles in mir. Ich weine nur selten, aber jetzt weine ich, ich sehe die Flammen wieder, die Kinder, und ich sage mir wieder einmal, daß Weinen nicht genug ist.

Es dauerte einige Zeit, bis ich mir sicher war, daß ich mich nicht getäuscht hatte. Ich forschte bei Gefährten nach, die mit mir in derselben Nacht angekommen waren, ich durchforstete die Unterlagen der Sonderkommandos. Ja, ein tausendfaches Ja: Eine so große Zahl ungarischer Juden in den Krematorien zu »behandeln«, überstieg die Möglichkeit der Mörder. Sie mußten die Kinderleichen auch draußen verbrennen. In ihrem barbarischen Wahn stießen sie lebende jüdische Kinder in das mit Leichen genährte Feuer der Gruben.

Seither trage ich eine namenlose Trauer und Enttäuschung in mir, eine bodenlose Verzweiflung, denn in dieser Nacht habe ich gesehen, wie ernste, gefaßte jüdische Kinder voll unausgesprochener Worte und Träume in die Finsternis gingen, bevor sie von den Flammen verzehrt wurden. Ich sehe sie vor mir: Wie sollte ich nicht die Mörder und ihre Gehilfen verfluchen und die gleichgültigen Zuschauer, die Bescheid wußten und schwiegen, wie sollte ich nicht die Schöpfung verfluchen, die Schöpfung und diejenigen, die sie verdorben und entstellt haben? Ich möchte weinen, schreien wie ein Wahnsinniger, damit die Welt, diese Welt der Mörder, weiß, daß ihr niemals verziehen wird.

Noch heute bin ich jedesmal erschüttert, wenn mein Blick ein Kind trifft. Ich sehe andere Kinder hinter ihm. Hungrig, entsetzt und blutleer gehen sie der Wahrheit und dem Tod - die vielleicht dasselbe sind - entgegen. Sie blicken sich nicht um. Sie jammern nicht, sie widersetzen sich nicht, sie bitten niemanden um Erbarmen. Es ist, als hätten sie genug vom Leben auf dieser grausamen, verkommenen und haßerfüllten Welt, wo noch ihre Unschuld sie zum Tode verurteilt. Leugnen Sie es nicht, ich verbiete es Ihnen, und nehmen Sie es hin, daß die Welt, die zuließ, daß der Schlächter eineinhalb Millionen jüdischer Kinder vernichtete, ihren Teil der Schuld trägt.

Wie soll man von der Unschuld all dieser Kinder sprechen, ohne an ihre Fähigkeit zu erinnern, sich unbändig zu freuen? Und doch wird dieses Bild von einer unversöhnlichen Traurigkeit verdüstert. Hat Gott auch sie nach seinem Bild geschaffen? Nach dem Bild eines Gottes, der unvollkommen ist?

Wie sollen wir uns vorstellen, was in ihnen vorging? Welche Teufel auf sie lauerten? Wie können wir ihre Hilferufe auffangen? Wer wird einst ihr Lächeln malen? Wie können wir ihr flüchtiges Glück festhalten?

Immer spüre ich, was ihnen guttut und was ihnen weh tut. Wie kann ich ihnen mitteilen, daß sie in mir gegenwärtig bleiben?

Heute weiß ich, daß eine Gesellschaft daran zu messen ist, wie sie mit den Schwachen umgeht, mit den ewigen Opfern des Lebens und der Menschen, wie sie mit den unglücklichen und niedergemetzelten Kindern umgeht.

Doch in dieser Nacht kommt mir das alles noch nicht deutlich zu Bewußtsein. Der Schock ist zu groß. Das Prinzip der Verweigerung tritt in Kraft. Ich weigere mich, der Wirklichkeit des Elends ins Auge zu blicken. Unmöglich, sagt jemand, mein anderes Ich. Unmöglich, daß mitten im zwanzigsten Jahrhundert solche Abscheulichkeiten begangen werden und daß die Welt dazu schweigt! Wir leben schließlich nicht im Mittelalter... Als meine letzte Widerstandskraft versiegt ist, werde ich taub und stumm wie ein Schlafwandler und lasse mich herumkommandieren, lenken und treten. Ich sehe alles, ich höre alles, nichts entgeht mir, nichts bleibt unbemerkt, doch erst später werde ich versuchen, diese Eindrücke und Erinnerungen zu ordnen. Meine Verblüffung zum Beispiel, als ich eine Zeit außerhalb der Zeit, eine andere Welt neben der Welt, eine Schöpfung in der Schöpfung entdeckte, die ihre eigenen Gesetze, Gebräuche, Sitten, Strukturen und eine eigene Sprache hat. In dieser Welt leben Menschen nur, um zu töten, und andere nur, um zu sterben. Und das System funktioniert mit einer beispiellosen Leistungsfähigkeit. Die Peiniger martern und zermartern die ihnen Ausgelieferten, die Folterknechte quälen Menschen, die sie nie zuvor gesehen haben, die Mörder töten ihre Opfer, ohne sie auch nur eines Blickes zu würdigen, Flammen steigen in den Himmel, und nichts kann dieses Räderwerk stoppen, als liefe all dies nach einem Plan, der seit Anbeginn aller Zeiten in Kraft ist.

Und wo bleibt das Ideal der Menschlichkeit? Wo bleibt das, was

daran erinnern, viel zu häufig unterwegs. Im Lager sah ich ihn von morgens bis abends, von Sonnenauf- bis Sonnenuntergang. Ich sah nur ihn. Wir waren voneinander abhängig: Er brauchte mich, und ich brauchte ihn. Seinetwegen wollte ich leben, und er tat meinetwegen alles, was in seiner Kraft stand, um nicht zu sterben. Solange ich am Leben war, wußte er, er wird gebraucht, ist vielleicht sogar unverzichtbar. Solange er mich vor Augen hatte, war er der Mann und der Vater von früher, trug er Verantwortung für jemanden, für ein Leben. Wäre ich gestorben, hätte er seine Aufgabe, seine Autorität, kurz: seine Identität verloren. Und umgekehrt: Ohne ihn wäre mein Leben sinn- und ziellos gewesen.

In dieser Hinsicht sind die Deutschen mit ihren psychologischen Methoden teilweise gescheitert. Sie wollten die Gefangenen soweit bringen, daß sie nur noch an sich selbst dachten, Verwandte und Freunde vergaßen und sich nur noch um ihre eigenen Bedürfnisse kümmerten, um keine »Muselmanen« zu werden. Genau das Gegenteil trat ein. Wer sich in sich verschloß, sich nur noch um das eigene Befinden kümmerte, hatte weniger Chancen zu überleben. Für einen Bruder, einen Freund, ein Ideal zu leben half einem dagegen, länger durchzuhalten.

Ich schaffte es dank meines Vaters. Ohne ihn wäre ich zusammengebrochen. Ich mußte nur sehen, wie er sich schweren Schrittes voranschleppte und dabei mein Lächeln suchte, schon schenkte ich ihm ein Lächeln. Er war mein Halt, mein Atemspender, wie ich seiner war.

Und trotzdem. Habe ich ihm wirklich geholfen? Habe ich durch meinen Kummer nicht seinen noch vertieft? Denn welch größeres Leid, welchen unheilvolleren Fluch gibt es für einen Vater, als seinem Kind nicht helfen und ihm die Qualen des Hungers und der Angst nicht ersparen zu können? Ihm nicht sagen zu können, was zu tun und was zu lassen ist? Um ihm zu beweisen, daß seine Vaterrolle in keiner Weise angegriffen und mein Vertrauen auf sein Urteil ungebrochen ist, stelle ich ihm unzählige Fragen: Soll ich versuchen, in ein anderes Kommando oder vielleicht in einen anderen Block verlegt zu werden? Soll ich meine Ration Margarine gegen ein Stück Brot tauschen? Soll ich ein Stück Schnur, das ich auf der Baustelle gefunden habe, aufheben und verkaufen, auch auf die Gefahr hin, mit fünfundzwanzig Peitschenhieben dafür bestraft zu werden? Er weiß nicht, was er mir raten soll, doch es tut ihm gut, daß ich frage.

Eines Tages hat er Tränen in den Augen. Ich kenne den Grund: Ihm ist aufgefallen, daß ich magerer werde, und er fürchtet, mich bei der nächsten Selektion nicht retten zu können. Er weint im stillen, und ich fühle, wie groß seine Verzweiflung ist. Ich möchte ihn trösten, ihm Mut zusprechen, doch ich bin ratlos, wie ich es anstellen soll, ohne ihm noch mehr Schmerz zuzufügen. Ich weiß nur eines: Es gibt keinen schlimmeren Schmerz, kein erdrückenderes Schuldgefühl, als mitansehen zu müssen, wie der eigene Vater ohnmächtig weint.

Da ich ihm näher bin, liebe ich ihn mehr als zuvor und mehr denn je. Manchmal biete ich ihm einen Löffel Suppe und sage: »Ich habe keinen Hunger mehr.« Er tut dasselbe. »Ich habe Bauchschmerzen, ich kriege nichts hinunter«, sagt er und reicht mir ein Stück Brot. Aus tiefstem Herzen wünsche ich mir, etwas für ihn tun zu können, das ihm sein Lächeln, seine Stärke, seine Weisheit und seine Würde von einst wiedergibt. Abends liegen wir nebeneinander und erzählen uns von früher: von der Hochzeit eines Rabbis, zu der wir eingeladen waren, vom Brand der Kaserne (wer wohl die Saboteure waren?), vom Verschwinden eines reichen Kaufmannssohns, der, wie es hieß, in die Sowjetunion geflohen war oder, auch das wurde erzählt, sich in Budapest unter einem falschen Namen niedergelassen und für einen Christen ausgegeben hatte. Wir reden über die Schwierigkeiten, die meine Schüchternheit mir bereitet, besonders an diesem Ort. Wir reden über die Wurzeln des Antisemitismus, über die Werte der Emanzipation, über die Verdienste des Zionismus. Hat der Rabbi von Satmàr recht, wenn er ihn bekämpft? Wir reden über den Reiz der mystischen Gottsuche. Ich erzähle ihm von meiner Suche, er spricht von seiner, die nichts mit den Geheimlehren zu tun hatte, sondern eine Suche nach dem Menschen war. Anderen zu helfen war seine Devise, sein Gesetz, sein Ideal. Ein Jude ist weniger durch seine Absichten Jude als durch seine Taten: Sie verbinden ihn mit der Gemeinde und dadurch mit der großen Gemeinschaft der Menschen.

Hält er noch an seinen Grundsätzen, an seinem humanitären Anspruch fest? Seltsamerweise nähert er sich dem Chassidismus. »Nur ein Wunder kann uns helfen«, murmelt er oft. »Wir hätten es verdient. Aber die Frage ist: Hat unser Zeitalter es auch verdient?«

Früher, in Sighet, war ich derjenige, der an Wunder glaubte. Er war Vernunftmensch und legte wenig Wert darauf. Hier ist es umgekehrt.

Die Zeit der Wunder scheint mir vorbei zu sein. Ich weiß, daß die Welt sich ihr eigenes Grab geschaufelt hat: Sie wird nicht erlöst werden. In meinen Tagträumen beschäftige ich mich mit anderen Möglichkeiten. Warum habe ich Kalman, meinen Kabbalalehrer, nicht gebeten, mich in die Kunst einzuweihen, unsichtbar zu werden? Ich würde meine Fähigkeiten so einsetzen, daß mein Vater Nutzen davon hätte. Ich stelle mir vor, wie wir an den SS-Männern vorbei durch die Tür gehen, ohne daß sie uns sehen können. Wir steigen in einen Güterzug. Wir fahren durch Städte und Täler, und überall rütteln wir die schlafenden Bewohner wach: Schämt ihr euch nicht zu schlafen? Unser Volk wird gemordet, und ihr liegt in den Betten? Ja, diese Kunst, diese Geheimlehre hätte ich lernen sollen...

Damals träumte ich viel - wie alle. Es half mir.

Und dann hatte ich das »Glück«, man verzeihe mir den Ausdruck, mit einem alten Rosch Jeschiwa aus Galizien zusammenzusein. Ich sehe ihn, sehe uns vor mir. Wir tragen Säcke voll Zement oder großer Steine, schleppen einen Korb voll Sand oder Lehm und studieren dabei ein Gesetz aus der Mischna oder eine Seite aus dem Talmud. Mein Blockkamerad kennt alles auswendig. Wenn er erzählt, lassen wir das Lager hinter uns. Wir treffen Rabbi Chanina ben Dossa und bitten ihn, für uns zu beten. Wir legen Resch Lakisch unsere Bitte ans Herz. Wird er seine Herkuleskräfte gebrauchen, um uns zu befreien? Wir streifen durch die Gassen von Pumbedita und über die Hügel Galiläas. Ich werde Zeuge, wie sich die Weisen streiten, ob man das Sch'ma Israel im Stehen oder im Liegen sprechen soll.

Morgens stehen mein Vater und ich vor Sonnenaufgang auf. Wir gehen in einen benachbarten Block, wo es jemandem gelungen ist, gegen zehn Brotrationen ein paar Gebetsriemen (die Tefillin) zu besorgen. Wir wickeln sie um den Ellenbogen des linken Arms und legen sie auf die Stirn, sprechen eilig den rituellen Segen, und schon reichen wir sie dem nächsten weiter, der hinter uns wartet. Ein paar Dutzend Häftlinge opfern auf diese Weise ihren Schlaf und manchmal ihre Brotrationen oder ihren Kaffee, um die Mizwa oder das Gebot zum Tragen der Gebetsriemen zu erfüllen. Ich höre Sie schon spotten: »Eure religiösen Gebote in einem Konzentrationslager einzuhalten, das ist doch...« Ja, auch dort habe ich die Gebote beachtet, auch dort. Ich betete jeden Tag. Samstags summte ich während der Arbeit die Sabbat-Lieder. Wollte ich meinem Vater damit eine

Freude bereiten oder ihm zeigen, daß ich selbst in diesem verfluchten Königreich, wo die Juden zum Sterben verdammt waren, entschlossen war, Jude zu bleiben? Erst später sollten mich Zweifel plagen und mich gegen meinen Glauben aufbegehren lassen.

»Warum so spät?« fragte mich mein Leidensgenosse und späterer Freund Primo Levi. Und wie ich diese Zweifel und dieses Aufbegehren überwunden hätte? Er will nicht verstehen, wie sein ehemaliger Gefährte in Buna ein gläubiger Jude bleiben konnte. Denn er, Primo, ist nicht gläubig. Er will es nicht sein. Er hat zu viele Menschen leiden sehen und widersetzt sich der Religion, die vorgibt, ihren Leiden Sinn und Ordnung zu geben. Ich kann ihn verstehen. Und bitte ihn, mich auch zu verstehen: Ich habe dort - wie er - zu viele Menschen leiden sehen, um mit der Vergangenheit zu brechen und das Erbe derjenigen zurückzuweisen, die gelitten haben. (Eine andere Unstimmigkeit zwischen uns: Er geht mit den Überlebenden zu hart ins Gericht.) Wir verbringen Stunden damit, uns unsere Argumente entgegenzuhalten. Es hilft nichts. In diesem Punkt sind wir beide unerschütterlich. Hinzu kommt, daß ich aus einem anderen Milieu stamme. Außerdem führten wir sogar in Buna ein unterschiedliches Leben. Er war Chemiker, ich dagegen war überhaupt nichts. Das Räderwerk brauchte ihn, mich dagegen benötige es keineswegs. Er hatte einflußreiche Freunde auf wichtigen Posten, die ihm halfen und ihn schützten. Ich hatte nur meinen Vater. Ich brauchte Gott, Primo brauchte ihn nicht.

Im Lager habe ich weder die Kraft noch die Zeit, mich in theologische Betrachtungen zu versenken oder metaphysische Spekulationen über das Leben des Herrn der Welt anzustellen. Wird die Tagesration Brot einen Zentimeter dicker oder dünner sein? Wird es Margarine oder Marmelade dazu geben? Alles dreht sich um diese Fragen. Die Angst vor Schlägen ist größer als die Furcht vor himmlischer Strafe. Hier siegte der Feind: Die SS und nicht Gott regiert unsere Welt; ihr Schatten ist auf uns gefallen. Der SS-Mann will von seinem Opfer nicht als überlegener Mensch, sondern als Gott anerkannt werden. Er führt sich wie ein unantastbarer, allmächtiger Gott auf. Es gibt ihn und es gibt uns: Er hat alle Rechte, wir kein einziges. Er sieht alles, wir sehen nichts. Mit einer einfachen Handbewegung schickt er uns in den Tod oder gibt uns zu essen. Wir haben nicht das Recht, ihn anzusehen. Jeder, der Gott ins Auge sieht, stirbt. Und was ist mit dem Glauben, der mich mit dem Gott Israels und meinen

Vorfahren verbindet? Er hat hiermit nichts zu tun, noch nicht. Der Glaube bleibt verborgen und nahezu ungetrübt.

Für Primo Levi stellt sich die Glaubensfrage nach Auschwitz, einfach ausgedrückt, folgendermaßen: Entweder Gott ist Gott und daher allmächtig, dann ist er schuld, daß die Mörder tun konnten, was sie wollten; oder seine Macht ist beschränkt, und dann ist er nicht Gott.

Anders gesagt: Wenn Gott tatsächlich Gott ist, gibt es immer ein Zeugnis seiner Anwesenheit. Wenn er sich aber weigert, sich zu offenbaren, wird er unmoralisch und unmenschlich, das heißt, er wird zum Verbündeten oder Helfershelfer des Feindes. Später sollte mich der Philosoph und Historiker Gerson Cohen mit folgendem erschütternden und erschreckenden Abschnitt aus einem unserer Werke über die Märtyrer bekannt machen. Zur Zeit der Kreuzzüge suchten die Juden von Mainz Zuflucht in einem unterirdischen Versteck. Eines Nachts hörten ihre geistlichen Führer, Rabbi Baruch und sein Schwager Rabbi Jehuda, Lärm aus der Synagoge. Sie gingen hin, doch sie fanden niemanden. Trotzdem hörten sie im Dunkeln Stimmen. Da fielen die beiden Weisen auf die Knie und riefen: »Du willst also unseren Tod, Herr? Ist es möglich, daß Du nicht mehr auf unserer Seite stehst? Hast Du etwa unseren Feind zu Deinem Volk auserwählt?« Eine grausame, ausweglose Falle. Man entkommt ihr nicht, ohne Schaden zu nehmen. Das Leiden und der Tod unschuldiger Kinder können den göttlichen Willen nur in Frage stellen und Wut und Auflehnung in den Menschen hervorrufen. Wenn nun Gott aber vom Menschen erwartete, daß sie Ihm ihre Not und ihre Verzweiflung mitteilten?

Sollte dieser Weg zu einer Lösung führen? Ich gehe lieber davon aus, daß es keine Lösung gibt.

Eine Passage in *Die Nacht zu begraben, Elischa* – die Erhängung des kleinen jüdischen Jungen – hat Stoff zu einer geradezu blasphemischen Interpretation geliefert. Theoretiker, die »den Tod Gottes« vertreten, haben ausgiebigst auf meine Worte verwiesen, um ihre Ablehnung des Glaubens zu rechtfertigen. Mag Nietzsche dem alten Heiligen in seinem Walde zugerufen haben: »Gott ist tot«, der Jude in mir kann es nicht. Ich habe meinen Glauben an Gott nie verleugnet. Ich habe mich gegen Sein Gesetz gestemmt, habe gegen Sein Schweigen, bisweilen auch gegen Seine Abwesenheit aufbegehrt, doch meine Wut tobte innerhalb meines Glaubens, niemals außerhalb. Ich gebe zu, diese Haltung ist nicht sehr originell, sie steht in der jüdischen Tradition. Doch ich habe nie versucht, auf diesem Gebiet »originell« zu sein. Ich habe mich im Gegenteil immer bemüht, den Spuren meiner Väter und Vorväter zu folgen. Im übrigen erzählen die Schriften von vielen Begebenheiten, wo Propheten oder Weise in Zeiten der Verfolgung gegen die Nichteinmischung Gottes in die menschlichen Angelegenheiten aufbegehrt haben. Abraham und Mose, Jeremia und Rabbi Levi Isaak von Berditschew lehren uns, daß es dem Menschen durchaus erlaubt ist, mit Gott ins Gericht zu gehen, sofern dies im Namen des Glaubens an Gott geschieht. Ein schmerzlicher Prozeß? Macht nichts. Manchmal muß man den Schmerz annehmen, den der Glaube verursacht, um den Glauben nicht zu verlieren. Sollte die Tragödie des Gläubigen niederschmetternder sein als die des Ungläubigen? Macht auch nichts. Hinter dem Stacheldraht von Auschwitz seinen Glauben zu bekennen, bedeutet im Grenzfall eine doppelte Tragödie, nämlich die des Gläubigen und die seines Schöpfers. Ist der eine verwundet, muß der andere ihn verwundet haben.

Wie kann man hinter diesem verfluchten Stacheldraht den Ewigen für die Liebe preisen, die Er Seinem Volk vorenthält? Wie kann man in Auschwitz sagen: *»Aschrenu, ma tow chelkenu«*, wie glücklich wir sind, unser Erbe in uns zu tragen? Wie und mit welchem Recht kann man im Zusammenhang mit Auschwitz von Glück sprechen? Auschwitz ist unbegreiflich, ob mit oder ohne Gott, habe ich an anderer Stelle geschrieben. Vielleicht werde ich eines Tages die Rolle des Menschen in dem Dunkel verstehen, das Auschwitz darstellt – die von Gott werde ich niemals erfassen.

Habe ich mich im Laufe der Zeit mit Ihm versöhnt? Sagen wir einmal, daß ich mich mit einigen Seiner Interpreten ausgesöhnt habe. Auch mit einigen meiner Gebete habe ich mich versöhnt. Warum sollten die jüdischen Gebete schuld gewesen sein, wenn Menschen andere Menschen gemordet, wenn sie die Juden niedergemetzelt haben? Sie stimmen nicht immer mit der Wirklichkeit überein und schon gar nicht mit der Wahrheit? Und wenn schon! Es liegt an uns, die Wirklichkeit zu verändern und die Gebete wahr zu machen. Das sagte schon der Kotzker Rabbi: »*Awinu malkenu*, unser Vater, unser König – ich werde Dich solange Vater nennen, bis Du es sein wirst.«

Letztlich werde ich niemals aufhören, mich gegen diejenigen zu empören, die Auschwitz geschaffen oder zugelassen haben. Gott eingeschlossen? Auch gegen Ihn werde ich mich immer empören. Die Fragen, die ich mir früher zum Schweigen Gottes gestellt habe, sind offen geblieben. Wenn es eine Antwort gibt, so weiß ich sie nicht. Und ich will sie auch nicht wissen. Für mich steht fest, daß der Tod von sechs Millionen Menschen eine Frage aufwirft, die niemals eine Antwort finden kann.

Jahre später sollte mein Talmudlehrer, Ha-Raw Saul Lieberman, meinen Blick in eine andere Richtung lenken: Man kann – und soll – Gott lieben, man kann Ihn fragen, Ihm selbst Dinge verübeln, aber man kann Ihn ebenso bedauern. »Weißt du«, sagte er zu mir, »welche biblische Gestalt die tragischste ist? Es ist Gott, gelobt sei Er. Es ist Gott, den Seine Geschöpfe so häufig enttäuschen und bedrükken.« Er wies mich auf einen Abschnitt im Midrasch hin, der vom ersten Bürgerkrieg in der jüdischen Geschichte erzählt: Er wurde von einem simplen Ehestreit verursacht. Und Gott im Himmel weinte über Sein Volk und über Seine Schöpfung, als wollte Er sagen: Was habt ihr aus meinem Werk gemacht?

Zur Zeit von Treblinka, Majdanek und Auschwitz weinte Gott vielleicht noch viel mehr. Man kann Ihn also nicht nur voller Entrüstung anrufen, sondern auch voller Trauer und Mitleid. Man kann Mitleid mit Ihm haben.

Am meisten schmerzt und empört mich die Macht des Bösen mit ihrer ansteckenden Wirkung auf das körperliche und moralische (beziehungsweise unmoralische) Verhalten im Lager. Hier herrscht die nackte Gewalt. Wie können Menschen so weit kommen, daß sie wie Wölfe übereinander herfallen? Wie kann man sich ihren Sadismus gegenüber Leidensgenossen erklären? Ich »begreife« die Roheit der Deutschen; sie sind dazu »berufen«, es ist ihre Politik, ihre Ideologie, ihre Kultur, fast möchte ich sagen: ihre Religion. Aber die anderen? Was ist mit den Ukrainern, die uns schlagen, den Russen, die uns verabscheuen, den Polen, die uns verletzen, den Zigeunern, die uns ohrfeigen, den jüdischen Kapos, die uns niederknüppeln? Warum tun sie das? Um den Henkern zu zeigen, daß sie ihnen ähnlich sein können?

Man hat versucht, ihr Verhalten durch den verheerenden Einfluß zu erklären, den der Mörder auf sein Opfer ausübt, durch den verdrängten Wunsch des Angegriffenen, dem Angreifer zu gleichen, durch den unwiderstehlichen Überlebensdrang, die Unterordnung unter die Gewalt, die schnelle Veränderung der Persönlichkeit in Ausnahmesituationen. Dies alles ist sicher richtig und ebenso das Gegenteil. Für jedes Beispiel könnte ich zehn Gegenbeispiele anführen.

Ich glaube, Jean Améry hat bemerkt, daß sich die Intellektuellen als erste dem System der Unterdrücker beugten und dessen Leitgedanken und Methoden übernahmen.

Aber nicht alle Intellektuellen - schließlich zählen Rabbiner und Priester auch zu den Intellektuellen. Von einer Ausnahme abgesehen, lehnten es alle Rabbiner ab, die Rolle des Kapos zu übernehmen. Sie waren nicht bereit, sich die Verlängerung ihres Lebens um eine Woche oder einen Monat dadurch zu erkaufen, daß sie zum verlängerten Arm des Henkers wurden. Sie starben lieber, als daß sie dem Tod dienten. Was sie von den Propheten und Weisen gelernt hatten, war für sie Fessel und Schutzschild zugleich.

Wie viele aufgeklärte und konfessionslose Intellektuelle verwarfen im Gegensatz dazu ihr Wertesystem, sobald sie begriffen, wie zerbrechlich und unbrauchbar es hier war. Ernüchtert, verunsichert, ihrer Hoffnungen beraubt, ließen sich einige von der Ideologie der Grausamkeit verführen. Natürlich nicht alle. Aber ihre große Anzahl ist doch sehr aufschlußreich.

Und die Kommunisten? Ihre gegenseitige Unterstützung war beispielhaft, und ihr Widerstand nötigte uns Bewunderung ab. Sobald einer von ihnen auf einer der unglückseligen Listen auftauchte, taten seine Genossen in der Lageraristokratie - wer für die Lagerverwaltung arbeitete, war ungefährdet - ihr möglichstes, um seinen Namen gegen den eines unbekannten Gefangenen auszutauschen. Aus der Sicht des geretteten Kommunisten war das Eingreifen seiner politischen Gefährten natürlich in höchstem Maße lobenswert. Doch wie sah es für denjenigen aus, der nun seinen Platz auf der unglückseligen Liste einnahm? Wer gab den Kommunisten das Recht, über das Los unserer Kameraden zu entscheiden?

Zweifellos kann und darf niemand sie verurteilen, besonders diejenigen nicht, die nicht in Auschwitz oder Buchenwald waren. Die jüdischen Gelehrten erklären schlicht: »Urteile nicht über deinen

Gefährten, bevor du nicht an seiner Stelle stehst.« Anders ausgedrückt: Ich hätte in ihrer Lage vielleicht genauso gehandelt. Manchmal beschleichen mich Zweifel, ob meine Hände sauber geblieben wären, wenn ich elf Jahre statt elf Monate im Lager zugebracht hätte. Ich bin mir dessen nicht sicher, niemand kann sich dessen sicher sein. Warum aber soll ich mich für etwas schuldig fühlen, was ich nicht getan habe, was ich nur vielleicht getan hätte? Zweifellos gibt es andere Probleme, andere Erinnerungen, an denen ich zu tragen habe, dieses Problem aber belastet mich nicht. Nur die wirklich Schuldigen sollen verurteilt oder wenigstens benannt werden. Von der möglichen Schuld zu reden ist hier fehl am Platz. Wer sich die Hände *hätte* schmutzig machen *können*, es aber nicht getan hat, ist im eigentlichen Sinne – und durch die Gnade Gottes – unschuldig.

Ich beharre darauf besonders, weil ich manchmal kränkende Äußerungen über mein Volk höre und lese, in denen es heißt, Auschwitz sei ein universelles Phänomen; was die Deutschen, ihre Kollaborateure und Helfershelfer verbrochen hätten, hätten auch die Juden tun können. Eben nicht. Solange die Juden so etwas nicht getan haben, verwahre ich mich entschieden dagegen, daß man ihnen theoretische oder mögliche Verbrechen unterstellt. Solange ein Mensch niemanden getötet hat, hat niemand das Recht, in ihm einen potentiellen Mörder zu sehen. Und dieses Verbot gilt um so mehr, wenn es sich um ein ganzes Volk handelt.

Lassen Sie uns genau sein: Nicht alle »Prominenten« waren Übeltäter. Jacob Fardo, der Grieche, der in meinem Block den Stubendienst versah, war kein Schinder. Erkundigen Sie sich bei unserem gemeinsamen Freund Jackie Hendeli aus Saloniki, er wird es Ihnen bestätigen. Fardo hat niemals einen Gefangenen geschlagen. Unter den Blockältesten und sogar unter den Kapos gab es, wie auch unter der jüdischen Polizei in den großen Ghettos, durchaus Männer, die Erbarmen hatten. Doch wie kann man sich erklären, daß einige Juden – auch wenn es nur sehr wenige waren – von der Macht der Henker angezogen wurden? Wie kann man sich erklären, daß der Sohn des großen polnischen Zionistenführers, Jizhak Grinbaum, als Kapo in Auschwitz seine jüdischen Mitgefangenen mit Hingabe folterte, erniedrigte und schlug, insbesondere, wenn sie religiös, und mehr noch, wenn sie Zionisten waren? Wollte er seinen Vater »strafen« und sich an denjenigen rächen, die an ihn geglaubt hatten? Ich weiß es nicht. Wie kann man sich das Verhalten meines Onkels

Nachman-Elie erklären? Ich suche nach keiner Erklärung. Ich weiß nur, daß ich seinen Namen voller Scham ausspreche. Und ich weiß auch: Damals war ein Jude in erster Linie Opfer von Mördern und nicht Mörder von Opfern.

Dennoch gibt es Ausnahmen. Sie sind verwirrend und manchmal niederschmetternd.

Greifen wir ein wenig vor...

Eines Tages klopfen zwei junge Anwälte aus Brooklyn an die Tür meines Büros an der Universität von Boston, um ein Problem mit mir zu besprechen, das ihnen dringlich erscheint: Sie kennen einen geachteten Chassid, der früher im Lager ihren Vater schlug, bis er halb tot war. Sie haben nur deshalb den Beruf des Anwalts ergriffen, um ihn zu verfolgen und vor Gericht zu bringen.

Um wen handelt es sich? »Sie kennen ihn«, antworten sie mir. »Sie besuchen manchmal dieselbe Synagoge. Und manchmal unterhalten Sie sich mit ihm.« In Gedanken gehe ich meine Glaubensbrüder durch. Dann gebe ich mir einen Ruck. Es kommt nicht in Frage, dieses Spiel mitzumachen und solchen Anschuldigungen Gehör zu schenken. Gewöhnlich lehne ich es ab, den Meinen gegenüber die Rolle des Anklägers zu übernehmen. Ein Problem besteht jedoch weiterhin: Wie soll mit Kapos umgegangen werden? Soll man sie verfolgen? Wie lange soll man sie verfolgen? Bis wohin soll man sie verfolgen? Und vor welches Gericht soll man sie stellen? Nehmen wir einmal an, es handele sich um meinen Onkel Nachman-Elie. Wer soll das Urteil über ihn sprechen? Nach welchem Recht? Ich war nie der Meinung von Karamasow, daß wir alle schuld seien, an allem und jedem, und ich noch mehr als die anderen. Alle Juden sollen schuldig sein? Wirklich alle? Das ist unmöglich, undenkbar. Sind folglich alle unschuldig? Die jüdische Denktradition lehnt die Kollektivschuld ab. Sollte es umgekehrt eine kollektive Unschuld geben? Die jüdischen Kapos waren genauso wenig unschuldig wie ihre nichtjüdischen Kollegen. Doch ich verbiete mir, sie zu verurteilen.

Ich bleibe dabei: Viel lieber unterstreiche ich die Güte, das Mitgefühl und die Lauterkeit meiner Leidensgenossen. Selbst im Königreich der finstersten Nacht würden sie leuchten, das kann ich bezeugen. Ich muß es bezeugen. Lachen Sie nicht, wenn ich von der jüdischen Seele rede. Sie war das Ziel des Feindes. Er wollte sie beflecken, wie er uns auch körperlich zerstören wollte. Doch trotz seiner vernichtenden Gewalt, trotz seiner verführerischen Macht traf er die jüdische Seele nicht.

Ich erinnere mich an einen Holländer, der sein Brot mit einem Kameraden teilte, der noch kränker als er war. Dabei kannten sie sich nicht einmal. »Ich habe lieber Hunger als Gewissenbisse«, sagte er.

Ich erinnere mich an einen litauischen Maggid, der jeden Freitag abend von einem zum anderen lief und mit einem kurzen Lächeln jeden ansprach: »Mein jüdischer Bruder, vergiß nicht, es ist Schabbes (Sabbat).« Ihm lag am Herzen, uns daran zu erinnern, daß der Sabbat, ungeachtet des Rauchs und des entsetzlichen Gestanks, weiterhin über die Zeit und die Welt regierte.

Ich erinnere mich an einen polnischen Rabbi, der sich am Ende von Jom Kippur bemühte, diejenigen zu trösten, die nicht gefastet hatten. »Das Gesetz verlangt von den Juden nicht, daß sie unter Lebensgefahr fasten«, sprach er zu ihnen. »In den Augen des Schöpfers, gelobt sei Er, ist es heute angebrachter zu essen, als sich zu kasteien.« Er selbst hatte gefastet. Aufgrund seiner Schwäche wurde er bei der nächsten Selektion mitgenommen. Er bat seine Blockkameraden, ein Kaddisch für seine Seele zu sprechen. Der ganze Block betete für ihn.

Ich erinnere mich an einen jungen ungarischen Juden mit Schultern, die sich wölbten wie bei einem Greis und der sich selbst irgendeines Vergehens bezichtigte, um an Stelle seines Onkels die Stockschläge einzustecken. »Ich bin jung«, sagte er, »ich bin kräftiger als er.« Er war jung, doch er war nicht weniger geschwächt. Er stand nicht mehr auf.

Ich erinnere mich, ich erinnere mich an alles. Unbewußt habe ich alles festgehalten. Es stimmt nicht ganz. Ich erinnere mich nicht an die Henker. Ich könnte die Blockführer der SS nicht beschreiben, die uns beim Appell zählten, und auch nicht den Lagerführer, der an den Erhängungen teilnahm. Seltsamerweise interessierten mich die Henker nicht. Die Opfer schon. Nur die Opfer. Deshalb hatte ich nach dem Krieg niemals das Verlangen, Nazijäger zu werden. Ich schätze diejenigen, die sich das zur Aufgabe machten – wie das Ehepaar Klarsfeld in Paris und Neal Sher in Washington –, doch mich beschäftigten andere Dinge. Selbstverständlich war ich entsetzt darüber, daß diese Mörder sich in Freiheit befanden, daß es ihnen gutging. In meinen Augen war das eine Ohrfeige für das kollektive Gedenken an die Opfer und ein juristischer Skandal. Doch ich wußte, daß ich meinem Charakter und meiner Natur nach nicht in der Lage war, die Jahre, die mir noch bleiben sollten, der Jagd nach den Mördern zu widmen. Meine Anstrengungen und meine Hingabe galten allein den Opfern. In meinem Gedächtnis war nur Platz für die Erinnerung an sie. Und wenn ich heute die Vergangenheit schildere, gilt mein Bemühen allein ihrer Vergangenheit: Für die Opfer lege ich Zeugnis ab, nicht für mich.

Lassen Sie uns zu den beiden Anwälten aus Brooklyn zurückkommen... Sie tragen die Kippa. Für sie hat das Gesetz der Tora Vorrang vor allem anderen. Wie kann man es auf den Chassid anwenden, den sie beschuldigen?

Sie erzählen: Damals im Lager hatte ihr Vater gewagt, einen jüdischen Kapo anzugreifen, der beim Verteilen der Suppe zu heftig auf zu viele Köpfe einschlug: »Schämst du dich nicht? Hast du vergessen, daß du Jude bist?« Als es am Abend dunkel in der Baracke war, kam der Kapo mit seinen Helfershelfern, um den unverschämten Kerl zu bestrafen. Sie wickelten ihn in eine Decke und prügelten von Kopf bis Fuß auf ihn ein. Wie durch ein Wunder überlebte er. Und er erinnerte sich an den Kapo. Eines Tages sah er ihn in Brooklyn und erkannte seine Stimme wieder. Aus Liebe zu ihrem Vater und aus Achtung vor ihm schworen die Söhne, ihn zu rächen.

Ich stelle ihnen genaue, schmerzliche Fragen. Es ist ein echtes Verhör. War es dunkel dort oder nicht? Wie also konnte ihr Vater dann, eingewickelt in die Decke, eine Stimme und ein Gesicht erkennen? Und wenn sein Gedächtnis ihm einen Streich spielte – wäre das nicht möglich? Ich versuche mit all meinen Kräften, Zweifel in ihnen zu wecken. Während sie eine Frage nach der anderen beantworten, schweifen meine aufrührerischen Gedanken zur Synagoge, prüfen Namen und Gesichtszüge. Sollte ein Kapo unter den Gläubigen sein? Wenn ja, wie alt wäre er? Aus welchem Land könnte er kommen? Noch einmal reiße ich mich zusammen. Ich frage die beiden frommen Anwälte: »Glauben Sie ernsthaft, man könnte nach vierzig Jahren, auf die Gefahr hin, das Leben eines Unschuldigen zu zerstören, einen Mann verurteilen und bestrafen?« Sie besprechen sich und wollen mir schon den Namen des Beschuldigten preisgeben. Ich verbiete es ihnen. Daraufhin teilen sie mir mit, daß sie die Absicht haben, ihn bei der amerikanischen Polizei und den israelischen Behörden anzuzeigen. Wie kann man sie davon abbringen?

Ich erzähle ihnen von meiner Begegnung mit einem Blockältesten in einem Bus von Tel Aviv nach Jerusalem zur Zeit des Eichmann-Prozesses. Sie kennen die Begebenheit, denn sie haben den *Gesang der Toten* gelesen. Ich füge hinzu: »Sie wissen nun, wie ich mich in einer ganz ähnlichen Situation verhalten habe. Ich habe ihn laufen lassen...« Die Anwälte sind nicht einverstanden: »Ihr Blockältester hat Ihren Vater nicht umgebracht, der Kapo, um den es geht, hat unseren Vater aber beinahe getötet.« Ich antworte: »Beinahe... Sie sind sich dessen nicht sicher. Sie können sich dessen nicht sicher sein...« Sie beharren auf ihrer Meinung, und in gewisser Weise verstehe ich sie: Schließlich handelt es sich um ihren Vater. Ich kann sie trotzdem davon überzeugen, nicht überstürzt zu handeln...

Warum wollte ich nicht erfahren, wer der Kapo war?

Mich interessieren nur die Opfer.

Sollte jeder von uns das Opfer des anderen sein?

Ehrlich gesagt, ich könnte bis an das Ende meiner Tage von den unterschlagenen Wochen und Monaten in Auschwitz erzählen, von dieser verschwundenen Ewigkeit, und mein Leben, mein Überleben ausschließlich dem Andenken derjenigen widmen, die der Aschesturm mit sich fortgerissen hat, ohne je ein anderes Thema zu berühren. Doch der Mystiker in mir warnt mich ständig: »Vorsicht! Erzähle nicht zuviel! Das Geheimnis der Wahrheit liegt im Schweigen!« Was soll ich also tun? Schweigen ist unmöglich, Sprechen ist verboten. Deshalb habe ich mich entschlossen, zu warten und von anderen Dingen zu sprechen, und davon viel mehr als von meinen Erlebnissen in Auschwitz. Ich habe über den Talmud, die Bibel, die Mystik, den Chassidismus und über Jerusalem, Moskau und Sighet (in *Gezeiten des Schweigens*) geschrieben. Wenngleich ich als Erzähler Geschichten aus der Vergangenheit oder der Gegenwart erfinde, in denen Personen mit den unterschiedlichsten Schicksalen vorkommen, lebe ich doch im Schatten der Flammen, die mich einst erleuchteten und blendeten. Der Erzähler hat sie vor Augen und wird sie immer vor Augen haben. Er hat sich geschworen, sie niemals ausgehen zu lassen. Sogar in der Welt dort oben, wo nur die Wahrheit zählt, wird er vor den himmlischen Thron treten und sagen: »Sieh nur, sieh Dir die Flammen an, die immerfort brennen. Hörst Du nicht die stummen Schreie Deiner Kinder, die zu Asche und Staub werden?«

Wird man dem Erzähler dort oben zuhören?

Und hier unten?

Ich habe die Hinrichtung dreier Gefangener durch Erhängen ausführlich geschildert und den Todeskampf des Jüngsten beschrieben. Vierzig Jahre später sollte ein jüdischer Literaturkritiker in Amerika schreiben, es würde ihn nicht wundern, wenn er hörte, daß diese Schilderung erfunden sei. Ist das ein Auswuchs des Skeptizismus, eine Verirrung der Urteilskraft oder die Folge einer um sich greifenden allgemeinen Leugnung? Dieser Kritiker muß wohl in den Niederungen zu Hause sein, um mir eine solche Niedertracht zu unterstellen.

Januar 1945. In jedem Januar denke ich an ihn zurück. Ich bin krank. Mein Knie ist geschwollen, ich habe Schmerzen. Ich kann mich nur noch hinkend fortbewegen. Es ist Winter. Die schlesischen Winter sind erbarmungslos hart. Der Schnee begräbt uns unter sich, der Leib ist halb erfroren. Es ist mühsam zu marschieren, wenn man einen tauben Körper mit sich schleppt. Das Fieber schüttelt mich und wirft mich nieder. Ich kann nicht mehr mit dem Kommando zur Arbeit gehen. Ich bin am Ende. Ich spüre, daß meine letzten Kräfte bald aufgezehrt sein werden. Wie kann ich meinen Zustand verbergen? Mein Vater ahnt etwas, doch er schweigt. Mein Vater ahnt alles, weiß alles, aber er kann nichts tun. Schließlich frage ich ihn: »Was soll ich machen? Ich bin krank...« Mein armer Vater öffnet den Mund, dann schließt er ihn wieder. Bestimmt denkt er an meine Mutter, wie ich. Früher klagte ich ihr mein Leid. Jetzt habe ich nur noch ihn. Sein abgemagertes, abgezehrtes Gesicht ist dunkelgrau. Leuchten seine Augen noch? Er zögert, eine Entscheidung für mich zu treffen. Soll ich in den KB (Krankenblock) gehen? Das ist gefährlich. Kaum ein Kranker verläßt ihn lebend und wenn, dann höchstens, um nach Birkenau gebracht zu werden. Also lieber nichts tun, nichts sagen? Ich werde nicht mehr lange durchhalten. Schließlich entscheidet er: »Geh zum KB, dann wissen wir wenigstens, was du hast.«

Am Abend, nach der Arbeit und vor dem Appell, gehe ich zum KB. Mein Vater wartet am Eingang auf mich. Er zittert vor Kälte und Angst. Seine Arme baumeln schlaff. Er ist allein, einsamer denn je. Werden wir uns wiedersehen? Und wenn man mich nicht mehr gehen läßt? Ich wage nicht, mich nach ihm umzusehen, und gehe so schnell wie möglich hinein. Ein Stubendienst stoppt mich: »Was hast du?« Ich zeige ihm mein Knie. Mit angewiderter Miene läßt er mich weitergehen. Ich reihe mich in die Schlange ein. Und mein Vater? Wird er sich auch keine Lungenentzündung holen? Werden sie ihn mit dem Knüppel vertreiben? Endlich bin ich an der Reihe. Ein Arzt wirft einen Blick auf mein Knie, tastet es ab, ich unterdrücke einen Schmerzensschrei. »Muß sofort operiert werden«, meint der Arzt. Und mein Vater? So gut ich kann, humple ich zu ihm zurück. Er hat sich nicht von der Stelle gerührt. »Sie werden mich operieren«, sage ich. Er reagiert nicht. Ich sage noch einmal: »Sie werden mich operieren.« Sein Blick schweift in die Ferne: »Erinnerst du dich, wie wir dich nach Satmàr brachten?« Die Blinddarmentzündung... der Segen des Borscher Rabbi... die Zugfahrt am Sabbat... die sanfte Krankenschwester... Wie weit liegt das alles zurück, wie aus einem anderen Leben. »Alles wird gutgehen«, sagt mein Vater. Ich ergreife seine rechte Hand und umarme ihn. Das Herz will mir zerspringen: Werde ich ihn wiedersehen? Wenn wir uns trennen, und sei es nur, um zur Latrine zu gehen, erwacht jedesmal dieselbe Angst in mir: Und wenn es das letzte Mal wäre? Ich kehre in die Krankenbaracke zurück. Dort erlebe ich wieder ein menschliches Wunder: Einer der Ärzte, ein großer, herzlicher Mann, versucht, mich zu trösten: »Es wird nicht weh tun oder nur ein klein wenig. Mach dir keine Sorgen, Kleiner, du wirst leben.« Vor der Operation unterhält er sich mit mir, und als ich wieder zu mir komme, höre ich ihn noch mit mir sprechen. Er hat zweifellos ununterbrochen mit mir geredet.

Als ich viele Jahre später an der Universität von Oslo einen Vortrag halte, tritt ein würdiger, elegant gekleideter Mann an mich heran: »Ich glaube, wir waren im selben Lager.« Mit einem Schlag vergesse ich, wo ich bin. Professor Leo (Schua) Eitinger, ein Psychiater von internationalem Ruf, und ich, wir sind plötzlich allein. Der Hörsaal liegt wie hinter einem dunklen Schleier. Lange sehen wir uns schweigend an. Dann lächeln wir uns im selben Moment zu. Seither erscheint dieses Lächeln jedesmal auf unseren Gesichtern, wenn wir uns wiedersehen, als wollten wir unser geheimes Einverständnis bekräftigen. Später sollte er zu denen gehören, die während des offiziellen Festessens nach der Verleihung des Nobelpreises das Wort ergriffen. Er sprach mit den schlichten Worten eines Überlebenden. Und es gibt noch einen Punkt, den wir gemeinsam haben: Er hat sein Leben der Verteidigung der Überlebenden gewidmet. Während seiner Rede sehe ich uns beide dort, zwischen den Schatten.

Erlauben Sie mir eine Zwischenbemerkung:

Unter Psychiatern spricht man häufig – vielleicht ein wenig zu oft und viel zu leichtfertig? – über die sogenannte »Schuld der Überlebenden«. Gipfel der Ironie: Die Henker leiden nicht unter diesem Komplex. Sie fühlen sich nicht schuldig. Während der Verhandlungen im Frankfurter Auschwitz-Prozeß in den sechziger Jahren lachten sie. Fühlen sich also nur die Überlebenden auf irgendeine Weise angeklagt: »Warum habe ich überlebt, während so viele andere sterben mußten?« Sie quälen sich zu Unrecht. Ich habe mich oft dazu geäußert. Und Eitinger hat dasselbe gesagt. Die Überlebenden sind nicht daran schuld, daß sie dem Tod entkamen. Sie sind an überhaupt nichts schuld. Nur der Henker hatte die Macht, über Leben und Tod zu entscheiden. Den Opfern befahl man zu marschieren, und sie marschierten, man befahl ihnen anzuhalten, und sie hielten an, man befahl ihnen zu essen, und sie aßen, man sagte, sie sollten sich fügen, und sie gehorchten.

Die Überlebenden haben ein Vorrecht, das Sie ihnen nicht nehmen können: Sie dürfen über Sie urteilen, Sie aber nicht über die Überlebenden.

Zu den Bildern kommt der Lärm...

Es ist der 18. Januar 1945. Die Rote Armee steht wenige Kilometer vor Auschwitz. Warschau ist gerade befreit worden. Morgen wird Krakau fallen. Und Lodz. Berlin beschließt, die Gefangenen nach Deutschland zu verlegen. In allen Baracken herrscht fieberhafte Betriebsamkeit. Die Lager werden geräumt. Decken und Kleider werden verteilt. Jeder erhält einen Laib Brot. Die Prominenten erhalten die vierfache Menge. Mein Vater besucht mich in der Krankenbaracke.

Im allgemeinen Durcheinander läßt man ihn herein. Ich sage ihm: »Die Kranken dürfen im KB bleiben, aber...« – »Was, aber?« fragt mein Vater. – »Es ist... es ist so, daß ich mich nicht von dir trennen will.« Ich füge hinzu: »Du könntest aber bei mir bleiben, weißt du.« – »Geht das?« fragt er. – »Ja, es geht.« Es gibt Platz genug. Heute wechselt die Wachmannschaft. In diesem Kommen und Gehen ist alles möglich. Die Vorstellung ist verlockend, doch wir verwerfen sie. Wir haben Angst. Die Deutschen werden keine Zeugen zurücklassen. Sie werden uns alle töten. Bis zum letzten Mann. Es gehört zur Logik ihrer wahnwitzigen Unternehmung. Sie werden alles in die Luft jagen, damit die freie Welt nichts von Art und Ausmaß ihrer Verbrechen erfährt. Wir beschließen also, mit den anderen zu gehen, zumal auch die meisten Ärzte sich evakuieren lassen.

Was wäre aus uns geworden, wenn wir uns entschieden hätten zu bleiben? Alle oder beinahe alle Kranken haben überlebt. Sie wurden neun Tage später von den Russen befreit. Anders gesagt: Wenn wir uns entschlossen hätten, in der Krankenbaracke zu bleiben, wäre mein Vater nicht zehn Tage später in Buchenwald vor Hunger und Schmach gestorben. Und mein Leben hätte einen anderen Lauf genommen. Ich wäre mit ihm nach Sighet zurückgekehrt. Ich wäre bei ihm geblieben. Ich wäre nicht nach Frankreich gegangen. Ich hätte meine französischen Bücher nicht geschrieben. Hätte ich überhaupt Bücher geschrieben?

1979 treffe ich im Verlauf eines offiziellen Besuchs in Moskau den sowjetischen General Wassili Petrenko, der mit seinen Truppen Auschwitz befreite. Wir tauschen Erinnerungen aus. Er erzählt mir, wie die unter seinem Kommando stehenden Einheiten Stellung bezogen und sich auf den Angriff vorbereiteten, während ich berichte, wie sehr wir ihn und seine Soldaten erwarteten. »Wir haben auf Sie gewartet, wie gläubige Juden auf den Messias warten. Warum sind Sie nicht einige Stunden früher gekommen? Warum kamen Sie so spät? Der Vorstoß weniger Spähtrupps hätte genügt, um Tausende Menschenleben zu retten!« Er antwortete ausweichend, führte technische Gründe an, sprach von der Strategie, dem Wetter, der Logistik. Seine Erklärungen haben mich nicht überzeugt. Sollte es wahr sein, daß Stalin entschlossen war, alles zu tun, um die sowjetischen Kriegsgefangenen nicht zu befreien? Das sagt man jedenfalls. Tatsache ist, daß die sowjetische Armee mehr Anstrengungen hätte unternehmen können. Sie hat es nicht getan. Auch die amerikanische Armee hat später an ihrer eigenen Front darauf verzichtet. Die Historiker sind sich durch die Bank darüber einig: Die Konzentrationslager gehörten in keinem Generalstab der Alliierten zu den festgelegten Kriegszielen. Es gab keine einzige Anweisung, in der ihre Befreiung vorrangiges Ziel gewesen wäre. Sie geschah nebenbei, sozusagen zufällig.

Trauere ich noch heute um den Tod meines Vaters, weil ich an dem Tag, als er starb, nicht weinte? Die Prüfungen, die seinem Tod vorausgingen, sind mir in ihrer ganzen Gewalt gegenwärtig. In *Die Nacht zu begraben, Elischa* habe ich die Ereignisse in einem Zug niedergeschrieben: der Todesmarsch nach Gleiwitz, der Schlaf im Schnee, die Fahrt im Stehen in den Waggons, durch die der Wind pfiff, die wahnsinnigen Schreie der lebenden Toten vor ihrer Ankunft in Buchenwald - auch davon könnte ich mein Leben lang berichten. Wie kann ich die gellenden Schreie in mir zum Schweigen bringen? Habe ich die Fußtritte bekommen? Ist man mir zu Hilfe geeilt? Wir alle waren nicht mehr bei Sinnen. Wir waren schon tot, wir fürchteten den Tod nicht mehr. Wir waren stärker als der Tod. Ich weiß nicht mehr, warum, aber plötzlich sah ich mich am Abend des Kol Nidre von lauter Gläubigen umringt, die ihre rituellen Schals trugen; ich sah Lebende und Tote, die bereit waren, zum Himmel aufzusteigen, um dort für eine vom Satan besiegte Menschheit einzutreten. Ich schrie mit den anderen, ich heulte wie die anderen die Worte des Sch'ma Israel, des Kaddisch und anderer Gebete, die auf den Schnee niederfielen. Vom Wind fortgetragen, werden sie die ganze Erde bedecken und schließlich das ganze Universum umhüllen. Die Köpfe unter feuchten und schweren Decken, hielten mein Vater und ich uns an der Hand, wiegten uns vor und zurück wie früher im Bet ha-Midrasch, wie Verrückte in einer Welt, die verrückt geworden ist, und...

Die heiße Dusche nach der Ankunft in Buchenwald tut uns gut. Unglücklicherweise jagt man uns danach unbekleidet ins Freie. Wir sind im kleinen Lager. Es ist mit Menschen vollgestopft, überfüllt. Riesige Baracken. Ein einziges Herumgeschubse. »Laß uns zusammenbleiben, zusammen«, sagt mein Vater, die Worte meiner armen Mutter wiederholend, die sie damals im Zug sprach. Zwei Wracks, kaum noch von menschlicher Gestalt, klammern sich aneinander, um nicht unterzugehen. Mein Vater hat Fieber. Ich auch, aber es ist ein anderes Fieber. Er ist bereits schwer krank, ich nicht. Ein Strom zahlloser Menschen reißt uns mit und trennt uns. Wir rufen einander. Wir finden wieder zusammen. Bei der Tür gibt es heißen Kaffee. Sollen wir hingehen? Besser nicht, in dieser erregten, hysterischen Menschenmenge ist die Gefahr zu groß, sich zu verlieren. Wir verzichten auf den Kaffee und warten auf die Suppe. Sie wird kommen. Sie kommt. Jetzt nur keine Zeit verlieren. Ich lasse meinen Vater auf der obersten Pritsche eines Stockbetts zurück und laufe zur Tür, wo das Essen ausgegeben wird. Als ich zurückkehre, ist mein Vater verschwunden. Panik erfaßt mich, ich frage die Menschen zur Rechten und zur Linken nach ihm. Niemand hat ihn gesehen. Ich lasse den Eßnapf stehen, mache mich auf die Suche, und da ist er. Er war bei den Latrinen. Es geht ihm schlecht. Mein Vater ist krank, und ich bin verzweifelt.

Jahre, Lichtjahre sind seitdem vergangen. Ich tausche mit Jorge Semprun Erinnerungen an Buchenwald aus. Er war im großen Lager. Er arbeitete in der Schreibstube und mußte nicht unter dem Hunger und der Kälte leiden. Er kannte das kleine Lager, wenn man so will, von weitem. Warum so tun, als wäre es nicht so gewesen? Das Los der Juden war grundverschieden von dem der Nichtjuden. Wir lebten zwar in unmittelbarer Nähe, und dennoch jeder in einer anderen Welt.

Der Zustand meines Vaters wird immer schlimmer, ich weiß, daß er sterben wird. Es ist der finsterste Tag in meinem Leben. Der Tag, den mein Verstand am schwersten verkraftet hat. Ich bin schwach, erschöpft, krank, ich will ihm helfen, doch ich weiß nicht, wie. Ich würde alles für ihn tun. Ich würde ihm mein Blut, mein Leben schenken. Ich will für ihn leiden, seinen Tod auf mich nehmen. Doch meine Stunde ist noch nicht gekommen. Für ihn ist es soweit.

Ich flehe die Ärzte an, den Stubendienst, ich flehe zu Gott: Helft doch meinem Vater! Sie haben kein Erbarmen, niemand hat Mitleid. Man jagt uns mehrmals ins Freie, damit der Block gereinigt werden kann. Mein Vater kann sich nicht mehr bewegen. Ich will bei ihm bleiben, doch man treibt mich mit Stockschlägen hinaus. Da stelle ich mich krank, tue so, als müßte ich auch sterben. Mein Vater verlangt nach mir, und ich will ihn nicht enttäuschen. Er spricht zu mir, doch was er sagt, ist zusammenhanglos. Will er mir seinen letzten Willen mitteilen? Irgendwann murmelt er etwas von dem Schmuck, den wir vergraben haben, von dem Geld, das wir christlichen Freunden anvertrauten. Ich will es nicht hören. Was geht mich der Schmuck an? Was gehen mich die Reichtümer der Welt an? Mein Vater liegt im Sterben, der Schmerz bohrt in mir. Stöhnend bringt er noch meinen Namen hervor, ich will aufstehen, ich will nach oben klettern, zu ihm kriechen, doch die Folterknechte sind wachsam, jede Bewegung ist verboten. Ich möchte schreien: Hab

Geduld, Vater, bleib stark, Vater, nur noch eine Minute, eine kurze Minute, und ich bin bei dir, dann höre ich dir zu, spreche mit dir, ich lasse dich nicht allein sterben, ich sterbe mit dir. Mein Vater liegt im Sterben, und ich werde wahnsinnig vor Schmerz. Ich will nicht von seiner Seite weichen. Ich lasse ihn allein, ich werde dazu gezwungen. Man schlägt mich, man wird mich totschlagen. Er stöhnt, und ich warte darauf, daß die Folterknechte verschwinden. Er weint leise wie ein Kind, ich fühle, wie mir das Herz zerspringt. Er röchelt, es schneidet in mein Fleisch. Ohnmächtig und vom Gefühl zu versagen niedergedrückt, spüre ich, daß ich mein Leben lang – mein Leben? oder einen Tag? eine Woche? – dieses erdrückende Schuldgefühl mit mir herumschleppen werde. Mein Vater stöhnt, mein Vater windet sich vor Schmerzen, mein Vater stirbt, und ich bin bei ihm, doch nicht nahe genug. Mein Vater ruft nach mir, und ich bin nicht schnell genug an seiner Seite, um ihm die Hand zu halten. Was tun, um seine Schmerzen zu lindern? Was tun, damit er nicht so einsam ist? Plötzlich sehe ich Großmutter Nissel vor mir: Ich bitte sie, mit mir ins Lehrhaus zu gehen. Wir werden den Schrein öffnen, wir werden gemeinsam die Heilige Tora bitten, für meinen sterbenden Vater zu sprechen. Sie reicht mir ihre Hand, doch ich greife ins Leere. Ich beiße auf meine Knöchel, bis der Schmerz nicht mehr zu ertragen ist, ich möchte aufheulen, doch ich murmle nur, so sehr tut es weh. Ich möchte sterben vor Schmerz.

Als mein Vater stirbt, bin ich sechzehn Jahre alt. Nachdem er gestorben ist, fühle ich keinen Schmerz mehr. Ich fühle überhaupt nichts mehr: In mir ist jemand gestorben, und dieser jemand bin ich.

Ich habe nicht geweint. Mein Körper war ein einziges Schluchzen, doch ich hatte keine Tränen mehr. Ich habe mich aus meinem Leben zurückgezogen, und Tote weinen nicht. Es war nicht üblich, daß im Lager jemand weinte, als fürchtete man, nie mehr aufhören zu können. Freiheit würde für uns zuallererst bedeuten, weinen zu können.

Stumpf geworden, taumle ich verloren weiter. Ich sehe mich zwischen den Toten, suche meinen Vater, als wollte ich ihm sagen: Sieh, ich bin hier, bei dir.

Dabei muß ich es ihm gar nicht sagen. Er weiß es, er weiß alles. Ich auch. Ich weiß alles von ihm. Bevor sein Leben erlosch, hatte er einen Moment schrecklicher Klarheit: Er riß die Augen auf, das

Entsetzen spiegelte sich auf seinem grauen, ausgemergelten Gesicht wider, er stieß einen leisen Schrei aus und starb kurz darauf. Wann genau? Eine Minute oder eine Stunde später? Ich weiß es nicht. Ich stand ihm nicht beiseite, als er starb. Ich sah ihn, wie er im Sterben lag. Dann war er nicht mehr da. Wann hat man ihn weggebracht? Und wohin? Ich will es nicht wissen. Ich habe Angst davor.

Als mein Vater tot ist, fühle ich mich seltsamerweise befreit. Frei, mich treiben zu lassen. Mich in den Tod gleiten zu lassen.

Wenn ich an meinen Vater denke, sehe ich ihn immer wieder in seinem Todeskampf, und es schnürt mir die Kehle zu. Ich fühle, ich werde verwaisen. Man kann durchaus auch in fortgeschrittenem Alter Waise werden. Und man kann es mehr als einmal werden. Und jedesmal ist es das erste Mal.

Ich habe meinen Vater vor Augen und sage mir: Ich werde nicht erleben, wie er älter wird. Ich bin schon älter als er zum Zeitpunkt seines Todes.

Und wieder steigt die quälende Frage in mir auf: Was wäre geschehen, wenn wir im Krankenblock von Buna geblieben wären? Wer weiß, vielleicht hätte er überlebt, unser Haus wiederaufgebaut und mir einen Weg ins Leben gewiesen. Vielleicht hätte ich Mittel und Wege gefunden, ihn glücklich, zufrieden und stolz auf seinen Sohn zu machen.

Am 10. Dezember 1986 stehe ich vor dem norwegischen König und dem norwegischen Parlament, vor dem diplomatischen Korps und den internationalen Pressevertretern, vor Elischa und seiner Mutter, vor Hilda, und soll meine Dankesrede für die Verleihung des Friedensnobelpreises halten. Ich schaffe es nicht. Ich bringe kein Wort über die Lippen. Der Grund: Der Präsident des Nobelpreis-Komitees, Egil Aarvik, hat in seiner Ansprache an meinen Vater erinnert. Er sagte ungefähr: »Sie waren an der Seite Ihres Vaters, als er starb. Es war die dunkelste Stunde Ihres Lebens. Heute ist Ihre glorreichste Stunde gekommen. Es ist daher nur recht und billig, daß Ihr Sohn bei Ihnen ist, wenn Sie die höchste Auszeichnung entgegennehmen, die die Menschheit einem Menschen verleihen kann.« Diese Gegenüberstellung meines Vaters und meines Sohnes erschüttert mich. Mit zugeschnürter Kehle sehe ich meinen Vater neben meinem Sohn sitzen. Ich spüre, wie sich meine Lippen bewegen, ohne daß ein Laut zu hören ist. Tränen treten in meine Augen, die überfließen werden, Tränen, die ich damals nicht weinen konnte …

Nachdem mein Vater gestorben ist, versinke ich in eine Teilnahmslosigkeit, aus der ich erst bei der Befreiung am 11. April 1945 wieder erwache. Ich fühle kein Leben mehr in mir, und ich will auch nicht weiterleben. Ich weiß nicht mehr, was im Lager oder im Block geschieht. Ich weiß überhaupt nichts mehr. Und ich will nichts mehr wissen. Ich bin schon einer jener »Muselmanen«, die sich jenseits des Lebens bewegen, die sich in den Tod gleiten lassen wie ins Wasser. Sie essen nicht mehr, sie trinken nicht mehr, und sie schlafen nicht mehr, sie fürchten nicht einmal mehr die Schläge oder den Tod. Sie sind schon tot, aber sie wissen es noch nicht. Über diese leeren Wochen ohne jeden Sinn habe ich in *Die Nacht zu begraben, Elischa* nur wenige Seiten geschrieben. Sie sind aus meinem Leben ausradiert und haben keine Spur hinterlassen. Habe ich auf die Ausgabe meiner Brotration oder auf die Suppe gewartet? Ich wartete auf nichts und niemanden. Ich ließ die Zeit an mir vorüberziehen, um in einen traumlosen Schlaf zu fallen. Wenn ich wieder erwachte, wußte ich nicht, wo ich war. Ich zählte die Stunden und Tage nicht mehr. Alles war mir gleichgültig. Wenn ich jetzt zurückblicke, erinnere ich mich an einige Kameraden aus Kaunas oder Wilna, mit denen ich auf mechanische Weise Schach spielte. Mir fällt ein, daß ich während des Pessach-Festes morgens und abends an den Gottesdiensten teilnahm, die in unserem Block abgehalten wurden. Aber das alles muß ein anderer erlebt haben, nicht ich.

In der Nacht zum 5. April (dem siebten Tag des Pessach-Festes) befiehlt die SS vom Turm aus allen Juden, sich auf dem Appellplatz zu versammeln. Wir gehorchen. Auf dem Weg tritt uns die Lagerpolizei, die »Lagerschützen«, in den Weg. Eigentlich sollten sie uns zum Appellplatz treiben, doch statt dessen flüstern sie uns zu, wir sollen nicht dorthin gehen, sondern in unsere Blocks zurückkehren und uns dort verstecken. Der Lagerwiderstand hat die Losung ausgegeben: Verhindert die Evakuierung! Ich bin in dieser Zeit aber so fern von jeder Wirklichkeit, daß ich nicht einmal weiß, daß es eine Widerstandsbewegung im Lager gibt.

Jahre später, während eines offiziellen Essens in Jerusalem, wandte sich der norwegische Botschafter an mich: »Ich bin glücklich, Sie wiederzusehen - ich spreche absichtlich von Wiedersehen, denn wir haben uns vielleicht schon einmal in Buchenwald gesehen.« Wie die meisten gefangenen norwegischen Studenten war er bei den Lagerschützen. Ich antwortete ihm: »Seit dem 5. April 1945 suche ich Sie, um Ihnen dafür zu danken, daß Sie unser Leben gerettet haben.«

In den Tagen vor der Befreiung finde ich mich mehrmals auf dem Appellplatz vor dem Turm ein, zur Evakuierung bereit. In meiner Erschöpfung und Teilnahmslosigkeit hätte ich den Marsch nicht überstanden, nicht einmal einen Tag lang. Ist es Glück oder Vorsehung, daß wir jedesmal durch einen Luftalarm gezwungen werden, ins kleine Lager zurückzukehren? Oder daß die Zahl der Häftlinge, die verlegt werden soll, schon erreicht ist und die Gruppe, zu der ich gehöre, in ihre Baracken zurückgeschickt wird? In Nummer 66 gibt Gustav den Ton an. Er bevorzugt die polnischen Jugendlichen. Das ist üblich und völlig normal. Einige haben es ihm später verübelt. Ich denke nicht an Später. Ich denke an gar nichts.

Als wir am 10. April wieder auf dem Appellplatz bereitstehen, um das Lager zu verlassen, schließt man ein letztes Mal die Tür vor uns mit dem Hinweis: »Morgen seid ihr endgültig an der Reihe. Morgen wird der letzte Zug das Lager verlassen.« An diesem Tag war ich etwas zurückgeblieben, und ein anderer nahm meinen Platz ein. Seither frage ich mich oft: Wer war es? Wer ist für mich gegangen? Genauer: Wer ist gegangen, weil ich zurückblieb oder damit ich zurückblieb? Ich werde es nie erfahren, aber ich weiß, daß ich ihm das Leben verdanke. Ich weiß auch, daß er heute dort stehen könnte, wo ich jetzt stehe.

11. April 1945: Buchenwald wird befreit. Verzeihung: Das Lager hat sich selbst befreit. Die bewaffneten Widerstandskämpfer kommen aus dem Untergrund hervor und erheben sich wenige Stunden vor dem wunderbaren Erscheinen der ersten amerikanischen Truppen. In unserem »kleinen Lager« rennt Gustav, die Taschen vollgestopft mit Handgranaten, von Baracke zu Baracke. Als Sieger fangen die erregten Häftlinge fliehende SS-Leute ein. Die sowjetischen Kriegsgefangenen bemächtigen sich einiger amerikanischer Jeeps und fahren zu einer Strafaktion an den Bewohnern Weimars, der Stadt Goethes. Wir, die jungen Juden, organisieren ein *Minjan* und beten das Kaddisch. Dieses Kaddisch, das zugleich Seinen Namen verherrlichte und gegen Seine Schöpfung aufbegehrte, klingt noch heute in meinen Ohren. Es war unser Dank dafür, daß wir verschont geblieben waren, aber wir fragten auch: »Warum hast Du die vielen anderen nicht verschont?«

Seltsam: Meine Kameraden und ich fühlen uns nicht als »Sieger«. Wir fallen uns nicht fröhlich in die Arme. Wir jubeln und singen nicht, um unser Glück zu zeigen. Denn dieses Wort bedeutet nichts für uns. Wir sind nicht glücklich. Werden wir es eines Tages sein?

Später werde ich Reden hören und Artikel lesen, in denen der Triumph der Alliierten gegen Hitler-Deutschland gefeiert wird. Und wir Juden? Der kleine Unterschied liegt darin, daß Hitler den Krieg verloren hat, wir ihn aber nicht gewonnen haben. Wir sind von zu vielen Toten umgeben, als daß wir von einem Sieg sprechen könnten.

Antriebslos und ohne Ziel schließe ich mich einer Gruppe an, die ich nach kurzer Zeit wieder verlasse. Ich betrachte den Himmel, ich suche die Erde mit den Augen ab, ich suche und suche, ohne zu wissen, was. Suche ich jemanden, zu dem ich sagen könnte: »He, du, sieh mich an: Ich lebe.«? Übrigens wieder ein Wort, das nicht viel heißt. Leben – was soll das bedeuten? Werde ich es jemals wissen?

Ich erinnere mich an die amerikanischen Soldaten und an das Grauen, das sich auf ihren Gesichtern spiegelte. Ich werde niemals den schwarzen Unteroffizier vergessen – war es ein Unteroffizier? Ich mußte es mir später bestätigen lassen. War er schwarz? Ich meine, mich daran zu erinnern. Ein muskulöser Riese mit Herz, der Tränen ohnmächtiger Wut und Scham vergoß: Er schämte sich für das Menschengeschlecht, dem wir alle angehören. Er stieß Flüche und Verwünschungen aus, die auf seinen Lippen zu heiligen Sätzen wurden. Um ihm unsere Dankbarkeit zu zeigen, versuchten wir ihn auf unseren Schultern zu tragen, aber uns fehlte die Kraft. Selbst zum Applaudieren waren wir zu schwach.

Ein Soldat warf uns Konservendosen zu. Ich fing eine auf. Ich öffnete sie. Es war Speck, aber ich wußte es nicht. Entsetzlich ausgehungert – ich hatte seit dem 5. April nichts mehr gegessen – betrachtete ich die Büchse eine Zeitlang und bereitete mich darauf vor, den Inhalt zu kosten. Doch kaum berührte meine Zunge den Speck, verlor ich das Bewußtsein. War es Erschöpfung, oder widersetzte sich mein Körper im voraus der unreinen Nahrung, wie er auch vor mir begriffen hatte, daß ich wieder in Freiheit war?

Ich liege einige Tage halbtot im Krankenhaus (dem ehemaligen SS-Hospital) und dämmere in einem Bett vor mich hin. Als ich erwache, fühle ich mich restlos am Ende. Ich muß meine ganze Geisteskraft zusammennehmen, um mir meinen Zustand vor Augen zu führen: Wo ist mein Platz in der Welt, und wo stehe ich mit meinem Leben? Mein Vater ist tot. Ich habe ihn sterben sehen. Meine Mutter ist zweifellos auch tot. Von Mengele für nicht jung genug befunden, um zu arbeiten. Meine Großmutter war zu alt, meine kleine Schwester zu jung. Ich hoffe, daß wenigstens Bea und Hilda noch am Leben sind. Doch wie kann ich das herausfinden? Listen werden herumgereicht. Man zeigt sie mir. Voll Beklemmung studiere ich sie unermüdlich, gehe sie immer wieder Namen für Namen durch. Nichts. Man sagt mir, ich solle den Mut nicht verlieren, weitere Listen würden gerade getippt. Als sie kommen, stürze ich mich auf sie. Noch immer nichts. Hier und da bleibt mein Blick an den Namen Wiesel hängen, doch weder Bea noch Hilda sind darunter. Was ist mit den Vettern? Mit Feig, Deutsch, Hollender, den Slomowics – Gott sei Dank, einige ihrer Namen tanzen vor meinen Augen. Aber, Herr im Himmel, wo sind Bea und Hilda? Mit jeder Liste wird der Abgrund in mir tiefer. Seit ich befreit bin, fühle ich mich niedergeschlagener und verlorener als zuvor.

Als ich wieder auf die Beine komme, bitte ich um Entlassung aus dem Krankenhaus. Wieder bei den Kameraden, nehme ich an ihren Versammlungen teil; eine folgt der anderen: Was sollen wir jetzt tun? Wohin sollen wir gehen? Wir werden ja nicht ewig hierbleiben...

Zudem drängt die amerikanische Militärverwaltung auf eine Entscheidung. Wir sind vierhundert Jugendliche, die nicht wissen, wohin sie gehen sollen. Der jüngste ist sechs oder acht Jahre alt. Es ist der zukünftige Oberrabbiner Israels, Rabbi Israel Meir Lau. Der spätere Gelehrte Izso Rosenmann ist nur wenig älter. Sollen wir nach Hause zurückgehen? Einige Männer aus Sighet, die aus den benachbarten Lagern kommen, raten uns dazu. Ein ehemaliger Händler meint: »Man wird uns wie Prinzen empfangen.« Ein anderer fügt hinzu: »Uns wird alles erlaubt sein.« Ein dritter, ein überzeugter Kommunist, erklärt: »Wir verkörpern eine gewaltige politische Kraft. Laßt sie uns nutzen, um eine neue Gesellschaft aufzubauen.« Und wieder ein anderer: »Gehen wir zurück, und wäre es nur, um uns zu rächen!« Einige wenige lassen sich überzeugen, die meisten sind aber nicht einverstanden. Wir haben Angst, an den Ausgangspunkt unserer Geschichte zurückzukehren. Wozu auch, wenn man dort nur leere Häuser findet?

»Gut«, meinen die amerikanischen Offiziere, »es ist verständlich, daß ihr nicht nach Hause zurückkehren wollt. Aber wo wollt ihr dann hingehen?«

»Nach Palästina«, geben einige zur Antwort. Ich pflichte ihnen bei. Es ist das einzige Land, dessen Namen mir etwas sagt.

»Hast du Verwandte dort?«

»Ja«, erwidert ein Kamerad, der nicht auf den Mund gefallen ist, »wir haben Verwandte.«

»Wie heißen sie?«

»Josua«, sagt er. »Amos. Jesaja. Rabbi Jehoschua ben Levi.«

»Nicht etwa Mose?« fragt der Offizier lächelnd.

»Nein. Mose hat das Heilige Land niemals betreten«, versetzt unser Sprecher.

Der Offizier schüttelt traurig den Kopf: »Und du wirst es auch nicht... Ihr seid unglücklicherweise in derselben rechtlichen oder politischen Lage wie Mose. Die Engländer wollen euch nicht in Palästina haben.«

Aber wo sollen wir dann hingehen? Ein anderer Offizier bringt eine gute Nachricht: »Belgien ist bereit, euch aufzunehmen.« Bravo, Belgien! Hurra! Und Verwandte habe ich dort auch, Vettern und Kusinen. Einen habe ich in Auschwitz getroffen. Und Schiku und Reisel sind sicher auch dort. Ich erinnere mich, wie sie aus Kretschenew kamen und einige Tage bei uns blieben, um sich Papiere und Fahrkarten für den Zug nach Antwerpen zu besorgen. Schiku war sanft und schüchtern, Reisel hingegen, die sehr schön war, ging mit stolz erhobenem Kopf. Was ist wohl aus Stein geworden, ihrem Mann, den ich kurz nach unserer Ankunft in Auschwitz getroffen habe? Von Zeit zu Zeit sandten sie Grüße zu Rosch ha-Schana. Gut – auf nach Belgien!

Wenn wir tatsächlich nach Belgien gegangen wären, hätte ich vielleicht schon damals das verführerische Mädchen von strahlender Schönheit und Klugheit, voller Charme und Temperament kennengelernt, das Jahre später die Mutter meines Sohnes Elischa wurde. Sie gehörte einer zionistischen Bewegung an, der auch ich mich hätte anschließen können. Doch das Schicksal entschied anders.

Eines schönen Morgens teilt man uns mit, daß wir nicht nach Belgien fahren. Warum nicht? General Charles de Gaulle, der von unserem Drama gehört hat, lädt uns nach Frankreich ein. Also geht die Reise nach Frankreich, in die Heimat Rabbi Jechiels und Raschis – mehr weiß ich kaum über dieses Land. Sicher, in Auschwitz machte ich Bekanntschaft mit Franzosen – ich erinnere mich an Louis oder Charles oder André, den ausgezeichneten Flötenspieler –, doch ich verstand ihre Sprache nicht. Um uns zu unterhalten, griffen wir auf die Sprache des Konzentrationslagers zurück, eine Mischung aus Polnisch, Deutsch, Jiddisch, Russisch und Ukrainisch. Werde ich nun also Französisch lernen müssen? Ach was, alles zu seiner Zeit...

Zuerst muß ich wieder lernen, wie man lebt, muß ich das Leben neu kennenlernen.

Von meinem Vater getrennt leben. Meinen Vater zurücklassen. Auf dem unsichtbaren Friedhof von Buchenwald. Ich betrachte den Himmel. Dort ist sein Grab. Jedesmal wenn ich die Augen zum Himmel erhebe, sehe ich sein Grab.

Verlaß mich nicht, Vater, auch wenn ich dich verlasse. Von jetzt an werden wir nur noch im Traum zusammen und vereint sein.

Ich schließe häufig die Augen, nur um dich zu sehen. Du gehst den einen Weg, ich den anderen. Und trotzdem wird der Abstand zwischen uns nicht geringer.

Ich gehe weg aus dem Lager, wir gehen weg aus dem Lager, wir gehen einem neuen Leben entgegen.

Und du dort oben, du bist nur noch eine Handvoll Asche.

Nicht einmal das.

DER LEIDENDE GOTT

Ein Kommentar

Im Midrasch findet sich folgende Geschichte:

Wenn der Heilige, gelobt sei Er, die Kinder Israels aus ihrem Exil befreit, werden sie Ihn fragen: »Herr der Welt, Du hast uns aus Deinem Land verstoßen und unter den Nationen verstreut, und jetzt willst Du uns wieder zurückführen?« Darauf wird ihnen der Heilige, gelobt sei Er, diese Parabel zur Antwort geben: »Ein König verstieß seine Ehefrau aus dem Palast und holte sie am nächsten Tag wieder zurück. Verwundert fragte die Königin: ›Warum hast du mich gestern verstoßen, wenn du mich heute wieder zurückholst?‹– ›Wisse‹, antwortete der König, ›als du den Palast verließest, bin ich dir gefolgt. Denn ich hielt es dort alleine nicht aus.‹« Und ebenso sagt der Heilige zu den Kindern Israels: »Wie ihr Mein Land verlassen habt, so bin auch Ich weggegangen, um mit euch zurückzukehren.«

Eines der Hauptthemen im Denken des Midrasch und der jüdischen Mystik ist die Vorstellung, daß Gott seine Kinder ins Exil begleitet. Wie die Verlassenheit Israels die Einsamkeit des Herrn widerspiegelt, so findet das Leiden der Menschen seine Verlängerung im Leiden ihres Schöpfers. Obgleich von Gott verfügt, geht die Strafe über ihr Ziel hinaus. Sie trifft den Richter gleichermaßen. Und dies ist Gottes Wille. Der Vater mag zornig sein und Strenge zeigen, doch er wird sich nie von seinen Kindern abwenden. Gott ist immer in der Schöpfung gegenwärtig, Er ist ein Teil von ihr. *»Let atar panuj minej«*, lautet der Schlüsselsatz im Buch des Glanzes, dem Sohar: Es gibt keinen Ort, der frei von Gott ist. Gott ist überall. Er befindet sich in jedem Leiden und erleidet selbst jede Strafe. Die Trauer Israels ist mit der der Schechina, der Gegenwart Gottes, verknüpft: Gemeinsam erwarten sie die Erlösung. Die Heilserwartung der einen bildet die geheime Dimension der anderen. Wie die Not der Schechina den Kindern Israels unerträglich ist, so zerreißen die Leiden Israels der Schechina das Herz.

Handelt es sich um eine Art göttliches Mitleiden? Oder um eine

Verbundenheit Gottes mit den Menschen? Was uns zustößt, läßt Ihn nicht unberührt. Was Ihm widerfährt, betrifft uns. Wir gehen den gleichen Weg, nehmen an derselben Suche teil, leiden aus denselben Gründen und geben unserer gemeinsamen Hoffnung denselben Stellenwert.

Doch diese Leidensgemeinschaft birgt einige Schwierigkeiten. Sie ist zweideutig in ihrer Tragweite. Soll sie die Prüfung des Menschen erschweren oder erleichtern? Hilft uns die Vorstellung, daß Gott gleichfalls leidet, daß Er mit uns und also unseretwegen leidet, unsere Strafe zu ertragen, oder macht sie nicht im Gegenteil ihre Last schwerer? Da auch Gott das Leiden kennt, haben wir sicher kein Recht, uns zu beklagen. Wir können jedoch sagen, daß das Leiden des einen das der anderen nicht aufhebt, sondern zu ihm hinzukommt. Die beiden summieren sich, ohne sich auszugleichen. Demnach wäre das göttliche Leiden kein Trost für uns, sondern eine zusätzliche Strafe. Und folglich dürften wir den Himmel getrost fragen: »Haben wir denn noch nicht genug Kummer? Mußt Du uns Deinen zusätzlich aufbürden?«

In Wahrheit steht es uns überhaupt nicht zu, für Gott zu entscheiden. Er allein besitzt die Freiheit, unter Seinen tausend Möglichkeiten zu wählen, Seine Leiden neben unsere zu stellen. Wir können sie weder herausfordern noch zurückweisen. Wir können nur versuchen, uns ihrer würdig zu erweisen. Ohne zu verstehen? Ja, ohne zu verstehen. Auf der Ebene Gottes unterliegt alles dem Geheimnis.

Wir wissen, daß Gott leidet, weil Er es uns bereitwillig wissen läßt. Wir wissen um Sein Leben im Exil, weil Er uns eine bildhafte Vorstellung davon gibt. Wissen wir, wann Sein Wort uns durchdringt und wann wir angesichts Seines Schweigens erzittern? Wir wissen nichts als Seinen Namen. Als Mose nach Seinem Namen fragt, antwortet Er: *»Ehjeh ascher ehjeh«*, Ich werde der sein, der sein wird. Das heißt: Suche Mich nicht in der Gegenwart, selbst Mein Name ist eine Projektion in die Zukunft. »Und an jenem Tag«, sagt der Prophet, »wird Gott eins sein und Sein Name wird eins sein.« Heißt das nicht, daß Gott jetzt, in der Zeit des Exils, mehr als einen Namen besitzt? Lassen Sie es uns auf diesen Nenner bringen: Sein unaussprechlicher Name hat sich gespalten, aufgeteilt und über mehr als einen Ort zerstreut, Er steht für mehr als für ein einziges Sein. Doch wir kennen Seinen unaussprechlichen Namen nicht. Wir können ihn nicht fassen. Es ist nicht das Tetragramm, es ist etwas anderes.

Es ist der Name, den einst der Hohepriester einmal im Jahr während des Gottesdienstes zu Jom Kippur im Allerheiligsten des Tempels von Jerusalem aussprach. Da es den Tempel nicht mehr gibt und seine Diener niedergemetzelt wurden, hat Gott offenbar Seinen Namen zurückgenommen, so daß er unserer Kenntnis entzogen ist. Wie aber sollen wir zu Ihm sprechen? Gott bedarf keines Namens, um gegenwärtig zu sein. Er wohnt zugleich in unserer Bitte und in ihrer Erfüllung. Er ist zugleich Frage und Antwort. Für uns Sterbliche ist Er zugleich Bindung und Bruch, Schmerz und Heilung, Verletzung und Friede, Gebet und Vergebung. Er ist, und das muß uns genügen.

Doch ich gebe zu, daß mir dies manchmal nicht genügt. Wenn ich an die Erschütterungen unseres Jahrhunderts denke, kann ich mich mit nichts zufriedengeben. In diesem Zusammenhang will ich wissen, welchen Platz Gott einnimmt und welche Rolle Er spielt. Wie hat Gott es fertiggebracht, Sein Leiden und zudem das unsrige auszuhalten? Müssen wir davon ausgehen, daß das eine zur Rechtfertigung des anderen dient? Sicher nicht. Nichts kann Auschwitz rechtfertigen. Und wenn Gott selbst mir eine Rechtfertigung anböte, ich würde sie, glaube ich, zurückweisen. Treblinka hat alle Rechtfertigungen außer Kraft gesetzt. Und alle Antworten.

Das Reich hinter Stacheldraht wird für immer ein unermeßliches Fragezeichen bleiben, für die Menschen wie für ihren Schöpfer. Angesichts einer solchen Häufung von Leid und Todesqualen, die in der Geschichte ohnegleichen ist, hätte Er eingreifen oder sich wenigstens äußern müssen. Ich nehme gern an, Er habe sich in Seinem immerwährenden Mitleid von unserem Schmerz überwältigen lassen, den Er auf Seine ihm eigene Art noch verstärkte. Doch auf welcher Seite stand Er? Stand Er nur auf der Seite der Opfer? Will Er nicht Vater aller Menschen sein? Als solcher zerbricht Er unseren Selbstschutz und erschüttert uns zutiefst. Einen Vater, der zuschaut, wie einige Seiner Kinder die anderen abschlachten, kann man doch nur bedauern. Gibt es ein vollkommeneres Leiden, bitterere Schuldgefühle?

In diesem Dilemma steckt der Gläubige am Ende dieses Jahrhunderts: Gott hat es geschehen lassen, um dem Menschen etwas zu zeigen, und wir wissen nicht, was es war. War es Sein Leiden? Er hätte Seinem eigenen Leiden ein Ende machen können, ja machen müssen, indem Er das Martyrium der Unschuldigen beendete. Warum hat Er es nicht getan? Ich weiß es nicht, und ich glaube, ich werde es nie wissen. Zweifellos legt Er keinen Wert darauf, erkannt zu werden.

Doch genauso ratlos bin ich angesichts der Menschen. Niemals werde ich ihren moralischen Niedergang, ihren Fall verstehen. Es gab eine Zeit, da versetzte mich das alles in Wut und reizte mich zum Widerstand gegen die Menschheit, die sich mitschuldig gemacht hat. Später empfand ich vor allen Dingen Trauer für die Opfer.

Der Midrasch bemerkt in einem Kommentar zu jenem Vers des Propheten Jeremia, in dem Gott sagt: »Ich werde heimlich weinen«, es gebe einen Ort namens »Geheimnis«, und Gott ziehe sich dorthin zurück, um zu weinen, wenn er traurig sei.

Für uns befindet sich dieser geheime Ort in der Erinnerung. Sie besitzt ihr eigenes Geheimnis.

An anderer Stelle wird im Midrasch erzählt, Gott habe, als Er die Leiden Seiner unter alle Völker zerstreuten Kinder erblickte, zwei Tränen vergossen, die in den Ozean fielen. Die Tränen machten einen solchen Lärm, daß man es von einem Ende der Welt bis zum anderen hören konnte.

Ich liebe es, diese Geschichte immer wieder zu lesen. Und ich sage mir: Vielleicht hat Gott mehr als zwei Tränen vergossen, als Er die Tragödie Seines Volkes in unserem Jahrhundert erblickte. Doch aus Feigheit haben die Menschen sich die Ohren zugehalten.

Ist dies endlich eine Antwort?

Nein: Es ist eine Frage. Eine Frage mehr.

LEHRJAHRE

Einsteigen, bitte! Ein Zug mit allen Annehmlichkeiten der zweiten Klasse steht für uns bereit. Können Sie sich vorstellen, was es bedeutet, nicht mehr im Viehwaggon reisen zu müssen? Wir sind zu Fuß vom Lager zum Bahnhof gegangen: Ein Foto auf meinem Schreibtisch zeigt die lange Schlange der Kinder und Jugendlichen mit den greisen Gesichtern. Ich habe keinen Blick zurückgeworfen. Wonach hätte ich mich umsehen sollen? Zwei jüdische Feldprediger der amerikanischen Streitkräfte begleiten uns. Neu eingekleidet und reichlich mit Proviant aus Militärbeständen versorgt, fahren wir vom Bahnhof Buchenwald ab. Es sind auch Jungen aus Sighet und Umgebung dabei. Einer sitzt bei mir im Abteil. Er spricht ein wenig Französisch und versichert, in Frankreich lasse es sich gut leben. Ob es auch einen Ort gibt, wo es sich gut sterben läßt? Ich denke an meinen Vater. Wir sind zusammen angekommen, jetzt fahre ich allein von hier fort. Ich werde noch lange allein sein.

Die Zugfahrt verläuft angenehm, die Reise ist aufregend. Wie lange sind wir unterwegs? Zwei oder drei Tage? Ich weiß es nicht mehr. Ich bin zu sehr von der Landschaft eingenommen, die wir durchs Abteilfenster sehen. Hinter der Grenze hält der Zug an. Wir müssen aussteigen. Ein Polizeibeamter hält eine Rede, aber wir verstehen kein Wort davon. Ich sehe, daß einige die Arme heben. Melden sie sich vielleicht freiwillig für irgendeine Aufgabe? Ich halte mich zurück: Im Lager war ich immer bemüht, unauffällig zu bleiben, unsichtbar zu sein. Warum sollte das jetzt anders sein? Später erfahre ich, daß der Beamte uns aufforderte, den Arm zu heben, wenn wir die französische Staatsbürgerschaft erhalten wollten. Da ich es nicht tat, steht wahrscheinlich in meiner Akte: »Hat die französische Staatsbürgerschaft abgelehnt«. Wegen dieses Mißgeschicks mußte ich mich später endlos mit der Polizeipräfektur herumschlagen und ihre Schikanen über mich ergehen lassen, wenn ich meine Aufenthaltsgenehmigung oder meinen Reisepaß verlängern wollte.

Der Zug fährt weiter, und wir klatschen in die Hände: Wir sind in Frankreich angekommen. Die Landschaft hat sich verändert: Sie ist menschenfreundlicher, einladender. Die Bauern mit den Baskenmützen flößen uns Vertrauen ein. An jedem Bahnhof warten Menschen auf uns: Sie bedauern uns, reichen uns warmes Essen. Die gläubigen Juden, die wieder die religiösen Gebote beachten, lehnen es ab. Aber wir weisen Brot, Milchkaffee, Obst und Kekse nicht zurück. Mein Freund hat recht: In Frankreich läßt es sich gut leben.

Die Vertreter der OSE erwarten uns in einem großartigen Schloß in Écouis im Departement Eure. Sie lächeln uns zu, machen Versprechungen und stellen Pläne auf. »Hier könnt ihr euch erholen. Wir werden uns nur um euer Wohl kümmern, alles andere steht euch frei«, heißt es in allen Sprachen. Ärzte untersuchen uns. Ich erröte, als ich mich vor einer Ärztin entkleiden muß. Zimmer werden zugewiesen, Kleidungsstücke ausgeteilt. Die Mahlzeiten sind großzügig, und das Wetter ist schön. Es ist ein wunderbarer Juni; man feiert den ersten Jahrestag der Landung der Alliierten. Schüchtern gehe ich in das Büro des Heimleiters und bitte ihn um Papier und Feder. Ich beginne ein Tagebuch: »Durch Gottes Wille, gelobt sei Er, bin ich jetzt, nachdem der Krieg zu Ende ist, in Frankreich. Fern von zu Hause. Allein. Heute morgen habe ich zum ersten Mal seit langer Zeit meine eigenen Tefillin angelegt.« Die jungen Gläubigen, denen ich mich angeschlossen habe, fordern koscheres Essen. Zusammen mit Menasche Klein, dessen Vater und Großvater Rabbis in Ungvár waren, bitten wir um die wichtigsten Bücher: die Bibel, die Gebetsbücher und einige Abhandlungen aus dem Talmud. Wir sollen sie bekommen. Und vielleicht ein Studierzimmer, wo wir abends und morgens unseren Gottesdienst abhalten können? Auch das wird uns gewährt. Beim ersten Gottesdienst sprechen wir gemeinsam mit lauter Stimme das Kaddisch. Und einmal mehr spüren wir, was wir längst wissen: Wir sind Waisen.

Wie viele Jahre werden wir dieses Gebet für die Toten sprechen? Die Trauerzeit um ein Elternteil dauert normalerweise ein Jahr. Doch was soll man tun, wenn man nicht weiß, wann die Eltern gestorben sind? Was in diesem Fall geboten ist, findet sich in keiner Bibelauslegung.

Écouis ist der Anfang unserer Wiedereingliederung in das sogenannte normale Leben. Es ist schwierig, bestimmte Gewohnheiten und Ängste abzulegen. Wir haben die Spielregeln, die im Lager galten, noch nicht vergessen. Wir essen unsere Teller nicht leer, wir bunkern für später, verstecken einen Kanten Brot oder ein Stück vom Kuchen für alle Fälle... Ob die Betreuer es verstehen oder nicht, keiner verliert ein Wort darüber. Sie sind zuversichtlich, und das ist gut so. Nach wenigen Wochen finden sich kaum noch »Vorräte« unter den Kopfkissen.

Die friedliche Atmosphäre im Haus tut ein übriges. Abends sitzen wir unter Bäumen im Gras, zünden Lagerfeuer an, erzählen Geschichten und erinnern uns an Lieder. Die Zionisten träumen davon, nach Palästina auszuwandern. Nicht so die Anhänger des Bunds, die es selbstverständlich auch unter uns gibt: Als überzeugte Sozialisten wollen sie in der Diaspora wieder ein jüdisches Kulturleben aufbauen. Ein jiddischer Journalist setzt uns die internationale Lage auseinander: Deutschland ist besiegt, die freie Welt feiert. Der Alptraum ist zu Ende. Unter den Betreuern ist eine junge Brünette elsässischer Herkunft, eine zarte, zierliche Frau mit bezauberndem Lächeln. Ihr Name ist Niny. Sie versteht Jiddisch, versucht auch, es zu sprechen. Wie viele Jungen träumen von ihr? Aufgrund ihrer religiösen Erziehung sucht sie Anschluß an unseren Kreis, und bald gehört sie dazu. Eine andere, etwas ältere Betreuerin, Rachel Minc, wurde von der OSE eingestellt, weil sie Dichterin ist. Ihr Gesicht ist von einer erschütternden Traurigkeit gezeichnet. Abends trägt sie Verse und Erzählungen von Jizchak Leib Perez vor. Durch sie bin ich in den fünfziger Jahren auf Nikos Kazantzakis gestoßen und auf das Geheimnis, das die beiden Schriftsteller miteinander verband.

Arme Betreuer! Glauben sie wirklich, sie können uns, die wir dem Tod ins Auge gesehen haben, etwas beibringen? Wir wissen mehr als sie und ihre Lehrer über die Geheimnisse des Daseins und der Schöpfung, über die Hinfälligkeit des Wissens und das Ende der Geschichte. Der jüngste unter uns hat mehr Lebenserfahrungen als der älteste von ihnen. Wie hätten sie unser Bedürfnis verstehen können, ein paar Kuchenreste unter dem Kopfkissen aufzubewahren? Wie das Mißtrauen, das jeder Fremde in uns weckte? »Das können Sie nicht verstehen«, lautet der Satz, den sie am häufigsten von uns zu hören bekommen. Wir sind freundlich zu ihnen, wir benehmen uns, wir hören ihnen zu, wir gehorchen oder tun wenigstens so als ob. Wir wollen ihnen sowenig Mühe wie möglich machen. Aber unmerklich tauschen wir die Rollen und werden ihre Lehrer. Wir sind nämlich aus einem einfachen Grund folgsam und unterwerfen uns ihrer Führung: weil wir ihnen überlegen sind. Sie tun uns leid. Die Armen! Sie haben ja keine Ahnung.

Die Tage vergehen in wohltuender Ruhe mit Spaziergängen, Sonnenbädern, Ausflügen in den Wald und Französischunterricht für alle, die möchten. Als Gustav auftaucht, trübt sich die Atmosphäre zum erstenmal. Sie erinnern sich: Wir haben ihn, die Taschen voller Handgranaten, am 11. April in Buchenwald zurückgelassen.

Dieser großgewachsene, kräftige Rotschopf, ein elegant gekleideter Dreißigjähriger mit spöttischer, geradezu triumphierender Miene, ruft düstere, beunruhigende Erinnerungen in uns wach. Naftali Lau-Lavi wird später in seinen Erinnerungen berichten, daß Gustav im Untergrund ein geheimes Rachekommando anführte, das Kollaborateure verfolgte, die in den polnischen Ghettos ihr Unwesen getrieben hatten: Sie verurteilten sie und richteten sie hin, indem sie sie erwürgten oder in den Latrinen aufknüpften. Und Gustav war der Henker.

Als Stubendienst im Kinderblock des kleinen Lagers von Buchenwald hatten ihn die wenigsten geschätzt. Bei der Essenausgabe prügelte er, wie es ihm paßte. Wenn der Gefangene Ungar war, schlug er noch kräftiger zu. Es hieß, er bevorzuge seine polnischen Kameraden. Am 11. April stolzierte er zwischen den Befreiern umher. Dann war er verschwunden.

Nun ist er also in Écouis. Er wolle, so sein Wunsch, bei »seinen« Kindern aus Buchenwald bleiben. Wie ein großer Bruder, als ihr Betreuer, ihr Sprecher oder sonst etwas... Die Heimleitung hat keine Vorbehalte gegen sein Anliegen. Man ist froh, jemanden zu gewinnen, der uns vertraut ist und uns vielleicht in Schranken weisen kann, ohne uns zu kränken. Um so größer ist die Verwunderung über den Sturm der Entrüstung, den Gustavs Bewerbung auslöst. Gustav, der Schläger, als Aufpasser? Einige fordern, daß man ihn auf der Stelle festnimmt und der Justiz übergibt. Andere, aber weitaus weniger, verteidigen ihn: Es sei schon richtig, er war brutal, raste vor Wut, teilte bisweilen Schläge aus, doch nie mehr als notwendig. Und was soll Schlimmes daran gewesen sein, daß er junge polnische Juden bevorzugte? Es sei das Natürlichste auf der Welt, sich zuerst um die eigenen Leute zu kümmern. Er sei schließlich kein Kollaborateur gewesen, sondern gehörte zur Widerstandsbewegung! Die beiden Lager schreien und toben. Die Heimleitung wird niedergepfiffen und ist nicht in der Lage, Ruhe herzustellen.

Wie kann man die Gemüter besänftigen? Ein »Bürgerkrieg« droht. Die Betreuer treten zu einer Krisensitzung zusammen. Trotz ihrer psychologischen Ausbildung sind sie ratlos. Zweifellos unter dem Einfluß der pädagogischen Theorien von Janusz Korczak macht Rachel Minc einen originellen Vorschlag: Die »Kinder« - so nennen sie uns - sollen selbst über Gustavs Schicksal entscheiden. Anders ausgedrückt: Ihm soll ein regelrechter Prozeß gemacht werden, mit Zeugen der Anklage und Zeugen der Verteidigung. Und zuletzt wird das Gericht nach eingehender Beratung entscheiden.

Der »Prozeß« beginnt am frühen Nachmittag und dauert bis spät in die Nacht (mit Pausen für das Abendessen und den Abendgottesdienst). Der stolze, überhebliche Gustav steht nicht auf und antwortet auf die Beschuldigungen mit verächtlichem Schulterzucken. Bald setzen wir uns weniger mit den Tatsachen als mit verschiedenen ethischen Auffassungen auseinander: Wie soll sich ein Jude in Zeiten der Verfolgung verhalten? Darf man Aufgaben übernehmen, die einem der Feind überträgt, um den Seinen zu helfen? Wo ist die Grenze, die keiner überschreiten darf, wenn er seine Seele nicht verkaufen will? Wenn man durch Härte Leben retten und der Grausamkeit der Mörder Grenzen setzen kann, wer gibt einem dann das Recht, auf die Anwendung von Gewalt zu verzichten, die zu jeder Ausübung von Macht gehört?

Die Wut und das Geschrei sind wie vergessen: Diese »Kinder«, die dem absoluten Bösen und der äußersten Not ausgesetzt waren, sprechen ohne jede Gehässigkeit. Sie hegen keine Rachegefühle. Obwohl der Angeklagte hochmütig wirkt und bittere Erinnerungen in ihnen weckt, zahlen sie es ihm nicht heim.

Am Ende plädiert das Gericht für einen Kompromiß. Gustav soll frei bleiben, Écouis jedoch verlassen. Wenngleich wir es ablehnen, ihn zu bestrafen, erscheint er uns doch nicht würdig, die Rolle eines Erziehers zu übernehmen. Wir blicken ihm nach, als er das Schloß verläßt. Niemand sagt ein Wort. Was ich empfinde? Seltsam, die Einsamkeit des Mannes rührt mich. Und ich behalte ein Gefühl der Scham zurück, das mich verwirrt.

Es tut mir gut, meine Studien wiederaufzunehmen. Mit Menasche, der die treibenden Kraft unserer Gruppe ist, und Kalman Kalikstein, einem feinsinnigen jungen Polen mit glänzendem Verstand, mache ich mich wieder an das Studium der heiligen Schriften. Ohne daß ich darüber nachgedacht hätte, ist der religiöse Eifer plötzlich wieder in mir erwacht, vielleicht um mir zu helfen, an die noch nahe Vergangenheit anzuknüpfen. In erster Linie möchte ich die Dinge verstehen, aber ich muß mich auch wieder fassen und zu mir finden. Eines steht für mich fest: Auch wenn die Welt sich verändert hat, die Welt des Talmud ist dieselbe geblieben. Kein Feind kann die Wortgefechte zwischen Schammai und Hillel, Abaje und Rawa zum Schweigen bringen.

In den Pausen zwischen den Stunden spiele ich Schach. Manchmal werden wir beobachtet. Es stört mich nicht. Ich kann mich konzentrieren, kann vergessen, was um mich herum vor sich geht. Zwei Fremde machen Fotos von uns? Wenn es ihnen gefällt... Einer der beiden stellt mir Fragen in gebrochenem Deutsch; ich beantworte sie in korrektem Jiddisch. Es heißt, sie seien Journalisten; ich messe dem keine Bedeutung bei. Ich bin noch nie einem Journalisten begegnet. Sie interessieren mich nicht, und warum sollte ich für sie von Interesse sein?

Einige Tage später gehe ich ins Büro des Direktors, um nach den Büchern zu fragen, die mein Freund Menasche und ich bestellt haben. Er telefoniert gerade. Ich verstehe nicht, was er sagt, da er jedoch mehrmals meinen Namen nennt, bin ich sicher, daß es sich um unsere Anfrage handelt. Höflich warte ich, bis er auflegt, dann wende ich mich in einer Mischung aus Deutsch und Jiddisch an ihn. Verständnislos blickt er mich an: »Ich weiß nicht, wovon Sie reden. Wer sind Sie?« Ich nenne meinen Namen. Plötzlich hellt sich seine Miene auf: »Ach, Sie sind Wiesel? Sie kommen wie gerufen. Ich habe gerade eine Nachricht für Sie von Ihrer Schwester erhalten.« Mein Atem stockt. »Von meiner Schwester?« rufe ich. »Aber das ist unmöglich!« – »Doch, doch, ich habe gerade mit ihr telefoniert...« Als er sieht, daß ich blaß werde, begreift er schließlich meine Verwirrung, nimmt den Telefonhörer und wählt hektisch einige Nummern. Als er auflegt, wirkt er enttäuscht: »Ich habe herausgefunden, daß der Anruf Ihrer Schwester aus einem Postamt kam. Wir wissen nicht, wo sie sich aufhält.« Mir ist schwindelig. Meine Schwester hat angerufen? Welche? »Sie hat aber eine Nachricht für Sie hinterlassen«, fährt der Direktor fort, »sie erwartet Sie morgen früh am Bahnhof...« In dieser Nacht schlafe ich nicht. Es kann sich nur um eine Verwechslung handeln, sage ich mir immer wieder. Angenommen, eine meiner Schwestern hat überlebt, was sollte sie gerade nach Paris führen? Angenommen, sie wäre in Paris, woher sollte sie wissen, daß ich überlebt habe? Und wenn sie tatsächlich die Nachricht erhalten hat, daß ich noch lebe, so kann ich mir nicht vorstellen, wer ihr das gesagt haben könnte und wie sie mich in Écouis ausfindig gemacht hat.

Am nächsten Morgen sitze ich bei Sonnenaufgang schon im Zug nach Paris. Die Fragen in meinem Kopf überschlagen sich: Wird es mir gelingen, mich alleine durchzuschlagen? Ich kenne niemanden und spreche kein Wort Französisch. Deshalb verfluche ich den Direktor und die OSE: Warum hat man mir niemanden zur Begleitung mitgegeben? Sie haben keine Vorstellung davon, was es heißt, mich einfach so in dieses Abenteuer zu schicken. Meine Schwester soll in Frankreich sein? Hilda soll in Paris sein? Bea soll am Bahnhof auf mich warten? Das kann doch gar nicht sein, das ist unglaublich, unmöglich. Ich werde auf dem Bahnsteig stehen, mich umsehen und schließlich den nächsten Zug zurück nach Écouis nehmen. Zum Glück hat mir der Direktor ein wenig Geld gegeben.

Als ich ankomme, traue ich meinen Augen nicht. Meine Schwester wirft sich in meine Arme. Es ist Hilda. Sie stellt mir Freddo vor, einen algerischen Juden, der nach Dachau deportiert worden war. Sie haben sich nach der Befreiung kennengelernt. Es war Liebe auf den ersten Blick. Da Hilda gehört hat, ich sei nicht mehr am Leben, ist sie ihm nach Paris gefolgt. Sie wollen heiraten. Aber wie hat sie mich gefunden? Ganz einfach: Sie hat mein Foto in der Zeitung *Défense de la France* (dem späteren *France-Soir*) gesehen!

Hilda bringt mich zu ihren künftigen Schwiegereltern, eine große, warmherzige Familie. Zu den sephardischen Juden fühlte ich mich schon immer besonders hingezogen, und durch die Bekanntschaft mit dieser Familie wächst meine Zuneigung. Hilda und ich verbringen den Tag und die Nacht in ausführlichen Gesprächen, aber was uns schmerzt, sparen wir aus. Woher rührt dieses Bedürfnis, bestimmte Dinge nicht anzutasten? Wir fürchten, unsere Gefühle nicht mehr im Griff zu haben. Es ist besser, über Écouis, die OSE, die Zugfahrt zu sprechen und unsere Eltern oder die kleine Zippuka nicht zu erwähnen. Ich scheue mich auch, nach Bea zu fragen. Wenn sie nicht bei Hilda ist, dann... Nein, Gott sei Dank, meine Befürchtungen werden zerstreut. Bea lebt. Aber wo ist sie? Ganz einfach: Sie ist nach Sighet zurückgekehrt. Warum bloß? Um zu sehen, ob ich nicht doch zufällig oder durch ein Wunder überlebt hätte...

Hilda macht sich Sorgen um meine Zukunft: Was wird aus mir werden? Sie geht mit mir zum Vorstand der jüdischen Gemeinde. Der Präsident, Léon Meiss, ein freundlicher, geduldiger Mann, empfängt uns. Ich verstehe nicht, was sie besprechen (sie sprechen Französisch, meine Schwester hat es auf dem Gymnasium gelernt), doch nach einer guten halben Stunde teilt Hilda mir mit, daß ich mich im Seminar einschreiben und Rabbiner werden könnte, wenn ich wollte. Doch zuerst müßte ich die Sprache lernen. Klar. Ich bitte erst einmal um Bedenkzeit. Warum habe ich nicht sofort zugestimmt? Ich weiß es nicht. Ich glaube, ich fürchtete mich davor, meine Freunde zu verlassen.

Freddo besteht darauf, daß ich mir den *Großen Diktator* im Gaumont-Kino ansehe. Wenigstens dabei sind meine fehlenden Sprachkenntnisse kein Hindernis.

Der Saal ist voll, die Leute lachen. Ich finde Charlie Chaplin eher traurig und pathetisch. Seine Mißgeschicke und Unfälle lassen mich kalt. Es fällt mir wirklich schwer, mich zu konzentrieren. Vor mir sitzt ein Pärchen und schmust. Er ist amerikanischer Soldat. Mit meiner khakifarbenen Kleidung könnte man mich im Dunkeln ohne weiteres für einen Soldaten halten. Habe ich nicht dieselben Rechte und Möglichkeiten wie dieser Kerl vor mir? Das ist es eben: Ich habe noch nie eine Frau geküßt. Urplötzlich spüre ich die Lust darauf. Es ist das erste Mal. Schlagartig vergesse ich den Film und denke an nichts anderes mehr. Die Vergangenheit, die Zukunft, die Gebote der Religion: Alles löst sich irgendwo in Nebel auf. Statt dessen beginnt mein Körper einen eigenen Antrieb zu entwickeln. Es zieht ihn zu der jungen Frau links von mir. Mein Blick streift sie. Das Blut steigt mir in den Kopf. Ich ermahne mich: Mach keine Dummheiten! Du willst dich doch nicht an eine Unbekannte heranmachen. Sie wird sich deine Unverfrorenheit nicht gefallen lassen. Eine Ohrfeige hat sich schnell. Hast du denn die biblischen Gebote schon vergessen? Nein, ich sündige nicht. Ich gebe mich damit zufrieden, es mir auszudenken, auszumalen. Und meine Hand schüchtern in die Nähe der ihren zu rücken. Lange Augenblicke berühren sich unsere Finger wie durch Zufall. Müßte ich meine Hand jetzt nicht zurückziehen? Ich tue es nicht, und auch meine Nachbarin läßt die ihre, wo sie ist. Pech, daß der Film zu Ende ist. Die Lichter gehen an. Ich fluche auf Charlot. Er hätte ruhig noch fünf Minuten warten können.

Mehrere Monate vergehen, bis Bea die Nachricht erhält, daß ich am Leben bin. Irgend jemand hat es irgend jemandem mitgeteilt, der sie in Sighet kurz gesehen hat. Wir treffen uns in Antwerpen. So bin ich schließlich doch in der Stadt der Diamantenschleifer gelandet. Meine vielgerühmte, strahlend schöne Kusine Reisel habe ich nicht wiedergesehen, sie ist bei der Deportation gestorben. Aber ich treffe Schiku wieder, der sich bei einer christlichen Familie versteckt hatte. Bei ihm findet das große Wiedersehen der drei Waisen von Sarah und Schlomo Wiesel statt.

Schiku kann die Tränen nicht zurückhalten. Wir sind gefaßter.

Die Überlebenden werden häufig gefragt: Wie haben Sie es geschafft, wieder ein normales Leben zu führen, Freude und Liebe zu empfinden? Tatsächlich war das nicht besonders schwer. Viel schwerer war es, wieder ein normales Verhältnis zum Tod zu bekommen.

Denn wir haben neben Toten geschlafen, haben ein ganzes Leben lang, eine ganze Folge von Leben, neben dem Tod gehaust, wir mußten uns intellektuell und emotional anstrengen, damit wir den Tod wieder als Bruch, als Unglück, als Skandal ansehen konnten. Während unserer Gefangenschaft war der Tod kein besonderes Ereignis, man erwartete ihn jederzeit, er gehörte zum Alltag, war eine Gewohnheit. Er war die Regel, nicht die Ausnahme. Schließlich waren wir nicht dort, um zu leben, sondern um zu sterben. Wenn man über einen Leichnam stolperte, ging man unbeirrt weiter, ohne ihn auch nur eines Blickes zu würdigen. Als würde man einen vertrockneten Ast beiseite schieben.

Unsere Psyche mußte wieder in Gang gebracht werden, wir mußten uns ein neues Gefüge von Werten erschaffen, um dieses Gesetz des Talmud zu verstehen, das Ausdruck einer ergreifenden Menschenliebe ist: Wenn der Hohepriester auf einen Toten trifft, den niemand kennt, soll er alles stehen- und liegenlassen und ihn unverzüglich begraben, auch wenn er gerade auf dem Weg zum Tempel ist. Die Würde des Toten zu achten ist selbst am höchsten Feiertag des Jahres wichtiger als der Gottesdienst.

Ein Toter, den niemand kennt? Im Lager waren wir alle schon so gut wie tot, Tote, die niemand kannte, lebende Leichen. Sogar beim Tod eines Freundes oder eines Elternteils wurde nicht geweint, wurde keine Trauer getragen, zerriß man nicht seine Kleider, streute man sich keine Asche aufs Haupt; man zeigte die Trauer nicht, überging den Verlust. Man tat nichts, man konnte nichts tun, um zu zeigen, was einem widerfahren war.

Wie gelang es uns, die Toten wieder zu ehren und dabei den Tod von uns zu weisen? Ich habe noch etwas gelernt: Es liegt in der menschlichen Natur, daß man sich leichter an das Unglück gewöhnt als an das Glück.

Ich erinnere mich an einen sehr großen, sehr mageren Jungen, der aus meiner Gegend stammte und der sich bereits für tot hielt. Er sagte: »Niemand kann mir weismachen, daß die Deutschen auch nur einen Juden lebend entkommen lassen.« Er aß und trank, doch er sagte auch: »Vielleicht trinken und essen die Toten dort oben wie wir hier unten.« Ein ewiges Lächeln spielte auf seinen Lippen. Er war überzeugt, daß die Toten ihm von dort oben zulächelten. Aus Höflichkeit tat er es ihnen gleich.

In meinem Tagebuch habe ich ihm den Namen »der Tote« gegeben.

Woher kam seine Sanftmut?

Ob die Toten wohl so sind wie er?

Eines Abends saßen wir unter einem Baum und unterhielten uns. Er ließ mich an seinem Glück teilhaben. Ja, er gebrauchte den Ausdruck Glück. »Ich bin glücklich, weil ich mich vor nichts mehr fürchte«, sagte er. »Ich fürchte den Tod nicht mehr. Ich habe keine Angst mehr, weil ich schon tot bin.«

Er lebt heute noch. Er wohnt in Brooklyn, hat Frau und Kinder. Und trotzdem: Wer bei ihm ein und aus geht, hat den Eindruck, der Hausherr wähne sich im Himmel.

Nachdem wir einige Wochen in Écouis verbracht haben, ziehen wir um. Die OSE hat entschieden, die vierhundert »Kinder« in zwei Gruppen zu teilen und die Gläubigen (es sind ungefähr hundert »Kinder«) von den Nichtgläubigen zu trennen. Die erste Gruppe, der ich angehöre, wird in das Schloß Ambloy bei Vaucelles verlegt.

Wir verabschieden uns von den Glücklichen, die nach Palästina aufbrechen. Wie viele sind es? Wer hat sie ausgewählt? Zu ihnen gehören auch Naftali Lau-Lavi (der spätere Berater Mosche Dayans) und sein achtjähriger Bruder Israel, der Lolek genannt wird. Er ist der jüngste Häftling aus Buchenwald und der künftige Oberrabbiner von Israel. Vierzig Jahre später wird er bei einer Gedenkfeier in Birkenau erzählen, daß ich ihm half, das Kaddisch auswendig zu lernen...

Und was ist mit uns anderen? Auch ich hatte mich in die Liste eintragen lassen, doch wer versteht schon die britische Verwaltung, die die Einwanderungserlaubnis erteilt? Die Brüder Lau hatten Verwandte in Palästina, ich nicht. War das der Grund, warum ich nicht ausgewählt wurde? Woher soll man das wissen? Ich weiß nur, daß ich Frankreich nicht in Richtung Heiliges Land verlassen habe. Einmal mehr hat der Zufall mein Schicksal bestimmt: Wäre ich dort Schriftsteller geworden? Hätte ich dieselben Bücher geschrieben?

Daß Niny uns nach Ambloy begleitet und Judith dort Heimleiterin wird, ist eine gute Nachricht. Bald kommt noch Mireille dazu, und zu dritt wollen sie uns den Weg in die Zukunft weisen.

Ich verbringe einen unvergeßlichen Sommer in der Atmosphäre eines Ferienlagers. Strenge ist unnötig. Unsere Leiterinnen haben keine Mühe mit uns: Die »Kinder« befolgen die Regeln der Gemeinschaft, und jeder achtet auf das Wohlergehen des anderen. Hier nimmt man die großen Worte ernst. Ein normales Leben fängt an. Morgens versammeln sich verschiedene Minjanim, Studienkreise und Sportgruppen haben sich gebildet. Eine Gruppe frommer jüdischer Intellektueller namens Jeschurun verbringt häufig den Sabbat mit uns. Ich nehme an ihren Versammlungen teil, doch es geht so gelehrt bei ihnen zu, daß ich kaum etwas verstehe. Da ich noch kein Französisch spreche, habe ich das Gefühl, ausgeschlossen zu sein. Zu der Gruppe gehören Marc Breuer, der aus einer berühmten Rabbiner-Familie stammt, Théo Dreyfus, Autor eines Werks über den Maharal von Prag, der vor seiner Auswanderung nach Palästina die Maimonides-Schule leiten wird, Benno Groß, ein weiterer Schüler André Nehers, der später an der Universität von Bar-Ilan lehrt, und Lucien Lazare, der künftige Verfasser bedeutender Werke über den jüdischen Widerstand und den Widerstand der nichtjüdischen Gerechten in Frankreich.

Auch in Ambloy werden abends Lagerfeuer angezündet. Ich liebe Lagerfeuer, die meine romantische Ader ansprechen. Sie führen mich zurück nach Fantana, einem Dorf mitten im Gebirge, in der

Nähe von Borsche, wo wir früher Ferien machten, bis... Das Knistern der Holzscheite, das Sprühen der Funken, die schwermütigen Lieder aus der Heimat: Ein Gefühl der Verbundenheit mit den anderen stellt sich ein, eine wohltuende Atmosphäre der Vertrautheit. Es herrscht vollkommener Einklang zwischen Schweigen und Sprechen, zwischen den Lebenden und den Toten, zwischen der Erinnerung und dem, was sie birgt. Sind die Schatten nicht zu nahe? Sie sind nicht bedrohlich. Sind die Sterne nicht zu hoch? Ist ihr Licht nicht zu kalt? Solange unsere Lieder und unsere Wünsche mit den Flammen in den Himmel lodern, fürchten wir nichts.

Nach und nach bilden sich Cliquen. Ich verbringe viel Zeit mit Nicolas. Seine Mutter, die Küchenchefin, stammt aus Transsylvanien. Wenn ich mit Menasche lerne, dem besten Talmudkenner im Schloß, schließen sich Kalman und Binem an. Nicolas ist Dichter. Binem singt gut. Kalman überrascht mich mit seiner strengen Logik: Er ist der geborene Wissenschaftler.

Ohne daß Niny etwas davon erfährt, verfassen Kalman und ich feurige, aber mittelmäßige jiddische Gedichte auf sie. Wir waren wirklich noch unschuldig, wir liebten platonisch, und es erscheint mir nur allzu verständlich, daß wir uns zu ihr hingezogen fühlten: Da wir nur das Leben unter Jungen kannten, mußte eine so weibliche, so herzliche Frau wie Niny uns in Bann schlagen. Sobald ich sie sah, begann mein Herz heftig zu schlagen.

Judith und Mireille sind verlobt und somit unantastbar. Niny ist allein, theoretisch also erreichbar, sie ist jemand, den man lieben darf. Kalman liebt sie, ich liebe sie, im Grunde lieben alle »Kinder« sie, doch keiner wagt, es ihr zu gestehen. Aufrichtig um eine religiöse Lebensführung bemüht, scheuen wir das Räderwerk der Sünde, denn was ist Sinnlichkeit denn anderes als Verführung zur Lüsternheit? Und was ist Lüsternheit anderes als der schnellste Weg zum Verbotenen und zu gerechter Strafe?

Niny hält es für lehrreich und wichtig, daß wir französische »Kinder« (Söhne und Töchter von Deportierten) aus anderen Aufnahmelagern der OSE kennenlernen. Sie lädt Kalman und mich und einen dritten Jungen, Mosche Kunitz, der aus einem Nachbardorf Sighets stammt, ein, mit ihr zusammen ein paar Tage in einem Haus der OSE in der Umgebung von Lyon zu verbringen, das »Les Hirondelles« heißt. Dort werde ich André Neher vorgestellt, dessen Schwester, Aya Samuel, das Haus leitet. Er begeistert mich sofort mit seiner

Herzlichkeit, seiner Feinsinnigkeit und seinem umfangreichen Wissen. Wir unterhalten uns auf hebräisch. Er zitiert den Midrasch und Maimonides, ich zitiere niemanden, ich höre ihm zu. Die Klarheit seiner Gedanken beeindruckt mich. Nach dem Gottesdienst am Sabbatmorgen lausche ich seinem Vortrag über »Transzendenz und Immanenz«; ich verstehe kein Wort, aber ich höre zu. Während eines Spaziergangs am Nachmittag erläutert André Neher mir großzügig seine Ausführungen. Er wird mir immer eine Quelle des Lichts und eines heiligen Eifers bleiben, und er ist nicht ganz schuldlos daran, daß ich mich später der Philosophie zuwende. Er macht mich auch mit seiner künftigen Frau Renée bekannt, deren Anmut und Liebenswürdigkeit mit ihrer Bildung und ihren Fähigkeiten als Historikerin wetteifern. Unsere Freundschaft wird erst durch Nehers frühen Tod 1988 in Jerusalem beendet.

Ich lerne Regine kennen: ein dunkelhaariges, zurückhaltendes und gefühlvolles Mädchen. Sie spielt Klavier. Zum erstenmal in meinem Leben höre ich ein Stück von Schumann. Soll ich ihr eine chassidische Weise beibringen? Sie zieht die Begleitung Kalmans der meinen vor. So spielt das Leben.

Während eines Abendgottesdienstes zeigt man mir einen kauzigen Mann. Er ist wie ein Landstreicher gekleidet, trägt einen winzigen Hut auf seinem riesigen Kopf und verharrt gedankenverloren in einer Ecke des Raumes. Jemand sagt, er heiße Schoschani und sei ein Genie. Ein anderer verbessert: »Ein Spinner ist er.« Ein Dritter faßt zusammen: »Ein genialer Spinner.« Nun, Genies jagen mir Furcht ein, doch Verrückte ziehen mich an. Soll ich ihn ansprechen, und wenn, in welcher Sprache? Auf deutsch? Auf hebräisch vielleicht? Während ich noch hin- und herüberlege, ist er wieder verschwunden. Dann eben nicht – eines Tages werden sich unsere Wege wieder kreuzen. Ich kehre nach Ambloy zurück und fühle mich mehr als zuvor zu Kalman hingezogen – und zu Niny.

Auf Initiative der Heimleitung erhalten wir Französischunterricht. Ich gehe nur unregelmäßig hin. Warum sollte ich Französisch lernen? Ich habe Besseres zu tun, als unregelmäßige Verben zu konjugieren und die Zeitenfolge zu beachten. Auch der Zeichenunterricht erscheint mir, verglichen mit dem Studium des Midrasch, völlig belanglos. Ich decke mich mit chassidischen Werken und mystischen Abhandlungen ein. Ich bin entschlossen, meine Suche fortzusetzen, die durch die Deutschen unterbrochen worden ist. Sie erscheint mir wichtiger, spannender als alles, was sich sonst in der Welt ereignet. Sind nicht ohnedies alle Geschehnisse hier unten eine Folge der Entscheidungen, die dort oben getroffen werden? Die Wahlniederlage Churchills, die politischen Auseinandersetzungen um die Unabhängigkeit der Verfassunggebenden Versammlung, die Streitigkeiten zwischen Sozialisten und Kommunisten, der Rücktritt de Gaulles, die Unterzeichnung der Charta der Vereinten Nationen in San Franzisko, die Besetzung Deutschlands durch die vier Siegermächte, die Konferenz in Potsdam, die Truman, Churchill (dann seinen Nachfolger Attlee) und Stalin an einen Tisch bringt, Hiroshima und Nagasaki, die Kapitulation Japans: Die Ereignisse überschlagen sich, die Geschichte eilt den Guten zu Hilfe, wie sie kurz zuvor noch in der Hand der Bösen war. Doch Gott steuert das Tun der Menschen, und wenn wir Ihn nicht verstehen, liegt es vielleicht daran, daß unser Blick nicht weit genug reicht, um zu erkennen, was unsere Ahnen mit einem Blick erfaßt hätten. Für mich bildet Ambloy eine in sich geschlossene Welt. Was draußen vorgeht, berührt mich nicht. Alles andere ist weit weg, unzugänglich, unwirklich.

Wie in allen Kinderheimen wird auch im Schloß viel gesungen: zionistische Lieder, fromme Weisen. In Ambloy werden vor allem chassidische Lieder angestimmt.

Mit der Zeit versuchen unsere Erzieher dennoch, unser Interesse für die Tagesereignisse zu wecken. Vor dem Krieg hatte ich nur meine religiösen Studien im Blick, jetzt geht mich alles an. Der Nürnberger Prozeß oder die Rechtsphilosophie mit der Frage, ob man Gesetze aufstellen und diese auch rückwirkend anwenden darf. Ist der Eiserne Vorhang, von dem Winston Churchill in einer kleinen Universität in Fulton im Bundesstaat Missouri gesprochen hat, ein Grund, heute unsere Verbündeten von gestern zu fürchten? Für den jüdischen Terrorismus und die heimliche Einwanderung in Palästina gilt, daß der Zweck die Mittel heiligt. Aber stimmt das noch mit der Tora überein? Ich halte den jüdischen Widerstand für richtig, aber ich verabscheue jedes Blutvergießen. Was soll ich tun? Wie verhält man sich richtig? Wir erfahren von den Sabotageakten des Irgun und der »Stern-Bande«. Beim Attentat auf das Hauptquartier der britischen Armee im King-David-Hotel in Jerusalem gibt es viele Tote und Verletzte. Es ist schrecklich, wie kann man so etwas rechtfertigen? Aber hatte die Irgun nicht mit mehreren Telefonanrufen, auch bei einer lokalen Zeitung und einer ausländischen Vertretung, die Engländer vor der Bombe gewarnt, die kurz darauf im Hotel explodieren sollte? Warum hat die militärische Führung nicht die sofortige Räumung angeordnet? Zeigt sich darin britischer Hochmut auf der einen und jüdische Menschenliebe auf der anderen Seite? Wir diskutieren lange darüber. Noch nie ist eine Widerstandsbewegung auf solche Weise vorgegangen. Das ist Stoff für neue Auseinandersetzungen: Kann man von einer besonderen jüdischen Moral sprechen? Zu unserer Belustigung erzählt man uns, daß in der französischen Presse wie in der Weltpresse viel über eine neue Erscheinung namens »Bikini« geredet wird. Die Sache hat witzigerweise nichts mit Geographie, sondern mit Mode zu tun.

In Ambloy feiern wir auch die ersten Hohen Feiertage nach der Befreiung. Als wir beim Gottesdienst zum Gedenken an die Verstorbenen das Jiskor-Gebet sprechen, öffnen sich endlich die Schleusen. Alle weinen. Tränen der Unterwerfung unter Gottes Willen, Tränen der Reue, Tränen der Schuld und der Ratlosigkeit, Tränen der Verzweiflung. Wann und wo waren wir das letzte Mal beim Gottesdienst? Mit meinem Großvater in Sighet, beim Rabbi von Borsche. Mit meinem Vater auf dem Appellplatz von Buna. All das liegt heute in weiter Ferne: Die Zeit mißt sich nicht mehr in Jahren, nicht einmal in Lichtjahren. Es war irgendwann, in einer anderen Welt, in einer anderen Geschichte.

Ich spreche die ernsten und sehr feierlichen Gebete mit mehr Kawwana als früher. Nie zuvor habe ich mit solcher Inbrunst gebetet. Ich sehe meinen Vater, und ich bete für ihn. Ich sehe meinen Großvater, und ich weine um ihn. Ich sehe das Kind, das ich einst war, und ich verstecke mich vor ihm.

Die Fragen nach der Gerechtigkeit und der Güte Gottes bedrängen mich bereits, aber sie haben noch keine Gestalt angenommen. Ich verhalte mich, als wäre mein Glaube an Gott, an Seine Gebote und Seine Eigenschaften ungebrochen erhalten geblieben. Warum sollte er nicht stärker geworden sein? Warum sollte mein Verhältnis zu Gott nicht makellos und ohne Risse sein?

Heute bewahre ich ein zärtliches und melancholisches Andenken an die Zeit in Ambloy. Zumal unser Aufenthalt dort nur kurz war. Die OSE verlegte uns nach Taverny, einem Vorort von Paris. Ich freute mich darüber, denn ich würde Hilda öfter sehen.

Zweifellos um uns nicht zu verunsichern, kommen auch Niny,

Judith und Mireille mit. Alle erklären uns, daß wir in den kommenden Monaten an unsere Zukunft denken müssen. Für uns »Kinder« heißt es, sich zu entscheiden: Wir können nach Palästina gehen (auch illegal), wir können nach Amerika (oder nach Kanada, Kolumbien und Australien) auswandern, wenn wir dort Angehörige haben, oder in Frankreich bleiben. Sollten wir uns dafür entscheiden, wäre es das beste, einen Beruf zu erlernen oder sich mit Nachhilfeunterricht auf den Besuch des Maimonides-Gymnasiums in Boulogne vorzubereiten. Viele entscheiden sich für Palästina, einigen gelingt es, einen Onkel in Baltimore, eine Kusine in Melbourne, eine Tante in Johannesburg ausfindig zu machen. Kalman und ich beschließen, fürs erste zu bleiben. »Sehr schön«, lautet die Antwort der Heimleitung, »aber dann ist es unabdingbar, daß ihr jetzt Französisch lernt.« Wir gehen ernsthaft daran. Ich liebe die Sprache, ich mag ihren melodiösen Klang, doch die Zeitenfolge treibt mich zur Verzweiflung.

Zu meinem Glück richtet die OSE es 1947 ein, daß ich Einzelunterricht bei François Wahl erhalte. Er ist groß und von schlanker Gestalt, hat feine, leicht gelangweilte Gesichtszüge und neigt den Kopf immer ein wenig zur Seite. Er wird eine bedeutende Rolle in meinem Leben spielen. Als ausgezeichneter Lehrer vereinigt er Ideen- und Kenntnisreichtum mit einer überschäumenden Einbildungskraft. Er führt mich an das Steckenpferd aller französischen Lehrer heran: die Textinterpretation. Durch ihn erschloß sich mir die Suggestionskraft der Verse Racines und der Scharfsinn im Denken Pascals. Er nimmt mich in die Comédie Française und in Konzerte mit, und er zeigt mir das Quartier latin. Ihm verdanke ich meine Leidenschaft für die klassische Literatur und die französische Kultur.

Anfangs tue ich mich dennoch schwer. Ich hätte es durchaus verschmerzen können, wenn ich von den seelischen Zuständen einer Phädra verschont geblieben wäre, besonders in den endlosen Stunden, in denen wir sie Punkt für Punkt untersucht haben. Mit dem Cid und Monsieur Jourdain verhält es sich ebenso. Der Figur der Esther ziehe ich, bei aller Achtung, die ich ihr schulde, das Original vor. Doch François läßt nicht locker. Die Schönheit eines Textes stellt für ihn etwas Zeitloses dar: Sich davon abzuwenden käme einer Abkehr von den Quellen des Lebens gleich. »Sie drücken sich wie ein Chassid aus«, sage ich zu ihm. Er möchte wissen, was das ist. Ich erkläre es ihm. Von da an wird auch die jüdische Welt in unsere Gespräche eingeschlossen.

Damals wußte ich nicht, daß François Wahls Vater nach Auschwitz deportiert wurde und nicht mehr zurückgekehrt ist. Jahre später sagte er zu mir: »In Versailles wußte ich nichts von dir. Du hast nie darüber gesprochen.« Obwohl ich nur zwei Jahre jünger war als er, erschien er mir doch viel älter. Betrachtete ich mich nur als seinen Schüler? Ich hätte das Band nicht benennen können, das uns vereinte. Ich wußte nur, daß unsere Beziehung tief und wahrhaftig war.

Er lebte bei seiner Mutter, und dort gab er mir auch Unterricht. Sie war Ärztin. Ich sehe sie vor mir: eine dunkle, vornehme Schönheit von strahlender Anmut.

Eines Tages fragte er sie ohne Umschweife und ohne zu wissen warum: »Wie erklärst du dir, daß mich jüdische Themen so sehr interessieren?« Ich weiß nicht, was sie ihm erwiderte, aber ich weiß, daß diese Antwort seine Zukunft bestimmte. Als 1947 der Untergrundkrieg Palästina versengt, schließt er sich einer jüdischen Widerstandgruppe an, in der er, wie mir scheint, geheime, aber bedeutende Aufgaben wahrnahm. Unsere Wege trennten sich ungefähr 1948. Später, viel später, werden wir uns wiederbegegnen.

1947 tritt Schoschani wieder in mein Leben. Zwei oder drei Jahre lang lehrt er mich das Staunen und die Angst, ohne mir eine Verschnaufpause zu gönnen, und ich glaube, ich habe seine Lektionen niemals vergessen. An seiner Seite habe ich viel über die Grenzen der Sprache und des Verstands gelernt, über die Zornesausbrüche des Weisen, auch des Verrückten, über das verborgene und beharrliche Fortschreiten eines Denkens durch die Jahrhunderte und die Kulturen, aber ich habe nichts über das Geheimnis herausgefunden, das ihn umgab.

Ich erinnere mich an unsere entscheidende Begegnung: Es war an einem Freitag im Zug nach Taverny. Ich komme gerade von François. Etwas zerstreut vom Nachklang der Auseinandersetzung zwischen Racine und Corneille und zwischen den beiden Klassikern und dem guten Victor Hugo, vertiefe ich mich in das Buch Ijob. Warum Ijob? Weil ich am nächsten Tag zwischen Gottesdienst und Mittagessen etwas über die Fragen vortragen soll, die der Text aufwirft.

In Taverny spricht jede Woche einer von uns über ein Thema seiner Wahl, vorzugsweise ein biblisches Thema. Das ist eine feste Einrichtung. Mein erster Beitrag behandelte die Frage: »Ist das Ghetto eine segensreiche oder eine verheerende Erfahrung für das jüdische Volk?« Kalman und ich hatten uns die Aufgabe geteilt: Ich hielt den Vortrag, und Kalman beantwortete die Fragen. Niny und André (einer unserer vorzüglichsten Betreuer, ein Freund Bo Cohens, der eine leitende Stellung bei der OSE bekleidete) halfen mir bei der Ausarbeitung des Vortrags. Die Frage nach den Quellen war für mich kein Thema. Ich kannte das Leben im Ghetto. Für meinen Ijob-Vortrag mangelt es mir jetzt aber an Zeit, um einen Text zu verfassen. Deshalb habe ich mir vorgenommen, statt dessen Abschnitte aus dem Buch vorzulesen und Vers für Vers zu kommentieren. Außerdem bilde ich mir ein, das Thema von Grund auf durchdrungen zu haben. Plötzlich werde ich aus der Lektüre gerissen: Jemand spricht mich mit kratziger, unangenehmer Stimme auf Jiddisch an. Es ist der Mann, den ich bei Aya Samuel in Lyon gesehen habe. Schlampig, nicht gerade sauber gekleidet, mit einem lächerlich kleinen Hut und verstaubten Brillengläsern, zieht er die Aufmerksamkeit der Leute auf sich. Doch er achtet nicht auf die spöttischen Blicke der übrigen Fahrgäste, er hat nur Augen für mich. »Komm«, sagt er zu mir, »hier ist ein freier Platz.« Da ich mich nicht rühre, setzt er sich neben mich. Er spricht mit mir, als wären wir alte Bekannte. »Was liest du da?« Bevor ich ihm antworten kann, hat er sich des Buches bemächtigt. Nachdem er es durchgeblättert und das Titelblatt geprüft hat, erhalte ich es mit dem folgenden kurzen Urteil zurück: »Das einzig Taugliche darin ist ein eigenständiger Kommentar des fünften Verses im fünften Kapitel.« Dann möchte er wissen, warum ich mich mit Ijob beschäftige. Ich stottere: »Ich soll... ich soll morgen darüber sprechen.«

»Ach ja, du lehrst tatsächlich Ijob?«

»Nein«, antworte ich mit gesenktem Kopf. »Ich soll morgen ein wenig darüber sprechen, das ist alles.«

Mit spöttischem Wohlwollen fragt mich der Mann, ob ich mich in diesem Thema auskenne. Nein, jedenfalls nicht wirklich. »Aber du hast das Buch gründlich studiert?« Gründlich? Vielleicht nicht so gründlich, wie man es tun sollte. »Anders ausgedrückt: Du wirst darüber dozieren, ohne es studiert zu haben?« Ich schweige. »Du meinst zweifellos, du hättest genug studiert, um deine Zuhörer zu beeindrucken, nicht wahr? Zumindest aber genug, um darüber zu sprechen, oder nicht?« Da ich immer noch nichts zu antworten weiß, bleibe ich stumm. Er ist beharrlich. In die Enge getrieben, stammle ich einige Worte über den Wert des Dialogs, die Stille, das Thema der Freundschaft, über die Macht des Satans. Kurz, ich schöpfe mein gesamtes Wissen aus. Er greift es auf, nimmt mich ins Gebet und zeigt mir, daß ich vom wunderbaren Buch Ijob nichts verstehe. Im Grunde könne ich nicht einmal den ersten Vers ordentlich und klug übersetzen. Und sollte ich mir eingebildet haben, dieses Thema sei das einzige, in dem ich mich nicht auskenne, so habe ich mich gründlich getäuscht. Um mir das zu beweisen, unterzieht er mich einer gründlichen Prüfung, die mit Tücken und Fallstricken gespickt ist. In Wahrheit bin ich nur ein bedauernswerter Unwissender der schlimmsten Sorte. »Und du«, beendet Schoschani die Befragung, »hast die Chuzpe, öffentlich über Ijob zu schwadronieren?« Gut, ich schreibe es mir hinter die Ohren. Ich habe nur noch eines im Sinn: daß diese beschämende, niederschmetternde Prüfung bald ein Ende hat. Endlich kommen wir in Taverny an, und ich muß seinen Sarkasmus nicht länger ertragen. Ich stehe auf, gebe ihm die Hand und wünsche ihm einen guten Sabbat. »Aber was sagst du da? Wir trennen uns doch nicht. Ich komme mit dir!«

Dieser Sabbat wird mir als ein Tag der Sühne im Gedächtnis bleiben: Niemand hatte Schoschani eingeladen, und ich frage mich, ob er uns seine Anwesenheit nicht einzig und allein deshalb aufgenötigt hat, um meinen Vortrag zu verderben.

Er hatte eine bestimmte Methode: Erst zerstören, dann wieder aufbauen; erst stampfte er einen in Grund und Boden, dann entschädigte er einen dafür mit seinem Wissen.

Zitternd beginne ich meinen Vortrag. Im Lande Uz lebte ein Mann, ein rechtschaffener Familienvater, mildtätig und freigebig, fast ein Gerechter. Da wurde Satan eifersüchtig auf ihn. Und die größte Ungerechtigkeit: Ijob leidet, ohne gesündigt zu haben, und Gott spielt das Spiel mit... Ijob: die Verkörperung des Problems der Theodizee... Meine Kameraden achten nicht auf den alten Landstreicher, der zwar an den Mahlzeiten, nicht aber an den Gottesdiensten teilgenommen hat. Er hat sich in eine Ecke verkrochen und scheint vor sich hinzudösen. Wird er mir ins Wort fallen? Gnädig läßt er mich meinen Vortrag zu Ende bringen. Die Diskussion schließt sich an. Er verkneift es sich einzugreifen, aber ein ironisches Lächeln spielt um seine Lippen.

Erst am Spätnachmittag, kurz vor Sonnenuntergang, fährt der Blitz auf die Versammelten nieder. Als zwischen zwei Liedern stille

Besinnung einkehrt, beginnt er über die Gebete zur Feier der letzten Sabbatstunden zu sprechen. Seine Stimme klingt heiser, doch sie erregt Aufmerksamkeit. Was ist der Sabbat? Wer ist die Königin, die seinen Namen trägt? Über wen herrscht sie, und über welche Kräfte verfügt sie? Schoschani spielt mit verschiedenen Zitaten, schöpft aus der mittelalterlichen Dichtung und den mystischen Quellen von Safed, um uns ein feinsinniges und wahrhaftiges Bild von ihr zu vermitteln: Mit einem Mal erblicken wir diese Königin, spüren ihre Anwesenheit, schwelgen in ihrer Anmut, verwandeln uns in ihre dienstbaren Ritter.

Lange schon ist der Abend angebrochen. Es ist Zeit, das Maariw, das Abendgebet, zu sprechen, mit der Hawdala zu beginnen und die Lichter anzuzünden, aber niemand denkt daran: Solange Schoschani redet, sind wir im Paradies.

Schließlich setzt er selbst dem Zauber ein Ende. Er stützt sich mit den Händen auf den Tisch, stemmt sich hoch und räuspert sich, als wollte er sagen: »Nun, das wär's.« Wir sind auf die Erde zurückgekehrt. Eine neue Woche beginnt.

Am Sonntag hält er eine »richtige« Vorlesung. Natürlich über Ijob. Um ihn zu »rehabilitieren«, wie er erklärt. Es ist ein glänzender, anregender, zum Widerspruch reizender und bereichernder Vortrag. Niemals habe ich Vergleichbares gehört: Ijob und Abraham, Ijob und der Prophet Elias, Ijob und Bileam, die Sprache Ijobs, die Philosophie Ijobs, die jüdische Haltung zum Leiden und zur Ungerechtigkeit, die Kommentare des Rabbi Jochanan und des Resch Lakisch, Wahrheit und Legende, die Möglichkeiten des Midrasch, aber auch seine Grenzen... Natürlich ruhen die Blicke fast ebenso auf mir wie auf ihm, als riefe man mir höhnisch zu: Sieh! So wird Ijob analysiert! Ich schäme mich. Ich habe mein Gesicht verloren. Ich möchte nur noch weg. Aber ich bleibe. Nach dem Vortrag schlüpfe ich zum Ausgang; aber ich kann ihm nicht entwischen: »Jetzt wirst du wenigstens ein bißchen klüger über Ijob sprechen.« Ich wende mich zum Gehen, aber er faßt meinen Arm und sagt: »Gib zu, du hast noch immer nichts verstanden.« – »Helfen Sie mir zu verstehen«, höre ich mich sagen. Er schleudert mir noch eine Gemeinheit ins Gesicht und verschwindet. So geht es mehrere Tage.

Aber ich gebe mich nicht geschlagen. Ich ahne, ich spüre in ihm eine solche geistige Kraft, ein so reiches Wissen, daß ich mich um so mehr um ihn bemühe, je mehr er mich zurückweist. Er hat mich bereits für sich gewonnen. Ich lege meinen Verstand, meinen Willen in seine Hände. Mit seinen Worten schrumpfen die Entfernungen, die Hindernisse. Man könnte meinen, er erklärte dem Schöpfer selbst die Siege und die Niederlagen Seiner Schöpfung. Er stiftet Unruhe, und ich brauche jemanden, der mich aus der Ruhe bringt. Ich möchte erschüttert werden. Er erschüttert den inneren Frieden und raubt einem jede Gewißheit. Das ist gut für mich, denn die Gewißheiten werden mir langsam zur Last. Der Mensch wird durch das bestimmt, was ihn beunruhigt, nicht durch das, was ihm Sicherheit gibt. Ich brauche jemanden, der mich zwingt, wieder bei Null anzufangen.

In ihm habe ich einen Meister gefunden. Später habe ich erfahren, daß er auch Emmanuel Levinas unterrichtet hat und daß berühmte Professoren seine Schüler waren. Von ihnen soll er sagenhafte Summen für seine Stunden erhalten haben. Was fängt er mit all dem Geld an?

Der geheimnisumwobene Schoschani. Wo kommt er her? Marx behauptet, die Philosophie habe keine Geschichte. Wie aber steht es um den Philosophen? Was Schoschani angeht, so hat er ebenfalls keine Geschichte. Oder vielmehr, er hat eine, und sie ist zweifellos faszinierend, aber er behält sie für sich.

Niemand kannte seinen wahren Namen, sein Alter, seine Herkunft. Aus welcher Familie stammte er? Was wollte er erreichen, was vergessen? Gab es in seinem Leben jemals eine Frau, gab es Glück, gab es Kämpfe? Wenn er über sich sprach, dann nur, um die Spuren zu verwischen. Wo hat er sein grenzenloses Wissen erworben? Wer hat ihn zum Rabbi ernannt? Wo hat er all die alten und modernen Sprachen gelernt? Wo und mit welchem Ziel hat er Sanskrit studiert? Zu meiner großen Überraschung beherrschte er nach zwei Wochen die ungarische Sprache. Er kannte den babylonischen und den Jerusalemer Talmud auswendig. Und er kannte Maimonides, Nachmanides, Crescas, Jehuda Halewi, die Gedichte Ibn Gabirols... Und die Griechen... Und die Lateiner. An einem Sabbat in Taverny hielt er eines Nachmittags einen Vortrag, der nur vom ersten Vers des Buches Jesaja handelte: »*Chason Jescha-ahu ben Amoz*... Vision des Jesaja, des Sohnes des Amoz, über Juda und Jerusalem, die er zu der Zeit hatte, als Usija, Jotam, Ahas und Hiskija Könige von Juda waren...« Der Vortrag dauerte vier Stunden. Jedes Wort beinhaltete eine Vorlesung für sich. *Chason* bedeutet Vision – aber ist es eine bildhafte Erscheinung oder eine sprachliche? Kamen die Visionen von außen oder aus dem Inneren? Ereilten sie ihn im wachen Zustand oder im Schlaf? Welche Beziehung haben sie zur persönlichen Gnade und zur organisierten Gesellschaft? Worin liegt der Unterschied zwischen Prophezeiung und Vision, zwischen Vision und Halluzination? Muß man Jude sein, um Visionen zu haben? Was hat es mit der Geschichte von Bileam in der Bibel auf sich? Und mit dem Orakel von Delphi? Schließlich: Wer war Jesaja? Warum wird er der Fürst unter den Propheten genannt? Was warf er seinem Volk vor? Warum war er so streng mit ihm? Wenn man ihn mit Jeremia vergliche, wer von beiden würde uns mehr ansprechen? Wie kann seine Beziehung zur Sprache bestimmt werden? Wie seine Beziehung zur Gabe der Prophezeiung? Haben nicht auch andere Propheten, darunter Mose und Jona, versucht, sich ihrer prophetischen Pflicht zu entledigen? Hat ein Prophet überhaupt das Recht, seine Rolle und seine Aufgabe zurückzuweisen? Steht nicht in der Halacha, daß ein Prophet, der seinen Weissagungsauftrag ablehnt, den Tod verdient? Ist Jesaja deshalb eines unnatürlichen Todes gestorben, wurde deshalb sein Leib von König Manasse zweigeteilt? Warum haben alle Propheten einen tragischen Tod erlitten? Ohne sich jemals von dem Vers zu entfernen, führte Schoschani uns mit wahnwitziger, schwindelerregender Schnelligkeit zu anderen Gebieten und neuen Horizonten, die sich vor ihm und vor uns eröffneten. Wir folgten ihm atemlos und schwankten zwischen dem Gipfel und dem Abgrund des Wissens. Das eine war so beängstigend wie das andere.

Eines Tages bat er uns, ihm Fragen aus beliebigen Gebieten zu stellen, ganz gleich ob zur Bibel oder zur Politik, zur Geschichte oder zum Midrasch, zum Kriminalroman, zum Sohar oder zu den Wissenschaften. Mit geschlossenen Lidern hörte er zu und wartete, bis jeder seine Fragen gestellt hatte. Wie ein Zauberer faßte er dann alle unsere Fragen zusammen, um ein Mosaik von wunderbarer Fülle und Strenge daraus zu entwerfen, in dem Fragen und Antworten harmonisch ineinander übergingen. Plötzlich wurde jedem von uns bewußt, daß dieses Durcheinander von zufällig angeschnittenen Themen, die wir zum Vergnügen aufwarfen oder um ihn auf die Probe zu stellen, in Wirklichkeit ein Zentrum hatte, in ein und demselben Brennpunkt zusammenlief. So enthält die mörderische Tat Kains schon die des Titus. Und der Kampf Jakobs mit dem Engel nimmt das Abenteuer des jüdischen Volkes vorweg, das mit seinem Schicksal hadert.

In weiter Ferne hatte die Dorfglocke längst Mitternacht geschlagen, doch der unermüdliche, unerschöpfliche Redner sprach noch immer, setzte seinen Worten tausend Lichter auf und fügte seinem Denken ebensoviele Schatten hinzu, und wir beteten alle, daß seine Stimme, obwohl sie krächzte und eintönig klang, nie aufhören möge.

Die Skeptiker, die ihn schmähten, vermeinten einen zeitgenössischen Faust in ihm zu erkennen. Sollte er seine Seele irgendeinem Teufel im Tausch gegen ein grenzenloses Wissen verschrieben haben? Eine gewagte Hypothese, die ich weit von mir weise. Ich weiß nicht, ob er ein verkleideter Heiliger war oder ein Kabbalist, der durch die Welt irrte, um die »göttlichen Funken« einzusammeln und die alte Flamme wieder aufleuchten zu lassen, oder ob er der ewige Wanderer, der Fremde jenseits der Zeiten war, der den Zweifel und die Bedrohung verkörpert, aber ich bin sicher, daß er nicht zu den Mächten der »anderen Seite«, zu den Mächten der Finsternis gehörte.

Eines Tages, als ich meine Neugier nicht mehr im Zaum halten konnte, beging ich die Unvorsichtigkeit, sein Heiligstes zu verletzen. Ich stellte ihm die Frage, die mich bis in meine Träume verfolgte: »Wer sind Sie? Wer sind Sie wirklich? Sollte ich eines Tages Kinder haben, würde ich ihnen gerne von Ihnen erzählen.« Er erstarrte. Sein Atem ging lauter, auf seinem Gesicht erschien ein grausamer Zug. Dann ließ er seinem Zorn freien Lauf. »Und wer sagt dir, daß es eine Zukunft gibt?« Zum Glück verrauchten seine Wutausbrüche schnell wieder.

In meinen Erzählungen komme ich mehrere Male auf die Person Schoschanis zu sprechen, und jedesmal, wenn ich ihn erwähne, schreiben mir Leser, um eine neue Einzelheit aus seinem Leben, über sein Geheimnis beizufügen oder um mir sonst etwas über sein Leben mitzuteilen: ein junger Rabbiner aus Connecticut, ein Kaufmann aus Paris (den Schoschani in Geldfragen beraten hat), die aus Ungarn stammende Mutter einer jüdischen Schönheitskönigin, die von seinen Vorträgen hingerissen war. In San Francisco oder in Montreal, in Caracas oder Marseille, überall erscheint ein Lächeln auf dem Gesicht eines Hörers, wenn ich Schoschani bei einem Vortrag erwähne; und ich weiß, daß ich wieder einen Funken entzündet habe.

In Oslo verrät ein Freund aus Kinderzeiten, Chajim Hersch Kahan: »Ich habe ihn in der Synagoge in der Rue des Rosiers gehört. Alles, was ich bis dahin gelernt hatte, schien nichts im Vergleich dazu...«

Die vorläufig letzte Nachricht stammt von einem Atomwissenschaftler, Jacques Goldberg, der mir einen Kiddusch mitteilt, eine genial formulierte Bibelauslegung, die er Schoschani zuschreibt. Da ich von Physik, Atomen und ähnlichem keine Ahnung habe, behaupte ich nicht, die Reichweite seiner Auslegung zu verstehen. Es ist mir im übrigen häufig, sehr häufig, selbst so gegangen, daß ich Schoschani nicht verstand, wenn er sprach. Er wollte nicht verstanden werden.

Manchmal hörte auch Menasche seine Vorlesungen, bis er schließlich nicht mehr kam und mich warnte: »Sei vorsichtig. Dieser Mann möchte unseren Glauben ins Wanken bringen. Ich habe Angst vor ihm.« Menasche wanderte in die Vereinigten Staaten aus, ließ sich in Brooklyn nieder, wo er Rosch Jeschiwa und einer der maßgebenden Entscheidungsträger seiner Generation wurde. Ich blieb bei Schoschani: Ich hatte keine Angst. Jahre später besuchte ich Ha-Raw Menasche Klein in seiner Jeschiwa: Man hätte ihn für einen Achtzigjährigen halten können, obwohl er nur vier Jahre älter war als ich. Das hinderte uns nicht, unsere Freundschaft wieder zu erneuern. Jedesmal, wenn ich ihn treffe, sage ich mir insgeheim, daß ich jetzt vielleicht Rosch Jeschiwa wäre wie Menasche, wenn ich Schoschani verlassen hätte.

Doch ich konnte und wollte mich nicht von ihm lösen. Er gehört zu den Männern, die einen noch lange Zeit, nachdem sie einen verlassen haben, begleiten, bewegen und beherrschen. Wenige Menschen haben solchen Einfluß auf mich gehabt und mich so in Bann geschlagen. Selbstverständlich war er in seiner Rolle als Lehrer und Meister darum bemüht, etwas zu vermitteln und weiterzugeben, aber ich frage mich heute noch, was es war. War er sich seiner Erkenntnisse denn gewiß? Gab es denn überhaupt Gewißheiten für ihn? Oder hatte er vielleicht nur Zweifel? Er bediente sich seines Wissens, um die Punkte, an denen man Halt fand, zu untergraben und zu verdunkeln. Was warf er dem Menschen vor? Was forderte er vom jüdischen Denken, von der jüdischen Geschichte oder vom menschlichen Schicksal? Auf seinen Lippen wogen das Ja und das Nein einander auf. Im gleichen Atemzug und mit denselben Mitteln errichtete er eine Theorie und zerstörte sie wieder. Wer bei ihm lernte, war gefesselt, fühlte sich ständig auf der Schwelle zu einem Abenteuer, das ebensogut in den Abgrund wie zu den höchsten Gipfel führen konnte. Er war der menschgewordene Widerspruch mit all seinen Reizen und Gefahren. Wie sollte man sich sein ärmliches Aussehen erklären, wo er doch in seinem Koffer (den ich einmal zufällig offenstehen sah) jede Menge Schmuck und ausländische Devisen aufbewahrte? Warum zog es ihn immer weiter? Gehörte er zu jenen chassidischen Meistern, die durch das Exil irren müssen, bevor sie sich offenbaren? Oder ist er einer jener sechsunddreißig versteckt lebenden Gerechten, dank derer die Welt fortbesteht? Es gibt kein Land, das er nicht bereist hätte. Er wurde in Algier gesehen, man hörte ihn in Casablanca, sah ihn in Nepal. Wie der Nawenadnik aus der chassidischen Legende schlief er niemals zwei Nächte hintereinander am selben Ort. Woher nahm er seine Kraft? Es kam vor, daß er acht Stunden ohne Unterbrechung redete und nicht die geringsten Anzeichen körperlicher oder geistiger Ermüdung zeigte. War Schoschani ein Herkules? Ein einzigartiger Abenteurer? Ein Gaukler, der seine Freude daran hatte, andere vor den Kopf zu stoßen?

Während der deutschen Besatzung wurde er von einem Gestapo-Offizier verhaftet. In tadellosem Deutsch erklärte er, er sei Elsässer, Arier und an der Universität. Der Offizier lachte ihn schallend aus, denn er sah aus wie ein Landstreicher: »Du willst also Universitätsprofessor sein?«

»Ja, das bin ich.«

»Und was lehrst du?«

»Höhere Mathematik.«

»Da hast du Pech, kleiner Izig. Zufällig bin ich im Zivilleben selber Lehrer für höhere Mathematik.«

Schoschani ließ sich nicht aus der Fassung bringen: »Natürlich könnten Sie mein Wissen prüfen, aber ich habe eine bessere Idee: Ich werde Ihnen eine Aufgabe stellen. Wenn Sie die Lösung finden, erschießen Sie mich. Wenn es Ihnen nicht gelingt, lassen Sie mich laufen.«

Er kam frei und ging in die Schweiz. Dort wurde der Oberrabbiner zu einem seiner ergebensten Bewunderer.

Einmal hörte er, daß der Rabbi von Satmàr sich in Paris aufhalte, und er beschloß, ihn in seinem Hotel aufzusuchen. Im Flur wimmelte es von Besuchern, die dem Zaddik ihre Fragen vorbringen wollten. Bevor sie in das Zimmer traten, in dem er thronte, mußten sie Schlange stehen, um dem Sekretär das übliche Pidjon in Form eines Geldscheins zu überreichen. Alle taten das, nur Schoschani nicht. Er riß eine Seite aus seinem Notizheft, kritzelte einige Worte darauf und sagte zum Sekretär: »Ich befehle dir, diese Botschaft dem Rabbi zu überbringen. Tust du es nicht, garantiere ich für nichts.« In Angst und Schrecken versetzt, gehorchte der Sekretär. Daraufhin ging die Tür auf, und der Rabbi erschien höchstpersönlich, um den Besucher hereinzubitten, der wie ein Landstreicher gekleidet war. Sie unterhielten sich einige Stunden unter vier Augen. Der Inhalt ihrer Unterredung wurde nie bekannt. Doch man hörte, wie der Rabbi murmelte: »Ich gebe zu, daß ein Mensch so viel wissen kann, wie aber bringen Sie es fertig, alles zu verstehen?«

Und trotzdem habe ich Schoschani niemals lesen oder, genauer gesagt, ein Buch studieren sehen. Kannte er sie denn alle? Kannte er selbst die, die er nicht gelesen hatte? Vielleicht las er mit geschlossen Augen Bücher, die es noch nicht gab oder die zumindest noch nicht erschienen waren?

Was gäbe es nicht alles von den Privatstunden zu berichten, die er mir in Taverny, Versailles und später bei mir in der Rue Le Marois gab! Er goß sein Wissen über mich aus, und ich fühlte mich wie im Regen bei hellstem Sonnenschein. Ich verschlang seine Worte und ließ sie lange auf mich wirken. Mir schienen sie aus einem fernen Heiligtum zu kommen, an das ich niemals heranreichen würde. Wochenlang haben wir mit einer einzigen Seite des Talmud zugebracht, mit der Abhandlung über die Probleme der Scheidung, ohne uns je vom Thema zu entfernen. Er redete, und ich folgte ihm entrückt und voller Wehmut.

Er führte mich auf gefährliche Pfade. Das Bedürfnis, alles Wissen in Frage zu stellen, das mich ein Leben lang begleitet hat, die Suche nach den hinter dem Wissen verborgenen Rätseln, nach den dunklen Flecken im Licht, das alles verdanke ich ihm.

Warum hatte Schoschani mich zum Schüler genommen, wenn nicht sogar auserwählt? Wodurch hatte ich das verdient? Was mochte ihn an mir interessiert haben? Ich weiß es nicht. Wenn ich von ihm spreche, fällt mir immer derselbe Satz ein: »Ich weiß es nicht.« Mal war er verschwunden, dann tauchte er wieder auf, seine Stimmung war wechselhaft, und ich wurde oft Zeuge seiner gespielten oder echten Wutausbrüche. Doch wirklich verstanden habe ich ihn nicht. Warum sprach er nie von sich? Warum umgab er sich mit so vielen Geheimnissen? Warum verheimlichte er sogar seinen wahren Namen? Warum verbarg er, wo er herkam? Warum führte er ein solch seltsames Leben? Warum weigerte er sich, vor großem Publikum aufzutreten, das er sicherlich erobert hätte? Warum lehnte er es ab, Montevideo zu verlassen und nach New York zu kommen? Ich hatte ihm vorgeschlagen, dort sorgfältig ausgewählte Schüler zu unterrichten. Wohlhabende Freunde waren bereit, das Vorhaben zu finanzieren. »Niemals«, ließ er mich wissen. »Seit dem Börsenkrach habe ich geschworen, nie wieder einen Fuß auf amerikanischen Boden zu setzen. Ich habe damals zuviel Geld verloren.« War das die Wahrheit? Mit Schlomo Malka, einem Journalisten von *L'Arche* und Radio-Communauté, habe ich eine fünfzehnteilige Sendung über ihn gemacht, die uns Berge von Post einbrachte. Die Hörer forderten »die Wahrheit« über Schoschani. Aber was ist »die Wahrheit«? Jetzt, Lichtjahre später, bilde ich mir ein, sie zu kennen, oder wenigstens, sie umreißen zu können.

Mordechai Rosenbaum, wie Schoschani auf jiddisch hieß, wurde in Litauen geboren. Schon bald versetzt der Knabe Eltern und Lehrer in höchstes Erstaunen: Er behält alles, was er liest. Bereits vor seiner Barmizwa kann er den gesamten Talmud auswendig. Von weither kommen die Leute, um ihn reden zu hören. Sein Vater macht weite Reisen mit ihm, um ihn gegen Entgelt in verschiedenen Gemeinden vorzuführen. So wird er reich und kommt um die halbe Welt. Überall verblüfft er sein Publikum und schlägt es in Bann. Er lebt davon, mit seinem Wissen zu jonglieren, es zur Schau zu stellen. Lief er damit nicht Gefahr, vom Geld verdorben zu werden? Setzt man sich unvermuteten Gefahren aus, wenn man die Tora zum Gelderwerb einsetzt? Ich weiß es nicht. Und bis heute weiß ich nicht, warum er so häufig verschwand und zu wem er ging. Auch werde ich nie erfahren, warum er so plötzlich die Zelte abbrach, um sich in Uruguay niederzulassen. Fürchtete er einen neuen Krieg in Europa? Ging er weg, weil er nirgendwo Wurzeln schlagen wollte oder weil er das Bedürfnis nach immer neuen Erfahrungen hatte? Ich weiß nur, daß er 1965 in Montevideo gestorben ist, wo er sich, wie die einen sagen, als Weiser, oder wie andere erzählen, als Küster nützlich gemacht hatte. Ich berichte davon in *Entre deux soleils*: Er starb, umgeben von seinen Schülern, unter einem Baum sitzend und den Talmud lehrend. Mitten in der Lesung eines Abschnitts fiel plötzlich sein schwerer Kopf auf die Schulter einer Schülerin. Einen Augenblick später war er verschieden. Es war an einem Freitagnachmittag, der Sabbat hatte gerade begonnen. Ein solcher Tod wird in der jüdischen Tradition als *Mita Binschika* oder sanfter Tod bezeichnet: Ein Engel kommt, küßt den Erwählten wie einen Freund und nimmt ihn ohne jede Spur von Todeskampf und Leiden mit sich. Schoschani war im Vollbesitz seiner Kräfte. In seiner Tasche fand man einen Text, den ich über seine Lehrtätigkeit geschrieben hatte. Man bat mich, eine Grabinschrift (auf hebräisch) für ihn zu verfassen. Sie lautet: Hier ruht der Rabbiner und Weise Mordechai Schoschani, gepriesen sei sein Andenken. Seine Herkunft und seine Wege sind verschlungen und durch ein Geheimnis versiegelt. Er starb am sechsten Tag der Woche, Erew Sabbat Kodesch, 26. Tewet 5726.«

Schlomo Malka, der ein sehr gutes Buch über Schoschani geschrieben hat, teilte ich meine Überzeugung mit, daß dieses Rätsel gewahrt bleiben sollte. Denn mit welchem Recht dürften wir in die Geheimnisse seines Lebens eindringen und sie verletzen, wenn er selbst sie so streng verborgen hielt? Wären wir überhaupt dazu in der Lage? Ich glaube nicht. Wenn ich über ihn spreche, dann wie ein Schüler über seinen Lehrer. Ich bin ihm dankbar. Je tiefer ich in mich dringe, desto näher komme ich ihm.

Mehr und mehr gelange ich zu der Überzeugung, daß er zu den großen, bewegenden Figuren des jüdischen Denkens gehört. Er sah seine Aufgabe darin, ein Stachel, ein Störer zu sein. Er störte den Frommen in seiner Ruhe auf, indem er ihm die Zerbrechlichkeit seines Glaubens vorführte, und er erschütterte den, der Gott leugnete, indem er ihn das Grauen der Leere fühlen ließ.

Er wollte zwar nicht verkannt werden, aber er legte größten Wert darauf, unbekannt zu bleiben. Vor wem und weshalb verbarg er sich? Warum hielt es ihn nie an einem Ort? Wollte er immer wieder von neuem beginnen und jedesmal in einem anderen Land oder mit anderen Schülern? Vielleicht. Aber es war bei ihm wohl eher Flucht als eine gezielte Wahl. Warum nahm er Reißaus? Um an seiner eigenen Legende zu stricken, der Legende eines Universalgedächtnisses, wie es sie in der Mathematik gibt? Warum verfaßte er Manuskripte (einige befinden sich in meinem Besitz), die nicht zu entschlüsseln sind? Eines ist sicher: Ich wäre nicht der Mann und nicht der Jude, der ich bin, wenn mich nicht eines Tages ein wunderlicher Landstreicher angesprochen hätte, um mir zu sagen, daß ich nichts wüßte.

Unser Aufenthalt in Taverny dauert nicht lange. Die nächste Etappe heißt Versailles. Wir sind nicht gefragt worden. Das Haus trägt den Namen »Chez nous« (Zuhause) und wird von einem ehemaligen Bergbauingenieur geleitet. Felix Goldschmidt ist ein gebildeter, gebieterischer Mann. Seine schweigsame, in sich versunkene Ehefrau leidet an einer Hautkrankheit. Sie haben drei Töchter, Batja, Eve, Tilly, und einen Sohn, Jules. Ich verstehe mich gut mit dem Direktor. Nie gibt es zwischen uns eine Verstimmung, nicht einmal ein Mißverständnis.

Dieses Haus unterscheidet sich von den anderen: Hier finden außer den Kindern aus Buchenwald auch Jungen und Mädchen Aufnahme, die während der Besatzung unter falschem Namen oder in christlichen Familien lebten. Die meisten sind Waisen und gläubige Juden. Der Sabbat und die Festtage werden gefeiert, nach den Mahlzeiten wird auf aschkenasische Weise das Birkat ha-Mason gesprochen, alle gehen morgens und abends zum Gottesdienst. Aber im Garten und selbst im Speisesaal wird, meistens ganz harmlos, geflirtet (man geht zu zweit spazieren, vertraut sich Dinge an, lächelt einander zu). Zweifellos aus pädagogischen und therapeutischen Gründen läßt uns die Heimleitung gewähren. Denn natürlich haben wir alle das Bedürfnis nach Zuwendung, Zärtlichkeit und Liebe. Zudem sind die Mädchen alle anziehend und nicht gebunden.

Ich fahre so oft wie möglich nach Paris. Hilda wohnt mit ihrem Mann in einer kleinen Wohnung in der Rue Dussoubs. Sie leben in schwierigen Verhältnissen. Freddo ist Porträtmaler, die Kunst bereichert sein Leben, aber sie ist brotlos. Er erzählt mir von seinen Plänen. Mit Hilda spreche ich über Bea. In Versailles denke ich viel an sie. Ich schreibe ihr jede Woche.

Eines Morgens lächelt mich im Speisesaal ein junger amerikanischer Jude an, der soeben aus New York angekommen ist. Ted Comet spricht ein wenig Französisch. Er möchte ein einjähriges Praktikum in den Kinderheimen machen. »Übrigens«, sagt er, »suche ich jemanden. Er ist mit einem Freund von der Jeschiwa-Universität verwandt. Er heißt, er heißt...« Er blättert in seinem Notizbuch und nennt meinen Namen... Ich habe seinen Freund Irving Weisel Jahre später in Manhattan kennengelernt. Mit Ted Comet treffe ich mich heute noch.

Ein paar Wochen lang fahre ich jeden Tag mit dem Zug zum Maimonides-Gymnasium. Manchmal bleibe ich dort von Montag bis Freitag. Zwei meiner Mitschüler werden später Fernsehstars: Marcel Mitrani und Josy Eisenberg. Der Deutschlehrer stellt mir die Aufgabe, meine Erfahrungen zu Papier zu bringen; was ich schreibe, erklärt jedoch nur, daß ich sie nicht beschreiben kann. Das bringt mir eine Art Preis ein, ich weiß nicht mehr was, sicher eine Tafel amerikanische Schokolade. Der Mathematikunterricht läßt mich kalt. Nur am Französischunterricht finde ich Gefallen: François ermutigt mich darin.

Marcus Cohen, der Rektor des Maimonides-Gymnasiums, ist eine originelle Persönlichkeit. Er ist streng wie ein Asket und trägt den Bart eines Propheten. Über die Maßen schüchtern, mit langsamer Aussprache und ausweichendem Blick, faltet er die Hände, wenn er seine Schüler anspricht.

Manchmal empfängt er mich in seinem Büro, um sich mit mir zu unterhalten, doch kaum bin ich wieder draußen, habe ich den Eindruck, daß wir das Wesentliche nicht angesprochen haben. Sein Bruder Bo, der für den Bereich Erziehung in der OSE verantwortlich ist, hat ihm von mir erzählt. Ich habe keine Ahnung, was er ihm über mich gesagt hat; der Rektor begegnet mir jedenfalls mit größter Hochachtung. Liegt es vielleicht daran, daß ich modernes Hebräisch spreche? Marcus Cohen ist begeisterter Sprachwissenschaftler. Später wird er das erste französisch-hebräische Wörterbuch erstellen. Die Schüler verehren ihn mit respektvoller Ironie. Hinter seinem Rücken machen sie sich lustig über seine Art zu gehen und lachen über seine Art zu reden, seinen gehemmten Blick, seine ewigen Versuche, witzig zu sein. Sein »bester« Spruch macht die Runde: Was ist eine Prostituierte? Eine Frau, die damit Geld verdient, daß man sie kennt...

Ich bleibe nicht lange auf dem Maimonides-Gymnasium.

Die OSE bietet mir ein Zimmer im Quartier latin an. Ein Kamerad aus Écouis, der älter ist als ich und an der Sorbonne studiert, gibt sich alle Mühe, mich ins Leben einzuführen, wie er sagt: Er stellt mich einer Soubrette vor, die sich gern meiner »Ausbildung« annehmen will. Wenige Tage später werfe ich das Handtuch. Ich kehre nach Versailles zurück. Das »Chez nous« ist mein Zuhause.

Dort gehören Kalman, Nicolas, Binem und ich zu den »Großen«. Nicolas träumt davon, eine Literaturzeitschrift herauszugeben,

Kalman bereitet sich auf die Auswanderung nach Palästina an Bord der *Exodus* vor, Binem wird ein Praktikum bei Henri Milstein in Moissac machen und ich... Ich verpasse keine Stunde mit Schoschani, mit dem ich den Talmud studiere, und mit François, der mir Französisch beibringt. Trotzdem finde ich die Zeit, mit der fachmännischen und freundschaftlichen Unterstützung von Israel Adler, einem Gesandten der Jewish Agency aus Palästina und Studenten am Konservatorium unter Lazare Lévy, einen Chor auf die Beine zu stellen. Nun nützen mir die Geigenstunden, die ich in meiner Kindheit erhielt. Und noch nützlicher ist mein Mitsingen im Chor unserer Synagoge in Sighet.

Nicht wenige haben Lust, in meinem gemischten Chor mitzusingen. Die hübschesten Mädchen aus dem Haus nehmen daran teil, und auf einmal sind auch mehr Jungen da, als ich eigentlich benötige. Einige von ihnen singen furchtbar falsch, bestehen jedoch darauf, mitzumachen: Sollten sie denn kein Recht haben zu singen, bloß weil Gott ihnen eine krächzende Stimme oder ein nicht ganz so feines Gehör gegeben hat? Einer nennt einen viel überzeugenderen Grund: Er ist hoffnungslos verliebt in Myriam, eine ausgezeichnete blonde Chorsängerin, die seine Gefühle nicht erwidert. Wenn ich ihn mitsingen ließe, hätte er noch Chancen, sie zu erobern. »Aber du singst wirklich falsch!« antworte ich ihm. Er verspricht, sich die größtmögliche Mühe zu geben, er werde es schon lernen. »Was willst du lernen? So etwas lernt man nicht!« Doch er ist so unglücklich, daß ich unter einer Bedingung zustimme: Er soll nicht wirklich mitsingen, er soll sich damit begnügen, die Lippen zu bewegen und so zu tun als ob, sonst... Er verspricht alles, was ich verlange. Nur wenn ihn die Begeisterung ergreift, vergißt er manchmal unseren Pakt, und es endet mit einer Katastrophe. Doch sei hinzugefügt, daß seine Strategie schließlich von Erfolg gekrönt ist: Myriam und er sehen sich häufig, und der Gott der Liebe lächelt ihnen zu; eines Tages läßt er sie gemeinsam lächeln. Seltsam, seit diesem Tag singt der Junge nicht mehr falsch.

Als Chorleiter bin ich unnötig streng. Dummerweise wende ich alle Mittel an, um meine Macht zu zeigen; ich bin angriffslustig und herrschsüchtig. Der Grund dafür? Ich bin krankhaft schüchtern. Es genügt, daß eine Sängerin aus dem Chor mich etwas eindringlicher anblickt, schon gerate ich außer Fassung. Ein liebenswürdiges Lächeln von ihr, schon geht mein Atem schneller, als würde sogleich etwas Verbotenes geschehen. Ich erröte, wenn ich spreche, ich erröte, wenn man mich anspricht. Deshalb erhebe ich gern meine Stimme, zwinge mich zu einer schroffen Ausdrucksweise und versuche, den leicht reizbaren, unzugänglichen Chef zu spielen. Ich fahre schnell aus der Haut, gerate wegen allem und jedem in Wut, tadle den geringsten Verstoß. Sollen sie mich doch für gemein und unbarmherzig halten. Und wenn schon! Dann gibt es eben einen Sturm der Entrüstung. Und wenn ich Verachtung ernte? Macht auch nichts. Besser als Gleichgültigkeit. Nur darum geht es. Denn ich bin überzeugt, daß mich diejenigen nicht mögen, die ich mag. Daß mir alle Mädchen den Rücken kehren, die ich begehre.

Drei Chorsängerinnen verunsichern mich besonders: eine Brünette mit herausforderndem Lachen, eine Blonde mit verträumtem Blick und Hanna. Wenn sie da sind, genügt eine Kleinigkeit, und ich versage völlig. So bin ich: Ich wollte in dieser lebensfeindlichen Welt weder auf den Flügeln der Dichtung leben wie Hölderlin noch auf denen des Glaubens wie mein Großvater, sondern auf den Flügeln der Liebe.

Das Bedürfnis, zu lieben und geliebt zu werden – es ist lächerlich, dies zu gestehen, aber damals verliebte ich mich schnell, zu schnell. Ich verliebte mich in alle auf einmal und besonders in eine. Sie heißt... Ich habe sie Hanna genannt. Sie ist Solistin und hat einen scheußlichen Charakter. Sie ist die Tochter eines Verwaltungsangestellten der OSE, und das ist ihr peinlich, es fuchst sie, stimmt sie mißmutig. Warum hat sie nicht unter falschem Namen gelebt? Voller Minderwertigkeitsgefühle besteht sie darauf, wie alle anderen behandelt zu werden. Sie schläft in einem Schlafsaal, ißt im Speisesaal, nimmt am Gemeinschaftsleben teil, erhält dasselbe Taschengeld wie wir, kurz: Sie hat dieselben Rechte und dieselben Pflichten. Um dem Ganzen die Krone aufzusetzen, arbeitet sie mehr, verlangt weniger und beklagt sich nie. Sie kommt immer als erste zu den Übungsstunden und ist immer gut vorbereitet. Trotzdem zanken wir uns endlos, ob mit oder ohne Grund. Für uns beide wird dies zu einer Art zweiter Natur. Sie greift meine Entscheidungen, meine Auswahl der Lieder an, sie ist nie zufrieden. Während sie anderen gegenüber liebenswürdig ist, wird sie bockig, sobald ich erscheine, und kann sich kaum einmal zu einem Lächeln durchringen. Ich sage etwas, sie meckert: Sie ist nicht einverstanden mit der Terminplanung, mit der Programmgestaltung, mit der Verteilung der Stimmen; im gleichen Atemzug wirft sie mir Eigensinnigkeit und Nachgiebigkeit, Herrschsucht und Führungslosigkeit vor. Heute würde man sagen, es hat zwischen uns nicht gefunkt. Sie liebt mich nicht, das liegt auf der Hand, es ist offensichtlich, das sieht jeder. Der ganze Chor weiß Bescheid: Wir haben keinerlei Gemeinsamkeit, streben in allem auseinander. Wenn ich »Ja« sage, sagt sie »Pffft«. Ich sage: »Du bist nicht bei der Sache«, sie antwortet: »Woher willst du das wissen?« Ich sage: »Ich höre dich nicht«, sie versetzt: »Dann hörst du schlecht.«

Und trotzdem liebe ich sie. Auf welche Weise? Ich weiß es nicht. Es ist keine körperliche, keine erotische Liebe, das glaube ich jedenfalls. Eine platonische Liebe wie die für Niny also? Nein, auch das nicht. Um ehrlich zu sein, solche Phantasien, wie ich sie später hatte, beschäftigten mich damals noch nicht und ließen mich kalt. Ich könnte höchstens lügen und behaupten, ich liebte sie nicht wegen ihres Körpers, sondern... Aber warum schießt mir dann bis zur Schmerzgrenze das Blut in den Kopf, warum geht mein Atem schneller, warum bin ich so aufgeregt, wenn ihre Schulter meine streift? In Wirklichkeit liebe ich ihren festen Gang, die Art und Weise, wie sie sich mit der Hand durch das dunkle Haar streicht, ich liebe es, wenn sie lacht (was selten der Fall ist), und wenn sie zuhört (was noch seltener vorkommt), ich liebe es, wenn sie die Treppen hochrennt und sich dann umdreht, um festzustellen, ob ihr nicht jemand nachsieht. Ich liebe sie um ihrer selbst willen. Ich liebe sie, um mich davon zu überzeugen, daß ich fähig bin, zu lieben und mich nach Liebe zu sehnen, zu leben und in Beziehungen mit anderen zu leben. Ich liebe sie, weil sie meine erste Liebe ist.

Wie kann man über die erste Liebe sprechen? Es wird soviel darüber gesagt, und niemals ist es genug, niemals das, was gesagt werden sollte. Man gelangt schnell zu Allgemeinplätzen über die Verzükkung und die Verzweiflung, über das »immer und ewig« und das »nie wieder«, über die Ausnahmesituationen. Ich weiß, wovon ich rede: Damals habe ich mich häufiger »zum erstenmal« verliebt.

Hanna ist tatsächlich nicht die einzige, in die ich verliebt bin. Wie schon gesagt, liebe ich Niny, nach wie vor Niny. Auch wenn andere Mädchen mich anziehen, bleibt Niny stets in meinem Herzen. Doch ich gestehe: Nach einiger Zeit bin ich ihr mit kühlem Kopf und mehr Mut gegenübergetreten. Ich habe gelernt, verantwortlich zu handeln, würde man heute sagen. Ich bin mir jetzt darüber im klaren, was ich in Ambloy empfunden habe. Die Liebe ist kein Tabu mehr. Die Liebe ist kein verschwommenes, nebulöses Gefühl mehr, sondern ein genau bestimmbarer Schmerz. Anders ausgedrückt: Niny bedeutete mir etwas im Leben. Natürlich war ich verknallt, auch in sie. Und natürlich merkte sie nichts davon, durfte nichts merken, sonst hätte ich Ambloy oder Versailles vielleicht verlassen (wohin wäre ich gegangen?). Aber von meiner Seite aus war dieses Verstecken nur das Spiel eines Heranwachsenden. Und da es ein Spiel war, unschuldig zwar, doch mit dem Verbotenen, erlaubte ich mir, es an anderen Orten weiterzuspielen. Überall, wo ich Mädchen begegnete, auch wenn sie nicht mehr ganz so jung waren, auf der Straße, in der Metro und natürlich in Versailles, schützte ich Gleichgültigkeit vor. Dabei konnte jede Frau, die es darauf abgesehen hatte, mir den Kopf verdrehen. Wie oft bedrängte mich nicht das verwirrende Bedürfnis, eine Unbekannte anzusprechen: »Lieben Sie mich!« Doch ich war nicht verwegen genug. Und ich hatte keine Erfahrung. Um meine Verlegenheit zu verbergen, zog ich die Baskenmütze, die mir viel zu groß war, tief in die Stirn und spielte den eifrigen Schüler, der nur seinen Unterricht im Kopf hat, den frisch Bekehrten, der Gott allein liebt. Ein Beispiel: Ich sitze im Zug von Paris nach Versailles, mir gegenüber eine sportliche, kräftige Dreißigjährige. Sie liest Zeitung, ich ein Buch. Unsere Knie berühren sich, und ich kann mich nicht mehr auf mein Buch konzentrieren. Da treffen sich unsere Blicke. Sie lächelt, und ich fühle, wie mein Herz vor Glück zerspringt.

»Weshalb lächeln Sie mir zu?« fragt sie mich flüsternd.

»Bitte? Lächle ich?«

»Ja, Sie...«

»Nein«, sage ich, »ich doch nicht...«

Und ich versinke wieder in meinem Buch, in dem die Buchstaben in wildem Veitstanz über die Seiten hüpfen. Ich bin benommen und fürchte zugleich, sie könnte ihr Knie wegrücken. Wie schaffe ich es, zu tun, was ich tun sollte und wozu ich Lust hätte? Zum Glück ist die Frau mir gegenüber beharrlich: »Sie sind verliebt, nicht wahr?«

»Ja«, antworte ich.

»In wen?«

Nichts stünde mir mehr im Weg, »In Sie!« zu antworten, doch dumm, wie ich bin, erwidere ich: »In Gott.«

Ist sie beleidigt? Was ich befürchtet habe, tritt ein, ich kann ihre Wärme nicht mehr spüren, sie entzieht mir ihr Knie. Bestürzt unternehme ich einen schüchternen Anlauf. »Es reicht«, zischt sie enttäuscht, »ich bin nicht Gott.« Ich habe alles auf eine Karte gesetzt und verloren. Im »Chez nous« spiele und verliere ich bei Arlette und Rachel, Elisabeth und Rita, Denise und Fanny – freilich ohne daß sie sich dessen bewußt werden. Wenn eine von ihnen meinen Blick sucht, wende ich mich ab, würde mich am liebsten verstecken. Hanna weiß es vielleicht. Ist sie deshalb immer so gehässig zu mir und zeigt mir so offenkundig ihre Verachtung? Hochnäsig und feige drücke ich mich darum, sie zu fragen. Ich sage mir: Es ist ihr Problem, wenn sie mich nicht leiden kann. Aber nachts bekomme ich ihretwegen kein Auge zu. Und wo bleibt die Religion? Wo ist mein wiedergefundener Glaubenseifer? Die Widersprüche zerreißen mich. Ich finde mich damit ab. Ich bewege mich in zwei Welten. Ich fahre fort zu beten, koscher zu essen, Unterricht bei Schoschani zu nehmen. Und in meinen Träumen besucht mich eine Hanna, die endlich nachgegeben hat.

Trotzdem machen wir mit dem Chor manchmal gute, häufig sogar sehr gute Fortschritte. Die Abende vergehen. Die Wochen vergehen. Insgeheim leide ich, aber ich bin zu stolz, um mich jemandem anzuvertrauen, zu schüchtern, um irgend etwas zu unternehmen. Und so vergehen Monate, Jahre.

Lassen Sie uns einen Sprung in die Zukunft machen. Eines Tages im Frühjahr 1954 in Paris stehe ich auf den Grands Boulevards plötzlich Hanna gegenüber. Ich hätte in einem anderen Viertel umherschlendern können, sie auch. Diesen Zufall sollten wir nicht ungenützt verstreichen lassen. Zumal Hanna nach wie vor bezaubernd und noch strahlender aussieht. Wir schütteln uns die Hände. Es folgen die üblichen Gesten und Sätze. Guten Tag, guten Tag. Wie geht es dir? Gut, und dir? Es liegt mehr als sechs Jahre zurück, daß ich das »Chez nous« verlassen habe. Die »Kinder« sind auseinandergegangen, leben über die Stadt oder über die ganze Welt verstreut. Sie sind davongeflogen wie die Vögel, wie die Träume der Jugend. Der Chor hat sich aufgelöst. Ich bin Journalist geworden und viel unterwegs. Zu den alten Freunden aus dem OSE habe ich keinen Kontakt mehr. Hanna schon. Sie ist bestens im Bilde, weiß über alle Bescheid. Erinnerst du dich an Regine? Sie war in Kalman verliebt. Jetzt ist sie verheiratet. Mit Kalman? Quatsch, wo denkst du hin.

Kalman ist in die Vereinigten Staaten gegangen. Und Binem? Nach Israel. Und Rita? Nach Australien. Suzanne hat ihr Medizinstudium abgeschlossen. Nic lebt noch immer in seinen Träumen. Woher weiß sie das alles? Sicher von ihren Eltern. Und wie geht es ihr? Danke, sehr gut. Was tut sie? Sie macht eine Ausbildung als Krankengymnastin. Während wir durch die Straßen schlendern, unterhalten wir uns freundschaftlich. Daß sie mir keinerlei Feindseligkeit entgegenbringt, überrascht mich so sehr, daß ich sie zu einem Kaffee einlade. Sie kommt mit. Ich bin im siebten Himmel und bereit, in den achten zu klettern, wenn er für das Publikum geöffnet ist. Mit einem Mal vergesse ich Hannas ständige Gehässigkeiten, ihre alte Feindschaft; ich vergesse alle Frauen, die ich vergeblich zu verführen suchte. Ich verliebe mich wieder in sie, in sie allein. Selbstverständlich hüte ich mich, es ihr zu zeigen: Ich spiele den großen, etwas phlegmatischen, zynischen Reporter, den nichts aus der Fassung bringt. Mit aufgesetzter Bescheidenheit erzähle ich ihr von meiner Arbeit. Ja, meine Scoops, die müßte sie unbedingt lesen. Ein Berichterstatter, der etwas auf sich hält, muß einfach stolz darauf sein. Selten war ich so gesprächig. Hanna hört mir zu oder tut wenigstens so. Zumindest bemüht sie sich, und ich danke es ihr. Ich frage sie, was sie am Abend vorhat, sie antwortet: »Offen gesagt, nichts.« Sie war immer offen. In Versailles hatte sie mir unverblümt ihre Abneigung gezeigt. »Wollen wir zusammen ins Konzert gehen?« Sie zögert einen Augenblick, dann antwortet sie: »Ja, gern.« Habe ich richtig gehört? So zahm kann Hanna sein? So liebenswürdig ist das Mädchen, das voller Stolz alle Waffen einer Frau einsetzte, um mich zurückzuweisen? Wir verabreden uns um halb neun Uhr vor der Salle Pleyel. Wir sind beide pünktlich. Sie ist schlicht gekleidet, trägt einen dunkelgrauen Rock, eine weiße Bluse und hat die Haare mit einer einzigen Nadel zum Knoten geschlungen. Ich kann meine Aufregung nur schwer verbergen, sie behält ihre undurchdringliche Miene.

Dank meines Presseausweises bekommen wir zwei gute Plätze, noch dazu kostenlos. Hanna neckt mich: »Du bist also eine bedeutende Persönlichkeit geworden?« Ich protestiere mit der angebrachten scheinheiligen Bescheidenheit. Unbeeindruckt wechselt Hanna das Thema. Wir sprechen über Beethoven und Schubert, über Symphonien und Chorwerke. Das Programm gefällt mir, doch ich kann mich kaum konzentrieren. Hanna dagegen hört aufmerksam zu. Ich würde gern ihre Hand halten, doch ich will mich nicht lächerlich machen und wage es nicht. Mit wenig originellen Kommentaren zu den verschiedenen Interpretationen, die wir soeben gehört haben, bemühe ich mich in der Pause, sie zu bezaubern. Einmal stimmt sie mir zu, ein andermal widerspricht sie mir – wir diskutieren freundschaftlich in entspannter, fast herzlicher Atmosphäre. Als wir zu unseren Plätzen zurückkehren, nehme ich ihren Arm, sie zieht ihn nicht zurück. Gott im Himmel, was geschieht hier? Geschehen doch noch Zeichen und Wunder? Im zweiten Teil des Konzerts gleiten die Töne an mir ab und lösen sich in Luft auf. Zum Teufel mit Beethoven. Ich werde ihn morgen um Verzeihung bitten. Heute lausche ich einzig der Stille des wunderschönen, andächtigen Mädchens zu meiner Rechten. Unsere Schultern berühren sich, manchmal kitzelt ihr Haar mein Gesicht. Endlich: Hanna und ich. Endlich gehört sie mir. Danke, Beethoven, du hast uns zusammengebracht. Danke, Himmel, du bescherst immer wieder überraschende Begegnungen. Danke, Frühling in Paris, für die Gefühle, die du in Verliebten weckst. Das Konzert ist zu Ende, die Zuhörer applaudieren, wir klatschen mit. Hanna jubelt dem Dirigenten zu, ich dem Schicksal. Meine grimmige Angebetete von damals sieht glücklich aus. Ich bin hingerissen und sage, was man in solch einem Moment eben sagt: »Das war doch phantastisch?« Zum erstenmal stimmt sie mir zu: »Wirklich phantastisch!« Ich weiß nicht warum, aber die Begeisterung des Publikums bringt uns einander näher. Langsam leert sich der Saal. Wir gehen. »Bist du müde?« Nein, im Gegenteil, in Hochform. Ich schlage ihr vor, einen Kaffee zu trinken, denn ich möchte nicht, daß dieser Abend zu Ende geht, ich möchte, daß er ewig fortdauert. In meinem tiefsten Inneren spüre ich, daß Gott uns nie wieder eine solche Gelegenheit schenken wird, wenn wir jetzt auseinandergehen. Wenn ich sie jetzt nicht nutze, werde ich es mein Leben lang bereuen. Ich wahre die gleichgültige Miene, bleibe aber beharrlich: »Also, hast du Lust auf einen Kaffee?« Sie zögert, dann sagt sie: »Tut mir leid, heute abend nicht. Ich muß morgen früh raus.« Ihre Stimme klingt so schön und sanft, daß in mir kein Ärger aufkommt. »Nehmen wir die Metro?« Nein, sie geht lieber zu Fuß nach Hause. »Wo wohnst du?« Sie wohnt am Montmartre, in der Nähe von Sacré-Cœur. Das ist ein weiter Weg, doch man kann ihn zu Fuß bewältigen. Ich würde mit ihr bis Saint-Cloud, bis zum »Chez nous« oder bis ans Ende der Welt gehen, wie es so schön heißt. Im

Augenblick muß ich jedoch mit dem zufrieden sein, was sie mir anbietet.

Gut, wir gehen zu Fuß. Der Himmel ist uns wohlgesonnen und schüttet all seine Sterne über uns aus. Lachen Sie nicht, lieber Leser, aber ich fange ein paar davon ein, um sie morgen meiner Gefährtin schenken zu können. Passanten lächeln uns zu, die Clochards bedanken sich für meine wenn auch bescheidene Großzügigkeit. Jetzt sind wir beim Lapin à Gil. Hanna bleibt vor einer riesigen, düsteren Eingangstür stehen (warum bloß sind wir schon da?) und reicht mir die Hand. Eine kleine Ewigkeit halte ich sie fest. Dumm, wie ich bin, schaffe ich es tatsächlich noch, alles zu verderben: Ich setze eine dramatische Miene auf, versteige mich zu einem pathetischen Ton und blicke ihr tief in die Augen. Dann frage ich: »Warum hast du mich früher nicht gemocht? Hättest du nicht so sein können wie heute abend, ich meine, so freundlich, liebenswürdig, weiblich, fast möchte ich sagen: anmutig? Es wäre wirklich schön, wenn du es mir erklären könntest.«

Mit einer abrupten Bewegung zieht sie die Hand zurück und erstarrt. In ihrem Gesicht kommen wieder Hochmut und Ingrimm auf: »Du verstehst wirklich gar nichts«, zischt sie, »das ist einfach unerträglich.« Daraufhin will sie die Tür öffnen, doch ich halte sie zurück. Sie ist wieder meine alte Feindin geworden, und wir stehen uns wie auf einem Schlachtfeld gegenüber. »Hör zu, Hanna«, sage ich gereizt, »ich habe nie verstanden, warum du mich verachtet hast, warum du mich in Versailles so hast leiden lassen. Heute abend hatte ich einige Stunden lang den Eindruck, es wäre vergessen, und du hättest dich verändert. Offensichtlich habe ich mich geirrt. Du kannst mich noch immer nicht leiden, du haßt mich. Tu, was du willst, wenn es dir Spaß macht... Aber ich verzichte auf deine Gesellschaft. Meine Geduld ist zu Ende. Ich werde nicht mehr versuchen, dich zu verstehen, ich gebe es auf... Ich hoffe, wir sehen uns nie wieder... Gute Nacht.«

Ich laufe weg. Das Kapitel ist abgeschlossen. Für immer und ewig.

Es ist mein Ernst. Ich bin wütend, richtig wütend. Jetzt kann die Seite endgültig, unwiderruflich umgeschlagen werden. Die bin ich los. Darüber lasse ich mir keine grauen Haare wachsen. Ich kenne mich: Etwas Glück, und ich werde mich auf dem Schiff neu verlieben – denn in drei Tagen schiffe ich mich nach Brasilien ein, um eine

Reportage zu schreiben. Auf einem Schiff verliebt man sich schnell. Und wieviel schneller werde erst ich mich verlieben? Ich werde nicht mehr an Hanna denken. Nie wieder. Sie ist aus meinem Buch gestrichen, aus meinem Leben vertrieben. Mein Wort darauf.

Ich hätte Stein und Bein geschworen...

Am nächsten Tag erhalte ich einen überraschenden Anruf. Ich erkenne die Stimme: Es ist Hanna. Wie hat sie meine Nummer herausbekommen? Ich stelle mir vor, wie die stolze, die hochnäsige Hanna sich herablassen muß, als Bittstellerin gemeinsame Bekannte zu fragen, wie sie irgendeinen Vorwand zur Begründung erfinden muß. Fast könnte ich sie bedauern.

»Ja, wer ist da?«

Sie antwortet: »Ich bin's.«

»Ja?«

»Hanna.«

Am liebsten würde ich fragen: Welche Hanna? Sie kommt mir zuvor: »Hanna aus Versailles.«

»Ach so! Was kann ich für dich tun?« frage ich so eisig wie möglich.

»Ich würde dich gern wiedersehen.«

Dieses Biest! Sie will mich also wiedersehen, um mich noch einmal zu beleidigen. Der gestrige Abend hat ihr wohl nicht gereicht!

»Tut mir leid, aber ich habe überhaupt keine Zeit. Ich fahre nach Brasilien. Dienstlich.« Das klingt gut. »Ich muß vorher noch jede Menge dringender Angelegenheiten regeln.«

Sie seufzt, dann sagt sie: »Es wird nicht lange dauern. Gib mir eine halbe Stunde.«

Meine Prinzessin klingt unterwürfig. Ich bleibe hart: »Ich kann nicht.«

Sie wiederholt: »Gib mir eine halbe Stunde.«

»Wozu?«

»Um zu reden.«

»Worüber?«

»Über... Nein, nicht am Telefon...«

Da ich nicht antworte, fügt sie hinzu: »Gut, wenn du darauf bestehst: Ich würde dich gern etwas fragen.«

»Kannst du die Frage nicht am Telefon stellen?«

Nein, sie kann nicht. »Ist die Frage denn so dringend?«

Ja, ist sie. Gut, wenn es unbedingt sein muß... »Heute abend, um halb eins, in dem Café neben Radio-France, einverstanden?«

»Ich werde da sein«, sagt sie und legt auf.

Ich habe diesen Treffpunkt vorgeschlagen, weil ich jeden Abend zu Radio-France gehe, um von dort mein Telegramm nach Tel Aviv zu senden. Jetzt habe ich aber den Kopf nicht mehr frei zum Arbeiten. Die Berichte der Presseagenturen über Dien-Bien-Phu, über die Verteidigung der von den Vietnamesen belagerten Franzosen sowie über die absehbaren Folgen in Frankreich sind besser als meine eigenen. Wie »Hanna aus Versailles« sich verhält, ist dagegen überhaupt nicht abzusehen. Warum zum Teufel will sie mich treffen? Um mir eine Frage zu stellen? Was sie wohl fragen wird? Es hält mich nicht mehr am Schreibtisch. Um mich abzulenken, überarbeite ich ein Telegramm, zerreiße es, schreibe es noch einmal, zerreiße es wieder – zu viele Allgemeinplätze. Ich bin nicht richtig bei der Sache. Die Nachrichten? Heute abend sind mir die Nachrichten piepegal. Mag es dem Planeten gutgehen oder nicht, mag der Weltfrieden in Gefahr sein, mögen die Politiker toben oder schweigen, es ist mir völlig gleichgültig. Nur Hannas Frage beschäftigt mich. Könnte ich doch die nächste Seite diesem Problem widmen... Irgendwie – schließlich habe ich ein Berufsethos – gelingt es mir, einen Artikel zusammenzuschustern, der auch nicht schlechter ist als sonst. Ich blicke auf die Uhr: Zeit zu gehen. Ich mache mich auf zum Café. Hanna hat im hinteren Bereich Platz genommen. Außer einem dösenden Mann ist kein anderer Gast mehr da. Ihr Kaffee ist schon kalt. Ich bestelle mir auch einen. Dann gehe ich ohne Umschweife auf sie los: »Also, wie lautet deine Frage? Hast du sie aufgeschrieben?«

Sie schüttelt den Kopf. »Nicht nötig. Ich kenne sie auswendig.«

»Dann stell sie!«

Ich spiele weiter den zynischen, harten Reporter; ich möchte sie verletzen, und es gelingt mir so gut, daß ich mich dafür schäme. »Na gut«, sagt sie und sieht mir tief in die Augen. »Willst du mich heiraten?«

Wenn der Boden unter uns gebebt hätte, wenn man mich zum Stabschef der Roten Armee ernannt hätte, wenn man mir gesagt hätte, ich erhielte den Goncourt für ein Buch, das zu schreiben ich mir noch nicht einmal vorgenommen hätte, wäre meine Verblüffung nicht größer gewesen.

Alles, was mir zu sagen einfällt, ist: »Aber du liebst mich nicht... Du kannst mich doch überhaupt nicht leiden! Seit unserer ersten Begegnung hast du nie aufgehört, mich zu hassen...«

Sie lächelt traurig: »Das hast du geglaubt?«

»Klar habe ich das geglaubt. Der ganze Chor hat es geglaubt...«

Ein zärtlicher Blick hellt die Traurigkeit in ihrem Gesicht auf: »Du hast wirklich keine Ahnung – das habe ich ja immer gesagt.«

An diesem Abend sprechen wir nicht nur eine halbe Stunde, sondern mehr als zwei Stunden. Wir brechen erst auf, als die Bedienung uns höflich die Tür weist. »Nehmen wir ein Taxi?« Hanna geht lieber zu Fuß. Ich begleite sie nach Hause und...

Das soll an dieser Stelle genügen. Fortsetzung folgt. Klammer zu.

Zu Hause im »Chez nous« geht das gemeinschaftliche Leben seinen Gang: Festessen am Sabbat, Versammlungen zu besonderen Anlässen. Ankunft, Abreise. Begrüßungen, Abschiede. Wie in Écouis und in Ambloy wird über alles gesprochen, nur nicht über die Vergangenheit. Die Zukunft ist das beherrschende Thema aller Gespräche: Soll man lieber einen Beruf erlernen oder studieren? Lieber bleiben oder weggehen? Der Heimleiter tut sein Bestes, um uns zu helfen. Seine Gattin, eine stille, weise Frau, hilft ihm, so gut sie kann, aber wir bekommen sie nur am Sabbat zu sehen. Nicolas schwört auf Paul Valéry und bereitet sich auf das Abitur vor: Ihm wird eine große Karriere in der Literaturwissenschaft vorausgesagt. Auch von Schimon glaubt man, daß er Karriere machen wird, allerdings in der Naturwissenschaft. Meno wendet sich der Landwirtschaft zu. Felix interessiert sich für Biologie. Israel Adler ist bereits ein begeisterter Verehrer Johann Sebastian Bachs, hat aber noch nicht Salomone Rossi entdeckt. Ich hingegen bin nach wie vor unentschlossen. Soll ich versuchen, auf das Konservatorium zu kommen, oder soll ich ein geisteswissenschaftliches Studium beginnen? Es zieht mich ins Heilige Land, aber ich fühle mich noch nicht reif genug. Ich bin achtzehn Jahre alt und lebe in einer Art Schwebezustand. Was soll ich anfangen im Leben und wo? Ich arbeite mit François und mit Schoschani, lese alles, was mir in die Hände fällt. Es klingt ein wenig dumm, doch bevor ich Malraux, Camus und Mauriac entdecke, lese ich *Die Kritik der reinen Vernunft* (lachen Sie nicht) auf jiddisch. Auch *Das Kapital* lese ich und Hegel und Spinoza. Die Philosophie nimmt mich völlig in Beschlag, verschlingt mich. Mit meinen »ernsten« Gesprächen falle ich allen Freunden auf die Nerven. Man findet mich sonderbar, um nicht zu sagen lästig. Fasse ich einmal den

Mut, mich einem Mädchen im Garten oder im Zug zu nähern, befrage ich sie über den Sinn des Lebens und das Ziel der Schöpfung. Gibt es eine Ewigkeit? Gibt es eine Endlichkeit? Und was ist mit dem Nichts? Ist die Seele unsterblich? Ist Gott in allem? Ich weiß, daß ich ihnen auf die Nerven gehe, daß ich sie anöde, daß sie sich hinter meinem Rücken über mich lustig machen, daß meine Gesprächspartner mich für psychisch unreif, sozial unangepaßt und unempfänglich für Gefühle halten. Sie haben recht. »Mag ja sein, daß es das absolute Böse gibt und weder das absolute Glück noch die absolute Wahrheit«, schmettert mir eine schöne Sängerin aus dem Chor entgegen, »aber was geht mich das an?« Es geschieht nichts, damit ich mich in meiner Haut wohler fühlte; mein Körper sehnt sich nach Liebe, und ich strafe ihn dafür. Gegen die Chorsänger werde ich noch strenger. Ich bin unausstehlich und weiß es. Glücklicherweise gibt es noch meine beiden Schwestern; bei ihnen brauche ich mich nicht zu verstellen.

Meine Schwester Bea lebt in einem Lager für Displaced persons in der Nähe von Kassel, in der amerikanischen Zone des besetzten Deutschland. Zwei- oder dreimal besuche ich sie. Es ist jedesmal ein Abenteuer: Als Staatenloser bin ich gezwungen, Unmengen von Formularen auszufüllen und zahllose Fotos vorzulegen. Ich benötige eine Reiseerlaubnis, ein Ein- und Ausreisevisum, eine Genehmigung der amerikanischen Militärbehörde in dem besetzten Gebiet und das Fahrgeld für den Zug. Das Verfahren ist alles andere als einfach und durchschaubar. In Europa sind sich alle Bürokraten ähnlich, doch die Franzosen sind am schlimmsten: Sie hassen alle Ausländer, ob Flüchtlinge, Staatenlose oder Mittellos, und da ich alle drei Eigenschaften in mir vereine, bin ich ihnen eine Last. Mißtrauisch und mit verletzender Feindseligkeit werde ich überprüft. Man behandelt mich wie einen Störenfried, einen ungebetenen Gast. Ängstlich verbringe ich Stunden in der Warteschlange vor den anonymen Schaltern des Polizeipräsidiums. Fragen über Fragen. Wovon ich lebe (warum lebe ich überhaupt?), was ich vorhabe, warum ich unbedingt ins schöne Frankreich zurück möchte? Wenn ich schließlich die Papiere ordnungsgemäß mit allen notwendigen Vermerken und Unterschriften ausgehändigt bekomme, bin ich der zufriedenste, glücklichste Mensch der Welt.

Ich fahre durch ein besiegtes Deutschland, das in Trümmern liegt.

Die Züge sind überfüllt. Den Deutschen ist es verboten, in den besseren Abteilen zu reisen, und die Riesen mit den weißen Mützen der Militärpolizei setzen das mit ihren strengen Kontrollen wunderbar durch. Warum sollte ich verbergen, daß es mich mit Befriedigung erfüllt, die Eroberer besiegt, die Folterer in Angst, die Sieger von gestern auf den Knien vor denjenigen zu sehen, die sie wenige Jahre zuvor zum Tode verurteilten, mitanzusehen, wie sie um eine Zigarette, ein Stück Schokolade oder auch nur um ein nachsichtiges Lächeln betteln?

Wenn ich dies heute niederschreibe, denke ich an alle, die uns Tatenlosigkeit und Resignation während des Krieges vorwerfen. »Warum habt ihr keinen Widerstand geleistet?« werden wir gefragt. Und warum haben die Deutschen keinen Widerstand geleistet? Wie kann man sich ihre kriecherische Feigheit gegenüber Ausländern nach ihrer Niederlage erklären? Endlos werden Geschichten erzählt: Väter verkaufen ihre Töchter und ihre Ehefrauen dem ersten amerikanischen Soldaten, der ihnen über den Weg läuft, für eine Tafel Hershey-Schokolade; ehemalige hohe Wehrmachtsoffiziere wichsen die Schuhe des geringsten schwarzen Unteroffiziers; ruinierte Kaufleute streiten sich um einen Zigarettenstummel, den ein betrunkener Soldat in die Gosse geworfen hat. Ihre Kraft ist der Schwäche gewichen, ihre Macht hat sich in Luft aufgelöst. Ihre Überheblichkeit ist wie weggeblasen. Sollten die Übermenschen von gestern Untermenschen geworden sein? Nein, ich mag diese Ausdrucksweise nicht. Es gibt keine Übermenschen und keine Untermenschen. Die Sieger sind Menschen. Die Besiegten sind es unglücklicherweise auch.

Ein Freund von Bea holt mich am Bahnhof von Frankfurt ab. Da ich den Anschlußzug nach Kassel verpaßt habe, bringt er mich für die Nacht bei einer deutschen Familie unter. Die Hauseigentümer, scheinheilige Alte, wohnen mit ihrer Tochter zusammen. Sie ist ohne Zweifel Kriegswitwe, vielleicht dreißig oder vierzig Jahre alt – ich kann es schwer schätzen. Üppiger Busen, blondes, zerzaustes Haar, kantiges Gesicht, starre Gesichtszüge, sinnliche Lippen: der Frauentyp, von dem ein Jugendlicher träumt. Aber sie ist Deutsche. Sie überzieht mein Bett und schielt dabei unablässig und neugierig zu mir herüber. Sie geht und kommt wieder, fragt mich auf deutsch, ob ich noch etwas benötige. Ich antworte auf jiddisch: Nein, danke. Ohne die Kleidung abzulegen, strecke ich mich auf dem Bett aus und versuche, mich zu konzentrieren, zu lesen. Unmöglich. Zuviel geht mir durch den Kopf: Wenn mir in Auschwitz jemand gesagt hätte, daß mich die Deutschen eines Tages in Deutschland so zuvorkommend und wie einen allmächtigen Sieger behandeln würden, hätte ich ihm geantwortet: Dann muß in der Zwischenzeit der Messias gekommen sein. Gehöre ich zu den Siegern? Ich fühle mich nicht als Sieger. Hitler hat den Krieg verloren, aber ich habe ihn nicht gewonnen. Ich habe es bereits weiter oben geschrieben: Er hat zu viele Leben gekostet, als daß man von einem Sieg sprechen könnte. Doch in den Augen der Besiegten sind wir Sieger. Jetzt kommt die Witwe mit einem Glas Wein zurück: »Damit schläft man besser ein...«, sagt sie. Danke, ich habe keinen Durst. Wie soll ich ihr auf jiddisch erklären, daß auch der Wein nach unseren Gesetzen unrein sein kann? Um Mitternacht klopft sie erneut. Sie bittet mich um die Erlaubnis, sich zu setzen. Mit einem Handzeichen gestatte ich es ihr. Sie setzt sich nicht auf den Stuhl beim Tisch, sondern auf das Bett. Plötzlich zieht es mir den Magen zusammen. Ich bin noch viel zu fromm, der Gedanke, alles sei erlaubt, liegt mir fern. Instinktiv ziehe ich Arme und Beine an, mache mich klein. Vergebliche Mühe. Sie streckt den Arm aus, ergreift meine Hand und streichelt sie. Ich ziehe sie zurück. Sie nimmt sie erneut. »Tun Sie das nicht«, sage ich zu ihr. »Warum nicht?« fragt sie. »Aber... Ihre Eltern sind doch hier!« Mehr fällt mir nicht ein. Mein Einwand verfehlt seine Wirkung. »Oh«, sagt sie, »die wissen Bescheid. Sie sind daran gewöhnt.« Zu behaupten, daß mein Körper nicht nach ihrem verlangte, wäre gelogen. Ich bin jung, ich habe noch niemals geliebt: Warum sollte ich die Gelegenheit nicht nutzen? Eine geheimnisvolle Macht hält mich zurück. Die erste Frau in meinem Leben soll eine Deutsche sein? Die Ehefrau eine SS-Manns vielleicht? Eine Aufseherin aus einem Lager? Das würde ich mir nie verzeihen. »Es kostet zehn Zigaretten«, sagt die junge Frau. »Oder zwei Tafeln Hershey. Dann bleibe ich die ganze Nacht.« Mit einem Satz springe ich auf, öffne meine Tasche und ziehe eine Schachtel Zigaretten hervor. Ich halte sie ihr hin: »Hier, für Sie.« Ich muß mich falsch ausgedrückt haben, denn jetzt beginnt sie, ihre Bluse auszuziehen. Ich halte sie zurück: »Nein, nicht dafür...« Sie versteht mich wirklich nicht, doch sie zuckt mit den Schultern: »Wie Sie wollen«, sagt sie. »Falls Sie Ihre Meinung ändern, sagen Sie mir Bescheid. Mein Zimmer ist neben der Treppe.« Sie verschwindet, und ich lege mich aufs Bett.

Mein Körper protestiert, aber was macht das schon? Ich zwinge mich, an andere Dinge zu denken. Zum Beispiel daran, was ich jetzt auf deutschem Boden zu suchen habe. An die Juden, die in dieser Stadt lebten. An den Bruder von Rabbi Schmelke, den großen Rabbi Pinchas. An Amschel Mayer von Rothschild. An den Rabbiner Samson Raphael Hirsch. Ich hoffe, ihnen keine Schande gemacht zu haben.

Am folgenden Morgen lege ich meine Tefillin mit einem gewissen Unbehagen an und spreche meine Gebete. Die Tür geht auf, und herein kommt die junge Frau, um das Frühstück zu bringen. Sprachlos betrachtet sie mich eine Weile: Sicher hat sie noch nie einen gläubigen Juden beim Beten gesehen. Ob sie überhaupt jemals einen Juden gesehen hat, außer in antisemitischen Filmen? Sie stellt das Tablett auf den Tisch und geht. Eine Stunde später kommt sie wieder. »Darf ich Sie etwas fragen?« Ja, sie darf. »Wollten Sie nichts von mir wissen, weil ich Deutsche bin?« – »Weil ich Jude bin«, antworte ich ihr. »Sie hassen uns, nicht wahr? Sie wollen uns verletzen, uns beleidigen und sich an uns rächen, oder?« – »So einfach kann man das nicht sagen«, erwidere ich, immer auf Jiddisch. Jetzt bemerke ich die Angst in ihren Augen. Bin ich wirklich so furchterregend? Plötzlich begreife ich etwas: Sie hat sich mir nicht nur der Zigaretten wegen angeboten, sondern um mich zu beschwichtigen. Denn die Deutschen haben Angst vor uns. Mit vollem Recht übrigens. Einen freien Juden zu sehen muß ihnen Angst und Schrecken einjagen. Sie müssen sich sagen: Die unglücklichen Überlebenden aus den Lagern, die tapferen Partisanen aus den Wäldern werden als Richter zurückkehren, und wir werden für die Qualen büßen müssen, die wir ihnen zugefügt haben. Weshalb sonst gingen die beiden Alten vor mir in die Knie, weshalb sonst bot diese Frau sich an, die Nacht mit mir zu verbringen? Um sich freizukaufen, um wenigstens meine Wut in eine andere Richtung zu lenken und vielleicht sogar, um mich unschädlich zu machen.

Sie haben sich getäuscht. Die jüdischen Rächer waren nicht sehr zahlreich, und ihre Rachsucht war von kurzer Dauer. Mir fällt die Befreiung Buchenwalds ein. Die jüdischen Gefangenen hätte allen Grund gehabt, nach Deutschland zurückzukehren, über das Land herzufallen und seinen Stolz zu brechen. Es wäre ein leichtes gewesen, sich Waffen zu besorgen, von Stadt zu Stadt, von Dorf zu Dorf zu ziehen, die Schuldigen zu bestrafen und ihren Gehilfen die Hölle heiß zu machen. Und die Welt hätte dazu geschwiegen. Die Welt hätte es verstanden. Doch abgesehen von einigen Einheiten der jüdischen Brigade aus Palästina, die Deutschland auf der Jagd nach den Mördern unseres Volkes durchkämmten, haben die Juden aus tief in ihrer Geschichte verankerten Gründen des Glaubens und der Ethik einen anderen Weg gewählt. Wie kann man die Gewaltlosigkeit der Überlebenden erklären? Warum haben die Opfer in diesem Deutschland, das unter seinen Trümmern stöhnte, das gedemütigt war wie keine Nation jemals zuvor, gegenüber ihren Henkern und Folterknechten von gestern keinen mörderischen Haß an den Tag gelegt?

Es gab keine blutigen Vergeltungsschläge, wenige Massenhinrichtungen, keine öffentlichen Prügel. Es gab keine kollektive Vergeltung. Außer den Nürnberger Prozessen und einigen großen Verfahren gegen verbrecherische Ärzte und gegen die Einsatzkommandos geschah nichts. Nahezu nichts. Die Entnazifizierung kann man im Grunde genommen kaum ernst nehmen. Das Rechtssystem in Deutschland ist verschont geblieben. Nazi-Richter urteilen jetzt über angeklagte Nazi-Verbrecher. Und keiner stört sich daran. Nicht einmal die internationale jüdische Gemeinde. Das kann man einfach nicht verstehen. Als 1492 die spanischen Juden vertrieben wurden, ächteten die Juden in Windeseile das Land, das sie auswies. Und das ganze jüdische Volk hielt sich über fünf Jahrhunderte hinweg an diesen Bann. Warum hat man gegenüber Deutschland, dessen Verbrechen viel ungeheuerlicher waren, nicht dieselbe Härte gezeigt? Vielleicht, weil wir uns bewußt sind, daß unser Drama mit keinem anderen verglichen werden kann. Aber es gibt noch eine andere, sachliche Erklärung: Nach dem Auszug aus Spanien waren die zum Christentum übergetretenen Marranen die einzigen »Juden«, die im Land blieben, während 1945 Zehntausende Überlebende Deutschland nicht verlassen konnten, weil sie nirgends Aufnahme fanden. Alle Türen waren ihnen verschlossen. In Flüchtlings- oder Vertriebenenlagern untergebracht, häufig sogar an denselben Orten, wo die SS sie gefangengehalten hatte, warteten sie auf eine Ausreisegenehmigung nach Palästina oder auf ein Visum für Amerika. Eine mehr oder weniger lange, schwere, aufreibende Wartezeit, die für einige bis 1950 dauerte. Es war unmöglich, den Cherem, den Bann, über Deutschland zu verhängen, da Juden weiterhin gezwungen waren, in diesem Land ein kümmerliches Dasein zu fristen.

Und ihr Elend, ihre Erniedrigung dauerten fort.

Das Schicksal der Displaced persons war wirklich beklagenswert, wie ein amtlicher amerikanischer Bericht zeigt. Earl Harrison, der ehemalige Dekan der juristischen Fakultät von Pennsylvania und amerikanische Vertreter im internationalen Flüchtlingskomitee, hat ihn auf Weisung von Präsident Harry Truman erstellt. Am 29. September 1945 widmete die *New York Times* seinem Bericht einen langen Artikel, der die verheerende Lage offenbart. Hier einige Auszüge daraus:

> Präsident Truman hat General Eisenhower angewiesen, die schrecklichen Bedingungen zu verbessern, unter denen die jüdischen Überlebenden in Deutschland und Österreich außerhalb der sowjetischen Zone leben.
>
> Wie es in dem Bericht heißt, leben die jüdischen Vertriebenen eingesperrt in Lagern, die mit Stacheldraht umzäunt sind. Die hygienischen Bedingungen sind in der Regel beklagenswert, und die Insassen werden nur unzureichend mit Nahrungsmitteln versorgt, da die Militärbehörden sich vordringlich anderen Aufgaben widmen.
>
> Einige dieser überlebenden Juden leiden an Krankheiten, medizinische Versorgung und Medikamente fehlen. Eine große Anzahl von ihnen muß noch immer die alte Häftlingskleidung oder, was eine noch schlimmere Demütigung ist, deutsche SS-Uniformen tragen.
>
> ... Die Juden müssen feststellen, daß die Deutschen, besonders auf den Dörfern, besser genährt, besser gekleidet und besser untergebracht sind als sie...
>
> Wie Mr. Harrison bemerkt, gewinnt man in der augenblicklichen Lage den Eindruck, wir behandelten die Juden so, wie sie von den Nazis behandelt wurden, nur daß wir sie nicht vernichten. Viele von ihnen befinden sich in Konzentrationslagern, die statt von der SS von unseren Truppen bewacht werden. Man muß sich fragen, ob die deutsche Bevölkerung beim Anblick all dessen nicht zu der Meinung gelangen könnte, daß wir der nazistischen Politik folgen oder sie zumindest anerkennen.

Beim Lesen und Wiederlesen dieses Berichts überkommt mich ein Gefühl der Scham, der Enttäuschung und des Schmerzes: Die jüdische Führungsschicht, die jüdischen Intellektuellen, die Humanisten in New York, Washington, Los Angeles und Chicago, sie alle haben diesen Bericht sicherlich gelesen; sie wußten, daß ihre Brüder und Schwestern noch immer in Deutschland litten - und was haben sie getan, um ihr Los zu verbessern? Ich klage die Juden nur ungern an, doch ihre Hartherzigkeit, selbst zur damaligen Zeit, ist nicht zu verstehen!

Wie soll man die alliierten Regierungen verstehen? In *La page n'est pas encore tournée* berichtet Henri Amouroux mit Entrüstung von den himmelschreienden Zuständen in den von amerikanischen und englischen Truppen eben erst befreiten Konzentrationslagern. Unter anderem schreibt er: »Am 5. Juni verlassen die letzten Franzosen Bergen-Belsen mit der bitteren Erinnerung, daß die Briten sie kaum besser behandelt haben als die Deutschen.« Dasselbe gilt für Flossenbürg, Dachau und Buchenwald. Für viele Überlebende bedeutete die Befreiung lediglich, daß sie die Möglichkeit hatten, in Freiheit zu sterben.

Lassen wir das lieber. Hier ist nicht der richtige Ort für diese Diskussion. Kehren wir nach Frankfurt zurück. Nach Kassel.

Ich besuche Bea in dem Lager, in dem sie für die UNRRA, die von den Vereinten Nationen geschaffene Hilfs- und Wiederaufbau-Organisation zur Versorgung und Rückführung der ausländischen Flüchtlinge in Deutschland, arbeitet, solange sie auf ihr Visum für Kanada wartet. In mir wächst die Wut nicht nur gegen die Deutschen, sondern auch gegen unsere angeblichen Verbündeten. Sie behandeln die Überlebenden wie Aussätzige oder Kriminelle. Seit dem Bericht Trumans an General Eisenhower hat sich die Lage zwar verbessert, aber das Gefühl der Knechtung besteht fort. Jeder Emigrant muß unzählige Schikanen über sich ergehen lassen, bevor er sein Visum erhält. Er muß beweisen, daß er physisch und psychisch bei guter Gesundheit ist, daß er in der Lage ist, sich in eine »normale« Gesellschaft einzugliedern, daß er niemandem auf der Tasche liegen wird. Verwandte oder Freunde müssen garantieren, daß er im Aufnahmeland Arbeit finden wird. Und wir glaubten in den wenigen Momenten rauschhafter Zuversicht, die wir hatten, daß man uns nach der Befreiung - sofern wir überlebt hätten - wie heimkehrende Prinzen, verlorene Söhne empfangen und im Triumph heimtragen würde, daß man uns fühlen ließe, wie sehr die Menschheit bedauert, was man uns zugefügt hat!

Die Wahrheit müßte in die ganze Welt hinausposaunt werden: Das Unglück der Überlebenden blieb nicht auf die Kriegszeit beschränkt. Die Gesellschaft wollte sie nicht haben, während des Krieges nicht und danach auch nicht. Im Krieg hat man ihnen die Tür vor der Nase zugeschlagen. Nach dem Krieg ebenso. Die Beweise sind unwiderlegbar: Sie wurden an den Orten ihres Leidens in Gewahrsam gehalten. Sicher, nach einer gewissen Zeit gab man ihnen (in den alten Baracken) ein Bett, gab ihnen (dürftig) zu essen und kleidete sie (jämmerlich) ein, doch man ließ sie spüren, daß sie nur die armen Vettern waren, Bettler und unnütze Mäuler, und als solche waren sie überflüssig. Es gab keinen Platz für sie.

Die Zeit heilt nicht alles; es gibt Wunden, die bleiben, die endlos schmerzen und brennen.

Sogar in Amerika gab man sich alle erdenkliche Mühe, die Überlebenden auszugrenzen, sie an den Rand der Gesellschaft zu drängen. Erschöpft, umhergetrieben, erniedrigt, führten sie ein Randdasein in einer Art unsichtbarem Ghetto. Sie feierten nicht dieselben Feste, oder zumindest nicht auf dieselbe Weise, sie lachten nicht über dieselben Witze. Es war keine freiwillige Absonderung: Sie wurden gehindert, am Alltagsleben der »Normalbürger« teilzuhaben.

Wer so dumm oder auch nur so naiv war, in sein Heimatland zurückzukehren, stieß auf die grimmige Ablehnung seiner ehemaligen Nachbarn oder Mitbürger. Statt die Zurückkehrenden mit Blumen zu empfangen (wie es in Dänemark der Fall war), statt ihre Rückkehr, ihr Überleben zu feiern und sie um Vergebung zu bitten, ihnen Hochachtung und Herzlichkeit entgegenzubringen, betrachtete man sie mißtrauisch: »Ach, Sie kommen also auch zurück? Dann war Auschwitz wohl halb so schlimm, was?« Man weigerte sich, ihnen ihre Häuser und ihr Hab und Gut zurückzugeben. In Ungarn, erklärt ein gut unterrichteter Soziologe, hatte der Antisemitismus nach dem Krieg einen vornehmlichen Beweggrund: Die Bewohner fürchteten die Rückkehr der Deportierten, weil sie sich ihre Wohnungen und Unternehmen unter den Nagel gerissen hatten. Kielce in Polen war Schauplatz eines regelrechten Pogroms. Am hellichten Tag wurden mehr als fünfzig jüdische Überlebende von der Bevölkerung massakriert. Anderswo war die Zahl der Opfer nicht so hoch, jedenfalls nicht hoch genug, daß die Presse darüber berichtet hätte. Doch man wußte überall Bescheid: Einmal mehr waren die Juden dem Haß und der Verfolgung ausgesetzt. Leider war die Tragödie der Überlebenden mit der Befreiung aus den Lagern nicht beendet. Als Bea nach Sighet zurückkehrte, fand sie unser Haus von Fremden bewohnt vor und mußte sich einstweilen bei Freunden einquartieren.

Als Folge der im Lager erduldeten Qualen litt Bea an einer Lungenkrankheit, so daß die Vereinigten Staaten ihr ein Visum verweigerten. Wie unzählige Überlebende war sie »unerwünscht«. Brauchte man in Kanada Arbeitskräfte? Dort zeigte man sich weniger abweisend, waren die Einwanderungsgesetze lockerer. Also richtete Bea ihre Bitte um ein Visum an das kanadische Konsulat. Aber auch in Kanada war eine Lungenkranke unerwünscht. Zu guter Letzt erhielt sie ein Visum als Hausangestellte einer jüdischen Familie in Montreal.

Während ich durch das Lager schlendere und mit den Flüchtlingen rede, sage ich mir: Vielleicht werden wir den Bürgern der freien Welt eines Tages verzeihen, daß sie so wenig zur Rettung der europäischen Juden taten. Alles in allem wußten sie nichts davon, und wenn sie es wußten, dann glaubten sie es nicht, und wenn sie es glaubten, dann begriffen sie nicht, was geschah, und wenn sie es begriffen, dann dachten sie, sie könnten sowieso nichts ändern. Und schließlich war Krieg, Weltkrieg; es ging darum, das Regime Hitlers zu brechen. Man wird also mildernde Umstände für sie geltend machen. Doch niemals werden wir ihnen verzeihen, wie sie sich nach dem Sieg über Deutschland den Opfern gegenüber verhalten haben. Nach dem Krieg wußte man alles, niemand konnte sich oder anderen mehr etwas vormachen: Man mußte nur eine Zeitung oder eine Zeitschrift aufschlagen, die Wochenschau im Kino ansehen, Radio hören, um zu wissen, daß Zehntausende Männer und Frauen, junge und alte, noch immer ihr Leben in den Lagern auf deutschem Gebiet fristeten, unter den Augen der Deutschen, weil Amerika und Kanada, Frankreich und England nicht bereit waren, ihnen beim Wiederaufbau eines Heims und einer Zukunft zu helfen.

Dennoch, und das ist erstaunlich, stoße ich im Lager weder auf Wut noch auf Enttäuschung. Es herrscht nicht die geringste Verbitterung. Im Gegenteil, die Gemeinde legt eine unverwüstliche Tatkraft an den Tag, eine Lebensfreude ohnegleichen. Später habe ich für ein Kapitel in *Der Vergessene* auf meine Aufzeichnungen aus dieser Zeit zurückgegriffen.

In mehreren Baracken schließt man sich zusammen, um die englische Besatzung in Palästina zu bekämpfen; anderswo probt man ein Theaterstück von Scholem Aleichem oder Perez Hirschbein. Humor und Satire herrschen vor. Kulturelle Veranstaltungen, politische Versammlungen, Musikabende: Das Lager ist ein Mahlstrom von Bildern, Hoffnungsschimmern, Aufrufen. Ein atheistischer Intellektueller macht mich mit dem Werk Hugo Bettauers bekannt, ein anderer gibt mir Karl Kraus und Otto Weiniger zu lesen. Morgens und abends nehme ich am Gottesdienst in der Synagoge teil. Dort studiert man die Mischna und dringt in die chassidischen Geschichten des Bescht ein. Wie früher, besser als früher. Man verlobt sich, man heiratet, Kindergärten und Schulen werden eröffnet, Zeitungen gegründet. Jossele Rosensaft - Geduld, lieber Leser, ich werde bald von ihm berichten - erzählt mir endlos vom »jüdischen Königreich« in Belsen. Der jüdische Dichter H. Leiwick wird »Die Khasene in Fernvald« (Die Hochzeit in Föhrenwald) beschreiben. Manche handeln auf dem Schwarzmarkt. Na und? Gibt es im besetzten Deutschland einen Markt, der kein Schwarzmarkt ist? Und wenn ein Händler sich bereichert? Um so besser für ihn. Ich gebe zu, daß ich ihm das früher angekreidet hätte. Ja, ich verachtete diese Überlebenden dafür, daß sie ihren Träumen vom persönlichen Glück mehr Bedeutung zumaßen als der Arbeit für unser Volk, für seinen Ruhm und sein Andenken. Später änderte ich meine Meinung: Wer war ich denn, daß ich über sie urteilen wollte, weil sie nach Reichtum strebten, während ich mich mit einigen Freunden dem Studium widmete? Es war ihr gutes Recht. Hatten sie nicht genug verloren, genug gelitten? Mochten sie sich ihr Glück ausmalen, wie es ihnen gefiel... Ich kann nicht oft genug betonen, daß ich der Verteidiger der Überlebenden sein will; ich möchte stolz auf die Herausforderungen sein, denen sie begegnen, und stolz auf die Erfolge, die sie erzielen. Statt im Nihilismus dahinzudämmern, wählen sie das Leben in der Gesellschaft; dem Warten auf den unwiderruflichen Niedergang der Gattung Mensch halten sie ihre Vision einer menschlichen Welt entgegen. Doch woher rührt ihre Zuversicht? Woher nehmen sie die Kraft, sich ein neues Zuhause aufzubauen, nachdem sie Zeugen der Vernichtung ihrer Familien geworden sind? Woraus schöpfen sie Hoffnung für ihre Kinder? Sie müssen doch befürchten, sie in eine Gesellschaft zu entlassen, in der sie eines Tages ermordet oder ihrer Menschenwürde beraubt werden. Ich verstehe sie nicht, aber ich bewundere sie. Ich suche keine Erklärung für ihren Glauben an die Menschheit, für ihr Vertrauen auf sich selbst, doch ich würde sie gerne dafür preisen und zeigen, wie stolz ich bin, einer der Ihren zu sein.

Ich weiß, daß ich die Pflicht habe, eines Tages Zeugnis abzulegen. Das Leben und Treiben in diesem Lager und in den anderen Lagern für heimatlose Überlebende wird Teil meines Zeugnisses sein.

Da Bea mehrere Sprachen beherrscht und Organisationstalent besitzt, arbeitet sie im Büro der UNRRA halb als Sekretärin, halb als Referentin der Lagerleitung. Ihre Vorgesetzten schätzen ihre Arbeit. Sie versteht sich auf alles: Sie schreibt Anträge, füllt Papiere aus, versendet die Post, stellt die Verbindungen zu den verschiedenen Dienststellen her und vermittelt zwischen ihnen. Sie kommt mit allen aus, und alle mögen sie: Mehr denn je zeigt sich ihre Ähnlichkeit mit unserem Vater. Sie ist immer da, wenn man sie braucht. Ihre große Beliebtheit rührt mich. In allen Baracken, allen Kreisen kennt man sie. Ob Fromme, Zionisten, Intellektuelle, alle sprechen herzlich und voller Anerkennung von ihr. Jedem hat sie Auskunft und Rat gegeben, jedem die Hand geschüttelt. Dank ihres Einsatzes gelingt es vielen Flüchtlingen, ihre Probleme in den Griff zu bekommen. Sie empfängt in ihrem Büro zehn Besucher auf einmal und versteht es dennoch, jedem den Eindruck zu geben, sie kümmere sich nur um ihn.

Erst um Mitternacht kehrt sie in ihre Dienstwohnung zurück, die sie mit Freundinnen aus Sighet teilt. Ich habe daher kaum Gelegenheit, sie unter vier Augen zu sprechen. Dann aber halten wir uns schweigend an der Hand.

Zu schnell kommt der Tag, an dem ich abreisen muß. Am Vorabend sind wir einen Augenblick allein, und ich kann sie endlich fragen, was mich bedrückt: Wie ist es ihr in Sighet ergangen? Wer hat überlebt? Was hat sie zu Hause vorgefunden? Sie erzählt, daß nur sehr wenige Juden zurückgekehrt seien, höchstens hundert. Sie warten, irren durch die Straßen, suchen Vater, Mutter, Ehemann, irgendeinen Verwandten, der vielleicht überlebt hat... Und wer aus unserer Familie hat überlebt? Einige Vettern und entfernte Verwandte. Was ist aus den verfluchten Nyilas geworden, diesen haßerfüllten Antisemiten? Es gab ein paar Verhaftungen. Man hat sie verprügelt, der Justiz übergeben, eingesperrt. Nichts Außergewöhnliches. Alles der Lage angemessen. Die Rote Armee hat die Polizeigewalt jungen kommunistischen Juden anvertraut, die aus Bukarest, aus den Händen der Munkaszolgàlat oder aus den Lagern zurückgekehrt waren: Wem sonst hätte sie trauen können? (Unter ihnen ist Aczi Mendelowics, der später in Israel als Amos Manor Chef des Geheimdienstes, des gefürchteten Schin Bet, wird.) Es gab einige Abrechnungen mit den Faschisten. Mehr nicht? Keine Todesurteile, keine öffentlichen Hinrichtungen durch den Strang? Nein, davon weiß sie nichts. Gab es denn Racheakte? Nein. Und unser Haus? Sprechen wir lieber nicht davon. Und der Schmuck? Ist verschwunden. Und die Wertsachen? Sind weg. Alles gestohlen. Kaum waren wir abtransportiert, haben sich unsere lieben Nachbarn auf die verlassenen jüdischen Häuser gestürzt und alles geplündert. Aber wo hat sie dann gewohnt? Nicht zu Hause, bei entfernten Vettern, den Davidowics. Im übrigen bemühen sich die Überlebenden darum, sich zusammenzuschließen. Aus Angst vor Gespenstern? Nein, es ist einfach die nackte Angst vor den betrunkenen russischen Soldaten. Einem Freund meines Vaters, Uhrmacher von Beruf, hat ein russischer Soldat, ein Uhrenliebhaber, die Kehle durchgeschnitten. Kaum über Budapest aus Deutschland zurückgekehrt, fand seine Tochter den enthaupteten Leichnam auf der Straße... Und was wird nun aus uns beiden? Wie lange muß Bea noch in diesem Lager ausharren? Wie lange ich in Frankreich? Die Zukunft liegt im dunkeln.

Ich denke oft daran, und mehrere meiner Erzählungen kreisen um diesen Stoff. Wir alle hätten damals zu Wölfen werden können, zu wilden Tieren, zu Brandstiftern. Wir hätten der Welt ins Gesicht schreien können: Wir haben genug von euren scheinheiligen Reden und eurer verlogenen Moral. Der gute Fjodor Dostojewski hatte recht: Da in euren Augen das Leben nichts wert ist, ist auch uns alles erlaubt, dann können auch wir alles fordern, alles schaffen und alles zerstören.

Dennoch ist jeder von uns auf seine Weise wenn nicht dem Weg des Vergebens oder des Vergessens gefolgt, so dem der Zuversicht.

Wir haben die menschliche Stimme der Erinnerung der strafenden Gewalt vorgezogen.

Heute nacht, am 10. Juni 1991, habe ich wieder meine Mutter im Traum gesehen. Sie schien aufgeregt. Ich verstand: Soeben war etwas Schlimmes geschehen. Mit einer Handbewegung forderte sie mich auf, ihr zu folgen. Sie führte mich aus der Stadt. Plötzlich erblickte ich meinen Vater. Er trug meinen grauen Anzug, der ihm gut stand. Alle zusammen, die von einst und die von heute, standen wir vor einem Fluß, der auf einmal anschwoll. Sein Pegel stieg zusehends. Das ist ja die reinste Sintflut, sagte jemand mit ruhiger Stimme, aber ich hatte keine Angst vor ihr. Man kann also die Sintflut kommen sehen und keine Furcht empfinden, dachte ich erstaunt. Daraufhin glitt mein Vater in das schmutzige, zäh fließende Wasser, das die Farbe von Blut hatte. Es gibt also Flüsse aus Blut, staunte ich erneut. Ich wartete darauf, daß mein Vater wieder auftauchte, um es ihm zu sagen, aber er blieb unter Wasser. Ich begann, um Hilfe zu rufen. Aber alle waren verschwunden. Da ich nicht schwimmen konnte, ergriff mich Panik. Ich schrie immer lauter, aber ich blieb weiter allein. Da begann ich meinen Vater im Wasser zu suchen, das mir nun bis zu den Schultern reichte. Und ich fand ihn. Welche Kraft hat mir dabei geholfen? Ich weiß es nicht. Ich weiß nur, daß es mir ganz alleine gelang, meinen Vater zu retten. Ich bettete ihn auf den Rasen, ich lauschte seinem Atem. In meinem Traum lebte er. Und meine Mutter auch.

Sie lebte in meinem Traum.

Als ich nach Versailles zurückkomme, erfahre ich, daß mein Freund Kalman und zwei oder drei weitere »Kinder« aus dem Heim sich bereitmachen, an Bord der *Exodus* zu gehen und illegal nach Palästina einzureisen. Die unzertrennlichen Freunde werden also getrennte Wege gehen. »Warum jetzt, Kalman?« frage ich ihn. Er zuckt mit den Schultern: »Es ist sinnlos für mich, hierzubleiben. Das Leben auf Durchgangsstationen behagt mir nicht. Es ist besser, wegzugehen. Und so schnell wie möglich etwas Nützliches, etwas Sinnvolles anzufangen.« Mehrere Abende lang diskutieren wir darüber. Von Natur aus ein Spaßvogel, ist er jetzt ernst und romantisch. Während wir auf den Zug warten, diskutieren wir immer noch, allerdings mit verhaltener Stimme, um englischen Spione, die sich auf den Bahnsteigen herumtreiben könnten, nicht auf uns aufmerksam zu machen. Ich verstehe ihn gut, aber mich verstehe ich nicht. Ich versuche, über mich selbst Klarheit zu gewinnen. Warum möchte ich unbedingt zurückbleiben? Ich liebe das Land unserer Väter wie er, ich liebe es leidenschaftlich. In meinen glühendsten, leuchtendsten Träumen war immer Jerusalem mein Ziel. Jerusalem: meine Wiege, mein Gebet. Wenn ich mir sein Lied ins Gedächtnis rufe, fühle ich mich wie verwandelt, erhoben. Was also hält mich zurück? Ist es Hilda? Oder Bea? François oder Schoschani? Als ich diesen um einen vertraulichen Rat bitte, erwidert er mir: »Wenn du dorthin gehst, um dich besser kennenzulernen, gut. Wenn du etwas lernen möchtest, bleibst du besser hier bei mir.« – »Wenn Erez Israel mich aber braucht, mit welchem Recht könnte ich mich dann meiner Pflicht entziehen?« frage ich weiter. Er antwortet mit einem Schulterzucken: »Das Volk Israels braucht intelligente, gebildete Juden, die in der Lage sind, zu lernen und zu lehren. Was willst du nach Palästina mitbringen? Deine Unwissenheit? Deine seelische Not? Deine Zweifel? Deine wirren Gedanken?«

Ich bitte um ein Gespräch mit Bo Cohen, der als pädagogischer Leiter der OSE schließlich die Aufgabe hat, uns einen Weg ins Leben zu zeigen. Für uns ist er wie ein älterer Freund, der sich wohltuend zurückhalten, aber auch hohe Anforderungen stellen kann. Mit seiner jungen Frau Margot kümmert er sich mit nahezu aufopferungsvoller Hingabe um einige von uns. Sie haben immer ein offenes Ohr, sind immer bereit, sich für uns einzusetzen. Was rät Bo? Zuerst sollen wir unsere Ausbildung abschließen. Ein Abschluß wird auf die eine oder die andere Weise immer von Nutzen sein. Kalman ist nicht dieser Meinung. Er brennt darauf, abzureisen.

Ich vertraue mich Israel Adler an. Sein Rat hat Gewicht, schließlich kommt er aus Jerusalem. Spricht er nicht in gewisser Weise für die Jewish Agency, deren Gesandter er ist? Seine Antwort kommt prompt: »Wenn es soweit ist«, sagt er mir, »werden wir zusammen an Bord gehen.« Für den Augenblick hilft er mir bei der Leitung des Chors. Unsere schönsten Lieder sind für Jerusalem.

Und so lerne ich weiter. Heimlich lenkt Schoschani meine Aufmerksamkeit auf ein Thema, das mich mein Leben lang fesseln wird: die Askese. Die Suche nach dem Leiden und dem Reiz, den es birgt. Es gibt einen Willen zu leiden, um dem eigenen und dem fremden Leiden einen Sinn zu geben. Der Asket und sein Ich, das durch das Leiden bereichert oder verstümmelt wird. Der Zusammenhang zwischen dem Leiden und der Wahrheit, zwischen Leiden und Erlösung. Das Leiden und die geistige Reinheit. Das Leiden als Tor zum Heiligen. Was sagten die Propheten, die Rabbiner, die Mystiker dazu? Ist es notwendig, wenn nicht sogar unabdingbar, seinen Körper zu peinigen, damit die Seele ihren Aufstieg nehmen kann? Warum wird ein Nasir, ein Asket, in der Heiligen Schrift als Sünder bezeichnet? Warum muß er im Tempel ein Opfer bringen? Wie lassen sich die vielen unterschiedlichen Asketen verstehen? Auch Samson gehört seit Geburt zu ihnen. Samson, der schnellste Läufer seiner Generation... Es wird noch lange dauern, bis ich begreife: Die Askese lehrt uns, daß die Sprache heilig ist, daß man niemals ein Wort einfach so dahinsagen soll... Ich mache mir Notizen, lange Aufzeichnungen. Ich beginne zu schreiben, Seite für Seite. Soll es ein Buch werden? Warum nicht. Schon als Kind habe ich gern geschrieben. In Sighet ging ich häufig ins Büro der jüdischen Gemeinde, um auf der einzigen Schreibmaschine mit hebräischen Buchstaben einen Abschnitt aus den Kommentaren zur Bibel abzutippen.

Natürlich könnte ich meine Erinnerungen aus dem Lager aufschreiben. Ich trage sie mit mir herum wie Gift. Aus Angst oder aus Scham spreche ich mit niemandem darüber, aber sie lasten auf mir. Von morgens bis abends denke ich ständig und sorgenvoll daran: Gibt es eine Pflicht, Zeugnis abzulegen, Erlebnisse für die Geschichte festzuhalten, das Andenken zu pflegen? Was wäre der Mensch ohne die Fähigkeit, sich zu erinnern? Es gibt eine Leidenschaft, sich zu erinnern, die nicht weniger gewaltig und überströmend ist als die Liebe. Was bedeutet es, sich zu erinnern? Es bedeutet, in mehr als einer Welt zu leben, zu verhindern, daß die Vergangenheit erlischt, die Zukunft herbeizurufen, um sie zu erhellen. Es bedeutet, Teile seines Lebens wiederzubeleben und die Menschen, die verschwunden sind, nicht in Vergessenheit geraten zu lassen, Licht und Schatten auf Gesichter und Geschehnisse zu werfen, den Sand von den Dingen zu wischen, gegen das Vergessen zu kämpfen, den Tod zurückzuweisen. Das alles weiß ich. Und weil ich es weiß, sage ich mir, daß ich schreiben sollte. Doch Geduld. Noch einige Jahre, dann wird ein Tag kommen, an dem ich das Andenken feiern werde. Aber noch ist es nicht soweit, noch ist es zu früh. Ich kenne schon die Stellen, an denen die Sprache aussetzt, scheitern muß. Wörter machen mir angst. Was ist die Sprache eigentlich? Ein göttliches oder ein teuflisches Werk? Die gesprochene und die geschriebene Sprache spiegeln nicht dieselbe Erfahrung wider. Im Mystizismus, der meine Jugend geprägt hatte, wird der Schrift mißtraut. Rabbi Isaak Luria hat nichts dem Papier anvertraut, sein Schüler Chajim Vital tat es an seiner Stelle, möglicherweise ohne seine Zustimmung. Rabbi Nachman befahl, man möge seine Schriften verbrennen. Der Sohar spricht vom Galut ha-Dibbur, dem Exil der Sprache. Auch die Sprache lebt in der Verbannung. Anders ausgedrückt: Zwischen der Sprache und ihrem Inhalt hat sich ein Graben aufgetan. Die Wörter dekken sich nicht mehr mit dem Sinn, den sie in sich tragen. Die Wörter sind mehr Fesseln denn Anhaltspunkte, sie machen mich zögerlich. Ich traue ihnen nicht, ich ahne, was ich später mit so viel Schärfe empfinden werde: daß die Wörter der Menschen zu arm und zu durchsichtig sind, um das *Geschehen* zu erfassen. Das ist leicht gesagt, doch wie kann man das Dilemma überwinden? Entweder der Erzähler lügt, oder die Wörter lügen. Und wozu soll es gut sein, die Lügen zu vermehren? Chajim Bialik hatte recht: »Wörter sind Huren. Aufgetakelt bieten sie sich dem erstbesten an.« Ich habe beschlossen zu warten, eine Art Gelübde zu erfüllen: Zehn Jahre sollen vergehen, bis ich den Mund öffne, bis ich mich erhebe, um Zeugnis abzulegen. Obwohl ich so gern schreibe? Gott sei Dank gibt es tausend andere Themen, die darauf warten, vom Schweigen erlöst zu werden. Die Liebe zum Beispiel, ich meine die Liebe zu Israel, die Hoffnung auf Israel, das Leiden Israels. Besser ausgedrückt: die Liebe zum Leiden Israels... Sie sehen schon, was ich meine.

Ein freiwilliger Mitarbeiter der OSE, Joseph Milner, der aus dem berühmten Dorf Cholm stammt (dessen Bewohner nach der Legende allesamt Unschuldige waren), ist von Beruf Arzt und in seinen freien Stunden jiddischer Schriftsteller. Er interessiert sich für das, was ich schreibe. Er empfiehlt mich dem Chefredakteur einer jiddischen Wochenzeitschrift, bei der er mitarbeitet. Mit seinem Empfehlungsschreiben gewappnet, stelle ich mich vor. Man führt mich in ein Büro, in dem die Unordnung nicht Königin, sondern Kaiserin ist. Versteckt hinter einem Stapel Akten, Zeitschriften und Büchern sitzt jemand und schreibt: Ich sehe nur seinen Kopf. Ich grüße, er antwortet nicht. Ich hüstele, er schaut nicht einmal auf. Als wäre ich nicht da, als wäre er selbst nicht da. Ist das seine Art, einen Anfänger in das heikle Geschäft eines Journalisten einzuführen? Nur um zu sehen, ob er noch lebt, räuspere ich mich geräuschvoll. Nach einem erneuten fruchtlosen Versuch, seine Aufmerksamkeit zu erlangen – dieses Mal sage ich laut und deutlich: »Guten Tag!« –, mache ich kehrt und verlasse auf Zehenspitzen den Raum. Damals wußte ich noch nicht, was für ein Glück ich hatte: Es handelte sich nämlich um die *Neie Presse* (Neue Presse), das Organ der kommunistischen Juden in Frankreich. Wir hätten uns sicher nicht gut verstanden. Also wurde kein kommunistischer Journalist aus mir.

Und wenn ich es mit Unterricht versuchte?

Im Sommer organisiert die OSE ein Ferienlager in Montintin im Limousin. Bo Cohen schlägt mir vor, als Betreuer mitzufahren, und Israel Adler ermutigt mich, das Angebot anzunehmen: Erstens brauche ich Geld, und zweitens könnte es eine interessante Erfahrung für mich werden. Aus denselben Gründen will auch er mitkommen. Ted Comet, der junge Freiwillige aus New York, wird mit zu den Leitern gehören. Doch ich bin unentschlossen, ich warte auf ein anderes Zeichen. Ich bekomme es. Wie ich höre, wird Hanna ebenfalls dort sein. Soll ich nun eher zu- oder absagen? Ich sage zu und bereue es nicht. Am frühen Morgen schreibe ich (auf hebräisch) »mein Buch« über die Askese; nach dem Frühstück gebe ich Stunden zur Bibel und zum Midrasch. Ich veranstalte Gesprächsrunden über die Lage in Palästina: Es macht mir ebensoviel Freude zuzuhören wie zu erzählen. Abends bin ich der letzte, der sich vom Lagerfeuer trennt. Das Leben, das ich führe, erscheint mir fruchtbar und vielversprechend. Ich entdecke die wahre Freude des Unterrichtens: die Freude, Vertrauen zu genießen und etwas zu teilen.

Wie vorherzusehen war, bleibt Hanna ihrem Charakter treu; besonders mir gegenüber erweist sie sich als boshaft, so daß ich ihr schließlich notgedrungen aus dem Weg gehe. Zum Glück sind die anderen Mädchen nicht ohne Reiz. Ich flirte ernsthaft, das heißt, ich spreche mit ihnen über ernsthafte Dinge, viel zu ernsthaft, als daß sie mir den gewünschten Erfolg bringen könnten. Täglich überzeuge ich mich aufs neue davon, daß ich meine Zeit verschwende, daß kein Mädchen jemals etwas von mir wissen will und daß es ihnen Spaß macht, mich darin zu bestätigen. Was mich nicht hindert, es jeden Tag wieder zu versuchen.

Als die Ferien zu Ende sind, rät mir Bo Cohen, das Heim in Versailles mit seinen Annehmlichkeiten zu verlassen. Außer am Sabbat, den ich regelmäßig im »Chez nous« feiere, werde ich nun ein kleines Zimmer in der Nähe seiner Wohnung bei der Porte Saint-Cloud bewohnen. Nic, Simon und Felix erhalten denselben Rat und ähnliche Zimmer im selben Haus. Bo hat recht: Ich bin neunzehn Jahre alt, und es ist an der Zeit, mich frei zu machen und auf eigenen Füßen zu stehen. Doch was soll ich tun? Ich weiß nicht mehr, wer auf die Idee kam, mich in die Naturwissenschaften zu drängen. Dabei kann ich nicht einmal das einfachste algebraische Problem lösen. Und ich soll Ingenieur werden! Was für ein Ingenieur eigentlich? Ich werde aufmüpfig: Meinetwegen mag im Ingenieur Genie stecken, aber was heißt das schon? Es folgen endlose Diskussionen. Irgend jemand schreibt mich in Chemie ein. Eines Morgens erwache ich in einem Labor zwischen farbigen Reagenzgläsern. Ich fühle mich dort genauso fehl am Platz wie ein Anarchist zwischen Derwischen oder Trappisten. Der weiße Kittel gefällt mir, das ist aber auch alles. Zwei Wochen später gebe ich ihn mit einem Gefühl von Verlegenheit und Erleichterung zurück. Eines ist klar: Ich werde niemals den Nobelpreis für Chemie erhalten.

Ich nehme weiter Unterricht bei Schoschani einerseits und François andererseits. Mein Zimmer ist winzig und dunkel und ohne fließendes Wasser: Wenn mich jemand besuchen kommt, muß er auf dem Bett sitzen. Zum Glück gibt es den Sabbat, Versailles und den Chor. Den Chor und Hanna, die ebenso schön wie kalt ist.

Natürlich verfolge ich aufmerksam die jüdischen Tagesereignisse. Ich besuche laufend zionistische Veranstaltungen in der Salle Pleyel oder an anderen, weniger beeindruckenden Orten. Marc Jarblum, Daniel Mayer, Pierre-Bloch lösen Begeisterungsstürme aus. Die Reportagen und Artikel von Jean-François Armorin und Jacques Derogy im *Franc-Tireur* über die heldenhafte Odyssee der *Exodus* und die skandalöse Politik Großbritanniens versetzen mich in höchste Erregung. Ich schimpfe auf Ernst Bevin. Wie kann er es wagen, die Überlebenden von Bergen-Belsen nach Deutschland zurückzuschicken?

Kalman kommt nach Versailles zurück: Da er krank wurde, mußte er in Port-de-Bouc von Bord gehen. »Und was jetzt, Kalman?« Seine Überschwenglichkeit ist verschwunden. Er kommt mir traurig und erloschen vor: »Ich habe es versucht. Aber es ist mir nicht gelungen.« Er hat mir berichtet, wie es der *Exodus* ergangen ist, über den Mut der Passagiere, die in Israel illegal an Land gehen wollten, über die Unterstützung der französischen Behörden und die Doppelzüngigkeit der Briten. Das Herz der Welt schlug mit dem Schiff, es war mit dem Schiff, dessen großartiges Unterfangen in die Gründungsgeschichte Israels eingehen wird.

Im Rückblick können wir die historischen Ausmaße dieses Zeitabschnitts besser einschätzen. Tag für Tag, Stunde um Stunde verfolgte die Weltöffentlichkeit gebannt und voller Mitgefühl die Irrfahrt der *Exodus*. Sie bewegte die Menschen mehr als die Rededuelle in den Vereinten Nationen und ebensosehr wie der Kampf, den die jüdischen Widerstandsbewegungen in Palästina führten. Man bewunderte diese Männer und Frauen, die ohne Waffen und Gepäck aufgebrochen waren, entschlossen, das Europa der Friedhöfe hinter sich zu lassen und das Land ihrer Vorfahren zurückzuerobern.

Manchmal betrachte ich Fotos aus dieser Zeit und suche nach bekannten Gesichtern. Seit Jahrzehnten verfolgt mich eine Frage: Woher nahmen diese Flüchtlinge aus aller Herren Länder, die solche Verfolgungen, solche Massaker, solche Ausbrüche von Haß erlitten, die so viele ruhmreiche und verzweifelte Kämpfe überlebt hatten, die Kraft zu dieser gefahrvollen Überfahrt? Woher schöpften sie den Mut, der mächtigen, unbesiegbaren Kriegsflotte Ihrer Majestät der britischen Königin die Stirn zu bieten, die sie, soviel war sicher, jagen würde? Woher nahmen die Überlebenden aus den Todeslagern, die Frauen mit dem gesenkten Blick, die gebeugten Greise, die Jugendlichen mit den glänzenden Augen, die Studierenden, die es zur Tora zog oder die aus patriotischer Überzeugung ins Land ihrer Väter wollten, diese Kraft zum Heldentum? Ich habe Kalman danach gefragt, doch statt zu antworten, zuckte er mit den Schultern: »So ist es eben.«

Es gab natürlich ein gemeinsames Ziel: Sie wollten den Wechselfällen und den Verlockungen des Exils entrinnen, sie wollten ihr neues Heim mit Freude und ohne Angst errichten, ihren Teil zum jüdischen Schicksal, zur jüdischen Geschichte beisteuern. Wußten sie, konnten sie ahnen, daß ihre Tat Herausforderungen und Gefahren anderer Art bergen würde?

Wenn ich heute diese ausdrucksstarken, noch immer lebendigen Fotos betrachte, die später im befreiten Israel gemacht wurden, spricht aus ihnen die Nüchternheit und die Einfachheit der Männer und Frauen mit teilweise melancholischen Blicken zu mir. Sind sie traurig darüber, daß die wahre Erlösung, die endgültige Befreiung durch den Messias auf sich warten läßt? Nein, das Warten ist ihnen vertraut. Es dauert bereits Jahrhunderte. Und der Frieden? Manche fordern ihn, alle träumen von ihm. Sie könnten sagen: »Wir haben unseren Teil der Arbeit getan, laßt uns jetzt endlich in Ruhe.« Aber sie sagen es nicht. Heute ist der Frieden, Frieden mit den Arabern, Frieden mit den Palästinensern ihr Ziel. Denn sie haben Kinder und Enkel, und die sollen schließlich leben, nicht wahr? Und auch die

Kinder, die hinter dem Zaun stehen, sollen leben. Es gibt Sonne genug, um alle Herzen zu wärmen, es gibt Tau genug, um allen Blumen Wasser zu spenden. Wie kann man den Großmut der Menschen von der *Exodus* erklären? Dank ihres waghalsigen Unternehmens und dem, was es bedeutete, dank der Überlebenden, die wie eine Verstärkung im Hintergrund blieben, erblickte der jüdische Staat das Licht der Welt.

Israel, das sind nun fünfzig Jahre gesellschaftliche Auseinandersetzungen, Kriege, Siege, Beerdigungen, und je näher die Jahrhundertwende rückt, desto schlimmer werden die Befürchtungen. Wie kann man sie zerstreuen? Darüber würde ich gern einmal mit meinem Freund Kalman diskutieren.

Er wanderte in die Vereinigten Staaten aus, wo er ein bekannter Fachmann für Radartechnik wurde. Während meines ersten Besuchs in den Vereinigten Staaten traf ich ihn in Brooklyn wieder: »Und wie steht es mit deinem Buch über die Askese? Wie weit bist du?« fragte er mich. Viel später begegneten wir uns am Hunter College, wo er unterrichtete; ich war zu einem Gespräch eingeladen und freute mich über das Wiedersehen: Er hatte sich nicht verändert. Er war noch immer äußerst zurückhaltend, feinsinnig und schwächlich. Einige Jahre später rief mich unser alter Kamerad aus Ambloy an, Ha-Raw Menasche Klein: »Sprich mit Kalman. Es geht ihm nicht gut. Am besten, du telefonierst gleich mit ihm.« Mein engster Jugendfreund war krank. Er hatte Krebs. »Kennst du Professor Steven Rosenberg?« fragte er mich mit kaum hörbarer Stimme. »Warum?« erwiderte ich. »Er hat Präsident Reagan operiert. Er ist der einzige, der mir helfen kann zu überleben. Ohne seine Hilfe werde ich sterben.« Ich spürte, wie mein Herz einen Sprung bekam. Ich setzte Himmel und Erde in Bewegung, um mit dem Krebsspezialisten in Kontakt zu treten, doch es war vergebliche Mühe: Der Tod kam mir zuvor, Kalman starb kurz darauf, und wieder war es Menasche, der mir die Nachricht übermittelte. An diesem Tag hielt ich mich nicht in New York auf. Ich war zu weit weg, um an den Trauerfeierlichkeiten teilnehmen zu können. Kalman, alter Freund… Écouis, Ambloy, Taverny, Versailles. Sein Witz, sein geradliniges Denken… Warum haben sich unsere Wege getrennt? Wir lebten seit langer Zeit in derselben Stadt und haben uns so selten gesehen…

Ich denke oft an ihn. Ich stelle mir vor, wie er an Bord eines Schiffes einem brennenden Orient entgegenfährt.

Mit François' Hilfe schreibe ich mich an der geisteswissenschaftlichen Fakultät der Sorbonne ein. Endlich habe ich meine Berufung gefunden.

Ich erinnere mich gern an meine Studentenzeit, an die Seminare von Daniel Lagache im Hörsaal Descartes oder Richelieu, an die Vorlesungen von Louis Lavelle im Collège de France. Von den Dialogen Platons bis zu den Untersuchungen Freuds verschlinge ich alles über Philosophie und Psychologie. Und dann schlendere ich endlos von einem Bouquinisten zum anderen, von einem Park zum nächsten. Ich genieße die Stille in der Bibliothek Sainte-Geneviève, freue mich über zufällige Begegnungen oder Verabredungen im Hof der Sorbonne. Als Tutor und Freund ist François bemüht, mir das Quartier latin zu zeigen. Er nimmt mich mit zu Lesungen von Sartre und Merleau-Ponty, Robert Misrahi und Martin Buber. Dessen Vorlesung über den religiösen Existentialismus ist ein Ereignis: Der Saal ist brechend voll mit begeisterten Zuhörern, die ihn voller Ungeduld wie einen Propheten erwarten. Die Zuhörer sind hingerissen, schon im vorhinein überzeugt und bereit, jeden Satz gierig aufzunehmen, bei jedem Aufblitzen des Geistes in Verzückung zu geraten. Wenn... ja, es gibt eine Einschränkung, wenn Martin Buber hebräisch oder jiddisch gesprochen hätte, dann hätten einige im Saal seinem Vortrag folgen können, auch wenn er englisch oder deutsch gesprochen hätte. Doch er spricht leider französisch, und das mit so starkem Akzent, daß ihn niemand versteht. Dennoch klatschen die Zuhörer Beifall. Es ist nicht weiter schlimm: Man wird den Vortrag lesen, wenn er gedruckt ist. Und ich bin glücklich, zumindest das anrührende Gesicht und die eindringliche Stimme des Autors von *Du und Ich* erlebt zu haben, einem der großen religiösen jüdischen Denker unserer Zeit.

Mehr als die Theologie und der Existentialismus beschäftigen mich jedoch Geldsorgen. Ich weiß nicht, wovon ich leben soll. Meinen Lebensunterhalt bestreite ich allein mit der Unterstützung, die mir die OSE gewährt, und die ist gering: achttausend (alte, sehr alte) Francs im Monat. Bo Cohen meint: »Du mußt lernen, deinen Lebensunterhalt zu verdienen.« Sicher muß ich das, bloß wie? Ich sende »philosophische« Beiträge an die zionistische Wochenzeitung von Paris, die mich nicht einmal einer Antwort für würdig befindet. Wenn ich doch nur... wenn ich doch nur was wäre? Ich tauge zu nichts. Es wird mir nie gelingen, meinen Lebensunterhalt zu verdienen. Um Erfolg zu haben, muß man etwas wagen. Ich bin nicht wagemutig. Ich fürchte, abgelehnt zu werden. Lieber sterbe ich vor Hunger als vor Scham. Hunger kenne ich, aber mich zu schämen, auf diese Erfahrung kann ich verzichten.

Wie jedermann bekomme ich Lebensmittelmarken. Wenn ich nicht ganz blank bin, ernähre ich mich von Maisbrot und Käse. Die junge Verkäuferin gibt mir immer ein etwas größeres Stück Brie. Warum bevorzugt sie mich? Ich werde es nie erfahren. Vielleicht ist sie romantisch veranlagt und hilft deshalb gerne hungrigen Studenten. In meinen Träumen stelle ich mir vor, daß sie in mich verliebt ist. Eines Morgens lächelt sie mir sogar zu. Und mit einemmal habe ich Käse und Brot vergessen.

Bo verschafft mir eine Stelle als Nachhilfelehrer. Ich gebe dem Sohn eines Arztes Bibelstunden und Hebräischunterricht, um ihn auf seine Barmizwa vorzubereiten. Ich erhalte nicht viel Geld dafür, doch es reicht, um mich nützlich zu fühlen. Eigentlich bin ich meinen Lohn nicht wert: Der brave Junge ist zwölf Jahre alt, und ich verwirre ihn, denn ich unterrichte nach der Methode Schoschanis, die zu anspruchsvoll, zu schwierig ist für einen Schüler seines Alters. Statt ihm beizubringen, wie man die Heilige Schrift liest, versuche ich, ihn in das Geheimnis ihrer Entstehung einzuweihen. Mein Schüler murmelt: »Im Anfang schuf Gott Himmel und Erde...« Ich unterbreche ihn: Im Anfang? Was bedeutet das, im Anfang? Kann es für Gott einen Anfang geben? Und ein Ende? Ich ereifere mich, verweise auf die Alten und ihre Vorstellungen von der Schöpfung, zitiere Nachmanides und Abravanel, und mein armer Schüler weiß nicht mehr, ob er so tun soll, als höre er zu, oder ob er weinend aus dem Zimmer laufen soll. Nach vier, vielleicht auch zehn Stunden erscheint unerwartet sein Vater und gibt mir höflich seine Unzufriedenheit zu verstehen: Ich möge seinen Sohn im Augenblick mit meinen metaphysischen Hirngespinsten verschonen und wiederkommen, wenn er reif dafür wäre. Vielleicht, wenn er geheiratet habe? Die Frage aller Fragen bleibt unverändert: Wovon soll ich meine Miete bezahlen? Sich zu ernähren ist ein Problem, doch ich umschiffe es, so gut ich kann. Manchmal schickt mir Bea Milchkonserven oder Kekse. Manchmal gehe ich auch zu Hilda zum Abendessen: Brot und Pommes frites, was für ein Fest! Hilda ist sich nicht klar darüber, wie schwierig meine Lage ist. Sie hat ihre eigenen Sorgen.

Jeden Morgen stehe ich vor der Wahl, entweder zu Fuß ins Quartier latin zu gehen und eine Mahlzeit oder ein Sandwich im koscheren Restaurant in der Rue Médicis einzunehmen oder mit der Metro und dem Bus zu fahren und mit leerem Magen heimzukehren. Wie ich auch wirtschafte, ich verliere immer: Wenn ich zu Fuß gehe, werden die Schuhsohlen abgewetzt – und eine neue Sohle kommt teurer als die Metro.

Am schlimmsten ist es am Monatsende. Ich zittere bei der Vorstellung, meine Miete nicht zahlen zu können. Es kommt vor, daß ich an dem schicksalhaften Tag nicht in mein Zimmer zurückkehre und die Nacht über an den Kais der Seine entlangspaziere. Seltsamerweise habe ich Angst vor meiner Vermieterin. Ich bin noch zu fromm, noch in zu vielen Tabus befangen, als daß ich mich nicht vor Frauen fürchtete: Wurden sie nicht geschaffen, um uns zu verführen und zur Sünde anzustiften? Ich fürchte, sie könnte meine wirtschaftliche und psychologische Situation ausnutzen, um... Um was genau zu tun? Ich weiß, es ist dumm, es ist albern, ich habe nichts von einem Don Juan, aber ich habe den schrecklichen Eindruck, daß sie mich an sich ziehen, mich in ihren Besitz bringen, mich zu ihrem Liebhaber machen will. Jedesmal, wenn sie mein Zimmer aufräumen kommt, nehme ich wie ein Dieb Reißaus, und wenn ich sie zufällig berühre, bekomme ich Gänsehaut und Schweißausbrüche. Ihr Duft streichelt meine Haut. Denn sie ist jung und nicht ohne Reize. Ich meine, ihre Reize sind ihre Brüste. Dauernd stellen sie sich mir in den Weg. Ob ich nach rechts oder nach links ausweiche, es ist unmöglich, ihnen nicht zu begegnen. Sicher, meine kindischen, knabenhaften Ängste gründen möglicherweise in meinen Selbsttäuschungen oder meinen verdrängten Wünschen. Aber sie sind wirklich. Und sie verwirren mich. Heute würde man sagen: Sie bringen mich aus dem Gleichgewicht. Selbst wenn sich meine Vermieterin bei allen anderen Mietern auf dieselbe Weise verhält – sobald ich mit ihr in einem Zimmer bin, bin ich nicht mehr ich selbst. Wie soll ich das ausdrücken? Ich gefalle mir nicht mehr, ich kann mich nicht mehr ausstehen. Am liebsten wäre ich anderswo, am liebsten wäre ich ein anderer. Am liebsten wäre ich gar nicht.

Es kommt der Augenblick, an dem ich beschließe, das Leben zu beenden, das ich führe. Nutzlos, voller Ängste und Gewissensbisse, ist es mir eine Last. Ich lebe es widerwillig. Es ist hinderlich, erdrükkend. Wie kann ich es ändern? Zum erstenmal drängt sich mir die

Frage nach dem Selbstmord auf. Ich befrage mein Spiegelbild. Ist der Augenblick gekommen, einen Schlußstrich unter meine Sorgen, meine Verwirrung zu setzen? Wenn ich nicht vor Hunger sterbe, kann ich mich immer noch in die Seine oder vor die Metro werfen … Wie ich es auch drehe und wende, immer blickt mich der Tod mit seinen zahllosen Augen an. Wie kann ich ihn abweisen? Einst, im antiken Griechenland, mußte der Verurteilte dem Tyrannen Verse von Euripides ins Ohr flüstern, um weiterleben zu dürfen. Gibt es noch andere Verse, um den Todesengel zu besänftigen, dem Tyrannen wie Untertanen zum Opfer fallen?

Ein paar Wochen, vielleicht ein paar Monate lang blase ich Trübsal. Ich erkenne den Mann nicht mehr, der ich gern wäre, der ich bereits bin. Er entgleitet mir, verbirgt sich im Nebel. Es gibt keine Verbindung mehr zwischen ihm und mir. Das Ich gehört mir nicht mehr. Ich zweifle an mir und an den anderen, ich zweifle an allem. Nur an meiner Erinnerung nicht. In ihr finde ich Zuflucht. Aber auch ihr droht der Tod.

Dennoch hat sie nichts zu befürchten. Die Toten, die sie beherbergt, schützen sie. Soll ich zu ihnen gehen? Sie rufen mich. Tatsächlich lockt mich nicht der Tod, sondern die Toten geben mir Zeichen. Ich sehe sie, ich befrage sie unablässig. Ich spüre, daß sie da sind, ich nehme sie ganz in mich auf. Ich lebe mehr bei ihnen als unter den Lebenden. Wenn ich in meinen Romanen vom Selbstmord spreche, dann hat dies seine Wurzel in diesem Abschnitt meines Lebens.

Aber es eilt nicht. Der Tod verschwindet wieder. Die Toten nehmen es mir nicht übel. Vielleicht, weil ich noch nichts daraus gemacht habe, daß ich überlebte.

Ich werde krank. Ich habe Sardinen ohne Brot gegessen, und mein Magen schmerzt, meine Eingeweide brennen. Pausenlos muß ich mich übergeben. Selten habe ich so gelitten. Wenn ich in der Kindheit gern krank war, so wird es mir jetzt verleidet. Mein Zustand ist so schlecht, daß meine Vermieterin nicht wagt, ins Zimmer zu kommen. Wie durch ein Wunder besucht mich eines Morgens François. Wußte er, in welcher Verfassung er mich vorfinden würde? »Wie wäre es, wenn wir heute den *Eingebildeten Kranken* durchnehmen?« schlägt er vor. Ich kann seinen Witz nicht recht würdigen, denn ich habe keine Kraft mehr zum Lachen. Er geht, um mit seiner Mutter zu telefonieren, dann kommt er mit Medikamenten zurück. Er pflegt mich Tag für Tag, bis ich über den Berg bin. Was wäre ohne ihn aus mir geworden? Die Schmerzen lassen nach. Ich kann mich wieder anderen Dingen als meinem Körper zuwenden.

Die Zeitungen, die ich ohne Rücksicht auf Kosten verschlinge, berichten immer häufiger von Unruhen und Aufständen in Palästina. Bedauern kommt auf: Ich hätte doch illegal einwandern sollen, mit oder ohne Kalman. Es wäre an der Zeit, am heroischen, für die Zukunft entscheidenden Krieg teilzunehmen, den das jüdische Volk im Heiligen Land gegen die Briten führt. Um so mehr, als sich in den Sitzungen der Vereinten Nationen Dramatisches ereignet: Die Vollversammlung stimmt einer Resolution zu, die den Juden das Recht auf einen souveränen Staat zuspricht. Es handelt sich um den berühmten Teilungsplan vom 29. November 1947. Jetzt darf ich nicht mehr abseits stehen. Ich suche im Telefonbuch die Adresse der Jewish Agency heraus: 183, Avenue de Wagram. Ich eile hin, klingle. Der Portier fragt: »Wen wollen Sie sprechen?« Ich: »Ich weiß nicht.« Der Portier: »Sind Sie verabredet?« Ich: »Nein, eigentlich nicht.« Der Portier: »Was wollen Sie?« Ich: »Mitglied der Hagana werden.« Einen Augenblick ist er ratlos. Soll er lachen oder böse werden? Dann schlägt er mir mit einer verächtlichen Grimasse die Tür vor der Nase zu. Ich ärgere mich nicht über ihn, sondern über mich. Was bin ich doch für ein Dummkopf! Ich hätte mir denken können, daß man der Hagana nicht wie einem Fußballverein beitreten kann, schließlich ist sie mehr oder weniger eine Untergrundbewegung. Ich brauche Beziehungen, aber ich kenne niemanden aus dem offiziellen Kreis der Zionisten. Zufällig stoße ich auf eine jiddische Wochenzeitung: *Zion im Kampf*. Es ist die Zeitschrift des Irgun. Welche Anschrift? Es steht keine Adresse drin. Kein Wunder, schließlich handelt es sich um das Sprachrohr einer Widerstandsbewegung in Palästina. Seltsamerweise ist jedoch die Adresse der Druckerei angegeben. Das schreibt das Gesetz in Frankreich vor. Die Druckerei, so erfahre ich rasch, gehört Marc Gutkin, der eine Schlüsselstellung im militanten Flügel der Bewegung von Wladimir Jabotinsky einnimmt. Der ist ein gebildeter Mann, spricht Hebräisch, treibt Sport, er liebt das Leben und seine Freuden, doch seine wahre Leidenschaft gilt der palästinensischen Sache der Juden. Also schreibe ich einen Brief auf jiddisch an den unbekannten Redakteur der Zeitschrift und schicke ihn an die Adresse der Druckerei. In meinem Bittbrief erkläre ich einfach und ungeschickt – das heißt in aufgeblasenem, patriotischem Stil –, es sei mein innigster Wunsch, dem jüdischen Widerstand in Palästina zu dienen. Ich werfe den Brief ein und bedaure es sogleich. Ich fürchte, in den Augen eines Unbekannten vollkommen lächerlich zu erscheinen. Mein plötzlicher Entschluß wird nichts bewirken, davon bin ich überzeugt. Die Besitzer der Zeitschrift haben sicher Wichtigeres zu tun. Im Grunde erwarte ich nicht einmal eine Antwort. Der Brief wird bestimmt untergehen: Wenn er in der Druckerei ankommt, wird er gar nicht erst an die Zeitschrift weitergeleitet, wenn er in der Redaktion ankommt, wird eine Sekretärin ihn lesen und wegwerfen, und sollte sie ihn doch dem Redakteur vorlegen, wird ihn dessen Abfalleimer schlucken.

Ich täusche mich.

Noch in derselben Woche werde ich in die geheime Redaktion der Zeitschrift eingeladen, die sich in einem schlichten Gebäude in der Rue Meslay hinter der Place de la République befindet. Ich bin pünktlich. Ein eleganter Mann vom Typ des mitteleuropäischen Intellektuellen mit ordentlich gekämmtem Haar und Hornbrille erhebt sich vom Stuhl und schüttelt mir herzlich die Hand: »Ich heiße Joseph. Bitte, setzen Sie sich. Sie sind also Literaturstudent und wollen uns helfen, stimmt's?«

So bin ich Journalist geworden.

JOURNALIST

Ich könnte vor Freude tanzen!

Von allen meinen Kameraden und Freunden, von allen Leidensgenossen, die ich nach der Gefangenschaft getroffen habe, halte ich mich für den glücklichsten. Ich spreche absichtlich von Glück, so als müßte ich mich selbst herausfordern. Ich möchte lachen, singen und trotz meiner Abneigung gegen alkoholische Getränke darauf anstoßen. Ich möchte die gute Nachricht in die Welt posaunen, als hätte sie auf nichts anderes gewartet. Ich möchte es meinen Schwestern, François und Schoschani sagen. Natürlich tue ich es nicht. Die erste Regel jeder Untergrundtätigkeit heißt absolute Verschwiegenheit, unbedingte Wahrung der Anonymität, Vorsicht und Wachsamkeit. Ist man glücklich, muß man traurig aussehen, ist man traurig, müssen Pech in der Liebe oder beim Spiel als Begründung herhalten.

Ich bin glücklich, doch ich weiß, eigentlich dürfte ich es nicht sein: Bin ich nicht auf dem besten Weg, mich von den Toten abzuwenden, die mich begleitet haben? Meine Studien und meine religiöse Lebensführung aufzugeben? Kann jemand, der mit Leib und Seele Journalist ist, weiter sein Seelenleben pflegen? Hat ein Überlebender das Recht, glücklich zu sein? Aber ich weiß auch, daß mein Glücksgefühl verständlich und gerechtfertigt ist. Vor allem werden meine endlos drückenden finanziellen Sorgen ein Ende haben: Mit dreißigtausend (natürlich alten) Francs im Monat fühle ich mich wie ein Millionär. Bis jetzt mußte ich mit einem Viertel davon auskommen. Jetzt ist Schluß mit der Angst vor dem Monatsende, mit der diffusen und nervenaufreibenden Angst, die mir die Gegenwart meiner Vermieterin einflößt. Ich kann umziehen. Schluß mit den Fußmärschen von Saint-Cloud zum Odéon. Ich werde näher an der Innenstadt wohnen. Ich finde ein Zimmer mit Waschbecken - was für ein Luxus! - in der Rue de Rivoli beim Hôtel de Ville. Von hier bis zur Redaktion sind es kaum mehr als zwei Schritte. Es lebe der

Journalismus, es lebe die Zukunft! In Windeseile packe ich meinen Koffer, stopfe einige Kleidungsstücke, die wenigen Bücher, die ich besitze, und die Tefillin hinein, von denen ich mich niemals trenne, und richte mich umgehend im Hôtel de France ein. Ich schäume über vor Energie, fühle mich wie ein kommender Eroberer, nur weiß ich nicht, was ich gerne erobern würde.

Doch eines ist klar: Ich muß mich bewähren. Das stachelt mich an und macht mir eine Freude, die ich nie zuvor gekannt habe. Es ist die Freude am Tätigsein - oder besser gesagt: die Freude, im Untergrund tätig zu sein.

Damals und auch später noch war ich der Meinung, in der Widerstandsbewegung seien alle moralischen und edlen Kräfte der Gesellschaft versammelt; der Mut, sein Leben einzusetzen, Opferbereitschaft und Zusammenhalt zeichneten in meiner Vorstellung jeden Widerstandskämpfer vom Chef bis zum kleinen Boten aus. Doch Edelmut, das großmütige Streben nach dem Heiligen, Mitleid ohne jeden Hintergedanken, die Weigerung, andere zu demütigen oder sich demütigen zu lassen, vollkommene Uneigennützigkeit - das alles findet man nur bei Menschen, die für eine Idee oder ein Ideal kämpfen, das über sie hinausgeht. Edles Handeln zeigt sich nur bei denjenigen, die die Sache der Schwachen, der Unterdrückten, der im Leid und im Elend Gefangenen zu ihrer eigenen machen. In meinen Augen verkörperte der Widerstand gegen die Nazis diesen Edelmut. Und unterschwellig litt ich darunter, nicht daran teilgenommen zu haben. Sicher, in Sighet war ich noch zu jung, um mich dem kommunistischen Untergrund anzuschließen, der Broschüren und Pamphlete gegen die kapitalistische Bourgeoisie verteilte. In Buchenwald war ich zu ängstlich, zu teilnahmslos, um an den Aktivitäten des Widerstands mitzuwirken, von dem ich übrigens nichts wußte, da ich im kleinen Lager war. Es hilft nichts: Ich fühlte mich schuldig und zurückgesetzt, mit einem persönlichen Makel behaftet.

Und auf einmal eröffnet sich die Möglichkeit, alles wieder wettzumachen.

Natürlich hat der Irgun nichts mit der französischen Résistance gemein. Schon der Feind ist nicht derselbe. Und meine romantischen Vorstellungen muß ich schnell aufgeben. Sicherheitsvorkehrungen, Aufnahmerituale, Geheimtreffen, Losungen, nächtliche Reisen, schöne Mädchen, die Verbindungen knüpfen, Tricks, um

Verfolger abzuschütteln: Nichts davon gibt es beim Irgun. Keine strenge Befragung, keine ausführliche Durchleuchtung meiner Vergangenheit, kein Schwur mit einer Hand auf der Bibel und der anderen am Revolver, kein Deckname. Ein freundschaftliches Gespräch, ein Händedruck, das ist alles. Wenn ich mir eingebildet habe, ich würde von nun an gefährlich leben, werde ich bald enttäuscht. Ich setze mein Leben nicht aufs Spiel, und mir droht nicht einmal ein Gefängnisaufenthalt. Selbst eine Abschiebung ist unwahrscheinlich. Einen Staatenlosen schiebt man nicht ab, das ist der einzige Vorteil, den er hat. Im schlimmsten Fall würde ich zu Bea ins Flüchtlingslager kommen. Auch gut, dann wird aus mir eben kein Untergrundkämpfer. Ich bin trotzdem glücklich, denn ich bin Mitglied einer jüdischen Widerstandsbewegung.

Dafür habe ich von einem Tag auf den anderen, praktisch im Handumdrehen, eine Stelle, einen Terminplan, ja, einen Beruf bekommen, den ich, das spüre ich genau, lieben werde. Gibt es für einen Neunzehnjährigen eine fesselndere Aussicht, eine reizvollere Berufung, besonders in dieser bewegten Zeit, in der sich die Ereignisse überschlagen und man nicht mehr weiß, wo einem der Kopf steht? Ich lese die Erlebnisberichte von Joseph Kessel, Camus' Leitartikel in *Combat* und die Altmans in *Franc-Tireur*, die polemischen Kommentare von François Mauriac im *Figaro*. Ich möchte in ihre Fußstapfen treten, den Puls der Geschichte spüren, leben und dem Leben zusehen, informieren, erklären und an den Umwälzungen auf diesem Planeten teilhaben: Ich sehe mich schon als berühmten Berichterstatter im Flugzeug, auf dem Schiff, im afrikanischen Dschungel oder in der Sahara, zwischen vergessenen Stämmen, die nur darauf warten, entdeckt zu werden...

Doch in meinem Fall gehen Traum und Wirklichkeit weit auseinander. Als ich am nächsten Montag in die Redaktion komme, weist mir Joseph, der Geschäftsführer, einen Schreibtisch zu und drückt mir einen hebräischen Artikel in die Hand: »Könntest du das bitte übersetzen?« Mit Vergnügen! Der Artikel aus der Zeitung des Irgun in Palästina prangert David Ben Gurion, die Jewish Agency und die Hagana an und verherrlicht Menachem Begin, den Oberbefehlshaber des Irgun. Ich übersetze hebräische Wörter ins Jiddische, ohne ihre Bedeutung zu verstehen. Ich weiß, daß die Hagana die Engländer ebenso heftig bekämpft wie der Irgun – warum herrscht trotzdem eine solche Feindseligkeit zwischen beiden Bewegungen? Der Artikel erwähnt auch die Lechi (die »Stern-Bande«), doch welche Rolle spielt sie? Vielleicht bin ich zu einfältig und politisch zu ungebildet, doch in meiner Vorstellung ist der jüdische Kämpfer ein Idealist, der, von der Poesie seiner Träume und der Stärke seiner Waffen beseelt, sein ganzes Dasein der Erlösung unseres Volkes widmet: ein makelloser Mensch, fast ein Gerechter, der sein Leben für einen Bruder oder einen Kameraden opfert. Warum werden David Ben Gurion und die Hagana beschuldigt, mit der britischen Polizei zu »kollaborieren« und ihr die Kämpfer des Irgun ans Messer zu liefern? Ich übersetze, übersetze es noch einmal und verstehe noch immer nichts. Der Artikel spricht von einer bestimmten »Periode«, in der die jüdischen Spitzenpolitiker grauenhafte Verbrechen begangen haben sollen. Ich habe nicht den Mut, Joseph zu fragen, denn er muß ja davon ausgehen, daß die politische Lage in Palästina kein Buch mit sieben Siegeln für mich ist und daß ich mich nicht grundlos um eine Mitarbeit beim Irgun bemüht habe. Er irrt sich: Für mich sind alle jüdischen Untergrundbewegungen gleich. Und wenn der Pförtner der Jewish Agency mich nicht weggeschickt hätte, säße ich jetzt hinter einem ähnlichen Schreibtisch und übersetzte für eine Zeitschrift der Hagana beleidigende Äußerungen über den Irgun. Gut, zu dieser Frage muß ich mir Informationen besorgen. Aber nicht jetzt. Im Augenblick heißt es übersetzen, denn offenbar gehört das Übersetzen auch zum Beruf und zum patriotischen Untergrundkampf.

Das ist gar nicht so einfach. Ich kann hebräische Texte ohne Schwierigkeit lesen und spreche fließend Jiddisch, doch mein Jiddisch ist schlecht und hat zu viele deutsche Einsprengsel, meine Sätze sind steif, es fehlt ihnen an Struktur, Geschmeidigkeit und Kraft. Der Sinn scheint wie durch eine Allee toter Bäume daherzukommen. Das ist leicht zu erklären: Ich habe keine Ahnung von der jiddischen Grammatik und dem umfangreichen Schatz jiddischer Literatur. Die Werke von Perez, Scholem Aleichem, Mendele habe ich noch nicht gelesen. Höchstens hier mal einen Abschnitt, dort mal ein paar Seiten. Leiwick und Markisch, Bergelson und Der Nister, Glatstein und Manger, ihre Namen sind mir kaum geläufig. Ich muß noch viel lernen.

Joseph verbessert meine Übersetzung und erklärt sich bereit, mir alles beizubringen. Er wird mein Lehrer in Sachen Literatur und politischer Wissenschaft. Ich erfahre, daß das Jiddische eine eigene Grammatik, eine sprachliche Vielfalt mit tausend feinen Unterschieden und zahlreichen Fallstricken besitzt. »Wenn du die Aufmerksamkeit des Lesers fesseln willst, müssen deine Sätze klar genug sein, um verstanden zu werden, und geheimnisvoll genug, um die Neugier zu wecken. Ein guter Text verbindet Stil mit Inhalt; es muß nicht alles ausgesprochen werden – man sagt niemals alles –, aber es muß deutlich werden, daß es einen größeren Zusammenhang gibt.«

Ich lerne, daß das polnische Jiddisch anders ist als das litauische und das rumänische Jiddisch anders klingt als das ungarische. Das Jiddisch der Chassidim unterscheidet sich vom Jiddisch ihrer Gegner. Das Jiddisch der Intellektuellen ist nicht das Jiddisch der Schausteller und Waldarbeiter.

Ich erzähle Schoschani davon, den ich weiterhin abends treffe, und er verblüfft mich einmal mehr: Er stammt aus Litauen, doch er kennt alle jiddischen Dialekte außer dem ungarischen. Bei dieser Gelegenheit erkundigt er sich nach meiner Arbeit. Meinem Schwur treu, weiche ich seinen Fragen aus. Er ist deshalb nicht gekränkt: »Ich mag alles, was geheim ist«, sagt er. »Denke an die Alchimisten: Sie haben in unterirdischen Verstecken versucht, Sand in Gold zu verwandeln. Große Dinge entstehen im geheimen.« Schoschani verabscheut Gewalt, doch am jüdischen Kampf in Palästina nimmt er regen Anteil. Ich erinnere mich noch, daß er sich jedesmal, wenn die Engländer einen Untergrundkämpfer festgenommen hatten, um Auskunft über sein weiteres Schicksal bemühte. Als ein Mitglied der Stern-Bande und ein Mitglied des Irgun sich wenige Stunden vor ihrer Hinrichtung gemeinsam das Leben nahmen, hielt ihn nichts mehr an seinem Platz: Er unterbrach den Unterricht, durchmaß das Zimmer in allen Richtungen, trommelte gegen die Wand, schneuzte sich, schnaufte laut und wischte sich die Stirn mit dem größten Taschentuch, das ich jemals gesehen habe.

Ich nehme auch weiter Unterricht bei François: Mein Chef erlaubt mir, mein Studium bei ihm und an der Sorbonne fortzusetzen. Mehr als über Victor Hugos *Hernani* sprechen wir über die Kämpfe, die im Heiligen Land toben. Wie und warum hat François plötzlich beschlossen, am Kampf für einen unabhängigen jüdischen Staat teilzunehmen? Hat er vielleicht an die Tür der Jewish Agency in der Avenue de Wagram geklopft? Auch daß er sich der Lechi anschließt, während ich beim Irgun bin, beeinträchtigt unsere Freundschaft nicht. Aber wir erzählen einander ja nicht, was wir tun: Je weniger ein anderer darüber weiß, desto besser für alle.

Ich gebe zu, daß mir dieses Leben für den »Untergrund« gefällt. Als Geheimnisträger (welches Geheimnis trage ich eigentlich?) lebt man nicht nur anders, sondern mehr, intensiver. Man spielt die Rolle eines künftigen Helden, fühlt sich seiner Umwelt und allen, die einem auf der Straße begegnen, ein klein wenig überlegen. In der Synagoge in der Rue Pavée, die ich am Sabbat besuche, werden mir keine Fragen gestellt. Dort bin ich ein Student wie viele andere auch. Wenn die wüßten...

Wenn sie was wüßten? Es gibt kein Geheimnis. Ich arbeite in einem gewöhnlichen Büro, übersetze Artikel, die sogar schon erschienen sind, ich verbringe meine Zeit mit vollkommen legalen Tätigkeiten in einer kleinen Druckerei, ich verfüge über keinerlei Informationen zu Waffeneinkäufen oder gecharterten Schiffen, ich stelle keine Fragen und jage keinem Gerücht hinterher. Und seit der Abstimmung bei den Vereinten Nationen halten sich die Untergrundbewegungen in Palästina ohnehin mit Aktionen zurück...

Aber darauf kommt es nicht an. Ich komme mir trotzdem wichtig vor, fühle mich herausgehoben und nützlich! Zwar muß ich mich keiner Gefahr aussetzen, doch meine Lage ist heikel, unsicher und irgendwie heldenhaft. Ich bin ein Journalist, der für die Freiheit der Juden kämpft, ich bin jung, voll Begeisterung, auf der Suche nach einer Sache, für die es sich einzusetzen lohnt...

Meine Besuche in Versailles werden seltener (der Chor hat sich aufgelöst), aber jedesmal muß ich mir alle Mühe geben, nicht den »Widerstandskämpfer« zu spielen. Vor allem Hanna gegenüber. Wann wird sie endlich einsehen, daß ich ihre Aufmerksamkeit, wenn nicht sogar ihre Zuneigung verdiene, daß sie sich dafür interessieren könnte, was ich tue, daß sie mir bestimmte Fragen stellen sollte, damit ich ihr die Antwort mit dem Hinweis auf mein Gelübde verweigern könnte? Niny, die ich in Paris wiedertreffe, braucht keine Heuchelei; sie hat alles erraten. Billigt sie mein Verhalten? Ich nehme es an. An einem Sonntagmorgen rät sie mir: »Sei vorsichtig.« Dann zwinkert sie mir zu: »Und vernachlässige dein Studium nicht zu sehr.«

Das tue ich auch nicht. Ein amerikanisches Sprichwort trifft den Nagel auf den Kopf: Je mehr man zu tun hat, desto mehr Zeit hat man. Schoschani und der Talmud, François und Kierkegaard, meine Studien zur Askese und *Zion im Kampf*: Ich tue, was ich tun muß. Ich schlafe einfach weniger. Es wäre schön, wenn Hanna meine

Müdigkeit bemerkte, doch wenn einmal ihr Blick auf mich fällt, sieht sie nur durch mich hindurch.

Die Zeitung nimmt mich immer mehr in Anspruch. Von Joseph ermutigt, wähle ich jetzt gezielt die Nachrichten und Beiträge aus, die wir übersetzen oder übernehmen wollen. Ich beginne, Titelvorschläge zu machen, trage die Manuskripte in die Druckerei von Gutkin, setze die erste Seite und die Kulturanzeigen: Woche für Woche lerne ich das Handwerk besser.

Mit Marc Gutkin spreche ich über Religion, Kultur und die Politik der Zionisten. Jacotte, seine Tochter, ist mir im Gedächtnis geblieben: ein Kind noch, aber sehr energisch, schalkhaft, fleißig... Dann war da Sam, der Setzer, ein ehemaliger Auschwitz-Häftling, der ununterbrochen bis spät in die Nacht an seiner Linotype saß und mit größter Sorgfalt arbeitete, damit auch jede Ausgabe ihrer Mission würdig wäre... Sein Kollege Jackie war der letzte Linotype-Setzer für Jiddisch in Paris...

Bei meiner Arbeit lerne ich Schlomo Friedrich, den Chef des Betar, kennen. Er ist groß und kräftig, hat einen eiligen Gang und wirkt sehr stark. Ein Mann von bemerkenswerter Intelligenz, der mit Raffinesse, Kühnheit und Ideenreichtum den Gulag überlebt hat und nun ein anregender, hingebungsvoller und leidenschaftlicher Motor seiner Bewegung ist. Ich erinnere mich an sein Lächeln und an seine Stimme. Es gibt nichts, was Friedrich nicht kann. Er verfaßt politische Programme genausogut, wie er Akkordeon spielt und dazu auf jiddisch, russisch oder hebräisch singt. Wenn junge Leute aus seiner Bewegung heiraten, leitet er die Trauung und sorgt dafür, daß es an Geschenken nicht fehlt. Wird ein Vorsänger für die Hohen Feiertage gesucht, meldet er sich freiwillig und schlägt sich großartig. Er besucht Minister und bringt mit derselben Leichtigkeit seine Anliegen vor, wie er Rechtsanwälte berät, die ihn aufsuchen. Ich lerne Schoschana kennen, seine zukünftige Frau, später auch seine Kinder. Als Schlomo in einem Pariser Krankenhaus an Krebs stirbt, bin ich gerade in New York; bei der Nachricht von seinem Tod blutet mir das Herz.

Als Journalist nehme ich für die Zeitung an Pressekonferenzen teil, an öffentlichen Versammlungen, an Demonstrationen. Dabei lerne ich meine »Mitstreiter« kennen: Henri Bulawko, der noch nicht weiß, daß wir zusammen in Auschwitz-Buna waren, Leon Leneman, der als einer der ersten über die Judenverfolgung in der

Sowjetunion berichtet und Alarm schlägt, die Mitarbeiter der kommunistischen Tageszeitung *Neie Presse* und ihr zionistischer Rivale *Unser Wort*. Langsam werde ich mit meinem beruflichen Umfeld vertraut. Noch schreibe ich keine Beiträge. Ich übersetze weiter, redigiere und kümmere mich um die Produktion.

Es gärt überall auf der Welt. Der junge König Michael von Rumänien muß abdanken und sein nunmehr kommunistisches Land verlassen. Birma erlangt die Unabhängigkeit. Gandhi wird ermordet, Jan Masaryk stürzt in Prag aus einem Fenster (oder wird gestürzt?). In Irland tritt Eamon De Valéra zurück. In Palästina werden britische und jüdische Soldaten umgebracht. Arabische Terroristen jagen in Jerusalem das Gebäude der Jewish Agency in die Luft: Elf Menschen sterben, sechsundachtzig werden verwundet. Der Tod Antonin Artauds macht in Paris einigen Wirbel... Ich kenne noch nicht einmal seinen Namen.

Täglich kommen Abgesandte des Irgun in die Redaktion. Sie stammen alle aus Palästina. Mehr als ihre Decknamen darf ich nicht kennen. Doch von Joseph erfahre ich unter dem Siegel der Verschwiegenheit ein wenig über die Vergangenheit ihres Anführers, des geheimnisumwitterten Elie Farschtei: Als er den Nachrichtendienst des Irgun in Jerusalem leitete, wurde Elie 1946 gefangengenommen und von den Agenten der Hagana gefoltert. Anscheinend war er monatelang auf einer eisernen Pritsche im Kibbuz der Mapai (der Partei Ben Gurions) angekettet. Manchmal schließt er sich mit seinen Stellvertretern Aryeh und David in Josephs Büro ein. Ich würde gerne erfahren, was sie ausbrüten. Bereiten sie Anschläge vor, und wenn ja, gegen wen? Oder geht es um die Einschiffung neuer illegaler Einwanderer? Wann brechen sie auf? Woher kommen sie? Elie Farschtei ist der einzige, der bei mir stehenbleibt und sich danach erkundigt, ob die Arbeit nicht zu schwer sei und ob mein Studium nicht darunter leide. Ich senke die Augen, antworte, alles gehe gut, und hoffe dabei, daß er mit meinem »Beitrag« zum zionistischen Kampf zufrieden ist...

Ich erinnere mich an einen gewissen Marcel, der häufiger Englisch sprach (was ich nicht verstand) als Hebräisch. Bei ihm hatte man ständig den Eindruck, er führe Waffen mit sich. Auch Zeev, der die Verbindung zu den Gruppen des Irgun in Deutschland sicherstellte, habe ich in Erinnerung behalten. Des weiteren Saul, der eher ein Intellektueller als ein Mann der Tat war, und Mendel, der wie ein

Dichter aussah. Und auf den Fluren hätte ich erneut einem hübschen und eifrigen jüdischen Mädchen aus Antwerpen begegnen können, das Akten und andere Dinge hin- und hertrug: meine künftige Frau.

In der Zwischenzeit spitzt sich die Lage in Palästina zu. Eine Welle von Gewalt überzieht die jüdischen Gemeinden in den verschiedenen arabischen Ländern. In Syrien steckt der Mob die Synagoge von Aleppo in Brand. In Aden werden Juden zu Hunderten niedergemetzelt. Jerusalem wird von den Horden des Großmuftis und Hitlerfreunds Hadsch Amin al-Hussayni (ein ehemaliger Verbündeter und Schützling Himmlers) belagert. Sie greifen Dörfer und Kolonien jüdischer Siedler an. Der Mai rückt näher und damit die Unabhängigkeit Israels. Die kämpfenden Einheiten der Hagana, der Palmach, der Irgun und der Stern-Bande verdoppeln ihre Kräfte und Anstrengungen: Jeder Kibbuz, jede Kolonie muß unbedingt geschützt werden. In der Diaspora arbeiten die zionistischen Organisationen unablässig, um unsere Brüder in Palästina politisch und finanziell zu unterstützen. Auch in Frankreich wird man immer aktiver. Ob jung oder alt, mehr oder weniger reich, in allen ist dieselbe fieberhafte Betriebsamkeit erwacht, die schon ihre Vorfahren beseelte. Unabhängig voneinander arbeiten die Vertreter aller Widerstandsbewegungen Tag und Nacht: Woher bekommt man Waffen und Munition, womit werden sie bezahlt, wie rekrutiert man Freiwillige, die morgen oder übermorgen an verschiedenen Fronten den eben entstehenden israelischen Staat verteidigen sollen? Elie und seine Stellvertreter kommen nicht mehr zum Schlafen. Die Zeitungsleute helfen, so gut sie können – auch wir schlafen kaum noch.

Der Kreis meiner Freunde ist geschrumpft. Kalman ist nach Amerika ausgewandert, Israel Adler wurde von der Hagana einberufen und befindet sich in einem Trainingslager für Freiwillige, Le Grand Arenas bei Marseille. Dort kümmert er sich als Offizier um die kulturellen Angelegenheiten. Nicolas teilt mir seine Entscheidung mit: Trotz seiner Leidenschaft für Paul Valéry wird er sein Studium unterbrechen: »Unser Volk kämpft um sein Land, und ich soll die Hände in den Schoß legen und mich in *Friedhof am Meer* ergehen?« Er will sich an die Front melden. »Und was sagen deine Eltern dazu?« – »Sie werden es verstehen.« – »Und Myriam? Du weißt, sie liebt dich.« Er weiß es und weiß es auch wieder nicht. In Versailles war er wahnsinnig verliebt in sie: Um ihr nahe zu sein, überwand er seinen Stolz und sang im Chor. Jetzt erwidert sie seine Liebe auf das heftigste. Seine ist zwar etwas abgekühlt, aber das sei kein Problem. Wenn sie nach Israel nachkäme, würde alles gut werden. Sei es, um mich nicht von Nicolas zu trennen, sei es aus patriotischen Antrieben, schlage ich ihm vor: »Laß uns zusammen gehen!« Ich spreche mit Joseph darüber, der seine Vorgesetzten verständigt. Sie haben keine Einwände. Natürlich hätten sie es gerne gesehen, wenn ich mich zu den kämpfenden Verbänden der Irgun gemeldet hätte, doch sie lassen mich gewähren.

In meinem tiefsten Inneren hege ich Zweifel: Ich bin nicht für das Militär geschaffen. Ich weiß, daß ich den regelmäßigen Drill, das Gebrüll der Unteroffiziere, das enge Zusammenleben in den Baracken und das Untergehen des einzelnen in der Masse nicht ertragen werde. Und ich könnte ja auch im Kampf fallen... Ich habe in meinem Leben noch nichts zustande gebracht, habe bisher keine einzige Zeile über die Visionen und Zwangsvorstellungen zu Papier gebracht, die ich in mir trage und an denen ich noch niemanden teilhaben ließ. Auch bei der Zeitung habe ich nur die Gedanken, die Forderungen und die Wut der anderen, ihre Enttäuschungen und Hoffnungen übersetzt und weitergegeben. Es waren nicht meine. Nichts war von mir, nichts berichtete über mich. Wenn ich verschwinde, verschwindet meine Geschichte mit mir. Mehr und mehr spüre ich, daß ich noch immer der Diaspora angehöre. Und außerdem... Aber was zählt das schon, wenn das Vaterland uns ruft, wie es so schön heißt.

Nicolas und ich gehen gemeinsam zum Rekrutierungsbüro in der Avenue de la Grande-Armée Nummer 83. Wir müssen uns in eine Schlange einreihen, so viele Freiwillige melden sich. Freiwillige, die es kaum erwarten können. Man fühlt sich wie unter Kameraden. Man begrüßt sich, erzählt den neuesten Klatsch, die neuesten Gerüchte und kuriosen Vorfälle: Wir gehören praktisch schon zur jüdischen Armee. Alles läuft gut und wird noch besser, es sei denn... Bei der ärztlichen Untersuchung taucht ein Hindernis auf: Mein Gesundheitszustand »mißfällt« dem Arzt. Er schlägt einen kleinen chirurgischen Eingriff vor, nichts Schlimmes, aber unumgänglich. »Werden Sie erst einmal gesund«, sagt er mir, »Ihre körperliche Verfassung läßt es nicht zu. Kommen Sie ein anderes Mal wieder.« Bin ich denn krank? Ich wüßte nicht, was mir fehlen könnte. Warum will der Arzt mich abschrecken? Ich beneide Nicolas. Er wird als »tauglich« eingestuft. Der zukünftige Professor für das sephardische Judentum ist bei bester Gesundheit. Wie wird es sein, wenn er Israel Adler in Südfrankreich trifft? Er wird in Haifa von Bord gehen und die Uniform der wiederauferstandenen jüdischen Armee tragen. Er wird Soldat sein, ein Held, ich nicht.

Niedergeschlagen, melancholisch, voller Verzweiflung kehre ich nach Versailles zurück, um dort den Sabbat zu feiern. Ich gehöre zu den letzten »Kindern«, die immer noch das Haus aufsuchen. Die Atmosphäre von früher ist verschwunden. Ich fühle mich nicht mehr wohl. Für den Leiter bin ich einfach nur ein Student. Hält man mich für einen Nichtstuer? Für einen Sonderling oder einen, der aus irgendeinem Heim weggelaufen ist? Ich fühle mich von allen scheel angesehen, von einigen sogar abschätzig. Vor allem natürlich von Hanna. Seit wir uns kennen, hat sich ihre Haltung nicht geändert. Bei Tisch singen wir gemeinsam die den Sabbat einleitenden Lieder, die Semirot, doch meine Gedanken sind woanders.

Ich gehe auch nach Orsay, wo Leon Aschkenasi (der den Beinamen »Manitu« trägt) eine Art moderne Jeschiwa nach sephardischem Muster leitet. Schon hier ist er ein charismatischer Lehrer, in dessen esoterischer Lehre eine dichterische Sprache ihren Widerhall findet. Seine Methode gefällt mir. Auch seine Lieder. Ich habe ein großes Bedürfnis danach, den Sabbat betend, singend, lernend zu feiern. In Paris gibt es wenig Möglichkeiten dafür. In Orsay lerne ich Lieder auf Ladino und bringe den anderen chassidische Gesänge bei...

In der Redaktion arbeiten wir unermüdlich auf Hochtouren. Ein alter Traum wird wahr: Ein neuer jüdischer Staat entsteht. Von allen Völkern der Antike ist Israel das einzige, das seine nationale Unabhängigkeit auf dem Boden seiner Vorväter wiedererlangt. Israel wird wieder zum Nabel der Welt.

Der ersehnte Augenblick ist gekommen. An einem Freitag bricht die Morgenröte unserer Träume an. Wir schreiben den 14. Mai 1948. Alle Rundfunksender der Welt übertragen die Rede David Ben Gurions. Wenige Stunden vor Beginn des Sabbat, dessen Ruhe nicht verletzt werden soll, verliest er in einem Museum von Tel Aviv die Unabhängigkeitserklärung. Ich höre ihm zu, ich lese sie (ich werde sie immer wieder lesen) und kann die Tränen nicht zurückhalten.

Wann habe ich das letzte Mal geweint? Mit einer inneren Sammlung, die fast schmerzlich ist, erwarte ich den schönsten, den strahlendsten Sabbat meines Lebens. Sabbat, du sollst nicht für Israel geopfert werden! Nein, heute will Israel sich dir zum Opfer bringen.

Die Welt hält teils bewundernd, teils beunruhigt den Atem an: Wird das jüdische Volk jetzt, wo es seinen alten Traum verwirklicht, sein Gesicht verändern oder gar sein Schicksal umkehren?

Von unsichtbaren Flügeln getragen, eile ich bei Sonnenuntergang in die Synagoge, um die Königin Sabbat zu empfangen. Ich suche nicht das Gebet, sondern die lebendige Gemeinde. Der Gottesdienst hat noch nicht begonnen. In äußerster Erregung diskutieren die Gläubigen über die Politik und die Maßnahmen für die Zukunft. Ein alter Meister mit breitkrempigem Filzhut zieht mich in eine Ecke und fragt: »Wirst du künftig an Wunder glauben?« – »Ja.« – »Und du wirst die Segensgaben des Himmels nicht mehr verleugnen?« – »Nein.« Sein messerscharfer Blick durchbohrt mich, und seine Stimme wird härter, schneidender: »Nun, mein Kleiner, du gibst dich aber mit wenig zufrieden. Du verzeihst und du vergißt zu schnell.« Aber ich brauche diese Wende oder zumindest ein Zeichen. »Nein!« ruft der Meister tief enttäuscht: »Dieser Segen kommt zu spät über uns; ich habe zwar nicht das Recht, ihn zurückzuweisen, aber ich kann ihn nicht Segen nennen. Wir haben ihn zu teuer bezahlt. Als echter, erlösender Segen hätte er früher kommen müssen.« Mit zusammengebissenen Zähnen beginnt er zu beten, und zur gleichen Zeit wird in Israel trotz der zahlenmäßigen Unterlegenheit und der schlechten Bewaffnung bereits gekämpft wie zur Zeit der Makkabäer. Den Krieg zu verlieren würde das Ende eines Traums bedeuten, das Ende von Erez Israel.

(Wenn ich Israel besuche, denke ich häufig an dieses Gespräch. Sollte Israel eine Wiedergutmachung für den Holocaust sein? Das ist eine zu einfache, an Blasphemie grenzende Erklärung. Das eine hat mit dem anderen nur die Menschen gemeinsam, die beides miterlebt haben.)

Die öffentliche Meinung steht dem jungen jüdischen Staat wohlwollend gegenüber. Truman und Stalin streiten sich um die Ehre, wer seine Existenz *de facto* und *de jure* zuerst anerkennt. Die französische Presse entsendet ihre besten Berichterstatter, ihre bekanntesten Kommentatoren. Ich beneide sie. Was gäbe ich nicht alles für den Titel »Kriegsberichterstatter«? Aber *Zion im Kampf* benötigt mich hier, als einfachen Journalisten, Korrektor, Redakteur und Laufburschen.

So erlebe ich die historischen Ereignisse nur vermittelt durch die Berichte anderer. Israel führt Krieg, empfängt seine aus den Lagern heimkehrenden Kinder und baut seinen Staatsapparat auf: Ich lese die Meldungen der Presseagenturen, vergleiche die Reportagen mit den militärischen und politischen Analysen, unterstreiche hier ein besonders aussagekräftiges Bild und kreuze dort eine besonders treffsichere Formulierung an. Ich lerne, Namen und Ereignisse zu verbinden. Der Tod Abdelkader Husseinis, der Angriff auf das Dorf Deir Jasin (über dessen blutige Einzelheiten man noch nichts weiß), der Fall Kfar Ezions, das Blutbad an einem Ärzte-Konvoi; ich »begleite« die ruhmreichen Einheiten der Palmach bei ihrem Kampf um die Öffnung der Straße nach Jerusalem und bin bei der 7. Brigade, die wegen ihrer Siege im Süden in die Annalen der Geschichte eingehen wird; ich juble vor Freude, als der Irgun Jaffa erobert, ich feiere Menachem Begin, als er bei der Gründung einer neuen politischen Partei, der Cherut, seine Verbundenheit mit der Demokratie erklärt. Cherut ist die Nachfolgerin des Irgun, deren Offiziere und Soldaten sich der Zahal, der israelischen Verteidigungsarmee, anschließen. Ich weine vor Wut und Trauer, als ich von der Kapitulation der Altstadt Jerusalems erfahre. Im Juni darf ich endlich meinen ersten eigenen Artikel veröffentlichen: einen romanesken, aber persönlichen Kommentar zur unbegreiflichen Tragödie der *Altalena*. In der Redaktion hat sie mehr Wut als Trauer ausgelöst, denn wir empfanden das Ganze weniger als Tragödie denn als Verbrechen, Attentat und Verrat.

Muß ich die Umstände in Erinnerung rufen? Nach der Unabhängigkeitserklärung gehen alle Untergrundbewegungen auf nationalem Boden in der Zahal auf, nur in Jerusalem, das die UNO zur internationalen Zone erklärt hat, behalten Irgun und Stern-Bande ihre Infrastruktur, ihre Stützpunkte und ihre unabhängigen Kommandogruppen. Da es ihnen an Kämpfern, Waffen und Munition fehlt, chartert die Irgun ein Schiff, das tausend Flüchtlinge aus den Lagern im wehrfähigen Alter an Bord nimmt sowie ausreichend Waffen und Munition (Geschenke der französischen Regierung) lädt, um die neuen Einheiten und noch einige mehr damit auszustatten. Dieses Unternehmen wirft jedoch ein doppeltes Problem auf: Zum einen verletzt es das von der UNO verhängte Embargo, zum anderen hegt Premierminister David Ben Gurion die Befürchtung, die verhaßten Anführer des Irgun könnten einen Staatsstreich wagen. Gab es ein Abkommen zwischen den beiden Lagern? Aus der Umgebung des Premierministers hieß es immer nur, nein, es habe keine Übereinkunft gegeben; die Anhänger Begins schwören das Gegenteil. Das Argument des Irgun lautet: »Wenn wir einen Staatsstreich geplant hätten, dann hätten wir wohl kaum die Regierung zuvor über die Ankunft des Schiffs informiert.« Heute ist erwiesen und durch viele Zeugen bestätigt, daß es Beratungen über die Aufteilung der Waffen gab. Woran sind sie gescheitert? An den Befürchtungen der provisorischen Regierung, wegen des Bruchs des UNO-Embargos verurteilt zu werden? Oder vielleicht an dem uneingestandenen Wunsch Ben Gurions, die Truppen des Irgun, der Lechi und vor allem der Palmach auszuschalten?

Die *Altalena* kreuzt vor der Küste Israels bei Kfar Witkin, erhält seltsamerweise aber nicht die Erlaubnis, vor Anker zu gehen und ihre Ladung an Land bringen zu lassen, es sei denn, sie übergibt sie vollständig der Zahal. Die Führung des Irgun beschließt, das Schiff nach Tel Aviv umzuleiten. Auf Befehl Ben Gurions wird es dort von der Palmach mit Kanonen empfangen und versenkt. Die Operation wird von hohen Offizieren geleitet, deren Namen und militärische Fähigkeiten als leuchtende Sterne am Himmel der Zahal stehen: von dem künftigen General und Minister Mosche Dayan, dem künftigen Archäologen, General und Minister Jigael Jadin, dem künftigen Minister für Auswärtige Angelegenheiten Jigael Allon und einem jungen Offizier, dessen Entschlossenheit ebensogroß ist wie seine Verschwiegenheit, dem künftigen Chef des Generalstabs, Verteidigungsminister und Premierminister Jitzhak Rabin. Gibt es eine Erklärung für die Härte Ben Gurions? In seinen Anweisungen spricht er vom »Feind«, der um jeden Preis zu bekämpfen sei; er fordert die bedingungslose Kapitulation. Er will seinen »Feind« nicht nur besiegen, sondern demütigen. Obwohl eine Vermittlung möglich, ein Kompromiß machbar wäre, bemühen sich geachtete Rabbiner und politische Führer vergeblich, ihn zum Einlenken zu bewegen: Keine Gnade für den »Feind«. Angloamerikanische Freiwillige weigern sich, das Schiff mit Kanonen zu beschießen: »Wir sind nicht hierher gekommen, um Juden zu töten«, sagen sie. Einige Offiziere (darunter der Stabsfeldwebel von Mosche Dayan) nehmen eine ähnliche Haltung ein. Sie gehören zu den wenigen, die zwischen all den Gehorsamen ihr Gewissen befragen. Die Schlacht ist für den Irgun von vornherein verloren. Gab es Verluste? Es wird von ungefähr zwanzig Gefallenen gesprochen, fast alles Überlebende aus den Konzentrationslagern. Stimmt es, daß die Offiziere der Palmach auf ihren Sieg anstoßen? Unter Tränen ruft Begin seinen Truppen zu: »Keine Rache, keinen Bürgerkrieg, keinen Brudermord!« Im Verlauf einer hitzigen Debatte hält Ben Gurion in der Knesset eine Rede, die ich noch heute nicht so recht begreifen und ihm kaum verzeihen kann. Darin rechtfertigt er seinen Befehl und erklärt: »Wenn wir den Dritten Tempel wiederaufbauen, wird die Kanone, die auf die *Altalena* zielte, dort einen Ehrenplatz bekommen.« Ich verfluche Ben Gurion. Später, sehr viel später werde ich für ihn und seine politische Weitsicht anhaltende Bewunderung empfinden.

Zion im Kampf veröffentlicht in der diesem Ereignis gewidmeten Ausgabe einen polemischen, von prophetischer Empörung getragenen, überschäumenden Artikel des bekanntesten israelischen Leitartiklers, des Arztes Azriel Carlebach. Sein Titel lautet: »Die heilige Kanone«. Dieser Artikel hat mich ebensosehr angeregt, wie mich die Ereignisse erschüttert haben, und ich schrieb in der Folge einen Text, den ich mit Ben Schlomo unterzeichnete. Darin erzähle ich die Tragödie zweier Brüder, die den gegnerischen Lagern angehören: Der Kämpfer des Irgun wird Opfer seines Bruders, der Soldat der Palmach ist.

Wenn ich heute darüber nachdenke, finde ich es schon merkwürdig, daß mein erster Text den Finger auf eine Wunde legt, die in der Geschichte meines Volkes immer wieder aufbrach und bis heute schmerzt. Ist es Zufall, daß Kain und Abel, das erste Brüderpaar, von dem in der Bibel die Rede ist, ein Mörder und sein Opfer sind? Und daß die Kinder unserer Patriarchen so miteinander in Streit gerieten? Es gibt keine Generation von Juden, die keine Spaltung erlebt hätte, es gibt kein Jahrhundert, das nicht durch einen jüdischen Glaubenskampf, durch Teilungen und Brüche gezeichnet war. Isaak gegen Ismael; Jakob gegen Esau; Juden gegen Israel, Pharisäer gegen Sadduzäer, Talmudisten gegen Chassidim, Bundisten gegen Zionisten und Kommunisten gegen alle ... Wo ist da die jüdische Einheit und Solidarität, die in unserer Literatur so häufig gerühmt und von der Propaganda unserer Feinde so sehr geschmäht wird?

Trotzdem glaubte ich an die jüdische Einheit. Ich wollte an sie glauben. Jude zu sein bedeutete in meinen Augen, im weitesten und unmittelbarsten Sinne einer jüdischen Gemeinschaft anzugehören. Es bedeutete, daß sich jeder Jude verletzt fühlte, wenn irgendwo ein Jude gedemütigt wurde, ganz gleich, woher er stammte, welcher Schicht er angehörte und in welchem Land er wohnte. Es bedeutete, daß wir reagieren und jedesmal protestieren mußten, wenn irgendwo ein Jude nur deshalb geschlagen wurde, weil er Jude war, und sei er völlig unbekannt.

Niemals hätte ich es für möglich gehalten, daß ein Jude fähig sein würde, jüdisches Blut zu vergießen, Krieg gegen Juden zu führen, und schon gar nicht gegen Juden, die sich weigern, das Feuer zu erwidern. Die abtrünnigen Juden im Mittelalter und die jüdischen Kapos in den Lagern waren für mich nur Ausnahmen von der Regel. In beiden Fällen handelte es sich lediglich um Randerscheinungen ohne jede Beweiskraft.

Jetzt aber schossen gute Juden oder, besser, jüdische Soldaten, jüdische Kriegshelden gar, auf ihre Brüder, die durch die Hölle gegangen waren, wie man sagt, Brüder, die ihnen zu Hilfe kommen, sich ihrer Sache anschließen, die an ihrer Seite kämpfen und ihren Beitrag zum großartigen Unternehmen leisten wollten ...

Ich kann es nicht fassen. Das ist nicht wahr, sage ich mir, während ich die Artikel und Berichte lese und dabei die Fotos und Schlagzeilen betrachte. Nein, es kann nicht sein, daß der Premierminister des neugegründeten jüdischen Staates solche Befehle erteilt hat und daß die Offiziere der Palmach sie befolgt haben. Es kann nicht sein, daß sie sich geweigert haben, die Verwundeten zu versorgen. Ich kann nicht glauben, daß jüdische Soldaten auf ehemalige KZ-Insassen und Partisanen gezielt haben, die im Meer schwammen. Die Toten sind nicht tot.

Wie ein enttäuschter, ernüchterter Liebhaber versuche ich vergeblich, mir einen Reim darauf zu machen. Die Leute von der Irgun sagen: »Ben Gurion hat schon immer alles gehaßt, was mit uns zusammenhängt, was wir verkörpern.« Sie zitieren sein offizielles Programm aus jener Epoche, als er seine Gegner verfolgte und sie jagen ließ. Im Kampf gegen den Irgun waren alle Mittel erlaubt: Wer im Verdacht stand, ihm anzugehören, wurde entlassen; die

Kämpfer des Irgun bekamen keinerlei Schutz oder Hilfe, ihren Drohungen sollte mit aller Macht entgegengetreten werden, nötigenfalls sollte man zu diesem Zweck auch mit der britischen Polizei und Mandatsverwaltung zusammenarbeiten. Damals waren nicht die englischen Besatzer der Hauptfeind der politischen Führungsschicht der Juden in Palästina, sondern die Kämpfer des Irgun. Die Hagana, so sagt man mir, würde ihre Taktik ebensowenig ändern, wie die Katze das Mausen ließe. Diese Erklärung stellt mich keineswegs zufrieden. Ich kann das Bild, das man von Ben Gurion zeichnet, nicht annehmen: Ein großer Zionist, ein jüdischer Idealist wie er kann kein Ungeheuer sein! Aber im Rekrutierungsbüro in der Avenue de la Grande-Armée lasse ich mich nicht mehr blicken. Denn ich trage eine Wunde in mir, die erst viel später vernarben wird. Was vielleicht weniger an meiner Treue zum Irgun als an meiner Jugendlichkeit liegt. Zumal es Irgun und Lechi in Israel nicht mehr gibt. Sie wurden zerschlagen und haben sich aufgelöst. Doch in der Diaspora arbeitet der Apparat weiter. Heute würde man seine Tätigkeit als Öffentlichkeitsarbeit bezeichnen. Albert Stara sorgt weiterhin für das Erscheinen von *La Riposte*, und wir sorgen für das Erscheinen von *Zion im Kampf*.

Ich beschließe, Bea zu besuchen, die noch immer auf ihr Visum wartet. Es folgt die altbekannte Prozedur: endloses Warten auf dem Polizeipräsidium, Visaanträge, nervtötende, entwürdigende Verhöre und dann die erlösenden Stempel.

Nach und nach leert sich Beas Lager. Viele Insassen wandern nach Israel aus. Andere beginnen irgendwo in der Fremde ein neues Leben. Die Deutschen scheinen froh zu sein, die Juden loszuwerden. Unter meinem Pseudonym Ben Schlomo widme ich ihnen einen Artikel unter dem Titel »Sieger und Besiegte«. Die Deutschen sind besiegt, doch gehören wir deshalb zu den Siegern? frage ich darin.

Ich schreibe viel, das meiste für den Papierkorb: Joseph möchte nicht, daß ich mich weiter mit Politik befasse. Auch ich habe die Nase voll von allem, was das jüdische Volk spaltet. Eine Gruppierung zu kritisieren, um eine andere zu unterstützen, den Stab über die einen zu brechen, um die anderen dadurch zu verteidigen, ist keine Arbeit, keine Auseinandersetzung nach meinem Geschmack. Ich wende mich der Literatur und der Philosophie zu, verfasse eine umfangreiche Untersuchung über Spinoza, eine zweite über Mohammed und den Koran. Welche Beziehung diese Beiträge zum Irgun haben? In der Tat gibt es keinen notwendigen Zusammenhang, und einer unserer »Vorgesetzten« stellt uns die peinliche Frage, was der abtrünnige Philosoph aus Amsterdam in einer Zeitung zu suchen habe, in der Ben Gurion der alleinige Abtrünnige sei. Glücklicherweise stellt Joseph sich hinter mich. Er hofft, den Kreis unserer Leser zu erweitern und ein intellektuelles Publikum zu erreichen. Wir sind kein Untergrundblatt mehr, waren es vielleicht nie, und wie jede Zeitung, die etwas auf sich hält, wollen wir uns nicht auf tendenziöse Informationen und ideologische Debatten beschränken. Mit gestärktem Rücken arbeite ich an größeren Kulturreportagen und Hintergrundartikeln für die kommenden Monate, aber... Wieder einmal bringt ein »Aber« meine Pläne durcheinander. Kurze Zeit nach der Tragödie der *Altalena* (im Januar 1949) schließen die Vertretungen des Irgun in Europa ihre Türen. Elie Farschtei und sein Stab werden zurückberufen, darunter auch Joseph, mein Chef. Da ich nur eine Hilfskraft vor Ort war, habe ich von niemandem einen Befehl oder Unterstützung zu erwarten. »Warum kommst du nicht nach Israel?« fragt mich Joseph. Ich verspreche, darüber nachzudenken.

Nun, da ich meine Stelle verloren habe, widme ich mich mit verstärktem Eifer wieder meinem Studium. Ich lese alles, was mir in die Hände fällt. So entdecke ich schließlich die moderne französische Literatur: Georges Duhamel, Romain Roland, *Conditio humana* von Malraux, *Die Aussätzige und der Heilige* von Mauriac, *Jean Barois* und *Die Thibaults* von Roger Martin du Gard. Und natürlich die Existentialisten. Ich verschlinge die Romane und Berichte über den Krieg. Manchmal verlasse ich nicht einmal mein Zimmer, so sehr bin ich in meine Lektüre versunken. Was sollte ich draußen auch tun? Was habe ich in dieser Ödnis zu suchen?

Schlomo Friedrich, der rettende Engel, verschafft mir ab und zu Übersetzungen und redaktionelle Arbeiten, damit ich wenigstens meine Miete bezahlen kann. Meine finanzielle Lage spitzt sich wieder zu. Die OSE hat ihre Unterstützung seit langem eingestellt. Einige Tage streife ich mit leerem Magen umher. Soll ich zur Porte Saint-Cloud zurückgehen und die Käseverkäuferin anlächeln? Beim bloßen Gedanken daran steigt mir die Schamesröte ins Gesicht. Wie lange will ich noch in Selbstmitleid zerfließen? Plötzlich fühle ich mich fremd, als gehörte ich nicht mehr hierher. Ich habe mit Europa abgeschlossen. Bea ist endlich nach Kanada ausgewandert, Schoschani ist verschwunden, wahrscheinlich taucht er nicht wieder auf. Hilda und ihr Mann führen ein schwieriges, mühevolles Leben. Abends beaufsichtige ich häufig Sidney, ihren Sohn, dessen Wiege den gesamten »Salon« einnimmt. Sie wollen irgendwelche Geschäfte machen, welche, habe ich nie erfahren. Sie kommen kaum noch über die Runden. Manchmal kehre ich für ein Sabbatessen nach Versailles zurück. Das Heim hat sich noch mehr verändert: Jetzt leben andere »Kinder« hier, und die Atmosphäre ist nicht mehr dieselbe. Hanna bleibt sich treu und ist weiterhin distanziert und sarkastisch. Sie kann nichts dafür. Die ganze Welt kann und muß sich ändern, nur sie hat es nicht nötig. Aber das ist ihre Angelegenheit. Mich drücken andere Sorgen. Was soll aus mir werden? Nicolas schickt mir einen langen Brief mit einer kurzen Botschaft: Komm doch! Israel Adler schreibt nur: Komm! Die Wochen und Monate vergehen wie im Fluge. Schon haben wir wieder Pessach, ist es wieder Frühling. Ich könnte doch im Sommer nach Israel gehen... Ich spreche mit Hildas Schwager Georges darüber, der eine leitende Stellung beim Zeitungskonzern Amaury innehat. Er findet die Idee ausgezeichnet und will mir einen Presseausweis besorgen. Der Krieg in Israel ist zwar zu Ende, aber das ist kein Hindernis: Ein Waffenstillstand ist noch lange kein Frieden. Mein Traum ist einen Schritt näher gerückt: Ich werde als Kriegsberichterstatter arbeiten. Wie beschreibt man einen Krieg ohne Kriegshandlungen? Ach, es gibt genügend andere Themen, über die man berichten kann: über das Leben der neuen Einwanderer etwa; Israel als Aufnahmeland für die Söhne und Töchter aus der Diaspora; Israel und der Beginn der Erlösung. Ich habe nicht die geringste Vorstellung, wie lange ich bleiben werde. Wie könnte ich auch? Das Wichtigste ist, dort zu sein.

Um die Reise wie ein Profi vorzubereiten, gehe ich zur Vertretung der Jewish Agency in Paris: Dort empfängt mich die Leiterin einer Unterabteilung, die mich zu meinem Vorhaben beglückwünscht: »Reisen Sie nur«, meint sie, »eine gute, romantische, sentimentale Reportage wird der Alija immer nützlich sein. Die Türen des Landes stehen offen, aber zu wenige Juden kommen.«

Die Mutter von Meno Horowitz, einem Kameraden aus Versailles, der Landwirtschaft studiert, nimmt sich meines Vorhabens an. Wir entwickeln einen Plan, eine Strategie: Ende Mai, Anfang Juni soll ich mich einer Gruppe von Einwanderern anschließen und mich gemeinsam mit ihnen auf den Weg machen, vom Bahnhof in Lyon bis nach Haifa. Dann werde ich weitersehen. Durch Zufall erfahre ich, daß einige ehemalige Mitstreiter des Irgun zu der Gruppe gehören. Doch sie wandern endgültig aus, und ich schäme mich, ihnen zu gestehen, daß ich weniger idealistisch und vor allen Dingen weniger mutig bin als sie. Wie werde ich in Israel meinen Lebensunterhalt bestreiten? Von der Zeitung bekomme ich nur ein Zeilenhonorar. Ich habe gerade mal ein paar tausend alte Francs auf der hohen Kante und ein Pfund Sterling, das mir Freddo geschenkt hat. Gott wird schon helfen...

Ich packe die Tefillin, ein paar Kleidungsstücke, Bücher und mein angefangenes Manuskript über die Askese in den Koffer und gehe zum Bahnhof. Dort treffe ich meine Freunde Baruch und Louis wieder. Baruch schwärmt für Romane von Jack London, Louis für gutes Essen. Die jungen Olim oder Einwanderer sind bester Laune, sie trinken und singen in überschäumender Freude; nie waren sie so fröhlich, so offen für Freundschaften. Lachend erzählen sie sich ihre Liebesabenteuer. Ich denke an Hanna und Niny. Ich habe mich nicht von ihnen verabschiedet. Niny konnte ich nicht auf Wiedersehen sagen, sie macht ein Praktikum in den Vereinigten Staaten. »Na, du Geheimniskrämer, was hast du erlebt?« fragt mich jemand aus dem Dunkel. »Willst du uns nicht auch etwas erzählen? Welche Frau hast du glücklich gemacht? Oder unglücklich?« Ich tue so, als schliefe ich. Meine Freunde sind völlig ausgelassen. Auch ich sollte fröhlich sein, aber es gelingt mir nicht, ihre unbeschwerte Freude zu teilen. Ich sehe mich wieder auf dem Bahnhof von Sighet stehen und auf meinen toten Vater warten. Ob der Zug kommen wird? frage ich mich ängstlich. Da fährt er in den Bahnhof ein, die Lokomotive pfeift dreimal lange, doch alle Türen bleiben verschlossen. Der Zug ist leer.

Am Bahnhof von Marseille warten Lastwagen auf uns, die uns in ein Durchgangslager bringen sollen. Wir fahren durch einen Tunnel, und Baruch fordert mich auf, die Augen zu schließen. Ich tue, was er sagt. »Und jetzt öffne sie!« Ich gehorche, dann stockt mir der Atem: Vor mir liegt das Meer. Ich bin in einer Gebirgslandschaft aufgewachsen; deshalb bin ich jetzt wie geblendet von der gewaltigen, geheimnisvollen Macht des Meeres. Mein Herz klopft, als hätte ich eine Verabredung mit meiner Geliebten.

Das Meer wird mich nie mehr loslassen.

Die erste Station ist eine Sammelunterkunft bei Bagnol. Es herrscht eine aufgeregte, gespannte Atmosphäre. Familien finden sich wieder, Männer und Frauen kommen sich näher, lieben sich, versprechen einander eine leuchtende Zukunft. Ich mache mir Notizen. Einige Auswanderer schließen sich gemäß ihren politischen Überzeugungen zu Gruppen zusammen und schmieden tausenderlei Pläne. Unermüdlich schreibe ich alles auf, deshalb bin ich ja schließlich hier. Stadtbummel und Einkäufe verkürzen die Wartezeit. Ich gönne mir eine Lederjacke und eine Sonnenbrille, die mein Erscheinungsbild als waschechter Reporter unterstreichen. Im Schatten der Baracken gibt es hitzige Versammlungen. Werden wir auch zusammen einquartiert werden, wenn wir ankommen? Wie können wir unseren Lebensunterhalt bestreiten? Ist der Militärdienst hart? Ein gedrungener Mann mit energischen Zügen bestätigt es: »Ja, er ist sogar sehr hart, aber... Ist euch klar, was es bedeutet, wenn einer wie ich, ein Partisan und Widerstandskämpfer, der sich wie ein gehetztes Wild im Wald versteckte und nur in der Nacht aus seinem Versteck wagte, morgen schon voller Stolz die Uniform der israelischen Armee tragen kann?« Sein Gefährte, gewölbte Schultern, zusammengekniffene Lippen, erwidert bitter: »Ja, das klingt alles wunderbar, doch ich für mein Teil habe in meinem Leben genug gekämpft, ich habe genügend Nächte auf der Lauer gelegen und zu oft dem Tod in die Augen gesehen; ich möchte endlich ein wenig Ruhe finden.« Andere Stimmen mischen sich ein: »Er hat recht...« – »Nein, das stimmt nicht...« Einige befürchten, der Waffenstillstand werde nicht verlängert, andere, er könne gebrochen werden. Jeder hat seine eigene Meinung darüber. Und doch hat jeder das Gefühl, unmittelbar betroffen zu sein. Ich aber fühle mich unter all diesen Menschen, als hätte ich einen Geheimauftrag.

Abends, wenn ich auf meinem Feldbett liege, lausche ich den Gesprächen und kritzele Notizen in meinen Block. Jedesmal wenn die Männer unter sich sind, findet sich einer, der deftige Witze zu erzählen weiß und damit Lachen erntet. Ob es daran liegt, daß man sich in der aufgekratzten Atmosphäre Luft schaffen muß? Ein anderer zeigt, daß er noch bessere, phantastischere, schlüpfrigere Geschichten kennt, und wird mit schallendem Gelächter belohnt. Ich habe keine Lust, mich daran zu beteiligen. Ich denke an die vielen Mädchen aus Versailles und an all die Unbekannten, die ich im Zug getroffen habe und die nichts davon ahnten, daß ich sie geliebt habe. Ach, all die kleinen Sünden, zu denen mir der Mut fehlte. Ich versuche, meine Gedanken auf andere Dinge zu lenken.

Nach und nach verstummen die Unterhaltungen. Vereinzelte Seufzer antworten auf die letzten, gemurmelten Worte. Die Baracke ist in Schlaf gesunken. Es ist spät, doch ich finde keine Ruhe. Ist jetzt der Zeitpunkt gekommen, Bilanz zu ziehen? In Gedanken bin ich wieder zu Hause und höre meinen Vater, der uns fragt, ob wir alles verlassen und nach Erez Israel auswandern sollen oder nicht. Ich höre ihn murmeln: »In meinem Alter noch einmal bei Null anfangen...?« Wie viele Familienoberhäupter in wie vielen Städten quälte dieselbe Furcht? Wir konnten uns einfach nicht vorstellen, was uns erwartete. Wir hatten unsere Zukunft in die Hände Gottes gelegt, ohne uns darum zu kümmern, daß der Feind schon für unsere Zukunft gesorgt hatte. Wie konnte mein Vater nur so naiv sein? Warum waren die europäischen Juden so blind? Fünfzig Jahre, selbst dreißig Jahre zuvor standen ihrer Emigration nach Palästina noch keinerlei Hindernisse im Weg. Damals brauchte man weder ein Visum noch eine Einwanderungserlaubnis. Was hatte uns auf diesem Boden gehalten, der niemals aufgehört hat, nach jüdischem Blut zu dürsten? Mir kommen alle Menschen aus meiner Stadt und aus meinem Leben in den Sinn, die uns jetzt nicht mehr begleiten können.

Die Tage sind sonnig, die Nächte voll Wohlgeruch. Eine traumtänzerische, auf die Zukunft gerichtete Stimmung breitet sich aus. An der Schwelle zu einem großen Abenteuer kommen sich Fremde schnell näher. Nur ich mit meiner verdammten Schüchternheit stehe abseits. Ich brenne darauf, mit Inge ins Gespräch zu kommen, einem jüdischen Mädchen aus Deutschland, dessen melancholische Schönheit, wie nicht anders zu erwarten, mich verwirrt. Ich habe ihre Lippen nur einmal gesehen, ich meine, richtig gesehen, das kann ich schwören, aber ich glaube heute noch, mich an sie zu erinnern. Sie waren schwer vor Sehnsucht und von einer Sinnlichkeit, die sämtlichen Verführern Hollywoods den Kopf verdreht hätte. Hier hat sie weder Familie noch Freunde - als wäre sie nur für mich da. Mit einem Schlag sind alle Versuchungen von einst verblaßt, meine Sehnsucht nach Hanna ist verflogen: Inge allein beherrscht meine Gedanken. Sicher ist sie viel zärtlicher als Hanna. Ach, wie ich sie lieben könnte! Manchmal warte ich in einer Schlange hinter ihr. Doch ich bin wie gelähmt. Ich weiß, ich sollte ihr die Hand reichen, ihren Arm berühren, ihr mein liebevollstes Lächeln schenken, ihr einen schwierigen Abschnitt aus der Bhagavad Gita oder Schopenhauer erklären, ich sollte ihre Aufmerksamkeit auf mich lenken, sie erobern: Ich werde doch wohl Europa nicht verlassen, ohne eine Frau geliebt zu haben! Doch ich bringe nicht den Mut auf. Ich fürchte mich. Die Möglichkeit, abgewiesen zu werden, ängstigt mich ebenso wie das Gegenteil. Ich schwöre, mir an Bord ein Herz zu fassen: Angesichts des Meeres wird doch jeder kühn.

Jeder außer mir.

Das Schiff, die *Negba*, ist völlig überfüllt. Es ist unmöglich, auf der Brücke zu bleiben, ein stilles Fleckchen zu finden. Die Einwanderer sind im Laderaum untergebracht. Hin und wieder dürfen wir nach oben gehen und frische Luft schnappen. In der lärmenden Menschenmenge suche ich Inge, meine neue Leidenschaft. Ich halte nach allen Richtungen Ausschau. Es wimmelt von Menschen. Viele Kleinkinder sind darunter. Ich höre, daß Frauen in Kabinen einquartiert wurden. Sollten sie plötzlich reich geworden sein? Oder haben sie sich nur einer Aufforderung gefügt? Ich könnte einem Mitglied der Mannschaft meinen Presseausweis zeigen... Vielleicht würde er mir erlauben, mich auf den anderen Brücken umzusehen. Doch ich frage niemanden, ich kann nicht aus meinem Schneckenhaus heraus. Wie immer bin ich nicht in der Lage, auf mich aufmerksam zu machen. Seit der Zeit im Lager heißt meine Devise: unauffällig bleiben. Wenn ich erst in Israel bin, schwöre ich mir, will ich wagemutiger sein. In Israel ist jeder mutig.

Die Überfahrt verläuft ruhig, es ereignen sich weder angenehme noch unangenehme Zwischenfälle. Ich bete, ich lese, ich schreibe Tagebuch, ich sammle Notizen für meine Reportage, ich beobachte andere, ich beobachte mich, ich zähle die Stunden. Ich bin zu beschäftigt, um seekrank zu werden. Am Abend vor der Ankunft lege ich mich nicht schlafen. Mit aufgesperrten Augen, die Ohren gespitzt, die Sinne geschärft, warte ich an Deck darauf, daß der Berg Karmel in Sicht kommt. Wer weiß, mit ein wenig Glück werde ich dort vielleicht den Propheten Elias sehen.

Ich hatte gehofft, der einzige zu sein, der diesen Einfall hatte. Natürlich habe ich mich getäuscht. Dutzende von Paaren belagern die Brücke. Alles Liebende? Einige haben ihre Decken mitgebracht. »Weckt uns, wenn die Berge am Horizont erscheinen«, bitten sie. Es wird nicht nötig sein: Sie können ebensowenig schlafen wie wir.

Ich lehne an der Reling, und mein Blick wandert über den sternenübersäten Himmel, der von den Wellen gewiegt wird. Eine Wehmut, tief wie der Ozean, lastet auf mir, so daß ich kaum noch atmen kann. Woher kommt diese Traurigkeit? Es klingt dumm, aber ich hatte das Gefühl, die Unendlichkeit ziehe mich an, und plötzlich wollte ich nicht mehr leben, wollte mich über Bord werfen und von den Wellen verschlingen und forttragen lassen. Nie zuvor, nicht einmal in meinem elenden Zimmer an der Porte Saint-Cloud, besaß der Tod eine solche Anziehungskraft für mich. Ohne es zu wissen, rettet mich ein Unbekannter, der plötzlich mit mir spricht. Sein Gesicht ist in der Dunkelheit verborgen, und ich höre nicht richtig zu, doch ich weiß, daß er mit mir spricht oder mich an einem Selbstgespräch teilhaben läßt. Er redet über Geschichte, Religion, Dichtung. Er redet und redet, und schließlich wende ich mich zu ihm um. Da sehe ich zu seiner Rechten, gelobt sei der Herr, tatsächlich Inge, die in die Wellen starrt wie ich und vielleicht ebenso den Tod herbeisehnt... Ich flehe zu Gott, der Mann zwischen uns möge verschwinden, sich einem anderen Passagier zuwenden, es sind so viele auf der Brücke... Und das Wunder geschieht, Gott erhört meine Bitte. Der Mann geht weg. Ich hätte ihn noch einen Augenblick aufhalten und ihm danken sollen, daß er mein Leben gerettet hat, doch Inge ist hier, steht neben mir, und ich habe Angst, sie zu verlieren. Vorsichtig trete ich an ihre Seite. Stille. Eine Stille, die ich in mich aufnehme, die Himmel und Meer beherrscht, die von Liebesgeflüster und Gebeten durchdrungen ist. Ich bin sicher, ganz sicher, wenn ich jetzt Inges Hand nähme, wäre es für sie und mich die erste Seite einer unvergeßlichen Liebesgeschichte; wir würden zusammen an Land gehen, würden ein neues Leben beginnen, wir hätten schöne, kluge und aufgeweckte Kinder; wir würden niemals auseinandergehen, nichts könnte uns trennen, nicht einmal der Tod. Eine kleine Geste genügte... Doch ich bin unverzeihlich feige, auf dümmliche Weise von meinen Hemmungen gefesselt... Und der gesegnete Augenblick geht vorbei. Er dauert eine Stunde, vielleicht sogar zwei. Doch die Zeit zerrinnt... Und plötzlich bahnt sich aus hundert, vielleicht sogar aus tausend Mündern ein gewaltiger Triumphschrei den Weg: »Seht!« Ich hefte meine Augen auf den Horizont, der bald in der Morgenröte aufflammen wird: In der Ferne erhebt sich der Karmel, droht am Horizont den Feinden, doch uns treuen Aposteln winkt er einladend zu...

Liegt es am Morgentau, daß meine Wangen feucht sind, oder an der unmittelbar bevorstehende Ankunft, die mich bewegt? Oder weine ich aus Verbitterung über meine vertane Chance? Und Inge, ist sie bewegt? Als ich mich zu ihr umdrehe, ist sie verschwunden. Werde ich sie eines Tages wiedersehen? Werde ich meinen Fehler wiedergutmachen können?

Umgeben von der Menschenmenge, die sich jetzt auf der Brücke drängt, fühle ich mich einsam. Stumpfsinnig und hoffnungslos einsam.

Wie immer. Für immer.

Ich nehme mein altes Tagebuch zur Hand - törichte, abgehackte, teils unleserliche Aufzeichnungen. Ich bin aufgewühlt, gereizt, überspannt wie nie zuvor. Zum einen, weil ich den Boden Israels betreten und die Luft von Galiläa atmen werde. Mir ist, als lebten meine alten Kinderträume wieder auf, und ich mache mir bewußt, daß vielleicht schon Jesaja und Habakuk, Rabbi Jehuda und Rabbi Jischmael, Rabbi Mose ben Nachman und Rabbi Isaak Luria hier entlanggegangen sind. Und dann ist es mein erster Auftrag, meine erste Reportage. Voller Neugier und Spannung beobachte ich alles, was um mich und in mir vorgeht; ich will alles aufnehmen, mir alles ins Gedächtnis schreiben. Die Farbe des Himmels - ein nie gesehenes, einzigartiges Blau: Gibt es ein biblisches Blau? - und das langsame, bedächtige Treiben der weißen Wolken. Mit ohrenbetäubendem Lärm senkt sich die Brücke. Rufe und Schreie in allen Sprachen dieser Welt mischen sich darunter. Hitze. Aufregung. Überall Funktionäre in kurzen Hosen. Habe ich mir so den Orient vorgestellt? Und die Rückkehr aus dem Exil? Was habe ich erwartet, wenn ich an den jüdischen Staat dachte? Die polizeilichen Formalitäten und Grenzkontrollen sind schnell erledigt: Hier wird niemand wie ein Fremder behandelt. Alles läuft wie am Schnürchen - Stempel, Formulare, Geldwechsel. Man lächelt und blinzelt mir zu. Nicht weil ich Journalist, sondern weil ich Jude bin. Die Funktionäre drücken uns die Hand und heißen uns willkommen. Ein beunruhigender Gedanke schießt mir durch den Kopf: Wie können sie sicher sein, daß sich kein Spion unter die Einwanderer gemischt hat, die aus allen Erdteilen kommen? Er könnte vollkommen willkürliche Angaben zu seiner Person machen, keiner könnte sie überprüfen. Ich halte in Gedanken fest: Dieser Frage nachgehen! Nachdem ich von Bord bin, folge ich dem Zug der Einwanderer zu einem Aufnahmelager mit dem außerordentlich poetischen Namen Bat-Galim (Tochter der Wellen). Unsere Gruppe verbringt die Nacht gemeinsam in einem Zelt. Ich glaube zu träumen, denn ich liege auf einem Feldbett neben Inge. Und jetzt, wo es dunkel ist, reicht sie mir ihre Hand (in diesem Land geschehen wirklich Wunder!). Bis unter die Haarwurzeln verliebt, zitternd wie Espenlaub, umschließe ich ihre Hand mit meiner und halte sie so fast eine Ewigkeit, mindestens eine Minute. Sollte ich nach Israel aufgebrochen sein, um zu erleben, was eine zarte, zärtliche, weiche, offene Hand, was die Hand einer Frau ist? Ich wuchs in einer Welt auf, in der nichts dem Zufall überlassen wurde. Auch wenn nicht alles vorhergesehen und vorherbestimmt ist, steht dennoch alles miteinander in Zusammenhang. Nikos Kazantzakis drückt dies mit einem etruskischen Sprichwort aus: Es blitzt nicht, weil zwei Wolken einander begegnen, sondern zwei Wolken begegnen sich, damit es blitzt. Wo bleibt da die Willensfreiheit? Und die Möglichkeit zu wählen? Es gibt sie. Ja, es gibt sie trotzdem. Und die Betonung liegt auf dem »trotzdem«. Rabbi Akiwa hat dafür die richtigen Worte gefunden: Alles ist (dort oben) vorherbestimmt, und trotzdem ist der Mensch frei in seiner Wahl. Als Inges Hand in meiner liegt, habe ich die Wahl, sie zu halten oder sie loszulassen. Ich kann sie auch küssen oder streicheln. Wenn ich will, kann ich meine Hand über ihren Körper gleiten lassen. Werde ich kühn genug sein? Ich bin es. Ich streichle ihren Busen, und das Blut rast in meinen Adern. Darf ich weitergehen? Ich habe den Mut. Ich habe den Mut, mir die Freiheit zu nehmen. Bin ich wirklich frei? Noch legt meine puritanische Erziehung mir Schranken auf, vor denen ich haltmache. Schäme ich mich? Vielleicht habe ich einfach Angst. Wenn ich daran denke, fällt mein Urteil über mich hart aus: Oscar Wilde hat recht, wenn er sagt, daß man immer mit Bedauern an die Sünden denkt, die man nicht begangen hat. Ich habe mich vor Inge blamiert. Ihre Reaktion beweist es mir: Sie seufzt und zieht ihre Hand zurück. Ich fühle mich wie verstümmelt, als fehlte mir etwas, und finde natürlich keinen Schlaf mehr.

Als wir am nächsten Morgen aufstehen, wage ich nicht, ihr ins Gesicht zu sehen. Ich schwöre mir, es in der kommenden Nacht besser zu machen: Ich werde meine alten Hemmungen überwinden, werde kühn sein und zupacken. Doch es gibt keinen zweiten Abend mehr: Irgend jemand holt Inge ab und bringt sie in irgendeinen Kibbuz. Sie hat sich nicht einmal von mir verabschiedet. Und ich habe zum ersten Mal seit Écouis vergessen, vor dem Frühstück zu beten. Als die Sonne untergeht, merke ich es – zu spät, um die Tefillin anzulegen. Und dennoch ist der Himmel nicht aufgerissen, hat kein Blitz mich erschlagen. Ein klassischer Fall: Ich habe meine religiösen Pflichten nicht aus philosophischen Gründen vergessen, es geschah vielmehr unwillentlich und hätte mir genausogut in Frankreich passieren können.

Doch es ist in Israel geschehen.

Einige Tage später verlasse auch ich Bat-Galim: Ich habe genug Material für meinen ersten Artikel über die Ankunft der Einwanderer gesammelt. Ich fahre nach Tel Aviv, um mich ordnungsgemäß beim auswärtigen Pressedienst anzumelden. Bevor ich ins Kete-Dan-Hotel gehe, drehe ich noch eine Runde am Meeresufer, und plötzlich erhalte ich einen Schlag ins Gesicht: Vor mir liegt auf hoher See die *Altalena*, oder vielmehr das, was von ihr übriggeblieben ist – ein gestrandetes Wrack. Auf ihrer Seite steht in riesigen Buchstaben: »Cherut! Du wirst enden wie die *Altalena*!« Warum hat man dieses beschämende Erinnerungsstück nicht beseitigt? Ist die Cherut nicht eine auf demokratische Weise entstandene, legale Partei? Warum wird ihr der Tod angedroht? Ich begreife es nicht. Und fast ein halbes Jahrhundert später begreife ich es noch immer nicht.

Ich stelle mich dem für die Pressearbeit zuständigen Offizier vor. Ich erhalte eine Karte, die mich als »Auslandskorrespondent« ausweist. Ich gebe zu, ich bin beeindruckt. Können Sie sich vorstellen, was das bedeutet? Die zivilen und militärischen Behörden werden von keinem Geringeren als der provisorischen Regierung Israels aufgefordert, mir bei der Ausübung meiner Tätigkeit Hilfe und Unterstützung zu gewähren. Der junge Staat möchte gefallen und Sympathien erwecken. Für Journalisten aus Übersee öffnen sich alle sichtbaren und unsichtbaren Türen. Ich reise im Jeep, per Bus, auf Lastwagen. Ich lasse mir Kriegsberichte erzählen, höre mir dramatische Abenteuer oder Träume an, die gut begannen und schlecht endeten oder umgekehrt, ich weide mich an den Geschichten: Als unverbesserlicher Romantiker fühle ich mich, als lebte ich zu Zeiten von Juda Makkabi oder Simon Bar Kochba. Ich reise kreuz und quer durchs Land, so klein es auch sein mag, und freue mich über seine Vielfalt und natürlich über sein jüdisches Gepräge. Und mehr noch über die Menschenfreundlichkeit, die ich überall antreffe. Wie soll ich die Höflichkeit, die Warmherzigkeit, die Gastfreundschaft der Menschen beschreiben? Niemand verschließt nachts seine Türen. Hat man denn keine Angst vor Dieben? Aber nein, die müssen doch auch von irgend etwas leben, ist die lachende Antwort.

In Tel Aviv versuche ich, zu Nicolas Kontakt aufzunehmen. Er ist bei der Armee. Dafür treffe ich die beiden Schwestern von André Bodner, einem Freund von Bo und ehemaligen Betreuer bei der OSE; wir gehen in ein vegetarisches Restaurant essen. In Haifa mache ich meinen Vetter Lejser Slomowic ausfindig, den späteren Talmud-Professor in Los Angeles. Er hat ein Mädchen aus Sighet geheiratet. Den Sabbat feiere ich mit ihnen, und ihr Glück strahlt auf mich ab. Sie geben mir die Adresse unseres Vetters Leibi Feig und seiner Frau Reschka in Tel Aviv. Auch mit ihnen feiere ich einen Sabbat. Reschka erinnert sich, wie gerne ich Latkes esse: Das letzte Mal war ich im kleinen Ghetto in den Genuß gekommen. Auch ihr Glück steckt mich an. Zwar haben sie Geldsorgen, aber wer hat die nicht? Gemessen an den historischen Ereignissen, die dieses Land bewegen, wiegen persönliche Sorgen wenig, nicht wahr? Es sieht so aus, als bekräftigten meine Vettern, was die zionistische Propaganda verkündet: Ein guter Jude, ein wahrer Jude sollte keinen Tag länger in der Diaspora verweilen. Das meinen hier alle, und ich habe keine Lust, darüber zu streiten. Ich würde übrigens auch so handeln, wenn ich dazu in der Lage wäre. Ich bin darauf ausgerichtet, nur die gute Seite Israels zu sehen. Ich bewundere, ich frohlocke, ich feiere. Es klingt sentimental, aber so ist es nun einmal: Ich bin immer tief bewegt, ob ich mit einem jüdischen Funktionär spreche, einen jüdischen Politiker interviewe, einen jüdischen Polizisten oder Offizier treffe, ein Mitglied des jüdischen Staatsrats oder einen jüdischen Minister höre. Ich liebe Galiläa. Am liebsten würde ich mich in Safed niederlassen, der Stadt der mystischen Visionäre. Oder vielleicht in Tiberias, dessen Segnungen der Talmud rühmt? Und mit welchem Recht stelle ich die unvergleichliche Negev-Wüste hintan, die so viele alte und moderne Dichter besungen haben? Und Jerusalem, die schönste unter allen Städten, die leiseste, die beseelteste – warum sollte ich nicht den Rest meines Lebens hier zubringen? Aber leider kann ich die Altstadt, das wahre Jerusalem, nicht erkunden. Sie ist in den Händen jordanischer Legionäre. Um auf sie hinuntersehen zu können, besteige ich den Turm von Notre Dame de France. Warum zieht es mir dabei das Herz zusammen? Die Klagelieder Jeremias kommen mir in den Sinn: Wie einsam, wie verlassen ist doch die Stadt Gottes. Zum erstenmal seit ihrem Ursprung in den Zeiten König Davids gibt es weder jüdisches Leben noch Juden in ihren Mauern. Selbst nach der Zerstörung des Tempels hatten nicht alle sie verlassen. Es ist mir unbegreiflich, aber die Israelis scheinen dies vergessen zu haben. Eine verwirrende Tatsache, der ich nachgehen möchte, was nicht leicht ist. Die Zeugen und Beteiligten aus Jerusalem wollen nicht über das Drama sprechen. Sobald ich sie danach frage, verschließen sich ihre Gesichter. Als würden sich die Menschen schämen. Daraus kann ich also keine Reportage machen. Noch nicht. Ich habe später davon erzählt, 1968 (in *Der Bettler von Jerusalem*) und 1989 (in *Der Vergessene*), nach umfangreichen Recherchen in Zeitungen, Zeitschriften und Archiven.

Der Fall Jerusalems 1948 verfolgt mich weiter. Ist er mit der Niederlage im Jahre 70 vergleichbar, als die 10. römische Legion unter Tiberius, dem Neffen Philons von Alexandria, die Stadt belagerte? Wer waren die letzten Verteidiger? Was ereignete sich in den letzten Stunden der Unabhängigkeit? Die kleinsten Einzelheiten interessieren mich.

In meinem Notizbuch halte ich fest, was ich über die Kapitulation in Erfahrung bringen konnte. Ein Berichterstatter erinnert sich:

> ... Und an diesem Morgen bietet sich unter dem blauen Himmel von Jerusalem ein seltsames, trauriges Schauspiel.
> Zwei alte Rabbiner, Minzberg und Hazzan, nähern sich dem Zionstor in der Altstadt. Sie tragen ein an zwei Stöcken befestigtes großes weißes Tuch.
> Es ist Freitag, ein sonniger Freitag. Der 29. Mai 1948, 9 Uhr 15 morgens.
> Auf der anderen Seite stehen die Araber...
> Obwohl sie die Erlaubnis des Kommandeurs der Altstadt vorweisen, verwehren die Kämpfer der Hagana den Rabbinern den Durchgang. Aus einem einfachen Grund: Sie wollen die Unterzeichnung ihrer Kapitulation verhindern. Der Kommandeur, Mosche Rusnak, und sein Stellvertreter, David Eizen, müssen die Rabbiner selbst bis zur vordersten Verteidigungslinie begleiten.
> Und selbst dort kommt es zu einem Zwischenfall: Rabbi Hazzan wird von einer Kugel verletzt. Wer hat sie abgefeuert? Ein Jordanier oder ein Jude? Man wird es nie erfahren. Dafür weiß man,

daß auch diese letzte Kugel die heiligste Stadt der jüdischen Geschichte nicht retten konnte.

Die beiden Abgesandten stehen vor den jordanischen Stellungen. Sie werden zum Oberkommandierenden der jordanischen Truppen geführt, Abdallah el-Tall. Um 17 Uhr wird die Kapitulation unterzeichnet. An diesem Sabbat kehrte zwar Frieden, doch keine Freude in den jüdischen Häusern ein.

Als die Jordanier die Altstadt besetzen, die nur von wenigen schlecht bewaffneten Juden verteidigt wird, lassen sie ihrer Wut und Frustration freien Lauf: »Wenn wir das gewußt hätten, hätten wir euch mit Stöcken vertrieben.« Warum waren so wenige Verteidiger in der Stadt, und warum waren sie so schlecht bewaffnet? Zu Beginn der Belagerung leben dort zweitausend Juden mit ihren Familien. Die meisten sind fanatische Orthodoxe, Studenten der Rabbinerschulen und vergeistigte Kabbalisten, die von den Einheiten der drei Widerstandsbewegungen unterstützt werden. Die Verteidiger beweisen einen Mut und eine Opferbereitschaft ohnegleichen. Junge und Alte, Eltern und Kinder, Jungen und Mädchen nehmen an den Kämpfen teil. Ein Zwanzigjähriger wird verletzt, man versorgt seine Wunden: »Wie lange werden Sie dafür brauchen?« fragt er den Arzt. »Zwanzig Minuten.« – »Das ist zu lange«, erwidert der Verletzte. »Geben Sie mir ein Mittel gegen die Schmerzen, ich komme später wieder.« Eine Stunde später bringt man ihn zurück. Er ist gefallen. Es muß aber auch gesagt werden, daß nicht alle bereit waren, für die Stadt ihr Leben zu opfern. Einige, es sind gläubige Gegner der Zionisten, verbreiten Unmut unter der Bevölkerung und sehnen die Niederlage herbei. Es sollen nur wenige gewesen sein, aber es schmerzt trotzdem. Wer wird die geschmähte und geschlagene Stadt trösten? Wann werden wir darüber hinwegkommen?

Wenn ich die frommen Gegner der Zionisten erwähne, fällt mir Josephus Flavius ein: Auch er predigte den Rückzug und demoralisierte die Verteidiger, um ihren Widerstandswillen zu brechen. Sollte sich in unserer Geschichte immer dasselbe wiederholen? Die Frage reizt mich, doch ich hege Zweifel, ob meine Arbeitgeber in Paris daran interessiert sind. Sie haben mich hierher geschickt, um Reportagen zu schreiben, nicht um Geschichtsforschung zu betreiben. Nicht um von toten Römern, sondern um von lebenden Juden zu sprechen, bin ich hier. Genauer gesagt soll ich von den heimatlosen, ins Abseits gedrängten Menschen berichten, die ohne inneren Halt oder menschliche Bindungen hier ankommen und sich nun plötzlich in Bürger verwandeln, die stolz auf ihre Kraft sind und ihre Komplexe und Ängste hinter sich lassen. Mit Josephus Flavius kann ich mich später noch beschäftigen. Dieser zum römischen Bürger gewordene General hat so lange gewartet, er wird noch ein wenig länger warten können.

Die Neuankömmlinge überraschen mich. Bei den Gesprächen mit ihnen in den Aufnahmelagern oder in den Städten und Dörfern vernehme ich hie und da ein Murren und Klagen, das mich nachdenklich stimmt und - warum soll ich es nicht zugeben? - enttäuscht und ernüchtert.

Solange es sich um Beschwerden über die Verwaltung, finanzielle Schwierigkeiten und den Mangel an Wohnraum handelt, kann ich ihre Sorgen verstehen. Doch darin liegt nicht ihr Problem. »Man mag uns nicht, man ist nicht bereit, uns anzunehmen«, sagen einige. Erstaunt bitte ich sie um eine Erklärung. Was sie sagen, ist schmerzlich.

Wenn man ihren Berichten folgt, gibt es das Problem schon seit 1945. Auch in Palästina werden die Überlebenden der Lager wie Kranke oder Außenseiter behandelt. Im besten Falle hält man sie für bedauernswerte Menschen. Man bringt ihnen Mitleid entgegen, bietet ihnen eine Unterkunft, aber man achtet sie nicht. Wenn sie viel erlitten haben, so gibt man ihnen selbst die Schuld dafür: Sie hätten Europa nur rechtzeitig verlassen müssen, wie man es ihnen geraten hatte; sie hätten kämpfen und sich gegen die Deutschen auflehnen müssen. Die Einwanderer verkörpern alles, was ein junger Jude in Palästina nicht sein will: Sie sind Opfer. Sie stehen für den schlimmsten Abschnitt in der jüdischen Geschichte, für den schwachen, gebeugten Juden, der Schutz braucht. Sie verkörpern die Diaspora und ihre Nichtswürdigkeit.

»Wir sind mit der Hoffnung hierhergekommen, den Demütigungen zu entgehen, doch wir erleben sie aufs neue, auch wenn sie anderer Natur sind«, erklärt mir ein ehemaliger Lehrer aus Lodz. »Als Mensch bin ich in ihren Augen ein Waschlappen, eine Art geistiges Wrack«, fügt ein ehemaliger Händler aus Radom hinzu.

Seit 1948 ist es noch schlimmer geworden. Die stolzen jüdischen Soldaten gehen so weit, daß sie unverhohlen ihre Verachtung für die

Olim hadaschim zeigen: »Wir sind sechshunderttausend und haben sechs gut ausgerüstete arabische Armeen geschlagen. Ihr seid sechs Millionen gewesen und habt euch wie die Schafe zur Schlachtbank führen lassen?« Wie kann man ihnen begreiflich machen, was geschehen ist? Wie kann man ihnen sagen, daß sie es nicht verstehen, daß sie es nie verstehen werden?

Man behandelt die Einwanderer abfällig, fühlt sich ihnen überlegen. Der Neuankömmling erscheint als Feigling, Schmuggler, Übeltäter. Er wird verdächtigt, aus den Augenwinkeln beobachtet: Man unterstellt ihm, er treibe Schleichhandel, sei ohne jede Moral, liebe das bequeme Leben, mache fragwürdige Geschäfte, lebe vom Schwarzmarkt und habe nichts anderes im Sinn, als durch Betrügereien reich zu werden, die Regierung zu beschummeln und Unordnung im Land zu stiften. Schlimmer noch: Man läßt ihn merken, daß man nicht auf ihn hereinfällt, denn er habe doch sicher nur überlebt, weil er zum Judenrat, zur Polizei oder zu den Kapos gehörte...

Die jüdischen Schüler in Palästina nennen ihre eingewanderten Klassenkameraden in der Schule Sabonim – Seifenstückchen...

Es ist nicht ihre Schuld. Es ist nie die Schuld der Kinder. Sie wiederholen nur, was sie zu Hause hören. Das Erziehungswesen verdient den Tadel. Die heroischen Werte des Zionismus sind so gefeiert, die Schmach der Diaspora so sehr angeprangert worden, daß das eine mit dem anderen fortan nicht mehr vereinbar ist: Der Zionismus ist schön, groß und würdig; er sonnt sich im strahlenden Glanz Israels. In der Diaspora verliert der Mensch sein Gesicht und seine Würde; sie führt in die Nacht von Auschwitz. In den Kibbuzim lehrt man die überlebenden Kinder und die Kinder der Überlebenden, die Vergangenheit zu vergessen, einen Schlußstrich unter ihre leidvolle Erinnerung zu ziehen. Das sei besser, gesünder, wohltuender, gesellschaftsfähiger und besonders wichtig, wenn sie sich eine würdige Zukunft in der neuen Gemeinschaft aufbauen wollten...

So wird jede Beschäftigung mit dem Holocaust vermieden. Jahrelang wird er in den Schulbüchern kaum erwähnt. Auch im Lehrangebot der Universitäten findet er keinen Platz. Noch nicht. Als David Ben Gurion und seine Kollegen Anfang der fünfziger Jahre endlich beschließen, der Knesset eine Gesetzesvorlage zu Yad Vaschem, der Gedenkstätte für die Opfer des Holocaust, vorzulegen, wird der Schwerpunkt auf die Gewura, den Mut, und auf die Heldentaten des Kämpfers, des Widerständlers gelegt. Sie werden dargestellt, als gehörten sie einer Art von Elite an, während die Opfer – Tote und Überlebende – nur Mitleid oder Bedauern verdienen und vielleicht noch nicht einmal das. An das Schicksal der Opfer wird besser nicht, vor allem nicht in der Öffentlichkeit erinnert. Dem Thema muß man aus dem Weg gehen. Aus dieser Haltung erwächst dem Überlebenden das Gefühl, hinderlich und unerwünscht zu sein.

Es herrscht ein schädliches, entmutigendes Klima. In mir keimt ein großes Unbehagen, das sich lange Zeit nicht zerstreuen läßt. Meine Freude, die Luft Israels zu atmen, erhält einen Dämpfer. Melancholisch, oft sogar trübsinnig, suche ich nach meinem Gleichgewicht und finde es nicht. Soll ich der Sache einen Artikel widmen? Zufällig treffe ich einen ehemaligen Gesandten des Irgun aus Frankreich wieder: Er bittet mich, ihn in meinen künftigen Berichten nicht zu erwähnen. Er möchte seine Vergangenheit lieber im dunkeln lassen. »Das ist gesünder«, erklärt er mir verlegen. Ich beschließe, der schmerzvollen Ernüchterung in mir keine Stimme zu geben.

Darüber hinaus nehme ich mir vor, noch länger in Israel zu bleiben. Sogleich taucht die alte Frage wieder auf: Wovon soll ich leben? Ich besuche Vettern und Freunde. Izu Junger bringt mich in einem Elendsquartier irgendwo vor den Toren Tel Avivs unter, einer Art Abstellkammer ohne Fenster, in der man nach wenigen Stunden Erstickungsgefühle bekommt, aber besser als nichts. Ich besuche Joseph, meinen ersten Chef, der jetzt in der Redaktion der Zeitung *Cherut* arbeitet. Er bietet mir übergangsweise Arbeit an, bis ich etwas anderes gefunden habe. »Aber ich habe nicht vor, lange zu bleiben! Außerdem gehöre ich nicht der Partei an!« sage ich zu ihm. Er lächelt: »Glaubst du etwa, du würdest die Leitartikel schreiben?« Auch recht – wenigstens habe ich die Chance, mein Hebräisch zu vervollkommnen. Drei oder vier Wochen bin ich teils Korrektor, teils Laufbursche. Eines Tages treffe ich im Flur einen Freund aus Paris. Er meint: »Warum kommst du nicht mit mir nach Beer Ja'akov?« Was ist in Beer Ja'akov? Ein Kinderdorf, nicht weit weg von einer Irrenanstalt. Ich packe die Gelegenheit beim Schopf. Nun habe ich einen Vollzeitjob als Betreuer: Was würde Niny sagen, wenn sie mich sähe? Die »Kinder« sind Jugendliche aus Rumänien und Bulgarien. Ich erlebe angenehme, fröhliche und lehrreiche Wochen. Mit Lagerfeuern natürlich. Erinnerungen an Fantana und Ambloy werden wach. Hier wie dort Gesang und Erzählungen. Wir studieren die alte jüdische Geschichte, die Heilige Schrift und auch die moderne europäische Philosophie und Literatur. Die Ethik von Jesaja, die Befragung bei Jeremia, die Einsamkeit von Rabbi Schimon bar Jochai, Sokrates und Leibniz (ein Student aus Sofia schwört auf Leibniz, er kennt ihn in- und auswendig wie ich das Buch Ijob), Descartes und Rousseau. Das fundierte Wissen der Jugendlichen, besonders der Bulgaren, verblüfft mich. Ihre rumänischen Mitschüler tun sich durch ihren Eifer hervor. Wir veranstalten häufig Musikabende, Ausstellungen und Diskussionen in den Orangenhainen. Auch kleine Flirts erlebe ich, aber leider ergibt sich daraus nichts weiter.

Der Herbst kommt mit Regen. Ich bin in einem seelischen Tief, verschließe mich mehr und mehr vor den anderen. Auch mein Tagebuch ist von Schwermut durchdrungen. Meine Studie über die Askese scheint ohne Schoschani nicht voranzukommen. Wieder einmal stehe ich am Scheideweg, wieder einmal zwinge ich mich, Bilanz zu ziehen. Noch bin ich nicht soweit, daß ich mich im Land meiner Träume niederlassen möchte. Ich weiß nicht, warum, aber ich komme mir hier, wenn auch nicht fremd, so doch nutzlos und überflüssig vor. Dabei liebe ich Israel, ich liebe es von ganzem Herzen, aber… Aber was? Ich weiß es nicht. Ich spüre, daß es Zeit ist, nach Frankreich zurückzukehren. Ich brauche Freunde um mich, hier habe ich keine. Nicolas ist noch immer bei der Armee, Israel Adler hat sein Studium in Paris wiederaufgenommen. Keine kleine Freundin, keine Liebe in Sicht. Die Einsamkeit ist deprimierend. Ich möchte jemanden in den Armen halten und von der Liebe träumen können. Sehnsucht nach… nach Paris, wo es täglich Überraschungen gibt. In den Straßencafés sitzen, an den Kais entlangschlendern, bei den Bouquinisten stöbern, das alles fehlt mir hier. Doch abgesehen davon erwachen meine alten Hemmungen und Ängste wieder: Wie kann ich mich in Paris durchschlagen? Wovon soll ich dort leben?

Da kommt mir eine Idee: Vielleicht könnte ich als »Auslandskorrespondent« nach Frankreich zurückkehren? Ich gehe im Geist die Zeitungen durch: *Haarez, Haboker, Maariw*, sie alle haben Vertreter in Paris, ebenso in London und Washington. Wirklich alle? Nein, die *Jediot Achronot*, die »Morgennachrichten«, die kleinste und finanzschwächste israelische Zeitung, hat keinen. Hoffnungsfroh begebe ich mich auf die Suche nach jemandem, der mich empfehlen kann, und ich finde einen Bekannten, der jemanden kennt, der mit dem Chefredakteur bekannt ist. Ich rufe ihn an und vereinbare ein Gespräch.

Dr. Herzl Rosenblum (ein ehemaliger Anhänger Jabotinskys; sein Name steht mit denen der Staatsgründer unter der Unabhängigkeitserklärung) ist ein kahlköpfiger, herzlicher Mann mit weitreichender politischer Bildung. In seinen Augen blitzen Klugheit und Humor auf. Kraftvoll schildert er mir in allen Einzelheiten die Leidensgeschichte der Zeitung: Einst war sie sehr finanzkräftig und einflußreich, aber nach einem aufsehenerregenden »Putsch« verlor sie schlagartig Geld und Leser. Eines schönen Tages im Jahr 1948 startete der damalige Chefredakteur Asriel Carlebach (derselbe, dessen Artikel über die *Altalena* und ihre Versenkung *Zion im Kampf* nachdruckte) seine eigene Abendzeitung, *Jediot Maariw*, und nahm alle Redaktionsmitglieder und Mitarbeiter der Verwaltung mit. Im Grunde handelte es sich um dieselbe Zeitung wie zuvor, nur daß sich der Name geändert hatte: Jetzt hieß sie *Jediot Maariw* statt *Jediot Achronot*. Und die verunsicherte Leserschaft folgte Carlebach. *Jediot Achronot* steckte also in großen Schwierigkeiten, doch der Besitzer, Jehuda Mozes, war entschlossen, die Zeitung um jeden Preis am Leben zu erhalten. Im Vertrauen auf das Ansehen, das sie einst genossen hatte, setzte er auf die Zukunft. Und auf die Gerechtigkeit. Er verkaufte sein ganzes Vermögen, um die Zeitung zu retten. Übrigens, erzählt Rosenblum, habe Jehuda Mozes an jenem Tag eine nie dagewesene Glanzleistung vollbracht und in wenigen Stunden eine neue Redaktion gebildet: Tags darauf erschien *Jediot Achronot* mit nur zwei Stunden Verspätung.

Und wie steht es heute um die Zeitung? Augenblicklich hat sie leider nicht die Mittel, einen eigenen Korrespondenten in Paris zu unterhalten. »Wenn Sie nach Moskau gingen, sähe das anders aus«, fügt er mit einem schelmischen Lächeln hinzu, als wollte er sagen: »Ich kann Ihnen in Paris nicht mehr in Francs bezahlen als in Moskau in Rubel.« Dieser litauische Intellektuelle verehrt das alte Rußland, in dessen Geschichte und Literatur er sich auskennt wie in seiner Westentasche. Und er läßt sich keine Gelegenheit entgehen, seine Erinnerungen an die ruhmreiche Zeit von Kerenski zu schildern, dessen Rednergabe er bewunderte: Ach, wenn er sich 1917 nur ein wenig entschiedener gezeigt hätte, dann sähe die Welt heute anders aus ... Ich höre mit großem Interesse zu: Ich mag Geschichten ebensosehr wie die Geschichte. Und was war das Ergebnis unseres Gesprächs? Gerne hätte er mich als Korrespondent, doch daß ich ein Gehalt bekäme, sollte ich mir gleich aus dem Kopf schlagen; ich müßte für ein Zeilenhonorar arbeiten. Auch gut. Ich nehme das Angebot an. Ich werde mich schon durchschlagen. Was zählt, ist der Presseausweis.

Ich gehe wieder an Bord - diesesmal ist es die *Kedma*, das ältere Schwesterschiff der *Negba* - und werde, anders als bei der Hinfahrt, entsetzlich seekrank. Ich verfluche den Tag, an dem ich, der ewige Romantiker, vom Meer geträumt habe. Ich gelobe, niemals wieder ein Schiff zu besteigen, niemals wieder über das Meer zu fahren. Nie wieder werde ich meinen Fuß auf Planken setzen. Am dritten Tag geht es mir besser, und ich habe meine Schwüre vergessen. Ich bleibe auf der Brücke, liebe wieder die Wellen, ihren schweren und bedrohlichen, aber auch beruhigenden Gesang. Sie nehmen meine Gedanken mit sich fort bis ans Ende der Welt, während ich schon wieder ganz woanders bin.

Ich stehe nicht allein auf der Brücke. Wieder fällt mir ein Mädchen auf, diesmal eine hübsche, nicht allzu magere junge Frau. Es ist nicht Inge und auch nicht Hanna, doch sie könnte ihren Platz einnehmen. Ich unterhalte mich mit ihr über das Schicksal und, um Eindruck zu schinden, über Dante. Sie antwortet, ich solle mich nicht so blöd anstellen. Alles in Ordnung. Nichts hat sich verändert, ich mich auch nicht. Ich brauche es gar nicht erst zu versuchen, ich habe ja doch kein Glück. Das Spiel ist von vornherein verloren: Ich gefalle den Frauen nicht, und ich werde ihnen nie gefallen. Doch zum Teufel, wie lernt man zu gefallen? In einiger Entfernung küßt ein marokkanisches oder tunesisches Mädchen mit zerzaustem Haar, zweifellos eine Sephardin, lustvoll ein Mitglied der Schiffsmannschaft. Soll ich vielleicht zur Marine gehen? Hinter mir schluchzt eine strohblonde junge Frau: Der junge Mann, den sie gerade erst kennengelernt hat, will sie verlassen. Andere Paare spielen dasselbe Spiel, und ich höre die Versprechungen, die sie sich zuflüstern. Am nächsten Tag stelle ich etwas bitter, doch mit Vergnügen fest, daß die junge Blondine einen neuen Verehrer gefunden hat. Sie bittet ihn, ihr nichts zu versprechen, er gelobt es. Sie bleibt beharrlich: Wenn er sie wiedersieht, soll er so tun, als kenne er sie nicht. Versprochen? Versprochen. »Du willst, daß ich dich vergesse?« Sie bejaht. Er ist einverstanden. Sie spielt die Ärgerliche: »Nein, ich will nicht.« Es folgt eine versöhnliche Umarmung. Und ich? Sie bemerken mich nicht. Niemand bemerkt mich. Ich bin der einzige Passagier, der keine Liebelei anknüpft. Wie ich mir vorkomme? Darüber denke ich am besten gar nicht nach. In Paris, das schwöre ich mir, werde ich draufgängerisch sein: Ich werde mich in einen neuen Mann verwandeln. Das bin ich mir schuldig.

Ich habe mir schon so vieles versprochen…

In Paris, wo ich an einem grauen Januartag 1950 ankomme, nehme ich mir wieder ein Zimmer im Hôtel de France in der Rue de Rivoli. Ich statte Hildas Schwager einen Besuch ab, um ihm zu erklären, warum ich ihm die Artikelreihe über die Einwanderer in Israel nicht zugesandt habe. Dann eile ich zu Hilda, zu Israel Adler, zu Friedrich. Alle beglückwünschen mich zu meinem Aufstieg. Ich fahre nach Versailles. Wie schon die letzten Male kehre ich enttäuscht zurück. Hanna widmet mir ein kurzes: »Ach, du bist da«, und schon unterhält sie sich mit jemand anderem. Ich fühle mich im »Chez nous« nicht mehr zu Hause. Alles hat sich verändert, auch ich bin ein anderer geworden. Warum sollte ich noch hierher kommen, wenn es nichts zu meinem Glück beiträgt? Außerdem habe ich jetzt weniger Zeit als früher. Ich führe ein aktives Leben, schöpfe alle Quellen aus. Ich fühle mich wohl in meiner neuen Rolle und komme mir wichtig vor, denn ich werde ja mit sogenannten bedeutenden Persönlichkeiten verkehren, über entscheidende Ereignisse berichten. Ich treffe Niny und zeige ihr meinen Presseausweis: Ihr Stolz ist rührend.

Aber ich habe Schoschanis Spur verloren. Und die von François. Soll ich deshalb meine Studien aufgeben? Das wäre schade und dumm. Ein unwissender Journalist ist eher ein Unwissender als ein Journalist. Ich lege ein Gelübde ab: Mindestens eine Stunde pro Tage werde ich dem Studium widmen. Das schwöre ich mir.

Mein erster Beitrag ist ein Porträt mit Interview. Emil Najar war früher Anwalt und zionistischer Kämpfer in Ägypten, jetzt ist er Botschaftsrat in der israelischen Botschaft, ein Mann, der leidenschaftlich gern plaudert und politische und literarische Anekdoten liebt. Er breitet den ganzen Horizont der französisch-israelischen Beziehungen und der allgemeinen politischen und kulturellen Lage in Frankreich vor mir aus. Es ist kein gewöhnliches

Interview – ich bin zu schüchtern, um meinem Gesprächspartner vertrauliche Dinge zu entlocken –, aber darauf kommt es mir nicht an: Hauptsache, ich kann ihn zitieren. In meinem Übereifer bilde ich mir ein, ich könnte aus jeder Werbeseite einer normalen Tageszeitung einen lebhaften, wenn nicht sogar dramatischen Dialog machen.

Um mehr Tuchfühlung mit der Atmosphäre in Paris zu bekommen, setze ich mich, das anschauliche Beispiel Sartres und Hemingways vor Augen, mit dem Füllfederhalter in der Hand in eines der Straßencafés an den Grands Boulevards und beginne meinen Artikel zu schreiben. Uneingestanden hege ich die Hoffnung, ein Fremder oder eine Fremde spräche mich an: »In welcher Sprache schreiben Sie? Sie sind wohl Schriftsteller?« Darauf würde ich überlegen antworten: »Nein, ich bin Journalist.« Doch niemand nimmt Notiz von meinem Tun.

Als der Artikel unter meinem Namen erscheint – »von unserem Pariskorrespondenten« –, lese ich ihn immer wieder, bis zum Überdruß. Ich zeige ihn Israel Adler, der mich zur Feier des Tages zu einem Kaffee und einem (koscheren) Salamibrot einlädt. Das wird zur Tradition: Für jeden Artikel lädt er mich ein, ein Sandwich mit ihm zu teilen. Praktisch bedeutet das, daß er mich besser bezahlt als meine Zeitung. Er weiß, daß ich keinen Sou in der Tasche habe. Aber er hat kaum mehr als ich.

Ich warte auf ein Wort des Dankes von Emil Najar für all das Lob, mit dem ich seine Sache bedacht habe. Das Gegenteil tritt ein: Er ruft mich im Hotel an, um mir zu sagen, daß ihm sein Porträt nicht gefallen habe. Aus welchem Grund? Ich hätte ihn als einen Mann in den besten Jahren beschrieben, dabei sei er noch nicht einmal vierzig. Vor Schreck über die Aussicht, eine so wertvolle Informationsquelle zu verlieren, stammle ich Entschuldigungen, aber er lacht nur: Er hat einen ausgesprochenen Sinn für Humor. Mit der Zeit wird dieser Mann, einer der besten Köpfe im Außenministerium und der zukünftige Botschafter in Tokio, Rom und Brüssel, zu einer ständigen Informationsquelle, mit dessen Unterstützung ich immer rechnen kann.

Bleibt das ewige Geldproblem. *Jediot Achronot* zahlt wirklich nur bescheidene Zeilenhonorare. Mein rettender Engel ist Schlomo Friedrich. Er schanzt mir einige Übersetzungen zu. Durch seine Vermittlung und um ihm einen Gefallen zu tun, bittet mich eine hebräische Monatszeitschrift, die bald nur noch dreimal im Jahr erscheint, bevor sie an der allgemeinen Gleichgültigkeit eingeht, um einen Beitrag über ein beliebiges Thema aus dem Kulturbereich. Einzige Voraussetzung: Er soll lang sein. Ich schreibe einen Artikel über Beethoven. Jerachmiel Wiernik, der Chefredakteur und einzige Mitarbeiter der Zeitschrift, starrt mich an, als wäre ich vollkommen verrückt: »Hat dein Beethoven zufälligerweise Hebräisch gesprochen? War er vielleicht Jude? Was, glaubst du, soll ich mit einem Artikel über das Leben dieses tauben und bettelarmen Komponisten anfangen, der mit dem Zionismus nie etwas zu tun hatte? Warum schreibst du nicht über Jehuda Halewi, Bialik, Jabotinsky, Herzl oder Nordau?« Da er kein anderes Thema auf Lager hat, muß er sich mit dem zufriedengeben, was ich ihm anbiete. Nie habe ich Beethoven so geliebt wie an diesem Tag! Dank seiner konnte ich meine Monatsmiete bezahlen.

Ich arbeite in meinem Hotelzimmer, einer winzigen Kammer mit Blick zum Hof, in der es niemals Tag wird. Aber die Miete entspricht dem Komfort. Manchmal habe ich den Eindruck, daß die Zimmer auch stundenweise vermietet werden, denn ich treffe ständig neue Gäste im Treppenhaus.

Mein Presseausweis, vom Präsidium des Staatsrats ausgestellt, ist mein wertvollster Besitz. Eigentlich sollte er ausreichen, aber die Franzosen scheinen in Pässe vernarrt zu sein. Während in den Vereinigten Staaten der Führerschein das einzige Dokument ist, das man bei sich trägt, benötigt man in Frankreich ständig seinen Personalausweis. Wie alle Auslandskorrespondenten muß ich mir neben dem unerläßlichen Sonderausweis des Polizeipräsidiums eine rote Karte (für das Theater), eine blaue Karte (für Konzertveranstaltungen) und eine grüne Karte (für das Kino) besorgen. Ich bin sogar berechtigt - in Frankreich ist man galant -, meine Gattin oder meine augenblickliche Freundin mitzunehmen. Meistens komme ich allein, was mir den bedauernden oder geringschätzigen Blick des Herrn im Frack einbringt, der die Eintrittskarten kontrolliert.

Die sparsame, nervöse Gestik Louis Jouvets, die abgehackte Sprache Charles Dullins, die Stimme von Germaine Montero, der Atem und die Starre von Etienne Decroux, der nüchterne Stil von Paul Paray: Ich habe die größten Inszenierungen und die begabtesten Schauspieler auf der Bühne gesehen. Ich würde sie gerne in meiner Zeitung preisen, doch sie sind keine Israelis, nicht einmal Juden...

Isidore Isou und Gabriel Pomeraud sind zwar Juden, aber mein Chefredakteur interessiert sich nicht für den Lettrismus.

Israel Adler, seiner Ausbildung nach eigentlich Musikwissenschaftler, begleitet mich meistens ins Kino. Wir gehen am liebsten in die kleinen Kinosäle, wo »alte« französische oder italienische Filme gezeigt werden, besonders die Meisterwerke von Carné-Prévert-Kosma. Den Eindruck, den *Kinder des Olymp* und *Pforten der Nacht* auf mich gemacht haben, werde ich nicht so schnell vergessen. Ich sehe sie mir zwei-, dreimal an. Ich hatte keine Ahnung, daß die Filmkunst ihre eigene Sprache besitzt. Ich wußte nicht, daß das Bild poetisch sein und außerdem noch eine philosophische Botschaft tragen kann. Wenn ich ihnen nur ein paar Zeilen widmen dürfte . . .

Meine Schwierigkeit besteht darin, daß *Jediot Achronot* nur Beiträge veröffentlicht, die direkt oder indirekt mit Israel oder den Juden, höchstens noch mit ihren Feinden zu tun haben. Ist das ein Zeichen für Gleichgültigkeit gegenüber dem Rest der Welt? Es fehlt vor allem an Platz, das heißt an Papier. Von einem gnadenlosen Krieg geschwächt, durchläuft der junge Staat Israel eine endlose Wirtschaftskrise. Für meine Zeitung, die noch ärmer und mittelloser ist als das Land selbst, gibt es die Welt draußen nur in dem Maße, wie sie dem Staat Israel zuträglich oder abträglich ist.

Für den Journalisten jedoch gibt es Nachrichtenthemen im Überfluß, und jeder Auslandskorrespondent, der etwas auf sich hält, könnte glücklich darüber sein. Es genügt, die Augen aufzusperren, eine Zeitschrift zu überfliegen, an irgendeiner Demonstration teilzunehmen, um Stoff für einen guten Bericht zu haben. Der Indochinakrieg beginnt. Albert Lebrun, der letzte Präsident der Dritten Republik, stirbt (unbeachtet). Ebenso Léon Blum (über seinen Tod spricht man überall): Er war wie ich in Buchenwald, doch wir haben nicht dieselben Erinnerungen daran. Der Tod André Gides, die Streiks und politischen Skandale, die nicht abreißen und sich alle gleichen, Regierungen, die sich bilden und wieder auseinanderbrechen mit einer Geschwindigkeit, die kein Dramatiker sich jemals hätte ausdenken können. Der Graben zwischen den Kommunisten und ihren Gegnern wächst – ein Streit zwischen den Ideologien. Gewalt strömt in die Sprache ein. In literarischen Kreisen beherrscht der Streit um die Versöhnung die Köpfe: Soll man Schriftsteller, die mit den Nazis kollaboriert haben, weiterhin aus den intellektuellen Kreisen ausschließen? Jean Paulhan und François Mauriac plädieren für Verständnis, Aragon und Vercors für Härte. Unter den nicht enden wollenden Spannungen, die noch aus der Zeit der deutschen Besatzung herrühren, bricht das nationale Schriftstellerkomitee schließlich auseinander. In Frankreich ist die Zeit des Existentialismus angebrochen: Sartre und Camus, Simone de Beauvoir und Juliette Gréco, das Café Flore, die Keller in Saint-Germain-des-Prés. Giacometti hängt in seinem düsteren Stammcafé seinen Gedanken nach. Es lebe die engagierte Literatur! Es lebe die Philosophie der Einmischung!

Für einen Berichterstatter aus dem Ausland ist es das Paradies. Für mich bleibt dieses Paradies leider einmal mehr verschlossen. Meine Redaktion hat kein Interesse. Wenn Sartre Jude wäre oder Antisemit, dann... ja, dann könnte ich ihm eine Reportage widmen, vielleicht sogar zwei. Und ich würde dafür ein paar israelische Bücher mehr bekommen. Und wenn die Artikel, die aus meiner Feder fließen, die Zeitung nicht in den Bankrott treiben, auch ein paar Sandwiches bei Israel Adler.

Meine Zeit und mein Kopf gehören dem Paris der Intellektuellen und dem Paris der Kunst. Im Grunde bin ich noch mitten in der Lehrzeit. Ich suche und suche immer weiter. Mein Lesehunger, der mich in die Bibliothek treibt, ist nicht zu stillen. Nie wieder habe ich so viele Bücher verschlungen. Von meiner Lektüre ausgenommen sind die Schriften der reaktionären Rechten: Montherlant, Léautaud und Chardonne »sagen« mir nichts und können mich nichts lehren. Ich nähre mich vielmehr von den Werken Malraux', Mauriacs, Paul Valérys, Georges Bernanos', Ignazio Silones, Martin du Gards. Ich lese alles von Camus (warum hat er sich der deutschen Zensur unterworfen und die Ausklammerung des Kapitels über Kafka in *Der Mythos von Sisyphos* zugelassen?), ich lese den gesamten Sartre (hätte er mit der Aufführung von *Bei geschlossenen Türen* nicht bis zur Befreiung warten können?). Das Zerwürfnis zwischen beiden beschäftigt mich unablässig. Ich entdecke de Beauvoir, Gabriel Marcel, Merleau-Ponty, Duhamel. Und Raymond Aron, Arthur Koestler, William Faulkner, Cervantes und Miguel de Unamuno. Und natürlich Kafka. Ich vergleiche ihre Fragen mit meinen. Kann jemand fern aller Religion heilig sein? Gibt es ein laizistisches Heiligstes? Wo hört die Verantwortlichkeit des Menschen auf, und wo beginnt die Verantwortung Gottes? Wäre folglich das Dasein ohne

Gott absurd? Und kann man es überhaupt ohne Gott oder jenseits von Gott begreifen? Gott als Frage, Gott als Antwort: Welchen Gott soll man nehmen, wem folgen? Ich suche, also bin ich. Ich bin, also suche ich, ich suche den Sinn in der Suche, den ersten und letzten Grund des Daseins. Ich brauche jemanden, der mir durch das Labyrinth hilft. Doch François ist nicht greifbar, Schoschani auch nicht: Wo finde ich einen Anhaltspunkt, wer gibt mir Hilfestellung? Ich krame mein Manuskript über die Askese vor, bin entschlossen, es zu Ende zu bringen, doch ich hege Zweifel. Wem sollte dieses Thema nützen? Es kommt vor, daß das Ewige hinter dem Zeitgeschehen zurückstehen muß. Ist die jüdische oder die hinduistische Mystik vorzuziehen? Gebührt der Tat oder dem Denken der Vorrang? (Unsere Weisen im Talmud haben sich dieselbe Frage gestellt. Ihre Antwort lautet: Es ist besser zu lernen, denn es stiftet zur Tat an.)

Ich erlebe eine angespannte Zeit, die für meine schriftstellerische Tätigkeit fruchtbar, wenn nicht sogar unabdingbar ist. In *»Gezeiten des Schweigens«* erzähle ich:

> In jenen Jahren durchlebte Paris eine Art philosophisch-politische Gewissenskrise. Der Krieg, das in Europa angerichtete Blutbad, Hiroshima, wüteten in der Erinnerung der Menschen. Die Jugend, die sich in eine von der Generation ihrer Eltern geschaffene Welt, in eine von vornherein gegebene Situation versetzt sah, suchte zu verstehen und das Unbegreifliche zu begreifen. Man sprach vom Existentialismus, man stritt über den Kommunismus, man schlug sich mit dem Ausdruck Realismus herum. Die Parole des Tages lautete: Engagement. Man durfte nichts mehr bloß hinnehmen, auch nicht sich selbst. Der Mensch ist das, was er verwirft – hieß es –, und das, was er wählte, was er tut. Die Meister des Denkens lieferten alle möglichen und unmöglichen Definitionen für den Menschen und stellten ihn fast überall hin – links, rechts, darüber, darunter. Man sprach von Würde, von Freiheit, vom Handeln. Man muß handeln – hieß es –, man muß kämpfen, schreien, man muß nein sagen. Die Verzweiflung – hieß es – versperrt alle Ausgänge, die Hölle ist der Nachbar, der nachts schnarcht, das Absurde hat den von Gott verlassenen Thron bestiegen, deshalb muß man etwas tun! Eine Gebärde, eine Tat, eine Revolution – ob auf allgemeiner, ob auf privater Ebene, spielt keine Rolle! Gott ist tot, und nur der falsche Messias, der falsche Prophet weiß es…

Sonderbarerweise mußte ich feststellen: Mit Ausnahme der erschütternden Zeugnisse von David Rousset und wenigen Veröffentlichungen von Überlebenden des Widerstands (darunter *Das Menschengeschlecht* von Robert Antelme) gibt es zu dieser Zeit praktisch noch keine Literatur über die Konzentrationslager. Man könnte meinen, die Menschen fürchteten oder schämten sich, dieses Thema anzugehen. Haben sie noch nicht genügend Abstand dazu? Oder sind die Menschen zu sehr damit beschäftigt, wieder einen Platz in der Gesellschaft zu finden, sich wieder in einem Leben, einer Familie, einer neuen Situation zurechtzufinden, einen Lebensweg zu entwerfen? Wie überall in Europa wird in Frankreich viel über die Besatzung und den Widerstand geschrieben: Es ist das große Thema der Zeit. Theaterstücke, Filme, Dokumentationen, Essays und Romane handeln davon, die Quelle scheint nie zu versiegen. Man feiert die Männer und Frauen, die den Besatzern beherzt die Stirn geboten und sie aus dem Land vertrieben haben. Das Heldentum der einen verschleiert die Feigheit der anderen. Vor allem verbirgt es die Leiden der Opfer, die das offiziell geschlagene und teilnahmslose Frankreich, um nicht vom Frankreich der Kollaborateure zu reden, so widerstandslos dem Feind ausgeliefert hat. Es ist bequemer, den Blick auf den Mut der tapferen Untergrundkämpfer zu richten als auf die Demütigung und das Leid der sowohl von den Deutschen als auch von ihren Helfershelfern bei Gendarmerie und Polizei verfolgten Juden. In den deutschen Archiven stapeln sich Briefe, in denen Franzosen Juden denunzieren? Und das Vel'd'hiv, das Sammellager mitten in Paris – tabu. Die vielen Razzien der Polizei – tabu. Über die Lager Gurs und Drancy spricht man ebensowenig wie über die Verschleppung der jüdischen Kinder (die von den Deutschen gar nicht gefordert, sondern von Pierre Laval in die Wege geleitet wurde).

Noch prangert niemand dieses Entgegenkommen, diese Gefälligkeit an. Robert Paxton, Michael Marrus, die Klarsfelds und andere werden es später tun. Für *Jediot Achronot* muß ich mich im Moment mit anderen Zeiterscheinungen auseinandersetzen. Bloß nicht schon wieder das Thema »Die Juden und der Antisemitismus«. Wie kann ich meine Vorgesetzten dazu bringen, mir freie Hand zu lassen? Wenn ich nur nach Israel zurück könnte ... Was hindert mich eigentlich daran? Schließlich bin ich Journalist, und dieser Beruf verlangt es doch, alle Hindernisse zu überwinden.

Ich suche Loinger auf, einen ehemaligen Résistancekämpfer und OSE-Mann, der augenblicklich die Geschäftsstelle der israelischen Schiffahrtsgesellschaft Zim in Frankreich leitet. Ich erkläre ihm mein Problem: Ich muß unbedingt nach Tel Aviv, aber leider ... Loinger begreift sofort: »Wenn Sie eine Vergnügungsreise machen wollen, sind Sie hier an der falschen Adresse. Aber ich kann Ihnen helfen, wenn Sie ein Schiff nehmen wollen, um zu schreiben. Und Sie werden doch schreiben, nicht wahr?« meint er mit einem verschwörerischen Lächeln. »Nein«, erwidere ich, »ich habe nicht die Absicht...« Er fällt mir ins Wort: »Ein Journalist kann nicht anders als schreiben. Und wenn er im Augenblick nichts schreibt, dann wird er später darüber berichten, nicht wahr?« Und weil er meine Unfähigkeit zu lügen errät, läßt er mir nicht mehr die Zeit zu antworten, sondern klemmt sich hinter den Telefonhörer und erteilt die nötigen Anweisungen für mich: Noch am selben Tag wird mir ein Rückfahrschein für die *Kedma* zugestellt. Natürlich erster Klasse. Er begleitet mich zur Tür: »Sie sind zwar Journalist, aber noch nicht sehr gewitzt. Das kommt noch, Sie werden es lernen.« Ein redlicher Mann, dieser Loinger, aber ein schlechter Psychologe: Es gibt Dinge, die lernt man nie.

Eine Überfahrt ganz anderer Art, in einer bequemen Kabine, größer als mein Hotelzimmer und mit eigener Dusche. Blumen und Früchte stehen auf dem Tisch. Der Luxus rauscht an mir vorbei, und ich betrete das Restaurant nur ein- oder zweimal; die verdammte Seekrankheit nagelt mich ans Bett. Am Tag der Ankunft stehe ich nicht einmal auf, um den Karmel zu sehen.

Kaum bin ich in Haifa von Bord, nehme ich den Bus nach Tel Aviv. Ich kündige meinen Besuch nicht einmal an, sondern gehe schnurstracks zur Redaktion in der Rechow Finn, nahe beim lauten Hauptbahnhof. Der Empfang, den mir Doktor Rosenblum bereitet, bedeutet mir mehr als der gesamte Monatslohn eines großen Reporters. Er ist mit meinen Beiträgen zufrieden, auch wenn es ihm lieber wäre, sie kämen aus Moskau oder aus Taschkent... Er stellt mich seinen damals noch sehr wenigen Mitarbeitern vor: Awiezer Golan ist der Star der Zeitung, ein großer Rotschopf, der dem Irgun nahesteht und seine Zeit und sein Talent großzügig zur Verfügung stellt; Menachem Barasch, ein kleiner orthodoxer Jude mit Brille und durchdringendem, ironischem Blick; Lasar Reisman, ein Reporter im klassischen Sinn, schnell, neugierig und geschwätzig; Zeew Altagar, der Polizei- und Gerichtsreporter; Schlomo Schamgar, der die Auslandsseiten redaktionell betreut und Kinokritiken schreibt; Aharon Schamir, der Redakteur der freitags erscheinenden Wochenbeilage 7 *Tage* und der wöchentlich erscheinenden Frauenzeitschrift *La-ischa* (in der ich unter dem Pseudonym Elishewa Karmeli Beiträge veröffentlicht habe)... Es ist ein aufregendes, wohltuendes Gefühl, einer Mannschaft, einer Familie, was sage ich, einer Bruderschaft anzugehören. Alle kümmern sich um mich; ich bin ein Fremder, ein Neuer, ein Unbekannter, und ich wohne zu weit weg, um ihre Eifersucht oder auch nur ihr Mißtrauen zu wecken. Ich erhalte von jedem Ratschläge, sie kennen die Kniffe des Berufes besser als ich. Es gibt Kaffee, und ich werde in die »Geheimnisse« der Redaktion eingeweiht. Ich erfahre, wer auf dem aufsteigenden, wer auf dem absteigenden Ast sitzt. Ein Redakteur rät mir zu Vorsicht: Der Feind lauert überall; er wird versuchen, mir eine Falle zu stellen, mich auszubeuten, mich zu kaufen. Meiner Überzeugung nach spricht er von den Arabern, doch ich täusche mich: Er meint unsere Konkurrenz. Alle legen Wert darauf, mich zu warnen. *Jediot Achronot* hat nur einen einzigen Feind, den Thronräuber, den Verräter, *Maariw*. Es ist die alte Leier: Früher war *Jediot* auf dem Gipfel, das Geld floß nur so, wie jetzt bei *Maariw*. Das liebe Geld; wie oft führen sie das Wort im Munde? Unsere Zeitung ist so knapp bei Kasse, daß man vor allem ehren- und spaßeshalber mitarbeitet, oder weil man noch nichts Besseres gefunden hat – letzteres sagt mir natürlich keiner.

Getreu den russischen Gepflogenheiten bietet Dr. Rosenblum mir keinen Kaffee, sondern Tee an. Und er unterhält mich wieder mit einem Vortrag über die Werke Turgenjews und die Politik Kerenskis. Er lädt mich zu sich nach Hause ein. In seiner Wohnung atmet alles Kultur. Um seinen Eltern einen Gefallen zu tun, spielt Mosche, ihr jüngster Sohn, Geige. Aber seine wahre Leidenschaft gilt dem Journalismus. Er wird in den achtziger Jahren auf glanzvolle Weise in die Fußstapfen seines Vaters treten.

Dr. Rosenblum läßt mich wissen, daß »der Alte«, Jehuda Mozes, der Besitzer der Zeitung, mich gerne kennenlernen würde. Wann soll ich mich vorstellen? Am besten gleich. Warum er mich wohl sehen will? Ist er vielleicht unzufrieden mit mir? Ich haste zur angegebenen Adresse, Rothschild Boulevard Nr. 76. Atemlos steige ich die Treppe hinauf. Ich klingle. Die Tür geht auf, und eine stille Frau bittet mich einzutreten. Ein Mann mit weißem Kinnbart und schwarzer Kippa kommt mir mit ausgestreckter Hand entgegen; ich erinnere mich noch an seine klaren blauen Augen. Als wir im Salon Platz genommen haben, sehen wir uns eine Weile schweigend an: Ich wage nicht, den Mund aufzumachen, während er meinen Charakter, mein Temperament, anders gesagt, meine Persönlichkeit abwägt. Dann beginnt auch er, mit mir über »unsere« Zeitung zu sprechen: Er hätte sich wirklich gewünscht, mich vernünftig bezahlen zu können, doch seit dem »Coup« weiß er unglücklicherweise nicht mehr, wie... Doch schließlich ist Geld nicht alles im Leben, nicht wahr? Was ist schon Geld? Nur eine Illusion. Man gewinnt es, man verliert es. Und man macht sich die Hände damit schmutzig. Geld macht käuflich, das weiß jeder... Doch wir wollen jetzt nicht darüber sprechen, einverstanden? Und unter uns gesagt, das alles wird bald ganz anders aussehen! »Sie« (die Konkurrenz) werden schon sehen, was wir noch auf die Beine stellen, davon ist er überzeugt... Er möchte, daß auch ich es bin... Einmal wird das Unrecht beseitigt werden... Es gibt noch einen Gott im Himmel, und er allein bestimmt, was auf Erden geschieht... Gott ist gerecht, Gott ist gut; Gott wird die Sache schon richten... Insgeheim denke ich: Ist Gott denn ein Bankier? Ich halte Ihn lieber für einen Philosophen. Es ist komisch, aber es kommt mir so vor, als hörte ich eine Abhandlung über Ijob.

Durch seine Art und seinen Ton erreicht der Alte schnell, daß ich mich wohlfühle. Er erkundigt sich nach meinem Studium, meinem Leben, er fragt, woher ich stamme und welche Pläne ich habe. Er läßt seine eigene Vergangenheit in Kalisch (dessen jüdischer Friedhof anscheinend der älteste in Polen ist) und anschließend in Lodz aufleben. Was weiß er über mein Vorleben? Hat er eine Ahnung, an welcher Bürde ich trage? Plötzlich stellt er mir eine überraschende Frage: Ob ich an Gott glaube? Bei jedem anderen hätte mich eine so zudringliche Frage verletzt, doch nicht bei ihm. Ich erröte und antworte. Zwischen uns knüpft sich ein Band, kein berufliches, sondern ein persönliches, menschliches Band. Plötzlich wechselt der Alte das Thema. Wir sprechen über den Talmud, den Midrasch, den Chassidismus. Er zitiert eine Textstelle, und ich korrigiere ihn schüchtern. Um mir meinen Irrtum zu beweisen, steht er auf, geht aus dem Zimmer und kehrt mit einem Band zurück. Er schlägt ihn auf und klappt ihn sofort wieder zu: Der Zufall wollte, daß ich recht hatte. Er ist keineswegs entrüstet, im Gegenteil, er wirkt zufrieden. Um es altmodisch auszudrücken: Ich habe Gnade vor seinen Augen gefunden.

Obwohl er mich gerade erst kennengelernt hat, bietet er mir schon seine Gastfreundschaft an und lädt mich mit Nachdruck ein, bei ihm zu wohnen. Nichts zu machen, daran komme ich nicht vorbei. Um so besser: Das Hotel würde mich drei meiner elenden Monatsgehälter kosten. Ich nehme dankend an und hole meine Sachen. Ich esse mit der Familie, bin bei den Gesprächen nach dem Abendessen dabei. In seinem Haus schließe ich Freundschaft mit seinem Neffen Dow (der ebenfalls im Lager war) und mit seinem Sohn Noah. Es sind echte, selbstlose, glückliche Freundschaften. Der Alte nimmt mich nach Jerusalem mit. Auf dem Hinweg in einem Sammeltaxi erzählt er mir von seiner Kindheit und Jugend. Kalisch, Moskau, Lodz, London ... Er erinnert sich an die Dichter Schneur und Bialik, an die Maler Soutine, Glicenstein und Mané Katz und ... an eine gewisse Madame Reid, die ehemalige Besitzerin des *New York Herald Tribune*. Er spricht von seinen Enttäuschungen, Zielen und Hoffnungen. Ich werde in seine Familie aufgenommen. Ihm liegt viel daran, daß ich Noahs Brüder kennenlerne. Der eine gehört zur Linken, der andere steht der Cherut nahe. Bei den Mozes wird oft über Politik gesprochen. Aber der Alte gibt den Ton an. Bis auf seine Frau fürchten ihn alle. Im Gespräch mit mir ist er jedoch niemals laut geworden. Später wird er mich manchmal am Freitag nachmittag in Paris anrufen, um mir einen friedvollen Sabbat zu wünschen, mir das Wort eines chassidischen Meisters auf den Weg zu geben oder einfach nur, um mit mir zu plaudern. Und manchmal werde ich im stillen zu mir sagen: »Schade, daß er mir nicht einfach das Geld schickt, das ihn seine Anrufe kosten.« Aber was ist schon Geld? Es lohnt sich nicht, ein Wort darüber zu verlieren, nicht wahr?

Meine Freundschaft mit Dow freut den Alten, und er unterstützt sie. Ich frage mich noch heute, warum er das tat. Hoffte er, Dow würde durch meinen Einfluß jüdischer, ich meine, der jüdischen Sache mehr zugewandt? Tatsache ist, daß sich Dow damals mehr für die letzte Nummer des *Time Magazine* als für die Prascha der Woche interessierte. Gab es noch einen weiteren Grund? Dow und ich teilten eine Zeitlang das Zimmer, und nach seiner Heirat mit Lea luden die beiden mich ein, bei ihnen zu wohnen. Großmütig erlaubte mir der Alte, entweder ihre Einladung oder die von Noah und Paula anzunehmen, aber auf keinen Fall eine andere. War ich jedoch während der Hohen Feiertage im Land, besuchte ich den Gottesdienst mit ihm zusammen. Ich erinnere mich an ein Rosch ha-Schana in Jerusalem, bei dem seine Frau fehlte. Wir wohnen im Hotel. Ein feierlicher Gottesdienst in einem Schtibl mit den Chassidim des Rabbi von Ger hat sich in mein Gedächtnis eingegraben. Unter Tränen liest der Alte einige Klagelieder, und ich wende rücksichtsvoll den Blick ab. Während des Festessens unterhalten wir uns über die Liturgie und die Reue. Ich preise den Stil von Wischnitz, er dagegen bleibt dem polnischen Chassidismus verbunden.

Der Alte, das kann ich jetzt sagen, war keineswegs so alt, wie er mir vorkam. Während ich diese Worte niederschreibe, weiß ich nicht mehr, was Altsein bedeutet. Ich habe den seltsamen Eindruck, alle seien jünger als ich.

Wie alles andere ändern auch die Worte mit dem Alter ihren Sinn.

Ein ehrgeiziger Journalist kommt bekanntlich viel herum. Und ich reise gern. Was lockt mich mehr, das Unterwegssein oder ein unbekanntes Ziel? Ich brauche das Gefühl, daß die Welt mir offensteht, und folge bereitwillig jeder Einladung, von wem auch immer, um mich mit dem Zug, dem Flugzeug, dem Auto oder jedem anderen Fortbewegungsmittel (auch zu Pferde? nein, es gibt noch Grenzen) irgendwohin zu begeben. Mit Gewohnheiten brechen, Zeitenwechsel, Tapetenwechsel, das gefällt mir. Malerische Landschaften entdecken, Abenteuer erleben, unerwarteten Dingen begegnen, in das exotische Leben fast unbekannter Stämme blicken, das ist meine Leidenschaft. Das Lächeln eines Blinden, den das Heulen der Gespenster verfolgt, die Tränen eines Waisenkinds, das von der Grausamkeit der Menschen entstellt wurde, das Gebet eines Gefangenen, den die Kerkermeister zum Schweigen gebracht haben - ist es nicht Aufgabe eines gewissenhaften Journalisten, all das aufzunehmen und wiederzugeben?

Ein Beauftragter der Jewish Agency, den ich durch Zufall kennenlerne, lädt mich ein, ihn auf einer Inspektionsreise mit dem Auto nach Marokko zu begleiten. Nichts spricht dagegen. Ich eile aufs Polizeipräsidium, um ein Ausreisevisum zu beantragen, dann haste ich zum spanischen Konsulat und besorge mir ein Transitvisum. Zum Glück habe ich genügend Paßfotos bei mir! Überdies erhalte ich die notwendigen Stempel ohne Umstände! Offenbar stehen die Sterne günstig für mich. Doch woher soll ich das Geld für die Reise nehmen? Wovon soll ich leben? Wie soll ich die Hotels und das Essen bezahlen? Ich besitze gerade so viel Geld, daß ich meine Miete für den nächsten Monat bezahlen kann. Also räume ich das Zimmer und verstaue alles, was ich besitze, in einem alten Koffer. Alles weitere wird sich zeigen. Wie heißt es doch im Talmud? »Der dir das Leben schenkt, sorgt auch dafür, daß du satt wirst.«

Wir sind zu dritt im Wagen. Der erste Halt ist Marseille. Wir übernachten in dem Durchgangslager bei Bandol. Seit meinem ersten Aufenthalt vor einem Jahr hat sich vieles verändert. Jetzt bereiten sich hier Marokkaner darauf vor, nach Israel auszuwandern. Ich verbringe meine Zeit damit, sie über ihre verlassene Heimat zu befragen und ihnen vom Land ihrer Träume zu erzählen: von dem Glück, sich als Jude zu fühlen, von der Freude, frei von allen antisemitischen Drohungen zu leben, von der Schönheit des Sonnenaufgangs in Jerusalem. Da ich (dank der Hartnäckigkeit meines Vaters und Jerachmiels) fließend Hebräisch spreche, halten sie mich für einen Israeli und fragen nicht, warum ich in der Diaspora bleiben will. Der Leiter des Lagers ist so entzückt von meinen Vorträgen, daß er mir zum Dank zehntausend (noch immer alte) Francs aufdrängt. Zuerst lehne ich ab, doch dann nehme ich sie dankend und mit rotem Kopf an. Ach, wenn wir nur noch eine Woche hierblieben könnten, ich würde beinahe reich werden und könnte beruhigt reisen. Aber nach wenigen Tagen brechen wir wieder auf.

Zwischen Hendaye und Irun erreichen wir die Grenze. Die Polizisten und Zöllner, die meinen Reisepaß prüfen, der mich unerbittlich als Staatenlosen ausweist, machen mir angst. Werden sie mich für einen kommunistischen Agenten oder einen ehemaligen Kämpfer der Internationalen Brigaden halten? Ich könnte ihnen natürlich sagen, daß ich zur Zeit ihres schmutzigen Bürgerkriegs erst acht oder zehn Jahre alt war, doch wer weiß, ob die Faschisten zählen können? Ahnungen und diffuse Ängste beherrschen mich: Ich sehe mich bereits eingekerkert unter Franco. Es wäre besser gewesen, einen anderen Grenzübergang zu nehmen und nicht diese biederen Beamten zu belästigen, die die Grenzen ihrer schäbigen Diktatur sichern sollen... Doch wir haben Juli, und so scheinen sie, mit dem

Segen von oben, ein wenig faul zu sein. Sie lassen mich ohne Umstände einreisen.

Spanien gefällt mir gut. Glühende Sonne, feurige Blicke, ungestüme Flamencos, wirbelnde, schwindelerregende Tänze. Und die Frauen! Spanierinnen mit halb geöffneten Lippen, wilde Schönheiten mit dunklen, unergründlichen Augen. Jede zieht mich an, vor jeder laufe ich davon. Seit meiner Kindheit träume ich von diesem Land, in dem unsere berühmtesten Dichter und Philosophen gelebt und das sie besungen haben. Das Land, in dem die Inquisitoren Tränen vergossen, als sie die Meinen im Namen einer ziemlich eigenartigen Gottesliebe folterten und demütigten. Ich erinnere mich, daß ich einst ihr Handbuch gelesen habe... Der ebenso ehrenwerte wie grausame Großinquisitor hatte eine ruhiges Gewissen. Mehr noch: Er bildete sich ein, Gott zu beschützen und seine Liebe zu erlangen, wenn er »den Feind« bestrafte. Wie kam er nur auf diesen Gedanken? Aber lassen wir das...

Ich folge den Spuren Ibn Gabirols, Jehuda Halewis und Rabbi Mose ben Nachmans, genannt Ramban oder auch Nachmanides. Unter König Jakob I. von Aragon wurde Ramban zu einem öffentlichen Streitgespräch mit dem zum Christentum übergetretenen Raymond di Pinei Porti, genannt Pablo Christiani, gezwungen und ging siegreich daraus hervor.

Den Kopf voller Geschichten über die Marranen, suche ich ihre Nachkommen. Wie kann man ahnen, ob nicht einer der Passanten auf den Ramblas von Barcelona einer von ihnen ist? Aber Vorsicht! Wenn ich mich von meinen Träumen leiten lassen, laufe ich Gefahr, mich zu verirren. Dieser Beamte oder jener Schuhmacher hat sich im Bürgerkrieg vielleicht nicht wie ein Weiser oder ein Dichter verhalten? Was ich über die Methoden Francos und seiner Anhänger gelesen habe, reicht, um mißtrauisch zu sein.

Barcelona, das sind Menschenmassen und Gespenster: das Gewühl auf den Ramblas, die geheimnisvollen kleinen Gassen. Menschliche Gestalten liegen, erschöpften Schatten gleich, auf den Gehsteigen oder lehnen mit dem Rücken an dunklen Hauswänden, warten auf einen Erlöser oder einfach auf irgend jemanden, der ihnen ein paar Peseten gibt.

Während ich so durch eine menschenleere Straße schlendere, taucht plötzlich ein kleiner Junge vor mir auf. Woher kommt er? Bestimmt aus einer der angrenzenden Hütten, aber vielleicht ist er auch meinen Träumen entsprungen, es ist unwichtig. Der Knabe steht wie ein Fels aus Granit in der Nacht, streckt mir die offene Hand entgegen und sagt kaum hörbar: »Señor, ich habe Hunger.«

Seine Stimme klingt hart, düster und reif. Es ist nicht die Stimme eines Bettlers, der Mitleid erregen möchte, es ist die Stimme eines Menschen, die mir in Erinnerung ruft, daß mir in dieser verdorbenen Welt, in der ich umherirre, ein junger Spanier, ein Kind, die geöffnete Hand entgegenstreckt - ein Kind, das Hunger hat. Vielleicht habe ich auch nur die Stimme meines Gewissens gehört.

Instinktiv will ich in meiner Tasche nach ein paar Peseten kramen, damit er in der Nacht verschwindet, doch meine Hand gehorcht nicht: Seltsamerweise verliere ich die Kontrolle über meinen Körper. Die Worte des Jungen, besonders der Klang seiner Stimme, haben mich gelähmt. Wie versteinert bleibe ich stehen und kann meinen Blick nicht von der Hand lösen, die mich aller Vergehen zu bezichtigen scheint, die begangen wurden, seitdem der erste Mensch nicht weit vom Paradies sich von seinem Bruder abwandte.

»Señor«, wiederholt der Junge, »ich habe Hunger.« Ich würde gerne erfahren, wie er heißt, doch ich weiß nicht, wie ich ihn fragen soll. Juanito, Alfonso oder José? Alle spanischen Jungen heißen so. Und zweifellos haben alle Hunger. Noch einmal will ich in meinen Taschen nach etwas Geld für ihn suchen, und wieder kann ich meine Finger nicht bewegen.

Die ganze Szene hat nur wenige Sekunden, vielleicht aber auch endlos lange gedauert, ich weiß es nicht. Die Zeit ist stehengeblieben, die Erde hat zu atmen aufgehört. Die ganze Schöpfung hat sich auf diesen unbeweglichen spanischen Knaben reduziert.

Da er glaubt, ich wolle ihn nicht verstehen und ihm nichts geben, läßt der Junge seine Hand sinken und verschwindet. Jetzt erst erwache ich aus meiner Benommenheit. Mein Herz schlägt so laut, daß es die ganze schlafende Stadt aufwecken könnte.

Ich beginne, Juanito, José und Alfonso zu rufen, ich schreie ihm hinterher, er solle zurückkommen, ich würde ihm alles schenken, was ich besitze, und noch viel mehr, ich will ihm erklären, wie sehr ich eine Gesellschaft hasse, in der Kinder gezwungen sind, bei Ausländern um Brot zu betteln. Doch die Mühe ist vergeblich: Entmutigt scheint er sein Glück schon woanders zu versuchen.

Natürlich habe ich ihn nie wieder gesehen. Nein, ich muß mich verbessern: Jedesmal, wenn ich vor einem Restaurant stehe, habe ich das Gefühl, er steht vor mir. Er hat hundert Gesichter und ebenso viele Namen. Und er ist immer hungrig.

(Rückblickend frage ich mich, ob die vorübergehende Lähmung, die mich gefangenhielt, nicht doch auch gewollt war, denn wie hätte ich meine Reise fortsetzen können, wenn ich dem jungen Spanier mein ganzes Geld gegeben hätte?)

Wir bummeln einen ganzen Tag durch Madrid. Als neugierige Touristen können wir uns nie sattsehen. Wir suchen etwas, ohne zu wissen, was. Wir suchen jemanden, ohne zu wissen, wen.

Ob all die vielen Menschen auf den Straßen immer finden, was sie suchen? Fast hat man den Eindruck, sie würden mehr Zeit draußen als zu Hause oder bei der Arbeit verbringen. Sie bleiben immer unter sich und sind Fremden gegenüber mißtrauisch. Ist die Diktatur daran schuld? Zweifellos leidet die Madrider Bevölkerung darunter, wir aber nicht. Niemand folgt uns. Zumindest glauben wir das. Später werden wir erfahren, daß es nicht stimmte. In einem Polizeistaat ist jeder verdächtig, und Touristen mehr als jeder andere.

Wir besuchen den Prado, sehen uns die Bilder von Goya und Velázquez an. Der ebenso menschliche wie den Menschen völlig entstellende Wahnsinn, der sich auf den Gesichtern Goyas widerspiegelt, wird mir lange Zeit nicht mehr aus dem Sinn gehen. Das gleiche gilt für die Würde, die Velázquez den Menschen auf seinen Bildern gab. Wir besuchen Arias Montana, ein judaistisches Forschungsinstitut. Schade, daß ich nicht länger bleiben kann. Wie gerne würde ich all die Dokumente und Schriften in den Archiven lesen und wiederlesen, die von Spaniens jüdischer Vergangenheit zeugen.

Am Freitag abend gehe ich in die Synagoge. In einem Keller ist ein kleiner Minjan zusammengekommen. Alles erinnert mich an die Zeit der streng katholischen Herrscher, Ferdinand und Isabella, an die Zeit Torquemadas. Die Menschen beten leise. Ich mische mich unter die Gläubigen, stelle mich als jüdischer Journalist vor und höre, was sie mir auf jiddisch erwidern: Fast alle sind Flüchtlinge. Zu meinem Erstaunen sind sie voll des Lobes für Franco. Zweifellos ist er in der Vergangenheit ein Faschist gewesen; und ganz sicher hat er die Republik geknebelt; es stimmt auch, daß die jüdische Religion in diesem Land, wo ein fanatischer Katholizismus regiert, niemals anerkannt wurde, aber... Sie verweisen auf Francos anständiges Verhalten gegenüber den verfolgten Juden während des Krieges. Als sorgfältiger Journalist forsche ich ein wenig nach, treffe

Vertreter der spanischen Regierung, ausländische Diplomaten, amerikanische und britische Glaubensbrüder, und schließlich muß ich anerkennen: Im Gegensatz zur Schweiz, die als so human gilt, hat Spanien niemals Juden ausgeliefert, die vor der Gestapo dorthin geflohen waren. Der Philosoph Walter Benjamin hat sich grundlos umgebracht: Niemand hätte ihn der Vichy-Polizei ausgeliefert. Im Gegenteil, Franco hatte seinen Gesandtschaften in den von Deutschland besetzten Ländern die Weisung erteilt, den sephardischen Juden spanische Pässe auszuhändigen... »Und trotzdem«, beklagt sich ein hoher Beamter des Außenministeriums, »weigert sich Israel, diplomatische Beziehungen mit uns aufzunehmen.« Für David Ben Gurion ist Spanien ein faschistisches Land, und das genügt. Als Israel Jahre später seine Haltung ändert, lassen die Spanier sich bitten. Wenn ich durch die Straßen der Hauptstadt spaziere, ärgert es mich trotzdem, daß ich mich dort so wohl fühle, wo Franco und seine Anhänger mit einer solchen Brutalität vorgehen konnten, ohne daß die zivilisierte Welt sich darüber besonders empört hätte. Ich sollte viel mehr an die Opfer denken.

Die Stunden in Toledo werden mir unvergeßlich bleiben. An einer Synagoge, die in eine Kirche umgewandelt wurde, wollten die hebräischen Buchstaben an den Wänden einfach nicht verschwinden. Zwischen 1992 und 1993 werden wir auf Initiative des Bankiers Edmond Safra versuchen, dieses Gebäude von der Kirche zurückzukaufen, um es wieder für die jüdische Gemeinde herzurichten. Das alte Haus von Samuel ha-Nagid - in dem auch El Greco betete - besitzt einen unterirdischen Tunnel, durch den die Juden zum Meer entkommen konnten, sobald sich die Priester zeigten. Auch von Saragossa, der Stadt Goyas und des berühmten mystischen Visionärs Rabbi Abraham Abulafia, habe ich denkwürdige Eindrücke behalten. Abulafia verfolgte Ende des 13. Jahrhunderts den Plan, die gesamte Menschheit zum Gesetz der Tora zu bekehren und so die endgültige Erlösung schnell herbeizuführen. Eine ausgezeichnete Idee, eine großartige Lösung, doch wo sollte man damit beginnen? In Rom natürlich, mit Papst Nikolaus III. höchstpersönlich. Dann wäre schon die Hälfte gewonnen. Der arme Träumer: Er starb, bevor er sein Vorhaben in Angriff nehmen konnte.

Als ich die riesige Kathedrale besichtige, spricht mich ein Herr mittleren Alters an. Er ist mager und hat ein kantiges Gesicht mit tiefliegenden dunklen Augen. Wir verständigen uns mehr schlecht als recht auf französisch. Er fragt mich, woher ich komme und was mich nach Saragossa führe. Ich erwidere, ich sei Jude, lebte in Paris, arbeitete aber für eine israelische Zeitung. Jüdisch? wundert er sich. Das gibt es noch? Ja, das wird es immer geben. Und Israel wird in der Bibel erwähnt, nicht wahr? Ja, aber auch in Geschichtsbüchern, und heute wird sogar im Mittleren Osten, im Heiligen Land, mit diesem Namen Geschichte gemacht. Er hört mich an, stutzt, wirkt nachdenklich. Nach einer Weile lädt er mich zu sich ein, um mir etwas zu zeigen, das mich bestimmt interessieren würde. Er überreicht mir eine kleine Pergamentrolle. Es dauert einige Zeit, doch obwohl mich die Gefühle überwältigen, gelingt es mir schließlich, die hebräische Botschaft zu entziffern: Ein Mann namens Mosche ben Abraham bittet seine Nachkommen, ihre Wurzeln nicht zu vergessen... Ich möchte dieses Dokument kaufen, will es um jeden Preis besitzen. Doch der Mann lehnt ab. Ich bleibe beharrlich, er wird wütend, aufbrausend, und weil ich nicht begreife, erklärt er mir, daß dieses Pergament seit jeher in der Hand seiner Familie war und vom Vater auf den Sohn vererbt wurde... Nun beginnt er mich nach dem Inhalt zu befragen, doch ich bin stumm vor Rührung. Er schleudert mir spanische Schimpfworte ins Gesicht, und endlich fasse ich mich. Am Fenster stehend, den Mann zu meiner Rechten, lese ich das Testament wieder und wieder vor. Erst auf hebräisch, dann auf französisch. Diesmal ist er erschüttert...

Eines Tages bin ich ihm in Jerusalem wiederbegegnet. Dort lebte er nun mit seiner Familie in bescheidenen Verhältnissen, aber er schien mir glücklich zu sein. Als wir uns trennten, rief er mir schelmisch hinterher: »Übrigens, ich habe Ihnen nicht gesagt, wie ich heiße. Ich heiße Mosche ben Abraham...« Jedesmal, wenn ich mich an Saragossa erinnere, sehe ich seither nicht mehr die Kathedrale, sondern ihn: Mosche, Sohn des Abraham. Und ich danke Gott, daß er mich in diese Stadt führte, in die Stadt des mystischen Visionärs Rabbi Abraham Abulafia, wo ich durch den unwahrscheinlichsten Zufall unserem Volk einen Bruder wiedergeben konnte.

Wir fahren weiter, und unsere Reise wird immer mehr zu einer Pilgerfahrt zu den geheimen Quellen unseres kollektiven Gedächtnisses. Jeder Halt bringt eine Entdeckung, eine Begegnung. Nach Israel ist Spanien das Land, das mir am meisten bedeutet und mich am meisten anspricht.

In Algeciras verbringen wir die Nacht in einem kleinen Hotel am

Hafen. Ich finde keinen Schlaf. Die Reise durch dieses Land mit seiner jüdischen, christlichen und moslemischen Vergangenheit hat mich tief bewegt. Die widersprüchlichsten Gedanken spuken in meinem Kopf herum. Ich erzähle viel davon in *Gesang der Toten*, aber vielleicht nicht genug.

Wir schiffen uns nach Tanger ein. Die Überfahrt ist stürmisch – und die verdammte Seekrankheit schlimmer denn je! Das ist die gerechte Strafe, sage ich mir: Ich hätte Saragossa nicht verlassen sollen.

Tanger: eine Weltstadt mit zahllosen Unternehmen – von den ehrbarsten bis zu den fragwürdigsten. Ich bin begeistert vom nächtlichen unterirdischen Treiben in dieser Stadt. Die Eindrücke und Erinnerungen lieferten mir den Stoff für *Gezeiten des Schweigens*. Tanger bei Nacht. Der Soco chico. Die Diebe sind gewitzt – man braucht sich nicht darüber zu ärgern, es ist schließlich ihr Handwerk. Kinder bieten einem das ganze Gold des Orients für ein paar Francs an. Tanzende Derwische und Feuerschlucker. Schmuggler, die übermenschliche Kräfte aufbringen, um das schnelle Geld zu machen, Abenteurer, die nach gefährlichen Aufträgen in Gegenden lechzen, die es häufig nur in ihrer Einbildung gibt. Arabische Geschichtenerzähler, die sich anstrengen, Gefühle, Bewunderung und ein paar Sous auf ihre Seite zu bringen, werden von einer begeisterten Menschenmenge umringt. Tanger, das ist für mich Pedro, mein Freund, der Mann, der in meinen Augen das Ideal der Freundschaft verkörpert. Ebenso verrückt wie weise, so kühn wie gelassen, so traurig wie über alle Traurigkeit erhaben: So habe ich ihn mir ausgemalt. Ich habe Pedro erfunden, weil er mir fehlte, und er fehlt mir noch immer.

In großer Eile fahren wir durch das spanische Hoheitsgebiet und kommen schließlich nach Casablanca. Obwohl das Weiß der Häuser einen blendet, strahlt es Ruhe aus. Das liegt an der Stille vor Sonnenuntergang. Schelmisch lächelnde kleine Schuhputzer, deren Hände niemals ruhen, Wolldeckenhändler mit offenem Blick und langsamen Bewegungen: Möge Gott seine schützende Hand über diese Stadt halten. Die Menschen sind gut. Eine idyllische Stimmung liegt über der Stadt.

Wir schreiben das Jahr 1950, und ich bin noch zu ungebildet, um die Spannungen in den verschiedenen Gemeinschaften erkennen zu können. Es fehlt mir an Einsicht, an politischem Durchblick. Ich bin so dumm zu glauben, jeder würde jeden achten und lieben. Aber wie steht es um die nationale Einheit der verschiedenen ethnischen Gruppen? Und um das Recht auf Selbstbestimmung? Um das Recht von Männern und Frauen auf Anerkennung und die Achtung ihrer Würde? Diese Ideen sind noch nicht aktuell, und die Einheimischen verbergen noch, wie groß ihre Demütigung durch das überlegene Gehabe ihrer »Beschützer« ist. Und was ist mit den Armen? Für mich sieht es so aus, als wäre die Armut in Casablanca erträglicher als anderswo.

Meine Reisegefährten knüpfen für mich Verbindungen zur jüdischen Gemeinde. Ich gehe häufig in die Mellah, ins Judenviertel, wo selbst der Schatten noch leuchtet. Mir gefällt, wie dicht die Menschen hier zusammenleben. Ein noch junger, in Lumpen gekleideter und zerzauster Mann mit irrem Blick dient sich mir als Führer an. Sein Name ist Ifergan. Er ist ein Pfiffikus, kennt Rabbiner und Händler, Kämpfer und Sympathisanten der jüdischen Sache. Alle Türen stehen ihm offen. Er begreift nicht, warum ich die rabbinischen Meister treffen will: »Ich dachte, Sie seien Journalist und kein Bachur Jeschiwa.« Aber er stellt mich den Vorstehern der Gemeinde, den Würdenträgern vor. Die gebildeten Greise wundern sich gleichfalls, daß ich mehr über ihre Tradition als über die politische Gegenwart erfahren will; ich schlage ihnen vor, mir von der gegenwärtigen Lage ihrer Tradition zu erzählen. Sie antworten voller Weisheit, selten einfältig, und ihre Worte sind anregender als die der Politiker. Ein Dajan (ein rabbinischer Richter) zeigt mir unbekannte mystische Schriften, die den Weisen von Fes zugeschrieben werden. Ein Rabbiner erzählt mir kaum bekannte Anekdoten über die Jahre, die Maimonides in Marokko zubrachte. Wie in Spanien, so stößt man auch hier allerorten auf die jüdische Vergangenheit.

Es gibt viele Juden in Marokko. Sie nehmen am öffentlichen Leben regen Anteil, hängen an ihrer Heimat und an ihrem Herrscher. Besonders ihre Verehrung für Sultan Mohammed V. erstaunt mich – allerdings zu Unrecht, und das hätte ich wissen müssen. Während des Krieges hat der Sultan seinen jüdischen Untertanen Schutz gewährt und sich Vichy und den Deutschen widersetzt. Kein einziger marokkanischer Jude wurde deponiert. Sind sie also moderne Dimmis? Sie sind schlichtweg Dimmis. Gibt es folglich keine Probleme mit den Muslimen? Anscheinend droht den marokkanischen Juden keine Gefahr. Man pflegt Handelsbeziehungen und nachbarschaftliche Verhältnisse. Die reichen Juden unterhalten fruchtbare Verbindungen zu den reichen Muslimen. Und die Armen? Ich habe es bereits erwähnt: Arm zu sein ist in Casablanca weniger schlimm als anderswo. Warum wollen dann so viele Juden ins Heilige Land »ziehen«? Tatsächlich ist die Lage unsicher, die Zukunft ungewiß: Diese blühende, tatkräftige und ihren Bräuchen so treue Gemeinde zeigt bereits die ersten Zeichen von Auflösung. Mein Gefährte, der Gesandte der Jewish Agency, sagt voraus, daß nur sehr wenige der 250 000 Seelen, die sie zählt, zurückbleiben werden. Ich verstehe noch immer nicht: Wenn es auf diesem schönen, gastfreundlichen Stückchen Erde keine Probleme gibt, warum wollen diese Juden dann in ein unbekanntes Land ziehen? Ifergans Antwort lautet: »Für einen Juden ist Israel niemals ein unbekanntes Land.« Mir fallen die Juden aus meiner Stadt ein. Sollten die marokkanischen Juden scharfsinniger und vorsichtiger sein, als es die Juden Sighets zwischen 1940 und 1944 waren? Sie sind es zweifellos. Und dank der diplomatischen Anstrengungen von Joseph Golan, dem jüdischen Weltkongreß und der Jewish Agency konnte nahezu die gesamte jüdische Gemeinde zwischen 1952 und 1956 nach Israel auswandern. Diese Juden haben zuvor das Land geliebt, in dem sie seit mehr als tausend Jahre lebten, aber noch mehr lieben sie das Land, das ihres war, bevor sie nach Marokko kamen.

Ich fasse schnell Zuneigung zu ihnen. Erstens, weil ich die Sephardim mag. Als Kind habe ich mir den Messias als einen dunklen Mann mit dunklen Augen, kurz: als Sepharden vorgestellt. (Die Aschkenasim mögen mir verzeihen, und wenn der Messias Aschkenase ist, möge auch er mir verzeihen. Und wenn er mir nicht verzeiht, soll er kommen und mich dafür bestrafen, aber er soll es schnell tun!) Und ich mag die hingebungsvolle Art, wie sie ihr Judentum pflegen. Mir gefällt ihr Familiensinn, ihre väterliche Verbundenheit, die alle anderen Beziehungen bestimmt. Freitag abend ist die Synagoge voller Menschen. Die Kinder küssen die Hand ihrer Väter, und diese küssen ihren Vätern die Hände. Trotz der verschiedenen Bräuche und Sprachen fühle ich mich bei ihnen in der Fremde zu Hause.

Samstag vormittags besuche ich Veranstaltungen zionistischer Gruppen. Man singt, hält Vorträge, betet wie in Versailles und Orsay. Ich bringe ihnen einige Lieder bei. Mein Freund, der Gesandte der Jewish Agency, gibt seiner Freude über meinen »Einfluß« auf die jungen Juden Ausdruck und überreicht mir einen Umschlag. Zwar ist die Summe bescheiden, doch mir erscheint sie wunderbar: Die nächsten zwei oder drei Wochen werden mich keine Geldsorgen plagen. Und es kommt noch besser: Eine Sängerin des Chors erinnert mich an Hanna (nur ist sie weniger boshaft), selbst wenn sie im Grunde kaum Ähnlichkeit mit ihr hat. Sie ist sehr dunkel, klein, von überlegter Langsamkeit und anmutig. Sie singt Sopran, während Hanna eine Altstimme hat. Sie ist sanft und ruhig, nicht so temperamentvoll wie Hanna. Das macht aber nichts: Als unbelehrbarer Romantiker ertappe ich mich schon wieder beim Träumen. Ich unterhalte mich mit ihr über, Sie haben es sicher erraten, die Sehnsucht bei Jehuda Halewi und Nietzsche. Auf liebenswürdige Weise zeigt sie Interesse. Eines Abends gehen wir mitten in der Veranstaltung weg. Wir sind allein auf der Straße. Schüchtern ergreife ich ihre Hand. Da äußert sie den Wunsch, eine Fahrt mit der Droschke zu machen. Ich winke sofort eine herbei. Verliebt wie noch nie, betrachte ich die Sterne, rufe sie zu Zeugen meines Glücks, flehe sie an, die Träume dieses wunderschönen Mädchens zu entfachen. Dann begleite ich sie nach Hause, aber ich wage nicht, sie beim Abschied zu küssen.

Am folgenden Tag empfängt mich der gute Ifergan mit dem Hinweis, er sei uns gefolgt, und macht mir Vorwürfe. Ich möchte wissen, wie er auf die Idee kommt, mir nachzuspionieren. »Ach, nur so«, antwortet er. »Da ich Sie nun mal gesehen habe, will ich Sie auf die Gefahr aufmerksam machen, in die Sie sich begeben...« In der Tat, er muß verrückt sein: Welche Gefahr denn? »Sie haben«, erwidert er, »diesem Mädchen die Hand gehalten.« – »Ja, und?« – »Nun, bei uns bedeutet das, Sie wollen sie heiraten.« Was? Ich sie heiraten? »Wenn morgen der Vater oder der Bruder im Hotel aufkreuzt, wie wollen Sie sich dann herausreden? Aus einem Flirt kann hier eine große Sache werden. Und Sie teuer zu stehen kommen.«

Der gute Ifergan – dank seines Einschreitens bin ich vielleicht einem kurzen Glück und einem langen Elend entgangen.

Ifergan ist ein gewissenhafter Führer und weicht nicht von meiner Seite. Er ist tolpatschig, aber hilfsbereit. Den Erfordernissen meines Berufs gegenüber ist er sehr aufgeschlossen und zeigt mir die verborgenen Winkel der Stadt, die unantastbaren Bereiche der Gesellschaft. »Es ist nicht alles Gold, was glänzt«, sagt er beiläufig. »Die Beziehungen zwischen Juden und Muslimen sind manchmal getrübt. Es hat schon tragische Zwischenfälle gegeben. Man sagt, oder besser, man flüstert sich zu, es gebe mehrere Mädchen, die von reichen Moslems entführt worden sind. Es ist unmöglich, sie zu befreien: Niemand weiß, in welchem Harem sie eingeschlossen sind.« Er erzählt mir auch von der Prostitution, die in den Armenvierteln grassiert. Nach und nach dringe ich in das wahre Leben von Casablanca ein und lerne, dem trügerischen Schein oder gefälligen Erklärungen zu mißtrauen. Meine Berichte, die nun ausgewogener und differenzierter sind, gewinnen an Sachlichkeit: Ich verstehe jetzt besser, warum so viele Juden bereit sind, alles hinter sich zu lassen, warum sie darauf brennen, nach Israel zu »ziehen«.

Als ich wieder in Frankreich bin, erhalte ich ein Telegramm von Ifergan: »Ihre Artikel haben bei einigen Leuten Wut ausgelöst. Wurde windelweich geschlagen und liege mit gebrochenen Rippen im Krankenhaus.«

Das kann ich mir natürlich nicht verzeihen. Ich würde ihm gerne zu Hilfe eilen, aber ich habe kein Geld. Ihm schreiben? Ich habe keine Adresse. Ich schicke zwei oder drei Briefe »zur freundlichen Weiterleitung an die Israelitische Gemeinde«, doch sie kommen mit dem Vermerk »Empfänger unbekannt« zurück.

Zwanzig Jahre später erwähnte ich in einem Artikel zu Rosch ha-Schana die Reue über das unfreiwillige Schicksal, das er damals meinetwegen erlitt. Es war ein humoristisches, aber ernst gemeintes Bekenntnis. Umgehend erhielt ich seine Antwort: »Sie brauchen sich keine Vorwürfe zu machen. Ich hatte die Aufgabe, Ihnen auf Schritt und Tritt zu folgen. Ich stand im Dienst des Mossad und hatte meine Anweisungen. Ich sollte Sie im Auge behalten, Sie schützen. Schläge und Hiebe gehörten zum Berufsrisiko.«

Die junge Sängerin, die so gerne mit der Droschke spazierenfuhr, habe ich Jahre später zufällig in New York getroffen. Sie war mit ihrem Ehemann und ihren Kinder unterwegs. Ich hätte sie gerne gefragt, ob sie in ihren Träumen Sterne sah, doch ich wußte, sie würde es nicht verstehen. Und ihr Ehemann noch weniger.

»Und wie geht es Ihrem Vater?« fragte ich sie.

»Meinem Vater?« erwiderte sie erstaunt. »Er ist nicht mehr am Leben.«

»Wann ist er gestorben?«

»Ach, das ist lange her. Ich war damals fünf Jahre alt.«

»Und Ihren Brüdern?«

Sie sperrte die Augen auf:

»Meine Brüder? Ich bin die einzige Tochter.«

Ifergan, dieser verdammte Mistkerl.

Gestern habe ich nach Mitternacht meine Mutter im Traum gesehen. Sie hält meine Hand, und das kommt mir komisch vor. Ich denke: Ich bin groß geworden, bin erwachsen, aber für sie bin ich noch immer ein Kind... Langsam gehen wir die Straße hinunter. Ich frage sie: »Wohin gehen wir?« Sie scheint mich nicht zu hören. Vielleicht hat sie mich gehört, möchte mir aber lieber nicht antworten. Plötzlich merke ich, daß wir allein sind. Ich frage sie: »Wo sind die Leute hin? Man könnte meinen, ein Sturm hätte sie hinweggefegt.« Meine Mutter nickt, doch ich weiß nicht, ob es ein Zeichen der Zustimmung oder der Verneinung ist. Dennoch gehen wir weiter durch die Stadt. Ich erkenne die Häuser wieder, doch irgend etwas stört mich: Die Fenster, die ganz im Dunkeln verschwunden sind, werden hell, wenn wir vorübergehen. Als würde eine verborgene Hand eine Kerze in den Häusern anzünden. »Aber das ist ein Jahrzeitlicht«, sage ich zu meiner Mutter. Sie werden angezündet, um der Toten zu gedenken! Wieder nickt sie, als wolle sie mir recht geben oder mir zeigen, daß sie mich verstanden hat. Ich frage sie: »Wer ist gestorben?« Und weil sie noch immer nicht antwortet, wiederhole ich meine Frage: »Wer ist denn gestorben, Mama?« Plötzlich läßt sie meine Hand los. Und ich bin wieder allein, die einzige erloschene Kerze inmitten von tausend flackernden Lichtern.

Inzwischen ist Dow, der Neffe des Alten, für die Gesamtredaktion verantwortlich. Nur die Herausgeberseite hat sich der Alte vorbehalten. Dow schlägt mir eine regelmäßige Kolumne unter dem Titel »Blitzlichter aus der Stadt der Aufklärung« vor. Ich nehme sein Angebot sofort an. Nicht nur aus materiellen Erwägungen: Ich schreibe nicht mehr für ein Zeilenhonorar, sondern erhalte ein monatliches Gehalt. Die Summe ist zwar bescheiden, 25 000 alte Francs, aber es ist mehr als zuvor. Und vom beruflichen Standpunkt aus gesehen werde ich endlich aus dem judäozentrischen »Ghetto« herauskommen, in das mich meine Zeitung verbannt hatte. Zweimal in der Woche versuche ich, auf humoristische Weise Anekdoten, Klatsch und mehr oder weniger ernsthafte Begebenheiten aus Kunst und Kultur zu erzählen. Ich besuche Premieren, aber noch keine Empfänge: Ich werde zu den unterschiedlichsten Aufführungen eingeladen, nicht jedoch zu den anschließenden Essen. Weder *Jediot Achronot* noch ihr Korrespondent sind bedeutend genug. Ich erhalte keinen Termin zu einem Interview mit dem Goncourt-Preisträger, aber man bietet mir ein Gespräch mit einem Schriftsteller an, der soeben einen weniger bedeutenden Literaturpreis erhalten hat. Ein kurzer Wortwechsel mit Louis Jouvet, den ich nach der Aufführung eines Stücks von Molière in seiner Loge aufsuche: »Monsieur Jouvet, was machen Sie, wenn Sie nicht Louis Jouvet sind?« – »Ich rufe ihn, damit er Sie vor die Tür setzt, junger Mann!« Ich lese Zeitschriften und blättere die Sensationsberichte über Stars aus allen Bereichen durch. Dow ist zufrieden mit mir, ich bin es auch. Die Vielfalt macht mir Spaß. Es gefällt mir, wenn man mit mir zufrieden ist. Aber liest auch jemand, was ich schreibe?

Mira, die berühmteste »Klatschkolumnistin« des Landes, die Carmen Tessier der israelischen Presse, vertraute mir später zu meiner großen Freude ein Geheimnis an: Als sie von der Zeitung angestellt wurde, um darin eine Kolumne über das öffentliche und politische Leben zu schreiben, empfahl der Alte ihr zur Anregung die Lektüre meiner »Blitzlichter«.

So erfuhr ich, daß ich in Israel wenigstens eine Leserin hatte.

Aber auch in Paris gibt es eine: Dana, Israelin rumänischer Abstammung, arbeitet mit Schlomo Friedrich für den Betar und die Zionisten-Revisionisten. Sie hat viele Verehrer, die sie anlockt oder mit lässiger, herablassender Ironie, aber nie verletzend, abschüttelt. Sie hat dunkles Haar, feurige schwarze Augen, eine rasche Auffassungsgabe und einen messerscharfen Verstand, und sie weiß zu gefallen. Soll ich ihr den Hof machen? Ich wage es nicht. Selbst wenn ich den Mut aufbrächte, wäre es aussichtslos: Sie hat sicher heimlich einen Freund. Ich gebe mich also mit ihrer Kameradschaft zufrieden. An ihrer Seite kann man sich gar nicht langweilen. Sie erzählt witzige Anekdoten und komische Geschichten auf so schlüpfrige Weise, daß ein ganzes Husaren-Regiment erröten würde. Ihr zuzuhören ist das reinste Vergnügen. Sie hat zu allem eine feste Meinung und haßt es, wenn man ihr widerspricht. Anscheinend liest sie meine Artikel gern, denn sie lädt mich manchmal zum Essen in eines der kleinen Restaurants bei den Grands Boulevards ein. Dabei ist sie fast so abgebrannt wie ich. Aber das »fast« macht den Unterschied. Sie hilft mir häufig aus, wenn ich auf meine nächste Überweisung warte.

Ist sie meine Vertraute? Dana hat ein Gespür dafür, wenn bei mir etwas schiefläuft, und tröstet mich mit ihren witzigen Erzählungen.

Eines Nachts war ich sehr deprimiert und rief sie einfach an, nur mal so. Sie ist gekommen.

In dieser Zeit treffe ich auch Rachel Minc wieder, die Dichterin, die in Écouis jiddische Gedichte vortrug. Sie hat mich angerufen und möchte mich sehen. Warum? »Eine persönliche Angelegenheit«, sagt sie.

Sie wohnt nicht weit von mir an der Place de la République in einer kleinen, bestens eingerichteten Wohnung voller Blumen und Bücher. Auf dem Tisch steht ein Samowar. Mir schießt ein Gedanke durch den Kopf: Sie muß außergewöhnlich schön gewesen sein. Sie ist es noch immer. Ihr Lächeln versetzt mich in Erstaunen. Wie kann man es beschreiben? Ist es ein romantisches, ein träumerisches Lächeln? Sagen wir, ein menschliches Lächeln. Sie hat graue Strähnen im schwarzen Haar, ein mageres, fein geschnittenes Gesicht mit ausgeprägter Kinnpartie.

»Ich lese deine Artikel«, sagt sie. »Einige sind gut. Du wirst schreiben, ich weiß es. Du wirst Schriftsteller werden. Deshalb habe ich dich angerufen.«

Ich warte weiter, was sie mir zu sagen hat, während ich unablässig daran denke, wie schön sie gewesen sein muß.

»Ich möchte dich um einen Gefallen bitten«, fährt sie nach kurzem Schweigen fort. »Doch zuvor mußt du mir versprechen, daß du ja sagst.«

Ich finde diese Bitte seltsam, doch was habe ich zu verlieren? Um ihr mein Einverständnis zu signalisieren, greife ich auf einen Satz aus dem Buch Esther zurück: »Auch wenn es die Hälfte meines Reiches wäre, du sollst es erhalten.«

»In meinem Fall ist die Bitte, um die es sich handelt, sehr viel bescheidener«, erwidert sie lächelnd. »Ich bitte dich einfach nur, mir zuzuhören. Und dann zu schreiben. Und es später zu veröffentlichen. Aber erst nach meinem Tod.«

Ist sie betrunken? Nein, sie scheint bei klarem Verstand zu sein. Ruhig betrachtet sie mich und wartet auf meine Antwort. Mir schwirrt der Kopf, meine Gedanken jagen sich: Was mag im Geist dieser zierlichen Dichterin mit den seltsamen Wünschen vorgehen?

»Madame Minc«, sage ich, »ich verspreche Ihnen auch die andere Hälfte meines Reiches …«

»Ausgezeichnet. Gut, hör zu …«

Sie beginnt, mir die Geschichte ihrer Liebe zu Nikos Kazantzakis zu erzählen ... Berlin, der Erste Weltkrieg ist zu Ende ... ihr Zusammentreffen im archäologischen Museum ... Die ägyptischen Statuen ... Die Büste der Nofretete ... Der Beginn eines unvergeßlichen Abenteuers.

»Nikos war überzeugt davon, ich sei die Wiedergeburt der Nofretete«, fährt Rachel Minc fort. »Er fand, daß ich ihr ähnlich sehe, obwohl er wußte, daß ich Jüdin war, ich hatte es ihm gesagt ...«

Sie hat ihn mit dem Judentum vertraut gemacht und ihm beigebracht, an Jom Kippur zu fasten. Sie hat ihn davon überzeugt, nach Palästina zu gehen und die heilige Sprache zu lernen. Der Held seines Romans über Afrika heißt Toda Raba (das ist Hebräisch und heißt soviel wie Vielen Dank)... Die Witwe in *Alexis Sorbas* trägt ihre Züge ... Übrigens kommt sie in all seinen Romanen vor ...

Rachel Minc gibt mir die Briefe zu lesen, die der griechische Schriftsteller ihr in den zwanziger Jahren schrieb. Es sind wunderbare Liebesbriefe von erschütternder Schönheit, zitternd vor Leidenschaft ... Ihr Liebesverhältnis dauerte nicht lange, nur einige Jahre, doch die Leidenschaft ist nie erloschen.

Ich kannte das Werk von Kazantzakis noch nicht. Von dem Tag an habe ich mich darauf gestürzt und das gesamte Werk in einem Zug verschlungen. Dieser große Schriftsteller führte mich in ein verzaubertes Reich, in dem der Mensch, ein Staubkorn von einem Stern, seinen erbitterten Kampf gegen sich selbst und gegen Gott führt. *Brudermörder, Griechische Passion*, seine dichterische Version der *Odyssee* ... Wer einmal Kazantzakis zu lesen begonnen hat, kommt nicht mehr davon los.

Eine Woche lang höre ich jeden Nachmittag die Geschichte der jiddischen Dichterin aus Écouis. Als sie schließlich ihren Bericht beendet hat, trennen sich unsere Wege. Unsere Beziehung verändert sich. Rachel Minc ist mir zu empfindlich, zu anspruchsvoll. In ihren Briefen beklagt sie sich, ich würde ihr zu selten schreiben und sie noch seltener besuchen. Monate, Jahre vergehen.

Einmal führte mich der Zufall, nein, mein Beruf, im Frühjahr an die Côte, um über das Festival in Cannes zu berichten. Bei dieser Gelegenheit könnte ich doch den Schriftsteller besuchen, der mir so vertraut ist, obwohl ich ihn nie gesehen habe? Ich finde seine Adresse in Antibes heraus, klopfe an seine Tür. Er öffnet selbst: »Was wünschen Sie?« Ich antworte: »Nichts.« Er schlägt mir die Tür vor der Nase zu, dann öffnet er sie wieder: »Kommen Sie herein.« Er führt mich zu einem Sofa am Fenster, setzt sich mir gegenüber und betrachtet mich lange. Dann sagt er: »Wer sind Sie?« Ich sage ihm, daß ich Journalist bin. »Was wollen Sie wissen?« Soll ich ihm alles erzählen? Ich antworte: »Nichts.« Da beugt er seinen Kopf unmerklich zu mir, seine Stirn berührt beinahe meine, und murmelt ganz leise: »Sie kennen sie, nicht wahr?«

Sie hatten sich seit über fünfundzwanzig Jahren nicht mehr gesehen.

In Israel beginnt man über die bevorstehenden Verhandlungen mit der Adenauer-Regierung zu sprechen. Dow fragt mich, ob ich Lust hätte, nach Deutschland zu gehen. Am liebsten würde ich mit ja und nein antworten, und für beides habe ich dieselben Gründe.

Ich besuche Bonn, wo »Politik« das einzige Wort ist, das den Politikern über die Lippen kommt. In München haben die Juden einen Schwarzmarkt organisiert, ohne sich den geringsten Zwang aufzuerlegen.

Ich verbringe einen ganzen Tag allein in Dachau. Fast nirgends wird erwähnt, daß die Opfer Juden waren. Sicher, am Anfang war dies ein Lager für politische Gefangene, aber dann... Es ist bestürzend und deprimierend.

Zu Hitlers Zeiten war das Leben der Juden in Gefahr, jetzt steht die Erinnerung an sie auf dem Spiel. Das Vergessen ist in Deutschland eine Staatsphilosophie.

Ungefähr zu dieser Zeit tut sich unverhofft eine neue Verdienstquelle auf: Man bietet mir an, als Dolmetscher zu arbeiten. Molière hatte recht: Manchmal besitzt man eine Gabe, von der man nichts weiß. Ich hatte keine Ahnung von diesem Beruf, der mir das Geld einbringen sollte, das ich so bitter nötig hatte.

Eine angenehme, leicht schleppende Männerstimme fragt mich, ob ich Interesse daran hätte, beim kommenden Jüdischen Weltkongreß in Genf zu übersetzen: »Mein Name ist Teddy Pilley, ich brauche Ihre Hilfe. Die Arbeit wird sehr gut bezahlt«, sagt die Stimme. »Zweihundert Dollar pro Tag.« Ich glaube zu träumen – zweihundert Dollar? Ich werde als Millionär zurückkommen, bisher verdiene ich gerade fünfzig Dollar im Monat... Da ich schweige, fügt Teddy Pilley hinzu: »Die Spesen gehen natürlich extra.« Mir stockt der Atem. Was sind Spesen eigentlich? Da ich noch immer nicht antworte, sagt Pilley: »Kommen Sie morgen vormittag um elf Uhr ins Büro des Jüdischen Weltkongresses. Sie kennen die Adresse? Avenue des Champs-Elysées. Dann unterhalten wir uns in Ruhe darüber. Sind Sie interessiert?«

Monsieur Pilley macht sich wohl lustig über mich. Ob ich interessiert bin? Und wie! Ich fürchte nur, den Anforderungen nicht genügen zu können. Ich habe noch nie simultan übersetzt. Ich weiß noch nicht einmal, was das ist, und zweifelsohne hat die Sache etwas mit den Spesen zu tun. Außerdem habe ich noch nie an einer internationalen Konferenz teilgenommen. Warum hat dieser mögliche Wohltäter gerade mich ausgesucht? Damit kann ich nur reinfallen, das steht fest. Aber was habe ich eigentlich zu verlieren? Beim Vorstellungsgespräch ergreift mich Panik: Sechs Anwärter stellen sich vor, und Monsieur Pilley wird uns zweifellos einen nach dem anderen prüfen. Geprüft werden möchte ich auf keinen Fall. Ich habe Prüfungen immer gehaßt. So leise wie möglich sage ich dies dem Herrn, der uns mit einem freundlichen Lächeln empfängt. »Nicht doch«, antwortet er. »Betrachten Sie die Sache einmal von der anderen Seite... Nehmen Sie es als Spiel... Wir werden uns ein bißchen unterhalten, weiter nichts.« Ich möchte meine Einwände anbringen, denn diese Art von Spiel gefällt mir nicht, doch schon führt er mich in einen Raum, in dem zwei Kabinen aufgestellt sind. Ein paar Minuten später sitze ich mit einem riesigen Kopfhörer hinter einem Mikrofon. »Ich werde einen Text auf französisch vorlesen, und Sie übersetzen ihn ins Jiddische«, sagt Monsieur Pilley. »Einen Tip noch: Denken Sie nicht über die Sätze nach, ich meine, überlegen Sie nicht zu lange. Lassen Sie sich vom Rhythmus meiner Stimme leiten. Sie werden sehen, es ist nicht schwer.« Und schon beginnt er aus einem politischen Bericht einer Morgenzeitung vorzulesen. Etwas packt mich, ich werde mitgerissen, durchgeschüttelt, ich kann nicht anders als reden. Es ist stärker als ich. Pilleys Stimme lockert meine Zunge. Ich entferne mich vom Text, ich erfinde, ich sage irgend etwas, in der Erwartung, daß mein Prüfer mich anschnauzt; doch Teddy Pilley versteht kein Jiddisch. Um so besser für mich. Er will mich einfach nur Jiddisch sprechen hören. Dann mache ich ihm eben die Freude. Zum Teufel mit Monsieur Pilley, denke ich. Können Sie mir folgen? Nein? Ich plappere drauflos. Pilley bricht ab, ich stoppe. Jetzt liest er einen Vortrag von Nahum Goldmann, dem Präsidenten des Jüdischen Weltkongresses. Und wieder bin ich nicht zu bremsen. Zumal ich diesen Mann bereits getroffen habe und das Thema mir vertraut ist. Die Prüfung dauert ungefähr zehn Minuten, vielleicht auch etwas länger. Pilley nimmt seinen Kopfhörer ab, ich lege meinen beiseite. Er lächelt! »Ich habe mich entschieden«, sagt er. »Sie werden zu unserer Mannschaft gehören. Doch der Form halber muß ich noch die Bewerber prüfen, die draußen warten.« Ich bin unsicher, und man merkt es mir wohl an, denn Pilley beruhigt mich: »Ich kenne sie zwar nicht, doch ich glaube kaum, daß sie geeigneter sind als Sie. Machen Sie sich keine Sorgen. Ich werde Ihnen heute nachmittag Bescheid geben.«

Wird er Wort halten? Noch am selben Abend essen wir zusammen. »Nenn mich Teddy«, bietet er mir an. Wir kommen uns näher. Er preist das Übersetzerleben: gutbezahlte Reisen, gutbezahlte Arbeit, spannende Begegnungen mit den Berühmtheiten dieser Welt. Das sei besser als Journalismus. Ich widerspreche. Ich mag meinen Beruf und will nicht, daß er ihn schlechtmacht. Wir diskutieren lebhaft. Ein Argument steht gegen das andere. Teddy ist schlau, glänzt, hat viel Witz. Als geborener Erzähler bringt er eine Anekdote nach der anderen, um seine Thesen zu bekräftigen oder seine Vorstellungen deutlich zu machen, und eine ist komischer als die andere. Er erzählt mir von dem Leben, das er als junger Jude in Polen führte. Er denkt voller Liebe und mit schwerem Herzen an seine Zeit in Lwow (Lemberg), an die Kaufleute und Intellektuellen dort. Sein Vater war ein bekannter Anwalt. Die Menschen auf der Straße zogen den Hut. Im Restaurant erhoben sie sich, um ihn zu grüßen. Unter seinen Schützlingen befand sich ein zwei Jahre jüngerer Freund Teddys. Der Anwalt kaufte ihm Bücher und Kleider, bezahlte seinen Unterricht und bezeugte eine Großherzigkeit, die Teddy darauf zurückführte, daß der andere sein Freund war. Jahre später erfuhr er den wahren Grund: Der Junge war sein Stiefbruder. Die beiden trafen sich nach dem Krieg in Lwow wieder. Sie verbrachten lange Abende damit, Erinnerungen an ihre Kindheit und Jugend auszutauschen. »Nie werde ich vergessen, was ich deinem Vater verdanke«, sagte sein Freund. Und Teddy verbesserte ihn voller Rührung: »Du meinst: unserem Vater.«

Dann erzähle ich. Von Kalman, dem Kabbalisten, von Schoschani, von Pedro ... Pedro begeistert Teddy am meisten von allen, die ich erwähne. Ich bin in vielerlei Hinsicht glücklich, Teddy kennengelernt zu haben. Wir fassen den Beschluß, uns in Genf weiter zu unterhalten – wir haben uns noch so vieles mitzuteilen, so viel zu besprechen. Werden wir Zeit haben, uns zu treffen? Aber sicher. Zum Mittagessen, am Abend... Wir werden gemeinsam am Seeufer spazierengehen und mit den Schwänen sprechen. »Warst du schon einmal in Genf?« Ich bin noch nie dort gewesen. Teddy beschreibt mir die Ruhe, das Klima und die Mentalität der Menschen: Genf sei das Paradies für alle, die den Gott Mammon und das Wort Neutralität anbeten, die das Risiko scheuen und eine heitere Seelenruhe pflegen.

Zuletzt sprechen wir über die Arbeit, die mich erwartet. Teddy gibt mir eine Menge praktischer Hinweise und nützliche Ratschläge. Ein Brief besiegelt unser Abkommen. Ich bin jetzt fast reich. Meine Miete wird mir für einige Monate keine Sorgen mehr bereiten. Eine Frage beunruhigt mich aber noch immer: Werde ich gut genug sein? Teddy lacht: »Mach dir darum keine Sorgen. Letztendlich sprechen die meisten Redner Jiddisch. Du wirst weniger zu tun haben als die anderen.« Da gestehe ich ihm, wie ich ihn am Vormittag hereingelegt habe, indem ich nur so tat, als übersetzte ich... Er platzt fast vor Lachen: »Wunderbare Geschichte... Wunderbare Geschichte... Was für eine Lektion, ja, was für eine Lektion... Das wird mir eine Lehre sein...« Ich verspreche ihm, es nie wieder zu tun.

Die Konferenz beginnt zwei Wochen später. Ich nehme den Zug, reise erster Klasse wie ein Fürst. Wir sind acht Übersetzer (englisch, französisch, hebräisch und jiddisch) und wohnen in einem prunkvollen Hotel. Auch unser Chef wohnt dort. Er lädt uns zu einem Kaffee ein, um die Arbeit einzuteilen. »Es wird niemanden geben, der Sie überwacht«, sagt er uns, »ich vertraue Ihnen. Achten Sie vor allem darauf, daß Sie nicht das Gegenteil von dem übersetzen, was der Redner sagt. Alles andere wird sich ergeben.«

Er behält recht. Alles andere ergibt sich. Jeweils zu zweit für eine Sprache zuständig, werden wir in vier Gruppen aufgeteilt und in Kabinen mit schlechter Akustik untergebracht. Mein Kollege und ich haben wenig zu tun, weil die meisten Vorträge auf Jiddisch gehalten werden. Aber als gute Kollegen helfen wir uns bei der französischen Übersetzung gegenseitig aus. Da ereignet sich ein

Zwischenfall, der mich teuer zu stehen kommt und eine Menge Unannehmlichkeiten nach sich zieht.

Zwei Tage vor Ende der Konferenz übersetze ich einen Vortrag ins Französische, den Präsident Goldmann in einer geschlossenen Veranstaltung vor dem Exekutivkomitee hält.

Goldmann steht im Ruf, ein guter Redner zu sein. Als allmächtiger Leiter des Jüdischen Weltkongresses, den er in den dreißiger Jahren zusammen mit dem amerikanischen Rabbiner Stephen Wise gegründet hat, um der nazistischen Gefahr in Europa zu begegnen, bemüht er sich nicht, andere zu überzeugen. Er setzt seine Ansichten durch. Er regt die Diskussion an, doch er duldet keinen Widerspruch. Sein Zuständigkeitsbereich ist wenig umrissen, und er ist überzeugt, er könne die schwierigen Angelegenheiten des jüdischen Volkes besser als jeder andere vertreten. Er umgibt sich mit der Aura, alle Großen dieser Welt zu kennen und mit ihnen auf vertraulichem oder freudschaftlichem Fuß zu stehen. Er hält sich allein für fähig, ihre Absichten zu durchschauen. Heute berichtet er den Abgeordneten über seine Verhandlungen mit dem westdeutschen Kanzler Konrad Adenauer über die Wiedergutmachung und die Entschädigung, die Bonn an Israel und die Überlebenden der Verfolgung durch die Nationalsozialisten zahlen soll.

Die Debatte ist schmerzhaft, verläuft angespannt und stürmisch. Einige Abgeordnete aus Europa und Israel protestieren; sie befürchten, daß die Wiedergutmachung nur zu Verzeihung und Vergessen führen soll. Goldmann weist sie zurecht: »Jede Sentimentalität ist hier fehl am Platz. Sie führt zu nichts. Lassen Sie uns pragmatisch sein. Israel geht der Atem aus, und die Regierung sucht händeringend nach Mitteln, aus denen sie schöpfen kann.« Aufgebrachte Stimmen versetzen: »Und das heilige Andenken an unsere Märtyrer? Wollen Sie es gegen Deutsche Mark eintauschen?« Die Diskussion wird heftig. Es ist das erste Mal, daß ich Zeuge einer so ungeordneten, so stürmischen Sitzung werde. Wir Übersetzer wissen nicht mehr, wo wir hinhören, wen wir übersetzen und auf wen wir uns konzentrieren sollen. Ich frage Teddy, der in der Nebenkabine mit belustigtem Blick auf englisch wiedergibt, was in dem lauten und unverständlichen Durcheinander zu vernehmen ist. Er antwortet mir: »Am wichtigsten für uns ist der, der uns bezahlt, und das ist Dr. Goldmann...« Also konzentriere ich mich auf den Präsidenten. Er kämpft ganz auf sich allein gestellt, wie ein General vor seinen meuternden Truppen, während er von allen Seiten angegriffen wird. Was nützen ihm nun Beredsamkeit und seine sprichwörtliche Standhaftigkeit? Kaum jemand hört ihm zu, und die ihm zuhören, geben ihm lauthals ihre Mißbilligung zu verstehen. Er wirft ein Schlagwort nach rechts, einen Verweis nach links, doch vergeblich. Ich höre undeutlich, wie er einem ehemaligen lettischen Minister, Rabbi Mordechai Nurok, einem bärtigen Greis mit den edlen und gramzerfurchten Gesichtszügen eines Propheten, antwortet: »Es geht nicht darum, in Gefühlen zu baden, sondern darum, die Wirtschaft des jüdischen Staates, also sein Leben zu retten...« Der Rabbi will antworten, doch Goldmann kommt ihm zuvor: »Sehen Sie jetzt, weshalb ich eine geschlossene Veranstaltung wollte? Wenn die westdeutsche Regierung vom Inhalt unserer Debatte Wind bekommt, könnte sie es falsch auffassen.« Rabbi Nurok fragt mit schwacher Stimme: »In Ihren Augen ist es demnach wichtiger, auf die Empfindlichkeit der Deutschen Rücksicht zu nehmen als auf die unserer Brüder?« Darauf Goldmann: »Ich denke an das Geld, das Israel braucht. Wer sonst als Deutschland soll es ihm geben?« Andere übertönen Goldmann. Ich achte nur auf ihn und höre, wie er erklärt: »Es geht in erster Linie darum, sich nicht mit Adenauer anzulegen. An dieser Stelle dürfen wir nicht zu sehr auf die deutschen Verbrechen pochen. Das wird uns nicht weiterhelfen.« Darauf eine Stimme: »Und die Opfer?« Und eine andere Stimme: »Es soll also keine Gedenkveranstaltung für die Opfer geben?« Darauf eine dritte Stimme (vielleicht auch wieder die erste): »Was wird man über uns sagen, und was werden wir antworten? Die Juden werden uns auf der Straße ins Gesicht spucken!« Darauf Goldmann: »Ein Mann, der in der Öffentlichkeit steht, sollte sich nicht vor Kritik und Anschuldigungen fürchten. Er sollte den Mut haben, zu seiner Überzeugung zu stehen.« Stimmen: »Was schlagen Sie jetzt vor? Daß es keine Gedenkveranstaltung gibt? Daß kein Wort darüber verloren wird?« Goldmann: »Kein Wort, das wäre das beste. Das wäre auf alle Fälle klüger.« Darauf Rabbi Nurok: »Wir sollen nicht einmal ein Kaddisch für die Toten beten?« Goldmann: »Wovon hätte Israel mehr, von einem Kaddisch oder von der deutschen Wiedergutmachung?«

Nachdem die Sitzung zu Ende gegangen ist, vergewissere ich mich bei meinen Kollegen, daß ich richtig verstanden habe. Hat Goldmann sich wirklich gegen ein Kaddisch zum Gedenken an die Toten ausgesprochen? Ich will mir Gewißheit darüber verschaffen, denn wenn man so schnell übersetzen muß, ist es schwer, alles im Gedächtnis zu behalten, was gesagt wurde. Mein Kollege in der Kabine versichert mir, daß ich richtig gehört habe. François Wahl wäre mit seinem Schüler zufrieden: Jetzt verstehe ich, was ein corneillescher Konflikt ist. Als Übersetzer bin ich zum Stillschweigen verpflichtet – darf ich aber als Journalist der israelischen und jüdischen Öffentlichkeit die ungeheuerlichen Dinge vorenthalten, die ich soeben gehört habe? Ich frage Teddy um Rat. Auch er ist ziemlich durcheinander. Wie soll man sich Goldmanns Haltung erklären? Er muß seine Gründe haben. Ist es die Staatsräson? »Ich verüble es dir jedenfalls nicht, wenn du in deiner Zeitung darüber berichtest«, sagt Teddy, »aber zuvor mußt du aus unserer Mannschaft ausscheiden.«

Ich gerate in Panik: Soll ich auf zweihundert Dollar täglich und die üblichen Spesen verzichten? Wieder ohne Geld dastehen? Mich wieder mit Alltagssorgen und Schlaflosigkeit quälen? Ich habe die Wahl zwischen der Miete, der Wäsche, der Metro, dem Schuster, dem Restaurant einerseits und der Pflicht, dem Leser über alles zu berichten, andererseits. Und über allem steht das Andenken an die Opfer. »Na, altes Haus, wie hast du dich entschieden?« fragt mich Teddy neugierig. Es schnürt mir die Kehle zu, und ich antworte nicht gleich. Ich spüre, wie ich kreidebleich werde, und murmle schließlich: »Ich scheide aus. Ich habe keine andere Wahl.«

Das Gespräch findet am Ende eines Flures statt. Ein Schatten liegt über Teddys freundlichem Gesicht. Er lächelt noch, wie er es immer tut, doch sein herzliches Lächeln hat einen ernsten Ausdruck bekommen. Er legt seine Hand auf meine Schulter und sagt: »Weißt du, ich bin stolz auf dich.« Er sagt das mit so viel Rührung, daß ich auch ganz gerührt bin, als hätte ich eine Heldentat vollbracht. Doch ich habe nichts von einem Helden an mir. Wegen ein paar hundert Dollar weniger muß man doch nicht… Der Kongreß ist sowieso in zwei Tagen zu Ende. Ich verliere das Gehalt für zwei, höchstens für drei Tage. Teddys Meinung zählt mehr. Ich hatte sowieso nicht mit dem Geld gerechnet, das ich ja nur Teddy verdanke. »Du machst unserem Beruf Ehre«, nimmt Teddy den Faden wieder auf, »wirklich…« Er unterbricht sich. Mein neuer Freund weiß nicht mehr, was er sagen soll. Doch er faßt sich wieder. Er fährt fort, mich zu beglückwünschen, und redet über den Idealismus, der heutzutage so selten geworden sei, über moralische Anforderungen, über das Pflichtbewußtsein. Zerstreut höre ich ihm zu. Um uns herum kommen und gehen die Delegierten. Die Sitzung wird um drei Uhr nachmittags fortgesetzt. Ohne mich. Ich gehe in die Pressezentrale. Hektisch verfasse ich ein kurzes, empörtes Telegramm. Ein echter Scoop. Natürlich landet die Nachricht auf der Titelseite. Und ebenso natürlich entfesselt sie in Israel - und in Genf - einen regelrechten Sturm. Goldmann sieht sich gezwungen, eine Pressekonferenz einzuberufen. Die jüdischen Journalisten bedrängen ihn mit Fragen: Ist es wahr, daß er sich gegen ein Kaddisch bei der abschließenden Feierstunde des Kongresses ausgesprochen habe? Stimmt es, daß er das Vergessen predige? Und daß er aus niederen finanziellen Gründen die jüdische Ehre preisgeben wolle, nur um Deutschland entgegenzukommen? Ob ein solches Handeln eines jüdischen Führers würdig sei? Und ob er sich der Folgen seiner Haltung bewußt sei? Mit bleichem Gesicht zwingt sich Goldmann, Ruhe zu bewahren. Er verstehe die Bezichtigungen nicht, erwidert er. Er verstehe überhaupt nicht, wie man ihn, einen galizischen Juden, den Freund und Mitstreiter von Rabbi Stephen Wise, beschuldigen könne, die Opfer des Nationalsozialismus dem Vergessen überantworten oder sogar die Erinnerung an sie einer Annäherung an die politische Führung Deutschlands opfern zu wollen. Tatsächlich sei die Frage nach dem Kaddisch im Exekutivkomitee nicht einmal angeschnitten worden. Und was sei mit dem Bericht, der am selben Tag in *Jediot Achronot* zu lesen war? Ein Hirngespinst. Kein Wort davon sei wahr. Goldmann erklärt es bei seiner Ehre. Im übrigen habe die Versammlung hinter verschlossenen Türen stattgefunden, und alle Teilnehmer hätten absolutes Stillschweigen gelobt. Anders ausgedrückt: Der Korrespondent von *Jediot Achronot* muß alles erfunden haben. Goldmann wußte natürlich nicht, daß ich als Übersetzer Zeuge der Diskussion war... Ich könnte sicher aufstehen und die Tatsachen richtigstellen; eigentlich müßte ich die Wahrheit sagen und meinen Ruf als Journalist verteidigen. Doch ich fürchte, Teddy damit zu schaden. Er ist verantwortlich für die Übersetzer, und man könnte ihm vorwerfen, einen Journalisten eingestellt zu haben. Und zudem fühle ich mich körperlich und seelisch nicht in der Lage, ins Licht der Öffentlichkeit zu treten. Blaß vor Scham, niedergeschlagen und unglücklich verlasse ich die Pressekonferenz.

Ich kehre ins Hotel zurück und rufe Dow an. Er tröstet mich: Das kann jedem passieren, sagt er. Ich meine, es hätte mir nicht passieren dürfen. Dow hat einen Einfall: Ich soll zu Rabbi Nurok gehen und ihn bitten, mein Gewährsmann zu sein. Gesagt, getan. Ich erzähle dem Rabbi alles. Ich sage ihm: »Dr. Goldmann stellt mich als einen Lügner dar und gefährdet damit meine berufliche Zukunft. Sie waren doch auch dort. Ich habe Sie gehört und Sie sogar zitiert. Bestätigen Sie bitte, daß ich nicht gelogen habe.« Der Rabbi versteht mich und gibt mir eine Erklärung, die mich zufriedenstellt. Allerdings erregt sie weit weniger Aufsehen als Goldmanns Dementi.

Mit den Jahren sind Goldmann und ich uns erheblich näher gekommen. Ich habe ihn häufig, manchmal hart und vielleicht sogar zu Unrecht kritisiert, doch unsere Beziehung hat darunter nicht gelitten. Er nahm es mir nicht übel, und ich lernte seinen wahren Wert zu schätzen. Zum einem besaß er den Mut zu schokkieren. Seine abwartende Haltung gegenüber dem Staat Israel ging so weit, daß er eines Tages Zweifel an seinem dauerhaften Überleben äußerte: »Vielleicht«, sagte er, »wird Israel nur eine Episode in der jüdischen Geschichte bleiben.« Ben Gurion mochte ihn nicht (er nannte ihn einen jüdischen Zigeuner), und Golda Meir mißtraute seinen Beziehungen zu den Sowjets und den Arabern. Er war eine umstrittene Persönlichkeit, ein Agitator, der auf althergebrachte Vorstellungen und Grundsätze eindrosch. Er war ein schlechter Zuhörer, aber ein guter Redner. Seine besondere Art, die Geschehnisse in einen historischen Kontext zu betten, brachte mich auf und beeindruckte mich zugleich. Doch trotz seiner Selbstherrlichkeit war ich sehr von ihm eingenommen, weil er in seinem Leben viel für unser Volk zuwege gebracht hatte. Wir unterhielten uns häufig über die düsteren Kriegsjahre. Ich trieb ihn in die Enge: »Warum haben die amerikanischen Juden mit ihrer Lobby nicht mehr getan, warum haben sie nicht mehr Mut und Opferbereitschaft gezeigt, um die europäischen Juden zu retten?« Zuerst wollte er mich davon überzeugen, daß man in Amerika nicht wußte, was in den von den Nazis besetzten Gebieten geschah. Dann gab er zu: »Wir haben es gewußt, und wir haben geschwiegen. Aber...« Schließlich machte er mildernde Umstände geltend. Bis ins Jahr 1941 stand der jüdischen Gemeinde in Amerika das Schreckgespenst des Antisemitismus vor Augen. Sich gegen Präsident Franklin D. Roosevelt zu stellen wäre gefährlich gewesen. Die Juden hatten damals nicht soviel Macht und Einfluß wie – so glaubt man zumindest allgemein – seit einigen Jahren. Außerdem gelang es Roosevelt jedesmal, die bei ihm vorsprechenden Juden davon zu überzeugen, er sei der beste Anwalt und Beschützer ihres Volkes.

Später erinnerte ich ihn einmal abends bei einem Essen in seinem New Yorker Stammlokal, als wir unter uns waren, an den Vorfall in Genf: »Wie konnten Sie damals die Wahrheit so verleugnen? Können Sie sich vorstellen, was ich als junger Journalist von Ihnen halten mußte?« Schon alt und voller Falten, begann er zu lachen: »Erstens wußte ich nicht, daß Sie sich während der Debatte im Saal befanden; ich glaubte, ungestraft sagen zu können, was ich wollte. Und zweitens gibt es einen Unterschied zwischen uns: Ich bin Politiker, und Sie sind es nicht.« Und er riet mir: »Schreiben Sie weiter Romane, erzählen Sie Ihre chassidischen Geschichten, aber mischen Sie sich nie in die Politik ein, das ist nichts für Sie.« Als hätte er seinen Rat vergessen, schlug er mir bei einem späteren Zusammentreffen in Marions Gegenwart vor, seine Nachfolge als Präsident der Gedenkstiftung und der Konferenz für Wiedergutmachung anzutreten, die beide von den Deutschen finanziert werden. Selbstverständlich lehnte ich ab. Aber ich bin dem Jüdischen Weltkongreß eng verbunden geblieben, besonders seit Edgar Bronfman mit seinen Stellvertretern Israel Singer und Elan Steinberg die Präsidentschaft übernommen hat.

Meine Freundschaft mit Teddy Pilley entfaltete sich nach dem Genfer Zwischenfall erst richtig. Wenn ich knapp bei Kasse war, verschaffte er mir jedesmal einen Job bei irgendeiner internationalen Konferenz, wo ich mein »Talent« als Dolmetscher beweisen konnte.

Im Frühjahr 1960 besuche ich ihn in London. Das Telefon klingelt. Er nimmt den Hörer ab und unterhält sich auf französisch: »Wann? Ich denke, ich habe den richtigen Mann für dich. Warte bitte einen Augenblick, ich werde ihn fragen.« Er wendet sich an mich: »Was machst du nächste Woche?« Ich weiß es noch nicht. »Könntest du eine eilige, gut bezahlte Arbeit übernehmen?« Ja, kann ich. »Er ist einverstanden«, höre ich ihn ins Telefon sagen, »komm morgen vorbei, ich werde euch bekannt machen.« Er legt auf und erklärt: »Das war Fürst Andronikow. Sagt dir der Name etwas? Du solltest ihn kennen - ein außerordentlicher Mann. Er ist der persönliche Dolmetscher General de Gaulles. Der Fürst sitzt in der Klemme. Nächste Woche kommt David Ben Gurion zu einem offiziellen Besuch nach Paris. Er wird seinen Dolmetscher mitbringen. De Gaulle hat aber keinen. Für ihn ist das eine Frage, bei der es um die Ehre der Nation geht.« Daher der Anruf Andronikows bei meinem Freund. »Du wirst ihm aus der Patsche helfen, nicht wahr?« Was für eine Frage – natürlich nehme ich das Angebot an! De Gaulle als Dolmetscher zu dienen, das ist doch eine Ehre für mich! Zeuge der Gespräche mit Ben Gurion zu sein, welch ein Glück! »Aber du mußt mir versprechen, mich nicht noch einmal so im Stich zu lassen wie in Genf!« fügt Teddy hinzu. Ich gebe ihm mein Wort.

Tags darauf lerne ich den Fürsten kennen. Wir speisen zu dritt. Teddys Urteil bestätigt sich: eine beeindruckende Persönlichkeit, ein hochgebildeter und immer gutunterrichteter Mann. Er ist zurückhaltend, absolut vertrauenswürdig und zu außerordentlichen Leistungen fähig. Er beherrscht sein Handwerk aus dem Effeff. In allen Einzelheiten erläutert er, wie das Gipfeltreffen vonstatten gehen wird. Auch er besteht auf absoluter Verschwiegenheit. Ich verpflichte mich dazu. Wir verbringen einen anregenden Abend zusammen. Vor Aufregung schlafe ich schlecht. Ich bin in Gedanken schon beim Treffen mit dem israelischen Premierminister. Plötzlich läuft mir ein Schauder über den Rücken: Es wäre besser, wenn dieses Treffen ohne mich stattfände.

Beim letzten Besuch Ben Gurions in Washington hatte meine Zeitung mich mit der Berichterstattung beauftragt. Dabei hatte sich ein kleines Spielchen zwischen ihm und mir ergeben. Da ich von einem Freund aus seinem Stab über sein Besuchsprogramm unterrichtet worden war, wartete ich stets schon auf ihn, wohin er auch kam: im Weißen Haus (wo Präsident Eisenhower ihn empfing) ebenso wie bei Vizepräsident Richard Nixon, im Senat wie im Kongreß. Und jedesmal, wenn er mich erblickte, rief David Ben Gurion: »Was?! Schon wieder Sie?« Wenn ich mir jetzt vorstelle, wie er mich im Elysée-Palast an der Seite des Generals sieht… Das wäre doch eine zu böse Überraschung. Außerdem muß er ja denken, ich gehörte zum anderen Lager, zur Gegenseite: Was würde er von mir halten?

Trotz der späten Stunde rufe ich Teddy an und teile ihm meine Entscheidung mit. Er versucht mir zuzureden: »Du brauchst Ben Gurion nur vorher zu benachrichtigen. Ich bin sicher, daß er nichts dagegen haben wird.« Ich gebe nicht nach, aber ich muß noch ein entscheidendes Argument nachschieben: »Teddy«, sage ich, »der Journalist in mir könnte der Versuchung vielleicht nicht widerstehen. Bist du dir darüber im klaren? Für mich wäre das ein ausgezeichneter Scoop. ... Werde ich das Geheimnis bewahren können? Ich will dir und deinem Fürsten keine Unannehmlichkeiten bereiten.« Langes Schweigen. Das Argument zieht. »Du bist doch verrückt«, erwidert er mit seiner herzlichen, schleppenden Stimme, »es geht dir eine Menge Geld durch die Lappen. Und eine solche Gelegenheit, zu sehen, wie zwei bedeutende Männer Geschichte schreiben, wird sich so schnell nicht wieder ergeben.« Er seufzt und fügt hinzu: »Was du sagst, ist idiotisch, aber... ich bin auch dieses Mal stolz auf dich.« An den Gesprächen nahm schließlich Professor Samuel Sirat teil, der zukünftige Oberrabbiner Frankreichs.

Im Rückblick muß ich heute gestehen, daß ich meinen Fehler einsehe und ihn bedauere. In Wirklichkeit war ich nur unsicher: Ich fürchtete, meiner Aufgabe nicht gewachsen zu sein.

Die gleichen Selbstzweifel plagten mich, als ich für den Londoner *Jewish Chronicle* arbeitete. Ihr Korrespondent, Maurice Carr, bot mir an, einige Monate für ihn einzuspringen. Liebend gerne hätte ich angenommen, denn die renommierte Wochenzeitschrift der britischen Juden zahlte ihre Mitarbeiter gut und erstattete sogar ihre Unkosten... Doch da gab es die Sprachbarriere. Mein Englisch war alles andere als ausreichend. »Das macht nichts«, entschied der Chefredakteur. »Dann schicken Sie Ihre Beiträge eben in Jiddisch.« Ich gab die Stelle ungern auf, als Carr zurückkehrte.

Die ersten offiziellen Verhandlungen zwischen Westdeutschland und Israel beginnen Anfang 1952 im Schloß von Vassenaar in den Niederlanden. Dow legt Wert darauf, daß ich hinfahre, nicht nur zur Eröffnung, sondern für die Dauer der gesamten Konferenz. Sind es nur berufliche Gründe, die mich nach Vassenaar führen? Dow weiß genau, daß mich die Verhandlungen auch persönlich betreffen. Aber er zeigt sich sogar großzügig: Die Zeitung wird mir alle Kosten für Reise und Aufenthalt erstatten. Das Visum ist schnell besorgt. Ein Telefonanruf beim Presseattaché des niederländischen Konsulats, und das Problem ist in vierundzwanzig Stunden erledigt. Langsam beginne ich zu glauben, daß ich zwar kein großer, aber doch ein echter Journalist bin.

Nur vier Pressevertreter werden von den beiden Delegationen zugelassen: Sam Jaffe von der Jüdischen Presseagentur, Marcel Rosen, Redakteur eines Presseorgans der jüdischen Gemeinde in Düsseldorf, Alfred Wolfmann, ein Vertreter des Berliner Rundfunks, und ich als einziger Berichterstatter einer israelischen Tageszeitung. Die niederländischen Behörden lassen uns wissen, daß wir aus Sicherheitsgründen während der gesamten Konferenz, die dramatisch zu werden verspricht, von der Außenwelt abgeschirmt sein werden wie die Delegierten und sozusagen *incommunicado* bleiben.

Die historische Bedeutung des Treffens reicht weit über seinen politischen und wirtschaftlichen Aspekt hinaus. Zum erstenmal treffen sich offiziell deutsche und jüdische Politiker, um über die Folgen einer gemeinsamen Vergangenheit zu sprechen, in der die einen die Unmenschlichkeit zum Gesetz erhoben und die anderen äußerstes Leid erfahren haben.

Eine leidenschaftliche Diskussion spaltet die israelische Öffentlichkeit. Sollen Wiedergutmachungsleistungen von den Deutschen angenommen werden oder nicht? Meinung steht gegen Meinung, man könnte fast sagen, es herrscht ein Glaubenskrieg. Ben Gurion und auch Nahum Goldmann befürworten die Wiedergutmachung, während Menachem Begin empört darüber ist. Ben Gurion führt den Propheten Nathan an: »Du hast getötet, willst du jetzt auch noch die Erbschaft (der Güter deiner Opfer) antreten?« Menachem Begin meint, niemand könne sich vom jüdischen Blut freikaufen, und man dürfe auf keinen Fall mit den toten Juden schachern. Die Überlebenden, auch die, die zur Linken gehören, pflichten ihm im großen und ganzen bei. Täglich werden Demonstrationen veranstaltet und Bittschriften verfaßt. Es gibt keine Gemeinde, keinen Kibbuz, keine Familie, wo man sich nicht mit dem Thema herumschlägt, das Wut, Streit und Bitternis hervorruft.

Ich gehöre zu den Gegnern. Dieses Geld zu nehmen – auch wenn man bedenkt, daß es sich um eine Milliarde Dollar handelt – hieße, einen ersten Schritt in Richtung einer Normalisierung der Beziehungen zu tun, einen Schritt, der in meinen Augen noch lange Zeit als verfrüht gelten muß, da er unausweichlich den Weg zu einer wirtschaftlichen und politischen Zusammenarbeit (vielleicht sogar zu einem brüderlichen Schulterschluß) ebnen wird. Ich bin von ganzem Herzen überzeugt, daß dabei sowohl die einen als auch die anderen die Erinnerung an die Toten preisgeben werden.

Als ich von einem Abgeordneten gefragt werde, ob ich der Meinung sei, die gestohlenen Werte sollten in deutschem Besitz bleiben, antworte ich: »Nein, es ist nur gerecht, wenn sie zurückerstattet werden. Die Deutschen können uns sowieso niemals alles zurückgeben, was sie uns weggenommen haben. Es geht nur um das Wie. Die Vereinigten Staaten könnten unsere Vermittler sein. Bonn sollte die Gelder, um die es hier geht, den Amerikanern überweisen, die sie dann an Israel weiterleiten.«

(Heute behaupten die Israelis, daß es ohne die deutsche Wiedergutmachung keine Schwerindustrie in ihrem Land gäbe. Das kann schon sein. Doch laut einem Gerücht, das in Wirtschaftskreisen im Umlauf ist, hat eine große Zahl der mit deutschem Geld gegründeten Betriebe später Bankrott gemacht: Die Luxusliner der Schifffahrtsgesellschaft Zim mußten beispielsweise alle verkauft werden. 1982 oder 1983 rettete eines davon, das unter italienischer Flagge fuhr, aber von der französischen Regierung gechartert war, Jassir Arafat aus dem belagerten Tripolis.)

In Vassenaar haben natürlich auch wir stundenlang darüber diskutiert, während wir in den Gängen auf die Abgeordneten warteten, die im Konferenzraum die technischen Probleme des Vertrags berieten. Rosen befürwortet die Zahlungen, ich bin dagegen, Sam will sich nicht festlegen. Und Alfred? Er hält seinen Kopf zur Seite geneigt und beteiligt sich nur an der Diskussion, wenn ich mich entferne. Bei unserem ersten Zusammentreffen bestand er darauf, sich, wie er es nannte, »anständig« vorzustellen: als ehemaliger Offizier der Wehrmacht, der im besetzten Frankreich und, wenn auch nur für kurze Zeit, in Rußland gedient hatte. Er sei kein Nazi gewesen, aber ein treuer Bürger des Reichs und später der Bundesrepublik. Und er lege Wert darauf, die Dinge klarzustellen. »Ausgezeichnet«, antwortete ich, »Sie werden verstehen, daß es unter diesen Umständen keine Beziehungen zwischen uns geben kann. Wenn ich sicher sein könnte, daß Sie an keinem Verbrechen gegen mein Volk und gegen die Menschlichkeit beteiligt waren... Doch woher soll ich das wissen? Es ist also besser, wenn wir uns aus dem Weg gehen.« Seither spreche ich kein Wort mehr mit ihm. Auch die Vertreter Israels begegnen ihm mit einem Mißtrauen, das er, wenngleich widerwillig, hinzunehmen scheint. »Sieh mal«, sagt er zu Sam, »die deutschen Vertreter behandeln euch doch auch zuvorkommend...« Typisch, denke ich, als ob es zwischen Juden und Deutschen keinen Unterschied gäbe!

Bei der Eröffnung fehlt es weder an Feierlichkeit noch an dramatischer Spannung: Mit demselben ernsten Gesichtsausdruck stehen sich die Delegationen Deutschlands und Israels gegenüber, ohne sich die Hand zu geben. Politik-Symbole. Professor Franz Boehm, der die deutsche Delegation anführt, ist jedoch ein über alle Verdächtigungen erhabener Demokrat. Ihm ist es zu verdanken, daß sich die Beziehungen zwischen den beiden Delegationen entspannen und bald freundlich, später sogar freundschaftlich werden.

Nur das Verhältnis zwischen Wolfmann und mir bleibt weiterhin unterkühlt. Es ist zwar unangenehm, aber es läßt sich nicht wieder einrenken: Ich kann und will in ihm keinen Kollegen sehen. Mit einem Offizier, der Hitler die Treue geschworen hat, verbrüdert man sich nicht. Ich ertappe mich jedoch dabei, wie ich ihn aus den Augenwinkeln beobachte: Es mangelt ihm weder an Klugheit noch an Feinsinn. Und er beherrscht seinen Beruf von Grund auf. Seine Analysen sind scharfsinnig und treffen oft den Nagel auf den Kopf. Er hat sich mit Sam angefreundet. Sie verstehen sich so gut, daß ich sie eines Tages über ein Thema sprechen höre, das nichts mit Politik zu tun hat. Es geht um die Frage, ob es schwer ist, Hebräisch zu lernen. Sam behauptet, es sei schwer. Alfred dagegen schüttelt den Kopf mit demselben Hochmut, mit dem er seine militärische Vergangenheit eingesteht: Er wettet hundert Gulden darauf, daß er die Sprache in einigen Wochen beherrscht, die schließlich nicht schwieriger sein könne als jede andere Sprache. Sam wendet sich an mich: »Hast du gehört?« Ich rate ihm, die Wette anzunehmen. Daraufhin wendet Alfred sich an mich: »Und was ist mit Ihnen? Möchten Sie auch einschlagen?« Ich ziehe es vor zu tun, als hätte ich nichts gehört.

»Wieviel ist ein Leben wert?«

»Keine Ahnung.«

»Denk mal darüber nach, ich bitte dich.«

»Ich kann darüber nicht nachdenken.«

»Streng dich an. Du siehst doch ein, daß die Frage von großer Bedeutung ist. Wenn die Deutschen schon bereit sind, für die ermordeten Juden zu bezahlen, müssen Tarife ausgehandelt werden, nicht wahr? Ist das Leben eines Kindes zum Beispiel ebensoviel wert wie das Leben eines Greises? Haben ein Universitätsprofessor und ein Bettler denselben Preis? Man wird doch nicht all diese verschiedenen Juden in einen Sack werfen wollen! Wenn man schon unter Händlern ist, dann sollte man auch handeln…«

»Sei still.«

»Klingt das nicht vernünftig? Habe ich einen logischen Fehler gemacht?«

»Sei bitte still. Um Himmels willen, sei still!«

Als die Konferenz zu Ende geht, sind beide Seiten mit dem Ergebnis zufrieden, und unsere kleine Journalistengruppe geht auseinander. Alfred streckt mir die Hand entgegen, aber ich drehe mich weg. Er verzieht den Mund: »Ich hatte geglaubt, der Krieg zwischen unseren Völkern sei zu Ende...« Ich würdige ihn keiner Antwort. Sam fliegt nach Paris zurück, Rosen nach Deutschland. Ich nehme den Zug und mache Zwischenstation in Antwerpen, wo ich meine Vettern Feig und Dick besuchen will. Ich nehme mir ein Zimmer in einem bescheidenen Hotel in der Pelikaan Straat. Es ist spät am Abend. Ich gebe mein letztes Telegramm auf und gehe zu Bett. Am frühen Morgen klopft es an der Tür. Wer kann das sein? Ein Mann antwortet, und ich öffne: Es ist Alfred Wolfmann. Ich habe seine Stimme nicht wiedererkannt. »Was wollen Sie?« Er wünscht mir guten Tag. Erbittert wiederhole ich meine Frage. Mit der Hand deutet er an, daß er eintreten möchte, doch ich verwehre es ihm: »Verschwinden Sie. Ich will nichts mit Ihnen zu tun haben. Weder hier noch sonstwo.« Er lächelt. Sein hochmütiges Lächeln bringt mich auf. Schulterzukkend und mit enttäuschter Miene verschwindet er. Ich gehe wieder ins Bett, aber ich kann nicht mehr einschlafen.

Einige Wochen später klingelt es an der Tür meiner Pariser Wohnung. Wieder ist er es, und er bittet mich erneut, eintreten zu dürfen. Ich bin drauf und dran, ihn abzuweisen, da spricht er auf einmal... Hebräisch! Ich bin wie vor den Kopf gestoßen und glaube zu träumen. »Sehen Sie?« sagt er ganz ruhig und in einem Ton, der mich reizt: »Ich habe gewonnen...« Er nutzt meine Verblüffung aus, tritt ein und setzt sich auf den Stuhl neben dem noch ungemachten Bett. Überzeugt davon, daß er lediglich ein paar Worte beherrscht, um sich damit aufzuspielen, bitte ich ihn, weiterzureden. Ohne sich im geringsten zu zieren, kommt er meiner Bitte nach. Ich kann es nicht bestreiten: Der ehemalige Wehrmachtsoffizier spricht fließend Hebräisch. Ich verstehe die Welt nicht mehr. Ich warte, was kommt. Es mir vorzustellen sprengt meine Grenzen. Will er mir weismachen, er habe tatsächlich in der kurzen Zeit seit Vassenaar Hebräisch gelernt? Geraume Zeit überläßt er mich meiner Bestürzung, dann sagt er langsam und bedächtig und immer noch auf hebräisch: »Ich habe Sie angelogen. Ich war niemals Wehrmachtsoffizier. Ich bin Jude ...« Ich könnte ihn schütteln: Will er sich über mich lustig machen? Hat er in Vassenaar gelogen, oder lügt er jetzt? »Ich bin Jude«, wiederholt er, »und ein Jude darf auch lügen, nicht wahr? Wäre es Ihnen denn lieber gewesen, Sie hätten in Vassenaar einen deutschen Kollegen gehabt, der so tut, als wäre er Jude?« Ich warte darauf, daß er mit seinem Geständnis fortfährt, doch er schweigt, als würde seine Erklärung ausreichen. Wenn ich nur wüßte, wie ich ihn ins Gebet nehmen könnte ... Doch ich bin nur Journalist. Ich lege eine ernste Miene auf und breche schließlich das Schweigen: »Gut, ich höre.«

Was für ein wunderlicher Mann! Er ist so verdreht, wie ein komplexbeladener Jude oder Deutscher es nur sein kann. Seine Geschichte ist alles andere als gewöhnlich: Er ist in Deutschland geboren, die Eltern emigrieren nach Palästina, er tritt in die Kommunistische Partei ein, kehrt nach Ostdeutschland zurück, wo er ein hoher Funktionär der Partei wird. Darauf folgt die ideologische Ernüchterung, die Flucht in den Westen, und heute ist er ein antikommunistischer Journalist ...

Aber warum hat er gelogen, warum dieses Spiel? Seine Antwort klingt verrückt: »Aus zweierlei Gründen. Zum einen aus Rache. Ich wollte mich rächen an euch ach so klugen polnischen oder russischen Juden, die ihr glaubt, ihr seid die besseren Juden ... Sie müssen verstehen, in Palästina spottete man über mich, weil ich ein ›Jecke‹, ein deutscher Jude war ... Für die war ich ein wohlerzogener Dummkopf, ein gebildeter Idiot, den man leicht übers Ohr hauen konnte ... Da wollte ich euch einfach einmal beweisen, daß ich euch auch an der Nase herumführen kann, solange ich will.« Und der andere Grund? »Ich wollte euch zeigen, daß man nicht vorschnell über jemanden urteilen soll. Es ist noch keine Stunde her, da war ich in Ihren Augen Abschaum, weil ich ein Deutscher war ... Jetzt gefalle ich Ihnen, weil ich Ihnen sage, daß ich Jude bin ...« Und was folgt daraus? »Man sollte sich nie auf den ersten Eindruck verlassen!«

Ich betrachte ihn, höre ihm zu, und dann breche ich in Gelächter aus. Ich schüttle mich vor Lachen. Hat er doch tatsächlich so ein lächerliches, kindisches Spiel erfunden und damit eine Mauer zwischen uns errichtet, nur um in einem Wortgefecht oder Rededuell den Sieg davonzutragen... Um sich zu »rächen«, hat er es hingenommen, von den Israelis in Vassenaar verdächtigt und ins Abseits gestellt zu werden...

»Alfred, du Schuft, laß uns Sam anrufen...«, sage ich plötzlich völlig entspannt, »mal sehen, was er dazu sagt. Er müßte schon in seinem Büro sein...« Wir erreichen ihn. Ich bitte ihn um einen Augenblick Geduld, es sei jemand da, der ihn sprechen möchte. Daraufhin sagt Alfred auf hebräisch zu ihm: »Sie schulden mir noch hundert Gulden.« – »Nein, das kann doch nicht wahr sein...«, wiederholt Sam immer wieder und prustet vor Lachen.

Ich verbringe den Tag mit Alfred. Wir sprechen jetzt nur noch Hebräisch. Ich habe ihn mit einemmal ins Herz geschlossen, doch er bringt mich völlig durcheinander. Wie konnte er als Jude Palästina wieder verlassen und nach Deutschland zurückkehren? Seine Erklärung lautet: »Du vergißt, daß ich Kommunist war. Mein Vaterland war die ganze Welt.« Ich bleibe begriffsstutzig: »Auch Deutschland?« Er antwortet: »Auch das kommunistische Deutschland.« – »Aber jetzt bist du nicht mehr kommunistisch und lebst noch immer dort!« – »Jetzt bin ich dort, um gegen den Kommunismus und gegen den Antisemitismus zu kämpfen, und ich glaube, es ist ein gerechter Kampf.« Könnte er nicht auch woanders kämpfen? »Es wäre nicht dasselbe.«

In Wirklichkeit verstehe ich ihn nicht. Daß Juden (und darunter viele Überlebende aus den Lagern) noch immer in Deutschland leben möchten, bleibt mir ein Rätsel. »Eines Tages wirst du es verstehen«, meint er.

Nachdem er eine Weile geschwiegen hat, fährt er fort: »Mir ging es schlecht in Palästina, ich war unglücklich.« War er dort unglücklich, weil er ein deutscher Jude war? »Nein, weil ich Kommunist war. Ich gehörte der extremen Linken an, war stalinistischer als Stalin. Ich sympathisierte mit den Arabern. Das hat man mir übelgenommen und mich dafür bezahlen lassen. Ich erhielt keine Arbeit. Man demütigte mich. Man behandelte mich wie einen Abtrünnigen, einen Verräter, man zog mich in den Schmutz wie einen Paria...«

Ich maße mir kein Urteil an. Ich weiß, er lügt nicht: Auch in Palästina gab es Opfer.

Ich stelle ihn Kollegen vor, und wir gehen zusammen zu einer Pressekonferenz in der israelischen Botschaft. Wir essen mit Sam

Jaffe zu Abend. Da kommt mir eine Idee: *Jediot* hat in der Bundesrepublik keinen Korrespondenten, vielleicht hat er ja Interesse... Ja, er hätte Lust dazu. Ich verspreche, mit Dow darüber zu reden. Er stimmt auf Anhieb zu: »Aber sage ihm, daß die Zeitung nicht mehr soviel Geld hat wie früher.« Ich kenne das Lied. Alfred wird mein Kollege. Er freut sich darüber, und ich mich mit ihm. Er bittet um die israelische Staatsangehörigkeit, die ihm nicht verweigert wird. Er scheint mit sich im Frieden zu sein und plant, Deutschland den Rücken zu kehren, um sich in Israel niederzulassen, doch familiäre Gründe halten ihn zurück. Schade. Er kämpft so sehr gegen das Wiederaufleben der Nazis in seinem Land, daß ihn immer mehr Ängste heimsuchen. Die Angst wächst, bis er darüber krank wird. Sein Verfolgungswahn gebietet ihm, ständig Waffen zu tragen. Er sieht jetzt überall Nazis, auf der Straße, vor seinem Haus... Wir telefonieren häufig. Ich versuche ihn zu beruhigen, ihn wiederaufzurichten. Ich frage nach seiner Frau und seiner Tochter, die ich einmal getroffen habe. Dow will, daß er mit seiner Familie nach Israel kommt, um sich auszuruhen. Er fährt hin und kehrt zurück. Dow schlägt ihm vor, Ernst zu machen, zu bleiben und sich in Ramat Gan niederzulassen. Er lehnt ab. Er fürchtet sich ebensosehr davor, Deutschland zu verlassen, wie weiter dort zu leben... Ich rufe ihn von Tel Aviv aus an, um ihn zu beruhigen, was nicht einfach ist, denn er ist in seiner Angst gefangen. Ich frage ihn: »Alfred, wovor hast du Angst?« Er tut erstaunt, als habe er sich verhört: »Ausgerechnet du fragst mich das? Du müßtest doch wissen, daß sie da sind! Sie wollen mich vernichten, sie wollen alle Juden vernichten – sag bloß, du weißt das nicht? Alles fängt wieder von vorne an... Aber diesesmal weiß ich mich zu wehren... Ich trage eine Waffe...«

Am nächsten Tag jagt er sich eine Kugel in den Kopf.

Wir haben häufig über die Frage der Vergebung gesprochen: Sollen die Juden ihren Feinden von damals vergeben? Können sie es überhaupt? Jahre später wurde ich beim Gespräch mit deutschen Studenten erneut mit dieser Frage konfrontiert. »Sind Sie bereit, uns zu vergeben?« fragten sie mich. Ich antwortete ihnen im Sinne Iwan Karamasows: Möglicherweise könnte ich den Deutschen verzeihen, was sie mir persönlich als Einzelperson angetan haben, aber das Leid, das sie meinen Eltern und allen ermordeten Eltern und ihren verschwundenen Kindern zufügten, werde ich ihnen nie verzeihen. Keiner kann und darf in ihrem Namen vergeben. Außerdem hat das deutsche Volk uns nie darum gebeten.

Ich bin nun wirklich rund um die Uhr beschäftigt. Immer häufiger taucht Israel in den Nachrichten auf: Diplomaten, Schauspieler, Kollegen, Abgeordnete statten Paris einen Besuch ab. Mit der israelischen Wirtschaft geht es bergauf, mit dem Niveau der Zeitung ebenfalls. Ich schreibe häufiger und über die unterschiedlichsten Themen wie über das Begräbnis von André Gide, den Tod von Charles Maurras oder das Werk Gérard de Nervals ...

Und, lachen Sie nicht, über Miss Israel, die mich vollkommen in Beschlag nimmt. Sie meint, sie könne über meine Zeit ebenso verfügen wie über mich - und beansprucht mich auch noch abends über die Maßen...

Wieder bedarf es einer Erläuterung: Die Wahl zur Miss Israel wurde von *La-ischa*, der Frauenzeitschrift von *Jediot Achronot*, durchgeführt. Die glückliche Siegerin erhielt als Preis nicht nur eine Krone, sondern auch eine Reise nach Paris. Und in Paris brauchte sie einen Führer und, wenn nötig, einen Anstandswauwau. Natürlich fiel die Wahl auf mich.

Ich gebe zu, ich habe Erfahrung auf diesem Gebiet. Einige Wochen vor der Wahl der Miss Israel bat mich der Alte um ein Interview mit Miss Europa. Nachdem Tel Aviv Kontakt mit ihr aufgenommen hatte, war sie zu einem Gespräch bereit. Ich sehe sie noch vor mir: dunkelhaarig, schlank, ein Frauentyp, wie man ihn in Spanien häufig antrifft. Sie empfängt mich in ihren Gemächern an den Champs-Elysées. Strahlend vor Anmut, die Hände sittsam auf den Knien, erwartet sie meine Fragen. Und ausgerechnet jetzt fällt mir nichts ein, denn ich habe nicht die leiseste Ahnung, wie ich ein Interview mit einer Schönheitskönigin gestalten könnte. Was soll ich sie fragen? Nach ihrer Ansicht über die Abrüstung Deutschlands? Nach ihren Lieblingsautoren? Was sie vom letzten Goncourt-Preisträger hält? Eine Weile wartet sie geduldig, während ich meine Gedanken ordne, dann wird sie ärgerlich. Ich bin so verwirrt, daß mir alles vor den Augen verschwimmt. Mit meiner Weisheit am Ende, setze ich schließlich alles auf eine Karte und stottere: »Mademoiselle, ich habe keine Ahnung, welche Fragen ich Ihnen stellen soll. Können Sie mir weiterhelfen?« Sie lacht hellauf und klatscht in die Hände, als hätte ich den besten Scherz gemacht, der ihr jemals zu Ohren gekommen ist: »Sie wissen wirklich nicht, was Sie mich fragen sollen? Also, das ist mir noch nie passiert! Na, dann nehmen Sie Ihren Block und schreiben Sie...« Sie beschreibt ihre Diät, die gymnastischen Übungen, die sie sich auferlegt hat... Als sie plötzlich Zahlen nennt, unterbreche ich sie: »Ist das eine Telefonnummer?« Und sie prustet wieder los: »Na so was, Sie sind ja lustig. Und Sie wollen Journalist sein? Noch dazu in Paris...?« Ist es meine Schuld? Woher sollte ich wissen, daß diese Zahlen ihre Brust-, Taillen- und Was-weiß-ich-noch-für-eine-Weite angeben? Als guter Schüler notiere ich alles, und schweißgebadet schustere ich einen Artikel zusammen, in der Hoffung, daß ihn niemand liest oder daß man sich wenigstens nicht allzusehr über mich lustig machen wird.

Ein kleiner Trost: Diese Art von Sorgen werde ich mit Miss Israel nicht haben. Ich muß nichts über ihren Besuch schreiben. Dafür kommen andere Probleme auf mich zu. Die Zeitung hat vergessen, mich mit dem nötigen Geld auszustatten, das ich als Begleiter der jungen jüdischen Königin brauche, um ihr eine angemessene Gastfreundschaft zu bieten. Ich leihe es mir von allen Seiten zusammen. Unglücklicherweise erweist sich die Königin als klug und gebildet. Sie will Paris wirklich kennenlernen. Die Folies-Bergère und der Eiffelturm sind ihr nicht genug, sie möchte ins Theater und in Konzerte gehen. Nie war mir mein Presseausweis so nützlich. Immer wieder treffen mich neidische Blicke. Es ist nicht unangenehm, von morgens bis abends den Kavalier der schönsten Frau Israels zu spielen, zumal Miriam (so heißt sie) Persönlichkeit und Temperament besitzt. Ich frage sie nach ihrer Vergangenheit, ihrem Studium, ihrem augenblicklichen Leben, und sie antwortet gern. Auch ich komme auf meine Kosten, denn ich höre gern zu, wenn jemand erzählt. Doch Miriam will sich über Paris informieren. Ohne mich besonders anzustrengen, erzähle ich ihr, was sie hören will, und ziehe die Geschichten mit einer solchen Dreistigkeit aus dem Hut, daß ich mich noch heute dafür schäme.

Es ist Zeit, meine früheren Fehler einzugestehen: Damals kam es häufig vor, daß ich die Geschichte von Paris mit witzigen Einzelheiten ausschmückte, die nirgends, nicht einmal in einem Roman zu finden sind. Ich war es einfach überdrüssig, den israelischen Besuchern immer wieder den Louvre und die Place de la Concorde, den Montmartre und die russischen Cabarets zu zeigen. Anfänglich war ich ein gewissenhafter Führer und erzählte nur, was ich wußte. Bis ich merkte, daß meine Touristen einen unstillbaren Hunger nach Pariser Kultur hatten. Sie wollten immer noch mehr wissen, noch malerischere Berichte hören. Die Fassade von Notre-Dame, ihre Juden mit den spitzen Hüten und ihre verborgene, elende Synagoge – das genügt ihnen nicht. Ebensowenig wie der Justizpalast, wo 1240 auf Anordnung von Ludwig dem IX. das erste öffentliche Streitgespräch über das Judentum zwischen dem ehrwürdigen Rabbi Jechiel und dem »Getauften« Nicolas Donin stattfand. Wußten meine Gäste, daß der König und die Königin daran teilnahmen? Und daß Donin Papst Gregor IX. und König Ludwig IX. davon überzeugte, daß der Talmud verbrannt werden müsse? »Das haben wir doch alles schon in der Schule gehört«, erwiderten meine Gäste, »jetzt interessieren uns ganz andere Dinge.« Nun, daran sollte es nicht fehlen: Ich fing an, für jede Statue eine Anekdote, für jeden Platz eine Geschichte, für jedes Denkmal ein denkwürdiges Ereignis zu erfinden. Was kratzte es Frankreich, wenn ich für eine Stunde oder einen Nachmittag die Vergangenheit seiner Hauptstadt zurechtrückte? Eines Tages jedoch geschah, was geschen mußte: Ein Stadtführer, unglücklicherweise auch noch ein Profi, steht neben uns, als meine kleine (französischsprechende) Gruppe an der Place de la Bastille mit aufgesperrtem Mund meinem Bericht über die letzten Junitage 1789 lauscht. Ich bin in Hochform. Ich kenne den Namen des Offiziers, der als erster die Türen des Gefängnisses öffnete, und jenes anderen Offiziers, der auf Knien um Barmherzigkeit flehte. In der Nachbarzelle bereitete sich eine Prinzessin auf den Tod vor; sie wünschte den Tod herbei, doch als sie den Offizier erblickte, änderte sie ihre Einstellung, und zur Entrüstung ihrer Freunde bekundete sie lauthals ihre Liebe zum Leben und zu den Menschen… Es fiele mir leicht, die Geschichte bis zur nächsten Revolution auf das schönste lebendig werden zu lassen, wäre da nicht jener Unbekannte an meiner Seite, der wie verrückt losbrüllt… Er wirft sich auf mich, will mich in Fetzen reißen: »Wie können Sie es wagen! Ich kenne diese Stadt, ich kenne ihre Geschichte bis zum letzten Stein – wie können Sie es wagen, in meiner Gegenwart derartige Lügen zu erzählen und die Geschichte so zu verdrehen!« Wir ergreifen die Flucht. »Mach dir nichts daraus«, tröstet mich einer meiner Kurzbesucher. »Das muß ein Verrückter sein.« Er wird verbessert: »Ach was, er ist eifersüchtig, das ist doch eindeutig.«

Auch Miriam liebt Geschichten. Ganz gleich, ob wahr oder erfunden, sie machen ihr Freunde. Und außerdem ist Miriam schön.

Ich hole Dr. Rosenblum und seine Frau am Flughafen ab. Gern würde ich sie in ein Restaurant einladen, doch wie soll ich das bezahlen? Sie erraten oder wissen es, und so laden sie mich manchmal ein, in ihrem Hotelzimmer Sandwiches mit Sardellen zu essen. Es ist das erste Mal, daß ich Sardellen esse.

Ich begleite meinen Chef zum Quai d'Orsay, zur israelischen Botschaft, zur Redaktion von *Le Monde*.

Richtig froh sind die Rosenblums nur im Konzert. Zum Glück erhalte ich diesmal auch drei Eintrittskarten kostenlos. »Ach, wenn Mosche sich ernsthaft bemühen würde...« Mosche ist, wie gesagt, ihr Sohn, und sie träumen davon, daß er seinen Weg in der Musik macht.

Auch Paula Mozes, Noahs Frau, kündigt ihr Kommen mit dem Zug aus London an. Sie macht mir ein Kompliment: »Ich habe den Artikel gelesen, in dem Sie berichten, daß Paris die einzige Stadt der Welt ist, wo der Frühlingsanfang die Titelseiten der Zeitungen füllt. Jetzt bin ich da, um das zu sehen...« Gern würde ich sie mit der gebührenden Gastfreundschaft empfangen, doch ich bin pleite. Wie soll ich es ihr sagen? Sie errät es. Sie spricht wenig und vor allem nie über ihre Zeit bei den russischen Partisanen. Davon werde ich erst später erfahren.

Meine angeborenen Migräneanfälle werden immer schlimmer. Zudem plagen mich heftige Zahnschmerzen. Ich mache einen Zahnarzt an der Place de l'Opéra ausfindig. Er ist ein Royalist, und man kann unmöglich mit ihm über Demokratie reden. Immer, wenn ich etwas sagen will, befiehlt er mir, den Mund zu öffnen, und während er mich behandelt, predigt er die Werte der Monarchie.

Und wieder geben sich Schönheitsköniginnen die Ehre, die der Alte alle zu mir schickt. Sie mögen lachen, aber die Zeit, die ich als ihr Begleiter zubringe, ist für mich eine Art Galeerenstrafe.

Aber Gott meint es gut mit mir: Ich entdecke die ganze Fülle der Filmindustrie. Ich übersetze einige Untertitel aus *Clochemerle* ins Hebräische. Für jeden Satz bekomme ich soviel, wie ich früher von *Jediot* für einen ganzen Beitrag erhielt. Und das ist nicht übertrieben! In derselben Richtung eröffnet sich eine andere Quelle, um mein Haushaltsdefizit auszugleichen: Ich nehme eine zweite Stelle an. Ich verdanke sie Marc Gutkin, der mich mit einem Herrn Poliakoff, einem aus Warschau stammenden jiddischen Schauspieler, bekannt macht. Dieser möchte bei meinem Freund eine monatlich erscheinende jiddische Fachzeitschrift, *Le Miroir du théâtre*, drukken lassen. Ich soll an ihr mitarbeiten: »Im Augenblick sind wir noch keine echten Rothschilds. Wir können Ihnen kein wirkliches Gehalt zahlen. Aber…«

»Aber?«

»Nun, Sie könnten einen echten Titel führen: den des Chefredakteurs.«

»Und die Redaktion?«

»Die Redaktion wird hervorragend besetzt sein, das kann ich Ihnen versprechen.«

»Wer wird in der Redaktion sitzen?«

»Sie. Und höchstens noch ich.«

Poliakoff gefällt mir. Er besitzt den Sinn für Humor und den Charme, der mich an alles erinnert, was die osteuropäischen Juden am reinsten verkörpern und was sie so anziehend macht. Es ist unmöglich, ihm etwas abzuschlagen. Ich werde also alles sein: Sekretär, Schreibkraft, Reporter, Kommentator, Kritiker und Herausgeber. Eine Frage ist noch offen: Hat er bereits Redaktionsräume gemietet? »Aber natürlich«, antwortet er. Und wo? »Kommen Sie.« Wir gehen um die Ecke in ein Café, setzen uns auf die Terrasse und bestellen einen Milchkaffee. Dann unterhalten wir uns über die jiddische Kultur: über ihre Literatur, ihre Dramatiker (die ich kaum kenne) und Schauspieler (die ich noch weniger kenne). Nach einer Stunde werde ich ungeduldig: Wann gehen wir in die Redaktion? Poliakoff bricht in Gelächter aus: »Aber wir sind bereits da…«

Einmal in der Woche treffen wir uns hier, um die kommende Ausgabe vorzubereiten. Poliakoff und seine Frau gehören einer berühmten Familie von Schauspielern an. Behutsam, geschickt und feinsinnig führen sie mich in ihre Kunst ein. Ich höre ihnen gern zu, wenn sie ihre lustigen oder traurigen Anekdoten über die Stars der jiddischen Bühnen erzählen. Nach und nach nimmt mich diese mir bisher unbekannte Welt gefangen. Voller Bewunderung lese ich die Stücke von An-Ski und Leiwick, Pinski und Hirschbejn; die Namen Adler und Granach, Kaminska und Schwarz werden mir geläufig… Ich bin »Chef« einer jiddischen Theaterzeitschrift (die, wie ich zu meiner Schande gestehen muß, in New York kein geringes Ansehen genießt), obwohl ich mich nicht erinnern kann, in meinem Leben mehr als drei jiddische Theaterstücke gesehen zu haben. Aber was tut man nicht alles für einen echten »Titel«?

Langsam setzt sich eine Idee in meinem Kopf fest: Könnte man nicht eine jüdische Wochenzeitschrift gründen, eine Art *Time Magazine* auf französisch? Das hat natürlich nichts mit dem *Miroir du théâtre* zu tun, wo meine Beiträge unter zehn verschiedenen Namen erscheinen, sondern es sollte ein echtes Magazin mit einem echten Redaktionsteam sein. Ich spreche mit einem israelischen Freund darüber: Ilan ist von Beruf Toningenieur und hat sowenig Ahnung von meinem Handwerk wie ich von seinem. Der einzige Grund, warum ich gerade ihn anspreche, ist unsere Verabredung an jenem Abend. Um mir eine Freude zu machen, zeigt er sich von meiner Idee begeistert. Über unserem Milchkaffee träumen wir gemeinsam von der Zukunft: Bald werden Henry Luce, der Gründer der *Times*, und der legendäre Pierre Lazareff sich gezwungen sehen, unseren Rat einzuholen und um unsere Gunst zu werben. Alles, was uns fehlt, ist der Mäzen, der wagemutige Millionär, der auf uns und unsere Jugend setzt. Beim nächsten Interviewtermin mit einem israelischen Unternehmer nehme ich meinen gesamten Mut zusammen, um vorzufühlen, ob er bereit wäre, sich für ein solches Vorhaben stark zu machen. Er ist interessiert, aber er möchte einen schriftlichen Plan, eine Strategie, einen Haushaltsentwurf, am besten eine Nullnummer sehen. Ich eile zu Gutkin. Er hilft mir, und bald ist die Nullnummer fertig. Doch inzwischen hat mein Wohltäter und mutiger Kreditgeber Frankreich verlassen ... Dieselbe Erfahrung werde ich später in den Vereinigten Staaten noch einmal machen, und das Ergebnis wird nicht weniger enttäuschend sein.

Über all dem vergesse ich natürlich nicht das aktuelle Tagesgeschehen. Es ist ernst und bedrohlich. In Indochina wird gekämpft, in Frankreich gewöhnt man sich an Streiks, und mit Entsetzen entdeckt man den modernen Antisemitismus, der in der Sowjetunion wütet. Dort wird das Weltbürgertum als Verbrechen gegen Volk und Staat geahndet. Bei den Prozessen in Moskau, Prag und Sofia wird nur von freiwilligen Geständnissen gesprochen. Die Unterwerfung von Männern wie Laszlo Rajk in Ungarn und Rudolf Slánsky in der Tschechoslowakei ist unerklärlich. Sollten all diese ruhmreichen kommunistischen Führer Saboteure, Spione und Verräter sein? Niemand kann das verstehen. Arthur Koestler bietet eine Erklärung in

Sonnenfinsternis: In der UdSSR heiligt der Zweck die Mittel. Um die Partei zu retten, muß ein standhafter Kommunist vorgeben, Verrat geübt zu haben. Man diskutiert über den Idealismus von Rubaschow und Iwanow, über das edle Opfer des ersten und die aberwitzige Dialektik des zweiten. Jüdische Ärzte werden in Haft genommen. Juden werden vom Staat verfolgt. Die kommunistische Presse ist obszön und böswillig, sie greift alle Vorwürfe auf und macht sich die Hände schmutzig, sie badet in jedem Pfuhl. Ihr Fanatismus ist ebenso scheußlich wie ihre Dienstfertigkeit. Wie kann man sich für einen Dichter, Schriftsteller oder Philosophen halten und Stalin nicht nur als ein Wunder, sondern als unsterblichen Gott betrachten? Wie kann man behaupten, Materialist und Dialektiker zu sein, und gleichzeitig eine von Mystik überbordende Sprache verwenden? Wie kann man die Lügen der *Prawda* über den Zionismus, den Kosmopolitismus und die jüdischen Wohlfahrtsorganisationen wiederholen, ohne das Gefühl zu haben, sich zu besudeln, ohne für immer in Mißkredit zu geraten und das Recht auf Meinungsäußerung zu verlieren? Unter den Propagandisten sind sogar jüdische Kommunisten (darunter André Wurmser), und sie sind übereifrig. Man muß sich schon wundern, daß sie nicht vor Scham ersticken, selbst wenn zur damaligen Zeit die Morde an Schlomo Michoels, Perez Markisch, David Bergelson, Itzig Feffer, Der Nister und anderen jüdischen Schriftstellern und Dichtern noch nicht bekannt sind? Stalin hat ihre Todesurteile mit eigener Hand unterschrieben. Von den großen jüdischen Intellektuellen, die verhaftet wurden, hat nur das Akademiemitglied Lina Stern überlebt. Später hat sie über die Begegnungen mit den anderen in Stalins Gefängnissen berichtet: Itzig Feffer ist bis zur Unkenntlichkeit entstellt, ein gebrochener Mensch mit zitternden, blutüberströmten Händen und halb verrückt; unfähig, sie anzusehen, drängt er sie zu einem Geständnis... Über Feffer sind düstere, beunruhigende Gerüchte im Umlauf... Auch B. Zuschkin verliert den Verstand... Nur Perez Markisch hat die Folter nicht zerbrochen. Er schreit seinen Anklägern ins Gesicht: »Ich bin unschuldig, keiner von uns ist schuldig; Sie verurteilen uns aus einem einzigen Grund: weil wir Juden sind...«

Lange vor diesen Enthüllungen weiß man schon genau, daß die Juden öffentlich angeklagt, bedroht, verfolgt und gedemütigt werden. Und dennoch verherrlichen die kommunistischen Schriftsteller in Paris weiterhin Stalin. Wovor haben sie Angst? Glauben sie allen Ernstes, daß die Slánskys und die Londons gekauft sind? Ich verstehe es nicht, ich werde die kommunistische Gesinnung nie verstehen. Ich habe im *Testament eines ermordeten jüdischen Dichters* den Versuch unternommen, es zu begreifen. Sollte ich recht haben mit meiner These, daß der Kommunismus eine Art Religion, vielleicht sogar ein Messianismus ohne Gott ist? Man braucht lediglich seinen Wortschatz zu untersuchen: Sühne, Bekenntnis, Erlösung, die Ausdrücke könnten einem Wörterbuch der Mystik entnommen sein.

Einmal gehe ich auf eine Demonstration der Kommunisten. Ihr Ziel ist, die Arbeiterklasse gegen die »dreckigen zionistischen und bourgeoisen Intellektuellen« aufzubringen, die es wagen, Stalin anzugreifen, das Väterchen aller unterdrückten Völker, aller Armen, die nach Freiheit und Frieden verlangen, und sicher auch das Väterchen einiger Illusionen. Die Redner brüllen, die Menge klatscht rasend Beifall. Alle wiederholen unermüdlich dieselben Losungen, ob sie zutreffen oder nicht, und machen dieselben Gebärden. Alle sind außer sich. Zum Schluß stimmen sie stehend, mit glühendem Kopf, festem Blick und erhobener Faust *Die Internationale* an. Es diesen Kämpfern nicht gleichzutun kostet mich große körperliche und geistige Anstrengung; fast schäme ich mich dafür, daß ich mich heraushalte, daß ich nicht dieser begeisterten, großherzigen Gemeinde angehöre, die bereit ist, ihre Gedanken- und Ausdrucksfreiheit, ihre Zweifel und ihr Zögern auf dem Altar einer leuchtenden Zukunft zu opfern, die immer weiter in die Ferne rückt.

Ich fühlte mich nie vom Kommunismus angezogen. Vielleicht wäre ich in meiner Heimatstadt dem Reiz der prophetischen Botschaft des ursprünglichen Kommunismus erlegen, wenn ich Anfang des Jahrhunderts zur Welt gekommen wäre. Aber in den dreißiger Jahren war ich zu jung und viel zu religiös, und nach dem Krieg stellten sich mir andere Probleme. Aber nehmen wir einmal an, ich hätte dieser Bewegung angehört: Hätte ich zwischen 1952 und 1953 den Mut gehabt, mit ihr zu brechen? Ich hoffe schon. Ich glaube, der sowjetische Antisemitismus hätte es unumgänglich für mich gemacht. Ich habe mehr als einmal mit dem amerikanischen jüdischen Schriftsteller Howard Fast über dieses Problem diskutiert. Er versuchte mir zu erklären, warum er sich erst so spät entschlossen hatte, die Partei zu verlassen. Er wies darauf hin, wie schwer es ist, mit einem Ideal, einer Religion und einer Familie zu brechen, und daß der Kommunismus das alles für ihn bedeutete. Er konnte mich nicht überzeugen. Für jüdische Kommunisten müßten die Jahre 1939 und 1952 wichtige Einschnitte darstellen. Ich klage sie nicht an, ich sage nur, daß ich sie nicht verstehe.

Als ich später meinen Roman über die unter Stalin ermordeten jüdischen Dichter und Schriftsteller schrieb, erinnerte ich mich an die Prozesse des NKWD und an die Art, wie ich sie in Paris miterlebte.

Wie der Nazismus mündet der Kommunismus in Menschenhaß. Sicherlich kann man Stalin nicht mit Hitler vergleichen. Aber warum sollte Stalins Haß gegen das jüdische Volk mich nicht an Hitler erinnern?

Ob es nur die günstige Gelegenheit oder meine zunehmende Abneigung gegen Europa ist, ich beschließe jedenfalls, eine neue Seite aufzuschlagen.

Ich gehe nach Indien.

REISEN

Schon seit langem wünsche ich mir, ja, träume ich davon, nach Indien zu reisen. Nicht die Aussicht, einen der vielen Maharadschas kennenzulernen, lockt mich dorthin, ich möchte vielmehr den Weisen, Yogis und Asketen begegnen. Denn seit der Zeit mit Schoschani habe ich mein Vorhaben, eine Untersuchung über die jüdische Askese zu schreiben, nie aufgegeben. Wäre es nicht interessant, sie zuerst mit der hinduistischen Askese, dann mit der christlichen Askese zu vergleichen und dem jüdischen Erlösungsgedanken das hinduistische Nirwana gegenüberzustellen?

Die buddhistische Tradition zieht mich unwiderstehlich an. Ich habe mich mit den Mantras, dem Joga und besonders mit dem Tantrismus beschäftigt und sie studiert, aber nur aus der Ferne. Ich liebe die Schönheit der Bhagavad Gita, der Upanischaden, der Weden, und ich begeistere mich für die kosmischen Zusammenhänge, die sie entwerfen. Wie der Todesengel im Talmud verachtet auch Schiwa, der Gott der Zerstörung in der buddhistischen Literatur, Unwissenheit und oberflächliches Vergnügen. Trotz ihrer offenbaren Vielgötterei ist die hinduistische Mystik der jüdischen sehr ähnlich, wenn man einmal davon absieht, daß in meiner Tradition ein Bilderverbot herrscht, während es im Hinduismus zahllose Götterbilder gibt. Sollte der Wedanta eine hinduistische Fassung des Sohars, sollten die Welt nur ein Traum Gottes und die Schöpfung ein sich ewig drehendes Rad sein?

Im Grunde haben alle mystischen Traditionen ähnliche Ursprünge. Sofern Religionen nicht vollkommen unvereinbar sind, stehen sie nur auf den ersten Blick einander gegenüber, nur in ihrer oberflächlichen Erscheinung. Vielleicht gilt das auch für den Hinduismus und meine Tradition? Ich werde es ja sehen.

Und die Reisekosten? *Jediot* hat kein Geld, da brauche ich gar nicht erst nachzufragen. Ich schreibe zehn Artikel für verschiedene jiddische Zeitungen, verspreche weitere zehn Beiträge für später, mache ein paar Übersetzungen für Friedrich und kaufe mir zum ersten Mal in meinem Leben ein Lotterielos (Wunder über Wunder: Ich gewinne das Zehnfache meines Einsatzes). Nach mehreren Briefen an die britische Schiffahrtsgesellschaft P&O habe ich schließlich mein Ticket in der Tasche. Das ist auch schon alles. Ich habe wenig Hoffnung, mit den zweihundert Dollar in meiner Reisekasse weit zu kommen.

Jetzt muß nur noch das Visum besorgt werden. Dan Awni, der hervorragende Presseattaché der israelischen Botschaft (und spätere Schriftsteller und Universitätsgelehrte), setzt sich bei seinem indischen Kollegen für mich ein. Für England benötige ich kein Visum, denn ich habe nur eine Nacht Aufenthalt in London.

Auf der Überfahrt mit Zwischenstation in Suez und Aden beginne ich Englisch zu lernen, lese Rudyard Kipling und Somerset Maugham, nehme noch einmal die Lehren Sakyamunis, die Kommentare von Sri Vivekananda und Sri Aurobindo zur Hand und informiere mich über das Indien von heute... Ein Passagier, dessen Visitenkarte nicht nur den Namen, sondern auch »Arzt in Ausbildung« als Beruf angibt, empfiehlt mir ein erschwingliches Hotel in Bombay. Aber was heißt schon erschwinglich? Für mich ist nichts erschwinglich... Der Medizinstudent rät mir, mein Glück bei Pferdewetten zu versuchen. Geht das denn vom Schiff aus? Warum nicht? Kann man auf Pferde setzen, ohne sie zu sehen? Wir kennen doch schließlich die Quoten. Mein Mitreisender wird zu meinem Lehrer und zeigt mir, wie man es macht. Zuerst verliere ich, dann gewinne ich, dann verspiele ich wieder den ganzen Gewinn. Glücksspiele sind wirklich nicht meine Sache. Dem »Arzt in Ausbildung« geht es nicht besser: Er verliert alles bis auf den letzten Cent und bittet mich, ihm zweihundert Dollar zu leihen: meine ganze Barschaft. Er verspricht, mir das Geld in Bombay zurückzuzahlen. Aber wie? Meine innere Stimme warnt mich: Sei kein Dummkopf, was willst du anfangen, wenn der Unbekannte einfach verschwindet? Aber ich konnte noch nie nein sagen. Am Abend vor der Ankunft beschleichen mich schwere Zweifel: Ich hätte mich nicht breitschlagen lassen dürfen, hätte dem »Arzt in Ausbildung« nicht trauen sollen, ich hätte mich überhaupt nicht auf dieses »spirituelle« Abenteuer einlassen sollen. Wäre ich nur bei Poliakoff und seinen harmlosen Erinnerungen an das jiddische Theater geblieben! Die Geheimnisse Indiens hätte ich ebensogut in Paris erkunden können. Und natürlich drückt mich die alte Sorge: Wie soll ich in diesem riesigen Land meine Unterkunft bezahlen? Wovon soll ich leben? Doch zur Umkehr ist es nun zu spät.

Nachdem ich der Einwanderungspolizei und den Zollbeamten, die nicht begreifen wollen, warum ich als einziger ohne Überseekoffer einreise, drei Stunden lang Rede und Antwort gestanden habe, gehe ich an einem feuchten Januarmorgen in Bombay an Land. Ein lächerlicher Koffer und eine Schreibmaschine sind mein einziges Gepäck. Und wo ist der »Arzt in Ausbildung«? Ich suche ihn in der Menschenmenge, obwohl ich davon überzeugt bin, daß er ein Betrüger ist. Und ich bin ein Dummkopf, der ihm auf den Leim gegangen ist! Aber wenn ich ein dummer Einfaltspinsel bin, dann ist er ein aufrichtiger Betrüger, denn er kommt mir entgegen, strahlt über das ganze Gesicht und gibt mir die zweihundert Dollar zurück. Hoch lebe Indien!

Ich will mich noch am Hafen auf die Suche nach einem Taxi oder – was noch besser wäre – einem Bus begeben, doch ich bin noch keinen Schritt gegangen, da werde ich schon von einer Horde halbnackter Straßenkinder umringt, die von alten und neuen, bekannten und unbekannten Krankheiten gezeichnet sind. Eines weint, aber ohne Tränen, ein anderes murmelt unverständliche Worte, ein drittes weist auf die Stelle seines amputierten linken Beins.

Manche haben noch Kindergesichter, andere scheinen ohne Alter zu sein. Ich finde sie alle gleich schön und unergründlich. Sie haben schwarzes, zerzaustes Haar, und ihre Augen sind wie Gräber, in denen sich das Nichts spiegelt. Ihr einziges Kleidungsstück ist ein Hemd, das vielleicht einmal weiß war. Mit ausgestreckter Hand betteln sie: »Sahib, gib mir ein paar Annas … gib mir eine Rupie …« Sie sind hungrig. Mir fällt Juanito oder Alfonso aus Barcelona ein. Wie er kennen auch sie nur den Hunger.

Wenige Schritte weiter kämpft sich ein französischer Tourist durch eine ähnliche Traube. Noch ein Stück weiter wird ein amerikanischer Industrieller belagert. Überall um mich herum zeigt sich dasselbe Bild.

Diese Hungerleider sind die elendsten Kinder der Welt. Kinder, die keine Hoffnung kennen. Im *Schwur vom Kolvillág* gibt es ein Kapitel, das ich unverändert aus meinem Notizheft übernommen habe. Bei der Abschrift schnürte es mir die Kehle zu.

Diese Waisen, diese gottverlassenen Kinder sind mir überall in

Indien begegnet. Die Lepra zerfrißt sie. Die einen haben den Arm verloren, andere die Beine. Sie sind ausgemergelt und ausgezehrt. Manche schreien noch, andere haben nicht einmal mehr die Kraft zu sprechen.

Warum läßt ein zivilisiertes Land wie Indien dieses Elend, diesen schleichenden Tod zu? Von alldem Leid umgeben, beschäftigt mich dieses Problem mehr als jede theosophische Fragestellung. Man antwortet mir mit einem Lächeln, mit einem Schulterzucken, oder man verwickelt mich in lange Gespräche über die Seelenwanderung, das Streben nach Läuterung und Vollkommenheit um jeden Preis. Das stellt mich nicht zufrieden. Der Mensch soll seine Erfüllung im irdischen Dasein finden, so fordert es das Judentum: Er soll am Leben seiner Mitmenschen teilnehmen, Gutes vollbringen und die Ungerechtigkeit auf der Welt bekämpfen. Nach dem Tod ist es zu spät. Die Wiedergeburt ist in meinen Augen keine hinreichende Antwort auf das Problem des Leidens in der Welt. Im äußersten Fall kann ich das eigene Leiden annehmen, aber nicht das Leiden meiner Mitmenschen.

Vom politischen Standpunkt aus betrachtet, fordert die nationale Unabhängigkeit sicherlich auch ihre Opfer. Und zweifellos hat Indien schon beachtliche Fortschritte gemacht. Das Kastensystem ist abgeschafft, und das ist gut so! In meinen Augen ist die Entscheidung Jawaharlal Nehrus, einen Unberührbaren zum Justizminister zu ernennen, ein kühner und genialer Schachzug. Doch was ist mit den Menschen, die die Rikschas ziehen und sich mit ihrem Leid abgefunden haben? Wer kümmert sich um die Menschen, die nach den heftigen Monsunregen im Schlamm von Bombay versinken, die sich auf den Müllhalden Kalkuttas drängen, die an den Ufern des Ganges im Dunst ersticken; wer um die zerlumpten Wesen, die auf der Straße, ja auf dem blanken Erdboden schlafen und über die die Vorübergehenden mit gleichgültiger Miene hinwegsteigen; wer um die Witwen, die im Landesinneren noch immer mit den sterblichen Überresten ihrer Gatten verbrannt werden; wer um die Leprakranken ohne Zukunft; wer um die Kinder, denen das Glück nie zulächeln wird, und wer um die Greise, die keine Kraft mehr zum Stöhnen haben? Wer kümmert sich um diese unzähligen Menschen, die ohne Freude und Hoffnung leben? Ich kann ihre Not in keinem mir bekannten religiösen oder sonstigen Wertgefüge unterbringen. Diese Anhäufung von Leid zwingt mich zum Hinsehen, denn eine Stimme in mir sagt, daß ich nicht das Recht habe, den Blick davon abzuwenden, mich durch irgendein beredtes Scheinargument oder durch irgendeine magische Formel mit diesem Elend zu versöhnen.

Manchmal gebe ich meiner Neugier nach und versuche, mit einem dieser Unglücklichen ins Gespräch zu kommen. Ich spreche weder Urdu noch Hindi, und mein englisches Kauderwelsch kommt mir selbst unverständlich vor. Also versuche ich es mit ein paar Worten Sanskrit, aber meine Aussprache ist sicher falsch, und wahrscheinlich ist es auch völlig unangebracht, denn Sanskrit scheint in Indien schon seit Jahrhunderten nicht mehr als Umgangssprache benutzt zu werden.

Manchmal flüstert mir eine innere Stimme zu: »Erinnern dich diese leidenden Kinder, diese ausgezehrten Greise nicht an die, denen du im Lager begegnet bist?« Ich bringe sie schnell zum Schweigen: »Nur keine Vergleiche, bitte! Was du hier siehst, hat nichts damit zu tun...«

Ich verlasse Bombay, um andere Eindrücke von diesem Land zu gewinnen. Die Bettelmönche ziehen in Gruppen von Ort zu Ort. Sie erinnern mich an die Gerechten, die durch die Welt wandern. Die Meister sind sich überall ähnlich: Man erkennt sie an ihren Schülern. Ich besuche die Parsen, ihre Heiligtümer, die kein Ausländer betreten darf, und ihre »Türme des Schweigens«, Grabstätten, auf denen die Körper der Sonne ausgesetzt sind, und die deshalb ständig von gefräßigen schwarzen Geiern umlagert werden, die auf Aas lauern. Trotz ihres poetischen Charakters (denn alles, was mit Stille zu tun hat, kommt mir poetisch vor) zeigen mir diese Türme, welche Kluft mich von dieser Religion trennt. Ein Satz aus der Bibel geht mir durch den Kopf: »Von der Erde bist du gekommen, zur Erde kehrst du zurück.« Hier wird der Mensch von Geiern davongetragen. Ein parsischer Journalist wundert sich über meine Verwunderung: »Das ist doch sehr zweckmäßig! Nach unserer Tradition zeigt der Mensch selbst im Tod, daß er lebendige Geschöpfe zu nähren vermag.«

Das Kastenwesen mit seinen starren, unverrückbaren Grenzen überrascht mich. Die Juden unterscheiden nur drei Gruppen von Gläubigen, und alle genießen dieselben Rechte. Hier gibt es vier Kasten, die sich nach Machtfülle und Vorrechten unterscheiden: Auf der obersten Stufe stehen die Brahmanen, auf der untersten die Parias, die Ausgestoßenen, die Unberührbaren, deren Leben nichts als Elend bedeutet. Jetzt verstehe ich Gandhi besser, den von allen vergötterten Apostel der Gewaltlosigkeit, dessen philosophisches Erbe bisher kaum umgesetzt ist. Seinen Antizionismus kann ich allerdings nicht begreifen, trotz allem, was ich darüber gelesen habe: seinen Briefwechsel mit Albert Einstein, seine Unterredung mit dem zionistischen Gesandten Jehuda Nediwi Mitte der dreißiger Jahre. Warum wandte er sich gegen die jüdische Einwanderung in Palästina? Er wollte, daß die Juden in Europa blieben, wo sie sich nach seiner Meinung aller Menschenrechte erfreuten. Nun gut, niemand ist vollkommen.

Durch Zufall lerne ich einen reichen und einflußreichen Parsen kennen (die meisten Parsen sind beides). Wir reden über dieses und jenes. Ich wecke seine Neugier. In seinem Bekanntenkreis gibt es auch Juden, doch er weiß nichts über unsere Bräuche, unsere Gesetze und Traditionen. Ich erzähle ihm von dem Einfluß, den die Perser auf die antike jüdische Kultur hatten, besonders während des babylonischen Exils. Ich zeige ihm, daß es zwischen ihrer und unserer mystischen Suche erstaunliche Übereinstimmungen gibt. Als er sich nach einigen Stunden verabschiedet, um Geschäftsfreunde zu treffen, schreibt er ein paar Worte auf seine Visitenkarte und überreicht sie mir mit den Worten: »Indien ist ein großes Land. Sie werden sicher viel herumreisen wollen. Mit dieser Karte können Sie jedes Flugzeug Ihrer Wahl nehmen und zu jedem beliebigen Ort fliegen.« Ich weiß nicht, wie ich ihm danken soll. Dabei stellte sich der wahre Wert dieses Geschenks erst später heraus: Jedesmal, wenn ich Hunger hatte, nahm ich ein Flugzeug.

Leider bin ich nicht nach Tibet geflogen, was ich heute noch ein wenig bedaure. Als ich vor einigen Jahren den Dalai-Lama kennenlernte, erzählte ich ihm davon. Lächelnd antwortete er: »Muß ich Ihnen denn sagen, daß man niemals die Hoffnung aufgeben soll?« 1992 hielt ich die Eröffnungsrede auf einem großen Empfang zu seinen Ehren in Washington. Anschließend fragte er mich, welches Geheimnis hinter dem Überleben der Juden stecke. Er wollte daraus etwas für sein Volk lernen, das wie die Juden unter Vertreibungen leidet und dessen Religion bedroht ist: »Verraten Sie mir doch, wie es Ihrem Volk gelungen ist, trotz der Verfolgungen und ungeachtet des Hasses, der ihm überall entgegenschlug, seine Kultur und sein Erbe lebendig zu halten.« Bei seinen Begegnungen mit jüdischen Intellektuellen wiederholt er immer wieder: »Wir Tibetaner können viel von unseren jüdischen Brüdern und Schwestern lernen.«

Indien ist ein Land der Träume und ein Land, das zum Träumen verleitet. Der Alptraum der Bürger- und Glaubenskriege scheint vergessen zu sein. Wer hätte geahnt, daß vierzig Jahre später, zwischen 1993 und 1994, blutige Aufstände das Land heimsuchen würden? An einem einzigen Tag explodieren elf Bomben. Es gibt dreihundert Tote, und die Zahl der Verletzten geht in die Tausende. Wird der Haß denn niemals enden? Als grenzenloser Optimist war ich damals noch davon überzeugt, daß er langsam verschwände. Ich ließ mich von Indien verzaubern: Haiderabad, Amritsar (der goldene Tempel der Sikhs), Dschaipur; Benares und der heilige Fluß, der die Asche und die armseligen Opfergaben zu den Tiefen des Meeres fortträgt; Kalkutta mit seinen Menschenmassen; Bombay und die Beni Israel, die jüdische Gemeinde, deren Vorfahren in der Handelsmarine König Salomons dienten; Kotschin mit seiner Vergangenheit und seinen Legenden.

Vom 4. bis zum 14. Jahrhundert blühte im südindischen Cranganore ein unabhängiges jüdisches Fürstentum. Noch heute kann man seine Stiftungsurkunde in der Synagoge von Kotschin besichtigen. An der Spitze dieses jüdischen Staates stand Joseph Rabban, ein Freund und Schützling des Hinduprinzen, der ihm befahl, Amt und Würden seinem Sohn weiterzuvererben.

Die Juden von Cranganore stammten, soviel ist sicher, aus Palästina. Aber zu welcher Zeit sie eingewandert sind, darüber gehen die Meinungen auseinander. Gehörten sie zu den zehn Stämmen, die König Salmanassar V. in die Gefangenschaft führte? Zählten sie zu den unter König Nebukadnezar nach Babylonien Verschleppten? Oder waren sie vielleicht von König Salomon gesandt, um Handelsbeziehungen zu knüpfen und Beziehungen zu anderen Reichen aufzunehmen?

Der Überlieferung nach kann man mit Gewißheit davon ausgehen, daß sie in Cranganore in Frieden lebten. Wenn man der Legende glauben darf, waren Rabbi Jehuda Halewi und Rabbi Abraham ibn Esra so neugierig, einen leibhaftigen jüdischen König zu sehen, daß sie ihm einen Besuch abstatteten. Selbst der große Saadja Gaon spricht von Indien; er war überzeugt, daß jeder, der sich dorthin begebe, reich würde. Laut einer alten Theorie wollte Christoph Kolumbus nur deshalb den Seeweg nach Indien finden, weil er diesen jüdischen Staat zu entdecken hoffte, der seiner Ansicht nach vielleicht Flüchtlinge und Auswanderer aus Spanien und Portugal aufnehmen könnte.

Kotschin, das ist Geschichte, das sind die Sagen und Legenden, die sich um diese Stadt ranken: ruhmvolle Erinnerungen, aber auch Erinnerungen an Zeiten der Not, als die Stadt erst von den Mauren, dann von den Portugiesen belagert wurde, auch an die Barbarei der Portugiesen, an das gemeinsame Leid und an die Inquisition.

Indien steht im Ruf, ein gastfreundliches und tolerantes Land zu sein. Ich habe in Bombay und anderswo oft gehört, wie Juden sich dazu beglückwünschten, daß sie nie unter Antisemitismus, Rassendiskriminierung oder religiöser Ausgrenzung zu leiden hatten. Dafür gibt es die Kasten und die Parias, die Hungernden und die Krüppel.

Indien ist ein Land ungeheurer geistiger Herausforderungen und Errungenschaften, ein Land der unbegrenzten Möglichkeiten, wie Israel das Land der grenzenlosen Unwahrscheinlichkeiten ist. Kann ein Europäer, ein Jude wie ich, sich dort wirklich zurechtfinden? Kann er dort wirklich zu sich kommen?

Vor dem Eingang zu meinem Hotel in Bombay spricht mich ein Weiser an: »Gib mir fünf Rupien, und ich sage dir die Zukunft.« – »Ich gebe Ihnen zehn, wenn Sie mir meine Vergangenheit sagen«, erwidere ich. Verdutzt bittet er mich, mein Geburtsdatum und ein beliebiges anderes Datum auf einen Zettel zu schreiben. Rasch nimmt er ihn, dreht mir den Rücken zu, um nachzudenken, dann bleibt er für einen Augenblick wie versteinert stehen. Als er sich wieder umdreht, sind seine Augen voll Schrecken: »Ich sehe Leichen«, sagt er, »ich sehe viele Leichen.« Jetzt bin ich verblüfft. Er kann unmöglich wissen, was der 11. April 1945 für mich bedeutet. Und trotzdem.

Ich feiere den Sabbat bei einer jüdischen Familie in Bombay und besuche dort die Synagoge. Stolz berichten mir die Juden von ihren Erfolgen. Die Sassoons und die Kadouris sind steinreich und bilden wahre Dynastien, doch niemand kommt auf den Gedanken, sie wegen ihrer Herkunft oder ihrer Verbundenheit mit dem Judentum zu hassen: In diesem riesigen Land gibt es so viele Völker, Sprachen und Kulturen, so viele verschiedene Traditionen, daß die Juden als Gruppe keine besondere Aufmerksamkeit erregen. In einer Synagoge lerne ich einen amerikanischen Studenten kennen. Er ist Jude und will zum Buddhismus übertreten. Ich frage ihn nach dem Grund. Seine Antwort stimmt mich traurig: »Das Judentum ist egozentrisch, während der Buddhismus die universalistischste Religion der Welt ist.« Hat er die Schriften seines Volkes wenigstens gründlich studiert? Wohl kaum, aber... Was mag aus diesem Vorläufer der Achtundsechziger wohl geworden sein?

In einem Aschram erlebe ich, den Sternen lauschend, einen unvergeßlichen Abend, und später noch einen anderen, um dem zu lauschen, der schweigend alles hört. Ich lerne, in den undurchdringlichen Gesichtern zu lesen, ein Lächeln geschenkt zu bekommen. Wißbegierig nehme ich alles in mich auf, was die Alten lehren. Nachts weiß ich nicht mehr, ob ich träume oder mich gerade von meinem Traum oder dem Träumenden in mir löse. Morgens frage ich mich, ob das Licht von oben kommt oder von ganz oben.

Noch ist diese Art Pilgerreise nicht in Mode, und ich bin der einzige Ausländer unter ungefähr hundert jungen Mönchen, die über den Sinn des Leidens meditieren. Sehen sie mich? Was sie wohl über diesen Fremden denken? Wenn wir uns begegnen, heben sie mit der anmutigen Geste der Hindus die Hände zum Gruß. Sie verneigen sich lächelnd, und ich lächle zurück. Ich bin Zeuge ihrer Gebete. Ihre Art, das OM zu summen, klingt noch heute in meinen Ohren. Ein alter Meister lädt mich zu einem Spaziergang ein. Ich verlasse den Aschram, ohne seine Stimme gehört zu haben.

Ich habe mein Herz an Indien verloren, an seine spirituelle Kraft und die daraus erwachsenden geistigen Möglichkeiten. Doch der Tag des Abschieds rückt näher, ich muß mich losreißen. Denn die Auffassung, die man hier vom Leben und von Gott hat, ist zu verschieden von meiner, sie liegt mir fern. Für die Juden ist das Leiden eine Beleidigung des Menschen. Das Leiden meiner Mitmenschen betrifft auch mich und nimmt mich in die Pflicht. Ich habe nicht das Recht, mich davon abzuwenden. Ein Jude soll »das Leben wählen«, sein Leben und das seiner Nächsten, das Leben im Hier und Jetzt. Er soll die Lebenden wählen. Das Wort Chajim bedeutet zugleich »Leben« und »Lebender«. Ich darf mein Heil nicht in einer späteren Wiedergeburt suchen: Was ich heute nicht tue, werde ich nie mehr tun können, denn ich werde nie wieder die Gelegenheit dazu erhalten. Nur in der Gegenwart kann man Vollendung erlangen.

Als ich aus Indien zurückkehre, ist mein Glaube gefestigter als je zuvor.

Großmutter Nissel unterhält sich mit Zippuka. Sie trägt das schwarze Kopftuch, dessen Enden sie unter dem Kinn verknotet hat. Großmutter ist ernst, meine kleine Schwester heiter und versonnen. Anmutig sitzen sie auf einer Bank, die von abgefallenen Blättern bedeckt ist. Es ist Herbst, denke ich. Auf dem Friedhof ist immer Herbst. Ich schleiche auf Zehenspitzen zur Bank, doch seltsamerweise sind meine Schritte sehr laut. Ich versuche sie zu belauschen, höre aber nur das Rascheln der Blätter. Die Blätter sprechen für die Toten, denke ich und: Wenn sie nicht rascheln, wollen die Toten nicht sprechen.
Zur Zeit besuchen mich die Toten häufiger im Schlaf. Sie durchpflügen ihn, als wollten sie Bilder von sich ausgraben, denen die Zeit nichts anhaben konnte. Im Morgengrauen wache ich erschöpft und niedergeschlagen auf. In panischer Angst bemühe ich mich um ein Wort, einen Satz aus dieser Welt, aus der ich gegen meinen Willen entflohen bin.
Ich senke den Blick.
Großmutter ist blaß.
Auch meine kleine Schwester ist blaß.
Im Traum begleite ich sie bis zu jenem Punkt, über den die Lebenden nicht hinausgehen können. Ich kehre auf demselben Weg zurück.
Und beginne von neuem.

Mit einem kostenlosen Ticket der El Al fliege ich nach Montreal. Bea ist glücklich, obwohl sie noch nicht verheiratet ist. Sie arbeitet jetzt im israelischen Konsulat. Anders als im Flüchtlingslager bei Kassel, im besetzten Deutschland, können wir jetzt häufig unter vier Augen sprechen. Ich würde ihr gern die Frage stellen, die mich seit Jahren verfolgt: Was geschah vor der Selektion... Wie waren ihre letzten gemeinsamen Augenblicke, ihre letzten gemeinsamen Schritte mit... Doch ich habe nicht den Mut. Auch Hilda wage ich nicht zu fragen.

In Kanada und in den Vereinigten Staaten schreibe ich eine Reihe von Reportagen über das Leben der Jordim. Mit diesem Ausdruck werden die israelischen Auswanderer beschimpft, die sich entschlossen haben, »zu gehen«, das Vaterland zu verlassen. Ja, auch solche gibt es. Zwischen 1953 und 1954 trifft man sie in Paris (rund um das Hotel Melay), in Montreal und in New York. Die meisten haben ihrer soeben erst wiedergefundenen Heimat aus finanziellen Gründen den Rücken gekehrt. *The American dream*, der legendäre amerikanische Traum, hatte in Israel ebenso viele Anhänger wie anderswo. Man wollte Karriere machen, Dollars kassieren, sich durchsetzen und seinen Freunden zeigen, daß man mit ein wenig Talent und Glück alles erreichen konnte.

Da ich kein Israeli bin, steht es mir nicht zu, über sie zu urteilen oder sie auch nur zu kritisieren.

Es wird Zeit, daß ich Ihnen von Joseph Givon erzähle. Wahrscheinlich sagt Ihnen der Name nichts. Habe ich recht? Aber dieser Mann hat immerhin Stalin in strategischen Fragen der Weltpolitik beraten, er war ein Vertrauter Mao Tse-tungs und Juliette Grécos und spielte den Vermittler zwischen Ho Chi Minh und Pierre Mendès-France, später auch zwischen General de Gaulle und den Algeriern. Sagt Ihnen der Name Joseph Givon jetzt noch immer nichts? Dann passen Sie mal auf:

Wir schreiben das Jahr 1953. Ich bin in Israel und möchte ungefähr einen Monat dort bleiben, um meine Reportagen über Indien abzuschließen und um die *Jediot*-Redaktion sowie das Land noch besser kennenzulernen. Ausnahmsweise bin ich in einem Hotel abgestiegen. In der Wohnung des Alten geht alles drunter und drüber, denn die Familie bereitet die Hochzeit von Dow und Lea vor. Das Savoy (Menachem Begin hat hier die meiste Zeit gelebt, als er im Untergrund war) liegt am Strand. Ich stehe mit dem Morgengrauen auf und spaziere am Ufer entlang. Ich liebe diese Augenblicke der Ruhe.

Zehn wunderbare Tage sind vergangen. Vormittags bin ich in der Redaktion, die Abende verbringe ich bei Noah, Dow oder Doktor Rosenblum. Ich lerne Schriftsteller, Journalisten und Künstler kennen. Doktor Schimschon Yunitchman, ein ehemaliger Mitstreiter der revisionistisch-zionistischen Bewegung, den ich noch aus Paris kenne, sagt mir, meine ersten Beiträge über Indien seien im Auswärtigen Amt gut aufgenommen worden. Zum erstenmal macht mir eine bekannte Persönlichkeit ein Kompliment, und das schmeichelt mir. Ich werde ins Theater und ins Konzert mitgenommen, zu Empfängen eingeladen, Abgeordneten in der Knesset vorgestellt. Der Alte besteht darauf, daß ich ihn bei seinen Reisen durchs Land begleite. In Jerusalem macht er mich mit einem Lubawitscher Chassiden, einem Arzt, bekannt. Der bringt mir das Lied des Gründers dieser Bewegung bei, Rabbi Schneur Salman von Ladi. Ich lerne auch die jüngste Tochter des Chassiden kennen. Der Alte verfolgt da gewisse Absichten... Es würde ihm gefallen, wenn wir... Doch Rachel ist noch schüchterner als ich. Und wie flirtet man mit einem frommen Mädchen?

Am Morgen des elften Tages ruft mich Dow in einer dringenden Angelegenheit an: »Prag läßt einen israelischen Staatsbürger frei, einen gewissen Furmand. Er saß mit Mordechai Oren im Gefängnis von Pankrak. *Maariw* schickt ihren besten Reporter für ein Interview mit ihm nach Paris. Deshalb mußt du sofort zurück. Versuche, ihn zuerst zu erwischen. Das wird ein Scoop!«

Ach, wieder dieses magische und gefährliche Wort. Ein Scoop! Davon träume ich Tag und Nacht. Für einen handfesten Scoop würde ein Journalist, der etwas auf sich hält, seinen rechten (oder seinen linken) Arm geben. Mit einem richtigen Scoop schlägt man alle Kollegen und macht von sich reden; man erhält eine Prämie oder wird, wie in der Familie von *Jediot*, herzlich beglückwünscht. Oh, Gott Moses, Du Gott des ersten Berichterstatters und Herausgebers unserer bewegten Geschichte, sei mir gnädig: Gib mir meinen täglichen Scoop oder, sollten Dich andere Dinge beschäftigen, wenigstens einen Scoop pro Woche!

Ich stürze ins Bad, ziehe mich an, schütte eine Tasse Kaffee hinunter und springe in das Auto, das mir – einmal ist keinmal – die Zeitung gesandt hat, um mich schnell zum Flughafen zu bringen. Es bleibt nicht einmal mehr Zeit, auf einen Sprung beim Alten vorbeizuschauen und ihm auf Wiedersehen zu sagen. Auf dem Flughafen erwartet mich bereits unser dortiger Vertreter. Er sorgt dafür, daß ich möglichst schnell durch die Polizei- und Grenzkontrollen komme. Nach fünf Minuten gehe ich an Bord. Und, wie könnte es auch anders sein, neben mir sitzt mein Rivale von *Maariw*. Mit Unschuldsmiene frage ich ihn nach dem Grund seiner Reise. »Rein privat«, sagt er, »meine Tante ist krank, ich muß sie besuchen.« Nach kurzem Schweigen fragt er: »Und Sie? Warum fliegen Sie nach Paris?« – »Ich? Mein Onkel ist Arzt, er behandelt Ihre Tante.« Wir brechen gleichzeitig in schallendes Gelächter aus.

Als wir aus Paris zurückkommen, sind unsere beiden Chefs zufrieden. Wir haben den entlassenen Häftling am selben Nachmittag interviewt (um bei der Wahrheit zu bleiben: Mein Kollege war eine Stunde schneller als ich). Und dessen Aussagen sind wirklich aufsehenerregend. Was in Prag vor sich geht, beunruhigt und fesselt die Welt. Prag, das ist in diesen Tagen der Slánsky-Prozeß. Und Slánsky stand mit Oren in Verbindung oder umgekehrt. Hinter dem Eisernen Vorhang ist alles miteinander verknüpft. Prag ist Moskau, Moskau ist Stalin, und Stalin ist wahnsinnig. Sein Haß macht ihn wahnsinnig. Israel hat die diplomatischen Beziehungen zur UdSSR und ihren Bruderstaaten abgebrochen; die israelische Linke ist verzweifelt: Der blutrünstige und unerbittliche Antisemitismus Stalins und der Stalinisten ist unbegreiflich. Oren soll ein Feind der Arbeiterklasse sein? Ausgeschlossen. Oder ein Agent des Imperialismus? Unvorstellbar. Kein Wunder also, daß sein Name in aller Munde ist. Die kleinste Nachricht über ihn macht Schlagzeilen. Man klagt ihn der Spionage und staatsfeindlicher Tätigkeiten an. Die Zeitungen liefern sich einen gnadenlosen Kampf um die kleinste Nachricht über seinen Prozeß, sein Geständnis und seine Verurteilung. Doch es ist schwierig, an Informationen heranzukommen. Prag ist eine uneinnehmbare Festung. Man kann nicht einfach hinreisen, und wem es gelingt, der kommt nicht unbedingt zurück. Der einzige, dem sich in Prag alle verschlossenen Türen öffnen, ist der große, der einzigartige, der allmächtige Joseph Givon.

Wer ist Joseph Givon? Ist er eine Art Schoschani des Journalismus, ein Abenteurer großen Stils oder ein genialer Schwindler? Fragen Sie mich bitte nicht. Wenn Sie es nicht schon wissen, werden Sie es nie erfahren. Er ist wirklich eine Persönlichkeit. Wie soll man sagen? Eine herausragende, eine sonderbare Gestalt – was sage ich: Er ist eine Ausnahmeerscheinung, unvergleichlich, einzigartig. Fragen Sie den israelischen Dichter Chajim Gouri, fragen Sie Izo Rager, den Bürgermeister von Beer Schewa, oder den ehemaligen Sprecher der israelischen Regierung, Dan Patir: Sie alle werden schwören, daß sie noch nie in ihrem Leben einen Menschen vom Schlage eines Joseph Givon getroffen haben.

Ich lerne ihn auf einem Empfang in der israelischen Botschaft kennen. Er ist noch jung oder gehört zu den Leuten, die nicht altern, er hat hellblaue Augen und den staunenden Blick eines Kindes. Gouri meint, er sehe dem unvergeßlichen Peter Lorre verblüffend ähnlich. Er zieht sein linkes Bein nach, und sein rechter Arm ist fast steif. Am Revers seines eleganten blauen Anzugs prangt das goldene Abzeichen der Palmach. Er unterhält sich angeregt mit einer Schauspielerin der Habima. Ohne es zu wollen, schnappe ich einige Gesprächsfetzen auf. Die Schauspielerin will wissen, wer ihm die Auszeichnung verliehen hat. »Jitzhak. General Jitzhak Sadeh persönlich«, murmelt er leise. »Was? Sadeh? Der ehemalige Kommandeur der Stoßtruppen?« - »Ja... Ich stand in der Palmach unter seinem Befehl, im Rang eines Obersten. Die Auszeichnung wurde mir in Gegenwart des gesamten Generalstabs verliehen.« - »Und wofür?« erkundigt sich die Schauspielerin mit glühenden Wangen. »Entschuldigen Sie, gnädige Frau, aber ich bin nicht befugt... Nehmen Sie es mir nicht übel, Sie werden sicher verstehen...« Ja, sie hat Verständnis dafür. Und ich verstehe ihn auch: Es kann sich nur um eine Aufgabe im Rahmen der Nachrichten- und Geheimdienste handeln. Auch in den Räumen der Botschaft bewegt er sich, als ginge er hier aus und ein. Er kennt den Botschafter, den Militärattaché, die Berater, die Sekretärinnen, und alle scheinen ihn zu kennen. »Wer ist dieser Mann?« frage ich neugierig einen Attaché. »Ich weiß nicht«, antwortet er, »es könnte aber auch sein, daß ich es nicht wissen darf.« Welchen Schluß man daraus zu ziehen hat? Mein Gedanke war richtig: Dieser heldenhafte Kämpfer, dieser Kriegsversehrte ist bestimmt ein Geheimagent.

In einiger Entfernung tauscht eine Gesprächsrunde die letzten Neuigkeiten über Oren aus. Ich spitze die Ohren und lausche ihnen mit jeder Faser meines Körpers, denn man kann nie wissen, ob nicht jemand versehentlich einen kleinen Scoop ausplaudert. Und wäre es auch nur ein klitzekleiner, so wäre das immer noch besser als das tägliche Einerlei. Plötzlich höre ich den Helden sagen: «... dennoch, ich habe es kommen sehen... Ich habe ihn vor seiner Festnahme gewarnt...« - »Wen?« fragt jemand. »Mordechai Oren«, antwortet er mit zermürbender Ruhe. Ich fahre auf: »Was? Sie kennen Oren?« - »Ob ich ihn kenne? Aber sicher! Wir haben in Ostberlin zusammengearbeitet und auch in Prag. Sie können sich wohl denken, daß ich Freunde dort habe, hochgestellte Freunde. Einer von ihnen legte mir nahe, Mordechai zu sagen, daß man ihn im Auge habe. Er hätte so schnell wie möglich fliehen sollen. Jede Stunde zählte. Ich flehte ihn an: Mordechai, Mordechai, denk an dich, denk an deine Familie - nimm das nächste Flugzeug nach Paris, Wien oder Bangkok. Zögere nicht, du schwebst in Gefahr. Merkst du denn nicht, wie der Boden unter deinen Füßen zu schwanken beginnt? Dieser Idiot wollte einfach nicht auf mich hören. Letztendlich war ich aber genauso dumm wie er, denn ich wurde auch verhaftet...«

Jetzt werde ich unruhig und ärgere mich, daß er all das mit lauter Stimme erzählt hat. Meine Kollegen sind auch im Saal, sie könnten sich zu uns gesellen - das fehlte mir noch! Zum erstenmal bin ich so geistesgegenwärtig, daß ich einen plötzlichen Einfall sofort in die Tat umsetze. Es ist ganz einfach: Ich flüstere Joseph Givon zu, ich hätte ihm eine vertrauliche Mitteilung zu überbringen - von der schönen Schauspielerin, die er gerade umgarnt hat. Wir ziehen uns in eine ruhige Ecke zurück. Ich stelle mich vor, ein Anflug von Lächeln erscheint auf seinem Gesicht: »Ich lese auch *Jediot*.« - »Ach«, sage ich, »da haben Sie mir etwas voraus, denn ich kenne Sie nicht.« Er stellt sich vor, dann legt er eine nachsichtige Miene auf: »Und wie lautet die vertrauliche Mitteilung?« Ich spreche leiser: »Sie werden gebeten, mir zu vertrauen.«

»Ist das alles?«

»Nein. Sie werden gebeten, mir von Ihren Erlebnissen in Prag zu erzählen.«

»Sonst noch etwas?«

»Sie werden ferner gebeten...«

»Ja?«

»...mit niemand anderem darüber zu reden.«

Er bricht in schallendes Gelächter aus, doch merkwürdig: Es kommt einem vor, als lache er beinahe lautlos. »Sie sind ein schlechter Lügner. Hat man Ihnen das nie gesagt? Gut, lassen Sie uns gehen.« Ich könnte vor Freude in die Luft springen. »Einer schönen Frau«, nimmt er den Faden wieder auf, »soll man keinen Wunsch abschlagen, schon gar nicht, wenn sie Schauspielerin ist. Ich werde Ihnen also zwei oder drei Dinge verraten...« Wir gehen in ein ruhiges Café. Auf dem Weg beschreibt er das Leben in Prag: Er kannte Rudolf Slánsky und Arthur London, gehörte zum Kreis ihrer engsten Freunde... Er wußte als erster, daß man sie verhaften, anklagen und vor Gericht stellen würde... »Da sie Juden waren, hielt ich es für richtig, Mosche zu informieren...« Welchen Mosche? »Mosche Scharett, den Außenminister«, erklärt er. »Sie kennen Mosche Scharett?« - »Wir haben einige Male zusammengearbeitet«, gesteht er ungerührt. Will er mir jetzt auch noch erzählen, daß der David Ben Gurion kennt? Natürlich kennt er ihn. »Wenn ich nach Israel reise, treffe ich mich immer zuerst mit ihm. Das habe ich ihm versprechen müssen. Und ich halte immer Wort.«

Wir sitzen vor unseren Kaffeetassen, und ich überhäufe ihn mit Fragen, die er mir im ruhigen, berufsmäßigen Tonfall eines Mannes beantwortet, der weiß, was er sagt. Wie ein Kind in einem Spielwarenladen weiß ich nicht mehr, was ich glauben soll und um was ich noch bitten darf: »Malenkow hat Sie mit einer Militärmaschine abholen lassen? Was wollte er denn mit Ihnen besprechen?« Givon war als Berater im Kreml? Gesprächspartner von Marschall Schukow? Weshalb wollte Mao Tse-tung ihn unbedingt empfangen? War er Vertrauter Slánskys? Wann hat er ihn zum letztenmal gesehen? Mir schwirrt der Kopf, alles dreht sich, doch Givon bleibt gelassen. Und vorsichtig. Vor jeder Antwort schaut er sich um, als wollte er sich vergewissern, daß uns niemand belauscht. Man kann nie wissen: Einige »Dienste« würden es sich einiges kosten lassen, die Geheimnisse in Erfahrung zu bringen, die er hier einfach so ausplaudert. Jede seiner Enthüllungen ist tausendmal soviel wert wie meine Zeitung. Und ich bekomme sie ohne Gegenleistung! Es muß einen Gott geben, der seine schützende Hand über arme und schüchterne Journalisten hält.

Alles, was er erzählt, scheint zu stimmen und belegbar zu sein. Und es ist vielleicht sogar die Wahrheit. Ich betone dies, denn anfänglich hatte ich große Zweifel, wie Sie sicher verstehen werden. Für wie dumm hält er mich eigentlich? Ich bin doch nicht von gestern! Ich weiß, wann ich es mit einem Geschichtenerzähler, einem notorischen Lügner zu tun habe. Malenkow, Ho Chi Minh, Stalin und Ben Gurion sollen diesen Mann empfangen haben, der, entschuldigen Sie mal, wie ein geschniegelter Gammler aussieht? Er muß mein Mißtrauen bemerkt haben, denn mit der Unaufdringlichkeit eines Gentlemans zieht er ungefähr dreißig Fotografien aus seiner Innentasche. Plötzlich geraten meine Zweifel ins Wanken: Hier ein Foto von Givon und Stalin. Dort eines von Givon und dem Großen Steuermann der Chinesen. Ich sehe Givon von sowjetischen Generälen und Marschällen umgeben. Aber das ist doch nicht möglich! denke ich. Ich werde ihm nicht auf den Leim gehen: Das ist doch alles pure Erfindung, Aufschneiderei. Es ist völlig unmöglich, daß er mit all den Großen der Welt über das Schicksal der Menschheit zu Rate saß, das wäre doch bekannt! Was besagen diese Fotografien schon? Gute Montagen. Erstaunlich gut. Ich betrachte sie sorgfältig und muß gestehen, ein Amateur wie ich kann sie nur für echt halten. Will mich der Mann auf den Arm nehmen? Ist er wirklich mit Rudolf Slánsky befreundet? Hat er mit seinen Anklägern und seinen Richtern gesprochen? Wenn ja, dann hoffentlich ein deutliches Wort. Hat er auch den bedauernswerten israelischen Gefangenen vor und nach seiner Verhaftung getroffen? Ja, hat er, und er kann mir sogar das Gefängnis und die Hintergründe dieser Geschichte beschreiben, von der die Welt seit Monaten spricht. Welche Quelle hat sich mir mit diesem Joseph Givon aufgetan! Ihn zu kennen ist von unschätzbarem Wert, eine Goldgrube, eine Diamantenmine. Ich muß unbedingt in Kontakt mit ihm bleiben... Soll ich ihn kaufen? Was könnte ich ihm anbieten? Geld? Ich muß sofort ein Telegramm an Dow schikken... Wird er mir glauben? Vielleicht mache ich mich lächerlich? Plötzlich steht Joseph auf. Er duzt mich: »Entschuldige, ich muß gehen. Ich habe noch eine wichtige Verabredung mit Sartre...«

»Haben Sie... Hast du Sartre gesagt? Jean-Paul Sartre, der Philosoph?« entfährt es mir.

»Ja, was glaubst du denn? Er ist ein alter Freund.«

Er versteht offenbar nicht, warum ich so verblüfft bin. Wie sollte er auch? Natürlich kann ein Mann, der bei Staatsoberhäuptern ein und aus geht, auch mit einem berühmten Schriftsteller befreundet sein. Gut, gehen wir. Wann werde ich ihn wiedersehen? »Morgen. Ich rufe dich an.« Kann ich in der Zwischenzeit seine Informationen für *Jediot Achronot* verwerten? »Bloß nicht«, ruft er, »auf keinen Fall! Du hast keine Ahnung, in welche Gefahr mich das bringen würde...« Er verspricht mir aber, ab morgen genügend Stoff für einen Sensationsbericht zu liefern. Mein psychologisches Feingefühl rät mir, besser nachzugeben und Vertrauen zu heucheln. »Abgemacht«, antworte ich, »ich gebe dir meine Telefonnummer.« Er sieht mich mit seinen unschuldigen blauen Kinderaugen an: »Nicht nötig. Wir wissen, wie wir dich erreichen können.« Wir? Hat er wirklich »wir« gesagt? Er ist schon am Gehen. »Sei morgen um 10 Uhr 35 am Telefon, okay?« – »Okay«, erwidere ich. »Vergleichen wir die Uhren«, setzt er noch hinzu. Ich antworte: »Zu Befehl!« Dann schlägt jeder eine andere Richtung ein.

In meinem Telegramm an Dow kündige ich an, daß ich vielleicht in Bälde wichtige – was sage ich, sensationelle – Enthüllungen zum Fall Oren liefern könne. Verständlich, daß Dow mich um fünf Uhr morgens weckt. »Worum geht es?« Ich lehne es ab, ihm am Telefon mehr darüber zu verraten. »Sag wenigstens ein Stichwort, nur einen kleinen Hinweis«, beharrt er. Jetzt spiele ich den Geheimniskrämer: »Ich kann nicht. Nicht am Telefon.«

Leon Leneman, der Korrespondent der israelischen Tageszeitung *Haboker*, bei dem ich seit 1951 wohne (im Gegenzug übersetze ich seine Artikel aus dem Jiddischen ins Hebräische), kann seine Neugier nicht verbergen: »Sie sind sehr früh geweckt worden... Es ist doch nichts Schlimmes passiert?« – »Nein, alles in bester Ordnung«, beruhige ich ihn. Er nimmt es mir nicht ganz ab, aber so spielt das Leben.

Um 10 Uhr 32 sitze ich vor dem Telefon. Wird es klingeln? Es klingelt! Höre ich richtig oder träume ich? Ich erkenne die schleppende Stimme wieder. Hoch lebe Joseph Givon! Gepriesen sei er! »Alles geht klar«, sagt er. Ich merke, daß ich die Luft angehalten habe: »Gott segne dich, aber...«

»Aber was? Paßt dir etwas nicht?«

»Doch, doch, ich bin vollkommen zufrieden. Aber...«

»Was?«

»Äh... was genau willst du mir eigentlich erzählen?«

»Das wirst du schon merken, wenn es soweit ist.«

»Und wann ist es soweit?«

»Heute nachmittag. Warte um 16 Uhr 48 vor dem Haus auf mich.«

Mir schwirrt der Kopf. Wenn er jetzt noch sein »Vergleichen wir die Uhren« hinzufügt, platze ich. Ich muß blaß geworden sein, denn Leneman erkundigt sich besorgt: »Schlechte Nachrichten?«

»Nein, alles in Ordnung«, erwidere ich.

Inzwischen bin ich mir dessen nicht mehr so sicher. Irgend etwas ist faul an der Sache. Ich glaube zwar nicht, daß mein neuer Freund mich belügt, aber ich befürchte, daß er mich in eine Spionageaffäre oder in irgendeine zweifelhafte Sache hineinziehen könnte. Warum spricht er nicht ganz offen mit mir? Gut, warten wir bis 16 Uhr 45 – Verzeihung: 16 Uhr 48.

Nichts ist schwerer als Warten. Ich gehe in meinem Zimmer auf und ab, rauche eine Zigarette nach der anderen. Madame Leneman bringt mir eine Tasse Kaffee, ich mag nichts trinken. Ich mag überhaupt nichts mehr, nur noch eines: die Zeit überspringen, sie beschleunigen. Ich versuche Zeitung zu lesen. Vergeblich. Ich konzipiere einen Artikel. Vergeblich. Dieser verdammte Givon sitzt mir im Nacken und bringt mich völlig aus dem Konzept.

Endlich ist es soweit - beinahe. Um 16 Uhr 40 klingelt das Telefon. »Ein Anruf für Sie«, sagt Leon Leneman. Ich bitte ihn, auszurichten, ich sei nicht zu Hause: Ich muß hinuntergehen, Givon kann jeden Augenblick eintreffen. »Der Mann sagt, es sei dringend.« Also nehme ich den Hörer. Es ist die schon vertraute Stimme. »Ich bin am Flughafen. Man hat mich nach Prag zurückbeordert. Wir müssen unser Treffen verschieben. Paßt es dir am nächsten Montag?« Enttäuscht murmle ich ein schwaches Ja. Natürlich paßt mir Montag. Bevor er einhängt, fügt er hinzu: »Kann sein, daß ich dich von Prag aus anrufe... Bleib in der Nähe des Telefons.«

Enttäuscht und niedergeschlagen ziehe ich mich in mein Zimmer zurück. Ich möchte niemanden sehen, habe keine Lust, den neuesten Nachrichten hinterherzurennen oder Telegramme abzuschikken. Am liebsten würde ich meinen Job aufgeben, der Menschheit den Rücken kehren und nach Indien gehen, um Asket zu werden...

Ich bringe die Woche so recht und schlecht hinter mich - um ehrlich zu sein, ziemlich schlecht. Samstag abend kommt ein Anruf aus Prag: »Sehen wir uns am Montag?« Unbedingt. »Übrigens, ich habe alles regeln können...« Alles regeln? Für wen? »Für dich, du Dummkopf.« Was hat er in Prag für mich geregelt? »Das verrate ich dir am Montag. Vor dem Haus, zur selben Zeit.« Die gute Frau Leneman macht sich schon Sorgen um mich: »Sie sehen nicht gut aus. Fühlen Sie sich unwohl?« Danke der Nachfrage, aber ich bin nicht krank. »Dann sind Sie verliebt?« Ich lächle ungeschickt und antworte nicht. Soll sie denken, was sie will. Wenn sie nur wüßte! Dann hätte sie Anlaß zur Sorge... und könnte getrost einen guten jüdischen Psychiater für mich suchen.

Trübsinnig warte ich auf den Montag, überzeugt, daß er auch diese Verabredung wieder verschieben wird. Doch ich täusche mich. Pünktlich um 16 Uhr 48 hält ein Taxi vor dem Haus Nr. 8 in der Avenue de la République. Es ist Joseph Givon höchstpersönlich. Er bittet mich einzusteigen. Mit dem Finger auf den Lippen bedeutet er mir: Schweigen ist Gold. Wir fahren bis Châtelet. Er spielt den Grandseigneur und läßt mich zahlen. Dann zeigt er auf die Terrasse eines Cafés. Leise frage ich: »Meinst du, hier geht es?« Er sieht sich um und entscheidet: »Hier geht es.«

»Wie war es in Prag?«

»Wie immer. Ich habe alles Notwendige erledigt. Ich habe auch Mordechai gesehen und ihm ein Paket übergeben...«

Das Blut pocht in meinen Schläfen: »Du hast Oren gesehen? Warst im Gefängnis?« – »Ja.« – »Kann ich das schreiben?« – »Nein.« – »Und warum nicht?« – »Weil ich dir etwas Besseres vorzuschlagen habe.« Ich will nichts Besseres, dieser Scoop reicht mir vollkommen. Ich sehe schon die Schlagzeile auf der ersten Seite: »Die Botschaft von Oren exklusiv in *Jediot Achronot*...« Meine Kollegen werden grün vor Neid und rot vor Scham sein. »Nein«, versetzt Joseph mit einem Anflug von Ärger. »Jetzt reicht es aber: Du willst alles wissen, aber du läßt mich nicht mal ausreden.« Sein Gesicht verdüstert sich. Ich muß ihn unbedingt wieder aufheitern: »Komm, Joseph. Entschuldige, daß ich dich unterbrochen habe. Erzähl weiter, ich bitte dich darum. Wie geht es Oren? Wie sind seine Haftbedingungen? Ist er niedergeschlagen oder zuversichtlich? Befindet er sich in Einzelhaft? Was ißt er? Was liest er?« Givon tut, als hörte er mir nicht zu, und beendet den Strom meiner Fragen mit einer Bewegung seines gesunden Arms: »Hättest du Interesse an einem Gespräch mit Oren?« Mir verschlägt es die Sprache, ich bekomme keine Luft mehr. Wenn er nicht verrückt ist, dann bin ich auf dem besten Weg, es zu werden. »Willst du dich über mich lustig machen? Wie soll ich ihn treffen?«

»Ich habe mit den zuständigen Behörden in Prag gesprochen«, erwidert Givon ruhig. »Zuerst war man dagegen. Doch ich konnte die entscheidenden Leute überreden... Weißt du, die Sekretärin des Oberstaatsanwalts hat mich ins Herz geschlossen. Ich glaube, sie schwärmt für mich...« Wenn er so weitermacht, werde ich gleich ein Stoßgebet an Gott richten, damit er mich von diesem Alptraum erlöst. Und es geht tatsächlich so weiter: »Nächste Woche kommst du mit.« Ich muß mich festhalten, um nicht loszubrüllen: »Und wie soll ich nach Prag kommen?«

»Mit dem Flugzeug«, erwidert er in aller Seelenruhe, wie es typisch für ihn ist. »Ich schenke dir ein Flugticket.« – »Und was ist mit dem Visum?« – »Darum kümmere ich mich schon.« Wie soll ich mich ausweisen? Als Staatenloser kann ich nicht fahren, wohin ich will, und schon gar nicht hinter den Eisernen Vorhang. Wenn man mich festnimmt, gibt es keine Regierung, die mir wieder heraushilft. »Mach dir darüber keine Gedanken, ich nehme das in die Hand. Sag mal: Willst du lieber einen Schweizer oder einen belgischen Paß?« Was für ein übler Scherz, denke ich. Er besitzt die Frechheit, mir einen gefälschten Paß anzubieten! »Aber nein. Du wirst einen echten Paß bekommen, mit deinem Foto, deinem Namen und deiner Unterschrift.« Anders ausgedrückt, er will mir einen echten falschen beziehungsweise einen falschen echten Paß besorgen. Das ist auf jeden Fall gesetzeswidrig! »Nein, ist es nicht. Es kommt zwar selten vor, aber es kommt vor, daß wir die Dinge auf diese Weise regeln, mit dem Segen von oben und völlig legal.« Jetzt hat er wieder »wir« gesagt - wer ist »wir«? »Ich muß mir das überlegen«, erwidere ich. Er ist gekränkt. Ich vertraue ihm wohl nicht? Ich versuche ihn zu beschwichtigen: Selbstverständlich habe ich vollstes Vertrauen zu ihm, doch er muß auch meine Lage verstehen. Ich kann nichts entscheiden, ohne zuvor nicht meine Zeitung davon in Kenntnis gesetzt zu haben. Er zeigt sich großmütig und verständnisvoll: »Ich gebe dir fünf Tage Zeit. Wenn du mitkommst, wirst du den Scoop des Jahres landen, ach was, den Scoop des Jahrzehnts! Du wirst der erste und einzige westliche Journalist sein, dem sich die Türen des Pankrak-Gefängnisses geöffnet haben, noch dazu für ein Interview mit Mordechai Oren.«

Wen kann ich um Rat bitten? Dow ist zu weit entfernt, es wäre unvorsichtig, am Telefon darüber zu sprechen. Wen gibt es noch? Oberst Jehoschafat Harkabi fällt mir ein, der Leiter des militärischen Nachrichtendienstes (später gehörte er zu den »Friedenstauben« in Israel). Er hält sich nämlich gerade in Paris auf. Warum sollte ich mich nicht mit ihm beraten? Er muß schließlich wissen, was gespielt wird, denn Givon arbeitet für ihn oder für einen befreundeten Dienst... Ein Bekannter bei der Botschaft leitet eine Unterredung mit dem Oberst in die Wege. Aufmerksam hört er meinen Bericht an, dann gesteht er: »Der Name Givon sagt mir etwas, aber ich kann ihn im Moment nirgends einordnen. Ich werde mich um die Sache kümmern. Rufen Sie mich übermorgen an.« Zwei Tage später telefoniere ich mit ihm. Seine Antwort ist knapp: »Meiner Meinung nach sollten Sie ablehnen.« Ist das alles? »Ja, mehr kann ich Ihnen nicht sagen.« Warum soll ich ablehnen? Wer ist Joseph Givon? Woher hat er seine Macht? Ist er vielleicht ein Doppelagent? Aber seine Freundschaft zu Jitzhak Sadeh, Scharett und Ben Gurion kann er doch unmöglich erfunden haben! Und was bedeuten die Fotos? Was hat es mit seinen Pragreisen auf sich? Der Oberst sieht sich außerstande, meine Neugier zu befriedigen. Der Nebel um Givon wird immer dichter. Ist es möglich, daß Givon als israelischer Geheimagent so verdeckt arbeitet, daß nicht einmal der Leiter des militärischen Nachrichtendienstes wissen darf, wer er ist, oder zumindest nichts darüber sagen darf? Und wenn er nicht für Israel arbeitet, für wen, für welches Land oder für welche geheime Organisation arbeitet er dann? In wessen Namen gibt er seine ungewöhnlichen Versprechen? Ist er in illegale, strafbare Handlungen verwickelt? Das würde erklären, warum man mir davon abrät, ihn zu begleiten.

»Und, kommst du mit?« fragt Givon, als ich ihn in einem Café auf den Champs-Elysées wiedertreffe. Ich finde tausend Ausflüchte: Ein Staatenloser darf sich keiner Gefahr aussetzen, muß vorsichtig, außerordentlich vorsichtig sein. Wenn man mich mit einem gefälschten Paß erwischt, riskiere ich eine Haftstrafe oder die Ausweisung... »Du hast Angst, nicht wahr?« Ich gebe zu, ich habe Angst. Ja, ich bin ein Feigling. Ich möchte meine Freiheit und meine Zukunft nicht für einen Scoop aufs Spiel setzen, und wäre er auch noch so sensationell. Givon wirkt enttäuscht. Ich bin es auch. Schade.

Er fliegt allein, zumindest ohne mich. Mehrmals ruft er mich aus Prag an, im allgemeinen aber nur, um mir offen oder verschlüsselt anzukündigen, daß er mich später wieder anrufen will. Die verpaßte Gelegenheit hat jedoch einen bitteren Nachgeschmack bei mir hinterlassen. Ich bin verunsichert. Dow gibt sich alle Mühe, mich zu trösten: »So etwas kommt vor.« Und trotzdem fühle ich mich wie ein Idiot, kleinmütig und überängstlich.

Ich bin Givon noch öfter begegnet, habe andere Abenteuer, phantastische und unglaubliche Geschichten mit ihm erlebt. Im Augenblick aber ziehe ich einen Strich unter das Kapitel Oren. Das Tagesgeschehen nimmt mich wieder ganz in Anspruch: Ich reise quer durch Europa, um über die Wiedergutmachungsverhandlungen zwischen Deutschland und Israel zu berichten. Ein Aufenthalt in Israel schließt sich an, und danach steht Brasilien auf dem Programm.

Warum Brasilien? Dow hat dabei etwas Bestimmtes im Auge.

Anscheinend ist die katholische Kirche dabei, ihre missionarische Tätigkeit in Israel auszudehnen und sich auf eine sehr verdächtige Weise der soeben erst aus Osteuropa eingetroffenen Flüchtlinge anzunehmen. Diesen gänzlich mittellosen und oft enttäuschten Neuankömmlingen bieten die Gesandten Roms ein Visum für Brasilien, die Übernahme der Reisekosten und zweihundert Dollar, wenn sie zum Katholizismus übertreten. »Sieh dir das doch einmal aus der Nähe an«, schlägt Dow mir vor.

Was ich natürlich gern tue. Für eine gute Reportage würde ein guter Reporter zu den Sternen reisen. Nic, der sich gerade durch die südamerikanische Literatur frißt, möchte mich begleiten. Doch wer übernimmt die Reisekosten? Ein gewiefter israelischer Freund hilft uns aus. Ich habe keine Ahnung, wie er es zuwege bringt, das Geld aufzutreiben. Das wichtigste ist, Nic und ich haben unsere Schiffskarten in der Tasche.

Doch bevor ich an Bord gehe, muß ich noch einmal zurück und einen Faden wiederaufnehmen, den ich lange habe liegenlassen.

Sie erinnern sich: Genau zu dieser Zeit war Hanna, die schöne, boshafte Chorsängerin, wieder in mein Leben getreten. Ich hatte sie mitten in der Nacht vor ihrer Haustür in der Nähe von Sacré-Cœur verlassen. Kehren wir also zu ihr zurück.

»Und? Ich habe dich gefragt, ob du mich heiraten willst«, sagt Hanna bescheiden und unterwürfig, was so gar nicht zu ihr paßt. Wir sitzen noch immer in dem Café in der Nähe von Radio-France, und ich versuche, mir unsere gemeinsame Zukunft vorzustellen: Ehe, gemeinsame Unternehmungen, Verpflichtungen. Morgens gehen wir gemeinsam aus dem Haus, sie zu ihrer Arbeit als Krankengymnastin, ich zu meiner. Abends sind wir zum Essen bei Freunden. Als fromme Juden feiern wir Freitagabend den Sabbat. Kerzen werden auf dem Tisch stehen, und beim Essen werden wir Lieder singen. Ich versuche, mir unser Heim vorzustellen. Wird es dem gleichen, an das ich mich erinnere? Wo werden wir leben? In Israel? In Frankreich? Oder ganz woanders? Und ich stelle mir unsere Kinder vor. Am liebsten würde ich mir jetzt auf der Stelle unser ganzes gemeinsames Leben ausmalen. Hanna mit dreißig, Hanna mit fünfzig. Werde ich sie noch lieben? Habe ich sie jemals geliebt, ich meine, richtig geliebt? Oder haben mich vielleicht nur ihr Stolz, ihre Unnahbarkeit angezogen? »Hör zu, Hanna«, sage ich schließlich: »Die Antwort ist: Ja. Ich bin bereit, dich zu heiraten. Aber wirst du es auch keinen Tag bereuen?« Stehen ihr die Tränen in den Augen? »Ich werde es nicht bereuen.« Ich bin mir da nicht so sicher, aber wie kann ich ihr das beibringen? Um nichts auf der Welt möchte ich sie demütigen oder auch nur enttäuschen. Ich bin in einer Zwickmühle, und da ich keinen vernünftigen Ausweg sehe, schlage ich ihr vor, die Entscheidung auf später zu vertagen. »Und warum?« fragt sie.

»Um dir und mir die Möglichkeit zu geben, darüber nachzudenken.«

»Ich habe lange genug darüber nachgedacht«, erwidert sie.

Sie schluckt, lächelt melancholisch und sieht so wunderschön aus wie früher. Ich spüre, gleich werde ich nachgeben. Da richtet sie noch eine Frage an mich: »Du willst die Entscheidung auf später verschieben... Wann wird das sein?«

Ich erinnere sie daran, daß ich auf dem Weg nach Brasilien bin: »In zwei Tagen gehe ich an Bord. Ich werde sechs Wochen unterwegs sein. Nach meiner Rückkehr stellst du mir dieselbe Frage noch einmal. Wenn ich sie wieder mit Ja beantworte, wird es ein bedingungsloses Ja sein. Aber du mußt mir die Frage noch einmal stellen. Einverstanden?«

Sie willigt ein.

Ich begleite sie nach Hause. Die unendliche Süße des Frühlings liegt über der Nacht und senkt sich auf mich herab. Ein merkwürdiger, mit innerer Unruhe vermischter Friede ist in mir. Wir gehen Hand in Hand wie ein Liebespaar, sind verlegen, verwirrt, still. Wie sollen wir uns verhalten, was können wir tun? Keiner von uns weiß es. Ich fühle mich ihr nahe, und nicht nur körperlich, ich liebe den Druck ihrer Hand, ich liebe ihr Profil, ich liebe ihre Augen, doch... Was wird morgen sein? Es ist spät. Die Straßen sind menschenleer, die Fenster geschlossen, aus den Häusern dringt kein Laut. Gibt es ein Paar in Paris, das uns gleicht? Das fragen sich bestimmt alle Verliebten in dieser Stadt, die wie für sie geschaffen ist. Doch wir sind nicht wie sie. Vielleicht denken alle dasselbe? Aber es gibt etwas, das uns unterscheidet. Gilt das denn nicht für jedes Liebespaar? Wir wollen die anderen Verliebten vergessen, wollen nur an uns denken, an uns allein... Zum zweitenmal innerhalb von achtundvierzig Stunden stehen wir vor der Tür von Hannas Wohnhaus. Und auch hier wissen wir nicht, was tun. Soll ich mit ihr nach oben gehen? Soll ich meine Arme um sie schlingen? Sie an meine Brust drücken? Soll ich es wagen, ihren Körper zu spüren? Wie gern würde ich das tun! Wie in meinen Träumen in Versailles? Nein, mehr, anders. In gewisser Weise sind wir fast verlobt. Was tun Verlobte, wenn sie sich verabschieden? »Wollen wir uns küssen?« fragt Hanna. Wir küssen uns. Nicht auf die Wange, auf den Mund. Ganz schüchtern, unsere Lippen berühren sich kaum. Es ist das erste Mal. Wie habe ich diesen Moment herbeigesehnt! Wie viele schlaflose Nächte habe ich sie so in meinen Armen gesehen! Es gibt keinen Zweifel: Ich habe sie immer geliebt.

Am nächsten Morgen ruft Hanna mich an. Und am übernächsten. Sie schreibt sich meine Reiseroute und die Zwischenstationen auf, an die sie ihre Briefe senden kann.

Ihr erster Brief erreicht mich in Marseille, wo ich mich auf der *Provence* einschiffe. Ist es ein Liebesbrief? Sie schreibt zurückhaltend, bedächtig, spricht vor allem von der Vergangenheit, von Versailles, dem Chor und den gemeinsamen Abenden. »Wie konntest du die ganze Zeit über so blind sein?« fragt sie zuletzt. »Laß uns versuchen, glücklich zu sein, um all die verlorenen Jahre wiedergutzumachen«, lautet ihre Hoffnung für die Zukunft. Warum sollte ich einen Hehl daraus machen – ich bin bewegt, glücklich und ängstlich. Bei Tag sieht alles ganz anders aus. Ich weiß wirklich nicht, ob ich jetzt schon heiraten will. Wie soll ich denn eine Familie ernähren?

Während der gesamten Überfahrt sitzt mir diese Frage im Nakken, beschleicht mich die Angst, den größten Fehler meines Lebens zu begehen: Soll ein Mann eine schöne, kluge, leidenschaftliche und stolze Frau heiraten, die obendrein noch ausgezeichnet singt, nur weil er sie einmal geliebt hat? Soll er sie heiraten, nur weil sie es ihm nun vorschlägt und weil er ihr nicht weh tun will? Die Redensart vom »aufgewärmten Kohl« spukt durch meinen Kopf. Kaum habe ich den Gedanken verjagt, taucht er schon wieder auf.

Ich bleibe während der ganzen Überfahrt in meiner Kabine und schreibe auf jiddisch an meiner Erzählung über die Zeit im Konzentrationslager. Ich hatte mit dem Bericht schon vor einigen Monaten auf hebräisch begonnen und ihn, ich weiß nicht mehr, aus welchem Grund, Yaffah zu lesen gegeben, einer Kollegin, die für eine israelische Kinozeitschrift arbeitet. (Einige Jahre später erkrankte sie in den Vereinigten Staaten an Verfolgungswahn und flüchtete vor ihren »Verfolgern« in den Tod.) Ich schreibe fieberhaft und atemlos, schnell und ohne das Geschriebene zu überarbeiten. Ich schreibe, um etwas zu bezeugen, damit die Toten weiterleben und um mein Überleben zu rechtfertigen. Ich schreibe, um mit den Verschollenen zu sprechen. Solange ich mich an sie wende, bleiben sie in meiner Erinnerung lebendig. Mein Schweigegelübde geht bald zu Ende:

Nächstes Jahr ist der zehnte Jahrestag meiner Befreiung. Ich muß endlich sprechen, die Tore meiner Erinnerung öffnen, das Schweigen brechen und es gleichzeitig bewahren: Wird es mir gelingen? Die Seiten stapeln sich auf meinem Bett. Ich schlafe kaum, das Leben auf dem Schiff läuft an mir vorbei; ich tippe tagaus, tagein auf meiner kleinen Reiseschreibmaschine. Ich mache mir keine Sorgen, meine Mitreisenden zu stören, aber ich befürchte, daß wir zu früh in São Paulo ankommen.

Dann laufen wir in den Hafen ein. Nicolas nutzt den Vorteil seiner israelischen Staatsbürgerschaft und steht im Nu am Kai. Einem Staatenlosen wie mir begegnet man jedoch mit Mißtrauen. Ich warte in einer Schlange, um die Einreiseformalitäten zu erledigen. Plötzlich glaube ich erregte hebräische Stimmen zu hören. Ich nähere mich einer Gruppe von Passagieren und erfahre zu meiner großen Überraschung, daß in der dritten oder vierten Klasse dreißig bis vierzig israelische Auswanderer an Bord waren. Ich ärgere mich: Jetzt habe ich Dummkopf doch meine Zeit damit verloren, Erinnerungen festzuhalten, die ohne weiteres noch eine oder mehrere Wochen hätten warten können, während diejenigen, über die ich eigentlich schreiben sollte, in unmittelbarer Nähe waren. Sie sind bestürzt, verbittert, verzweifelt: Man hat ihnen verboten, an Land zu gehen. »Aber ihre Visa sind doch vollkommen in Ordnung!« setzt sich ein einheimischer Priester für sie ein. »Tut uns leid«, antworten die Beamten, »aber ihre Einreisegenehmigung ist aufgehoben worden. Wir haben unsere Anweisungen.« Während der Priester davoneilt, um Hilfe zu holen, bleibe ich bei den von Abschiebung bedrohten Auswanderern. In Kürze wird das Schiff wieder die Anker lichten. »Was wird mit diesen armen Menschen geschehen?« frage ich einen Offizier der *Provence*. »Wenn sie keine Erlaubnis erhalten, an Land zu gehen, werden sie wohl an Bord bleiben.« Ich bleibe beharrlich: »Wie lange?« Der Offizier runzelt die Stirn: »So lange, bis sie irgendwo ein Visum erhalten.« Mein journalistischer Spürsinn erwacht: Ich werde mit ihnen an Bord bleiben, das wird ein Scoop.

Wir fahren von Hafen zu Hafen, doch niemand will uns haben. Überall werden wir wie Aussätzige behandelt, gedemütigt, abgewiesen und weggeschickt. Da ich keine Kabine mehr habe, reise ich mit den Auswanderern im Frachtraum. Eine Stunde dürfen wir täglich an Deck, um frische Luft zu schnappen. Wie ich die Passagiere beneide, die einen Paß besitzen! Was würde ich nicht dafür geben, die peruanische oder die salvadorianische Staatsbürgerschaft zu erhalten! Wieder einmal stelle ich fest: Ein Staatenloser ist für alle Regierungen und ihre Beamten nicht nur ein Ausländer, sondern ein Untermensch.

Im Frachtraum weinen Kinder, und die Erwachsenen machen ihrer Wut Luft. Manch einer bereut es bitterlich, daß er sich von den Missionaren beschwatzen ließ; andere empfinden vielleicht dieselbe Bitterkeit, wollen es sich jedoch nicht anmerken lassen. Ich suche nach Erklärungen: »Was hat euch nur bewogen, für ein bißchen Geld, ein Visum und eine Schiffskarte nicht nur das Land, sondern auch das Volk Israel zu verlassen? Ist es euch denn so schlecht ergangen? Wie konntet ihr, Juden mit einer solchen Vergangenheit, zum anderen Glauben übertreten? Eure Vorfahren haben lieber den Tod durch das Schwert oder auf dem Scheiterhaufen gewählt, als ihren Glauben aufzugeben, den Glauben unseres Volkes. Und ihr habt euch für eine Reise nach Brasilien bekehren lassen?« – »Jetzt aber Schluß!« protestieren sie. »Wir sind keine Verräter! Wir haben unseren Glauben nicht verleugnet! Der Gott Israels ist noch immer unser Gott«, halten sie mir entgegen. Aber haben sie sich nicht verpflichtet, Katholiken zu werden? »Verpflichtet? Wer spricht von Verpflichtung? Wir haben es versprochen, schön und gut, aber was folgt daraus? Darf man nichts mehr versprechen?« Da erinnert sich Chajimke, der Schneider, daß sich heute der Todestag seiner Mutter jährt. Ein Minjan tritt zusammen, damit er das Kaddisch für sie sprechen kann. Boruch, von Beruf Schuhmacher, meint, sich rechtfertigen zu müssen: »Ich war zwei Jahre im Ghetto und vierzehn Monate als Partisan im Untergrund: Ich habe nicht mehr die Kraft, in Israel zu bleiben. Das Leben dort ist zu hart.« Er bleibt mit seiner Meinung nicht allein. Sie alle haben »zuviel erlebt…, zuviel erlitten…, können nicht mehr… Verurteilen Sie uns nicht… Wir haben unser Volk nicht verraten… Wir sind gute Juden…«

Als das Schiff in Montevideo anlegt, nehme ich mit einem jüdischen Journalisten Verbindung auf und erzähle ihm von der tragischen Irrfahrt meiner Gefährten. Er verspricht mir, die jüdische Gemeinde zu benachrichtigen. In Buenos Aires besuchen mich meine Cousine Woiksi und ihr Mann Moische-Hersch Genuth auf dem Schiff. Ich gebe ihnen meine Artikel für *Jediot Achronot* mit. Später erfuhr ich, daß sie auch in der jüdisch-amerikanischen Presse nachgedruckt oder zitiert wurden.

Judith Moretzka, eine mit Leneman befreundete jiddische Sängerin, kommt in Begleitung des jüdischen Verlegers Mark Turkov an Bord. Da ich für die Flüchtlinge inzwischen zu einer Art Sprecher geworden bin, beschreibe ich unserem hohen Besuch ihr Schicksal: Irgendwo müssen sie an Land gehen dürfen, ganz gleich in welchem Hafen; schließlich können sie nicht bis ans Ende ihrer Tage auf diese Weise umherirren... Bei dieser Gelegenheit entdeckt Turkov mein Manuskript, das ich immer bei mir habe. »Was ist das? Darf ich mal einen Blick reinwerfen?« fragt er. Ich zeige es ihm mit dem Hinweis, es sei unvollendet. »Das macht nichts, vertrauen Sie es mir ruhig an.« – »Aber es ist mein einziges Exemplar!« – »Machen Sie sich keine Sorgen, bei Mark ist Ihr Manuskript in besten Händen«, beruhigt mich Judith. Ich zögere noch, bis mir der Verleger jiddischer Literatur verspricht: »Ich werde es lesen, und wenn es gut ist, werde ich es veröffentlichen.« Mehr als seinen Worten vertraue ich Judith Moretzka; sie wird mir das Manuskript bestimmt nach Paris zurückschicken – mit einem Wort des Bedauerns von Turkov. Denn ich bin überzeugt davon, daß es nicht gedruckt wird. Warum auch? Kein Verleger dieser Welt, selbst wenn er Jude oder Chilene ist, wird sich für die traurigen Erinnerungen eines Unbekannten begeistern, den er unter lauter Flüchtlingen, die keiner will, auf einem Schiff kennengelernt hat. »Denken Sie nicht zuviel darüber nach«, rät mir Judith beim Abschied. Doch ohne mein Manuskript fühle ich mich gleich doppelt zurückgesetzt.

Die jüdischen Gemeinden in Südamerika zeigen, was sie zu leisten vermögen: Bei der Rückkehr nach São Paulo können die Auswanderer voller Freude als Einwanderer von Bord gehen. Als der Priester, der sie in Empfang nimmt, erfährt, daß sie von einer jüdischen Wohlfahrtsorganisation betreut werden, kann er seine Wut darüber nur schwer verbergen. Boruch umarmt mich und lädt mich in sein künftiges Zuhause ein: Er will mir später ein Paar Schuhe schenken. Chajimke schließt mich in die Arme und verspricht, bis zu unserem nächsten Wiedersehen einen guten Anzug für mich zu schneidern. Ein dritter erzählt mir von seiner Kusine, die einen Bräutigam sucht. Wäre das nichts für mich? Alle sind glücklich, und ich bin es mit ihnen.

Und Hanna? Ihre Briefe, die ich bei American Express abhole, verraten ihre wachsende Unruhe. Aufgrund meiner abenteuerlichen Irrfahrt habe ich ihr lange nicht geschrieben. Sie versteht nicht, warum ich nichts von mir hören lasse, und fragt sich, ob ich meine Ansicht geändert habe. Die sechs Wochen sind schon fast um, aber meine Rückkehr verzögert sich. Ich schreibe ihr, warum ich länger als vorgesehen wegbleiben werde, doch mein Brief wird mit der in Brasilien üblichen Verspätung befördert, die man nur begreift, wenn man einmal dort gewesen ist. In diesem Land ist die Langsamkeit eine Lebensform, hier läßt sich selbst die Zeit noch Zeit. Schon bin ich zwei Monate unterwegs. Dow mahnt mich zur Eile, damit ich die Amtseinführung von Pierre Mendès-France nicht verpasse. Also fliege ich nach Paris zurück. Voller Ungeduld auf mein Wiedersehen mit Hanna lege ich mir Erklärungen zurecht: die außergewöhnlichen Umstände, die bedauernswerten Auswanderer, die Irrfahrt auf dem Schiff – sie wird es schon verstehen, wird mir verzeihen. Denn sie hat mir gefehlt. Ich werde sie lieben. Sogar in Gedanken bin ich ihr treu geblieben.

Sie wird mir glauben. Ich eile in Lenemans Büro: »Hat jemand etwas für mich hinterlassen?« Er gibt mir einen Zettel, auf dem alle notiert sind, die mir eine Nachricht zukommen lassen wollten. Aber keine Nachricht von Hanna. Ich darf also hoffen. Alles wird gut werden. Sie wartet bestimmt auf mich. »Hier ist Ihre Post«, sagt Leneman. Der erste Brief, den ich öffne, ist von ihr: »Du hast mir nicht geschrieben und bist auch nicht zum verabredeten Zeitpunkt zurückgekommen. Ich habe begriffen, was das bedeutet. Ich bin dir nicht böse.« Ich haste zu ihr. »Ach, Monsieur, es tut mir leid«, bedauert die Concierge, »aber sie hat Paris verlassen.« – »Und wohin ist sie gegangen?« – »Ich glaube, nach Palästina.« – »Wann?« – »Vor zehn Tagen.«

Fünfzehn Jahre später treffe ich sie in Jerusalem wieder. Sie ist noch immer schön und stolz, vielleicht ein wenig traurig. »Darf ich dich ein Stück begleiten?« Sie gestattet es. Wir sprechen über dieses und jenes. Sie ist verheiratet, hat Kinder. Soll ich ihr die Wahrheit sagen? Soll ich ihr sagen, daß mein Schweigen und meine Verspätung unbeabsichtigt waren, daß ich vorhatte, sie zu heiraten? Ich behalte es lieber für mich. Aus einem einfachen Grund: Entweder ist sie glücklich; dann sollte man keine alte Wunde aufreißen. Oder aber sie ist unglücklich; in diesem Fall ist es besser, ihren Schmerz nicht wieder aufleben zu lassen. Ob so oder so, würden die Talmudanhänger unter meinen Freunden sagen, das Ergebnis wäre dasselbe. Deshalb entscheide ich mich, der bewundernswerten und scharfzüngigen Chorsängerin, die ich so wenig kannte, mein Schweigen zu schenken.

Ich habe sie nie mehr wiedergesehen.

Kehren wir noch einmal zu meiner Brasilienreise zurück, die mit einer lustigen Geschichte endete. Der Zufall wollte es, daß ich im Flugzeug nach Paris neben Assis Chateaubriant saß, der normalerweise nicht zu sprechen war.

In Brasilien haben meine Kollegen mir vom ersten Tag an von ihm erzählt: »Wenn du eine Reportage über unser Land schreiben willst, mußt du ihn unbedingt kennenlernen.« Warum gerade ihn? Sein Name sagt mir nichts, aber ich werde schnell aufgeklärt: »Er ist ein eigenwilliger, einflußreicher Mann. Er besitzt mehrere Zeitungen, Radiosender, Galerien und ist eng befreundet mit Ministern und ihren Beratern, er steht mit allen, die in unserer Gesellschaft etwas zu sagen haben, auf gutem Fuß...« Dann muß ich ihn natürlich kennenlernen. Doch leider legt er keinen Wert darauf, mich kennenzulernen. Ich telefoniere mit allen möglichen Sekretärinnen, doch es gelingt mir nicht, seine persönliche Sekretärin an den Apparat zu bekommen. Ich versuche es über Diplomaten und Rabbiner - vergebliche Mühe. Der große Chateaubriant ist zu beschäftigt. Wenn er nicht auf Reisen ist, befindet er sich in einer Sitzung. Wenn er gerade keine Rede hält, schreibt er einen Leitartikel. Und wenn er nichts macht, beschäftigt ihn dies am meisten. Kurz, er ist nie zu erreichen. Und wenn er ausnahmsweise einmal in sein Büro kommt, darf er nicht gestört werden.

Doch manchmal ist der liebe Gott ein rechter Schelm. Am Flughafen beobachte ich einen kleinen Mann inmitten einer geschäftigen Menge: Diensteifrige Mitarbeiter und Sekretärinnen umringen und umschwänzeln ihn bis zum Abflug, doch er verzieht keine Miene zu dem Wirbel. An Bord begrüßt ihn der Flugkapitän, und die Stewardessen überbieten sich an Liebenswürdigkeit ihm gegenüber. Neugierig geworden, frage ich eine von ihnen diskret, wer denn mein Nachbar sei, ein Minister vielleicht oder ein Filmproduzent? »Ach, Sie kennen ihn nicht? Das ist Herr Chateaubriant...« Einen Augenblick lang bin ich verdutzt. Jetzt werde ich endlich zu meinem Interview kommen! Doch dann habe ich eine bessere Idee: Ich werde ihn dafür bezahlen lassen, daß er mich so viel Zeit gekostet hat.

Da ich weiß, daß er Französisch spricht, ziehe ich ein Buch hervor und blättere darin. »Sie sind Franzose?« bemerkt mein Nachbar, der offenbar zu einem Gespräch aufgelegt ist.

»Nein«, antworte ich knapp.

»Dann sind Sie Algerier?«

Abweisend erwidere ich: »Nein.«

»Grieche?«

»Auch nicht.«

»Aber Sie lesen ein Buch auf französisch?«

»In der Tat.«

Da ich so wenig Neigung zum Gespräch zeige, schweigt er. Eine Stunde vergeht. Ich ziehe eine israelische Zeitung heraus und versehe sie mit Randbemerkungen.

»Was ist das für eine Zeitung?« fragt er.

»Eine hebräische.«

»Dann sind Sie Israeli?«

»Nein«, erwidere ich, ohne ihn eines Blickes zu würdigen.

Eine weitere Stunde vergeht, dann versucht er es wieder: »Was hat Sie nach Brasilien geführt? Geschäfte?«

»Nein.«

»Sie sind als Tourist hier gewesen?«

»Nein.«

»Dann sind Sie vielleicht im Auftrag Ihrer Regierung unterwegs?«

»Auch das nicht«, antworte ich. Und nach einer Weile des Schweigens füge ich hinzu: »Ich bin Journalist.«

Vor Freude springt er auf: »Wirklich? Dann sind wir Kollegen. Ich bin auch Journalist.«

Ich mache erstaunte Augen: »Ach? Sie sind Journalist? In Brasilien? Wie heißen Sie?«

Er taut auf: »Sie haben sicher schon von mir gehört. Ich heiße Assis Chateaubriant...« Ich tue so, als kramte ich in meinem Gedächtnis: »Chateaubriant, sagen Sie? Wie der Schriftsteller?«

»Ja, genau. Aber mit t, nicht mit d. Und auch nicht René. Assis ist mein Vorname.«

Ich betrachte ihn eingehend: »Tut mir leid, aber ich habe noch nie von Ihnen gehört. Es ist sicher mein Fehler, aber ich weiß wirklich nicht, wer Sie sind.«

Die Verblüffung steht ihm ins Gesicht geschrieben: »Das ist unmöglich. Das kann ich kaum glauben.«

Doch ich bleibe stur: »Tut mir leid, wenn ich Sie enttäuschen muß; ich will Sie auf keinen Fall verletzen... Doch ich habe eine Menge wichtiger Leute in Rio und São Paulo getroffen. Senatoren, Unternehmer und hohe Beamte. Ich habe die Redaktionen der großen Zeitungen besucht...«

Er platzt beinahe: »Und Sie haben nie meinen Namen gehört? Niemand hat mich erwähnt?«

Ich hole zum letzten Schlag aus: »Nein, niemand.«

Er schließt die Augen, öffnet sie, murmelt etwas mir Unverständliches auf portugiesisch. Seine Welt bricht zusammen. Oder wenigstens einige seiner Gewißheiten. Wir verbringen mehrere Stunden schweigsam nebeneinander, er scheint über seine Enttäuschung nachzugrübeln. Ich versuche zu schlafen; er macht kein Auge zu. Ich höre, wie er sich mit der Stewardeß unterhält. Er zeigt mit dem Finger auf mich. Sie versucht, ihn zu trösten, bietet ihm zu trinken und zu essen an. Er lehnt alles ab.

Vor der Zwischenlandung in Madrid erbarme ich mich seiner und gestehe ihm die Wahrheit. Er ist sofort wie verwandelt. Dann ist er in seiner Heimat also doch kein Unbekannter. Die Leute sprechen von ihm. Dann hat er also nicht umsonst geschuftet. »Haben Sie vielen Dank«, ruft er und drückt mir die Hand, »vielen Dank dafür, daß Sie mich an der Nase herumgeführt haben. Danke für die Lektion. Ich werde sie nicht vergessen. Künftig werde ich jeden ausländischen Journalisten empfangen, der mich sehen will.« Zwischen Madrid und Paris bietet er mir an, für eine seiner Zeitungen zu arbeiten. Ich verspreche ihm, darüber nachzudenken.

Vielleicht hätte ich sein Angebot annehmen sollen. Wenn ich Hanna geheiratet hätte, wie ich es damals vorhatte, hätte mein mageres Gehalt von *Jediot Achronot* nicht einmal für das Hochzeitsessen gereicht.

1954 wird Paris wieder zu einem Knotenpunkt der internationalen Presse. Pierre Mendès-France gewinnt das Herz der Menschen – und folglich auch der Zeitungsredakteure. Er ist ein charismatischer, sehr beliebter Politiker mit viel Schwung und Phantasie, der überall auf der Welt von sich reden macht. Und soviel ich weiß, gehört dazu auch Israel.

PARIS

Pierre Mendès-France – sein Name läßt aufhorchen, um seine Person ranken sich viele Legenden, sein Ruf eilt ihm voraus und stößt auf ebensoviel Ablehnung wie Begeisterung. Vielen erscheint er als zu intellektuell, um dem Amt des Ministerpräsidenten gewachsen zu sein. Oder ist er zu anständig? Eine außerordentliche, geradezu besessene Aufrichtigkeit und die Entschlossenheit, seinen ethischen und politischen Verpflichtungen gerecht zu werden, zeichnen ihn aus. Seine Weltanschauung und seine Philosophie der sozialen Gerechtigkeit verhelfen ihm zum Durchbruch. François Mauriac erzählte mir häufig von ihm: Er bewunderte und verehrte ihn, wie er später de Gaulle verehrte und bewunderte. Lag es daran, daß es beiden während ihrer Regierungszeit gelang, dem blutigen Aberwitz des Krieges ein Ende zu setzen, dem einen in Indochina, dem anderen in Algerien? Oder daran, daß beide ihrer Vorstellung von der Zukunft des Menschen Geltung verschaffen konnten?

In Tel Aviv ist man plötzlich an Nachrichten aus dem Ausland und besonders aus Frankreich interessiert. Der Indochinakrieg ist in seine Endphase eingetreten. Die Niederlage von Dien-Bien-Phu lastet mit ihrem ganzen Gewicht auf dem Gewissen der Völker und auf der internationalen Politik. Überall wägt man die geopolitischen Folgen und die strategischen Auswirkungen ab: Wie werden sich China und die UdSSR verhalten? Die Stimmung ist aufgeheizt, in der Nationalversammlung kommt es zu lebhaften Wortwechseln. Das Amt des Ministerpräsidenten ist neu zu besetzen. Mendès-France stellt sich zur Wahl. Antisemitische Äußerungen werden laut: »Schon wieder ein Jude?« In den dreißiger Jahren schrien sie: »Lieber Hitler als Blum.« Und jetzt? Ist ihnen Ho Chi Minh lieber als Mendès-France? Nein, das ginge dann doch zu weit. An den Beschimpfungen zeigt sich aber, mit welchem Haß die Antisemiten dem neuen Ministerpräsidenten begegnen, der sich als Mann des Friedens versteht. Dieser Haß ist ein Schandfleck für die gesamte politische Klasse.

Ich arbeite viel und bin zufrieden. Pausenlos beschäftigt, bin ich rund um die Uhr im Einsatz und ein gefragter Mann. Ich habe meine wahre Berufung gefunden. Endlich kann ich auch über Themen berichten, die nicht das Judentum oder Israel betreffen. Von einer Pressekonferenz am Quai d'Orsay eile ich zum nächsten Termin im Palais Bourbon. Auf mein Mittagessen kann ich verzichten, nicht aber auf meine Zeitungslektüre: Ich verschlinge die Tageszeitungen, zerpflücke die Wochenblätter. Danke, Mendès-France! Dow, mein Freund und Chef, bittet mich, ein Interview mit ihm zu machen. Ich tue, was ich kann. Selbstverständlich bleibt meine Anfrage ohne Antwort. Und selbstverständlich hält Dow an seinem Wunsch fest und ermuntert mich in seinen täglichen Telegrammen, nicht aufzugeben: »Du wirst sehen, am Ende werden sich deine Bemühungen auszahlen.« Ich lasse also nicht nach, setze Himmel und Hölle in Bewegung, um unserer treuen Leserschaft etwas zu bieten. Ich telefoniere, belagere die Pressestelle am Amtssitz des Präsidenten im Hôtel Matignon, verfasse zahllose Anfragen. Immer noch keine Antwort? Nein, immer noch keine. »Nur nicht aufgeben!« mahnt Dow. Ihm liegt viel an einem Exklusiv-Interview, mir auch. Mendès-France liegt leider weniger daran. Als allerletzten Versuch schreibe ich ihm einen kindischen, naiven Brief voll Pathos: »Wenn Sie mir keinen Gesprächstermin gewähren, Herr Ministerpräsident, gibt es nur noch zwei Möglichkeiten: Entweder meine Zeitung geht bankrott, weil sie Unsummen für die Telegramme ausgibt, in denen sie sich nach dem Interview mit Ihnen erkundigt, oder sie verzichtet in Zukunft auf meine Dienste. In beiden Fällen droht mir die Arbeitslosigkeit, und dafür sind Sie dann verantwortlich...« Das kann er natürlich nicht auf sich sitzenlassen, und er antwortet mit einem kurzen, von Hand geschriebenen Brief, er werde mir zwar kein Interview gewähren, doch wenn einer der beiden Unglücksfälle eintrete, möge ich beruhigt sein: Er werde sich dann höchstpersönlich darum kümmern, daß ich wieder Arbeit bekäme. »Siehst du!« meint Dow, »jetzt hast du einen direkten (immerhin sagt er nicht: persönlichen) Draht zu ihm – du mußt ihn nur pflegen.« Zu meinem Glück blieb Mendès-France nicht lange an der Macht, sonst hätte *Jediot* wirklich Pleite gemacht.

In der Zwischenzeit ist unser komischer Freund, der große Unterhändler und geheime Weggenosse Stalins und Mao Tse-tungs, wieder aufgetaucht. »Ich komme gerade aus Genf«, verkündet er in seinem trägen Tonfall. Mir ist klar, daß er danach gefragt werden möchte, also tue ich ihm den Gefallen: »Was hast du denn in Genf zu tun gehabt?« – »Ach, nichts Besonderes«, antwortet er. Jetzt erwartet er bestimmt, daß ich den Ungläubigen spiele. Und ich bin kein Spielverderber, schließlich weiß ich, was ich von seinem »Nichts« zu halten habe. Also: Wenn es dort für ihn nichts zu tun gab, hätte er doch in Paris bleiben können, oder? »Wenn du es unbedingt wissen willst! Ich mußte etwas für ... ähm, für Pierre in die Wege leiten.« Für Pierre? Das Blut schießt mir in den Kopf. Ich weiß schon, Pierres gibt es wie Sand am Meer, in Frankreich und sogar im Ausland. Aber bei Givon kann man nie wissen. Ich kenne sein Spiel schon, er will, daß ich ihn weiter ausfrage. Wenn es ihn glücklich macht ... »Welcher Pierre?« Er starrt mir verdutzt ins Gesicht, als hätte ich ihn gefragt, ob Paris die Hauptstadt von Togo sei: »Aber ... Mendès-France«, und fügt hinzu: »wer denn sonst?« Obwohl ich mir alle Mühe gebe, kann ich mein Erstaunen nicht verbergen: »Was, du kennst ihn?« Und wieder ernte ich einen mißbilligenden Blick, als wollte er sagen: Wer denn sonst? Er spricht weiter, wie zu sich selbst: »Ach, übrigens, ich treffe mich morgen, nein, übermorgen mit ihm.« Und schon geht meine Phantasie wieder mit mir durch: Ich sehe mich schon mit ihm im Büro des Ministerpräsidenten sitzen, selbstverständlich stelle ich scharfsinnige Fragen, notiere alles, was er mir im Vertrauen sagt, und morgen wird es als Schlagzeile auf der ersten Seite von *Jediot Achronot* und aller anderen Zeitungen der Welt prangen. Aber ich bändige meinen Optimismus und zwinge mich, ruhig zu bleiben: Warum sollte Joseph Givon mir erlauben, ihn zu begleiten? Wer bin ich für ihn? Habe ich ihn denn nicht enttäuscht, als ich es ablehnte, mit nach Prag zu kommen? Unterdessen fährt er fort: »Ich könnte dich vielleicht mitnehmen, wenn dir daran liegt ...«

»Ist das dein Ernst? Ich würde alles dafür geben, wenn du ...«

Mit seinen blauen Augen sieht er mich durchdringend an: »Spar dir deine Geschenke, ich brauche nichts.«

Mein Held, mein Retter ist verärgert, und als ich merke, daß ich seine Gunst vielleicht verspiele, bereue ich augenblicklich, ihn beleidigt zu haben, indem ich ihn kaufen wollte. Großmütig sieht er darüber hinweg: »Ich bin gern behilflich«, sagt er. »Wenn ich zu Pierre gehe, kommst du mit.« Ehe ich meine Sinne zusammennehmen kann, fügt er noch hinzu: »Ich rufe dich morgen vormittag an, dann bekommst du von mir das Signal zum Angriff.«

Handelt es sich etwa um eine militärische Operation? Eine innere Stimme flüstert mir zu: Jetzt fängt das schon wieder an...! Ich ersticke sie, denn Joseph soll mir nichts anmerken. Ich möchte ihm vielmehr zeigen, wie glücklich ich bin. Doch bevor ich mich überschwenglich bedanken kann, streckt er mir seine steife Hand entgegen (ich habe nie herausgefunden, warum er mir manchmal die rechte und dann wieder die linke Hand gab), verabschiedet sich und humpelt davon. Habe ich richtig gehört? Er will mich morgen anrufen. Aber um wieviel Uhr? Schon springe ich auf, renne ihm hinterher und frage nach. »Das wirst du schon sehen«, antwortet er mißmutig. »Eher morgens oder gegen Abend?« Jetzt ist er wirklich eingeschnappt. Ich reiße mich zusammen. Wenn es sein muß, warte ich eben den ganzen Vormittag, meinetwegen auch den ganzen Tag. Muß ich noch sagen, daß ich in dieser Nacht kein Auge zugemacht habe?

Joseph Givon hat Wort gehalten. Vielleicht ist er ein Lügner, der Leichtgläubige sucht wie der Abenteurer Bewunderer? In meinem Tagebuch habe ich festgehalten, daß er um 11 Uhr 38 anrief: »Bleib in der Nähe des Telefons und halte dich startbereit.« Er treibt also immer noch gern seine Mätzchen und spielt den Verschwörer. »Wann?« frage ich mit gedämpfter Stimme. »In einer Stunde.« Und wieder hält er Wort. Nächster Anruf: »Ich war heute morgen bei Pierre, wir haben zusammen gefrühstückt.« Mit anderen Worten: Das Treffen hat bereits stattgefunden! Und ich war nicht dabei! Ich habe den Schlag noch nicht verdaut, da fährt Givon fort: »Ich mußte ihm von dir erzählen. Ich kann dich doch nicht einfach so mitnehmen, ohne ihm vorher etwas zu sagen, oder?« Ach, das Treffen ist also noch nicht geplatzt? Nicht im geringsten. Das Treffen steht noch aus. »Pierre meinte, es würde ihn freuen, dich kennenzulernen. Ich habe ihm sogar einige deiner Artikel übersetzt. Der Bericht über seinen Amtsantritt hat ihm gefallen.« Dann werde ich ihn morgen treffen? »Gewiß!« Und nach einer theatralischen Pause fügt er hinzu: »Ich rufe dich heute abend an. Bist du zu Hause?« Ja, was denn sonst? Ich würde aus der Hölle, sogar aus dem Paradies zurückkommen, um seinen Anruf nicht zu verpassen. »Wann heute abend?« Er hat aufgelegt. Was wird jetzt aus meinem täglichen Bericht für *Jediot*? Egal, die Zeitung kann warten, die Leser können warten, die ganze Welt kann warten. Ein Anruf von Givon geht vor. Der Mann, der mit den Herren des Kremls und den Herren von Peking verkehrt, der Mordechai Oren im Gefängnis besucht und der von einem Fotografen mitten in einem Haufen sowjetischer Marschälle verewigt wurde, verdient es, daß man ihm zuliebe einen oder auch zehn Artikel sausen läßt. Also rühre ich mich nicht vom Fleck. Leneman muß telefonieren und zerrt damit an meinen Nerven. Als er einen Anruf erhält, platze ich beinahe. Wie kann ich nur die Leitung frei bekommen? Soll ich ihm alles sagen? Das würde Givon mir nie verzeihen. Ich erfinde eine Liebesgeschichte: Eine schöne, zauberhafte Freundin, die ich liebe, hat mir versprochen, sich für morgen mit mir zu verabreden... Wenn ich ihren Anruf verpaßte, wäre das eine Katastrophe... Leneman und seine Frau lächeln. Sie erkundigen sich: Was ist das für ein Mädchen? Wo habe ich sie kennengelernt? Immerhin sind sie taktvoll genug, mich nicht auch noch danach zu fragen, ob sie Jüdin ist. Ich merke, daß ich einen roten Kopf bekomme. »Die Schüchternheit steht Ihnen gut«, sagt Madame Leneman. Aber nicht die Ungeduld. Ich kaue an meinen Fingernägeln, zermartere mir das Hirn. Um weiteren Fragen auszuweichen, verwickle ich Leneman in ein Gespräch über seine Erlebnisse während des Krieges in der UdSSR. Er ist eine nie versiegende Quelle und reißt meine Gedanken fort, weit fort von Givon und seinen geheimnisvollen Unternehmungen. Leneman erzählt von den »Stufen«, den »Stationen« auf dem endlosen Marsch ins hinterste Sibirien, von den Mißhandlungen und Leiden unter Stalins antisemitischer Raserei. Leneman hat als erster Journalist auf die Tragödie der Juden in der Sowjetunion aufmerksam gemacht. Um die Wahrheit zu sagen, in meinem tiefsten Inneren habe ich seinen Erzählungen nicht ganz geglaubt. In der UdSSR soll es Arbeitslager geben? Gerichte, die ihre Urteile auf Anweisung des NKWD sprechen? Massenhinrichtungen? Das klingt ja wie Viktor Krawtschenko auf jiddisch. Es kann einfach nicht sein, es ist undenkbar. Doch Leneman spricht als Augenzeuge. Er stammt aus Warschau und fand während des Krieges Zuflucht in Moskau, wo er die jüdische Nachrichtenagentur vertrat. Er kannte Schlomo Michoels, den großen Regisseur und Schauspieler, dessen Ermordung in Minsk 1949 ein erstes Alarmzeichen war. In Moskau ging er aus und ein bei den auf Stalins Befehl ermordeten jüdischen Dichtern, bei Perez Markisch, David Bergelson und Der Nister. Stalin war von einem krankhaften Antisemitismus besessen, sagt Leneman. Ich kann es noch immer nicht richtig glauben. Trotz allem, was ich schon weiß – über das sogenannte »Ärztekomplott« und über den Feldzug gegen Zionisten und Kosmopoliten quer durch die gesamte kommunistische Welt –, kann ich mich nicht mit der Vorstellung anfreunden, daß so viele Intellektuelle so lange Zeit einem eingefleischten Rassisten die Treue halten, ihn bewundern, ja vergöttern. Sicher, es gab den schändlichen Vertrag zwischen Ribbentrop und Molotow. Aber soll man darüber den Heldenmut und die Opfer der Roten Armee und der sowjetischen Untergrundkämpfer vergessen und das Leiden eines ganzen Volkes? Ich stelle nicht in Frage, ich frage nur und befrage mich. Ich tue, was ich kann, um die Zeit auszufüllen, ohne an Mendès-France denken zu müssen. Madame Leneman geht zu Bett; es ist beinahe elf Uhr. Leneman ist noch nicht müde, er will mir beim Warten Gesellschaft leisten. Um Mitternacht erhebt auch er sich. Ich gehe in mein Zimmer und lege mich angezogen aufs Bett. Ich könnte lesen, aber wie soll ich mich konzentrieren? Nie zuvor habe ich so fieberhaft einen Anruf erwartet, nicht einmal, wenn ich glaubte, verliebt zu sein. Wird das Telefon noch klingeln? Ich hebe den Hörer ab, prüfe, ob der Apparat in Ordnung ist, ob die Leitung nicht gestört ist. Alles ist in bester Ordnung. Alles, nur ich nicht. Joseph, Joseph, du machst mich noch verrückt. Sicher, Givons größte Freude ist es, auf sich warten zu lassen. Aber wie lange, Herrgott nochmal? Es ist schon zwei Uhr. Ich werde diese Nacht wohl nicht mehr schlafen. Egal, wichtig ist nur, Mendès-France zu treffen, mit ihm zu sprechen. Wird es zu einer Begegnung kommen? Ja. Nein. Wann wird dieses verdammte Telefon endlich klingeln? Ich rede ihm gut zu, ich beschwöre es, und... endlich Gloria Viktoria! Ich bin so aufgeregt, daß ich das ganze Haus wecke: »Also, Joseph, wann?« Givon, unerschütterlich wie immer, zögert endlos lange mit seiner Antwort: »Ich hole dich morgen ab, Punkt zwölf.« Noch bevor ich aufatmen kann, hat er aufgelegt. Soll ich Dow anrufen? Leise mahnt mich eine innere Stimme zur Vorsicht. Bei Givon weiß man nie... Morgen kann nächste Woche oder nächstes Jahr sein. Ich muß jetzt endlich schlafen gehen. Wenn es zu einer Begegnung kommt, muß ich in Form sein. Aber wie soll ich Schlaf finden? Ich muß einfach mit jemandem sprechen. Wen könnte ich mitten in der Nacht wecken? Ich gehe hinunter ins Café um die Ecke, das noch geöffnet hat. Im Stehen gieße ich einen siedend heißen Milchkaffee hinunter. Ein Clochard schlürft seinen Wein und brummt dabei vor sich hin. Eine Frau beobachtet mich müde, aber beharrlich. Ich lächle ihr zu, aber tatsächlich gilt mein Lächeln Givon. Sie lächelt zurück. Der Wirt, der alle anlächelt und keinen besonders meint, mustert mich ungläubig: Er neckt mich häufig, findet mich zu brav, zu verklemmt. Und jetzt flirte ich mit dieser Dame… Soll ich ihm vielleicht erklären, daß ich mit einem gewissen Givon verabredet bin und über ihn mit… Inzwischen ist die Frau an den Tresen gekommen: »Na, Kleiner? Stimmt etwas nicht? Geht's dir nicht gut?« Da liegt sie falsch, gebe ich ihr zur Antwort, ich habe gar keinen Grund, mich zu beklagen, im Gegenteil, mir geht es gut, bestens, ganz ausgezeichnet. »Ach so!« ruft sie, »dann bist du also glücklich?!« Ja, erwidere ich, ich bin glücklich. »Dann erzähl mir doch mal, wie du das geschafft hast.« Da greift der Wirt ein: »Laß ihn in Ruhe. Du siehst doch, daß er nicht hier ist, um…« Sie ist anderer Meinung. Zumindest will sie es versuchen. Ich habe nichts dagegen. Soll sie es versuchen. Dann vergeht die Zeit schneller. Ich bestelle einen zweiten Milchkaffee für mich und einen für meine Nachbarin und plaudere weiter mit ihr. Wir sprechen über dies und jenes, über das Leben im allgemeinen. Der Clochard mischt sich in unser Gespräch: Er kennt das Leben. Plötzlich hat auch der Wirt etwas beizusteuern. So philosophieren wir bis zum Morgengrauen. Mit trockener Kehle kehre ich in mein Zimmer zurück. Ich fühle mich leicht. Zufrieden mit mir und der Welt. Madame Leneman steht früher auf als sonst, klopft an meine Tür und lädt mich zum Frühstück ein. »Und, hat alles geklappt?« bohrt sie. Ich blicke sie verständnislos an: Was meint sie? »Ihre schöne Freundin…« Ach ja, die hatte ich völlig vergessen. »Danke der Nachfrage. Sie ist immer noch wunderschön, und ich liebe sie von ganzem Herzen, aber wir haben beschlossen, uns nicht mehr zu sehen.« Wie unglücklich sie ist, die gute Madame Leneman! Sie leidet mit mir, das ist offensichtlich. Ich tröste sie, so gut ich kann: »Machen Sie sich keine Sorgen um uns, Madame Leneman. Es ist nur ein kleiner Streit unter Liebenden.« Ihr Gesicht heitert sich auf: »Ja, wirklich? Da bin ich aber froh.« Ich auch.

Meine Freude ist noch größer, als Punkt zwölf Uhr ein Taxi vor dem Haus hält. Mein seltsamer Freund hat also Wort gehalten. »Fahren wir«, sagt Givon, als würde der Taxifahrer den Weg seit seiner Kindheit kennen. Der Wagen startet. Dann herrscht Schweigen. Ich getraue mich nicht, etwas zu sagen. Givon ist ein großer Verehrer der Kunst des Schweigens, fast könnte man sagen, des andächtigen Schweigens. Wie bitte? Givon – ein Mystiker? Er wirkt gelassen, scheint gedanklich weit weg zu sein, als hörte er Stimmen, die nur für sein Ohr bestimmt sind, und ist dabei völlig geistesgegenwärtig. Ich komme um vor Neugier. Fahren wir tatsächlich zu Mendès-France? Wir fahren über die Grands Boulevards, ein gutes Zeichen, denn das ist der Weg zur Nationalversammlung. Schon sind wir an der Place de la Concorde vorbei - wunderbar. Mein Herz macht einen Sprung. Aber warum fahren wir jetzt über die Champs-Elysées? Ich bekämpfe meine Nervosität: Mach dir bloß keine Gedanken, sage ich mir, wir fahren bestimmt zum Hôtel Matignon. Nur - die Richtung stimmt nicht! Wo zum Teufel werde ich hingebracht? Und Givon spannt mich weiter auf die Folter mit seinem Schweigen. Wir verlassen die breite Straße, fahren am Seineufer entlang über ein paar Kreuzungen, dann biegen wir in die Rue du Conseiller-Collignon ein und... Plötzlich hält das Taxi vor einem eleganten, strengen Gebäude. Der Wachposten vor dem Eingang erkennt Givon und grüßt ihn freundlich. Als wir auf den Aufzug warten, bricht Givon endlich sein Schweigen: »Ich dachte, es wäre besser, ihn zu Hause, privat, zu besuchen. Im Matignon ist zuviel los.« Ich habe mich nicht verhört. Er sagte: »Ich dachte...« Dann hat also nicht der Ministerpräsident, sondern er den Ort unseres Treffens bestimmt. Und Mendès-France hat sich gefügt! Ich bin immer noch sprachlos vor Verblüffung, als Givon fortfährt: »Ich habe darum gebeten, daß wir zusammen essen. Das ist vertraulicher.« Jetzt stehen wir vor der Tür. Givon klingelt. Auch für das Hausmädchen, das uns öffnet, ist Givon, mein Wunder vollbringender Freund, kein Unbekannter. Sie führt uns in den Salon, wo er sich offensichtlich wie zu Hause fühlt. Das Mädchen freut sich, ihn wiederzusehen: »Ich werde Madame sagen, daß Sie hier sind.« Kurz darauf erscheint Lily Mendès-France, eine elegante, sanfte und vornehme Frau. »Es tut mir leid, wenn ich Sie habe warten lassen«, sagt sie, während sie Givon zur Begrüßung auf die Wangen küßt. Ich habe das Gefühl zu träumen. Es ist nur ein Traum, daß ich in der Wohnung des berühmten Ministerpräsidenten bin, seiner Gattin die Hand gebe, daß wir am selben Tisch sitzen und zusammen essen werden. Er mit uns, er mit mir. Freu dich bloß nicht zu früh, denke ich, gleich löst sich die Fata Morgana in Luft auf, und Dows Stimme weckt dich unsanft: »Und? Wie weit bist du mit dem Interview?« Aber nein, der Traum geht noch weiter, und ich erlebe einen Höhenflug wie selten in meiner Journalistenlaufbahn. »Mein Mann wird jeden Augenblick eintreffen«, kündigt unsere Gastgeberin mit solcher Liebenswürdigkeit an, daß ich auf der Stelle mein Herz verlieren könnte. Zu meiner Schande muß ich jedoch gestehen, daß mein Interesse nicht ihr, sondern ihrem Mann gilt. Hoffen wir, daß kein unerwartetes Hindernis auftaucht oder seine Regierung plötzlich abgesetzt wird: Eine Abstimmungsniederlage kann man nie ausschließen. »Was darf ich Ihnen solange anbieten?« Ich nehme nichts, mir steht der Sinn nicht nach einem Aperitif. Givon greift zu. Dann nehmen wir in bequemen Sesseln Platz. Die ganze Zeit über rutsche ich unruhig hin und her. Zwei Jungen setzen sich unter dem stolzen Blick unserer Gastgeberin zu uns, ihre Söhne. Givon unterhält sich mit ihnen wie ein alter Freund. Sie reden über den Alltag, ihre Schwierigkeiten in der Schule. Mal wird zuviel Mathematik unterrichtet, dann wieder nicht genug. Es wird zuviel alte Geschichte und zu wenig moderne Literatur durchgenommen. Ich nicke immer nur: Alle haben sie recht. (Dem älteren Sohn begegnete ich 1993 an der Universität von Bordeaux, wo er Mathematik lehrte. Er gestand mir, daß er sich nicht im geringsten an meinen Besuch bei seinen Eltern erinnerte.) Plötzlich wird die behagliche, entspannte Atmosphäre vom Klingeln des Telefons gestört. Madame Mendès-France verläßt das Zimmer. Mein Herz schlägt immer schneller: Was erwartet mich, gute oder schlechte Nachrichten? Schlechte: »Mein Mann bittet Sie, ihn zu entschuldigen, er wird in der Nationalversammlung aufgehalten.« Aus der Traum. Das heißersehnte Interview auf den Sankt-Nimmerleins-Tag verschoben. Ich spüre, wie es in meinem Magen rumort, doch ich kann meine Enttäuschung verbergen. Dann werde ich eben erzählen, wie ich Mendès-France beinahe getroffen hätte – eine Art Interview *in absentia*. Und warum nicht über das Mittagessen bei ihm zu Hause berichten?

Der Artikel brachte mir wenig schmeichelhafte Komplimente seitens der Redaktion und eine Bemerkung von Dow ein: »Warum willst du jetzt aufgeben, wo du doch soeben ein Freund des Hauses geworden bist?« Gut, ich gebe also nicht auf. Und wenn ich Givon nochmals bemühe, der tatsächlich mit der Familie befreundet ist? Leider muß er Paris wieder verlassen. Die internationale Politik benötigt ihn an anderer Stelle. Ebenso die Geschichte. Wer ist es diesmal? Ho Chi Minh? Giap? Chruschtschow? Ich überschütte ihn mit einer Lawine von Fragen, auf die er mit Schulterzucken antwortet: »Tut mir leid, aber...« Macht nichts, ich verstehe schon: Absolutes Sperrgebiet, Zutritt strengstens verboten. Sicher eine Spionagegeschichte. Soll ich ihm Glauben schenken oder nicht? Hat er mich nicht ins Haus von Mendès-France gebracht? Und wer den Ministerpräsidenten kennt, der mag durchaus auch noch mit anderen Großen dieser Welt verkehren, nicht wahr? Tatsache ist, daß er aus Paris verschwindet.

Als der israelische Botschafter und seine Mitarbeiter in Orly General Mosche Dayan zu einem offiziellen Besuch in Frankreich begrüßen, ist er plötzlich wieder da. Während wir gebeten werden, in einem besonderen Raum zu warten, geht Givon mit seinem schleppenden Gang über das Rollfeld auf die Maschine zu, und als der erlauchte Besucher die Gangway herunterkommt, geben sie sich die Hand... Wer hat ihm die Erlaubnis dazu gegeben? Ich frage den Botschafter, der ebenso verdutzt ist wie ich, und seine Berater wissen auch nicht mehr.

Das nächste Mal sehe ich Givon 1955 in Genf auf dem Gipfeltreffen von Marschall Schukow und Bulganin (beide über und über mit Orden behängt) mit Anthony Eden (der mit weit mehr Eleganz auftritt), Edgar Faure (dem Intellektuellen in dieser Runde) und Eisenhower (sozusagen dem Paten, wenn nicht gar dem Vater der Konferenz). Ich interessiere mich besonders für Schukow, denn er, der Eroberer Berlins, ist der eigentliche Sieger über Hitler. Wenn ich nur an ihn herankäme, dann würde ich ihn schon fragen, ob er mit Givon wirklich so eng befreundet ist, wie dieser behauptet.

Später beschäftigte Givon die internationale Presse, als er ständig und überall an der Seite des ostdeutschen Geheimdienstchefs gesehen wurde. Von da an hatten wir nur noch Briefkontakt: Postkarten und Briefe aus Warschau, Peking, Prag und Moskau, wo er Filmproduzent wurde. In Moskau heiratete er auch, und zwar die Tochter eines jener Ärzte, die Stalin während des sogenannten »Ärztekomplotts« ermorden ließ. »Der Westen sieht mich nicht wieder«, schrieb er mir, »es ist zu spät, ich kann nicht mehr zurück.« In der *Iswestija* (oder war es die *Prawda*?) erschien ein Artikel, der ihn des »Schleichhandels« bezichtigte; er wurde wegen Schmuggels angeklagt, verhaftet und zu zehn Jahren Gefängnis verurteilt. »Ich bin unschuldig!« verkündete er in einem pathetischen Brief an mich. »Eines Tages wird die Wahrheit siegen.« Die Wahrheit? Unter Givons Feder schien sie mir immer zu verschwimmen. Aber sie trug den Sieg davon. Als Givon – »dank der Bemühungen mehrerer westlicher

Botschaften« - wieder freigelassen wurde, sandte ihm das Gericht eine offizielle Entschuldigung. Angewidert vom sowjetischen System kehrte er nach Prag zurück. Später tauchte er auch in Paris wieder auf (wo er in meinem ehemaligen Zimmer bei Leneman wohnte), und schließlich ließ er sich für immer in Israel nieder. Dort starb er an einem Herzanfall.

Die Zeitungen und Zeitschriften Tel Avivs widmeten ihm zahlreiche Beiträge, in denen vor allem die unverwechselbare, abenteuerliche Seite seiner Persönlichkeit betont wird, der Puppenspieler, der die Fäden in der Hand hält. Chajim Gouri hat in einem Buch mit dem Titel »Wer kannte Joseph G.?« Zeugnisse über ihn zusammengetragen. Die staunende Öffentlichkeit, von Givon fasziniert und amüsiert, versuchte, Licht in das Dunkel zu bringen, das seine Person umgab. Geht man davon aus, daß er unmöglich alles erfunden haben konnte, fällt es wirklich schwer, Wahrheit und Legende bei ihm auseinanderzuhalten.

Ich denke oft und gern an ihn zurück. Einige seiner Abenteuer hätte ich beinahe miterlebt. Dafür bin ich ihm dankbar, und es ist mir gleichgültig, ob sie nun wahr oder erfunden waren. Abenteurer sagen nicht immer die Wahrheit, sie erfinden sie lieber. Aber habe ich etwa nicht mit der Familie Mendès-France gegessen?

Damals wimmelte es in Paris von Käuzen und zwielichtigen Gestalten, echten Landstreichern und falschen Legionären, Devisenschiebern, gefallenen Prinzen, Gesundheitsaposteln und Vergnügungssüchtigen, Männern mit einem Dutzend Berufen und Männern ohne Beruf. Ich lauschte ihren wahren oder erfundenen Lebensgeschichten und sammelte sie für zukünftige Romane.

Wie die meisten meiner ausländischen Kollegen war ich ständig auf der Jagd nach spannenden Geschichten und Leuten mit außergewöhnlichen Erlebnissen. Ich verbrachte viel Zeit im Quartier latin (auf der Suche nach dem verlorenen Existentialismus) und am Montparnasse (in der Hoffnung, dort irgendwelche hungrigen und verkannten Maler zu treffen). Auf der Terrasse der Brasserie La Coupole brachte ich meine Gedanken und Eindrücke zu Papier. Woran erkennt man einen Soutine, einen Modigliani oder vielleicht sogar einen neuen Chagall? Ich war schon zufrieden, wenn ich hier und da einen Picasso-Nachahmer oder einen Pseudo-Braque kennenlernte. Es gab Begabte, die einfach kein Glück hatten, und andere, die sich im Glück sonnen konnten, denen es jedoch an Begabung fehlte.

Besonders gerne bin ich mit meinem Freund und Lieblingsmaler Avigdor Arikha spazierengegangen. Er stammte aus Rumänien und hatte die Ghettos und Lager in Transnistrien erlebt. Er begleitete mich häufig bei meinen mitternächtlichen Gängen zu Radio-France, von wo ich meine Telegramme abschickte. Ich bemühte mich, von ihm Näheres über Mogilew zu erfahren: Die Geschichte dieses Ghettos, das zum Ort eines Massakers wurde, war größtenteils noch unbekannt. Er war ein großer Künstler, dessen Bandbreite von feinen Zeichnungen über abstrakte Gemälde bis zu erstaunlich klassischen Porträts reichte und der sich von der abstrakten Malerei hin zu einem einzigartigen Impressionismus entwickelte. Er hatte ungeheures Talent, besaß ein tiefes esoterisches Wissen, philosophische Kenntnisse sowie eine überbordende dichterische und künstlerische Einbildungskraft. Der Freund und Vertraute Samuel Becketts war offen für alles, Philosophie und Literatur interessierten ihn ebenso wie Naturwissenschaften und Geschichte. Kindlich und überheblich, sanft und unbeugsam, manchmal jähzornig, konnte er beim geringsten Anlaß aufbrausen und völlig aus der Fassung geraten; es reichte, wenn jemand anderer Meinung war. Er war mit der Alija der jüdischen Jugendlichen nach Palästina gekommen und hatte am Unabhängigkeitskrieg 1948 teilgenommen. Darum beneidete ich ihn. Natürlich sprachen wir oft über die Lage in Israel. Er hätte die Geschichte gern neu geschrieben und ein jüdisches Königreich gegründet. In seinem Traum sah er sich schon als »Prinz von Jerusalem«. Großmütig krönte er mich zum »Prinzen von Galiläa«.

Sollte es auch einen »Prinzen von Litauen« geben, dann wäre das Isis, ein hervorragender, vor Ideen sprühender Fotograf, der mit Prévert und Malraux eng befreundet war. Nicolas, mein Dichterfreund aus Ambloy und Versailles, hatte ihm geholfen, die Texte zu seinem Bildband über Israel zu schreiben, der ein echtes Meisterwerk geworden ist. Wir unterhielten uns auf jiddisch; aber er sprach nicht nur Jiddisch, er konnte auch ein jiddisches Lächeln aufsetzen.

Auch Mané Katz sah ich regelmäßig, nachdem Jehuda Mozes mich gebeten hatte, seinen alten Freund einmal zu besuchen. Er war klein und von einer für sein Alter erstaunlichen Beweglichkeit; beim

Gehen und beim Sprechen hüpfte er. Er sprudelte über von Geschichten, und am liebsten erzählte er (wahre oder erfundene) Anekdoten über seine vage Ähnlichkeit mit Ben Gurion. Eine Frau habe sich in ihn verliebt, weil sie ihn mit dem israelischen Premierminister verwechselt habe. Ein Spion habe ihm arabische Militärgeheimnisse angeboten, um als Gegenleistung ein gutes Führungszeugnis zu erhalten für... den lieben Gott, der, wie jeder weiß, irgendwo in Jerusalem wohnt. Ein Dieb habe ihm eine hohe Geldsumme für die jüdische Staatskasse geboten. »Doch sobald ich sage, wer ich wirklich bin, dreht man mir den Rücken zu«, ergänzte er dann immer und brach in schallendes Gelächter aus.

Seine Wohnung, in der ich ziemlich häufig zu Gast war, glich einem jüdischen Antiquitätenladen. Rituelle Gegenstände und alte Bücher lagen in einem unbeschreiblichen Durcheinander auf dem Boden, auf dem Bett und sogar darunter. Man mußte schon Akrobat sein, um sich da durchzuschlängeln. Wie findet er hier ein Plätzchen zum Schlafen, zum Leben und zum Malen? fragte ich mich. Aber er wußte sich zu helfen. Er hatte immer eine Flasche Whiskey oder Wodka unter seiner Bettdecke versteckt, die wir bei unseren Gesprächen leerten. Er erzählte mir von seiner Kindheit in Krementschug, seiner unsteten Jugend, seinen ersten Jahren in Paris, wo er mit den bedeutendsten Malern der Kunstszene zusammentraf. Er beneidete Picasso und vor allem Chagall und kannte zahllose Anekdoten über das Liebesleben des ersten und die Ränke, die letzterem zu seinem Erfolg verholfen hatten. Und ich hörte ihm zu.

Eines Tages – er war noch besserer Stimmung als sonst – sagte er aus heiterem Himmel: »Ich möchte dir ein Geschenk machen.« Als er meine Verwunderung bemerkte, fügte er hinzu: »Ich bin allein auf der Welt und habe praktisch keinen Erben. Meine Bilder werden den Hyänen in die Hände fallen. Also kann ich dir auch vorher ein paar davon schenken.« Ohne meine Antwort abzuwarten, zeigte er sie mir, und ich weiß nicht, was mich mehr berührte: seine Großzügigkeit oder die Stimmung, die seine Werke ausstrahlten: Bilder von alten Chassidim mit ihren jungen Anhängern, Figuren voller Melodien, die mich heute noch erfüllen, oder die Musiker, die hinter ihren Instrumenten fast verschwanden. Die Herzlichkeit und Wärme, die von diesen Bildern ausgingen, hatte ich damals bitter nötig. Sie führten mich zurück in eine Welt, die die Geschichte verschlungen hatte. »Was ist?« fragte Mané Katz, »warum antwortest du nicht? Mein Geschenk wird einmal Millionen wert sein, und du sagst nicht einmal danke?« Er lachte, während ich mich am liebsten in Luft aufgelöst hätte, so sehr war ich von meinen Gefühlen hin- und hergerissen. »Danke, vielen, vielen Dank«, stotterte ich schließlich, »aber...« – »Was, aber?« wollte er wissen. »Ich kann Ihr wunderbares Geschenk nicht annehmen.« Zum erstenmal verlor er die Fassung: »Spinnst du? Ich biete dir Schätze an, und du weist sie zurück? Gefallen dir meine Bilder etwa nicht? Würdest du auch Chagall oder Picasso einen Korb geben, wenn sie dir ihre Bilder schenken wollten?« Er stampfte vor Zorn mit dem Fuß auf. Ich erwiderte: »Ihre Bilder gefallen mir sehr, wirklich, sie sind wunderbar. Das ist nicht der Punkt. Aber als Journalist habe ich nicht das Recht, Geschenke anzunehmen. Das ist eine Frage der Moral, eine Frage meines Berufsethos.« Er raste vor Entrüstung: »Das hat überhaupt nichts miteinander zu tun.« – »Doch«, entgegnete ich fest. Er brüllte Nein, ich blieb bei meinem Doch. Schließlich thronte er mit angezogenen Knien auf seinem Bett und wies mir einen Hocker an: »Also gut, erkläre mir deine Ethik«, befahl er in ungewöhnlich ironischem Tonfall. Ich ließ mich bitten, doch am Ende mußte ich nachgeben. Ich sprach hastig, kramte zu meiner Rechtfertigung alte Quellen und Belege aus der Heiligen Schrift und aus meiner Phantasie hervor, die wirklich nichts damit zu tun hatten. Ich redete bis zum Morgengrauen: Über die Pflicht zur Unparteilichkeit, über die Tücken des Entgegenkommens, den Reporter als Zeugen und Richter. Ein Richter jedoch, der Geschenke annimmt, wird in der Bibel mit tausend schmachvollen Namen bedacht. Ob ich ihn überzeugen konnte? Ich weiß es nicht. Ich weiß nur, daß ich ihm nicht die Wahrheit gesagt habe. Tatsächlich habe ich abgelehnt, weil ich zu arm war, um Werke von solchem Wert besitzen zu können. Zudem hätte ich überhaupt nicht gewußt, wo ich seine Gemälde hätte aufbewahren sollen. Aus beruflichen Gründen und weil es mir gefiel, führte ich ein unstetes Leben, war nirgendwo zu Hause und besaß nichts außer meiner Schreibmaschine und einem Koffer. Und wer sammelt schon Kunstwerke in einem Koffer?

Es gab noch ein »Geschenk«, das ich nicht angenommen habe, und darüber könnte ich mich heute noch ärgern.

Anscheinend hält Marc Chagall viel von meiner *Chassidischen Feier*, denn der jüdische Dichter Abraham Suzkewer und mein Kollege Leon Leneman, die beide mit ihm befreundet sind, übermitteln mir Chagalls Wunsch, mit mir gemeinsam ein Buch über die großen Meister und ihre Schüler herauszubringen, das er illustrieren wolle.

Warum nahm ich den Vorschlag nicht auf der Stelle an? Warum zögerte ich und schob meine Antwort immer wieder auf die nächste Begegnung hinaus? Warum habe ich diese hervorragende Möglichkeit nicht genutzt, einen der bedeutendsten Maler unseres Jahrhunderts kennenzulernen?

Ja, warum? werden Sie fragen. Ganz einfach: Weil ich dumm war.

Andere, weniger berühmte Künstler schenkten mir Zeichnungen, Gouachen, Ölgemälde, doch zu meiner Schande muß ich gestehen, daß ich nicht mehr weiß, was ich damit gemacht habe. Ich muß sie irgendwo zurückgelassen haben, in einem Hotel, einem Karton in einem Gepäckfach oder bei Freunden. Ob ich sie eines Tages wiederfinden werde? Mein Manuskript über die Askese zum Beispiel blieb dreißig Jahre lang verschwunden, vergebens durchforschte ich die geheimsten Winkel meines Gedächtnisses nach seinem Verbleib; und dabei hatte es meine Schwester Hilda die ganze Zeit über für mich aufbewahrt.

Ein anderes Geschenk, mit dem man mich beehren wollte, habe ich zum Glück zurückgewiesen: Es handelte sich um ein Paar Schuhe... Auf einer zionistischen Versammlung spricht mich eines Abends ein elegant gekleideter, offensichtlich gebildeter Mann an. Er spricht nur gebrochen Französisch, aber ausgezeichnet Jiddisch. Er komme aus meiner Gegend. Ob wir nicht eine Tasse Kaffee zusammen trinken könnten? Wir gehen in ein Café und setzen uns auf die Terrasse. Es ist nicht uninteressant, was er erzählt. Er erinnert sich an Sighet, wohin es ihn während des Krieges verschlagen hatte. Er war bei der Munkaszolgàlat, dem jüdischen Arbeitsdienst in der ungarischen Armee, und folgte ihr nach Polen und bis in die Ukraine. Und heute? Heute ist er im internationalen Handel tätig: Import-Export lautet das Zauberwort. Er kauft und verkauft und verdient damit so gut, daß er gar nicht mehr weiß, wie er sein Geld ausgeben soll. »Hier«, sagt er, »nehmen Sie dieses Paar Schuhe. Sie sind noch ganz neu und waren sehr teuer. Mir sind sie zu klein. Ich würde mich freuen, wenn Sie sie tragen würden.« – »Kommt nicht in Frage«, antworte ich, doch er beharrt darauf. »Nichts zu machen«, sage ich. Ich habe genügend Schuhe, ausgezeichnete Schuhe im übrigen (schließlich bin ich kein Student mehr). Doch der gute Mann läßt nicht locker. Fast könnte man meinen, sein Glück und seine Zukunft hingen davon ab. Also führe ich berufliche Zwänge und Verbote an und greife auf mein schlagendes Argument zurück: Es gehe hier um meine Berufsehre. Auf Jiddisch klingt das nicht ganz so überzeugend wie auf Französisch, aber notfalls kann ich auch stur sein. Ich erinnere mich nicht mehr, wie wir auseinandergegangen sind, aber ich weiß, daß ich ihm auf seine Bitte hin meine Visitenkarte gab und sagte: »Rufen Sie mich doch an, wenn Sie wieder auf Durchreise in Paris sind.« Seine Schuhe habe ich nicht angenommen.

Einige Wochen darauf werde ich zum Quai des Orfèvres vorgeladen. Ich bin entsetzt: Was kann die Kriminalpolizei von mir wollen? Mit klopfendem Herzen gehe ich hin. Kafka hat recht: Man kann sich schuldig fühlen, ohne zu wissen, wessen man angeklagt ist. Will man mich etwa vor Gericht stellen, mich ausweisen? Was mag man mir vorwerfen?

Der für meinen Fall zuständige Kommissar könnte aus einem Kriminalfilm sein, ein typischer Untersuchungsbeamter: undurchdringliche Miene, barscher Ton, bohrender Blick. Er verlangt meine Papiere. Ich gebe ihm meinen Presseausweis. »Staatsbürgerschaft?« – »Staatenlos.« – »Ach so …« Schweigend beugt er seinen Kopf über die vor ihm ausgebreiteten Unterlagen. Ich gäbe viel darum, wenn ich wüßte, was er dort liest. »Erzählen Sie mir von Vargas«, schleudert er mir schließlich entgegen und beobachtet mich dabei aus den Augenwinkeln, als wolle er sehen, ob ich in die Falle gehe. Vargas? Wer ist das? Ich kenne keinen Vargas. Ich habe niemals einen Mann dieses Namens getroffen. »Sind Sie sicher?« Die Stimme klingt jetzt schärfer, bedrohlicher. »Sie bleiben dabei, daß Sie Vargas nicht kennen?« Mein Hirn arbeitet fieberhaft: Ein falsches Wort, und ich bin verloren. Was soll ich bloß tun, ich kenne keinen Vargas. Doch, halt, der brasilianische Präsident heißt Vargas. Das sage ich dem Kommissar. Denkt er jetzt, ich mache mich über ihn und seine Behörde lustig? »Das reicht«, sagt er, »lassen wir Vargas. Erzählen Sie mir von Jacques Rubinstein.« Welcher Rubinstein? Meint er den Schneider in der Rue Vieille-du-Temple? Der heißt aber nicht Jacques, sondern Boris. Oder meint er den Medizinstudenten, der seinen Vater verlor? Er heißt Albert. Der Kommissar kann seine Unzufriedenheit kaum verbergen. »Gut, vergessen wir einmal Jacques Rubinstein«, fährt er fort. »Unterhalten wir uns lieber ein wenig über Seligman. Kurt

Seligman. Jetzt sagen Sie bloß nicht, daß Sie den auch nicht kennen...« Unglücklicherweise muß ich gestehen, daß ich ihn tatsächlich auch nicht besser kenne als Vargas und Rubinstein... Habe ich »gestehen« gesagt? Wie kann man nur so dumm sein? Was will dieser antisemitische Kommissar von mir? Meine Nerven sind so angespannt, daß ich am Ende noch jedes Verbrechen auf mich nehmen werde, über das die Boulevardblätter berichten. Warum mustert mich der Kommissar so eindringlich? Sehe ich wirklich wie ein Verbrecher aus? Ohne die Augen von mir zu lassen, schlägt er einen neuen Aktendeckel auf und schiebt mir ein Foto herüber. »Nun?« fragt er ironisch, »den kennen Sie wohl auch nicht?« – »Aber das ist doch...« fahre ich auf. »Wer?« schreit der Kommissar dazwischen. »Wer ist das?« – »Das ist der Mann mit den Schuhen...« Und ich erzähle ihm die ganze Geschichte von den Schuhen, dem zurückgewiesenen Geschenk... »Schuhe«, ruft der Kommissar aufgeregt, »haben Sie Schuhe gesagt?« – »Ja, er wollte unbedingt, daß ich seine Schuhe nehme...« Darauf stürzt der Kommissar ans Telefon und erteilt Anweisungen, deren Sinn er mir später erklärt: Der Mann, der mit falschen Papieren quer durch den Kontinent reiste, war ein von Interpol gesuchter Verbrecher. Er hatte Diamanten gestohlen, die dank meiner Hilfe ihrem Besitzer zurückgegeben werden konnten. »Aber was habe ich mit der ganzen Sache zu tun?« frage ich den Kommissar. »Ach, das war wegen Ihrer Visitenkarte«, lächelt er. »Wir haben sie in seiner Jackentasche gefunden. Wenn Sie uns nicht die Sache mit den Schuhen erzählt hätten, hätten wir ihn wieder auf freien Fuß setzen müssen.« Zum Dank lud mich der mit einemmal viel liebenswürdiger gewordene Kommissar ein, dem Prozeß beizuwohnen. Der Dieb trat gar nicht wie ein Angeklagter auf. Er behauptete, nur Jiddisch zu verstehen. Unter beträchtlichem Aufwand bestellte das Gericht einen vereidigten Dolmetscher. Der Dieb wurde schließlich zu ein paar Jahren Gefängnis verurteilt. Ich weiß nicht recht, warum, aber ich vermied es, dem Verurteilten beim Verlassen des Gerichtssaals ins Gesicht zu sehen.

Jahre später erhielt ich einen Brief, in dem er seiner Wut auf mich Luft machte: »Wenn Sie bereit gewesen wären, meine Schuhe zu tragen, wären wir heute beide Millionäre!«

Ein Jugendfreund aus Sighet, der ebenfalls Schmuggler war, brachte mir mehr Glück. Er wohnte in Rom und rief mich an, um mir seinen

Besuch in Paris anzukündigen. Wir gingen zusammen essen. Was er für Geschäfte machte? Import-Export natürlich. Und was hatte ihn nach Paris geführt? Seine Antwort war ausweichend. Bevor wir uns trennten, bat er mich noch, ihm bei der Suche nach einem Eisenbahnwaggon mit einer bestimmten Nummer zu helfen. Er nannte keinen Grund dafür, aber es schien ihm ziemlich wichtig zu sein. »Wenn du ihn findest«, sagte er, »bekommst du ein hübsches Sümmchen.« Was tut man nicht alles für einen Jugendfreund? Ein oder zwei Wochen lang ging ich täglich zur Gare de Lyon, um die Züge aus Italien in Augenschein zu nehmen. Es war ein Glücksfall, aber es gelang mir tatsächlich, den Waggon ausfindig zu machen. Am nächsten Tag stieg mein Vermögen von Null auf dreihundert Dollar.

Jahre später - der Jugendfreund war inzwischen ein achtbarer Geschäftsmann geworden - verriet er mir das Geheimnis: Einer seiner Helfershelfer hatte in dem Waggon ein kleines Vermögen versteckt, das in die Schweiz gebracht werden sollte. Aber irgendwie war der Waggon von der vorgesehenen Strecke abgekommen...

Und was wurde aus meinen Bemühungen um Mendès-France? Ich traf ihn schließlich in New York anläßlich eines Empfangs im Weizmann-Institut, aber da hatte er die Amtsgeschäfte längst niedergelegt. Tut mir leid, Dow. Diesen Scoop konnte ich dir nicht liefern, obwohl ich wirklich alles versucht habe: Ich habe an alle Türen geklopft, alle möglichen Leute angerufen, halb Paris in Bewegung gesetzt - vergebens. Hier zeigt sich wieder einmal, daß sich auf Erden alles fügt, auch wenn es manchmal Zeit braucht, das zu erkennen. Denn dank Mendès-France, oder vielmehr dank seiner Weigerung, Dow einen Gefallen zu tun, lernte ich schließlich François Mauriac kennen. Eigentlich hatte ich ihn ja um ein Treffen gebeten, weil ich insgeheim hoffte, mit seiner Hilfe schließlich doch noch zu einem Interview mit dem Politiker zu kommen, dessen geistiger Ziehvater er war. Muß ich noch sagen, daß die Begegnung mit diesem großen Schriftsteller für mich in anderer Hinsicht viel wichtiger und vor allem fruchtbarer wurde?

Ich sah Mauriac zum erstenmal 1955 auf dem Unabhängigkeitsfest in der israelischen Botschaft. Natürlich war er von Menschen umringt. Er stand im Mittelpunkt des Interesses. Wie sollte ich ihn ansprechen? Meine verdammte Schüchternheit und meine Hemmungen waren mir wie gewöhnlich im Weg. Eine Ewigkeit lang drückte ich mich zu seiner Rechten oder zu seiner Linken und wagte es nicht, den Mund aufzumachen. Ich stieß ihn an, er stieß mich an, ich trat ihm beinahe dauernd auf den Füßen herum, doch ich brachte kein Wort hervor. Schließlich verabschiedete er sich von den offiziellen Gastgebern. »Jetzt aber«, redete ich mir selbst gut zu, »jetzt oder nie!« Zu spät. Er war schon am Ausgang. Ich folgte ihm. Irgend jemand eilte hinzu, um ihm seinen Mantel zu bringen. Ich half ihm hinein. Er muß mich für ein Mitglied des Botschaftspersonals gehalten haben, denn er gab mir die Hand und bedankte sich für den herzlichen Empfang. »Nein, nein«, stammelte ich. Erstaunt wiederholte er: »Ich freue mich sehr, daß Sie mich eingeladen haben. Israel liegt mir am Herzen. Ich feiere gern mit ihm. Und es hat ein Recht darauf, Gott weiß, daß es ein Recht darauf hat.« Ich überwand meine Befangenheit und antwortete: »Aber ich bin kein Diplomat, ich bin Journalist.« Sofort wollte er wissen, für welche Zeitung ich arbeitete. Ich nannte ihren Namen, und, einmal in Schwung gekommen, beeilte ich mich, ihn um ein Interview zu bitten. Ich war überzeugt, er würde mich an seine knapp bemessene Zeit erinnern und an sein Sekretariat verweisen. »Einen Augenblick«, erwiderte er. »Mal sehen, was mein Terminkalender sagt.« Kurz darauf war ich der glücklichste Journalist der Welt: Ich hatte meinen Termin! »Paßt es Ihnen auch bestimmt? Vielleicht haben Sie an diesem Tag schon etwas anderes vor?« wollte er wissen. Natürlich paßte es mir. »Aber Sie haben gar nicht in Ihrem Kalender nachgesehen...« – »Nicht nötig«, erwiderte ich und gab ihm die Hand. Der Saal drehte sich vor meinen Augen. Siehst du, dachte ich, man muß nur den Mut aufbringen, der Rest ergibt sich von selbst.

Nur das Warten fällt schwer. Es ist immer dasselbe in diesem Beruf. Um die Zeit zu überbrücken, schreibe ich mehrere Artikel über Paris bei Nacht, Paris am Sonntag, Paris im Morgengrauen. Über das Paris der Künstler und das der Clochards. Mit meinem israelischen Kollegen Jerachmiel Viernik (dem ehemaligen Führer der Partei Jabotinskys und Chefredakteur der Zeitschrift, in der mein hebräischer Essay über Beethoven erschienen ist) streife ich eine ganze Nacht durch Pigalle; dabei sprechen wir über – lachen Sie nicht, ich weiß, es klingt verrückt – die Dichtung von Chajim Nachman Bialik. (Zur Erinnerung: Bialik war der Dichter, der erklärte, die Sprache sei eine Hure, die sich dem Nächstbesten hingebe.) Wir essen Pommes frites und trinken eine Tasse Kaffee nach der anderen an den grell beleuchteten Theken der Cafés. Es wird Sie nicht wundern, wenn ich Ihnen sage, daß uns nicht eine Frau angesprochen hat: Ein Blick genügte, um zu erkennen, daß wir als Kundschaft uninteressant waren. Und zum Glück verstanden sie kein Hebräisch, sie hätten sich sonst totgelacht. Als ich nach Hause zurückkehre, sitzen die Lenemans schon beim Frühstück. Ihr erstauntes Lächeln irritiert mich. Ich habe völlig vergessen, daß sie noch immer annehmen, ich sei in eine komplizierte Liebesgeschichte verstrickt. Es ist das erste Mal, daß ich die Nacht auswärts verbracht habe. Aber sie sind taktvoll und stellen keine Fragen. »Ich habe Material gesammelt... für eine Reportage... Pigalle... Bialik... Viernik...«, erkläre ich. »Ach so«, erwidert Leneman, »eine Reportage...« Sie müssen mich für einen ausgemachten Lügner halten.

Ich werde noch häufiger die Nacht durchmachen, und dann wirklich aus romantischen Gründen, aber das ist ein anderes Abenteuer und gehört zu einer anderen Geschichte.

Am nächsten Tag bin ich zu einer Aufführung des Balletts des Marquis de Cuevas eingeladen. Eigentlich kann ich mit Ballett nichts anfangen. Der Tanz ist nur schön, wenn die Bewegung innehält, hat ein großer chassidischer Meister gesagt, und ich bin derselben Ansicht. Doch zu diesem Abend hat mich ein israelischer Abgeordneter eingeladen; er ist politischer Vertrauensmann von Viernik und mit mir befreundet. Schraggai liebt das Ballett. Und ich vergebe mir nichts, wenn ich ihm zwei Stunden Gesellschaft leiste. Als Politiker ist Schraggai ein unermüdlicher Botschafter seiner Bewegung. Er trägt einen großen herunterhängenden Schnauzbart, und von seinen klaren blauen Augen geht eine unwiderstehliche Anziehungskraft aus. Wenn er auch nicht jeden kennt, so weiß er doch über jeden etwas, was alle anderen gerne wissen würden. Ich höre ihm mit Vergnügen zu, wenn er Witze erzählt, Prognosen aufstellt und Analysen verbreitet. Außerdem hat er mir eine angenehme Überraschung in Aussicht gestellt. Also gehe ich hin...

Um die Wahrheit zu sagen, die Überraschung ist höchst angenehm: eine junge amerikanische Studentin, deren Schönheit mir den Atem raubt. Sie heißt Kathleen und hat sich auf Zehenspitzen in mein Leben geschlichen. Ich weiß nicht, warum, aber ihr Name gefällt mir. Pardon, ich weiß doch, warum: Das erste, was mir gefiel, war ihre singende Sprechweise, danach gab es nichts mehr an ihr, was ich nicht anziehend gefunden hätte: ihre dunklen braunen Augen, ihr schwarzes Haar, das ihr seidig glänzend über die Schultern fiel, ein zartes, geheimnisvolles Lächeln. Wenn ich nicht auf mich achtgebe, werde ich mich wieder Hals über Kopf verlieben und hinterher nicht wissen, wie ich mich davon erholen soll. Wie immer eben. Ich kann allem widerstehen, wenn ich noch einmal Oscar Wilde zitieren darf, nur nicht einer verführerischen Frau. Und natürlich erliege ich der Versuchung.

Ich tue so, als würde ich die Aufführung genießen und die junge Amerikanerin gar nicht bemerken, die sittsam zwischen Schraggai und mir Platz genommen hat. Mit einemmal sind alle Gedanken an Givon, Mauriac und sogar Mendès-France wie weggeblasen. Sie existieren gar nicht mehr. Nur noch eine Frage geht mir durch den Kopf: Ist sie Jüdin? Aber was hat das schon für eine Bedeutung? Ich will sie ja nicht gleich heiraten… Trotzdem wüßte ich es gern. In der Pause entschuldigt sie sich für einen Augenblick. »Und? Gefällt sie dir?« fragt Schraggai. »Nicht übel«, lüge ich. »Aber sie interessiert mich nicht, ehrlich.« Daran hat er seine Zweifel. Was mich denn sonst interessiert, will er wissen. Mauriac und Mendès-France, antworte ich. Er will mir nicht glauben, also versuche ich ihn zu überzeugen. In der Zwischenzeit ist Kathleen zurückgekehrt. Sie hat ein paar Worte aufgeschnappt und erkundigt sich nach Mauriac und nach meinem Beruf. Mein Englisch läßt zu wünschen übrig, ihr Französisch ist auch nicht berühmt, und Schraggai muß schließlich den Übersetzer spielen. Sie fragt, warum Mauriac meiner Meinung nach in seiner Heimat »underrated« sei - ein Wort, das ich nicht verstehe. Daraufhin entwickelt sich eine völlig unangemessene, aber ernsthafte Diskussion über den Unterschied zwischen »underrated« und »underestimated«. Ich gebe mich mit »unterschätzt« zufrieden. Plötzlich faßt Kathleen mich am Arm und fragt: »Hätten Sie Lust, Englischunterricht bei mir zu nehmen?« Ich halte den Atem an: Und ob ich Lust habe! Fragt man etwa ein Kind, ob es Lust auf Schokolade hat, oder einen Kranken, ob er gesund werden will? Natürlich will ich! »Und Sie helfen mir dafür, Französisch zu lernen, einverstanden?« Ich bin mit allem einverstanden. Schraggai beobachtet uns mit spöttischer Miene, als wäre ich ihm in die Falle gegangen. Zum Glück ruft uns das Läuten auf unsere Plätze zurück.

Ich spiele weiter den Begeisterten, klatsche, wenn man klatschen muß, bewundere die Choreographie und die Tänzer. Was tut man nicht alles, wenn man drauf und dran ist, sich in jemanden zu verlieben, wenn man vielleicht schon verliebt ist? Wenn Kathleen zu mir gesagt hätte: »Kommen Sie, wir gehen auf die Bühne. Ein paar Kreuzsprünge werden uns sicher guttun«, ich wäre ihr sofort gefolgt, ohne Bedenken oder Angst, mich lächerlich zu machen. Ist das die Liebe: wenn man keine Angst hat, sich lächerlich zu machen? Diese Angst verfolgt mich ständig, von Kindheit und Jugend an; eine lähmende Angst, die mich auch jetzt, sobald der Vorhang gefallen ist, Reißaus nehmen läßt. Ich greife auf einen abgedroschenen Vorwand zurück: die beruflichen Pflichten. »Ich muß mein Telegramm abschicken, sonst wird es zu spät.« Schraggai versucht mich zu überreden, mit ihnen ins Restaurant zu gehen. Ich bleibe hartnäckig: »Verstehen Sie bitte, das bin ich der Zeitung und ihren Lesern schuldig...« In Wirklichkeit habe ich heute nichts zu telegrafieren. Ob Schraggai es ahnt? »Wenn du mitkommst, verspreche ich dir einen Scoop für morgen«, meint er. Natürlich habe ich nicht die geringste Lust, mich von den beiden zu trennen, doch aus Angst, mein Gesicht zu verlieren, bleibe ich stur. Ein Vorschlag von Kathleen hilft mir aus der Klemme: »Schicken Sie doch Ihr Telegramm ab, und kommen Sie anschließend zu uns zurück. Wir werden auf Sie warten, nicht wahr, Schraggai?« – »Selbstverständlich, wir warten auf dich«, meint auch der Abgeordnete, »aber beeil dich!« – »Ja, machen Sie schnell«, bittet mich Kathleen. Sollte sie schon jetzt Wert auf meine Begleitung legen? Ich renne zur Metrostation, doch Schraggai ruft mich zurück: »He! Ich habe dir noch gar nicht gesagt, wo wir hingehen!« Stimmt, was bin ich doch für ein Dummkopf! Er nennt ein Café auf den Grands Boulevards und fügt hinzu: »Es ist nicht weit vom Telegrafenamt in der Rue Montmartre.« Es liegt tatsächlich um die Ecke. Aber was soll ich jetzt telegrafieren? Am besten, ich schicke Dow eine kurze Nachricht: »Interview Mendès-France wieder auf dem Plan.« Das wird ihm eine schlaflose Nacht bereiten. Und morgen früh wird er mich bestimmt anrufen. Schließlich will er wissen, was los ist. Soll ich ihm die Wahrheit sagen? Mir bleibt später noch genug Zeit, darüber nachzudenken. Jetzt heißt es, mich beeilen. Schraggai wartet. Kathleen wartet. Auf dem Weg zu ihnen sage ich mir immer wieder ihren Namen vor: Kath-leen. Kath-leen. Der schönste Name der Welt, wenigstens der englischsprachigen Welt. Kein jüdischer allerdings. Na und? Sie wartet auf mich, das allein zählt. Und sie ist hübsch. Nicht nur hübsch, sondern schön. Von blendender Schönheit. Da sitzt sie, beobachtet den Eingang zum Restaurant, und als sie mich bemerkt, lächelt sie: »Schön, daß Sie sich so beeilt haben.« Ich weiß, jetzt sollte ich eine glänzende Erwiderung finden, doch ich habe nur ein Wort im Kopf, einen Namen: ihren Namen. »Wir haben schon bestellt«, sagt Schraggai. »Was hättest du gern?« – »Einen Kaffee.« – »Sonst nichts?« fragt Kathleen. »Haben Sie keinen Hunger?« – »Nein, ich bin nicht hungrig.« – »Geben Sie sich einen Ruck, mir zuliebe«, bittet sie. »Na gut, dann nehme ich dasselbe wie Sie.« – »Ein Sandwich?« Ein Sandwich. »Mit Schinken?« Oh, nein, ich esse keinen Schinken. Da hast du's: Sie ist keine Jüdin. »Ein Käsesandwich also.« Ja, ein Käsesandwich. Schraggai lenkt das Gespräch auf die jüdischen Essensregeln. Neugierig, wie sie ist, stellt Kathleen sehr kluge Fragen. Ihre Stimme lädt mich zum Träumen ein, und ihr Blick, der häufig den meinen trifft, betört mich. Wie soll ich ihr erklären, warum ich das eine esse und das andere nicht? Wie schwierig das doch ist! Wir wollen ein anderes Mal darüber sprechen, einverstanden? »Wir werden uns also wiedersehen?« fragt sie unschuldig und in banger Erwartung. »Aber sicher«, mischt Schraggai sich ein. »Wie wäre es mit morgen abend?« – »Tut mir leid, aber morgen geht es bei mir nicht«, antwortet Kathleen. Ich schließe mich ihr an: »Bei mir leider auch nicht. Ich habe schon etwas vor.« Als wir aufbrechen und Schraggai die Rechnung begleicht, flüstert Kathleen mir zu: »Ich habe gelogen. Ich bin morgen noch frei. Ich wollte Sie fragen, ob wir morgen abend nicht mit dem Englischunterricht beginnen könnten. Aber wenn Sie keine Zeit haben...« Ich gestehe, daß auch ich nicht die Wahrheit gesagt hätte und mir gern morgen mit ihr Zeit nähme. Um ein Haar hätte ich ihr gestanden, daß ich abends immer Zeit habe... »Prima, rufen Sie mich morgen früh an«, erwidert sie vergnügt. Sie gibt mir noch ihre Nummer, bevor Schraggai zurückkommt. Er hat nichts bemerkt. »Ich bringe Kathleen nach Neuilly«, erklärt er. Es ist zwei Uhr früh. Ich gehe zu Fuß nach Hause. Ein nie gekanntes Glück beflügelt mich.

Am nächsten Vormittag klingelt pausenlos das Telefon.

Ein aufgeregter Anruf von Dow: »Was ist los? Hängt es wieder mit diesem Spinner Givon zusammen?« – »Nein, diesmal nicht«, beruhige ich ihn und stachle damit seine Neugier an. »Mit wem dann?« Ich antworte ausweichend und spanne ihn noch mehr auf die Folter. »Geduld«, erwidere ich. »Als wenn du geduldig wärst!« lacht er. Ich verkneife mir eine Antwort, denn natürlich hat er recht. Aber es ist weder Mendès-France noch Mauriac, dem ich entgegenfiebere, sondern Kathleen.

Ein banger Anruf bei Kathleen:

»Ich hoffe, ich habe Sie nicht geweckt.«

»Ich bin wach.«

»Was tun Sie?«

»Ich denke an gestern abend.«

»Ich muß Ihnen ein Geständnis machen: Ich verstehe nichts vom Ballett. Ich habe eigentlich gar nichts mitbekommen.«

»Ich weiß, ich habe Ihren Blick gespürt.«

»Aber ich habe Sie doch nicht einmal angesehen!«

»Ich habe trotzdem Ihren Blick gespürt.«

Langes Schweigen. »Wollen Sie mich wirklich wiedersehen?« fragt sie mit so sanfter Stimme, daß ich völlig durcheinandergerate. Und ob ich will! Ich gebe die Frage zurück: »Und Sie?« Wieder langes Schweigen, dann: »Ich will. Und wie!« Wir verabreden uns. Ich werde sie in Neuilly abholen.

Ein belustigter Anruf von Schraggai: »Und? Bekomme ich ein Dankeschön oder nicht?« Ich antworte irgend etwas. »Sag bloß, du findest sie nicht schön, verführerisch, gebildet, einfach außergewöhnlich?« Da ich noch immer nichts sage, fährt er fort: »Du kannst mich ruhig fragen, wenn du etwas über sie wissen willst.« Mir fällt keine Frage ein. Doch: Wie hat er sie kennengelernt? »Das ist eine lange Geschichte, laß uns einen Kaffee trinken gehen«, schlägt der Abgeordnete vor.

Schraggai sieht erschöpft aus. Er ist bleich, mit tiefen Falten und übernächtigten roten Augen. Seine Bewegungen und auch seine Art zu sprechen sind langsamer als sonst. »Du hast ihr gefallen«, erklärt er mir ohne Umschweife. Danke. Plötzlich erinnere ich mich an sein Versprechen vom Vorabend: »Und wo ist mein Scoop?« Er lacht: »Ist Kathleen nicht der schönste Scoop, den sich ein Journalist wünschen kann? Sie hat mir gesagt, daß du ihr angst machst.« Warum? »Sie könnte sich in dich verlieben.« – »Und davor hat sie Angst?« – »Ja, sie ist nämlich nicht frei.« – »Was? Ist sie verheiratet?« Ich hätte mich beinahe verschluckt. »Nein, aber verlobt.« Aus der Traum, zerplatzt. Die Hoffnung auf ein baldiges Glück – verloren. Ich weiß nicht, wie ich es noch fertigbringe, ihn zu fragen: »Wo hast du sie kennengelernt?« Er erzählt eine seltsame, unglaubliche Geschichte. Darin spielen der Zufall, die Metro, einige Mißverständnisse, die Staatsräson, die Musik und sogar der Mossad eine Rolle.

Sie sind sich vor einem Monat an der Kasse der Salle Pleyel zum erstenmal begegnet und saßen dann auf zwei benachbarten Plätzen, haben aber kein Wort gewechselt. In der Pause wird Schraggai von einem Freund, einem Offizier des Mossad, angesprochen und nach seiner Nachbarin gefragt: Seit wann er sie kenne? Was er über sie wisse? Schraggai erwidert, er habe sie nie zuvor gesehen. Der Mann vom Mossad verhehlt seine Enttäuschung nicht: »Schade. Wir hofften, du könntest uns helfen.« Aber wie und in welcher Sache? »Ganz einfach. Sie ist Deutsche und lebt mit jemandem zusammen, für den wir uns interessieren, ein deutscher Wissenschaftler, der für Syrien arbeitet.« Schraggais Kommentar dazu: »Manchmal täuscht sich selbst der Mossad. Nachdem wir unsere Plätze wieder eingenommen haben, verwickle ich meine Nachbarin in ein Gespräch. So habe ich erfahren, daß sie nicht Deutsche, sondern Amerikanerin ist und daß sie niemanden kennt, der für ein arabisches Land arbeitet. Tatsächlich war sie eben erst aus den Vereinigten Staaten angekommen, und ich war der erste Ausländer, mit dem sie sich unterhielt.«

Schraggai begleitete sie nach Hause, und seit jenem Abend spielt er für sie eine Art Anstandswauwau, ist ihr Parisführer und ihr Leibwächter. Sie verstehen sich glänzend. Sie behandelt ihn nicht wie einen Vater, sondern wie einen guten Freund ihres Vaters. Er ist ihr Vertrauter. Aber warum wollte er unbedingt, daß ich sie kennenlerne? »Weil ich gern Schicksal spiele«, antwortet er. Und deshalb will er uns einander in die Arme treiben? Hat er mir nicht gesagt, sie sei verlobt? »Es ist Sache des Schicksals, nur zu beobachten«, bemerkt er. Und nicht einzugreifen? »Nein, das Schicksal wartet ab. Einmal öffnet sich eine Tür, ein andermal geht sie zu; dann hält sich das Schicksal im Hintergrund und läßt die Dinge laufen. Sind die Dinge einmal in die Wege geleitet, wird es zum Zuschauer.« Na schön, denke ich. Seither sehe ich jedesmal, wenn ich an das Schicksal denke, einen großen hängenden Schnauzbart vor mir.

Nun fragt Schraggai mich seinerseits über seinen Schützling aus. Ob ich sie wirklich bezaubernd und interessant gefunden hätte? Ob ich sie gerne wiedersehen würde? Zum Glück hat mich mein Beruf gelehrt, gewissen Fragen mit äußerster Vorsicht und doch sehr elegant auszuweichen. Ein Geheimnis ist bei mir gut aufgehoben. Es fällt kein Wort über die Verabredung mit Kathleen. Tue ich meinem Freund vielleicht unrecht damit? Schließlich verdanke ich ihm den Beginn dieses Abenteuers. Ich fühle, wie ein leichtes, gar nicht unangenehmes Schuldgefühl in mir aufkommt. Aber ich darf Kathleen nicht verraten. Sie allein zählt, und da sie ihm nichts gesagt hat, muß auch ich schweigen.

Der Nachmittag will einfach nicht vorübergehen. Schwerfällig reihen sich die Stunden aneinander, als dehnten sie sich aus. Als ich wieder zu Hause bin, treiben mich quälende Gedanken um, deren Ursache ich mir nicht erklären kann. Ich habe einen heftigen Migräneanfall und leide unter Atemnot. Ich sage alle meine Verpflichtungen ab. Nein, ich werde morgen nicht zur Pressekonferenz ins Außenministerium gehen. Ob ich am Abend zum Empfang komme? Tut mir leid, aber... Leneman schlägt mir vor, ihn zu einer Premiere im Théâtre Antoine zu begleiten. »Nein, danke. Ich bin hinter einer interessanten Sache her.« Ist das wahr? Ja. Ein Scoop? Vielleicht. Ich weiß nicht, ob er meine Ausflüchte glaubt. Ich weiß nur, daß mir meine Arbeit plötzlich nicht mehr wichtig ist. Es gelingt mir nicht, vor meiner Schreibmaschine sitzen zu bleiben und mich zu konzentrieren. Meine Gedanken schweifen ab, sie entgleiten mir, führen mich weg von hier, weg von allem.

Am Abend nehme ich die Metro nach Neuilly. Ich bin zwar schon lange kein Oberschüler mehr, aber ich fühle mich wie ein verknallter Primaner, als ich vor der Tür stehe und klingle. Kathleen begrüßt mich: »Macht es Ihnen etwas aus, wenn wir nicht im Salon, sondern in meinem Zimmer arbeiten?« Nein, nicht im geringsten. In ihrem Zimmer ist es viel gemütlicher, außerdem hat Schraggai mir gesagt, daß Kathleen bei einer Dame wohnt, und vor Zimmerwirtinnen nehme ich mich in acht. Also nichts wie auf ihr Zimmer. Es ist nicht gerade geräumig, aber geschmackvoll möbliert. Kathleen setzt sich auf ein blau-goldenes Sofa und bittet mich, neben ihr Platz zu nehmen. Wie beginne ich jetzt ein Gespräch? Ein gähnendes schwarzes Loch verschlingt alle Sätze, alle Einfälle, die durch meinen verwirrten Kopf jagen. Und wenn ich wieder den guten Kant zu Hilfe riefe? In der Vergangenheit hat er sich doch immer als Gesprächsstoff angeboten. »Geht das jetzt schon wieder los?« flüstert eine wachsame innere Stimme mir zu, die bisweilen verhindert, daß ich mich im Kreis drehe: »Mach dich nicht zum Trottel. Ein einziges dummes Wort, und sie setzt dich vor die Tür.« Gut, ich werde es mir hinter die Ohren schreiben. Zum Glück kommt Kathleen mir zu Hilfe. Sie beginnt, mir von ihrem Leben zu erzählen, ihrer friedlichen Kindheit und ihrer wilden Jugend als Mischlingskind. Ihr Vater stammt aus Irland, die Mutter ist Indianerin, und so fühlt sie sich ständig zwischen beiden Traditionen, beiden Kulturen hin- und hergerissen und kann keiner gerecht werden. Ich warte darauf, daß sie ihren Verlobten erwähnt. Sie erwähnt ihn mit keiner Silbe. Schraggai muß sich geirrt haben. Um so besser für mich. Kathleen ist ungebunden. Wie ich. Ob sie es auch für mich ist? Ich mag ihre etwas rauhe Stimme, die mich an die einer großen Filmschauspielerin erinnern könnte, wenn mir nur ihr Name einfallen würde. In meinem Kopf gibt es keine Bilder mehr von Frauen außer Kathleens. Sie gibt sich tugendhaft, spricht langsam, senkt ihren Blick und vermeidet es, mich anzusehen, als fürchtete sie, ich könnte in ihren Augen ein Geheimnis entdecken. Plötzlich, und vielleicht ohne daß sie es bemerkt hat, berührt ihre Hand die meine. Ich halte sie fest. Dann sagt sie nichts mehr, ich auch nicht. Sie hebt den Kopf, und ihr Haar streift mich. Jetzt ist ihr Gesicht ganz nahe bei meinem. Ihr Atem brennt auf meinen Lidern, die sich rasch senken. Ihre Lippen suchen, verlangen nach meinen. Ich wußte nicht, daß ein Kuß so lange dauern, daß er in solche Tiefen führen kann. Dank Kathleen lerne ich mich von einer ganz neuen Seite kennen. Leider reicht das noch nicht, wie ich gestehen muß. Als sie mir zärtlich ins Ohr flüstert, daß wir uns lieben könnten, deute ich Dummkopf mit einer Handbewegung meine Vorbehalte an: »Das sollten wir nicht tun«, sage ich in einem Ton, der beinahe beleidigt klingt. »Glauben Sie mir, wir sollten es nicht tun.« – »Und warum nicht?« Sie starrt mich ungläubig an. Jetzt gehen mir die Argumente aus, denn Kathleen hat recht: Warum sollen ein Mann und eine Frau nicht ihre Sehnsucht nach Liebe stillen, wenn sie sich ein bißchen mögen, wenn sie sich sogar schon lieben? Und wenn sie beide ungebunden sind? Was hindert mich, wo sich mein ganzer Körper danach sehnt? Warum weise ich dieses Geschenk zurück? Um die Wahrheit zu sagen, ich weiß es nicht. Sicher, Kathleen zieht mich an, aber ich bleibe standhaft. Vielleicht, weil es mir an Erfahrung fehlt? Oder weil ich Angst habe zu versagen, sie zu enttäuschen? Sie ist meine Lehrerin. Ich folge ihr. Sie steht auf, ich stehe auf. Sie führt mich zu ihrem Bett unter einem purpurfarbenen Baldachin. Wir halten uns fest umschlungen und fallen so auf die schwere Bettdecke. Jetzt spüre ich die Wärme ihres Körpers. Ich gäbe alles für das, was nur sie mir geben kann: das hinreißende Gefühl, zu besitzen, indem man teilt. Gäbe ich wirklich alles? Nein. In Wirklichkeit bin ich weder bereit, irgend etwas zu geben, noch etwas zu empfangen. Gefangen in meinen religiösen oder sonstigen Hemmungen, weise ich das Geschenk zurück. Zärtlichkeiten, Küsse, tausend andere sinnliche Berührungen - ja. Aber mehr nicht. Vor dem letzten Schritt, an der Schwelle zum Glück, schrecke ich zurück. Denn im Grunde bin ich überzeugt, daß Kathleen noch Jungfrau ist. Das soll kein Scherz sein. Ich glaube daran. Damals war ich überzeugt davon, daß alle Frauen bis zu ihrer Heirat Jungfrau blieben, und ich hätte es nie gewagt, sie zu »beschmutzen«. Ich flüstere Kathleen zu: »Was wir tun, muß rein sein, verstehen Sie?« Nein, sie versteht nicht. Muß ich ihr wirklich alles erklären? Um so besser. Schon sind wir in der ersten Philosophiestunde: eine Lektion über die Tugend und die Liebe im theologischen Sinn. Ob sie wisse, daß die biblischen Begriffe *Keduscha* und *Kedescha*, die seltsamerweise miteinander verwandt sind, zum einen »Heilige« und zum anderen »Prostituierte« bedeuten? Ob sie die Gitas aus Indien kenne? Jetzt bin ich in meinem Element. Zwischen zwei leidenschaftlichen Umarmungen erzähle ich ihr, was ich dort in Sachen heiliger Erotik entdeckt habe. Ob sie schon einmal von der jüdischen Mystik gehört habe? Ob sie auch wisse, daß jede Vereinigung eine Wiedervereinigung ist? Gibt es eine geheimnisvollere und reinere Verbindung als die Verbindung zwischen zwei Menschen, die vom selben zum Begehren gewordenen Bedürfnis durchdrungen sind? Ich drücke mich ungeschickt aus, mache mich lächerlich, ich rede viel und sage nichts, ich tue viel, aber nichts von dem, was sie von mir erwartet, was ich von mir selbst erwarte.

Um drei Uhr morgens gibt sie auf. Die Ärmste ist völlig erschöpft, ich nicht. »Werde ich Sie jetzt nicht mehr wiedersehen?« fragt sie. Vielleicht fürchtet sie, mich enttäuscht zu haben. Ich versichere ihr, daß ich sie noch mehr liebe als bei unserer ersten Begegnung, mehr denn je. Ich liebe die Schönheit und die Anmut ihres Körpers ebenso wie die unbefleckte Reinheit ihrer Seele. Wir müssen uns wiedersehen. Wir umarmen uns ein letztes Mal, dann verlasse ich das Haus.

Ich gehe zu Fuß zurück. Die Metro fährt nicht mehr, und die wenigen Taxis, die noch unterwegs sind, kosten zuviel. Es sind kaum Menschen auf der Straße, sogar die Champs-Elysées sind wie leergefegt. Dabei ist Frühling, und die Luft ist mild. Ein paar Huren versuchen, mich anzulocken. Eine aufgetakelte, grinsende Alte hält mich am Arm fest: »Komm, Kleiner, ich bin scharf auf dich.« Mit einem Ruck befreie ich mich. Auf der Höhe der Madeleine will mich kurz darauf eine weitaus Jüngere mit Gefühlen ködern: »Ich habe ein Baby und kein Geld, um es zu ernähren.« Warum sollte ich ihr nicht den Gefallen tun? Sie könnte mir etwas beibringen, ich hätte es bitter nötig... Doch ein Gedanke an Kathleen genügt, und schon bin ich schulterzuckend an ihr vorübergegangen. Die junge Prostituierte fängt an zu weinen. Habe ich sie beleidigt? Ich mache kehrt, entschuldige mich bei ihr, erkläre, daß ich leider nicht reich genug sei. Sie spuckt mir ein paar Flüche ins Gesicht und rät mir, schleunigst zu verschwinden. Schade, daß sie mich nicht verstanden hat, ich wollte ihr nicht weh tun. Im Gegenteil, ich könnte die ganze Welt umarmen, die verschlafenen Passanten, die Clochards, die letzten Gäste in den noch geöffneten Cafés, die Bäume, die Wolken, den Wind, in dem sie sich wiegen: Eine junge Studentin aus Ohio, halb Indianerin, halb Irin, hat es fertiggebracht, daß ich den Segen meiner Liebe gern der ganzen Schöpfung zuteil werden ließe.

Auch Mauriac. Vielleicht vor allem Mauriac?

Die restlichen Tage bis zum Besuch bei dem berühmten Schriftsteller widme ich ausschließlich seinem Werk, und Kathleen, die ich dennoch jeden Abend besuche, nimmt es mir nicht übel. Sie weiß, was für mich auf dem Spiel steht. Beim Wiederlesen seiner Romane entdecke ich Mauriac aufs neue. Seine wichtigsten Themen werden mir wieder gegenwärtig: die Macht der Sünde, die Gewalt des Hasses, die Last der verbotenen Liebe und die Bedeutung der Gnade. Ich lese seine polemischen Aufsätze über die Tagesereignisse wieder. Ich bewundere seinen beißenden Stil, die wütende Boshaftigkeit, mit der er seine Gegner abkanzelt, bevor er sie bemitleidet. Im Gegensatz zu ihm bin ich nicht der Meinung, daß man den Schriftstellern vergeben soll, die mit den Nazis kollaborierten, denn sie haben den Haß gepredigt und den Tod der Juden gefordert: Wer darf sich das Recht nehmen, ihnen zu verzeihen? Ich weiß, er ist Katholik, und deshalb bereit, alles zu vergeben. Ich aber bin Jude, und deshalb geht es mir gegen den Strich. Nicht einmal Gott ist bereit, die Schuld von einem Menschen zu nehmen, der sich gegen einen anderen versündigt hat. Nur der Betroffene selbst ist berechtigt, dies zu tun. Soll ich meinen Gastgeber darüber befragen? Es könnte ihn verletzen... Wie wird er mich empfangen? Und schon werden die schlafenden Dämonen wieder wach: Welche Fragen soll ich ihm stellen? Wie überwinde ich meine Angst, mich ungeschickt auszudrücken, dumm oder ungebildet zu erscheinen? Kathleen beobachtet mich und macht sich Sorgen wegen meiner Nervosität: Ich schäme mich, ihr meine Befürchtungen zu gestehen, und tue es schließlich doch, um ihrer zärtlichen Zuwendung auch würdig zu sein. Voller Mitgefühl spricht sie mir Mut zu und nimmt mich in die Arme. Wenn ihre Lippen die meinen berühren, sind meine Sorgen und Befürchtungen wie weggeblasen. Welche Bedeutung hat schon ein Interview mit Mauriac? Es ist eine Nebensache, ein literarisch-politisches Zwischenspiel, mehr nicht. Und wenn er mir nicht zu einer Unterredung mit Mendès-France verhilft? Im schlimmsten Fall habe ich dann eben keinen Scoop. Nur Mut! Alles ist nur halb so schlimm. Und was ist die Hauptsache? Die Hauptsache ist Kathleen. Endlich ist es mir vergönnt, eine richtige Liebesgeschichte zu erleben – und was für eine Geschichte, was für eine Liebe! Ein junger, von der Mystik besessener Jude hat sich wahnsinnig in eine Christin verliebt, in deren Adern indianisches und irisches Blut fließt. Wie immer, wenn mich die Begeisterung fortreißt, überläuft mich ein Schauder: Wenn mein Vater mich jetzt sähe, wenn mein Großvater wüßte...

Am Tag des Interviews bin ich eine ganze Stunde zu früh in der Avenue Théophile-Gautier. Aufgeregt gehe ich in den Straßen des Viertels auf und ab, betrachte die Schaufenster und die Terrassen der Cafés, rauche eine Zigarette nach der anderen. In Gedanken wiederhole ich meine Fragen an Mauriac. Eines ist klar: Ich muß das Gespräch irgendwie auf Mendès-France bringen. Alles andere wird sich ergeben. Ich spreche mir Mut zu: Es wird schon nicht so schwer sein. Ich muß ihn nur sprechen lassen. In seinen *Notizen aus dem Kalender* spricht er ständig über sich.

Endlich ist es Zeit, hinaufzugehen. Der Aufzug fährt langsam nach oben. Um so besser. Ich brauche diese Verschnaufpause. Ich klingle. Eine alte Haushälterin öffnet: »Sie werden schon erwartet.« Sie führt mich in den Salon: »Haben Sie bitte noch einen Augenblick Geduld.«

Soll ich mich setzen oder stehen bleiben? Was ist höflicher, was macht den ernsthafteren Eindruck? Soll ich meinen Notizblock zükken und nach Art der großen Reporter mit gerunzelter Stirn darin herumkritzeln? Soll ich die Bilder an den Wänden betrachten? Ich gehe zum Fenster und schaue den Passanten nach: Zwei Schüler haben es eilig, eine Hausfrau zieht einen widerspenstigen Hund hinter sich her. Dann höre ich hinter mir eine heisere Stimme: »Entschuldigen Sie bitte, daß ich Sie warten ließ.« Ich bin sofort beeindruckt von Mauriacs Schlichtheit und seiner Herzlichkeit. Oder liegt es an meiner Hochachtung vor dem Schriftsteller wie vor dem Menschen? Ich weiß, wie mustergültig er sich während der Besatzung verhalten hat: Er hat sich nichts vorzuwerfen. *Das schwarze Heft* von Forez (Mauriacs Pseudonym während der Besatzung) spricht für den Menschen wie *Die Tat der Thérèse Desqueyroux* für den Schriftsteller Mauriac. Vor so einem Mann kann man sich nur verneigen. Wer würde sich da nicht ganz klein vorkommen?

Bald fühle ich mich in seiner Gegenwart wohl. In vertraulichem Ton erzählt er mir von seiner Arbeit als Journalist. Als er ein paar »Bosheiten«, mal gegen einen rechten Hetzer, mal gegen einen linken Leitartikler, einstreut, funkeln seine Augen grimmig. In zehn Minuten erfahre ich mehr über die politische Welt von Paris als in den vergangenen fünf Jahren. Und Mendès-France? Zu gern würde ich ihn nach Mendès-France fragen, der mich am meisten beschäftigt. Mein Respekt verbietet es mir aber, ihn zu unterbrechen. Außerdem ist sein Monolog mitreißend. Es gibt nichts, was er nicht gelesen hätte, kein Wissen, in das er nicht eingedrungen wäre. Er verkehrte mit allen großen Persönlichkeiten, die dem politischen Schicksal dieses Jahrhunderts Gestalt gegeben haben oder in deren Werken sich seine Geschichte spiegelt. Doch sein großes Thema ist das Leben und mehr noch der Tod eines jungen Juden aus Nazareth und Jerusalem: Wenn er seinen Namen – Jesus – ausspricht, wird sein Lächeln noch sanfter, melancholischer und leuchtender. Einmal auf den Weg gebracht, möchte er nicht mehr von diesem Thema lassen. Seine Ausführungen sind glänzend, aber... Ich habe an anderer Stelle über meine Reaktion, meine Empörung berichtet.* Hinterher war ich sehr wütend auf mich. Ich machte es mir zum Vor-

* »Ein Interview, das anders ist als alle anderen«, in: *Jude heute*, Wien 1987, S. 26ff.

wurf, ihm entgegnet zu haben, ich hätte jüdische Kinder gesehen, die mehr leiden mußten als Jesus, und daß wir Juden darüber nicht sprächen. Ich hatte kein Recht, ihn zu verletzen. Nicht ihn. Er hatte nicht die Absicht, seinen Glauben wie ein Schwert gegen unseren Glauben zu schwingen. Im Gegenteil: Er verteidigte uns, weil er Jesus liebte. Weil ihn die Leiden Jesu schmerzten, bemühte er sich, unser Leid zu mildern. Aber das begriff ich erst später. Zwar vermittelte er mir kein Interview mit Mendès-France (aus einem einfachen Grund: weil ich ihn zu guter Letzt nicht mehr darum gebeten hatte), doch im Laufe der Zeit wurden wir Freunde, und diese Freundschaft war mir mehr wert als alle Scoops dieser Welt.

Dieser unbestechliche Mann, dieser widersprüchliche Charakter hat mich zeitlebens in seinen Bann geschlagen. Als wohlhabender Großbürger war er zugleich der Freund der Besitzlosen. Bescheiden und doch voller Ironie, verletzend und zugleich anteilnehmend, großzügig und dennoch ein scharfzüngiger Polemiker, tief gläubig und voller Verständnis für alle, die den Glauben in Frage stellen – all diese Gegensätze vereinigte er in sich. Einmal gestand er mir kummervoll: »Wir hätten uns früher kennenlernen sollen. Jetzt bin ich zu alt, um noch einmal bei Null anzufangen.«

Er hat unser erstes Zusammentreffen in seinen Notizen vom Samstag, dem 14. Mai 1955, festgehalten. Darin erwähnt er »einen jungen Israeli, der als jüdisches Kind in einem deutschen Lager war«. Ich war kein Israeli. Vielleicht machte er keinen Unterschied zwischen Juden und Israelis.

Ich verdanke ihm viel. Er war der erste Leser von *Nacht* und schlug das Buch vergeblich seinen eigenen Verlegern vor. Er versprach ihnen, ein Vorwort zu schreiben, in der Presse darüber zu reden, es mit allen Mitteln zu verteidigen, die ihm zur Verfügung standen, und das waren nicht wenige – nichts zu machen. »Die Todeslager«, lautete die Antwort, »interessieren doch niemanden mehr. Das verkauft sich nicht.« Daraufhin ging er zu den Éditions de Minuit und gab Jérôme Lindon das Manuskript. Kühn wie immer, ließ Lindon alle wirtschaftlichen Erwägungen außer acht und gab meinem bescheidenen Bericht eine Chance.

Was wäre ohne Mauriac aus mir geworden? Er wachte über meine »Karriere«. Jedesmal wenn ich nach Frankreich kam, besuchte ich ihn. Um den eigenen Standort zu überprüfen. Ich brauchte seine Anerkennung und sein Vertrauen. Er begann das Gespräch stets mit einem Überblick über die Themen, die Frankreich während meiner Abwesenheit bewegt hatten. Nie werde ich vergessen, wie er über den fehlgeschlagenen Selbstmordversuch einer berühmten Journalistin (er hatte sie ehrlich ins Herz geschlossen) berichtete, den sie aus enttäuschter Liebe unternommen hatte. Oder wie er von der Hochzeit seiner Enkelin mit einem Filmregisseur erzählte ... Eine andere Tonart schlug er an, wenn er über sein letztes Gespräch mit General de Gaulle berichtete oder über einen hochnäsigen Schriftsteller, dem er soeben in der Presse einen schweren Rüffel erteilt hatte. Häufig erwähnte er seinen Beichtvater, einen Jesuiten oder Dominikaner, in dem er einen echten Vertrauten gefunden hatte. Und er erzählte von seinem Bruder Pierre, einem eifrigen Anhänger Pétains, der unter dem Vorwurf der Kollaboration 1944 in Bordeaux festgenommen und eingesperrt worden war. Wenn er an ihn und sein Schicksal dachte, begann er zu weinen...

Aus meinen Gesprächen mit François Mauriac:

»Aber Sie selbst gehörten doch zu den wenigen, die das Übel erkannten... und nicht zum Mitläufer wurden...«

»Aber nicht am Anfang, nicht am Anfang... Wie alle Welt war ich davon überzeugt, daß Pétain nur das Beste wollte für Frankreich... Ich habe an ihn geglaubt... Ich habe sogar zwei Artikel in diesem Sinne verfaßt...«

»Sie waren nicht der einzige...«

»Nein, ich war nicht der einzige... Und andere sind sicher weiter gegangen... haben länger mitgespielt, länger an ihrem Irrtum festgehalten... Aber das entschuldigt nichts...«

»Trotzdem haben Sie rechtzeitig einen Schlußstrich gezogen... Dann kam *Das schwarze Heft*...«

»Sicher... Aber lassen Sie uns nicht um den heißen Brei herumreden, nennen wir die Dinge doch beim Namen ... Damals war niemand unschuldig, ich meine: niemand war völlig schuldlos...«

»Außer den Widerstandskämpfern... und den Opfern...«

»Natürlich, die Opfer... die Opfer... Sie waren vollkommen unschuldig...«

»Sie sagten, es gebe eine Pflicht zu reden, zu schreiben.«

»Ja, das habe ich Ihnen zu bedenken gegeben. Ihr Volk hat schließlich nur durch das Wort und im Wort überlebt.«

»Durch wessen Wort?«

»Durch das Wort Gottes.«

»Braucht Gott denn die Menschen, um Seinen Willen kundzutun?«

»Es sieht so aus. Sonst hätte Er sie nicht geschaffen. Ist das jüdische Volk nicht Träger Seines Wortes?«

»Wir alle sind aufgerufen, für Ihn zu zeugen. Aber wie? Die Christen antworten: durch das Leiden. Wir sagen jedoch: durch den treuen Glauben an Ihn.«

»Genügt der Glaube allein? Die Juden sind weder die einzigen, die leiden, noch die einzigen, die am Glauben festhalten. Worin unterscheidet sich das jüdische Volk von den anderen?«

»Alle Völker sind verschieden. Jedes auf seine Weise.«

»Aber nur das jüdische Volk hat der Welt und ihrer Geschichte den Menschen geschenkt, der fähig und bereit war, alle von sich selbst zu erlösen.«

»Jesus von Nazareth? Ich weiß, Sie glauben an ihn. Aber für mich ist er, Sie müssen schon entschuldigen, nicht der Erlöser.«

»Für mich ist er es. Ich erkenne ihn an seinem Leiden. An seinen Todesqualen. Und ich gehöre zu ihm, weil er Liebe ist.«

»Als Jude muß ich Ihnen antworten, daß Gott allein Liebe ist und daß Gott einzig ist.«

»Jeder gläubige Christ würde Ihnen dasselbe antworten: Auch für uns ist Gott einzig und allein Gott. Doch Jesus ist Sein Sohn.«

»Alle Menschen sind Seine Kinder.«

»Wie kann man dann das Böse erklären?«

»Ich hüte mich vor Erklärungen.«

»Und die Nazischlächter, die die jüdischen Kinder ermordeten, die Sie gesehen haben? Waren sie auch Kinder Gottes?«

»Gott allein steht es zu, diese Frage zu beantworten.«

»Manchmal stellt Gott lieber Fragen.«

»Ich kann Ihnen darauf keine Antwort geben, Maître. Aber ich weiß, daß die Folterknechte und Mörder der Nazis getauft waren.«

Langes Schweigen.

»Wir sollten Jesus dafür nicht tadeln«, sagt Mauriac mit leiser Stimme, »denn es ist nicht seine Schuld, wenn wir hier unten auf Erden seine Liebe zu uns verraten...«

»Ich tadle nicht Jesus. Er ist schließlich von den Römern gekreuzigt worden; doch gegenwärtig sind es Christen, die ihn quälen.«

Beim Essen in einem Restaurant:

»Ich habe dieses Restaurant für uns ausgesucht, damit Sie endlich auch etwas essen können: Hier gibt es kein Fleisch. Nur Fisch.«

»Das ist sehr liebenswürdig von Ihnen. Vielen Dank.«

»Wie wäre es mit Langusten?«

»Die sind nicht koscher.«

»Aber das ist doch kein Fleisch!«

»Es gibt auch Fische, die wir nicht essen dürfen...«

»Verstehe ich nicht.«

»Das ist auch kompliziert – es hat mit den Schuppen zu tun.«

»Und Garnelen?«

»Sind auch verboten.«

»Und Meeresfrüchte?«

»Genauso.«

»Es ist ganz schön schwierig, Jude zu sein!«

»Und nicht nur beim Essen.«

Ich habe dann ein Käsesandwich bestellt.

»Wie haben Sie es geschafft?«

»Was?«

»Wie haben Sie es geschafft zu überleben?«

»Ich weiß es nicht.«

»Durch Gott... Es war Gottes Wille... Der Herr hat Sie auserwählt...«

»Nein. Sagen Sie das nicht.«

»Glauben Sie nicht an Gott?«

»Doch.«

»Dann hat Ihr Glaube Sie gerettet.«

»Sagen Sie das nicht, ich bitte Sie darum.«

»Der Glaube kann eine Hilfe sein, kann trösten. Er kann eine Art Nahrung sein, geistige Nahrung... Der Glaube verkörpert das Leben... Die Macht des Lebens... Vielleicht hat Sie der Glaube stark gemacht...«

»Es hat nichts mit Stärke zu tun...«

»Sondern mit Gott?«

»Auch nicht mit Gott.«

»Mit was hat es dann zu tun?«

»Ich weiß es nicht.«

Ein tiefer Seufzer, dann lächelt er wie üblich: »Gerade wenn wir nichts mehr wissen, beginnen wir zu glauben...«

Ich spüre, ich sollte ihm antworten: »Und wenn wir glauben, werden wir dann wissen?«

Mauriac war tolerant und versuchte nie, den Wunsch in mir zu wekken, mich dem Christentum zu nähern. Er zeigte mir gegenüber keinerlei Bekehrungseifer. In einem seiner Notizhefte berichtet er über ein Gespräch, das wir über Jesus führten. Ich sagte ihm, daß Jesus meines Erachtens ursprünglich bestimmt ein frommer Jude war, der täglich seine Gebetsriemen anlegte, und daß die Römer ihn zum Tode verurteilt und gekreuzigt hatten, weil er Jude war...

Einmal ist keinmal; also lassen Sie mich an dieser Stelle den ganzen Text zitieren, zumal er einiger Anmerkungen bedarf:

> Mittwoch, den 29. Mai 1963.
> Nie zuvor hat es mir so viel Freude gemacht, ein Buch oder vielmehr ein Werk zu krönen. Der Prix de l'Universalité de la langue française (der fatalerweise auch Prix Rivarol heißt), mit dem jedes Jahr ein in unserer Sprache schreibender ausländischer Schriftsteller ausgezeichnet wird, ist dieses Jahr meinem Freund Elie Wiesel verliehen worden, der in einer jüdischen Gemeinde in Transsylvanien geboren wurde, heute amerikanischer Staatsbürger ist und als Korrespondent einer israelischen Zeitung und französischer Schriftsteller in New York lebt.
> In einem Vorwort zu seinem ersten Buch, *Nacht* (erschienen bei den Éditions de Minuit), habe ich von unserer ersten Begegnung berichtet. Als ich diesem jungen israelischen Journalisten, der ein Interview mit mir machen wollte, jenen mit jüdischen Kindern überfüllten Zug beschrieb, den meine Frau in der Zeit der Besatzung eines Tages an der Gare d'Austerlitz gesehen hatte, sagte er zu mir: »Ich war eines dieser Kinder.« Mit diesen Worten begann unsere Freundschaft. Elie Wiesel ist aus den Lagern zurückgekehrt, wo er gesehen hatte, wie seine ganze Familie zu Asche wurde, wo er, das mystische Kind, seinen Glauben an den Gott der Liebe und des Trostes verloren hatte oder vielmehr geglaubt hatte, ihn verloren zu haben.
> Seine vier Romane: *Nacht, Morgengrauen, Tag* und *Gezeiten des Schweigens* (die drei letzten erschienen bei den Éditions du

Seuil) unterscheiden sich von allem, was heute den Roman ausmacht, durch folgendes: In ihnen wird das Problem des Schreibens nicht zum Selbstzweck. Die Schreibtechnik entspricht den Anforderungen der Botschaft, dem Schrei, den dieser Unschuldige an uns richtet, der dem Blutbad des Herodes entronnen ist. Im Grunde genommen handelt es sich weniger um die Aussage eines Zeitzeugen als um die innere Entwicklung einer Seele, die eine Zeitlang überzeugt sein mußte, daß auch Gott... daß selbst der unschuldige Ewige getötet worden war. Die vier Bücher Elie Wiesels erzählen von einem Kind, das von dieser Reise zum äußersten Entsetzen zurückkehrt.

Wie ich die jüdischen Mystiker liebe, diese Zeugen der ersten Liebe! Vielleicht gibt es sie heute noch ebenso zahlreich, wenn auch nicht in jenem Israel, mit dem wir es zu tun haben und das seine Energie ganz und gar auf die Eroberung und die Sicherung seiner Herrschaft richtet...

Eines Tages werde ich Elie Wiesel ins Heilige Land begleiten. Er wünscht es sich sehnlichst, denn er hat ein einzigartiges Bild von Christus! Wie Chagall sieht er ihn mit Gebetsriemen, das heißt als Sohn der Synagoge, als frommen Juden, der sich dem Gesetz unterwirft – und der nicht tot ist, »weil er sich als Mensch zu Gott gemacht hat...« Elie Wiesel befindet sich damit an der Grenzscheide der beiden Testamente: Er gehört zum Stamme Johannes des Täufers...

Ich war ihm sehr dankbar für die tiefe Freundschaft, die dieser Text bezeugt. Bei unserer nächsten Zusammenkunft lenkte ich seine Aufmerksamkeit jedoch auf einige Ungenauigkeiten. Erstens ist *Nacht* kein Roman. Zweitens war ich während der Besatzung nicht an der Gare d'Austerlitz und habe daher sicher nicht gesagt, ich sei in dem mit jüdischen Kindern überfüllten Zug gewesen, sondern vielmehr erwähnt, daß ich in einem Lager mit jüdischen Kindern war. Drittens ist sein Urteil über Israel (das seltsamerweise keinerlei Zurückweisung von der jüdischen Gemeinde erfuhr – dort vertraute man ihm) nicht gerechtfertigt. Viertens schreibt er mir in bezug auf Jesus Christus eine Haltung zu, die nicht meine, sondern seine war: Hat nicht Basilius aus Cäsarea erklärt, das Ziel des Menschen sei es, Gott zu werden? Das Streben des Judentums zeugt hingegen von mehr Demut. Das Ziel des Menschen ist es, menschlich zu sein. Und fünftens fügt er aus mir unbekannten Gründen hinzu: »Elie Wiesel befindet sich an der Grenzscheide der beiden Testamente: Er gehört zum Stamme Johannes des Täufers...«. Nun, ich habe größten Wert darauf gelegt, ihm (wie später auch meinem Freund, Kardinal Jean-Marie Lustiger, dem Erzbischof von Paris) meine Haltung deutlich zu machen: Dort, wo ich herkomme, und da, wo ich stehe, kann man nicht zugleich Jude und Christ sein. Jesus war Jude, aber diejenigen, die sich heute auf ihn berufen, sind es nicht. Das heißt keineswegs, daß die Juden besser oder schlechter als die Christen sind, sondern es bedeutet schlicht und einfach, daß jeder von uns das Recht, wenn nicht sogar die Pflicht hat, zu sein, was er ist.

Über diesen Punkt hatten wir bereits einige Jahre zuvor diskutiert, als er mich damit ehrte, mir sein Buch über Jesus zu widmen: »Für Elie Wiesel, der ein gekreuzigtes jüdisches Kind war.«

Insgesamt entwickelte sich unsere Beziehung jedoch ohne ernsthafte Verstimmungen. Ich erwiderte seine Freundschaft mit Freundschaft.

Mauriac interessierte sich für das Judentum, für die Juden und für ihre Feinde. Der Antisemitismus einiger seiner Kollegen brachte ihn aus der Fassung. Wir sprachen auch sehr häufig über Israel, über die Prüfungen, die es zu bestehen hatte, und über seine Mission. Ich lud ihn ein, das Gelobte Land zu besuchen:

»Lassen Sie uns zusammen dorthin gehen, wo für Sie und für mich alles begonnen hat.« Er war sofort einverstanden. Ich bemühte mich deshalb bei der israelischen Botschaft um eine offizielle Einladung, und als er sie erhielt, nahm er sie zwar an, doch dabei blieb es auch, denn er fürchtete den Ortswechsel und die Wirkung, die jene Stätten auf ihn haben könnten, an denen Christus sein Martyrium und seinen Tod erlitt. Er fürchtete die Gefühle, die sie in ihm auslösen könnten. Also verschob er das Vorhaben jedesmal auf einen späteren Zeitpunkt.

Ein einziges Mal trübte eine kleine Unstimmigkeit unsere Beziehung: als General de Gaulle seinen »kurzen Satz« über das selbstbewußte und herrische Volk sprach. Bezog er sich dabei auf Mauriac, der davon gesprochen hatte, daß Israel seine Energie ganz und gar auf die Eroberung und die Sicherung seiner Herrschaft richte? Davon abgesehen sprach Mauriac über den Staat Israel, während de Gaulle das israelische, mithin also das jüdische Volk meinte. Ich hielt es für notwendig, den Präsidenten der Republik zu kritisieren, und

Mauriac verteidigte ihn: »Niemand wird mich davon überzeugen können, daß de Gaulle ein Antisemit ist«, sagte Mauriac. Ich erwiderte ihm: »Ein Mann in seiner Stellung ist nicht nur für das verantwortlich, was er sagt, sondern auch dafür, wie seine Worte ausgelegt werden können. Und dieser kurze Satz ist als Aussage gedeutet worden, die sich gegen die Juden richtet.« Unser Zwist war von kurzer Dauer. Mauriac war nicht nur ein großer Schriftsteller, er war auch ein aufrichtiger Humanist: Er fand einen Weg, seinen Abstand zu de Gaulles Ausspruch zu verdeutlichen, ohne sich deshalb von ihm zu entfernen.

In meinem Tagebuch befinden sich zahlreiche Notizen über meine Gespräche mit François Mauriac. Und immer berühren sie Themen aus dem Umkreis von Religion, Politik, Geschichte und Literatur.

Zufällig war ich am Tag seiner Beerdigung in Paris. Ich ging zu den Trauerfeierlichkeiten in Notre-Dame. Die Kathedrale war jedoch so überfüllt, daß wir draußen stehen blieben.

Und schwiegen.

Meine Freundschaft mit Mauriac währte bis zu seinem Tod. Dagegen endete meine »Beziehung« zu Kathleen nach einer kurzen Zeit der Ernüchterung. Zuerst einmal war sie tatsächlich verlobt. Ihr »Verlobter« war Grieche, und sie fuhr regelmäßig zu ihm nach Löwen in Belgien, wo er Medizin studierte. Dann mußte sie natürlich auch den Französischunterricht bei der Alliance Française besuchen. Und in der verbleibenden Zeit hatte sie andere Bedürfnisse, als von meinen philosophischen Monologen über die »wesensmäßige Reinheit« der Liebe beehrt zu werden. Während wir noch, wenn man so sagen kann, »zusammen« waren, »sah« sie auch andere Männer. Wollte sie mich eifersüchtig machen? Oder mich dazu bringen, meine Haltung zu ändern? Im Sommer 1955 trennten wir uns, und ich litt sehr darunter.

Jahre später traf ich sie in den Vereinigten Staaten wieder. Sie hatte im *Time Magazine* die Kritik zu *Gezeiten des Schweigens* gelesen. Aufgeregt rief sie mich in der Redaktion des *Jewish Daily Forward* (auf jiddisch: *Forverts*) an. Sie befand sich auf der Durchreise in New York und lud mich in ihr luxuriöses Hotel ein, das Sherry Netherlands in der Fifth Avenue. Für ihre Heirat mit einem reichen jüdischen Unternehmer aus dem Mittleren Westen war sie zum jüdischen Glauben übergetreten. Nun erzählte sie mir humorvoll von ihrem neuen Leben: vom Pessach-Mahl, den Bräuchen zu Jom Kippur, von den Geldsammlungen für Israel oder die örtlichen Wohltätigkeitsvereine. Dann die Empfänge, die Cocktails, die prunkvollen Abendessen... Wenn ich es ihr erlaubte, wäre sie bereit, auf der Stelle tausend Exemplare meines Romans zu erwerben, damit er auf die Bestsellerliste komme. »Hast du so viele Freunde oder so viel Geld?« fragte ich sie. Sie senkte den Blick, als schämte sie sich für etwas. Überaus taktvoll erzählte sie von ihrer Hochzeit, aber nicht von ihrem Ehemann. »Liebst du ihn?« wollte ich wissen. Sie errötete und antwortete nicht. Kathleen hatte sich also nicht verändert. Sie war eine gute Schauspielerin. Sie spielte die Keusche, die Unschuldige. Ich wiederholte meine Frage. Vergebens. Um auf ein anderes Thema zu kommen, berichtete sie mir, wie sie mit Hilfe eines liberalen Rabbiners zum jüdischen Glauben übergetreten war. Sie schmeichelte mir: »Als ich den jüdischen Glauben annahm, hatte ich das Gefühl, dir näherzukommen.« Mit anderen Worten: Sie hatte ihren steinreichen Unternehmer geheiratet, um mir eine Freude zu machen. Und was war aus ihrem griechischen Verlobten geworden? Wieder bewies sie, wie verschwiegen sie sein konnte. Sie nahm meine Hand. Es beginnt also von neuem, dachte ich. Ja, es begann von neuem. Kathleen war noch immer verführerisch. Und schön. Und ich war noch immer empfänglich für ihre Schönheit. Aber ihre Heirat, ihr Ehemann? Unsere neue »Liebe« währte nur einen kurzen Nachmittag lang.

Um mich wieder zu fangen und auf andere Gedanken zu kommen, reiste ich 1955 nach Israel. Ich hatte zwar einen Platz in einem Flugzeug der El Al gebucht, ihn jedoch einer Freundin von Bea zur Verfügung gestellt, die mit ihren beiden Kindern aus Montreal gekommen war und für diesen Flug keine drei Sitzplätze mehr erhalten hatte. Das Flugzeug wurde über Bulgarien abgeschossen.

Ich nahm den Seeweg. Trotz meiner Seekrankheit reise ich gern mit dem Schiff und liebe es, dem heftigen Kampf der Wellen zuzuschauen, von der jede die höchste – die siebte – sein will, bevor sie in der Stille der Tiefe verschwindet. Das Meer ist so verlockend, daß man verstehen kann, warum verzweifelte Menschen darin ihre letzte Ruhe suchen. Obwohl Ertrinken ein grausamer Tod ist, weckt das Meer doch leicht den Wunsch, sich mit ihm im Tod zu vereinen. Seit meiner ersten Überfahrt habe ich diese Anziehungskraft gespürt. Und auch jetzt stand ich wieder an der Reling und fühlte, wie die mächtige und düstere Vorstellung mich übermannte, alles fallen zu lassen, mich von allen Fesseln zu befreien, ein für allemal Schluß zu machen. Ich war überzeugt, daß mein Körper und meine Seele im Wiegen der Wellen endlich Ruhe, wenn nicht sogar Frieden finden würden.

Mein Aufenthalt in Israel dauerte mehrere Wochen. Ich wohnte bei Dow und Lea, reiste aber viel durchs Land. Ich verbrachte einige Abende mit Paula und Noah und ging mit Doktor Rosenblum ins Konzert.

Ich besuche Bnei Brak, die streng religiöse Vorstadt von Tel Aviv, der Stadt, die einige als die am wenigsten religiöse Israels beschrieben. Woher kam dieser plötzliche Wunsch, den ich einige Jahre später wieder sehr stark verspürte, dem Rabbi von Wischnitz meinen Besuch abzustatten, der ein Stück lebendiger Vergangenheit für mich darstellte, ein Stück Vergangenheit, an das ich mich klammern konnte? Von der Zuneigung, die ich seinem Vater, Rabbi Israel, entgegenbrachte, habe ich bereits berichtet.

In einen Sessel versunken, als wäre er unter der Last der Jahre zusammengebrochen, mustert er mich mit einem Blick, in dem sich Zärtlichkeit und Enttäuschung mischen. Er sucht den Jugendlichen in mir, der einst in seinem Haus voller Überschwang den Sabbat feierte. Und auch ich suche diesen Jugendlichen – oder sollte vielleicht er nach meinen Spuren suchen?

»Ich schaue dich an, und ich frage mich, wer du bist«, sagt der Rabbi. »Ich weiß, wer du warst, doch ich weiß nicht mehr, wer du jetzt bist.« Ich antworte nicht. Ich denke an seinen Vater. Habe ich mich denn so sehr verändert? Ich begegne dem Rabbi mit derselben Hochachtung und Ergebenheit wie der Jugendliche, der einst nach Großwardein pilgerte.

»Ich sehe dich«, sagt der Rabbi. »Du stehst hier vor mir, und ich kann dich sehen. Doch ich weiß nicht mehr, wen ich sehe.« Mit einemmal ist alles, was ich in der Philosophie über Sein und Schein und die immanenten Formen der Transzendenz gelernt habe, wie weggeblasen. Ich fühle mich schuldig, und ich weiß den Grund dafür. Früher besuchte ich den Rabbi, damit er mich befragte; jetzt würde ich ihm gern Fragen stellen. Ich möchte ihn nach der Rolle des Schicksals im Leben und nach der Allmacht des Schöpfers in Seiner verwüsteten Schöpfung fragen. Doch ich weiß nicht, wie ich meine Zweifel, meine Furcht in Worte fassen soll: Mein Mund bleibt verschlossen. Um es mir leichter zu machen, beginnt der Rabbi zu lächeln wie sein Vater früher. Er fordert mich auf, ihm zu erklären, warum ich mich verändert habe. Ich antworte ihm: »Die Zeiten haben sich auch geändert, Rabbi.«

»Na und? Wenn die Zeiten sich ändern, dann ist das ihre Sache, nicht deine. Die Zeiten ändern sich, weil Gott, gelobt sei Er, es so will. Aber du bist selbst verantwortlich für das, was dir widerfährt. Und dafür, wie du aussiehst. Als ich dich das letzte Mal sah, hast du mir besser gefallen.«

Das letzte Mal? Wo war das? War es in seiner Jeschiwa in Großwardein? Nein, es war in Antwerpen. Er war aus Rumänien gekommen, und er war allein oder fast allein. Ein Chassid hatte mir erzählt, mein Vetter Awrom Feig aus Arad habe ihn 1944 vor der Deportation gerettet, indem er ihn und seine Familie mit Hilfe eines Schiebers über die Grenze brachte. In Antwerpen war er allein und traurig. Und ich war es auch. Ich war Waise. Sicher sprach er von der Zeit lange davor.

»Warum habe ich Ihnen früher besser gefallen, Rabbi? Weil ich Schläfenlocken hatte? Und weil ich gottesfürchtig lebte?«

Der Rabbi sagt nichts darauf. Er beugt sich vor, als wollte er mich genauer in Augenschein nehmen: »Sag mir, in welcher Beziehung steht der Mann, der du bist, zu dem Mann, den ich sehe?«

Ich greife auf einen Spruch zurück, der den Anschein eines literarischen Aphorismus erwecken soll:

»Das Sein ist nicht unbedingt sichtbar, und was sichtbar ist, sagt nicht unbedingt die Wahrheit über das Sein des Menschen.«

Er schweigt. Er ist unzufrieden, mißbilligt meine Antwort. Seine Stimme wird etwas leiser: »Wo hast du das gelernt?«

»Aus Büchern, Rabbi.«

»Aus was für Büchern?«

Wozu soll ich noch antworten? Er hat es verstanden. Er hat es erraten. Auf meinem Schreibtisch haben die profanen Werke die heiligen Texte verdrängt, ohne sie ersetzt zu haben. Ich studiere nicht mehr den Talmud allein.

»Und was, glaubst du, würde dein Großvater, möge er in Frieden ruhen, sagen, wenn er dich jetzt sähe?«

Der Schlag sitzt, er tut weh. »Und Sie, Rabbi? Sie sehen mich. Was haben Sie mir zu sagen?«

Die folgende Frage stelle ich mir selbst: Was würde ich gern von ihm hören? Daß er mich segnet? Er schließt die Augen, dann öffnet er sie wieder: »Der große Rabbi Nachman von Brazlaw erzählt die Geschichte von einem Kind, das sich im Wald verlaufen hat. Entsetzt schreit es: ›Vater, Vater, komm und hilf mir!‹ Solange es ruft, darf es hoffen, daß sein Vater es hört. Wenn es zu rufen aufhört, ist es verloren.«

Alle Spuren von Strenge sind aus seinem Gesicht und seiner Stimme verschwunden. Ich erkenne ihn wieder, ich denke an seinen Vater, und plötzlich fühle ich mich besser.

»Rabbi«, erwidere ich, »glauben Sie mir, ich höre nicht auf zu rufen.«

Ein Lächeln erhellt jetzt sein Gesicht. Er scheint besänftigt zu sein. Ist er froh? Froh darüber, mich wieder auf den Weg gebracht zu haben?

»Gelobt sei der Herr«, sagt er und nickt. »Dann gibt es also Hoffnung.«

Jetzt können wir uns in gelöster Stimmung weiter unterhalten. Er erkundigt sich nach meiner Arbeit und möchte wissen, ob die Geschichten, die ich in meinen Büchern erzähle, wahr sind, ob sie sich auch wirklich zugetragen haben. Ich antworte ihm: »Rabbi, in der Literatur ist das so: Es gibt Dinge, die sind wahr, obwohl sie sich nicht ereignet haben. Andere dagegen sind nicht wahr, und doch haben sie sich ereignet.«

Ich hätte mir so sehr gewünscht, seinen Segen zu empfangen.

In Jerusalem steige ich, jetzt schon einer alten Gewohnheit folgend, auf den Turm von Notre Dame de France und vom YMCA, um in die Altstadt hinunterzublicken. Durch das Fernglas beobachte ich jordanische Soldaten, die durch die Stadt Davids spazieren. Anschließend besuche ich mit Jehuda Mozes wieder Galiläa. Auch Safed und Tiberiade sind von nun an Ziel unserer gemeinsamen Pilgerreisen.

Paula hält mich über alles, was sich bei der Zeitung ereignet, auf dem laufenden. Sie ist die Vertrauensperson der Journalisten. Sucht jemand Hilfe oder Rat, wendet er sich an sie. Sie pflegte und versorgte auch den Schriftsteller Uri Zwi Greenberg in seinen letzten Lebensjahren.

Paula ist eine außergewöhnliche, eine mutige, ja verwegene Frau. Während der Besatzung floh sie aus ihrer Heimatstadt Janow-Lubelsky und schlug sich bis Smolensk durch, wo sie sich einer russischen Partisaneneinheit anschloß. Als Bäuerin verkleidet, erledigte sie die Hausarbeit in den Büros des dortigen Wehrmachtskommandos. Sie gab vor, kein Deutsch zu verstehen, und konnte so die Gespräche belauschen, die die Offiziere untereinander führten. Wie oft hat sie wohl ihr Leben aufs Spiel gesetzt? Durch ihre Hinweise konnten viele Sabotageakte, insbesondere an den Eisenbahnstrekken, erfolgreich durchgeführt werden. Nach dem Krieg kam sie über Budapest nach Wien. Von dort führte sie vierhundert Waisenkinder nach Palästina.

Wenn ich heute an Paula und Noah denke und an die Tragödien, die sie erlebt haben, ergreift mich tiefe Trauer. Ihr zwölfjähriger Sohn Adi wurde in Ramat Gan von einem Auto überfahren. Ein Jahr später wurde Nonni geboren. Als junger Mann geriet er mit seinem Wagen ins Schleudern und tötete einen Jungen aus der Nachbarschaft genau an der Stelle, an der Adi gestorben war. Und Jahre später wurde in Tel Aviv auch noch Noah vor dem Redaktionsgebäude der Zeitung von einem Lastwagen überfahren. Ein Krankenwagen brachte ihn ins Krankenhaus. Der Arzt, der ihn operierte, war derselbe, der versucht hatte, das Leben der beiden Kinder zu retten. Noah fehlt mir sehr. Er lächelte selbst dann noch, wenn er wütend war. Ein gescheiter Mann voller Energie, der gerne den Kauz spielte und manchmal ohne einen Pfennig in der Tasche unterwegs war. Die Journalisten hingen alle sehr an ihm. Er war die Güte selbst. Paula starb zu Beginn des Jahres 1994, am Abend vor Pessach. Das Fest war von Trauer überschattet.

Dow unterbreitet mir den Vorschlag, für einige Zeit nach Amerika zu gehen. Nicht für eine Reportage, sondern als ständiger Berichterstatter. Und warum sollte ich mich verändern? »Damit wir endlich einmal in die Vereinigten Staaten reisen können«, antwortet er mit verschmitztem Lächeln. Es gibt nur ein Problem dabei: Ich habe nicht die geringste Lust, aus Frankreich wegzugehen. Ich kann mir nicht vorstellen, so weit von meinem Stützpunkt Paris entfernt zu sein. Ich kenne niemanden in Amerika. Und außerdem, wovon soll ich dort leben? Dow meint: »Wir erhöhen dein Gehalt auf 160 Dollar im Monat.« Schüchtern frage ich an, ob er der Meinung sei, daß man mit dieser Summe über die Runden käme? Seine Antwort lautet: »Nein, aber du wirst dich genauso über Wasser halten wie alle anderen auch.« Und wie halten sich alle anderen über Wasser? »Ganz einfach, mit Vorträgen«, antwortet er. Mit Vorträgen? Ausgerechnet ich, dem jedesmal der Schweiß auf der Stirn steht, wenn er in der Öffentlichkeit den Mund aufmachen soll? »Das wirst du schon lernen«, ist Dows letztes Wort. Das kann doch nicht sein Ernst sein, denke ich, das ist ganz ausgeschlossen. Warten wir erst einmal ab; wir werden schon sehen.

Wann ist mir eigentlich bewußt geworden, daß ich mein Leben nicht selbst bestimmt habe? Durch Zufall habe ich überlebt, durch Zufall habe ich eher diesen als jenen Weg eingeschlagen. Durch Zufall bin ich Journalist geworden und habe den Verlockungen des Unbekannten nachgegeben. Viele Ereignisse in meinem Leben haben sich wie in weiter Ferne von mir, jedenfalls ohne meine willentliche Beteiligung abgespielt. Die Dinge nahmen ihren Lauf, und ich ließ sie gewöhnlich auf mich zukommen. Ich traf selten eine Entscheidung, vor jedem neuen Abschnitt, vor jeder Weggabelung erledigten das andere für mich.

Wieder in Paris, beginne ich mit den Vorbereitungen zum Aufbruch. Ich lerne einen jungen israelischen Intellektuellen kennen, Schaike Ben Porat, der für ein ideologisches Wochenblatt der Mapai arbeitet. Ihm biete ich an, während meiner Abwesenheit für mich aus Paris zu berichten. Auf Bitten Dows baue ich für die Zeitung ein Korrespondentennetz in Europa auf. In Genf setze ich einen sympathischen Epikuräer ein, Edwin Ejtan, der dafür sogar sein Medizinstudium aufgibt. Alfred Wolfmann behält seinen Posten in Bonn und Abraham Rosenthal seinen in London. Alle sind zufrieden, ich auch. Als Chef der europäischen Auslandskorrespondenten besuche ich sie öfters. Ich komme mir nicht nur nützlich und einflußreich (neben Dow) vor, sondern fühle mich auch ein wenig überlegen. Fragt sich nur, in welcher Hinsicht und über wen? Denn ich habe nie irgend jemandem Befehle erteilt: Ich weiß nicht einmal, wie man das macht.

Im Dezember erhalte ich aus Buenos Aires das erste Exemplar von *Un die Welt hot geschwign*, dem auf Jiddisch geschriebenen Augenzeugenbericht, den ich auf dem Schiff nach Brasilien fertiggestellt hatte. Die Sängerin Judith Moretzka und ihr Freund, der Verleger Mark Turkov, haben also Wort gehalten, nur das Manuskript haben sie mir leider nicht zurückgeschickt. Zur Feier des Tages lädt Israel Adler mich zu einem Milchkaffee ins Bistro um die Ecke ein. Er trägt einen Regenmantel, den ich gekauft und ihm dann zum halben Preis überlassen habe, weil ich ihn nie mochte und er mir auch überhaupt nicht stand. Eigentlich hatte ich nur ein Unterhemd kaufen wollen, da ich aber zu schüchtern war, um der Verkäuferin etwas abzuschlagen, verließ ich das Geschäft auch noch mit einem Regenmantel. »Und heute abend gehst du mit mir zu einem brasilianischen Liederabend«, verkündet er. »Ich kann leider nicht«, erwidere ich. Der Abend ist schon für Amos reserviert, einen jungen Journalisten mit verschlossenem Gesicht, der als Enfant terrible der israelischen Presse gilt. Ich weiß, warum er mich unbedingt treffen will. Ich soll mich bei Jehuda Mozes für ihn verwenden. Er möchte für *Jediot* schreiben, stößt jedoch aus halb ideologischen, halb persönlichen Gründen beim Alten auf Ablehnung. »Kommt doch alle beide«, schlägt Israel Adler weltmännisch vor. Gut, ich werde ihn fragen, ob er Lust hat. Unter der Bedingung, daß er bei den Brasilianern auch etwas zu trinken bekommt, ist Amos einverstanden. Er trinkt gern ein Gläschen, ist ein guter Esser und ein unverbesserlicher Schwätzer, dessen Redestrom um so mehr glänzt, je mehr er trinkt. Ob blau oder nicht, er hat immer ein verkrampftes Lächeln auf dem Gesicht. Man könnte meinen, alles an ihm sei verkrampft. Er verbreitet Unbehagen wie andere Herzlichkeit. In seiner Überempfindlichkeit fühlt er sich von allen gestört. Die Kellner, die Sänger und die Musiker, die Speisen und die Getränke, die Zigaretten – Amos meckert über alles. Gegen zwei Uhr morgens läßt seine Bösartigkeit nach, er ist jetzt nur noch beschwipst, griesgrämig und redet zusammenhangloses Zeug. Auf der Straße hinter dem Boulevard Saint-Germain grölt er den dunklen Fensterscheiben Obszönitäten entgegen. Plötzlich erspäht er an einer Straßenecke zwei Frauen. »Schleppen wir sie ab?« ruft er. Ich schütze Müdigkeit vor und ziehe mich feige zurück. »Und du?« wendet Amos sich herausfordernd an Israel Adler. Israel ist nicht müde. Amos spricht die beiden Mädchen an, und die vier verschwinden, ohne mir gute Nacht zu wünschen. Eines der Mädchen ist Amos' Lebensgefährtin geworden. Jahre später hatte sie große literarische Erfolge. Und die andere - Michelle - hat Israel in Jerusalem geheiratet.

Meine Fürsprache beim Alten trägt Früchte. Er zieht seinen Einspruch gegen Amos zurück. Amos machte schließlich bei der Zeitung Karriere, die ihn nicht haben wollte. Seine Kolumnen legen in einzigartiger Weise den Finger auf die Wunde. Für *Jediot Achronot* schrieb er sehr beliebte Beiträge, beispielsweise über die chinesische Küche, die politische und die sonstige Pornographie, über die abstrakte Malerei, über die Größe seiner Freunde (die sich vor ihm fürchten) und die Dummheit seiner (zahlreichen) Feinde, über den Ehrgeiz der Mächtigen und den Neid ihrer Kritiker. Er teilt gern Hiebe aus, und seine Hiebe sitzen. Oft trifft er ins Schwarze, doch er bedient sich eher eines Hammers als eines Skalpells. Warum verachtet er jeden, der über den Holocaust schreibt, während er selbst noch häufiger auf ihn zu sprechen kommt?

Im Laufe der Jahre besuchte er mich manchmal, wenn er sich in New York aufhielt. Er trank eine Flasche Whiskey bei mir und bat mich, einen amerikanischen Verleger für ihn zu finden. In einem seiner Beiträge bemerkte er einmal, daß er mich nie lachen sah. Es stimmt, denn in seiner Gegenwart hat man nicht so recht Lust dazu.

Ich werde später Gelegenheit haben, auf diesen ewigen Halbstarken zurückzukommen, der so ungern älter wurde. Seit 1986, als ich mit dem Nobelpreis ausgezeichnet wurde, sind wir uns nicht mehr begegnet. Meine Freundschaft mit Israel Adler dagegen hielt allen Belastungen stand.

Doch kehren wir zu meinen Reisevorbereitungen zurück. Ich rechne mit höchstens einem Jahr Abwesenheit. Schaike Ben Porat ist darüber im Bilde. Und mein Theaterfreund Poliakoff auch. Ich tröste ihn: »Kein Grund zur Traurigkeit! Seien Sie vielmehr stolz! Immerhin wird unsere Zeitschrift ein Büro in den Vereinigten Staaten eröffnen.« Ich verspreche, ihm Artikel über den Broadway zu schicken. Nach meiner Rückkehr wird alles wie gehabt weitergehen. Und ich werde mich wieder ganz meinen Aufgaben als Korrespondent von *Jediot* und als Chefredakteur des *Miroir du Théâtre* widmen. Lenemans versprechen mir, mich dann wieder als ihren Untermieter aufzunehmen. Ich kann also beruhigt aufbrechen.

Am Abend vor meiner Abreise beharren Amos und Israel darauf, daß ich mich mit ihnen in einem Café treffe. Israel trinkt ein wenig, Amos viel. Ich mache einen Bogen um Alkohol. Ich weiß, daß ein Reporter den Whiskey oder Cognac, den man ihm anbietet, nicht verschmähen, sondern genießen sollte, aber mir schmecken sie einfach nicht. Trotzdem trinke ich an diesem Abend ein wenig mit. Das bißchen ist für mich schon zuviel: Ich schwanke nach Hause. Mir ist übel. Ich habe nicht einmal mehr die Kraft, mich auszuziehen. Ich schlafe mit trockenem Mund ein und wache vor Übelkeit mehrmals auf. Was wird die Putzfrau denken, wenn sie morgen mein Bett macht? Und was die Lenemans? Ich schäme mich.

Wie ein Lichtblitz durchzuckt mich plötzlich der Gedanke: Dies ist also mein Abschied von Europa.

NEW YORK

Auf dem endlosen, von mehreren Zwischenlandungen unterbrochenen Flug in einer Maschine der El Al komme ich mit L. S. Schneiderman ins Gespräch, einem jüdischen Journalisten polnischer Herkunft, der für eine jiddische Tageszeitung schreibt und halbtags für den United Jewish Appeal (UJA) arbeitet, den jüdischen Sozialfonds in Amerika. Stimmt es, frage ich ihn, daß diese menschenfreundliche Organisation Veranstaltungen durchführt und Redner einlädt? Ja, das stimmt. Und daß sie für Vorträge bezahlt? Stimmt auch. Ob er mich da vielleicht jemandem vorstellen könnte? Ja, das könnte er. Wann? Wann ich will. So bald wie möglich? Wenn wir gelandet sind? Gleich am nächsten Tag. Von meinem Hotelzimmer aus rufe ich ihn in seiner Zeitungsredaktion an. Er hat für mich einen Termin mit dem Referenten vereinbart, der für Veranstaltungen zuständig ist. Sollte Dow recht behalten? Ich laufe zur genannten Adresse. Die Sekretärin des Referenten – um die vierzig, Haarknoten, durchdringender Blick, offensichtlich gewohnt und geübt, Ansuchen jeglicher Art abzuschmettern – läßt mich eine Stunde lang warten, bevor sie mich empfängt, und unterzieht mich dann einem regelrechten Verhör: Alter, Beruf, Titel, offene und heimliche Vorlieben. »Schneiderman hat uns mitgeteilt, daß Sie unseren Spendern Ihre Lagererfahrungen auf jiddisch schildern könnten oder möchten, ist das richtig?« Nein, korrigiere ich rasch, das sei nicht richtig. Ich habe nicht den geringsten Wunsch, darüber zu reden. »Aber Schneiderman sagt, Sie hätten auf jiddisch ein Buch über die Lager geschrieben. Oder ist das ein Irrtum?« Nein, das sei kein Irrtum. Aber Schreiben sei etwas anderes als Reden. »Ich verstehe Sie nicht«, fährt sie kopfschüttelnd fort. »Sie sind doch Autor, oder? Ihr Werk ist doch autobiographisch? Sie möchten bekannt werden und ein bißchen Geld verdienen, das stimmt doch, oder nicht?« Mit meinem schwachen Englisch kann ich ihr leider nicht in fünf Sätzen die Grenzen der Sprache und die Lehren das Schweigens auseinandersetzen.

»Wissen Sie«, verkündet sie mir daraufhin kühl ihr Urteil, »ich frage Sie das alles nur so, ohne besonderen Grund… Jedenfalls glaube ich nicht, daß Sie uns nützen könnten…« Ich verstehe: Es ist ihre Aufgabe, nein zu sagen; ich bin kein berühmter Schriftsteller, nicht einmal Israeli, ich habe weder Heldenhaftes noch Aufsehenerregendes vollbracht, ich habe zuwenig Ehrgeiz und bin weder angriffslustig noch liebenswürdig genug. Warum also sollten diese braven, mehr oder weniger wohlhabenden, mehr oder weniger motivierten Leute, die anderes zu tun haben, sich herbemühen, um mir zuzuhören und für den UJA zu spenden? Ich geb's auf. Meine Reise nach Amerika fängt ja gut an. Aus dem Hotel rufe ich wieder Schneiderman an und erzähle ihm von dem Debakel. Es tut ihm leid. »Bah«, sage ich zu ihm, »es gibt Schlimmeres. Ich muß mich damit abfinden.« Nur eines würde ich gern wissen: Was hätte es mir eingebracht, wenn die Sekretärin mich für einen jiddischen Demosthenes, einen vor Talent sprühenden Redner oder überzeugenden Propagandisten gehalten hätte? Mein jiddischer Kollege überlegt einen Moment lang. »Fünfzig Dollar pro Auftritt«, antwortet er dann, »vielleicht auch ein bißchen mehr.« Der erste Tiefschlag, aber das kann mich nicht erschüttern. Mir wird nur schlecht. Fünfzig Dollar – das ist mehr, als ich in einer Woche verdiene. Wie soll ich bloß ein ganzes Jahr überstehen? Was werde ich Dow sagen? Kann ich eine Gehaltserhöhung verlangen? Geldangelegenheiten regelt der Alte, Jehuda Mozes; er wird mir erklären, daß ich Geduld haben soll, die Zeitung ist noch nicht reich, aber es wird schon werden…

Man möge mir verzeihen, daß ich so oft auf meine Geldnöte zurückkomme. Aber ohne einen Pfennig in der Tasche ist es schwer, darüber hinwegzusehen…

Die Versuchung, wieder einen Zeitsprung zu machen, ist unwiderstehlich. 1972, kurz nachdem palästinensische Terroristen im Münchner Olympiadorf israelische Sportler ermordet haben, wünschen mich die hohen Herren des United Jewish Appeal in einer dringenden Angelegenheit zu sprechen. Da ich mit der Organisation praktisch nichts zu tun habe, frage ich mich, was sie wohl von mir wollen könnten. Ich empfange sie in meinem Büro. Irving Bernstein, ihr Sprecher, besticht durch sein ernstes, schlichtes Auftreten. Gewandt steuert er sein Ziel an: »Es beschäftigt uns seit langem, daß Sie noch nie bei uns waren. Sie entziehen sich allen Einladungen, weisen jede Bitte unserer Sektionen zurück. Was haben Sie uns vorzuwerfen? Liegt Ihnen der Staat Israel, der unsere Unterstützung braucht, nicht am Herzen? Wollen Sie sich denn nicht für die jüdische Gemeinde in Amerika einsetzen, deren Krankenhäuser, Altenheime und Schulen ohne unsere finanzielle Hilfe nicht überleben könnten?« Ich suche Ausflüchte, schiebe meinen vollen Terminkalender, Überarbeitung, Verpflichtungen vor. In Wahrheit mag ich die theatralische und gleichzeitig halbwissenschaftliche Art nicht, wie in Amerika Geld gesammelt wird, und gehe solchen Veranstaltungen grundsätzlich aus dem Weg. Aber lieber rede ich mich mit Zeitmangel heraus. Irving läßt nicht locker: »Wir bereiten eine landesweite Konferenz vor; die Tragödie von München wird dort eine wichtige Rolle spielen. Kommen Sie doch am Sabbatnachmittag zu uns. Wir werden Ihnen das Doppelte, das Fünffache Ihres üblichen Honorars bezahlen. Oder besser: Nennen Sie uns eine Summe, egal wie hoch... Fünftausend Dollar? Zehntausend?« Während er für seine Sache wirbt, steigt ein unangenehmes Bild aus alten Tagen in mir auf: Ich sehe mich wieder vor der Sekretärin sitzen, die für Absagen zuständig ist, und höre, wie sie mir kühl eröffnet, ich sei für ihre Rednerliste nicht ausreichend qualifiziert. Fünfzig Dollar hat sie mir verweigert, und heute bieten mir ihre Vorgesetzten hundertmal, zweihundertmal soviel? Ich muß lächeln. »Geht in Ordnung«, sage ich zu Irving Bernstein. »Ich werde am Sabbatnachmittag kommen.« Verdutzt sehen mich alle an: Woher dieser plötzliche Sinneswandel? Wieviel Geld werde ich wohl von ihnen fordern? Da ich mir der Wirkung sicher bin, warte ich einen Augenblick, bevor ich fortfahre: »Das ist ein Geschenk. Auf ein Honorar verzichte ich.« Natürlich verstehen sie den Witz der Situation nicht; das ist ihre Strafe. Und meine Genugtuung.

Nach zwei Übernachtungen im Hotel Alamac, die mich eine Stange Geld gekostet haben, beschließe ich, ein Zimmer zu mieten. Das ist gar nicht so einfach. Einige sind zu teuer, andere zu dreckig oder zu abgelegen. Zum Glück will mich ein Verwandter väterlicherseits so lange aufnehmen, bis ich eine Bleibe gefunden habe.

Samuel Wiesel und seine Frau wohnen *uptown* Manhattan, bescheidene Leute aus Sighet. Sie arbeiten für eine Krawattenfabrik und schwören auf ihre Gewerkschaft, die für sie eine Art weltlicher Religion ist. Zwar befolgen sie strikt die religiösen Gebote, zugleich aber glauben sie an den Segen der Emanzipation. Am Freitagabend nach dem Kiddusch erzählt mir Sam von seiner Einwanderung in die Vereinigten Staaten. »Daß ich hier bin«, erklärt er mir mit seiner seltsam hohen Stimme, »verdanke ich deinem Vater. Er hat ein amerikanisches Visum bekommen, ein Visum für euch alle. Er brauchte es nicht gleich und wollte lieber noch abwarten; er hoffte nämlich, nicht mit leeren Händen kommen zu müssen, hat er gesagt. Aber du kennst ja das Sprichwort: Der Mensch denkt, und Gott lenkt. Und weil mich die rumänische Armee wollte und ich keine Lust auf sie hatte, habe ich deinen Vater gebeten, mir sein Visum zu ›leihen‹. Er hatte ein gutes Herz, dein Vater. Immer bereit, allen zu helfen, besonders wenn sie zur Familie gehörten. Verstehst du jetzt, was ich ihm schuldig bin?«

Danach habe ich das Gefühl, viel enger mit meinem entfernten »Onkel« verwandt zu sein, den das Gewicht der Jahre und der Plagen gebeugt hat.

Ein Gedanke packt mich und trägt mich fort, nach Hause, ans andere Ufer. Alle lobten die Klugheit und Großzügigkeit meines Vaters. Wie konnte er so blind sein? Er hatte ein amerikanisches Visum in der Tasche. Warum bestand er darauf, in Sighet zu bleiben? Hatte er womöglich das Wohl der anderen im Kopf, statt sich um die Seinen zu kümmern?

Mein Onkel Sam ist nicht mein einziger New Yorker Verwandter. Es gibt noch einen anderen, mütterlicherseits. Meine Schwester Bea, die jetzt in Montreal lebt, hat wieder Kontakt zu ihm und besteht darauf, daß ich ihn besuche. Woher er weiß, daß ich in der Stadt bin? Er hat die Meldung in einer jiddischen Zeitung gelesen und gleich in Montreal angerufen. Bea beschwört mich, ihn nicht zu brüskieren, schließlich sei er ein Mitglied unserer Familie. Da ich ihr nichts abschlagen kann, verspreche ich, abends einmal bei »Onkel« Morris, wie sie ihn nennt, vorbeizuschauen. Wann? Sonntag. Solche Familientreffen habe ich noch in eher unangenehmer Erinnerung.

In erster Linie ist er reich, der Onkel. Sehr reich. Und man kann nicht unbedingt behaupten, daß er sich dafür schämte. Seine Persönlichkeit beschränkt sich auf das, was er besitzt. Ohne sein Vermögen wäre er nichts. Dabei habe ich gar nichts gegen Reichtum, mich stört nur das Prunken und Prahlen, das weniger Begüterte beschämt. Das erweckt in mir eine Abneigung gegen meinen Onkel in Amerika, die mir später ungerecht erscheinen wird. Er bewohnt ein feudales Apartment in einem feudalen Haus in einem feudalen Viertel. Zwei Portiers, deren Uniformen an Amtsdiener oder die Kirchendiener in russischen Romanen erinnern, nehmen mich in Empfang und geleiten mich in die Eingangshalle. Ob der Liftboy, der ebenfalls kostümiert ist, aber silberne Epauletten trägt, für seine bemühte Höflichkeit bezahlt wird? Er fragt mich nach meinem Befinden und ob mir der New Yorker Winter nicht zu sehr zu schaffen mache; dann wünscht er mir einen angenehmen Abend und weist mir schließlich den Weg zu meinem Onkel. Danke, vielen Dank. Ich läute an der Tür. Ein Dienstmädchen läßt mich eintreten und bedeutet mir, den Finger auf den Lippen, leise zu sein. Ein Krankheitsfall? Überraschender Besuch? Eine künstlerische Darbietung? Um nur ja keinen Lärm zu machen, gehe ich auf Zehenspitzen. Und Onkel Morris? Sitzt im Salon, spielt mit zehn Gästen Karten und darf auf keinen Fall gestört werden! Ich grüße ihn mit gedämpfter Stimme. Ohne den Blick vom Tisch zu heben, fragt er: »Kannst du pokern?« Nein, ich kenne das Spiel nicht. Er ist enttäuscht. Achselzuckend bemerkt er: »Und was hilft es dir dann, in der Zeitung zu schreiben?« Der Zusammenhang ist mir nicht ganz klar, aber die Gäste, die offenbar schlauer sind als ich, lachen aus vollem Hals. Der gute Onkel Morris – neben seinem beachtlichen Reichtum verfügt er auch noch über diesen wunderbaren Sinn für Humor. Sollen sie doch lachen, wenn es ihnen Spaß macht. Ich weiß solche Scherze eben nicht zu würdigen. Gekränkt verziehe ich mich in eine Ecke. Aufmerksamer als ihr Dienstherr, fragt mich das Mädchen nach meinen Wünschen. Whiskey? Nein, Mineralwasser. Zigarette? Ich habe meine eigenen dabei. Eine halbe Stunde verstreicht in aufreizender Langsamkeit. Niemand beachtet mich. Sie sind alle zu sehr in ihr Spiel vertieft, um meine Person auch nur eines Gedankens zu würdigen. Der einzige Zweck meiner Anwesenheit scheint es zu sein, Zeugnis von ihrer Existenz abzulegen. Eine Stunde ist vergangen, und meine Lage wird langsam schwierig. Soll ich einen Eklat riskieren? Eigentlich ist das nicht meine Art. Außerdem möchte ich Bea nicht in Verlegenheit bringen. Gut, ich werde mich noch ein wenig in Geduld üben. Sie können mich ja nicht bis zur Morgendämmerung auf diesem hypereleganten Sofa schmoren lassen. Sie müssen doch einmal hungrig werden oder müde und vom Tisch aufstehen. Schließlich trete ich respektvoll an meinen Onkel Morris heran und flüstere ihm ins Ohr, daß ich zu meinem größten Bedauern nicht länger warten könne, da berufliche Verpflichtungen meine Anwesenheit bei den Vereinten Nationen dringend erforderlich machten (was zwar nicht stimmt, aber wirkt). »Eine Sekunde noch«, sagt mein Onkel und wetzt auf seinem Stuhl hin und her. »Ich bin gerade am Gewinnen. Die Vereinten Nationen laufen dir schon nicht weg.« Weitere zwanzig Minuten verstreichen. Endlich hat er den Sieg in der Tasche, streicht seine Beute ein, beendet die Partie und erhebt sich. Alle tun es ihm nach. Feierlich fordert er mich nun auf, näher zu kommen. »Jetzt schaut ihn euch an«, sagt er, ganz Tribun, und läßt seinen Blick über die Runde schweifen. »Ist euch klar, wer das ist? Er schreibt in der Zeitung; Tausende Juden in Israel lesen das. Und in Frankreich. Und sogar in Südafrika. Das ist mir erzählt worden, und das glaube ich auch, klar? Er ist ein Neffe von mir oder ein Vetter oder so was ähnliches, egal. Wichtig ist, daß er da ist. Er ist da, um euch zu sagen, wem er seine Karriere verdankt. Los, sag's ihnen. Sag ihnen, wer dich unterstützt hat, wer dir die Dollars geschickt hat, wer dein Studium bezahlt hat - worauf wartest du noch?«

Ich spüre, wie ich vor Scham und Zorn erröte. Plötzlich fällt mir wieder ein, daß ich in Ambloy tatsächlich einen Brief von ihm erhalten habe, dem ein Päckchen folgte. In dem Brief hatte er geschrieben, wie glücklich er sei, die Spur eines Familienmitglieds gefunden zu haben, und mir eine Sendung angekündigt, die mir sicher Freude bereiten werde. In dem Päckchen befand sich ein Paar Gebetsriemen... Ich bedankte mich für seine Sorge um mein geistiges Wohl und teilte ihm mit, daß ich schon Tefillin habe. Damit war unsere Korrespondenz zu Ende.

Morris ist noch nicht fertig mit seiner Rede. Und seine Gäste sind ganz aus dem Häuschen vor Bewunderung: Ach, was ist er doch großzügig, was hat er für ein gutes Herz, der liebe Morris, was ist er wohltätig, ein richtiger Heiliger! Ja doch, ich habe wahrhaftig einen Heiligen zum Onkel, der seinem Gott alle Ehre macht!

Kurz bevor ich in die Luft gehe, gelingt es mir endlich, den Heiligen zu unterbrechen: »Tut mir leid, aber es ist spät geworden; ich muß jetzt wirklich gehen. Die Vereinten Nationen haben eine Dringlichkeitssitzung, eine internationale Krise...« Aber so leicht ist Morris nicht zu beeindrucken: »Nun sag uns wenigstens ein paar Worte, zeig, was du kannst! Ein Journalist kann doch mit Wörtern umgehen, ganz gleich, ob er schreibt oder spricht. Was kostet es dich, eine kleine Rede zu halten? Nur um meinen Freunden zu zeigen, daß es richtig war, so viel Geld in deine Karriere zu stecken. Komm schon, davor wirst du dich doch wohl nicht drücken; ich verbiete es dir! Das ist ja wohl das Mindeste, was du mir schuldest.« – »Tut mir wirklich leid, ein anderes Mal vielleicht, der Sicherheitsrat, der Trojanische Krieg, der Weltfrieden...« Meine Erwiderung ruft da und dort Gemurmel hervor: Was für Manieren! Nicht einmal bedanken kann er sich! Sollen sie doch denken, was sie wollen. Ich will nur noch eines: so schnell wie möglich verschwinden. Sonst garantiere ich für nichts mehr. »Komm«, befiehlt mein Onkel. Wohin, will ich wissen. »In mein Schlafzimmer.« Jetzt rinnt mir kalter Schweiß über Stirn und Nacken: Er will mir Geld geben, darauf würde ich wetten. Und ich könnte es so verdammt gut gebrauchen... Wie soll ich ihm bloß begreiflich machen, daß es zu spät ist für eine solche Geste? Aber ich denke an meine Schwester und folge ihm zögernden Schrittes. Er geht geradewegs auf den Schrank zu, öffnet ihn und beginnt zwischen Hemden und Anzügen zu wühlen. Er meint wohl, daß er noch in Sighet ist, denke ich. Bewahrt sein Geld im Schrank auf, versteckt es unter der Wäsche, legt es in eine Schublade, stopft es in die Manteltaschen... Wie soll ich sein Almosen zurückweisen, ohne Bea Kummer zu bereiten? Die ganze Zeit über grummelt Morris unentwegt vor sich hin: »Wo ist sie denn, wo ist sie denn?« Schließlich, in triumphierendem Ton: »Da ist sie ja!« Eine khakifarbene Hose baumelt in seiner Hand. »Da, nimm«, sagt er. »Fast neu, siehst du? Wird dir wunderbar passen...« In diesem Moment öffnet sich die Tür, seine Frau stürzt herein, ganz außer Atem, die Angst, er könnte sich als zu großzügig erweisen, steht ihr im Gesicht. Angesichts seines großartigen Geschenks schreit sie begeistert: »Sie ist phantastisch, diese Hose, los, nimm sie, sei nicht dumm...« Zwischen Widerwillen und Lachen schwankend, entscheide ich mich schließlich für das Lachen.

Im Aufzug fällt mir der Anfang zu einem Artikel ein: »Jeder hat einen Onkel in Amerika. Ich auch, leider.« Wahrscheinlich halten mich die Leute auf der Straße für betrunken. Dafür kommen sie mir vor wie Marsmenschen.

Da ist mir Sam lieber, der alles andere ist als reich. Ich mag sein bescheidenes, einfaches Leben und freue mich an seinem sarkastischen Witz. Es macht ihm großen Spaß, alles, was er mag, in Frage zu stellen und in den Dreck zu ziehen. Wenn ich am Freitagabend zum Sabbatmahl komme, ist das für ihn eine willkommene Gelegenheit, meine Artikel zu lesen. Und man könnte meinen, sein ganzes Sinnen und Trachten sei darauf ausgerichtet, sie zu zerfetzen.

Nichts findet Gnade vor seinen Augen, weder die Themenwahl noch der Stil. »Wo hast du denn das wieder her?« Ich verstehe nicht, wie er so boshaft sein kann. Will er auf diese Art Unheil von mir abwenden? Hat er Angst, daß ich mich zu ernst nehmen könnte? Gott sei Dank ist er nicht Chefredakteur: Dann bliebe mir nur noch die Arbeitslosigkeit. Trotzdem bin ich ihm wirklich zugetan. Vielleicht weil er sich noch an meine Eltern erinnert, an unser Haus, an Sighet.

Nach einer Woche fieberhafter Kleinanzeigenlektüre, unermüdlichen Suchens und zahlloser Besichtigungen in Begleitung jüdischer Freunde, die als Spezialisten auf dem Wohnungsmarkt gelten, habe ich endlich ein Zimmer gefunden: im Erdgeschoß eines vierstöckigen Hauses in der 76. Straße, zwischen West End Avenue und Riverside Drive. Die Straße ist friedlich, das Haus ruhig. Den auf ein Jahr befristeten Mietvertrag unterschreibe ich blind. Nur taub bin ich leider nicht. Am nächsten Morgen schrecke ich hoch. Habe ich nicht eben noch Koloraturen gehört? Vielleicht aus einem Radio. Ich trete ans Fenster. Nichts. Dafür dringt jetzt aus dem ersten Stock eine Frauenstimme an mein Ohr. Ich liebe Musik, aber diese dauernden Tonleitern machen mich nervös und hindern mich an der Konzentration. Immer lauter hämmere ich in meine kleine Schreibmaschine. Das wiederum stört die junge Sängerin, die herunterkommt, um sich zu beschweren. Ich schlage ihr einen Handel vor: Wenn sie aufhört zu singen, höre ich auf zu tippen. Tut mir leid, sagt sie. Waffenstillstandsverhandlungen gescheitert. Ich bin ihr nicht böse deswegen. Sie studiert an der Juilliard-Hochschule für Musik, selbstverständlich muß sie dafür üben. Dann fragt sie: »Und warum können Sie Ihre Artikel nicht mit der Hand schreiben?« Was tut man nicht alles Euterpe zuliebe? Also ziehe ich aus und lasse die im voraus bezahlte Miete verfallen. Nicht weit davon entfernt finde ich ein einfaches Hotelzimmer im zehnten Stock, wo ich samt Koffer und Schreibmaschine einziehe. Die Schubladen in meiner neuen Residenz bleiben zum großen Teil leer. Schließlich will ich vor allem arbeiten. In angenehmer, annehmbarer Umgebung. Und in Ruhe.

Ich werde noch ein drittes Mal umziehen, ins Master Hotel (Ecke Riverside Drive und 103. Straße), wo ich bis zu meiner Hochzeit 1969 ein kleines Studio bewohne. Der Blick von diesem Hochhaus ist atemberaubend schön, ungehindert schweift er über den Hudson mit seinen wechselnden Stimmungen, über den pulsierenden Verkehr auf der Autobahn, über das Lichtermeer von Manhattan und die Siedlungen von New Jersey. Manchmal stehe ich lange wie angewurzelt vor diesem Fenster. Beim Schreiben bewundere ich das Erwachen der Stadt im Morgengrauen oder ihr Versinken in der vom leuchtenden Fluß der Autos belebten Abenddämmerung. Dieses Schauspiel wird viele meiner Besucher so verzaubern, daß sie den Grund ihres Kommens vergessen.

Wie wird man in einem unbekannten Land heimisch? In Paris hatte ich fast schon Wurzeln geschlagen. Wird mir das hier auch gelingen? Wie lange werde ich wohl brauchen, um mich hier einzugewöhnen? Seltsam, wie die Leute so kreuz und quer über den Times Square hasten. Ob sie Zeit sparen wollen? Und was tun sie dann damit? Ich würde die Zeit am liebsten anhalten.

Ich muß einen Rahmen finden, der dem Flüchtling in mir ausreichend Sicherheit bietet, eine Umgebung, in der ich meine Angst verlieren kann, ohne den Versuchungen einer Gesellschaft zu erliegen, die noch nicht meine ist.

David Gedailowitsch, der erst zu Gedalja, dann zu Guy wurde (weil das amerikanischer klingt), ist immer an meiner Seite. Er ist in Slatina geboren, einem tschechischen Dorf am anderen Ufer der Theiß, gegenüber von Sighet, und war auch in Buna. Klein, gedrungen, mit einem dreieckigen Gesicht, voller Optimismus und gerissen wie zehn Teufel, kann er einen elektrischen Rasierapparat ebenso meisterhaft reparieren wie ein Abendessen zubereiten; und wenn er einmal etwas nicht kann, kennt er einen, der's kann. Er ist Parfumhändler, Wirt, Weinkenner, Im- und Exporteur verschiedenster Waren - und das alles in einer Person. Nachdem er mich dem Kreis seiner Freunde und Kompagnons vorgestellt hat, nimmt er mein Alltagsleben in die Hand; er hat auch meine dritte Wohnung ausfindig gemacht.

Ich treffe zwei, drei Leute aus Sighet wieder; sie wohnen in Brooklyn und arbeiten in Manhattan. Ich bin ihnen zu ernst. Man kommt doch nicht nach New York, um die Welt zu verändern, sondern um sich zu zerstreuen und zu amüsieren! Sie machen mich mit einem amerikanischen Brauch bekannt: dem *blind date*, der Verabredung mit einer Unbekannten. Man gibt dir eine Telefonnummer, und du mußt dann das Beste daraus machen. Wie viele kostbare Dollars sind bei den Versuchen draufgegangen, eine Schönheit am anderen Ende der Leitung zu bezirzen! Es wurden Mißerfolge auf ganzer Linie.

Jakob Baal-Teschuwa, den ich im vorigen Jahr in Paris kennengelernt habe, arbeitet für eine wöchentlich erscheinende israelische Filmzeitschrift; er führt mich in die Tätigkeit des Auslandskorrespondenten ein. Nichts leichter als das: Man begibt sich gegen halb zehn Uhr abends zur Redaktion der *New York Times*, sammelt dort Nachrichten, die das Papier wert sind – *»that fit to print«*, wie der Slogan der Tageszeitung lautet –, und macht daraus eine Depesche. Zum Telegrafenamt ist es nicht allzu weit, und so kann ich um Mitternacht nach Hause gehen.

Richard Jaffe ist Korrespondent der linksgerichteten israelischen Tageszeitung der Mapai. Kaum älter als ich, mit einem offenen Gesicht, Nickelbrille und warmherzigem Lächeln, nimmt er mich unter seine Fittiche. Er setzt sich für meine Aufnahme in die Korrespondentenvereinigung der UNO ein und sorgt dafür, daß ich ein Pult im Pressesaal der Vereinten Nationen erhalte. Er bringt mich dazu, Versicherungsformulare auszufüllen (die ich jedoch, weil mir das Geld fehlt, nicht an die zuständige Stelle zurückschicke). Als hervorragender Reporter, der eher auf die Wahrheit aus ist als auf Scoops, gibt er die Tips, die er bekommen hat, an mich weiter und lehrt mich, die Fallen zu umgehen, die hier auf die Vertreter der internationalen Öffentlichkeit lauern. Er kennt zahlreiche Delegierte und ist überall gern gesehen. Ahnt er, daß meine Situation nicht gerade rosig ist? Als großzügiger Mensch nimmt er mich zu Cocktails und Empfängen mit, wo ich dank Petits fours und Käsesandwiches ein Frühstück sparen kann. (Manchmal lasse ich auch ein Stück Seife aus der Toilette mitgehen.) Ich höre ihm gern zu, wenn er Klatschgeschichten und Anekdoten zum besten gibt. Über sich redet er wenig, und seine Geschichte habe ich von Kollegen erfahren. In den fünfziger Jahren war er der wichtigste Mann der CBS in Osteuropa. Wegen seiner fortschrittlichen Ansichten wurde er vom Ausschuß für unamerikanische Umtriebe vorgeladen. Da er sich weigerte, Auskünfte über seine Freunde zu geben, kündigte ihm die CBS. Er fand keine Arbeit mehr, und seine ehemaligen Kollegen, angesteckt von der hysterischen Paranoia, die der Demagoge Joseph McCarthy gesät hatte, wandten sich von ihm ab. Ein paar Jahre lang konnte er nur mit Müh und Not seine Familie über Wasser halten. Schließlich verpflichteten ihn der Londoner *Jewish Chronicle* und der Tel Aviver *Al-Hamishmar*. Eines Tages frage ich ihn, warum er nie über diesen dramatischen Abschnitt seines Lebens redet. »Wozu die alten Wunden wieder aufreißen?« erwidert er. »Ich schäme mich - ich schäme mich für mein Land, und ich schäme mich für den beruflichen Kreis, dem ich einmal anzugehören glaubte.«

Weil ich gerade bei der Scham bin, will ich noch einen Augenblick dabei verweilen. Einmal gibt mir Dow, der zweifellos im *Time Magazine* eine Reportage darüber gelesen hat, den Auftrag, einen Bericht über den Bodensatz der amerikanischen Gesellschaft vorzubereiten, über die Mafia im allgemeinen und die Auftragskiller der Murder Incorporated im besonderen. Ich stöbere also in den Archiven verschiedener Zeitschriften und der Stadtbibliothek und entdecke zu meiner Verblüffung jüdische Namen. Da haben sich bei dieser kriminellen Vereinigung in den zwanziger und dreißiger Jahren doch wahrhaftig Juden als bezahlte Mörder verdingt. Sie waren dazu bereit, Männer und Frauen zu ermorden, die ihnen nie etwas getan hatten, ja, die sie nicht einmal kannten! Einer von ihnen soll sich damit gebrüstet haben, praktizierender Jude zu sein, er trug während seiner »Arbeit« die Kippa und hielt peinlich genau die Sabbatruhe ein. Zwei Mitglieder der Bande sollen 1947 einem zionistischen Führer in Palästina vorgeschlagen haben, die Delegierten zu beseitigen, die gegen den Teilungsplan der UNO für Palästina stimmen wollten. Und daß jüdische Gangster sich für jüdische »Patrioten« hielten, ist unglückseligerweise erwiesen. So erzählt der Schriftsteller Ben Hecht in seinen Memoiren, wie er von Unbekannten »entführt« und in eine Garage gebracht wird, wo man ihm vor versammelter Unterwelt einen Koffer voll mit Dollars für den Irgun überreicht. Die Ergebnisse meiner Nachforschungen haben mich, ich muß es gestehen, entsetzt, empört und abgestoßen. Ist es vorstellbar, daß ein Jude zum Lohnkiller oder überhaupt zum Mörder werden kann? Vielleicht idealisiere ich die Juden zu sehr, aber Tatsache ist, daß man meinem Volk in Osteuropa alles mögliche vorwerfen konnte - außer Mord. Bei uns hieß es: Es gibt ein paar Dinge, die ein Jude niemals tut, was auch immer er ist und woher auch immer er kommt. Er läßt sich umbringen, aber er bringt niemanden um. Selbst unsere Feinde mußten das zugeben. Ich spreche hier natürlich nicht von den sogenannten Ritualmorden, die uns fanatisierte Christen im Lauf der Jahrhunderte immer wieder angedichtet haben. Ich rede von wirklichen Verbrechen. Man konnte den Juden Lug und Betrug vorwerfen, Fälschung, Schmuggel, Diebstahl oder Meineid - aber nicht Mord. Vor ziemlich langer Zeit war einmal ein Jude aus meiner Gegend verhaftet, des Mordes angeklagt und zum Tode verurteilt worden. Er hieß Reinitz, und sein Name wurde Legende: Es war nämlich zur Gewohnheit geworden, Verbrecher »Reinitz« zu nennen. Wie ist es zu erklären, daß Gewaltverbrechen in unseren Gemeinden praktisch nicht vorkamen? Ich möchte gern glauben, daß das mit den Geboten zusammenhängt, die uns auf dem Berg Sinai offenbart worden sind. Unser kollektives Gedächtnis ist erfüllt von der Stimme Gottes: »Du sollst nicht töten.« Und das wird in alle Ewigkeit so sein. Aber wie ist zu begreifen, was heute geschieht? Offenbar gibt es in Israel sogar eine jüdische Mafia mit »Ablegern« in Frankreich und Kalifornien. Wie kann es geschehen, daß Juden in Israel wegen Mordes verurteilt werden? Auch wenn es nur wenige sind - ein einziger ist schon zuviel. So wird, wie man zugeben muß, das Undenkbare Wirklichkeit: Wir werden in diesem wie in anderen Belangen zu einem Volk wie viele andere auch, nicht besser, nicht schlechter, mit seinen Gerechten und seinen Gottlosen, ein Volk, das zu Gewalt, Haß und Gemeinheit ebenso fähig ist wie zu Güte, Aufopferung und Größe. Sind wir denn nicht das »auserwählte Volk«? Doch, das sind wir, im Sinne Israel Zangwills: ein Volk, das sein Schicksal, seine Aufgabe selbst auswählt oder sich selbst erwählt. Und wir sind es desto mehr, je besser wir die Völker lehren, daß auch sie »auserwählt« sind, daß sie danach streben müssen, über sich hinauszuwachsen, sich über sich selbst zu erheben und einzigartig zu werden.

Man darf ein Volk nicht mit anderen Völkern vergleichen; man darf es nur mit sich selbst vergleichen. Entspricht es dem erhabenen Bild, das seine geistigen Führer und Propheten sich einst von ihm und seinem Geschick machten? Das ist die Frage.

In Amerika habe ich David Ben Gurion kennengelernt. Ich hatte den Auftrag, über seinen Besuch bei Präsident Dwight D. Eisenhower zu berichten. Bei unserem ersten Zusammentreffen fiel mir die tragische Episode der *Altalena* ein. Ist dieser Mann, der jetzt über Weltpolitik ebenso redet wie über prophetische Ethik und die Mission Israels, den Nationen der Welt ein leuchtendes Vorbild zu sein, derselbe wie der verbohrte, jähzornige, unerbittliche Vorsitzende der Jewish Agency und der Hagana? Trotz dieser Gedanken erlag ich schließlich seinem Charme.

Angesichts der im Weißen Haus akkreditierten amerikanischen und ausländischen Journalisten wird mir die Macht von Funk und Presse sehr deutlich. Der Eindruck drängt sich auf, der einzige Zweck des ganzen riesigen Staatsapparats bestünde darin, sie zu gewinnen. Heute vermögen die Medien natürlich ungleich mehr. Aber das ist das Zeichen der Zeit: Heute ist alles »mehr« als früher.

Mit den Beratern des Premierministers, darunter Teddy Kollek und Yitzhak Navon, von denen der erste später Bürgermeister von Jerusalem und der zweite zukünftiger Präsident des jüdischen Staates ist, warten wir auf der Treppe des Weißen Hauses darauf, daß der Premierminister aus dem Oval Office kommt. Wir schließen Wetten über die Dauer seiner Unterhaltung mit Eisenhower ab. Eine halbe Stunde sollten die zwei Staatschefs zusammen verbringen; eine Stunde ist schon vergangen. Worüber sie sich wohl so lange unterhalten? Endlich erscheinen sie. Ben Gurion ist klein, an seiner Seite wirkt Eisenhower wie ein Riese. Trotzdem kommt es mir – sicher, weil ich Jude bin – so vor, als ziehe Ben Gurion die Aufmerksamkeit auf sich. Wie auch immer, wenn man sie Seite an Seite sieht, kann man nur noch »weiter oben« denken, um einen chassidischen Ausdruck zu verwenden. Wir verlassen jetzt die Politik und wenden uns der Geschichte zu. Zweifellos ist Amerika eine dynamische und reiche Nation, eine Supermacht, aber Israel ist eine menschliche Gemeinschaft, die, wenn nicht das Licht, so doch eine Botschaft zu überbringen hat, und das muß auch so bleiben.

Als ausländischer Journalist in Amerika ist man andauernd damit beschäftigt, etwas zu recherchieren oder nachzuprüfen. Das aktuelle Geschehen hält mich hier mehr als in Frankreich von früh bis spät auf Trab. Die unterschiedlichsten Ereignisse jagen einander auf diesem großen, unruhigen Kontinent in geradezu atemberaubender Geschwindigkeit. Kaum angekommen, berichte ich über den Bürgerrechtskampf der Schwarzen. Alle Zeitungen der Welt sprechen von der jungen Studentin Autherine Lucy, der ersten Schwarzen, die zum Studium an der Universität von Alabama zugelassen wurde. Martin Luther King wird zu einer Gefängnisstrafe verurteilt, weil er einen Busboykott in Montgomery organisiert hat. Am Broadway füllt *My Fair Lady* die Säle. Arthur Miller heiratet Marilyn Monroe. Das ist doch eine Meldung wert? Mit leisem Bedauern muß ich feststellen, daß diese Hochzeit den amerikanischen Leser ungefähr so sehr interessiert wie die Krankheit Eisenhowers.

Und dann ist da noch das jüdische Leben in den Vereinigten Staaten. Es kommt mir lebhafter, vielfältiger vor als in Frankreich, verläuft aber in vollkommen geordneten Bahnen und erleichtert uns so die Arbeit. Jede Gruppierung wird von einer einflußreichen Persönlichkeit aus der Geschäftswelt geleitet, jede möchte bekannt werden - daher die Bedeutung, die den Public-Relations-Beauftragten zukommt. Wir werden ständig in Anspruch genommen, gehätschelt und umschmeichelt. Politische Deklarationen, Hilfsprogramme für Israel, Projekte und Vorhaben allenthalben. Wir schwimmen im Überfluß; die Arbeit besteht darin, zu wählen. Glücklicherweise geht es mit der Zeitung bergauf: Die Seitenzahl nimmt ebenso zu wie die Leserschaft. Außerdem fallen wichtige Entscheidungen jetzt eher in Washington als in London. Präsident Eisenhower hat ein wachsames Auge auf die Vorgänge im Nahen Osten. Von den Berichten, Vorschlägen und Vereinbarungen, die John Foster Dulles und seine Mitarbeiter von dort mitbringen, hängt das Schicksal Israels ab. Auf den kleinsten Grenzzwischenfall wird in der amerikanischen Hauptstadt und bei den Vereinten Nationen reagiert. Dag Hammerskjölds Pressekonferenzen sind herausragende Inszenierungen. Wie er von sich in der dritten Person spricht, redegewandt und gebieterisch, schlägt die Journalisten in seinen Bann. Er gefällt mir auch, weil er angeblich Martin Buber bewundert. Vielleicht auch den Chassidismus? Sein Mystizismus wird tatsächlich erst nach seinem tragischen Tod über dem Kongo bekannt. Für ihn ist die Mission der Vereinten Nationen theologischer Natur. Weil er sich für eine Art Messias oder Herrn der Welt hält, wird er von Israel gefürchtet - wie alles, was von den Vereinten Nationen kommt: Israel ist das einzige Land, das keinem Block angehört und nie einen Sitz im Sicherheitsrat hatte. Eine Karikatur zeigt einen israelischen Delegierten auf einer Cocktailparty: Allein und verlassen steht er in einer Ecke, erhebt seine Champagnerschale und sagt: »Lechajim, auf das

Leben, Herr!« Wenn man die Reden im Sicherheitsrat oder vor der Generalversammlung hört, versteht man die Bedeutung der Einsamkeit Israels, von der die Bibel spricht.

Anfangs genieße ich jeden Tag, den ich im Glaspalast der Vereinten Nationen verbringe, diesem Resonanzraum der Weltdiplomatie. In dem riesigen Delegiertensaal – wo man auch umsonst telefonieren darf – kann man Krishna Menon oder Andrej Gromyko einfach ansprechen oder im Vorübergehen einen wichtigen Besucher über die Nahost-Problematik interviewen. Und immer wird daraus eine Titelseite.

Am meisten habe ich natürlich mit dem jungen Botschafter Israels zu tun, Abba Eban, dem Wunderkind des isralischen Establishments, der mit seinem Scharfsinn und seiner Rednergabe verblüfft und Aufsehen erregt. Er beherrscht die englische Sprache vollkommen (so daß Golda Meir, die ihn später zu ihrem Außeminister machte, über seinen amerikanischen Amtskollegen Henry Kissinger einmal lachend zu Präsident Nixon sagte: »Meiner spricht besser englisch als Ihrer«) und setzt sie meisterhaft zur Verteidigung der Politik und der Ehre seines Landes ein. Die jüdische Gemeinde betet ihn an. Auch ich bin von ihm beeindruckt, trotz seiner Schwächen: sein hochkultiviertes Hebräisch, das ihm die Gegner im eigenen Land vorwerfen, seine Art, sich beim Sprechen selbst zuzuhören und sich gelegentlich zu wiederholen – aber wenn man drei Reden pro Tag hält, ist es schwer, originell zu bleiben. Ich schreibe so viel davon mit, daß ich allmählich seine Ticks, Wendungen und Witze kenne. Später werden wir eine unerfreuliche und peinliche Auseinandersetzung haben, die ich noch heute bedaure. Zur Zeit sind unsere Beziehungen allerdings korrekt, sogar gut, nur etwas selten. Ich bin für ihn nicht mehr als ein schüchterner Neuling von einer Zeitung, die weniger Geld, also auch weniger Einfluß hat als andere.

Um meine finanzielle Lage zu verbessern, arbeite ich als freier Journalist für die jiddische Tageszeitung *Morgen Journal*. Wenn deren Berichterstatter bei den Vereinten Nationen nicht da ist, springe ich für ihn ein. Das Wochenblatt *Der Amerikaner* druckt ein paar Artikel von mir, hätte aber lieber einen Fortsetzungsroman. Das Problem ist nur, daß ich so etwas nicht anbieten kann. »Schade«, sagt David Mekler zu mir. Er ist der Chefredakteur des Blatts, klein, nervös, mit einem ironischen Blick hinter dicken Brillengläsern. Und ein großer Roman-Liebhaber. »Ich könnte dafür einen ansehnlichen

Betrag lockermachen.« Macht er sich über mich lustig? Ich sehe ihn forschend an. Ich glaube nicht. »Also gut«, werfe ich nachlässig hin, »unter diesen Umständen könnte ich mal in meinen Schubladen nachsehen.« Am selben Abend setze ich mich an die Schreibmaschine, nachdem die tägliche Depesche an *Jediot* abgeschickt ist. Ein oder zwei Wochen brauche ich, um unter dem Pseudonym Elisha Carmeli einen vollkommen bedeutungslosen Roman über Liebe und Spionage zu verfertigen. Ich erinnere mich nur noch an den Anfang: Zwei Mitarbeiter des israelischen Geheimdienstes sind füreinander entflammt und verzweifelt, weil einer von beiden einen Auftrag in Ägypten zu erfüllen hat. Wird die Operation gelingen? Es ist mir entfallen. Am Ende sind jedenfalls alle tot, weil ich nicht weiß, was ich mit den Figuren anstellen soll. Mekler ist von dem Roman ebenso verwirrt wie ich und nennt ihn *Die schweigenden Helden*. Er hat ihn übrigens sicher nicht zu Ende gelesen, und ich habe nie wieder etwas davon gesehen. Aber Schimon Weber, der Nachrichtenchef der jiddischen Tageszeitung *Forverts*, hat Auszüge davon zu Gesicht bekommen. Da er auch die Artikel kennt, die ich für die Konkurrenz geschrieben habe, lädt er mich zum Mittagessen ein. Er ist gebildet, ein glänzender Journalist, stolz auf seinen Beruf und darauf, einer so renommierten Mannschaft (Leon Crystal, Isaac Bashevis Singer, R. Abramowicz, Chajim Ehrenreich) unter der Leitung von Hillel Rogoff anzugehören. Wir sind uns gleich sympathisch. Ob ich für den *Forverts* arbeiten wolle? Ich sage zu, ohne auch nur darüber nachzudenken. Schließlich ist der *Forverts* die größte, reichste und meistgelesene jiddische Tageszeitung der Welt. Zunächst soll ich das Rewriting übernehmen: die Nachrichten für den allgemeinen Teil übersetzen und umschreiben. Dann werden wir weitersehen.

Ich liebe die jiddische Sprache. Meinen litauischen Akzent habe ich von Schoschani. Davor habe ich Jiddisch in Buchenwald gehört, als mir ein Junge aus Kowno in seinem singenden Tonfall, den ich sehr liebte, sein Greisenleben erzählte. Seinen Namen habe ich vergessen, das tut mir weh. Aber an sein ausgemergeltes Gesicht erinnere ich mich noch, die hohlen Wangen, die fiebrigen Augen, und auch das tut mir weh.

Ich liebe es, Jiddisch zu sprechen. Es gibt Lieder, die kann man in keiner anderen Sprache singen; Gebete, die jüdische Großmütter einst in der Abenddämmerung murmelten; Geschichten, die nur auf jiddisch ihren Zauber und ihr Geheimnis, ihre Trauer und ihre Sehnsucht offenbaren. Es gab einmal ein Zeitalter des Jiddischen. Und es gibt eine Liebe, die ich nur für diese Sprache empfinde. Wie soll ich das erklären? Liebe spottet jeder Erklärung.

Ich liebe das Jiddische, weil es mich von der Wiege an begleitet hat. Meine ersten Wörter, meine ersten Ängste habe ich auf jiddisch gestammelt. Es ist eine Brücke zu meiner Kindheit, ein Königreich für sich, in dem Freundschaft und Mißgunst, Größe und Niedrigkeit, Weisheit und Dummheit, Freud und Leid beieinanderwohnen.

Das Jiddische ist auch eine Sprache wie jede andere. Seine Wörter sind wie die Menschen: bald reich, bald arm, groß und klein, würdig und dürftig, alt und jung, gerade und krumm. Manche werden alt und sterben, andere wieder sterben jung. Und manche sind unsterblich. Gott? Die Namen Gottes. Auch das Ich ist unsterblich in allen Sprachen. Und doch sagte man einst, daß Gott zwar auf hebräisch schreibt, aber auf jiddisch erhört.

Ich brauche das Jiddische, um zu lachen und zu weinen, um zu feiern und zu trauern. Und mich zu erinnern. Gibt es eine Sprache, die besser dazu geeignet wäre, die Vergangenheit mit ihren Schrekken zu beschwören? Ohne sie hätte die Literatur des Holocaust keine Seele. Vielleicht liegt das daran, daß diese Sprache in einer Tradition verwurzelt ist, die in ihrer Chronik das schwindelerregende Schicksal unseres Volkes trägt. Eines weiß ich jedenfalls: Wenn ich meine erste Erzählung nicht auf jiddisch geschrieben hätte, wären die folgenden Bücher stumm geblieben.

Ich habe immer noch Heimweh nach dem Jiddischen, heute vielleicht mehr denn je.

Zu meiner großen Überraschung zeigt mein Onkel Sam plötzlich einen gewissen Stolz auf mich. Es scheint, als hätten die Männer in der Synagoge meine Artikel erwähnt und ihre Frauen meinen Roman gerühmt. In seiner Begeisterung macht er mir unvermittelt den Vorschlag, mich zu verheiraten. Einer seiner Freunde habe eine bezaubernde Tochter, die nur auf einen Burschen wie mich warte. »Lehrerin ist sie«, verkündet Sam aufgeregt. »Intellektuell und aus guter Familie. Also kurz gesagt, sie ist wie für dich gemacht.« Offenbar geht sie öfter zum Sabbatgottesdienst, denn Sam fragt: »Warum kommst du nicht Freitag abend mit in die Synagoge?« Um mir eine dreistündige Diskussion zu ersparen, erkläre ich mich einverstanden. »Ich hoffe, du hast einen Hut«, sagt Sam. Nein, ich habe keinen; nur die Baskenmütze. »Das geht nicht!« entrüstet sich Sam. »Dann mußt du dir einen kaufen. Ohne Hut kannst du nicht in meiner Synagoge auftauchen.« Kurzerhand schleppt er mich zum Hutmacher des Viertels. Und so präsentiere ich mich Freitag abend in der Synagoge, ordnungsgemäß behütet, ganz als orthodoxer Jude auf Brautschau. Sam hat alles gut vorbereitet. Der Gemeindevorsteher bittet mich, den Gottesdienst zu halten. Ob ich damit Eindruck machen soll? Leider ist die Synagoge schlecht besucht und die Empore für die Frauen fast leer. Wo sie wohl sitzt? Während ich die Psalmen spreche, versuche ich sie mir vorzustellen. Eine Blonde? Eine Brünette? Anscheinend habe ich versagt. Denn die Frau, die mein Onkel schon als meine Gattin sah, ist entweder gar nicht erst gekommen oder mittendrin gegangen. Mochte sie meine Art zu beten nicht? Oder hat ihr etwa der Hut nicht gefallen?

In die Synagoge meines Onkels gehe ich nicht mehr. Erstens ist sie zu weit weg, und dann stecke ich zur Zeit in einer religiösen Krise. Daher meide ich das gemeinsame Gebet, außer an den Hohen Feiertagen und beim Jiskor-Gottesdienst. Ich erzähle es zwar niemandem - ich habe auch keinen, mit dem ich über diese Fragen sprechen könnte: Schoschani ist verschwunden, André Neher weit weg, und den Lubawitscher Rabbi und Saul Lieberman kenne ich noch nicht -, aber der Gott meiner Kindheit quält mich. Ich habe es bereits erwähnt: Es fing bei meiner ersten Reise nach Israel an. Damals habe ich zum erstenmal »vergessen«, die Tefillin anzulegen. Und in Jerusalem, der heiligsten und spirituellsten aller Städte, habe ich zum erstenmal das Bedürfnis verspürt, mit wirklichen und mit symbolischen Gesten gegen die göttliche Gerechtigkeit und Ungerechtigkeit zu protestieren.

Meinen Onkel Sam habe ich jedenfalls fürs erste enttäuscht: Er war so sehr davon überzeugt, daß aus meiner Begegnung mit der jungen Lehrerin mir und unserer ganzen Familie großes Glück erwachsen würde. Aber statt über ihre Abwesenheit böse zu sein, regt er sich über mich auf. Er überschüttet mich mit Vorwürfen und macht sich dann über mein »Versagen« als Mann und jüdischer Junggeselle lustig. Das ist so seine Art, mich zu trösten und moralisch wiederaufzubauen. Dabei bin ich überhaupt nicht niedergeschlagen. Ich habe Kathleen nicht vergessen. Und dann ist da noch Aviva, groß, blond und schlank, Chefsekretärin beim Alten. Jehuda Mozes kann gar nicht aufhören, Loblieder auf sie zu singen. Sie ist das Herz der Geschäftsführung, sie kann alles, sie organisiert alles und ist dabei flink und geschickt. Ich habe sie bei meinem letzten Aufenthalt in Tel Aviv kennengelernt, und jetzt macht sie in New York Ferien. Wir sehen uns oft, aber ganz harmlos, wir gehen in Museen, Konzerte, im Central Park spazieren oder schnell ins Deli (eine Art Kneipe) um die Ecke essen.

Eines Abends holt sie mich ab, um mich zum Büro der *Times* zu begleiten. Wir haben Juli, und es herrscht eine stickige Hitze, die bis in die Knochen, die Adern, die Lunge dringt. Statt der U-Bahn nehmen wir lieber den Bus. Das Bild auf dem Times Square erscheint unwirklich: Es ist das übliche Getümmel von Passanten, aber sie gehen, lachen und essen wie in Zeitlupe. Ich kaufe die *Times* und die *Herald Tribune*, überfliege sie kurz; mittlerweile habe ich gelernt, schnell zu lesen. An manchen Wörtern und Namen bleibt mein Blick hängen: In Ägypten schwingt Nasser vor fanatisierten Massen die Banner des Nationalismus. Adlai Stevenson, der sich wahrscheinlich bei der Präsidentschaftswahl im November als Kandidat der Demokraten präsentieren wird, hat eine Rede gehalten. Was den Nahen Osten betrifft, fordert James Hagerty, der Sprecher des Weißen Hauses, Ruhe zu bewahren. Hammarskjöld bereitet eine Auslandsreise vor. Also nichts Weltbewegendes, sagen die Leitartikel. *No news, good news* - keine Nachrichten sind gute Nachrichten. Wir schicken die Depesche ab, damit der Alte wieder etwas von uns hört. Danach wollen wir ins Kino gehen. Aber wieder einmal behält das jiddische Sprichwort recht: Der Mensch denkt, und Gott lenkt.

Für welchen Film wir uns entschieden haben - *Die Brüder Karamasow* vielleicht? -, ist mir entfallen, ich weiß nur, daß wir nicht dort waren.

Als wir über den Times Square gehen, werde ich an der Ecke 7. Avenue und 45. Straße von einem Taxi angefahren. Durch den Aufprall wird mein Körper hochgeschleudert und fliegt wie eine Chagall-Figur durch die Luft - bis zur 44. Straße. Hier liest mich zwanzig Minuten später ein Krankenwagen auf, um mich in die Klinik zu bringen. Aviva wird mir erzählen, daß ich während der Überführung mehrmals aufgewacht sei, um ihr Anweisungen zu erteilen: Was sie Dow sagen, wen sie zu meiner Vertretung bestellen, welche Verabredungen sie absagen solle, wie sie meine Schwester

Bea verständigen könne und bei wem sie Geld leihen müsse, um die Miete für mein Apartment zu bezahlen. Dann fiel ich in tiefe Bewußtlosigkeit. Von Aviva erfuhr ich auch, daß das erste Krankenhaus sich weigerte, mich aufzunehmen: Ein Angestellter untersuchte meine Brieftasche und mußte zu seiner Empörung feststellen, daß sie hoffnungslos leer war. Ohne Geld und ohne Versicherung war ich es nicht wert, behandelt zu werden, auch eine Lebensrettung lohnte sich nicht; Geschäft ist schließlich Geschäft. Außerdem erklärten sie meinen Fall sicherheitshalber für aussichtslos. Warum sollten sie mich da behalten? Die Pfleger hievten mich also wieder in den Rettungswagen, dessen Sirenen ungehalten aufheulten, als er losfuhr, und machten sich auf die Suche nach einem barmherzigen Krankenhaus. Endlich hatten sie Erfolg: Im New York Hospital nahm mich der diensthabende Orthopäde auf; Doktor Paul Braunstein hat mir das Leben gerettet.

Meine ganze linke Seite war zerschmettert. Zehn Stunden dauerte die Operation. Sie flickten mich wieder zusammen und steckten mich bis zum Hals in Gips, so daß ich nur noch den Kopf bewegen konnte. Wenn man dazu verurteilt ist, unbeweglich im Bett zu liegen, verändern sich die Träume, das Denken und der Blick auf die Welt. Ein einfaches Schmerzmittel war mehr wert als zehn außergewöhnliche Gedichte. Der Krankenschwester, die mich vom Rücken auf den Bauch drehte oder umgekehrt, war ich dankbarer als der bezauberndsten aller Frauen für das großartigste Geschenk; und ein wohlwollendes Lächeln des Arztes erschien mir bedeutender als die aufregendste Nachricht der Welt. Während ich im Koma lag, hatte Nasser den Suezkanal verstaatlicht. Unter normalen Umständen wäre ich an die Decke gegangen, ich wäre zum Telefon gestürzt und hätte das Radio aufgedreht. Jetzt ließ die Nachricht mich kalt.

Nach einigen Tagen im Krankenhaus kehrte mein Wissensdurst zurück. Die Kollegen hielten mich auf dem laufenden. Es gab sogar komische Momente. So sagten alle, die zu Besuch kamen, um mich zu trösten: »Du hast Glück gehabt – es hätte noch schlimmer kommen können; du hättest das Augenlicht verlieren können, die Beine, den Verstand...« Ich litt mit jeder Faser meines geschundenen, gebundenen Körpers und bekam ständig zu hören, daß es schlimmer hätte kommen können! Dazu fiel mir die Geschichte von dem Mann ein, der seinem Freund die ganze Litanei seines Unglücks vorbetet: Alles hat er verloren, seine Arbeit, sein Haus, seine Brieftasche, seine

Verlobte. Und jedesmal brummt der Freund: »Es hätte schlimmer kommen können.« Schließlich wird es dem guten Mann zuviel. »Aber was hätte schlimmer kommen können?« schreit er. »All das hätte mir passieren können«, erwidert der Freund.

Diese Geschichte hat mir Alexander Zauber erzählt, ein großer Liebhaber des schwarzen Humors, Redakteur einer israelischen Zeitung, die auf Sensationen aller Art aus ist. Von ihm stammt auch der Witz über den Mann, der sich alles Mögliche gebrochen hat: »Tut's weh?« wird er gefragt. »Nur wenn ich lache«, antwortet er.

Chajim Isaac, Korrespondent der Arbeiterzeitung *Dawar*, hat die täglichen Depeschen für mich übernommen. Aus Angst, beim Leser in Vergessenheit zu geraten, beschließe ich, meine Arbeit wiederaufzunehmen. Zuerst eine »Reportage« über den Unfall, an dem ich unglücklicherweise selbst teilgenommen habe. Dann Kommentare und Grundsatzartikel. Meine größte Schwierigkeit ist das Diktieren. Darin bin ich ungeübt. Ich kann es so wenig wie Arbeit delegieren, Untergebene dirigieren oder kommandieren. Diktieren ist das alles zusammen. Dennoch Glückwünsche von Dow: Seiner Ansicht nach verdiente ich den Pulitzerpreis. Meint er, was ich schreibe oder daß ich schreibe? Kein Wort jedoch über die Krankenhauskosten; die werde ich wohl selbst übernehmen müssen.

Mit der Zeit ist mein Zimmer zu einem beliebten Treffpunkt geworden. Die Krankenschwestern des ganzen Stockwerks versammeln sich hier zu den Direktübertragungen der Baseballmatches. Bevor das Fernsehgerät (ohnehin mehr für sie als für mich) aufgestellt wurde, bekam ich sie kaum zu sehen; jetzt werde ich sie nicht mehr los. Bea und Aviva besuchen mich jeden Tag. Aus Los Angeles, wo er der Wahl der Miss Universum beiwohnen mußte, kommt der gute Noah. Einige Kollegen stecken ihre Köpfe lieber bei mir zusammen als im Presseklub der UNO. Da werden politische Ereignisse diskutiert, Informationen und Klatsch ausgetauscht, Tagesberühmtheiten verspottet. Hauptthema ist Gamal Abdel Nasser, der junge ägyptische Oberst, der es wagte, Großbritannien und Frankreich herauszufordern. Der Sicherheitsrat tagt fast ununterbrochen. Israel ist auf der Hut. Im Westen hat Nasser eine schlechte Presse, nicht aber in der Dritten Welt. Die islamischen Länder heben ihn in den Himmel; für sie ist er ein ruhmreicher Held, der neue Saladin, berufen, das alte Reich zurückzuerobern. Wird man es Nasser ungestraft durchgehen lassen, wenn er die Abkommen zwischen Ägypten und den europäischen Großmächten verletzt? fragt die Presse. Außenminister John Foster Dulles rät zu Mäßigung und Geduld. Dag Hammarskjöld predigt Moral. Was wird passieren? Ein neuer Krieg? Schlagartig verschiebt sich der Schwerpunkt des Geschehens von Washington in den Nahen Osten. Krieg oder Frieden, das ist jetzt die Frage.

Eines Morgens bekomme ich Besuch von einem Anwalt, der sich als Vertreter einer Versicherungsgesellschaft vorstellt. Er unterbreitet mir den Vorschlag, ein Schriftstück zu unterschreiben, ein einfaches Blatt Papier - und ich könnte auf der Stelle 250000 Dollar einstreichen. Ich meine mich verhört zu haben - meine Beziehung zu Zahlen war noch nie besonders gut. Also bitte ich ihn, zu wiederholen, was er eben gesagt hat. Angesichts der ungeheuren Summe wird mir schwindelig. Ich bin gern bereit, das Schriftstück zu unterzeichnen und alle Papiere, die er sonst noch in seinem Koffer hat. Aber Zauber paßt auf: »Bist du noch bei Verstand oder was? Nichts unterschreibst du!« - »Denk an das Vermögen, das ich bekommen werde«, antworte ich ihm, »in zwanzig Jahren, was sage ich, in hundert Jahren kann ich nicht so viel verdienen!« Er wird böse: »Willst du ernsthaft zulassen, daß dieser Gauner uns ruiniert? Schick ihn zum Teufel! Ich werde dich einem Anwalt vorstellen, einem Anwalt, der sich einsetzt für die Opfer, statt sie übers Ohr zu hauen. Es ist nicht meiner, sondern der von einem sehr reichen Freund von mir; der wird auch aus dir einen Millionär machen. Es ist nämlich wahr, was man über Amerika sagt: Das Geld liegt auf der Straße; du mußt dich nur überfahren lassen, um es zu kriegen!« Er platzt fast vor Lachen und fährt fort: »Du wirst verdammt viele Dollar einstreichen, das garantiere ich dir!« Warum sollte ich auf diesen Reichtum verzichten? Zauber scheucht den Versicherungsvertreter hinaus und telefoniert auf ungarisch mit seinem reichen Freund. Am selben Nachmittag mache ich die Bekanntschaft des großen Anwalts. Er wirkt seriös und untersucht mich so fachkundig, als wäre er selbst Arzt. Nebenbei unterhält er sich mit Doktor Braunstein, der ihm bestätigt, daß mein Zustand in der Tat fürchterlich sei. In Zahlen ausgedrückt, resümiert der Anwalt, sei diese Diagnose mindestens eine Million Dollar wert. »Mindestens!« frohlockt Zauber. »Siehst du? Ich hab's dir gesagt. Und du wolltest dich schon von diesem Mistkerl von der Versicherung über den Tisch ziehen lassen! Zum Glück war ich da, um auf dich aufzupassen!« Wäre ich nicht eingegipst, würde er mich jetzt für einen Freudentanz aus dem Bett holen, so entzückt ist er. Mich beschäftigt im Moment mehr die Gegenwart als die Zukunft: Das Krankenhaus muß bezahlt werden, ein Einzelzimmer ist teuer. Und die Zeitung, eigentlich für das Ergehen ihrer Mitarbeiter verantwortlich, wird mir zwar mein mageres Gehalt weiter überweisen, aber mehr auch nicht. Wo soll ich die Mittel für die kommenden Monate auftreiben? Da mein Zustand ernst ist, und dank der Freundlichkeit Doktor Braunsteins habe ich noch Anrecht auf ein Zimmer für mich allein. Aber in ein paar Tagen, wenn es mir besser geht, werde ich es schon mit einem oder mehreren Kranken teilen müssen. Eine erschreckende Aussicht: Seit dem Krieg versetzt mich die Vorstellung, mit einem Fremden im selben Zimmer zu schlafen, in Angst und Schrecken. Und meine Schwester Bea, die alles tun würde, um mir zu helfen, ist fast ebenso knapp bei Kasse wie ich. Keiner meiner Freunde ist reich. Aus Gründen, die nur Er kennt, hat Gott es so beschlossen: Es gibt keinen Millionär unter meinen Kollegen. So kann ich nur auf den ersten Anwalt hoffen: Nehme ich seinen Vorschlag an, bekomme ich das Geld sofort; bei dem anderen werde ich Monate, wenn nicht Jahre warten müssen. Zauber verliert die Nerven, er brüllt, schreit, daß ich die größte Dummheit seines und meines Lebens begehe; aber meine Entscheidung ist gefallen. Ich werde den ersten Anwalt spät abends, wenn Zauber weg ist, zu mir bitten. Besser ein goldener Spatz in der Hand als die Hoffnung auf ein Wunder im Kopf.

Da habe ich aber die Rechnung ohne das Wunder gemacht. An jenem Tag ist auch Hillel Kook unter den Besuchern. Er bittet Aviva und die anderen Freunde, uns allein zu lassen. Ein seltsamer Mann, die Verkörperung des mitteleuropäischen Intellektuellen: kurzsichtig, mager, wach und interessiert. Ich habe ihn erst vor ein paar Wochen bei einem Interview kennengelernt. Da hatte er gerade eine politische Organisation geschaffen, die der sowjetischen Einmischung im Nahen Osten Einhalt gebieten sollte. Vorher kannte ich ihn nur vom Hörensagen: Als Mitglied des Oberkommandos des Irgun hatte er während des Krieges unter dem Pseudonym Peter Bergson zusammen mit dem berühmten Schriftsteller Ben Hecht das Nationale Hebräische Befreiungskomitee geleitet, dessen Hauptziel die Rettung europäischer Juden war. Niemand hat so viel dazu beigetragen, die amerikanische Öffentlichkeit durch Berichte über die Tragödie der Juden aufzuschrecken. Das jüdische Establishment in Amerika konnte ihn deshalb nicht ausstehen und hat ihn später immer wieder bekämpft und verleumdet. Während der *Altalena*-Affäre wurde er auf Geheiß Ben Gurions ins Gefängnis geworfen und war dennoch nicht verbittert. »Ich habe gehört, was dir passiert ist«, sagt er ohne Umschweife zu mir. »Zweifellos weißt du es bereits: Um in New York krank zu sein, muß man die Mittel dazu haben. Du hast kein Geld; ich habe welches. Ich habe dir ein paar Blankoschecks mitgebracht; du kannst jede Woche einen ausfüllen, und wenn du keinen mehr hast, laß es mich wissen; dann werde ich dir neue bringen.«

Das sagt er ganz schlicht, ohne jeden Pathos, als machte er so etwas mehrmals pro Tag.

Ich bin von dieser Geste Hillels so verblüfft, sprachlos, fassungslos, daß ich mich nicht einmal bei ihm bedanken kann. Meine Kehle ist wie zugeschnürt. Ich starre ihn an, als wäre er ein Gerechter, ein Bote des Unberechenbarsten aller Propheten, Elias. »Aber... wie kann ich Ihnen das jemals zurückzahlen?« frage ich ihn schließlich. Unbekümmert antwortet er im Tonfall eines Bankiers, der mit einem Kollegen spricht: »Mach dir keine Sorgen; ich habe genug zum Leben; und du wirst mir das, was ich dir leihe, an dem Tag wiedergeben, an dem du deine Entschädigung von der Versicherung bekommst.«

Dann macht er eine Bewegung, als wollte er mir die Hand geben, besinnt sich aber (um nicht ein Stück Gips zu drücken), verabschiedet sich rasch und geht.

Meine Freunde kommen wieder ins Zimmer, und ich erzähle ihnen von dem Wunder. Zauber wird ganz verrückt vor Freude und gratuliert sich zu seiner Klugheit: »Das ist ein Wink des Himmels«, schreit er. »Gott will, daß du mir gehorchst und nicht wie ein Idiot handelst. Daß du in *deinem* Zimmer bleiben kannst. Daß du *meinen* Anwalt engagierst.« Er macht eine kurze Atempause, stürzt zu meinem Bett, drückt mir einen glühenden Kuß auf die Stirn und sagt dann, als wollte er mich segnen: »Du wirst Millionär sein, mein Freund, Millionär, das verspreche ich dir; und wenn du meine Pläne sabotierst, bringe ich dich ganz einfach um. Und *mein* Anwalt wird mich dann verteidigen.«

Hillel ist wunderbar. Jede Woche ruft er an, um sich zu erkundigen, ob ich weitere Schecks brauche. Inzwischen hat mein Anwalt das Verfahren eingeleitet, das, wie er und Zauber versichern, mein

Leben verändern wird. Ich gebe zahllose Erklärungen ab, unterzeichne Papiere und mache verschiedene Eingaben. Ein Monat geht vorüber, ein Jahr verstreicht. Zauber kehrt nach Israel zurück, Bea nach Montreal. Ab und zu frage ich den Anwalt, wie es steht. Er übt sich in Geduld und empfiehlt mir, seinem Beispiel zu folgen. Achtzehn Monate nach dem Unfall begleitet er mich zum Gericht. Der Richter erwartet uns. Aber nicht der Prozeß findet statt, sondern ein einfacher Verwaltungsakt. Zwei Jahre liegt der Unfall nun schon zurück, und noch immer ist nichts entschieden. Eines Tages erhalte ich einen Anruf von Hillel. Wir treffen uns auf einen Kaffee. Er fragt mich nach Neuigkeiten vom Prozeß. Er hat sich an der Wall Street verspekuliert und braucht jetzt Bargeld. Aber ich soll bloß nichts überstürzen. Wenn es noch länger dauern sollte, sagt er, würde er es auch so schaffen. Am selben Tag fordere ich meinen Anwalt auf, die Angelegenheit noch im Laufe dieser Woche zu erledigen. Der ist damit gar nicht einverstanden: Darauf habe die Versicherung doch nur gewartet; wenn die erst einmal wüßten, daß wir Geld bräuchten, würden sie uns mit Brosamen abspeisen. Das sei mir egal, entgegne ich ihm. Und wenn er der Entscheidung ausweiche, würde ich ihn von seinem Mandat entbinden und durch einen fähigeren Kollegen ersetzen. Am nächsten Tag setzt er mich vom Ergebnis seiner Verhandlungen in Kenntnis: Hillel bekommt sein Geld zurück und er dreißig Prozent der Versicherungssumme.

So kam es, daß ich doch kein Millionär geworden bin.

Doch ein paar Erinnerungen an dieses Abenteuer sind mir geblieben. Und mit ihnen beginnt ein Roman, *Tag*, den ich danach geschrieben habe:

> Der Unfall überraschte uns an einem Juliabend, mitten im Herzen von New York, als Kathleen und ich die Straße überquerten, um den Film »Die Brüder Karamasow« anzusehen.

Tag hält sich nur zum Teil an die Wirklichkeit. Die Person der Kathleen etwa entspricht nicht der Kathleen, mit der ich im Vorjahr gebrochen habe (Verzeihung – sie hat mit mir gebrochen). Dennoch wollte ich vielleicht diese zu Ende gegangene Beziehung klären, als ich die Figur der Kathleen in den Roman einführte. Außerdem beschreibe ich darin zweifellos meine Verfassung und meine Gefühle in den Wochen nach dem Unfall – so erinnere ich mich, daß ich laut auflachte, als ich wieder zu Bewußtsein gekommen war: Welche Ironie des Schickaals, daß ich die Todeslager überlebt hatte, nur um mich in New York überfahren zu lassen! Im Roman ist der »Unfall« jedoch ein Selbstmordversuch.

Eine andere Begebenheit dagegen stammt aus der unmittelbaren Wirklichkeit: meine Begegnung mit Sarah. Ich lernte sie im Bus kennen, zwischen Hôtel de Ville und Place de la République: klein, blond, um den Mund eine Linie des Schmerzes, wirkte sie in ihrem Dasein ebenso fehl am Platz wie ich in meinem. Sie lud sich zu mir ein. Ich sagte zu ihr: »Erzählen Sie mir eine Geschichte.« Sie antwortete: »Ich heiße Sarah.« Wie meine Mutter, dachte ich. »Das ist keine Geschichte«, bemerkte ich. »Doch, das ist eine«, widersprach sie. Ich setzte mich an meinen Schreibtisch; sie aber blieb stehen, gegen die Tür gelehnt, als wollte sie einen Fremden am Eindringen oder mich am Fortgehen hindern. Ich merkte, daß das Schweigen, in das ich mich eingeschlossen hatte, allmählich feindselig wurde. Die Fragen, auf die sie vielleicht wartete, blieben aus. Plötzlich verfinsterte sich ihre Miene, und es brach aus ihr heraus: »Verstehen Sie nicht? Ich heiße Sarah und bin in Wilna geboren!« Ich wollte schon erwidern, daß auch das keine Geschichte sei, entschied mich dann aber, weiter zu schweigen. Sie schien außer sich zu sein. Wie besessen schrie sie mir jetzt ihre Erlebnisse in einem Konzentrationslager entgegen: die Folterungen, die ihrem jungen, schwachen, unschuldigen Körper von den Deutschen zugefügt worden waren; und die Solidarität der anderen Deportierten. Sie war damals zwölf Jahre alt. Ich hätte ihr nicht zuhören dürfen; ich hätte mir die Ohren verstopfen sollen. An etwas anderes denken. Sie lieben. Ihr sagen, daß ihr Körper eine Aufforderung zur Liebe sei. Egal was, Hauptsache, sie wäre verstummt.

Was blieb von dieser Erfahrung? Das Bedürfnis, sie in *Tag* aufzunehmen, vielleicht um das Thema des Unfalls oder des Selbstmords auf einer höheren Ebene zu behandeln. Als Motto habe ich einen Auszug aus Nikos Kazantzakis' Buch *Alexis Sorbas* vorangestellt: »Wieder einmal kam mir die Richtigkeit der alten Sage zum Bewußtsein: Das Herz des Menschen ist ein blutgefüllter Graben. Am Rand dieses Grabens werfen sich die geliebten Toten nieder, um sich an dem Blut zu laben. Je teurer sie euch sind, desto mehr Blut trinken sie.«

Anders gesagt: Für den, der die Lager überlebt hat, wird das Leben zu einem Kampf nicht nur für die Toten, sondern auch gegen sie. Er ist ein Gefangener der Toten, unter deren Bann er steht, und er fürchtet, sie im Stich zu lassen, wenn er sich befreit. Daher seine Unfähigkeit zu lieben, an den Menschen zu glauben, sein Selbstvertrauen wiederzufinden.

Nacht ist noch nicht erschienen, aber ich kenne schon das Thema von *Tag*.

Ich verlasse das Krankenhaus im Rollstuhl und beziehe wieder mein Hotelzimmer. David kommt oft zu Besuch, Aviva täglich. Einige Tage lang arbeite ich zu Hause, dann ist meine Geduld zu Ende, und ich gehe auf Krücken zu den Vereinten Nationen. Die mitleidsvolle Behandlung dort mißfällt mir, aber ich gewöhne mich daran - was bleibt mir auch anderes übrig? Kollegen bieten mir ihre Unterstützung an. Schalom Rosenfeld, der ausgezeichnete Redakteur von *Maariw*, der in New York auf der Durchreise ist, hilft mir bei der Abfassung meiner Berichte. Das tut auch Dick Jaffe. Wichtige Ereignisse finden statt, es ist viel zu tun. Bei den Präsidentschaftswahlen tritt Gouverneur Adlai Stevenson gegen General Dwight D. Eisenhower an, der gebildete Humanist fordert den väterlichen Helden heraus. In Ungarn gibt es einen Aufstand, und russische Panzer walzen die Erhebung nieder. Am interessantesten für meine Leser sind die diplomatischen Konsequenzen des Blitzkriegs auf dem Sinai, mit dem die Legende des einäugigen Generals Mosche Dayan beginnt. Ich stehe sogar die endlos dauernden Sitzungen des Sicherheitsrats durch - trotz körperlicher Beschwerden. Manchmal mache ich mich über mich selbst lustig: Du erhoffst dir davon wohl eine Tapferkeitsmedaille? Bestimmt wird man einst das Ehrenmal für den unbekannten Journalisten über deinem Grab errichten. Vielleicht sollte ich mich mehr schonen; ich könnte mir ja die Direktübertragung der Debatten im Fernsehen anschauen und dann über sie berichten, aber das wäre nicht dasselbe ...

Die Debatten fesseln mich. Es geht schließlich um Israel, um die Geschichte der Juden, um das Schicksal meines Volkes. War es ein abgekartetes Spiel zwischen Israel und den beiden europäischen Großmächten? In den sogenannten gutunterrichteten Kreisen steht außer Zweifel, daß ein Abkommen auf höchster Ebene geschlossen worden ist: Ben Gurion sei inkognito nach Paris gereist, wo in einer streng bewachten Villa ein Geheimtreffen zwischen ihm und Vertretern der französischen Regierung stattgefunden habe. Andere Quellen widersprechen diesen Gerüchten. Die Redebeiträge Abba Ebans sind wortgewaltiger denn je und die der Repräsentanten Englands und Frankreichs verblüffen durch ihre neue Tendenz: Man ist es nicht gewohnt, daß sie Israel so nachdrücklich in Schutz nehmen. Währenddessen halten die anderen Nationen ihre feindselige Neutralität oder maskierte Feindseligkeit aufrecht. Empört wettern Sowjets und Amerikaner gegen Israels Allianz mit den Kolonialmächten. Präsident Eisenhower bestellt einen israelischen Diplomaten zu sich und warnt ihn sehr undiplomatisch: »Sagen Sie den Juden hier, daß sie die Ereignisse im Nahen Osten beim Wahlkampf aus dem Spiel lassen sollen.« Der Gesandte übermittelt die Weisung des Präsidenten, und die führenden jüdischen Persönlichkeiten in den Vereinigten Staaten unterwerfen sich ihr mit großer Mehrheit. Nur wenige erheben ihre Stimme zur Verteidigung Israels. David Ben Gurion ist vom zaghaften Schweigen der amerikanischen Juden schwer enttäuscht und verbirgt seinen Unwillen nicht. Er wird Baron Guy de Rothschild vorschlagen, eine weltweite Vereinigung der Freunde Israels zu gründen, die die zionistische Bewegung ersetzen soll.

Mit Abstand betrachtet, wirft dieses einst als ruhmreich geltende Kapitel ein Problem auf: War es nicht ein taktischer und vor allem moralischer Fehler Israels, an der Seite der Kolonialmächte für eine Sache zu kämpfen, von der es nicht unmittelbar betroffen war? Andererseits wurde ihm damit die langersehnte Gelegenheit geboten, sich eines mächtigen, überheblich und gefährlich gewordenen Feindes zu entledigen. Auf der politischen Ebene endete das Eingreifen jedenfalls mit einem Debakel. Als Ben Gurion eine Warnung aus dem Kreml erhält und dem Judenstaat unkalkulierbare Vergeltungsmaßnahmen angedroht werden, befiehlt er Mosche Dayan, den Sinai zu räumen. Im Gegenzug verspricht Eisenhower Garantien, deren Einhaltung seine Nachfolger jedoch verweigern.

Inzwischen ist meine amerikanische Aufenthaltsbewilligung abgelaufen. Mit Krücken und Rollstuhl mache ich mich auf den Weg zur Einwanderungsbehörde. Lange studiert der freundliche Beamte den in Frankreich ausgestellten Reisepaß für Staatenlose. Dann gibt er ihn mir zurück: »Sie sind bei den Vereinten Nationen akkreditiert, also gibt es im Prinzip kein Problem. Aber Ihr Ausweis ist nicht mehr gültig; wo soll ich denn da den Sichtvermerk eintragen?« Er empfiehlt mir, zum französischen Konsulat zu gehen und dort das Dokument verlängern zu lassen. Im Konsulat entgegnet mir eine weniger freundliche Sekretärin allerdings, dies sei unmöglich. Warum, frage ich. Deshalb, sagt sie. Weshalb? Weil diese Art von Dokument laut Vorschrift nur in Frankreich ausgestellt werden kann. Zurück zur Einwanderungsbehörde. Dort nimmt mich derselbe Beamte in Empfang. Und händigt mir eine Absichtserklärung zur Kenntnisnahme durch die französischen Behörden aus, in der mir eine Aufenthaltsbewilligung in Aussicht gestellt wird unter der Voraussetzung, daß ich einen gültigen Ausweis vorlegen kann. Eine andere Sekretärin des Konsulats besteht hartnäckig darauf, mich nach Paris zurückzuschicken. Erneuter Gang zum Immigration Officer. Als der gute Mann mich schon wieder auf meinen Krücken anhumpeln sieht, fährt er mich an: »Soll der Pendelverkehr zwischen meinem Büro und dem Konsulat noch lange dauern?« Ich mache mich ganz klein. Der Vorwurf sei berechtigt, aber ich wüßte nicht, wie ich aus der Situation herauskommen sollte, ich könnte nicht nach Frankreich zurück, weil ich kein Geld hätte, das ständige Hin und Her habe mich ein paar Mahlzeiten gekostet, und schließlich könnte ich in meinem Zustand auf gar keinen Fall eine Reise über den Atlantik antreten, das würden meine Ärzte mir verbieten. Was sollte ich also tun, um Gottes willen? Ich habe das Gefühl, daß ich Schiffbruch erleiden werde. Wird man mich abschieben und auf irgendeine schwarze Liste setzen? Angst steigt in mir hoch, als der Beamte sich zu mir herüberbeugt. Er lächelt: »Mein Gott«, sagt er, »warum werden Sie denn nicht hier ansässig und lassen sich dann einbürgern?« Ich starre ihn verständnislos an. Wäre das möglich? Der Staatenlose sollte Bürger eines Staates werden? Sein Lächeln ist Antwort genug. Ich kann gerade noch flüstern: »Ansässig werden, ich? Anspruch auf einen richtigen Paß haben?« Als guter Mentor zeigt mir mein Gesprächspartner noch, wie ich weiter vorzugehen habe. Fünf Jahre später bin ich amerikanischer Staatsbürger.

Was ich diesem namenlosen Beamten der Einwanderungsbehörde verdanke, läßt sich kaum ermessen. Besonders, wenn man sich meine alljährlichen Besuche auf der Polizeipräfektur in Paris vergegenwärtigt, das lange Warten, die demütigenden Verhöre. Der Staatenlose, der ich einmal war, bemühte sich immer verzweifelt, den meist übellaunigen Beamten hinter dem Schalter für sich einzunehmen, der ihn keines Blickes würdigte. Dessen Wohlwollen erschien mir kostbarer als die Bereitwilligkeit der schönsten Frau von Paris. Mein Auftreten war pathetisch, vielleicht auch lächerlich, aber das war nicht meine Schuld. Es ist das Los des Flüchtlings. Er fühlt sich stets überflüssig. Seine Zeit bemißt sich nach Sichtvermerken, seine Biographie nach Datumsstempeln. Er hat nichts Ungesetzliches getan, fühlt sich aber verfolgt. Man erkennt ihn an den dunklen Ringen um die Augen, am schnellen Schritt, an der abgenutzten Kleidung. Sein Lächeln soll besänftigen und Lächeln hervorrufen. Dauernd entschuldigt er sich bei jedermann: Verzeihung, wenn ich störe, Verzeihung, daß ich Sie belästige, daß ich Ihnen den Platz an der Sonne stehle. Ich kann gut verstehen, daß Sokrates nach seinem Prozeß lieber in den Tod ging als ins Exil. Das Leben des Exilanten oder, wie man man ihn im 20. Jahrhundert nennt, des Staatenlosen oder politischen Flüchtlings ist nicht unbedingt romantisch. Davon kann ich ein Lied singen. Ich war staatenlos, also per definitionem wehrlos. Und zu allem Überfluß auch noch mittellos.

Eine Figur aus *Gezeiten des Schweigens* hat darüber viel zu sagen:

> In Frankreich, so erklärte er, funktioniert das Flüchtlingsgesetz nur für Millionäre. Frankreich will gerne das Vaterland der Entwurzelten sein - vorausgesetzt, daß diese steinreich sind. Einem mittellosen Flüchtling ist das Los eines Untermenschen beschieden. Die Hausmeisterin, der Krämer, der Polizeikommissar - sie alle sitzen zu Gericht über sein Recht zu leben. Um die Verlängerung seiner Aufenthaltsgenehmigung zu erhalten, muß der Flüchtling zunächst einmal beweisen, daß er nicht arbeitet und genug Geld zum Leben hat. Wie soll er sich über Wasser halten, wenn er nicht das Recht hat, seinen Lebensunterhalt zu verdienen? Es ist verboten, Fragen zu stellen. Fragen stellt der Polizeikommissar.

Nach fünf Jahren beantrage ich die Einbürgerung. Kein Problem. In den Vereinigten Staaten ist die Verwaltung entgegenkommend. Sie ist zur Hilfe da, nicht zur Abschreckung. Die Formalitäten sind einfach und schnell erledigt. Ungeduldig warte ich darauf, daß man mir das Datum der feierlichen Verleihung bekannt gibt.

Ein paar Tage vorher finde ich beim Portier eine Mitteilung: Ich soll einen FBI-Beamten unter der Nummer soundso anrufen. Das schreckt den Flüchtling in mir auf. Ich zittere vor Angst. Was kann ich getan haben, um die Aufmerksamkeit des allmächtigen, allwissenden Dienstes des schrecklichen Edgar J. Hoovers auf mich zu lenken? Ich wähle die angegebene Nummer. Ich erhalte von einem Mann die Auskunft, der betreffende Beamte habe soeben sein Büro verlassen und werde erst am nächsten Tag wieder da sein. Ich richte mich auf eine schlaflose Nacht ein.

Noch am selben Abend meldet sich der Beamte bei mir: »Ich möchte nicht, daß Sie sich beunruhigen, deshalb rufe ich Sie von mir aus an. Ich muß Ihnen eine Frage stellen: Sie werden bald amerikanischer Staatsbürger sein. Haben Sie schon einmal daran gedacht, sich zum Militärdienst zu melden?« Mir bricht der kalte Schweiß aus. »Nein, daran habe ich nicht gedacht ...«, stammle ich. Der Beamte möchte den Grund wissen. »Ich bin schon zu alt ...«, sage ich. »Und dann ... sind da gesundheitliche Probleme. Ich habe einen schweren Unfall gehabt ...« Schweigen in der Leitung. Ich sehe mich schon abgewiesen, bestraft, verstoßen. Von einer Einbürgerung keine Rede mehr ... Mein amerikanischer Paß würde für immer ein Traum bleiben... Ich hätte mich vorher erkundigen sollen, hätte... »Na gut«, sagt der Beamte schließlich. »Melden Sie sich trotzdem – der Form halber... und dann legen wir das Ganze zu den Akten.«

So kam es auch. Ein paar Tage später lief ich mit einem amerikanischen Paß herum, einem schönen, neuen, brauchbaren amerikanischen Paß.

Nach der Wahl François Mitterrands zum Staatspräsidenten fragte mich ein hoher französischer Beamter 1981, ob ich nicht die französische Staatsbürgerschaft annehmen wolle, denn schließlich und endlich... Nein danke, sagte ich ungerührt und wies sein Angebot zurück: Als ich einen Paß gebraucht habe, war es Amerika, das mir einen gegeben hat. Deshalb werde ich ihn auch behalten.

»Sie hatten Unrecht«, wird Jean Mauriac 1993 bei einem Treffen auf Schloß Malagar bedauern. »Es ist undenkbar, daß ein französischer Schriftsteller wie Sie kein französischer Staatsbürger ist. Ach, diese Beamten! Diese Bürokratie ...«

1957 kommen Dow und Lea wie geplant nach New York. Ich gehe mit ihnen ins Theater, in Konzerte und Restaurants. Dabei stütze ich mich auf einen Stock und rede mir aus welchem Grund auch immer ein, dies wirke vornehm. Aber ich werde schnell müde.

Die beiden wollen mit einem Mietwagen von der Ostküste bis zur Westküste fahren. Sechs Wochen dauert die Überquerung des Kontinents. Sie laden mich ein, sie auf ihrer Reise zu begleiten.

Wir werden ein Amerika entdecken, das wir noch nicht kennen und das anders ist als New York oder Washington. Endlose Straßen verlieren sich am blauen Horizont, und in den stets wechselnden Himmel, der sich darüber wölbt, ragen hohe, verkrustete Berge. Manchmal ist die Landschaft so atemberaubend, daß sie uns zum Anhalten zwingt. Und dann sehen wir, daß es wahr ist, daß Amerika größer und schöner ist als alles auf dieser Erde.

Tosende Flüsse, stille Bäche, grüne Täler, gelbe Hügel, wüste Gewitter und der erschreckende Einbruch der Nacht: Nirgendwo ist der Mensch der Natur so nah. Von den Hügeln San Franciscos bestaunen wir winzige Dörfer, die im Nebel schwimmen wie in einem Traum.

In den Rocky Mountains scheinen die Wolken eine Krone aus Schnee zu tragen, und wer sie berühren wollte, müßte bis zum Thron Gottes emporsteigen. So verzaubert sind diese Wunder der Natur, daß sich Nahes und Fernes, Wirkliches und Unwirkliches nicht mehr unterscheiden lassen; wir fühlen uns erhoben und fallen zugleich, wir sind traurig und doch glücklich, hierzusein, einfach dabeizusein, wenn die Welt neu erschaffen wird.

Auch der große Dirigent Arturo Toscanini hat einmal, als er mit dem Zug an die Westküste fuhr, den Grand Canyon besichtigt. Ein Reisegefährte beobachtete ihn respektvoll aus der Ferne: Lange stand er schweigend da, in den Anblick der Colorado-Schluchten versunken. Und am Ende dieser Betrachtung, so wird berichtet, habe der Meister dem Wunder applaudiert.

Das Innere des amerikanischen Kontinents zu entdecken war für ihn wie ein Konzert; für mich ist es wie eine dauernd erneuerte Einladung zu den überraschendsten Darbietungen. Der Süden und seine höflichen Bewohner – der Süden und die erniedrigende Tragödie der Schwarzen. Jedesmal, wenn mein Blick auf eines dieser Schilder mit der Aufschrift »Für Schwarze verboten« fällt, schäme ich mich. Ich schäme mich, weiß zu sein.

Las Vegas und seine Spielautomaten. Sogar in Waschräumen und Toiletten gibt es welche. In den grell erleuchteten Kasinos setzen Männer und Frauen den Lohn eines ganzen Lebens auf eine kleine Kugel, die noch ein bißchen springt und tanzt, bevor sie blind auf einer vollkommen gleichgültigen, sinnlosen Zahl liegenbleibt. Spannung liegt auf den Gesichtern, Lippen werden zusammengepreßt, Hände zittern nervös. Das Kasino von Monte Carlo wird von Reichen besucht, die anscheinend schwer an ihrem Reichtum tragen; hier dagegen sieht man gewöhnlich Leute, die es satt haben, nicht reich zu sein.

Im Sands dinieren wir mit dem starken Mann der Stadt, Henk Greenspun, dem Eigentümer der örtlichen Tageszeitung *Sun*. Er erzählt uns von seinen geheimen Hilfsaktionen für Israel. 1948 beteiligte er sich an einem illegalen Waffentransport. Er wurde angeklagt und zu mehreren Jahren Gefängnis verurteilt. Darauf ist er heute noch stolz.

Die Highways in New York, die Thruways in Connecticut, die Freeways in Kalifornien, die Skyways im Süden. Sind diese Autobahnen etwa langweilig? Keineswegs! Um uns wach und bei Laune zu halten, zeigt man uns auffallende, ausgefallene, manchmal auch witzige Plakate …

Viele mahnen zur Vorsicht. In den Südstaaten kann man lesen: »Wir lieben unsere Kinder; fahren Sie vorsichtig.« In Kalifornien scheut man die religiöse Botschaft nicht: »Diese Erde gehört Gott. Fahr nicht wie der Teufel.« In Arizona heißt es lakonisch: »Fahren Sie langsam. Begräbnisse sind teuer.« In Nevada wird es lyrisch: »Fahren Sie langsam, dann können Sie unseren Fluß bewundern; fahren Sie schnell, dann werden Sie sich wundern, wie schnell Sie vor dem Richter stehen.«

Andere Plakate beschäftigen sich mit den leiblichen Genüssen. Ein Restaurant in Colorado droht: »Wenn Sie hier nicht einen Happen essen, wird das nicht nur uns leid tun.« In Reno (das sich damit brüstet, die größte Kleinstadt der Welt zu sein) bekommen Sie zu jeder Tages- und Nachtzeit Frühstück. Und wenn Sie ein bißchen zuviel getrunken haben, gibt's ein Spezialmenü: »Zwei weiche Eier, schwarzen Kaffee, ein Aspirin und … Beileid vom Chef«. In einer Bar irgendwo im Westen finde ich die Ermahnung: »Wenn sich der Tisch zu drehen beginnt, sollten Sie mit dem Trinken aufhören.« Stanton empfängt uns wie folgt: »Willkommen in dieser Stadt, wo dreitausend Kumpel (und ein paar Scheißkerle) wohnen.« Auf dem Dach eines Supermarkts steht in riesigen Buchstaben: »Das Fleisch, das wir hier führen, bekommen Sie auf der ganzen Welt nicht wieder – und woanders auch nicht.« Über einer Autowerkstatt: »Wir haben täglich 26 Stunden geöffnet.« Auf einem Grabstein: »Hier ruht der Mann, der Bill einen Lügner genannt hat.«

Da weder Lea noch ich Auto fahren können, bleibt Dow die ganze Zeit am Steuer. Insgeheim hadere ich mit mir wegen meines Egoismus, aber auch, weil ich mich Autofahrern gegenüber minderwertig fühle. Ich beschließe, Fahrstunden zu nehmen. Und an dem Tag, wo ich - zu meiner großen Überraschung - den Führerschein bekam, hatte ich Lust, ihn der ganzen Welt zu zeigen.

Eines Morgens fällt uns unter der Sonne Arizonas ein riesiges Plakat in die Augen: »Zum Indianerreservat 100 Meilen.« »Da fahren wir hin«, rufen wir alle drei wie aus einem Mund. Ist das nicht ein Umweg? Na und - wir sind doch frei! »Wie die Indianer«, sagt Lea. War das ironisch gemeint? Jedenfalls löst es eine Diskussion aus. Das Problem ist nur: Keiner von uns hat jemals einen Indianer gesehen. Außer im Kino, versteht sich. Aber auf der Leinwand sind die jungen und die wilden, die alten und die weisen, die kämpferischen und die schicksalsergebenen Indianer nur Stereotype aus dem Western. Im Film sind es immer die Indianer, die Kriegsgeheul ausstoßen, angreifen und töten. Warum hätten sie übrigens anders handeln sollen? In ihren Augen ist der weiße Mann ein waffenstarrender, raffgieriger Eindringling, der sie aus ihrem Land vertreiben will; er macht sie zu Parias und beraubt sie ihrer Wurzeln, indem er ihnen seine Sprache und seine moderne Kultur aufpfropft, während ihre Sprache und Kultur doch viel älter, wenn nicht ewig sind. Und bei all dem hat er ein aufreizend gutes Gewissen. Ich finde, die amerikanische Nation sollte die Indianer feierlich um Vergebung bitten. »Das kannst du gerne tun«, sagt Lea, die jetzt richtig in Fahrt ist. »In anderthalb Stunden sind wir da.«

Würdevoll gewährt uns ein großer, aufrechter Mann mit zerfurchtem, kantigem Gesicht und buschigen Augenbrauen in einem mit Federn und anderen Insignien seines Stammes geschmückten Zelt Audienz. Seine gemessenen Gesten, sein langsamer, majestätischer Gang sind geradezu filmreif, und sein respektvolles Auftreten gebietet Achtung. Als er uns die indianische Vorstellung von Leben und Tod erläutert, lauschen wir jedem seiner Worte andächtig. Dann die höfliche Bitte, uns in sein goldenes Buch einzutragen. Reisen verpflichtet. Dow läßt mir den Vortritt. Ohne zu wissen, warum, schreibe ich Hebräisch. Da schlägt mir der Indianer herzhaft auf die

Schulter und sagt: »Scholem Aleijchem« (was auf jiddisch soviel heißt wie guten Tag oder Friede sei mit Euch). Dow und Lea brechen fast zusammen – erst vor Verblüffung, dann vor Lachen.

Unser Gastgeber ist nämlich Jude. Er stammt aus Galizien und ist, nachdem er die Lager überlebt hat, nach Mexiko ausgewandert. Aber die Geschäfte gingen schlecht. Und so entschloß er sich, tagsüber als Indianer sein Geld zu verdienen. Nachts ist er Jude geblieben.

In mein Tagebuch habe ich geschrieben: »Amerika ist wirklich ein wunderbares Land. Hier sprechen sogar die Indianer Jiddisch.«

Irgend jemand interessiert sich offenbar für mich. War es in meiner ersten Wohnung eine Sängerin, die Probleme machte, werde ich in meinem neuen Apartment von einem Dieb heimgesucht. Ich stelle häufig fest, daß Gegenstände einfach verschwinden: mein Eau de Cologne, Socken oder Zigaretten. Wer wohl dieser herzlose Dieb sein mag? In meiner Verzweiflung hinterlasse ich ihm eine Nachricht auf dem Tisch: »Ich kenne Sie … Wenn Sie nicht damit aufhören, verständige ich die Polizei.« Was für eine armselige Strategie! Entweder mein Dieb kann nicht lesen, oder er nimmt mich nicht ernst, jedenfalls setzt er seine Raubzüge fort. Eines Tages hören sie plötzlich auf. Zweifellos hat er einen betuchteren Mieter gefunden.

Zu dieser Zeit (immer noch 1957) lerne ich Golda Meir kennen. Als Nachfolgerin des früheren Außenministers Mosche Scharett, der Ben Gurion zu gemäßigt war, soll sie mit den Vereinten Nationen über die politischen Bedingungen für die Räumung des Sinai verhandeln. Zunächst nur in jüdischen Kreisen bekannt, wird sie bald in der gesamten politischen Welt Eindruck machen – durch ihre Charakterstärke, ihre Prinzipientreue und Beharrlichkeit, die Freunde und Feinde einhellig anerkennen. Sie besitzt weder die Bildung noch die Beredsamkeit Ebans, dafür aber Aufrichtigkeit und Einfachheit, und aus diesen kostbarsten Gaben rührt ihre Überzeugungskraft. In ihrer Abneigung kann sie streng, ja unerbittlich werden, jedoch Menschen gegenüber, die sie schätzt, ist sie von einer grenzenlosen Großzügigkeit. Ich gehöre glücklicherweise dazu – nicht weil sie mich für verständiger oder begabter hält als die anderen Korrespondenten. Aber als sie mich auf meinen Krücken sieht, hat sie, ganz mütterlich, Mitleid mit mir. Sie setzt sich in den Kopf, mir dabei zu helfen, meine Kräfte zu schonen. Sie fragt nach meinem Militärdienst: Wo ich gekämpft habe, an welcher Front, unter wessen Befehl. Anscheinend hält sie mich für einen Kriegsversehrten, einen Veteranen ruhmreicher Feldzüge. Errötend und mit einem kurzen Lachen stelle ich die Tatsachen richtig: Ich bin kein Held des Sinaikriegs; ich habe nie eine Uniform getragen; ich bin nicht einmal Israeli, sondern nur ein einfacher jüdischer Auslandskorrespondent, der für eine Zeitung in Israel arbeitet. Meine Verletzung kommt von einem gewöhnlichen Unfall mit einem gewöhnlichen Taxi an einem gewöhnlichen Abend in einer außergewöhnlichen Stadt. »Aber du sprichst perfekt Hebräisch!« sagt sie zuerst ungläubig. Ich versuche, ihr das zu erklären: Daß ich Hebräisch spreche, verdanke ich meinem Vater, der ... »Und du bist kein Israeli?« Nein, bin ich nicht. »Aber warum nicht? Du bist doch Jude!« Unbeholfen und zerfahren stammle ich irgend etwas. In meine Verlegenheit hinein platzt Goldas Entschluß: »Das spielt keine Rolle«, sagt sie sanft. »Du bist jung, du vertrittst eine Zeitung meines Landes, und du hast niemanden, der sich um dich kümmert. Dann muß ich es eben tun. Ich möchte dich nicht mehr in den Gängen dieses Hauses sehen! Du mußt auf deine Gesundheit achten.« Sie schlägt mir einen Handel vor: Ich gehe seltener zu den Vereinten Nationen, dafür versorgt sie mich persönlich mit den Informationen, über die sie verfügt. Kann man sich eine bessere Quelle wünschen? Abgemacht! Noch am selben Abend mache ich ihr in ihrer Suite im Essex Hotel meine Aufwartung. Sie empfängt mich herzlich, lädt mich zum Essen ein und gestattet mir, ihre Unterlagen einzusehen. Genauso am nächsten Tag. Und am übernächsten. Gideon Raphael, einer ihrer Berater und zukünftiger UNO-Botschafter, überrascht mich eines Tages dabei, wie ich mich über vertrauliche Dokumente beuge. Er wundert sich, aber Golda beruhigt ihn: »Laß ihn. Ich vertraue ihm.« Nun bin ich zwar besser informiert als meine Kollegen, trotzdem bringen sie mehr Informationen als ich: In übertriebener Vorsicht und um Golda nicht in Verlegenheit zu bringen, übe ich nämlich Selbstzensur. So behalte ich Informationen für mich, die mein Rivale von *Maariw* dank undichter Stellen erfahren und veröffentlicht hat. Golda weiß es zu schätzen. Anscheinend sieht sie in mir einen zuverlässigen Verbündeten. Ich werde einer ihrer Vertrauten.

Als sie 1967 vorübergehend von der politischen Bildfläche verschwindet, bin ich einer der wenigen New Yorker, die sie in ihrem Hotel besuchen. Auch die Vertreter der israelischen Regierung halten sie für »aus dem Geschäft« und sind zu beschäftigt, sie willkommen zu heißen. Auf ihrem Tisch stehen Blumen. »Rate mal, von wem die sind«, sagt sie lächelnd. Vom Konsulat? Nein. Von der UNO-Delegation? Nein. Vom United Jewish Appeal? Auch nicht. Ich gebe mich geschlagen. »Von der Hoteldirektion«, lacht Golda. Unsere Freundschaft wird immer enger. Das spricht sich herum. Und als sie in der Nachfolge Levi Eschkols zur Ministerpräsidentin aufsteigt, sind die Höflinge und Schmeichler, die sie umgeben, sehr, sehr freundlich zu mir. Ich bin gern gesehen in diesen Kreisen. Wenn ich nach Israel zu Besuch komme, kann ich voller Freude und Stolz feststellen, daß ich bekannt und höherenorts wohlgelitten bin; alle Türen stehen mir offen. Dieser Honigmond wird bis 1973 dauern.

Ebenfalls 1957 stirbt der Alte, Jehuda Mozes, mit fünfundsiebzig Jahren an Herzschlag. Nun werde ich allein nach Safed fahren müssen, um die Gräber der Kabbalisten zu besuchen. Es wird nicht mehr dasselbe sein.

Seine Witwe Manya ist ein kleines, unauffälliges Persönchen, verschlossen und zäh. Sie erzählt mir von den letzten Tagen und Wochen ihres Mannes. »Er mochte dich sehr«, sagt sie. »Und weil er dich mochte, mag ich dich auch. Ich muß dir gestehen«, fährt sie mit gesenkter Stimme fort, »daß mich das am Anfang gestört hat. Er mochte euch zu sehr, Dow und dich, und ich war eifersüchtig. Nicht meinetwegen, sondern wegen der Kinder. Aber ich habe mich immer nach ihm gerichtet. In allem.« Die Erben des Alten sollen mir symbolisch eine Gründeraktie der Zeitung abtreten. »Mein Mann hätte es so gewollt.« Sie kann sich damit nicht durchsetzen. Nun ja, reich wäre ich mit dieser Aktie auch nicht geworden. Außerdem spreche ich ohnehin immer von »meiner« Zeitung, die jetzt von Noah und Dow hingebungsvoll und umsichtig geführt wird. Und sie schnappt der *Maariw* immer mehr Leser weg, die für die neuen Einwanderer aus Marokko oder anderen Ländern zu hochnäsig ist.

Jetzt gibt es auch in New York genügend Ereignisse, die für den Leser in Israel interessant sind, so daß ich voll ausgelastet bin. Ich berichte über den zweiten, halbamtlichen Besuch Ben Gurions in Boston, Washington und Ottawa. Und ich begleite ihn zu seinem historischen Treffen mit Konrad Adenauer. Eine kleine Begebenheit hat er auch Jahre später noch nicht vergessen: Als die Reporter Adenauer belagerten und die Fotografen ihre Blitzlichtsalven auf ihn abfeuerten, sagte der greise Kanzler nur ein einziges Wort zu einem seiner Beamten: »Raus!« Und in einer Minute war die Presse draußen. Jedesmal, wenn ich Ben Gurion wiedersah, erinnerte er mich an diese Episode: »Weißt du noch, damals …?«

Ich bin auch bei dem Gespräch Ben Gurions mit dem neuen amerikanischen Präsidenten John F. Kennedy dabei. Offenbar hat der junge Präsident seine Unterlagen gründlicher durchgesehen als sein berühmter alter Besucher. Ohne Umschweife verlangt er von Ben Gurion sofort eine Antwort auf die Frage: »Wie viele arabische Flüchtlinge ist Israel bereit hinzunehmen?« Angeblich wollte sich Kennedy auf diese Weise bei seinen jüdischen Freunden revanchieren, die ihn zu dieser Unterredung gezwungen hätten, obwohl er eigentlich viel zu beschäftigt gewesen sei: Am nächsten Tag stand ein Treffen mit Nikita Chruschtschow in Wien auf dem Programm. Jedenfalls sprang der Funke zwischen Ben Gurion und Kennedy nicht über.

Am Freitag abend ist Ben Gurion zum Sabbatmahl bei seinem Botschafter Jaakov Herzog in Ottawa. Nach dem Essen sind die Pressekorrespondenten zum Kaffee mit dem Premierminister geladen. Er sieht müde aus. Ich will ihm eine Freude machen und schlage vor, lieber über Philosophie zu sprechen als über Politik. Jeder in Israel weiß, daß nach der Bibel die Philosophie sein Lieblingsthema ist, daß er gern in Buchhandlungen nach philosophischen Werken stöbert und daß er Platon im Original liest. Meine Anregung scheint ihm zu gefallen. »Kennst du dich in Philosophie aus?« fragt er. Ich werde rot. »Auskennen ist zuviel gesagt. Ich habe studiert, mehr nicht …« – »Was studiert?« – »Literatur, auch Philosophie …« Er redet über Spinoza (den er verehrt), ich zitiere Maimonides (den er kaum kennt), jemand erwähnt Kafka (den er überhaupt nicht kennt), ein anderer führt einen Spruch aus dem Talmud an. Aber Ben Gurion mag nur die Bibel, der Talmud ist für ihn mit dem Exil verbunden. Das Gespräch kommt nicht recht in Gang und endet peinlich.

Der Staatsmann ist mir lieber als der Philosoph Ben Gurion. Ich kann verstehen, warum seine Berater und Referenten ihm so treu ergeben waren: Er verkehrte mit ihnen auf gleicher Ebene, weckte ihre Begeisterung und machte sie empfänglich für den Lauf der

Geschichte. Seine Beziehung zu ihnen war väterlich, was ihm seine Gegner zu Unrecht vorgeworfen haben.

Sein Adjutant, ein gewisser Nehemia, hing so sehr an ihm, daß er sich stets geweigert hatte zu heiraten. Eines Tages verliebte er sich in eine schöne Ausländerin, mußte aber vom Chef des Mossad erfahren, daß es sich um eine Spionin handelte. Über diese Blamage war er so verzweifelt, daß er sich eine Kugel in den Kopf jagte. Ben Gurion durfte davon keinesfalls erfahren; es hätte ihn zu sehr erschüttert. Also beschlossen die Chefredakteure aller israelischen Zeitungen (sogar das Organ der Kommunisten machte mit), jeweils ein Einzelexemplar nur für ihn zu drucken, in dem der Tod Nehemias nicht erwähnt wurde.

Neben den großen Ereignissen gab es auch das Tagesgeschehen: den endlosen Bürgerrechtskampf der Schwarzen, die ersten amerikanischen Triumphe im All, der unglückliche Invasionsversuch auf Kuba, der Besuch Chruschtschows bei den Vereinten Nationen mit dem unvergeßlichen Bild, wie der Nachfolger Stalins sich mitten in der Sitzung den Schuh auszog, um damit lautstark protestierend auf das Pult zu trommeln.

Ich erinnere mich auch an ein Frühstück mit dem früheren Oberkommandierenden der israelischen Armee, General Chajim Laskow, bei seinem Besuch in den Vereinigten Staaten: Ich will mit ihm über die Situation in Israel reden, aber er besteht hartnäckig darauf, mir das Denken Alexis de Tocquevilles zu erläutern.

Jackie Kennedy und ihre Kinder, der Skandal um den Betrug beim Fernsehquiz, die Anfänge der Weltraumfahrt, der Nobelpreis für John Steinbeck, Betty Friedans feministische Weissagungen ... Ich mache viele Interviews, sie nehmen schon fast soviel Raum ein wie meine politischen Kommentare.

Eines dieser Interviews hinterläßt bei mir einen schalen Nachgeschmack. Der *Forverts* hat mich beauftragt, mit einer Autorin zu sprechen, die in Frankreich, wo man zur Übertreibung neigt, schon als die israelische Françoise Sagan gehandelt wird. Sie ist die Tochter eines berühmten Generals und hat gerade ihren ersten Roman veröffentlicht, *Die Augen im Spiegel* oder so ähnlich. Zur Zeit ist sie auf Lesereise für den United Jewish Appeal.

Ich treffe sie in ihrem Hotelzimmer. Sie zerfließt in Tränen: Die amerikanische Presse sei zwar freundlich, aber in der hebräischen

Presse werde ihr Buch verrissen. Ich sage, was man unter solchen Umständen eben sagt: Nicht darauf achten, die Kritiker gehen, aber das Werk bleibt. Habe ich sie damit getröstet? Sie ruft mich an, ob wir uns wiedersehen. Was habe ich getan, daß sie mich zu ihrem Vertrauten erkoren hat? Sie erzählt von ihrer schwierigen Kindheit, von ihren Freundschaften, von ihrer unglücklichen Affäre mit einem berühmten Filmemacher in Griechenland. Sie schreibt mir Briefe, die ich bis heute nicht ohne ein Gefühl der Beklemmung lesen kann. Die Tochter des berühmten Generals sollte noch ein paar Bücher veröffentlichen, die so gut oder so schlecht sind wie ihr erstes; aber was spielt das für eine Rolle? Warum wirkt sie bloß immer so mißgelaunt? Obwohl man ihr zahlreiche Abenteuer zuschreibt, ist es ihr anscheinend nicht gelungen, ihr Leben in Literatur zu verwandeln. Zum Glück für die Literatur wird sie sich später von ihr ab- und statt dessen der Politik zuwenden. Als unangepaßte Frau und antireligiöse Fanatikerin macht sie sich viele Feinde. Eigenartigerweise wird sie nicht recht ernst genommen. Vielleicht erklärt das ihre unerfreulichen Ergüsse über den Vater und ihr familiäres Leben? Eine sonderbare Frau, die sich nach der großen Leidenschaft sehnte und am Ende nur noch hassen konnte. Trotzdem habe ich für den *Forverts* einen, sagen wir: freundlichen Artikel über ihr Buch geschrieben.

Jeden Abend kaufe ich am Times Square die *New York Times* vom nächsten Tag. Sind mir in Paris manchmal die Themen ausgegangen, gibt es hier zu viele. Wie soll ich diese Unzahl von Ereignissen in wenigen Sätzen wiedergeben? Telegramme sind teuer, Zeit ist kostbar: In einer Stunde, manchmal weniger, muß alles übermittelt sein.

Im Oktober 1962 kommt es zur Kuba-Krise. Werden die UdSSR einlenken oder nicht? Wird es Krieg geben? Oder einen trügerischen Frieden? John F. Kennedy hält eine Fernsehansprache. Gerade an diesem Abend überfällt mich eine außergewöhnlich schmerzhafte Migräne. Nur mit Mühe kann ich hören und sehen, wie der junge Präsident die Herausforderung Moskaus annimmt. Es ist mir unmöglich, nachzudenken, Zusammenhänge herzustellen, mir die verschiedenen Möglichkeiten auszumalen und Thesen über den Ausgang der Krise zu entwickeln. Die Zukunft der Menschheit ist bedroht. Im Oval Office wagt es Gromyko, Kennedy gegenüber die Präsenz russischer Raketen auf Kuba zu leugnen. Adlai Stevenson entlarvt diese Lügen: Er legt Luftaufnahmen vor, die das Gegenteil beweisen. General de Gaulle stellt sich großmütig an die Seite der Vereinigten Staaten. Atomares Kräftemessen. Ein falscher Schritt der einen oder der anderen Seite, eine Unvorsichtigkeit, eine falsch kalkulierte Entscheidung, und Kontinente gehen in Flammen auf. Millionen Eltern halten den Atem an. Die Bomber der Strategic Air Command sind in Alarmbereitschaft. Aus Florida ist zu hören, daß die Bevölkerung in Angst lebt. In Bunkern werden Nahrungsmittel- und Trinkwasservorräte angelegt. Viele lassen ihre Häuser im Stich und setzen sich bis nach North Carolina ab.

Ich erinnere mich an unruhige, dramatische Nächte, in denen keiner wußte, ob die Welt am nächsten Morgen nicht in ihren letzten Alptraum fallen würde. Ich schreibe und schreibe, hastig, wie im Fieber, als würde jede Depesche von den Kriegsherren im Kreml und in Havanna gelesen ... Schließlich gewinnt Kennedy, und Chruschtschow gibt nach. Die atomare Gefahr ist gebannt, die Welt atmet auf, alles kommt wieder ins Lot. Washington beschließt die Seeblockade Kubas, die ohne weitere Zwischenfälle verläuft. Nur eine Anekdote ist zu vermelden: Als die amerikanischen Marines die russischen Schiffe durchsuchen wollen, werden sie mit Krimsekt empfangen.

Ein Jahr später wird Kennedy ermordet ... an einem Freitag. Mir kommt es so vor, als wäre es gestern gewesen. Ich hatte gerade die *Forverts*-Redaktion verlassen und in meinem Wagen das Radio aufgedreht: »Wir unterbrechen unsere Sendung ...« Als ich in mein Apartment kam, hatte die trauernde amerikanische Nation, noch ganz gelähmt von dem Schock, schon einen neuen Präsidenten ...

»Die Götter waren neidisch«, so beginne ich die lange Reportage, die am übernächsten Tag in *Jediot Achronot* erscheint. Ich erlebe die Zerstörung der Geschichte und ihre Wiederherstellung, ich schreibe und schreibe und kann nicht aufhören zu schreiben. Wie alle Welt fühle ich mich von jedem Aspekt des Dramas persönlich angesprochen und betroffen; ich sehe, vom Fernsehen live übertragen, wie der mutmaßliche Mörder John F. Kennedys, Lee Harvey Oswald, von einem gewissen Jack Ruby aus nächster Nähe niedergeschossen wird, und ich erlebe, wie der kleine John-John während des Trauerdefilees am Sarg seines Vaters salutiert; bis zum Begräbnis tue ich, wie alle Welt, kein Auge zu.

Sind die Götter neidisch? Die Menschen jedenfalls weinen an diesem Tag.

In der letzten Depesche zum Mord von Dallas berichte ich über ein Gespräch mit Golda Meir. Wie so viele Staatschefs, Regierungschefs und Minister wollte auch sie dem toten Präsidenten die letzte Ehre erweisen und seiner jungen Witwe im Namen der israelischen Nation ihr Mitgefühl aussprechen. Golda ist beeindruckt und bewegt von der Haltung und dem Mut Jackie Kennedys. Als hervorragende Beobachterin schildert sie mir ihre Eindrücke von der Zeremonie auf dem Militärfriedhof von Arlington, der Atmosphäre im Weißen Haus und Lyndon B. Johnson, dem neuen Präsidenten, so daß ich darüber berichten kann, als wäre ich selbst dabeigewesen. (1994, während ich dies schreibe, wird in Büchern und Filmen die These vertreten, es habe eine Verschwörung zur Beseitigung des Präsidenten gegeben; politisch, rechtlich und moralisch hochstehenden Persönlichkeiten wirft man kriminelle Machenschaften, Lügen und Komplizenschaft vor. Ich will es nicht glauben.) »Während der Beisetzung«, erzählt Golda, »mußte ich an die Begegnung mit Kennedy in Palm Beach denken.«

Ich erinnere mich: Golda war damals aus Palm Beach in Florida gekommen, wo Präsident John F. Kennedy seine Ferien verbrachte. Sie konnte nicht stillsitzen, rauchte eine Zigarette nach der anderen und warf die Stummel in verschiedene strategisch geschickt plazierte Aschenbecher; ihr Gesicht war vor Erregung gerötet, und sie rang sichtlich um Fassung. »Ich muß dir was erzählen«, sagte sie. »Kennedy hat mich unter großer Geheimhaltung empfangen. Und irgend etwas ist vorgegangen. Irgend etwas, das ich noch nicht begreife ...«

1961 steht Amerika noch ganz im Banne seines überschwenglichen, redegewandten Präsidenten, der sich mit liberalen Intellektuellen umgibt und an die Macht der Ideen und Ideale glaubt. Er ist überzeugt, daß die Menschheit, die im Grunde gut sei, sich »neue Grenzen« setzen könnte. Mit ein bißchen gutem Willen sei alles möglich: eine Verminderung der internationalen Spannungen, Abrüstung, Frieden. Voller Ideale und Utopien, kann und will er nicht verstehen, warum Israel hartnäckig auf seinen Sicherheitsbedürfnissen besteht. Schließlich kommt das Gespräch an einen Punkt, wo er explodiert: »Alle amtlichen oder halbamtlichen Abgesandten Israels, die ich in jüngster Zeit empfangen habe, fordern Waffen; alle

Juden, die Ihre Sache vertreten, wollen sich nur über Rüstung unterhalten. Und auch Sie, Frau Meir, Sie sind schon eine ganze Weile hier, und worüber reden Sie, statt über die zeitlose Botschaft der biblischen Moral und der Propheten zu sprechen, statt geistige oder kulturelle Fragen oder was auch immer zu erörtern? Über Raketen! Gibt es denn kein anderes Thema?« Golda ist zutiefst bewegt, in den Grundfesten erschüttert, und ihre Antwort ist von heiligem Ernst getragen: »Sie haben recht, Herr Präsident. Sicherheit ist bei uns eine Zwangsvorstellung. Denn wir sind ein altes Volk. Schon zweimal in unserer Geschichte haben wir unseren Tempel und unsere Souveränität verloren; aber wir sind am Leben geblieben. Wir sind verstreut, aber wir leben; und wir leben, wenn auch verstreut. Wir haben überlebt, weil wir alle einen einzigen machtvollen, unzerstörbaren Traum hegten, der uns am Leben hielt, den Weisen von Wilna und den Kaufmann aus Lodz, den Industriellen in Chicago und den Händler in Saloniki: daß unser Tempel eines Tages wieder aufgebaut wird. Dieser Tempel steht noch nicht. Wir haben gerade erst angefangen. Aber wenn dieser Anfang wieder zerstört wird, Herr Präsident, dann werden die Juden von Saloniki und Kiew, der Industrielle in Detroit und der Händler aus Marseille nicht einmal mehr träumen können.« Golda hat geendet; sie schweigt, eine unerklärliche Angst überkommt sie. Kennedy sieht sie sehr, sehr lange an. Dann, ohne ein Wort zu sagen, drückt er auf einen Knopf und gibt einem seiner engen Berater die Anweisung, die Regierungsmaschinerie in Gang zu setzen, damit das Pentagon der israelischen Armee die ersten Hawk-Raketen liefert.

»Was sagst du dazu?« fragte Golda mich strahlend. »Sehen Sie«, gab ich zurück, »mit einer guten Geschichte kriegt man alles. Sogar Raketen.«

Unsere Beziehungen werden immer enger. Die Jahre vergehen. Wenn ich in Israel bin, besuche ich sie entweder in ihrem Büro in Jerusalem oder zu Hause, bei Tel Aviv. Und häufig, wenn sie krank ist (sie erzählt dann allen, daß sie an Migräne leidet, aber ihre Vertrauten wissen, daß sie Krebs hat), auch im Krankenhaus.

Noch eine Erinnerung. 1965: Goldas Partei, mit Premierminister Levi Eschkol an der Spitze, führt eine heftige Auseinandersetzung mit Parteigründer David Ben Gurion. Eine unsägliche alte Geschichte wird wieder aufgewärmt: die Lawon-Affäre. 1954 waren israelische Geheimagenten und mehrere ägyptische Juden in Ägypten festgenommen und verurteilt worden, zwei von ihnen, Mosche Marzuk und Schlomo Azzar, zum Tode. Mehrere Politiker und höhere Offiziere sowie eine rasch in die Vereinigten Staaten entsandte Staatssekretärin sind in diese politisch abwegige, laienhaft ausgeführte und moralisch verwerfliche Angelegenheit verwickelt. Die israelischen Agenten hatten in einem amerikanischen Kino in Kairo eine Bombe gezündet, um die Beziehungen zwischen Amerika und Ägypten zu belasten. Und es ist unmöglich herauszufinden, wer ihnen den unsinnigen Befehl erteilt und damit die beiden Todesurteile bewirkt hat. Von Verrat, Meineid, Verschwörung ist die Rede. Ben Gurion, der sich vorzeitig auf seinen Alterssitz in Sede Boker zurückgezogen hat, fordert eine rückhaltlose gerichtliche Untersuchung des Falles, die Mehrheit der Arbeiterpartei ist dagegen. Der daraus folgende Streit spaltet die Partei. Golda ist verbittert. Sie war Ben Gurion gegenüber immer zuverlässig und loyal, aber die Partei war ihr Leben. Zwischen beiden Seiten stehend, entscheidet sie sich für die Mapai. »Warum bringt Ben Gurion uns in eine so verzwickte Lage?« klagt sie, als ich an ihrem Krankenbett sitze. »Sieht er nicht die Gefahr, die uns droht? Wenn er so weiter macht, kommt Begin noch an die Regierung – und diesen Tag will ich lieber nicht mehr erleben ...«

Zwei Jahre später wird Begin Mitglied einer kurz vor dem Sechs-Tage-Krieg gebildeten Regierung der nationalen Einheit. Zehn Jahre später Premierminister. Und schließlich ist es der Hardliner, der Falke Begin, der den ersten Friedensvertrag mit einem arabischen Land, mit Ägypten, abschließt.

Warum haßte Golda Meir Begin so sehr? Sie verabscheute die Rechte und hat seit Beginn ihrer zionistischen Laufbahn gegen sie gekämpft. Rechte konnten in ihren und Ben Gurions Augen nur Faschisten sein. Von ihrer eigenen Propaganda beeinflußt, wurden sie ungerecht und täuschten sich beide: Innenpolitisch war Begin nicht weniger demokratisch als sie selbst. Aber Golda war oft starrköpfig, rechthaberisch und kaum zu einer Änderung ihrer Meinung oder Haltung zu bewegen. Gelegentlich setzte ich mich – vergeblich – für Menschen ein, die sie geringschätzte. Als ich ein Loblied auf Shimon Peres sang, sagte sie: »Du kennst ihn nicht.« Als ich die Klugheit Ebans rühmte, verzog sie nur spöttisch den Mund. Manchmal, das will ich zugeben, hätte ich mir gewünscht, daß eine Frau wie sie, die eine so wunderbare Mutter Israels abgab, mehr über diesen politischen Streitereien und Eifersüchteleien gestanden hätte. Unglücklicherweise hatte Golda ihre Fehler wie andere große Persönlichkeiten auch. Wenn ihr ein Botschafter mißfiel, konnte es vorkommen, daß er von einem Tag auf den nächsten ans andere Ende der Welt versetzt wurde. Und sie war nicht gefeit gegen Schmeichelei.

Greifen wir vor: Anfang der siebziger Jahre hält Golda eine wichtige, aber furchtbar langweilige Rede in der Knesset. Marion und ich beobachten von der Galerie aus, wie Mosche Dayan vor sich hindöst. Alle merken es. Die Abgeordneten (nicht nur die der Opposition) tuscheln oder stecken einander Zettel zu; immerhin geben sie sich Mühe zu verbergen, daß sie am liebsten etwas anderes machen und anderswo sein würden. Kaum aber ist die Sitzung vorbei, stürzt ein enger Mitarbeiter Goldas auf sie zu, um sie zu beglückwünschen: »Wunderbar«, schreit er, »die beste Rede, die diese Kammer jemals zu hören bekam!« Wirklich verblüffend und peinlich ist jedoch, daß Golda ihm geglaubt hat. Die Schmeichelei machte sich bezahlt und führte in der Folge zu einem erstaunlich schnellen Aufstieg.

Aber noch sind wir mitten in den sechziger Jahren. Ich sah Golda gern, hörte ihr gern zu, wenn sie von ihrer Kindheit in Rußland erzählte, von ihrer Jugend in Milwaukee und ihren Erlebnissen in Palästina. Ich vermied es, ihr in politischen Fragen zu widersprechen, in geschichtlichen weniger. Ihre beschränkte Bildung wurde durch ihre Eingebungskraft kompensiert. Daß sie mir meine Ansicht vorwarf, die Juden in Palästina hätten während des Krieges zu wenig getan, habe ich bereits erwähnt: Ich war ihr zu kritisch. In mehreren Anläufen kamen wir auf dieses Thema zurück, aber nie zu einem gemeinsamen Nenner. Sie verkörperte die politische Richtung des Jischuw (wie man damals die jüdische Gemeinde in Palästina nannte) in jenen Jahren und weigerte sich standhaft, Schuld auf sich zu nehmen – und ich weigerte mich, sie freizusprechen.

Trotz unserer unterschiedlichen Sichtweisen unterhielten wir stets freundschaftliche Beziehungen zueinander. Nach einer ihrer aufsehenerregenden Stellungnahmen vor der Generalversammlung der Vereinten Nationen bat ich sie als Ehrengast zu einem Empfang in unsere Wohnung im Turm des Master Hotels, wo ich für den nächsten Tag ein paar Freunde zum Kaffee geladen hatte. Sie war gerade Regierungschefin geworden und machte ihren Antrittsbesuch im Weißen Haus. Aber vor Intellektuellen fürchtete sie sich. Bevor ich sie im Waldorf Tower abholte, unterzog sie mich eine Stunde lang einem Verhör: Ich mußte ihr jeden einzelnen der Schriftsteller und Professoren beschreiben, die schon freudig und ungeduldig auf sie warteten. »Was könnte ich ihnen sagen?« fragte sie. »Ich habe doch noch nie einen Fuß in eine Universität gesetzt!« – »Keine Angst, Golda«, beruhigte ich sie. »Sie haben sie längst für sich eingenommen. Sie haben eine gute Presse, das wissen Sie doch.« Nichts zu machen. Sie war skeptisch, reserviert und voller Komplexe: »Trotzdem«, beharrte sie, »wer bin ich denn gegen all diese Professoren?« Die Schüchternheit paßte gar nicht zu ihr. Ich versuchte, ihre Bedenken zu zerstreuen. »Golda«, sagte ich, »es gibt vielleicht fünfzig- oder hunderttausend Professoren an amerikanischen Universitäten und Millionen von Professoren auf der ganzen Welt; aber es gibt nur eine Golda Meir.« Endlich konnte ich sie überzeugen.

Wie eine geliebte Königinmutter thront sie im Kreise neugieriger Intellektueller. Sie schildert ihren Eindruck von Präsident Richard Nixon, von dem sie ganz hingerissen ist. »Und was ist mit Vietnam?« fragt ein Professor der Politologie. »Wie können Sie seine Vietnam-Politik verteidigen?« Statt ihm zu antworten, sie habe genügend Probleme mit dem Nahen Osten und der UdSSR, als daß sie sich auch noch in das sumpfige Gelände Südostasiens wagen wollte, mobilisiert sie ihre ganze Überzeugungskraft, um ihren Freund im Weißen Haus zu verteidigen. Plötzlich wendet sie ihrem aus Akademikern und Schriftstellern vorwiegend linker Provenienz bestehenden Auditorium abrupt den Rücken zu. Um die Spannung zu lösen, hebt der Humorist Herbert Tarr die Hand und stellt eine Frage: »Frau Meir, wollen Sie mich heiraten?« Und in dem Gelächter, das daraufhin ausbricht, hört man Golda antworten: »Das würde Sie aber ganz schön in Verlegenheit bringen, wenn ich ja sagen würde.«

Eigentlich wollte ich unsere Beziehungen erst später aufgreifen, aber an diesem Montag, dem 13. September 1993, wo ich, hin- und hergerissen zwischen Hoffnung und Angst, die Unterzeichnung des Vertrags zwischen Israel und der PLO im Weißen Haus miterlebe, muß ich auch an Golda Meir denken. »Es gibt kein palästinensisches Volk«, das war ihre feste Überzeugung. Zwanzig Jahre nach dem Jom-Kippur-Krieg und fünfzehn Jahre nach ihrem Tod erkennt die ganze Welt mit Jitzhak Rabin und Bill Clinton an, daß es ein palästinensisches Volk gibt und daß es ein Recht darauf hat, sein Schicksal selbst zu bestimmen.

So sprach Rabbi Gamliel: Seid wachsam in euren Beziehungen zu den Machthabern oder zu Vertretern der Obrigkeit. Kommentar: Sie locken (oder lassen) euch nur dann in ihre Nähe, wenn sie euch brauchen. Sie sind eure Freunde, wenn eure Freundschaft ihnen nützlich ist (und Vergnügen bereitet), aber sie vergessen euch, wenn ihr im Unglück seid.

Daran muß ich oft denken. Ist es gut für einen Schriftsteller, ist es klug, sich zu nahe an der Macht aufzuhalten? Ist es weise, mit den Fürsten Freundschaft zu pflegen? Das hängt natürlich vom Schriftsteller ab, von dem, was ihn interessiert, was ihm wichtig ist. Ich kannte welche, die Erfolg und Berühmtheit suchten, und andere, die sie flohen. Berühmtheit gewährt bestimmte Rechte. Die Aufrufe von Berühmtheiten werden beantwortet, ihre Stellungnahmen zur Kenntnis genommen. Ihre Schützlinge bekommen die Chance, ihr Können unter Beweis zu stellen. Die Medien fragen sie nach ihrer Meinung, und die Staatsmänner laden sie zum Essen ein. Anders ausgedrückt: Sie haben Einfluß und Erfolg. Aber was gibt der Schriftsteller dafür? Was geschieht, wenn der – unvermeidbare – Moment eintritt, wo von ihm der Preis für die erwiesenen Ehren eingefordert wird? Wird er dann soweit gehen, die Stimme seines Gewissens, über die er allein bestimmt, zum Schweigen zu bringen und seine Rechtschaffenheit und seine Ehre auf den Müll zu werfen?

Macht – was ist Macht? Darüber spreche ich oft mit François Mitterrand. Und noch öfter mit Saul Lieberman.

Nach der jüdischen religiösen Tradition gibt es drei Mächte oder drei Formen der Macht, die des Königs, die des Propheten und die des Priesters. In der Alten Zeit war es göttliche Erleuchtung, die sie auserwählt hat, aber mit der Zerstörung des Tempels sind die Mächtigen untergegangen. Heute hält sich jeder Anführer für einen König, jedes Mitglied der Geistlichkeit für den Hohepriester, die »Propheten« kümmern sich zuviel um die Politik, und sie sind nicht die einzigen. Vielleicht ist das der erste Schritt zum Fanatismus.

So sehr geistige Macht meine Neugier weckt, so sehr ängstigt mich Macht. Sie stellt zu viele Fallen; das macht sie gefährlich. Ich mißtraue ihr, wie ich denen mißtraue, die sie innehaben (oder ihr dienen). Sicherlich gibt es nicht nur abgestumpfte und größenwahnsinnige Politiker; ich habe auch solche kennengelernt, denen es gelang, in der Ausübung ihrer Pflichten integer und menschlich zu bleiben. Aber sie sind selten. Denn aus den Spielen und Lockungen der Macht erwächst auch eine Art von Stolz, die einen von seinesgleichen entfernt. Kaum hat man das Recht erlangt, andere zu verwalten, zu führen, in ihrem Namen zu sprechen, ihnen seine Vorstellungen oder seinen Willen aufzuzwingen, lebt man nicht mehr auf ihrer Ebene. Stolz ist Götzendienst, sagt ein Weiser aus dem Talmud. Die Eitelkeit vertreibt Gott von seinem Thron, um sich an seine Stelle zu setzen.

Ich erinnere mich an die Zeit, als Sighet ungarisch war und die Schüler ihren obligatorischen Arbeitsdienst bei den »Leventes« ableisten mußten: Unter der gemeinsamen Führung von Bildungsministerium und Armee wurden wir als Pioniere für verschiedene mühsame, aber nicht allzu schwere Arbeiten herangezogen: Wir hoben im Kasernenhof Schützengräben aus, sprangen den Feuerwehrmännern zur Seite und schaufelten die Straßen vom Schnee frei. Eines Tages, es war ein Freitag, war ich irgendwie, ich weiß es nicht mehr genau, Gruppenführer geworden. Auf einmal mußte ich nicht mehr den Spaten schwingen, sondern überwachen, befehlen und brüllen. Laut brüllen. Ich nahm meine Rolle ernst, lief von einer Gruppe zur anderen und regte mich über alle auf, die nicht richtig spurten: Eile war geboten, denn die Räumarbeiten mußten bei Einbruch der Dunkelheit, vor dem Sabbat erledigt sein. Unvermittelt stand ich dem Enkel des Rabbis von Borsche gegenüber. Mit ihm war ich eng befreundet. Wir lernten oft zusammen, wir beteten zur selben Stunde. Er blickte mich an – nicht mißbilligend, aber mit trauriger, enttäuschter Miene. Würde ich auch ihn quälen? Ihn meine Macht, meine Überlegenheit spüren lassen? Plötzlich stand ich wie versteinert da, unfähig, mich zu rühren. Unter der Last der Gewissensbisse begann ich zitternd, Entschuldigungen zu stammeln. Da tauchte unversehens der Kommandeur vor uns auf. Hatte er eingesehen, daß ich für diese Aufgabe nicht geschaffen war? Er schüttelte mich und brüllte: »Das nächste Mal wirst du ackern, du Blödmann, du wirst Blut und Wasser schwitzen wie die anderen.« Es war mir lieber so, und aus dem Augenwinkel sah ich meinen Freund lächeln.

»Wer am meisten kann, kann am wenigsten«, sagt Aristoteles, und er hat recht. Später erlebte ich, wie junge und weniger junge Männer in den schlimmsten Situationen ihre jämmerlichen Vorrechte rücksichtslos gegen ihre Leidensgenossen ausspielten. Manchmal frage ich mich, ob ich wie sie gewesen wäre, wenn man mich zum Kapo oder Vorarbeiter gemacht hätte? Hätte ich zugeschlagen wie sie?

Doch Vorsicht: Vorstellung und Gedächtnis sollten nicht zu schnell zu weit vorauspreschen. Die Macht in den Lagern war eine Sache, hier ist sie eine andere. Muß ich noch einmal wiederholen, was ich ohne Unterlaß verkünde: daß wir nicht das Recht haben, zu urteilen oder zu vergleichen?

Letztendlich ist die einzige Macht, die der Mensch anstreben sollte, die über sich selbst.

Als Journalist hatte ich Gelegenheit, zahlreiche Politiker zu beobachten – ein nur allzuoft enttäuschendes Spektakel: Vom Ehrgeiz auf die Bühne getrieben, geben sie sich als Volksredner, Sozialreformer oder revolutionärer Ideologe. Es sind zu viele, die Theater spielen. Und der Journalist, der ihre Äußerungen wiedergibt – wenn er sie nicht noch aufbläst –, hat seine Rolle in dieser Komödie und vermehrt das Publikum. Mir mißfiel dieses Spiel schließlich: Ich war nicht mehr ich selbst und hatte Angst, mich am gängigen Zynismus und den heuchlerischen Versprechungen der Machthaber anzustekken. Und für Theater habe ich nichts übrig – es sei denn, das Stück wird von richtigen Schauspielern gegeben. Es ist eine Anmaßung, scheinen zu wollen, was man nicht ist. Es ist eine Beleidigung des Schöpfers, dem man so zu verstehen gibt, Er habe sich geirrt. Um Anklang zu finden, würden sich die Priester der Macht auch als Clown oder als Papst verkleiden. Mein Lehrer Saul Lieberman sagt: »Für ein Gran Ehre würden sie tausend Demütigungen auf sich nehmen.« Sie schmeicheln und wollen umschmeichelt werden. Sie sind ehrgeizig und stacheln andere in ihrem Ehrgeiz an, um daraus Profit zu schlagen. Wenn es ihnen drei Zeilen in einer Zeitung einbringt, verfolgen, versuchen, verführen sie einen schamlos. Und unglücklicherweise lassen sich Journalisten immer wieder einfangen. Um solcherlei Anfechtungen zu entgehen, meiden die Theater-, Film- und Musikkritiker der *New York Times* das mondäne Leben in ihrer Stadt und verzichten auf Cocktails und Dinners, die ihnen in der

Literatur- und Kunstszene angeboten werden. Leitartikler und politische Korrespondenten haben es jedoch viel schwerer, sich gegen die Verstrickung zu wappnen, sind doch ihre mächtigen Gesprächspartner auch unverzichtbare Informationsquellen. Man muß allerdings einräumen, daß die hohen moralischen und ethischen Anforderungen von Zeitungen wie der *New York Times* oder der *Washington Post* sie vor diesen Gefahren schützen. Daher ihre unerreichbare, unerreichte Macht. Ich dagegen vertrat eine viel ärmere und daher bei weitem nicht so einflußreiche Zeitung; für einen israelischen Politiker jedoch war ich fast ebenso nützlich wie der *Times*-Korrespondent. Es ist ganz einfach: Die Wähler von Ramat Gan und Arad lesen *Jediot Achronot* oder *Haarez* und nicht *Washington Post* oder *Los Angeles Times*.

Wenn man es recht überlegt, wollte der israelische Politiker oder der jüdische Würdenträger nicht mich für sich gewinnen, sondern den Vertreter von *Jediot Achronot*. Ich zählte nur insofern, als ich das kollektive Urteil meiner Zeitung widerspiegelte. Äußerstenfalls gab es mich gar nicht. Wie aber soll jemand, den es gar nicht gibt, auch nur den Anschein von Macht über jemanden ausüben, dessen wichtigstes Anliegen es ist, die Welt wissen zu lassen, daß es ihn gibt?

Manche sehen im Journalismus nur eine gesellschaftliche Konvention, andere einen wichtigen Pfeiler im gemeinschaftlichen Gefüge. Natürlich verdient die Presse Kritik, sofern sie ihre Macht mißbraucht. Aber seien wir ehrlich: Mit ihr ist es besser als ohne sie.

Damals taucht in meinem journalistischen Leben ein alter Traum wieder auf, der ebenso hochfliegend wie verrückt ist: die Gründung einer jüdischen Rundschau. Michel Salomon, Chefredakteur von *L'Arche*, und Schuka Tadmor, Amerikakorrespondent einer israelischen Tageszeitung der linken Mitte, *Lamerhav*, werden zu meinen Komplizen.

Ich habe sie ungefähr gleichzeitig kennengelernt: Schuka im Pressesaal der Vereinten Nationen und Michel in Stockholm, wo ich dank Teddy Pilley dolmetschte.

In Stockholm habe ich übrigens einmal eine Reihe von Gesprächen mit einer – sagen wir – originellen Persönlichkeit geführt. Der Name, Felix Kersten, kam mir bekannt vor: Ich hatte irgendwo gelesen, daß zu den Patienten dieses finnischen Krankengymnasten

(Joseph Kessel schrieb später eine Biographie über ihn) auch Heinrich Himmler gehörte. Dann habe er ihn wohl oft gesehen? Sehr oft, manchmal täglich: Himmler habe an grausamen Magenschmerzen gelitten. Worüber sprach der Reichsführer SS, wenn sein schmerzender Körper massiert wurde? Über alles mögliche. Zum Beispiel? Über den Krieg vielleicht? Natürlich. Und über die Juden? Auch. Über deren Vernichtung? Selten.

»Herr Kersten, hat Himmler Ihnen vertraut?«

»Ja.«

»Schlief er während der Massage ein?«

»Manchmal.«

»Sie hätten also etwas stärker auf sein Genick drücken können, auch einmal ganz stark – nicht wahr?«

»Ja, ich hätte diese Möglichkeit gehabt. Obwohl ...«

»Obwohl?«

»Der Gang, die Büros nebenan, alles wimmelte von SS ...«

»Aber Sie hätten ihn töten können?«

»Ja.«

»Warum haben Sie ihn am Leben gelassen? Lag Ihnen so viel an Ihrem?«

Kersten protestiert: »Nein, nein ... Das ist nicht der Grund ... Jedesmal sagte ich mir, daß ich auf ihn Einfluß nehmen könnte. Und ich habe tatsächlich Menschenleben gerettet. Es ist mir gelungen, ihn zu überreden, die letzten Lagerhäftlinge nicht zu vernichten, sondern zu evakuieren ... Und ich habe auch das Treffen zwischen Himmler und dem Delegierten des Jüdischen Weltkongresses, Doktor Michael Mazur, in die Wege geleitet ...«

Komischer Kerl. So viel Gutes habe er getan, beklagt er sich, und niemand habe es ihm gedankt. Sein kühnster Traum: die Ehrendoktorwürde der hebräischen Universität in Jerusalem.

Gut, kehren wir zu unserem Traum zurück, zu jener Wochenzeitung, die nicht nur ihren Gründern, sondern der ganzen Menschheit zum Segen gereichen sollte. Was der Menschheit, ernsthaft betrachtet, aber leider vollkommen gleichgültig ist.

Wir benehmen uns wie Trunkenbolde, die sich ständig gegenseitig zum Trinken ermuntern und noch nicht einmal eine Flasche haben. Aber darauf kommt es nicht an: Man kann schließlich auch von Worten leben, wenn ich mir die Bemerkung gestatten darf.

In der Vorstellung ist alles klar – und außerordentlich vielversprechend. Unser Projekt gibt zweifellos Anlaß zur Begeisterung: eine jüdische Wochenzeitung vom Typ *Time Magazine*, dreisprachig (Englisch, Französisch, Spanisch), selbstredend in Farbe - und wir werden die berühmtesten Namen für uns gewinnen: Walter Lippmann für die Politik, Leonard Bernstein für die Musik und Saul Bellow für die Literatur. Drunter geht es nicht. Natürlich verfügt die Zeitschrift über unbegrenzte finanzielle und publizistische Möglichkeiten sowie politischen und kulturellen Einfluß. Junge Talente werden entdeckt, originelle Ideen und gesellschaftliche Initiativen gefördert. Das jüdische Leben wird sich durch unsere Zeitung von Grund auf ändern. Es fehlt uns nur noch die bescheidene Summe von hunderttausend Dollar, um loszulegen. Ich versuche, Nahum Goldmann für das Unternehmen zu interessieren. Er rät mir, bei dem superreichen Samuel Bronfman (Edgars Vater) in Montreal anzuklopfen. Michel, der zwischen Paris und New York pendelt, versucht unser Glück bei Philip Klutznik, dem ehemaligen Präsidenten der B'nai B'rith Loge und Botschafter John F. Kennedys bei den Vereinten Nationen; der wiederum empfiehlt, taktvoll, aber aufrichtig, Nahum Goldmann aufzusuchen.

Eines Tages kommt Schuka mit einer Nachricht, die mich aus allen Wolken fallen läßt: Er hat den Mäzen unserer Träume gefunden. Er heißt ... er heißt ... wie er auch immer heißen mag, Cäsar oder Dupont, das ist einzig und allein seine Sache (tatsächlich heißt er Oscar). Aber ist er auch reich? Ja, ist er. Und willens, uns zu unterstützen? Er wartet geradezu darauf. Wann wird er uns empfangen? Wann wir wollen. Soll ich Michel benachrichtigen? Ja, unbedingt. Michel kommt mit dem nächsten Flugzeug. Abends bereiten wir uns auf das alles entscheidende Treffen vor. Es wird ein sehr, sehr langer Abend. Schuka berichtet, er habe seinen superreichen Freund in den fünfziger Jahren in London kennengelernt: Es ist ein aus der Tschechoslowakei emigrierter Jude, ein zionistischer Aktivist mit einer glücklichen Hand in Geldangelegenheiten, auf intellektuellem Gebiet dagegen vom Unglück geschlagen, weil er noch keinen Verleger gefunden hat. Also? Der ideale Kandidat für uns. Wir werden ihm dabei helfen, uns zu helfen - und umgekehrt.

Herr Oscar wohnt eine Stunde außerhalb New Yorks, in Westchester. Wir fahren mit meinem alten Chevrolet, der zwar nach nichts aussieht, aber brüllt wie ein Bolide. Michel kann seine Sorge nicht verhehlen: Man kommt doch nicht mit *so was*, um eine Angelegenheit von weltweiter Bedeutung zu erörtern; Herr Oscar wird uns nicht ernst nehmen ... Ich beruhige ihn: Von den ersten hunderttausend Dollar werden wir uns sofort nach Erhalt einen anständigen Wagen kaufen. Folgt eine Diskussion über Marke, Baujahr, Farbe, Klimaanlage ja oder nein. Schluß mit dem Gerede, wir sind da! Ein schönes Haus mit Bäumen drum herum, Swimmingpool und Garten. Der Summer summt diskret.

Unser Mäzen ist ein fröstelnder Greis mit Silberhaar und vornehmem Auftreten. Er empfängt uns mit der Höflichkeit und Achtung, die man künftigen Pressemagnaten schuldet. Holzgetäfelte Bibliothek, Kamin, ein Tischchen mit Schachbrett - der Ort atmet Ruhe und Erfolg.

Tee oder Kaffee? Herr Oscar, very british, nimmt Tee, of course. Seine Gäste ziehen Kaffee vor. Die Tassen sind winzig, aber dafür ist die Kanne groß.

Gott auch.

Und Herr Oscar, den der Himmel segnen möge, ist Sein Prophet; Prophet der Hoffnung, Verkünder der Glückseligkeit, ein wahrhaftiger Schutzengel. Er ist von unserem Vorhaben angetan, mehr noch: begeistert. Schon seit langer Zeit träume er davon, eine jüdische Zeitschrift ins Leben zu rufen, die berichtet, handelt, warnt, aufrüttelt. Warum wir nicht zehn, zwanzig Jahre früher gekommen seien? Aber es ist ja nie zu spät. Gott selbst habe uns den Weg zu ihm gewiesen ... Geld? Darum werde er sich kümmern. Unsere Aufgabe sei es, die Vorbereitungen für die Zeitschrift zu treffen, eine Mannschaft zusammenzutrommeln, Kommentatoren zu finden, Kritiker ... Kaum haben wir Bekanntschaft geschlossen, schon fliegen wir zusammen in den Himmel der schönsten Träume. »Sie machen Ihre Arbeit, ich mache meine«, sagt Herr Oscar. »Außerdem werden Sie mir einen Haushaltsplan vorlegen. Ich werde mich dafür einsetzen, die Mittel zur Finanzierung aufzutreiben.« Vorsichtig versuchen wir diesen heiklen Punkt zu erörtern: Was erwartet er von uns als Gegenleistung? Loblieder in der Rundschau? Das Recht oder zumindest die Möglichkeit, sich darin zu äußern? Überhaupt nichts, erwidert er. Er verfolge mit seinem Angebot keine Eigeninteressen, er mache das aus Vergnügen. Und aus Idealismus. Ich danke dem Herrn im stillen dafür, daß er diesen Mann im 20. Jahrhundert erschaffen hat.

Nachdem ich meine fünfte Tasse Kaffee geleert und unseren Gastgeber unserer ganzen Dankbarkeit versichert habe, stelle ich eine praktische Frage: Welcher Schritt kommt als nächster? Wir werden uns wieder treffen. Und wann? Wir beschließen, von jetzt an monatlich zusammenzukommen.

Draußen, in meiner alten Kiste, bemerkt Michel mit seiner üblichen Gelassenheit: »Wir haben das Wichtigste vergessen.« Und was wäre das? »Na, das Geld.« Ich bin empört: »Wie kannst du so was sagen? Hat er nicht einen Haushaltsplan verlangt? Hat er nicht erklärt, daß er sich um alles kümmern wird?« Michel lächelt: »Und wer wird in der Zwischenzeit meine Flugtickets bezahlen?« Kurze Pause. »Und den Wagen? Wer wird den Wagen bezahlen, den wir schleunigst kaufen müssen, um nicht das Gesicht zu verlieren vor diesem jüdischen Rockefeller, der dem wahren Rockefeller Lektionen in Journalismus erteilen könnte?«

Michel wird ein Darlehen für seine Reisen aufnehmen und ich eins für den Wagen. Ein gebrauchtes Oldsmobile. Die Zeitschrift haben wir zwar noch nicht, dafür aber Schulden.

Mit dreißig Jahren Abstand sage ich mir, daß unsere Dummheit fast gemeingefährlich war, besonders meine. Anscheinend hatte ich die Hochstapeleien Joseph Givons schon vergessen. Wie konnten wir so sicher sein, daß uns Herr Oscar keinen Bären aufgebunden hatte? Wie konnten wir so fest daran glauben, daß unser Vorhaben machbar sei? Wie konnten wir – drei Journalisten ohne Namen und ohne Geld, ein Israeli, ein Franzose und ein eben erst in Amerika eingebürgerter Staatenloser – auf die Idee kommen, eine englischsprachige Wochenschrift zu gründen, wo doch keiner von uns diese Sprache beherrschte? Für uns war Herr Oscar der Mann, der alle Probleme löste. Also bloß kein Pessimismus! Gott ist gut und Herr Oscar hilfreich.

Eine sehr arbeitsintensive Zeit beginnt. Die Aufgaben werden verteilt. Schuka kümmert sich um den israelischen Teil, Michel um die Rubrik Kultur und ich mich um das jüdische Leben. Und wer wird die Leitartikel schreiben? Alle abwechselnd. Großzügig, wie wir sind, und allzeit bereit, die unantastbare Objektivität der Zeitschrift zu verteidigen, schlagen wir Herrn Oscar vor, der vierte zu sein. Das steht ihm doch zu – oder etwa nicht? Wir veranschlagen einen Jahresetat von 250000 Dollar, den wir unserem Mäzen unterbreiten. Seine Kritik ist schonungslos: Der Etat sei viel zu bescheiden für seine Ambitionen. Unter einer Million lohnte es sich gar nicht, darüber zu reden. Aber wo sollen wir eine solche Summe auftreiben? Unsere Vorsicht verärgert ihn: Wie, wir wagten es, an seinem Wort zu zweifeln? Wenn er für uns 250 000 Dollar besorgen könne, könne er auch das Vierfache lockermachen. Das ist doch logisch. Beim Weggehen kann ich mir eine kleine Stichelei gegen Michel nicht versagen: »Und du wolltest ihm mit deinen läppischen Reisekosten kommen ...«

Ein Jahr nach unserer ersten Zusammenkunft in Westchester stellen wir Herrn Oscar feierlich das Layout der Zeitschrift vor. Theoretisch könnten wir jetzt ganz schnell Büros eröffnen, Sekretärinnen einstellen und eine Werbestrategie entwickeln. Es fehlt uns nur noch das Bankkonto. »Ja«, pflichtet Herr Oscar unserer Analyse bei, »so geht es, in der Tat.« Er versinkt in tiefes Nachdenken, dann verkündet er: »Eine Million Dollar. Wär's das?« Ja, das wär's. »Gut. Ich werde sie Ihnen in vier Raten übergeben. Paßt Ihnen das?« Es paßt uns. »Aber ...« Aber? Plötzlich bin ich auf der Hut: Bei »aber« werde ich mißtrauisch. Aber dieses Mal habe ich anscheinend unrecht, denn Herr Oscar fährt fort: »... Sie müssen nach London kommen. Ich werde nächste Woche dort sein. Im Dorchester. Dort werde ich Ihnen dann den ersten Scheck aushändigen.« Wir zücken unsere Terminpläne, einigen uns auf ein Datum, und in meiner Phantasie sehe ich uns schon an der Spitze eines gigantischen Zeitungsunternehmens. Das Herz voller Jubel, kehren Michel, Schuka und ich nach Manhattan zurück, um das Ereignis zu feiern. Levita, Schukas Frau, spottet freundschaftlich über uns und unseren übertriebenen Optimismus, wir dagegen spotten über ihren nicht minder übertriebenen Pessimismus.

Michel fliegt zurück nach Paris. Schuka und ich, abgebrannter denn je, beschließen aus Gründen der Sparsamkeit, Michel allein nach London zu schicken: Wir müssen nicht zu dritt sein, um ein paar Dollar in Empfang zu nehmen. Am vereinbarten Tag fliegt Michel in die britische Hauptstadt, nimmt sich ein Taxi zum Dorchester und bittet den Empfangschef, ihn bei Herrn Oscar anzumelden. Der Empfangschef ist erstaunt. »Herr Oscar? Der ist nicht im Hotel.« Sicher ist er ausgegangen, denkt Michel und fragt: »Wann kommt er denn wieder?« Der Portier weiß von nichts. Herr Oscar ist nicht im Dorchester abgestiegen. Michel stürzt zum Telefon, um uns zu benachrichtigen. Schuka und ich verstehen die Welt nicht mehr. Vielleicht ist Herr Oscar krank geworden. Schuka ruft in Westchester an. Nichts. Michel verlangt, daß ich mich mit ihm in Paris treffe. Und womit soll ich das Ticket bezahlen? Die Bank wird mir Kredit geben. In der Zwischenzeit will Michel in den anderen großen Hotels nachfragen, in der Hoffnung, dank eines glücklichen Zufalls doch noch auf unseren Mäzen zu stoßen. Aber er ist nirgends zu finden, hat nirgends reserviert, wird nirgends erwartet. Ich rufe Schuka an und schlage ihm vor, »unser« Oldsmobile zu nehmen und nach Westchester zu fahren: Am Ende hat unser lieber Herr Oscar ja auch einen Herzanfall erlitten. Schuka trifft ihn dort bei guter Gesundheit an, er ist gelassen und heiter. »Aber Sie wollten doch in London sein«, ruft Schuka aus. Herr Oscar unternimmt nicht einmal den Versuch, sich zu entschuldigen. Im Gegenteil, er hält Schuka unsere Naivität vor: »Wie? Sie haben wirklich geglaubt, daß ich Ihnen eine Million Dollar geben würde?« Warum dann aber dieses Spiel? Nun ja, er sei ganz allein auf seinem schönen Anwesen, und wir hätten ihm Zerstreuung geboten ... Ich hätte ihn am liebsten für ein Jahr in ein Reservat im hintersten Winkel Afrikas verbannt.

Er hat uns unsere Zeit gestohlen, unsere Kraft, unsere Begeisterung, und das ausschließlich zu seinem Vergnügen! Um seine Macht über gutgläubige Dummköpfe wie uns zu erproben. Ich habe wirklich nichts gelernt aus meinem Mißgeschick mit Joseph Givon. Wir hätten uns besser an einen Politiker wenden sollen, an einen Bankier oder an einen Industriellen: Deren Machthunger ist offener und ehrlicher.

Es hat lang gedauert, bis wir unsere Schulden wieder los waren. Und unser Oldsmobile.

SCHREIBEN

1957, während ich mich noch von den Folgen meines Unfalls erhole, erhalte ich von Mauriac eine erfreuliche Mitteilung: Jérôme Lindon wird *Nacht* veröffentlichen. Ein Brief des Verlegers der Éditions de Minuit bestätigt das. Und so beginnt ein neues Kapitel im Buch meines Lebens.

Der ursprüngliche Titel gefällt Lindon nicht: *Et le monde se taisait* (eine Übersetzung des jiddischen Originaltitels *Un di Welt hot geschwign*) klingt in seinen Ohren nicht gut. Er hätte lieber einen Bibelvers, aus dem Buch Jeremia vielleicht. Nach verschiedenen anderen Vorschlägen einigen wir uns schließlich auf *La Nuit**. Aber Lindon ist noch nicht zufrieden: Er bittet mich, die Erzählung noch einmal zu überarbeiten, um sie zu straffen. Dabei ist die französische Fassung, die ihm Mauriac gegeben hat, bereits von meinem Freund Nicolas in Israel redigiert worden, auch ich selbst habe zusammengestrichen und beträchtlich gekürzt. Lindon schlägt neue Streichungen am Anfang, in der Mitte und am Ende vor. Ergebnis: Die Erzählung schrumpft merklich von einer Fassung zur nächsten. Das ursprüngliche Manuskript hatte noch 862 Seiten, in der jiddischen Buchausgabe waren es 245 und bei Lindon sind es nur noch 178.

Im folgenden zitiere ich einige in der endgültigen Fassung fehlende Stellen. Auf jiddisch beginnt die Erzählung mit einigen ernüchternden Gedanken:

> Im Anfang waren der kindische Glaube und das trügerische Vertrauen und die gefährliche Täuschung.

* »Nacht«; dt. in »Die Nacht zu begraben, Elischa«, Trilogie, München und Esslingen 1962; die Trilogie umfaßt auch »Morgengrauen« (»L'Aube«) und »Tag« (»Le jour«), die in Frankreich jeweils für sich, bei verschiedenen Verlagen, erschienen sind. A. d. Ü.

Wir glaubten an Gott, vertrauten in den Menschen und lebten in der Illusion, daß jeder von uns einen heiligen Funken aus der Flamme der Schechina in sich trage und daß sich in unseren Augen und Seelen das Bild Gottes spiegele.
Das war Grund und Ursache all unseres Unglücks.

Dieser Einstieg fand keine Gnade vor den Augen Lindons, wahrscheinlich war er ihm zu abstrakt. Genauso erging es den beiden nächsten Seiten - sie sollten die Anfänge der Tragödie beschreiben, die Schritte, die zu ihr führten. Es liegt nahe, so zu beginnen; alle Zeugnisse Überlebender gehen von einer Schilderung dieser Art aus: Sie beschwören noch einmal ihre Nächsten, ihr Haus, ihre Stadt oder ihr Dorf vor der Vernichtung, als wollten sie ihnen ein letztes Mal Leben einhauchen.

Ich erinnere mich:
Im Jahr 1942 erließ die ungarische Regierung eine Verordnung zur Abschiebung (Deportation) aller Juden, die keine Beweise für ihre ungarische Staatsangehörigkeit erbringen konnten.
Wir waren in Sziget (rumänisch: Sighet) ansässig, der wichtigsten Stadt der Provinz Marmaros (rumänisch: Maramures) mit der größten jüdischen Gemeinde. Bis zum Ersten Weltkrieg gehörte Sighet zur österreichisch-ungarischen Monarchie, dann wurde es dem Königreich Rumänien angegliedert und fiel 1940 wieder an Ungarn.
Die unselige Verordnung stürzte zahlreiche jüdische Familien in Angst und Verwirrung. Wie sollten sie ihre Staatsangehörigkeit nachweisen? In erster Linie brauchte man dazu eine ungarische Geburtsurkunde. Aber niemand hielt es damals für nötig, einen Knaben vor seiner Beschneidung ins Geburtenregister eintragen zu lassen. (Und danach wurde es meistens vergessen.)
Die Juden hatten nur wenig Zeit, sich die notwendigen Dokumente zu beschaffen. So standen, besonders in den Nachbardörfern, am Tag des Gerichts viele mit leeren Händen da.
Sie wurden zur Deportation verurteilt.
Ich war noch jung, kaum dreizehn Jahre, aber die Bilder von ihrer Abreise ins Exil haben sich auf ewig in mein Gedächtnis eingegraben.
Hunderte Juden kamen in unsere Stadt. Mit wenig Gepäck, sor-

genvoller Miene, in Tränen aufgelöst. Schnell organisierte die Gemeinde Hilfe: Die Männer gaben Geld, die Frauen sammelten Kleider, Jungen und Mädchen brachten Brot und Wasser zum Bahnhof. Trauer lag über dem langen schwarzen Zug, der die Verurteilten auf immer entführte und dichten, schmutzigen Rauch zurückließ.

Der Zug ist verschwunden. Keiner hat die Insassen je wiedergesehen.

In der Stadt kursierten die verschiedensten Gerüchte: daß sie gar nicht weit weg seien, irgendwo in Galizien; daß sie Arbeit hätten und sich in ihr Schicksal fügten. Keiner versuchte, diese Gerüchte zu überprüfen; man glaubte ihnen lieber, das war einfacher. Warum sollte man Nachrichten anzweifeln, die eine trügerische Beruhigung brachten?

Keiner – am wenigsten ich, der ich so jung war, fast noch ein Kind, und mich ans Licht des Lebens klammerte wie an die Strahlen der Sonne – wagte sich zu fragen: Und wenn der Teufel schwärzer ist, als man ihn malt? Und wenn man die Juden zur Schlachtbank führt?

Keiner – am wenigsten ich, der ich zu jung war, um schon einen Sinn für die Wirklichkeit zu haben – konnte sich vorstellen, daß auch für uns jener schwarze Tag kommen sollte, an dem wir mit unbekanntem Ziel deportiert würden.

Die verfluchte Illusion hielt uns gefangen.

Und die Tage verflossen. Tage, Wochen, Monate.

In der Stadt vergaß man die »anderen« Juden. Ein leiser, beschwichtigender Wind vertrieb die alten Sorgen und Ängste. Die Händler trieben Handel, die Studenten studierten den Talmud, die Kinder lernten die Bibel und den Kommentar Raschis, die Bettler irrten von Haus zu Haus, um den Ihren ein bißchen Essen für den Sabbat zu bringen.

Das seit Ewigkeiten gewohnte, normale Leben der Juden in Sighet ging seinen Gang.

Dann gab es eine Neuigkeit, die die ganze Straße aufrüttelte: Moischele ist zurückgekommen; er ist von dort zurückgekommen.

Jérôme Lindon wollte die Erzählung lieber mit einem Porträt dieses Moischele, des kleinen Küsters unserer Synagoge, beginnen lassen und bestand auf weiteren Kürzungen.

In der jiddischen Fassung beschreibe ich den Tod meines Vaters folgendermaßen:

»Elieser, mein Sohn, komm... Ich will dir etwas sagen... Nur dir... Komm! Laß mich nicht allein... E-li-e-ser...«
Ich habe seine Stimme gehört, seine Worte verstanden und begriffen, daß der tragische Augenblick gekommen war, aber ich habe mich nicht von der Stelle gerührt.
Es war sein letzter Wunsch, mich bei sich zu haben im Augenblick des Todeskampfs, als die Seele sich von seinem geschundenen Leib losriß, aber ich habe ihn nicht erhört.
Ich hatte Angst.
Angst vor den Schlägen.
Deshalb blieb ich seinem Flehen gegenüber taub.
Statt mein miserables, elendiges Leben zu opfern und zu ihm zu kommen, seine Hand zu nehmen, ihn zu beruhigen, ihm zu zeigen, daß er nicht allein war, daß er nicht verlassen war, daß ich bei ihm war und seinen Schmerz fühlte, blieb ich auf meiner Pritsche liegen und betete zu Gott, daß mein Vater aufhören möge, meinen Namen zu rufen, daß er aufhören möge zu schreien, damit ich nicht von den Blockführern geschlagen würde.
Aber mein Vater war schon nicht mehr bei klarem Bewußtsein.
Seine ersterbende Stimme zerriß weiterhin die Stille und rief mich, mich allein.
Ein SS-Mann wurde wütend, ging auf meinen Vater los und schlug ihn auf den Kopf: »Halt's Maul, Alter! Halt's Maul!«
Mein Vater hat den Knüppel nicht gespürt; ich, ich habe ihn gespürt. Und dennoch nichts dagegen getan. Ich habe zugesehen, wie die SS meinen Vater schlug. Ich habe meinen alten Vater in seinem Todeskampf allein gelassen. Schlimmer noch: Ich war ihm böse, weil er lärmte, weinte und so die Schläge herausforderte...
»Elieser! E-li-e-ser! Komm zu mir, laß mich nicht allein...«
Seine Stimme kam von weither und war mir doch so nah. Aber ich rührte mich nicht. Das werde ich mir nie verzeihen. Und der Welt werde ich nie verzeihen, daß sie mich so weit getrieben hat, daß sie einen anderen Menschen aus mir gemacht und den Teufel in mir geweckt hat, den niedrigsten Geist, die primitivsten Instinkte.

Als der Appell endlich vorüber war, sprang ich von der Pritsche und eilte zu ihm. Er atmete noch, sagte aber nichts mehr.
Er war schweißgebadet und hatte die Augen geschlossen, wie versiegelt, nur seine Lippen bewegten sich noch. Murmelte er etwas? Ich neigte mich über sein Gesicht, um besser zu hören und die Worte, seine unhörbaren, letzten Worte, zu erraten.
Es war zu spät.
Mein Vater erkannte mich nicht mehr.
Einige Stunden blieb ich bei ihm und betrachtete sein Gesicht, um es in mein Herz einzugraben, um mich daran zu erinnern, wenn ich jemals in Versuchung geraten sollte, mich auf den Wogen der Freude von der Vergangenheit forttragen zu lassen.
Es gab keinen Minjan, um das Kaddisch zu sprechen. Es gab kein Grab, um eine Kerze darauf zu entzünden. Es gab nichts. Sein Grab war der Himmel, die Kerze bin ich, sein Sohn. Und mein Kaddisch sind alle Worte, die ich jemals gehört habe oder sagen werde.
Sein letztes Wort war mein Name - ein Hilferuf. Und ich habe nicht geantwortet.
Das war am 18. Tag des Monats Schewat.
Wenn eine Kerze erlischt, verschwindet nur die Flamme. Die Kerze aber bleibt.
Am 18. Tag des Monats Schewat ist eine Kerze erloschen und mit ihrer Flamme verschwunden.
Ich habe nicht geweint, und das schmerzte mich am meisten - diese Unfähigkeit zu weinen. Mein Herz wurde zu Stein. Die Quelle der Tränen war versiegt. Ich empfand keinen wirklichen Kummer; im Gegenteil: Hätte ich in den Abgründen meiner Seele gewühlt, hätte ich sicherlich mit Entsetzen einen Funken teuflischer Zufriedenheit darin gefunden…

Und so endet die Erzählung in der jiddischen Fassung:

»Ich sehe in den Spiegel und sehe einem Skelett in die Augen.
Nichts als Haut und Knochen.
Ich habe mich als Toten gesehen. Da erwachte in mir der Wille zum Leben.
Ohne zu wissen warum, ballte ich die Faust und zerschlug den Spiegel, zerschlug das Bild, das darin war.

Und verlor das Bewußtsein.
Von diesem Moment an verbesserte sich mein Zustand.
Ich war ein paar Tage ans Bett gefesselt; in dieser Zeit skizzierte ich die Grundzüge des Werks, das du, lieber Leser, jetzt in Händen hältst.
Und dennoch...
...Jetzt, zehn Jahre nach Buchenwald, muß ich einsehen, daß die Welt vergißt. Deutschland ist ein souveräner Staat; die deutsche Armee wiedererstanden; Ilse Koch, die Sadistin aus Buchenwald, glückliche Mutter. Unbehelligt gehen die Kriegsverbrecher in Hamburg und München spazieren. Die Vergangenheit ist begraben und ausgelöscht. Deutsche und Antisemiten verkünden der Welt, die Geschichte der sechs Millionen jüdischen Opfer sei bloß ein Mythos, und die Welt in ihrer Dummheit wird es ihnen glauben, vielleicht nicht heute, aber morgen oder übermorgen. Deshalb dachte ich: Es wäre doch möglicherweise sinnvoll, diese Aufzeichnungen aus Buchenwald als Buch zu veröffentlichen.
Ich bin nicht naiv genug, zu glauben, dieses Werk werde den Lauf der Geschichte ändern und das Gewissen der Menschen wachrütteln. Ein Buch besitzt nicht mehr die Macht, die ihm einst gegeben war. Die gestern geschwiegen haben, werden auch morgen ihr Schweigen nicht brechen.
Deshalb frage ich mich jetzt, zehn Jahre nach Buchenwald: War es richtig, den Spiegel zu zerschlagen?

Was ich 1955 über das Vergessen, die Gleichgültigkeit und die verhängnisvollen Absichten derer gesagt habe, die den Holocaust leugnen, könnte ich unverändert noch heute, 1994, wiederholen.

Mit dem Abstand sehe ich auch ein, daß Lindon recht hatte. Ich habe es niemals bedauert, den Text gekürzt zu haben. Die gestrichenen Passagen sind dennoch gegenwärtig. Im Fall von Auschwitz wiegt das Nichtgesagte schwerer als der Rest.

Ich denke schon über meine nächsten Bücher nach. Ich trage sie in mir. Paradoxerweise stellt jedes die vorangegangenen in Frage und rechtfertigt sie gleichzeitig. Ein Kritiker (René Lalo) verlieh seiner Verwunderung darüber Ausdruck; er war davon überzeugt, daß ich nach *Nacht* nichts mehr schreiben würde. In gewissem Sinne hatte er recht. Jedes Buch ist für mich das erste und das letzte. Es ist wie mit Auschwitz: Jedes Wort, das versucht, die Wirklichkeit von Auschwitz zu erfassen, bedeutet Bruch und Scheitern. Wohin mit all der Erfahrung? Wie kann man zugleich über die Verzweiflung schreiben und gegen die Verzweiflung ankämpfen? Kann ein Mensch anders vom Schweigen Gottes reden als durch Schweigen? Muß man Zeugnis ablegen, um eine Spur zu hinterlassen? Für wen? Wozu? Sie wird doch von niemandem entziffert werden. Und trotzdem.

Schreibe ich gern? Sagen wir, es ist ein mühsames Vergnügen oder eine angenehme Mühsal, so unumgänglich wie unvermeidlich. Das schwierigste ist der Anfang, der Einstieg in die Materie. Sobald der erste Satz auf dem Papier steht, ergibt sich der Rest von selbst. Man hat freie Bahn. Alles wird leicht. »Irgendwo begann ein Kind zu weinen«, lautet der erste Satz in *Morgengrauen*. Nach ein paar Worten wußte ich, daß die Personen dieses Buches in Palästina leben und sterben würden. »Jäh, ohne Warnung, wie die schwere Faust eines Bösewichts, ist draußen die Dämmerung auf die Stadt gefallen.« So beginnt die Rückkehr in meine »Stadt des Glücks« in *Gezeiten des Schweigens*. Der Roman *Die Pforten des Waldes* fängt mit einem Satz an, in dem Begegnung und Abschied anklingen, der Abgrund des Vergessens und das Staunen des Miteinander-Teilens: »Er hatte keinen Namen, also gab er ihm den seinen.« In *Der Vergessene* dient ein Gebet, die Litanei Elchanans, als Köder: »Gott Abrahams, Isaaks und Jakobs, vergiß mich nicht, denn ich bin ihr Sohn, der sich auf sie beruft!« Ein noch nie widerlegtes und allgemein gültiges Gesetz lautet: Ein Roman mag eine Wahrheit in sich bergen; aber wenn die ersten Worte falsch klingen, wird es eine tote Wahrheit sein.

Ich habe eine große Schwierigkeit: Es gibt Wörter, die ich nicht verwenden kann, weil ihre zweite Bedeutung lähmend auf mich wirkt. Wenn ich »Konzentration« schreibe, »Nacht und Nebel«, »Selektion« oder »Transport«, bleibt immer das Gefühl, ein Sakrileg begangen zu haben. Eine weitere Schwierigkeit ergibt sich auf einer anderen Ebene: Ich habe Französisch mehr aus Büchern gelernt als auf der Straße. Mit der Umgangssprache stehe ich auf schlechtem Fuß. Noch heute kann ich nicht einfach »flennen« sagen statt »weinen«, »pissen« statt »urinieren« oder »fressen« statt »essen«.

Den atemlosen und bewußt kargen Stil von *Nacht* behalte ich in den folgenden Erzählungen bei; ich halte mich an ihm fest. Es ist der Ton, den die Chronisten der Ghettos anschlugen, wo alles rasch getan, gesagt und gelebt werden mußte, wie in einem Atemzug: Man konnte nie wissen, ob der Feind nicht gleich an die Tür klopft, alles zu Ende ist und vernichtet wird. Jeder Satz war ein Testament; nur das Wesentliche durfte gesagt werden, immer und immer wieder, nur nichts Unnötiges.

Man muß daher den Wörtern Achtung entgegenbringen. Sie sind mehr als nur flüchtige Schatten. Jedes hat seine Berechtigung, jedes birgt ein Geheimnis.

Man darf dem Sprechen weder Zügel noch Fesseln anlegen, es nicht in das Schweigen der Seite einschließen; man muß es befreien, um es einzufangen und festzuhalten. Um die Saite einer Geige zum Klingen zu bringen, muß man sie spannen, bis sie fast zerreißt; wenn man lockerläßt, ist sie nur noch ein Stück Draht.

So ist es auch mit dem geschriebenen Satz. Er muß eine ganze Seite enthalten und die Seite ein ganzes Kapitel und das Kapitel ein ganzes Leben. Hinter jedem Wort stehen andere Wörter und hinter ihnen wieder andere und noch andere, unberührbar, unsichtbar, aber schwer von Ahnung und Erwartung. Jedes Wort ist Erstaunen und, in den Augenblicken der Gnade, Offenbarung und Entzücken.

Als Schreibender steigt man bis in die unergründlichen Tiefen des Seins hinab. Im Schreiben liegt ein Mysterium. Der Raum zwischen zwei Worten ist größer als der zwischen Himmel und Erde. Um ihn zu durchqueren, schließt man die Augen und springt. In der Tora, sagt eine chassidische Tradition, sind auch die Leerstellen von Gott gegeben. Im äußersten Fall ist Schreiben ein Akt inbrünstigen Glaubens.

Frühjahr 1958, der Algerienkrieg hat seinen Höhepunkt erreicht. Der Haß auf beiden Seiten verdoppelt seine Kraft und seine zerstörerische Phantasie. Warum töten oder sterben Menschen eigentlich so viel leidenschaftlicher, als sie leben oder leben lassen? Frankreich muß sich vor den Vereinten Nationen rechtfertigen. Israel gehört zu den wenigen Ländern, die es verteidigen oder es zumindest bei Abstimmungen unterstützen. Die jüdischen Intellektuellen Amerikas dagegen sind im allgemeinen eher proalgerisch eingestellt. Juden wissen, was das Streben nach nationaler Unabhängigkeit bedeutet. Der politische Berater Dr. Nahum Goldmanns, Joseph Golan, der bei der Ausreise marokkanischer Juden nach Israel eine entscheidende Rolle spielte, macht mich bei den Vereinten Nationen mit Algeriern bekannt. Das verärgert die israelische Delegation, und Golda Meir entzieht ihm zur Strafe seinen israelischen Paß. Der senegalesische Präsident Leopold Senghor, der großherziger ist als sie, wird ihn zum Berater berufen, um die wirtschaftlichen Probleme seines Landes mit seiner Hilfe besser lösen zu können.

Zu dieser Zeit reise ich nach Frankreich, um *Nacht* der Presse vorzustellen und die Werbekampagne für das Buch einzuleiten – eine vollkommen neue Erfahrung für einen unsicheren Anfänger. Mauriacs anrührendes Vorwort, auf der ersten Seite des *Figaro littéraire* abgedruckt, hat Aufsehen erregt und das Interesse der Kritiker geweckt. Die Aufnahme ist freundlich: Literatur dieser Art ist noch nicht Mode geworden. Ich möchte am liebsten alle Besprechungen wieder und wieder lesen, deren Urhebern persönlich meinen Dank abstatten und zehn Exemplare jeder Zeitung erstehen, um alle meine nahen und fernen Freunde von meinem Debüt in Kenntnis zu setzen. Aber ich halte mich zurück: Der Asket in mir hat noch nicht abgedankt. Vorsicht, sage ich mir, laß dir diese Loblieder nicht zu Kopf steigen! Mauriac, den ich am Tag meiner Ankunft besuche, warnt mich auf seine Weise vor: »Eines Tages«, prophezeit er, »werden sie uns die Freude, die sie uns jetzt machen, teuer bezahlen lassen.« Und natürlich hat er recht behalten: Auch dieser Tag kam. In der Literatur ist niemand unantastbar. Erst heben sie dich in den Himmel, dann stürzen sie dich in den Abgrund. Kaum wird man wahrgenommen, wird man auch zur Zielscheibe. Und die Pfeile sind oft zahlreicher als die Komplimente. Ich erinnere mich noch an den Tag, als ich meinen ersten Verriß erhielt: Wie ein kleiner Junge wollte ich alle Kioske der Stadt abklappern und alle Exemplare der Zeitschrift aufkaufen, um sie dann zu verbrennen.

Nach und nach habe ich mich daran gewöhnt.

Endlich lerne ich Jérôme Lindon auch persönlich kennen. In seinem Büro, das eher bescheiden ist, erklärt er mir seine Auffassung von persönlicher Verantwortung, seine Opposition zur Regierungspolitik und die Gründe seines Engagements: Tapfer kämpft er für ein unabhängiges Algerien. Um mir eine Freude zu machen, erzählt er auch von seiner Familie (sein Vater war Ankläger im Nürnberger Prozeß) und von seiner Kindheit.

Er schenkt mir seine schöne kommentierte Übersetzung des Buches Jona. Wir mögen uns. Später vertrat er Positionen, die uns voneinander entfernten: Sein Vorwort zu dem Buch *Pour les Fedayin* und sein fast bedingungsloses Eintreten für die Sache der Palästinenser verletzten nicht nur mich, sondern auch andere, die ihm nahestanden. Dennoch ist der menschliche Kontakt zwischen uns niemals abgerissen.

Wir treffen uns noch ein paarmal, immer in seinem Büro. Von allen meinen Verlegern ist er der einzige, mit dem ich nie essen war.

Ihm verdanke ich meine Bekanntschaft mit Samuel Beckett. »Er würde Sie gerne kennenlernen«, sagt er. Ich bekomme einen heißen Kopf. Beckett? Beckett will *mich* kennenlernen? Was könnte ich ihm sagen, ohne mich zu blamieren? Wir verabreden uns im »Chez Francis«. Wie üblich bin ich, um nicht zu spät zu kommen, eine halbe Stunde früher da. Ohne den schönen, stillen Mann am anderen Ende der Terrasse zu bemerken, lasse ich mich in einer Ecke nieder. Eine Stunde verstreicht. Sollte ich mich in der Zeit geirrt haben? Oder gar im Tag? Ich sehe auf die Uhr - und plötzlich entdecke ich ihn: Auch er sieht auf die Uhr, unsere Blicke kreuzen sich, wir lächeln im selben Moment. Ich stehe auf und gehe zu ihm hin. Wir geben uns die Hand, und ich setze mich ihm gegenüber. Respektvoll warte ich, bis er das Gespräch eröffnet; er wartet auch. Wie lange wir so geschwiegen haben, weiß ich nicht mehr; er war es aber, der schließlich etwas sagte. Vorsichtig, leise murmelnd, hebt er zu sprechen an - über sich, über mich? Er habe gerade das Manuskript seines *Molloy* wiedergefunden und feststellen müssen, daß das Motto beim Druck des Buches weggelassen wurde. »Es waren nur drei Worte. Drei einfache kleine Worte: Als letzter Ausweg.« Daraufhin fällt er wieder in sein Schweigen zurück. Wir bleiben eine Stunde zusammen, schweigend, aber nicht stumm. Und sehen uns wieder. Da redet er über die dramatische Rolle des Zeugen.

Marguerite Duras, die in den sechziger Jahren einmal auf Blitzbesuch in New York war, sollte mir Grüße von Lindon bestellen. Sie war damals schon bekannt, aber noch nicht berühmt. Über ihre Person wußte ich nichts, außer daß sie den Kreisen um den Nouveau Roman nahestand. Ich schätzte ihren Roman *Heiße Küste* und wußte nicht, wie ich es ihr sagen sollte.

Wir gingen im Central Park spazieren, auf der Fifth Avenue, ich nahm sie zu den Vereinten Nationen mit. Sie versuchte mich zum Reden zu bringen: über mein letztes Buch, über meine Arbeit und vor allem über die Erfahrungen, die ich in *Nacht* beschrieben habe.

Ich war befangen und verschlossen. Wir haben uns nicht wiedergesehen. Warum, weiß ich nicht.

Zum erstenmal in meinem Leben profitiere ich nun von den Wohltaten der glitzernden Fernsehwelt: Pierre Dumayet will in seiner Sendung »Lectures pour tous« ein Gespräch mit mir führen. Israel Adler bringt mich mit seinem Motorrad, auf das er sehr stolz ist, zum Studio. Dabei ist er so aufgeregt, daß wir knapp an einem Sturz vorbeischrammen. »Hast du kein Lampenfieber?« fragt er mich. Doch, natürlich habe ich Lampenfieber. »Bemüh dich, an etwas anderes zu denken!« Gut, ich werde mich darum bemühen. »An den Chor zum Beispiel, versuch, an den Chor zu denken.« Gut, ich versuch's. »Oder ans Krankenhaus.« Soll sein, werde ich mich eben ans Krankenhaus erinnern. »Aber paß auf«, sagt er, »paß bloß auf deine Hände auf! In der Sendung sieht man nämlich nicht nur das Gesicht, sondern auch die Hände.« Ach was, ich passe schon auf.

An nächsten Tag erkennen mich die Leute auf der Straße wieder. Sie wissen nicht, wer ich bin oder was ich geschrieben habe, sie wissen nur, daß ich in dem kleinen Kasten einem der Fernsehstars Rede und Antwort stehen mußte. Immerhin, besser als nichts. Zwar habe ich nicht den Eindruck, daß sich *Nacht* jetzt besser verkauft, aber man redet hie und da ein bißchen darüber. Und vielleicht wird das Buch ja auch gelesen.

Man sagt, daß Borges zu Beginn seiner Karriere das Gefühl hatte, jedem einen Dankesbrief schreiben zu müssen, der sein erstes Buch gekauft hatte. So geht es mir auch.

Das erinnert mich an eine Anekdote für angehende Schriftsteller: Franz Kafka kam einmal in den Sommerferien zur Kur nach Marienbad. »Ihr Name kommt mir bekannt vor«, sagte der Wirt, als Kafka seinen Meldezettel ausgefüllt hatte.

»Das kann nicht sein«, erwiderte Kafka. »Ich steige zum erstenmal bei Ihnen ab.«

Kafka nahm seinen Koffer und ging nach oben, um sich ein wenig auszuruhen. Kaum war er eingenickt, klopfte es leise an der Tür. »Verzeihen Sie die Störung«, sagte der Wirt, »aber ich möchte Sie etwas fragen: Sind Sie vielleicht Schriftsteller?«

»Eigentlich nicht«, entgegnete ihm Kafka verwundert. »Warum fragen Sie?«

»Mein Sohn meint das.«

»Bestellen Sie Ihrem Sohn«, beschied ihn Kafka, »daß er mich verwechseln muß.«

Als der Wirt das Zimmer verlassen hatte, versuchte Kafka von neuem einzuschlafen. Da klopfte es noch einmal. »Mein Sohn schon wieder«, sagte der Wirt. »Er behauptet steif und fest, daß Sie ein großer Schriftsteller sind... Er möchte Sie gerne persönlich willkommen heißen... Es würde ihm soviel bedeuten. Sie brauchen nur ja zu sagen, wenn Sie Ihre Ruhe haben wollen, dann störe ich Sie auch nicht mehr.«

Kafka fügte sich in sein Schicksal, und der Wirt holte seinen Sohn. Der war so aufgeregt und eingeschüchtert, daß er nur ein Stammeln hervorbrachte: »So ein Glück... nein, so ein Glück...«

»Wieso denn das?« wunderte sich Kafka.

»Weil... weil... Herr Kafka persönlich hier...«

»Und?«

»Ja, wissen Sie denn nicht, wer Sie sind? Sie sind ein großer Schriftsteller, Herr Kafka, der Schriftsteller, den ich mehr verehre als jeden anderen auf der Welt...«

»Haben Sie überhaupt irgendwas von mir gelesen?«

»Irgendwas von Ihnen, sagten Sie, irgendwas? Ihr Werk hat mein Leben verändert...«

»Welches Werk?«

»*Die Verwandlung*.«

»Das haben Sie gelesen?«

»Aber natürlich habe ich es gelesen, immer und immer wieder.«

»Und wo hatten Sie es her?«

»Na, gekauft halt.«

»Nein!« ruft Kafka erstaunt aus. »Sie waren das also?!«

Trotz aller Glückwünsche und Lobpreisungen, die einem Schriftsteller – manchmal auch unverdientermaßen – zuteil werden, nachdem sein Erstlingswerk erschienen ist, nagt ein steter Zweifel an mir, den ich nie mehr loswerde: Habe ich gesagt, was gesagt werden mußte und wie es gesagt werden sollte? Je enthusiastischer die Kritiken, desto unsicherer werde ich. Am Ende bin ich davon überzeugt, daß alle das Buch nur deshalb gut finden, weil es keiner verstanden hat. Ein Zeugnis wie das meine müßte eigentlich Wut und Schrecken auslösen. Und der Tod, der darin haust, kann von den Lebenden nur mit Schweigen aufgenommen werden.

Zur selben Zeit, im Frühjahr 1958, kommt Bea nach London: Einer ihrer Bekannten ist schwer erkrankt, und alle seine Freunde versammeln sich an seinem Krankenbett. Wir könnten uns zu dritt mit Hilda treffen, denke ich, und lade Bea ein, nach Paris zu kommen. Eines schönen Morgens ruft sie mich an und unterbreitet mir ihrerseits den Vorschlag, sie in London zu besuchen. Warum, will ich wissen. Weil sie sich verlobt hat. »Bist du übergeschnappt?« schreie ich – in der festen Überzeugung, sie sei drauf und dran, einen Todkranken zu ehelichen. Dabei war ich es, der sie immer liebevoll zum Heiraten gedrängt hat. Nein, versichert sie mir lachend, sie wird den Arzt zum Mann nehmen. Mit dem bißchen Geld, das ich habe, fliege ich sofort nach London und gehe mit ihrem Verlobten, Doktor Leonard (Len) Jackson, Mittag essen. Vor lauter Freude über Beas Glück nehme ich, einem spontanen Einfall folgend, meine Armbanduhr ab und überreiche sie meinem künftigen Schwager als Verlobungsgeschenk. Bea wird mit ihrem Mann und ihren zwei Kindern glücklich und zufrieden in Montreal leben, bis der Krebs beginnt, ihre Lunge zu zerfressen.

In den Vereinigten Staaten müht sich derweilen Georges Borchardt redlich, aber vergebens, für mein Buch einen Verleger zu finden.

Georges ist Franzose, war früher Lehrer und ist gerade dabei, als Literaturagent Fuß zu fassen. Er verfügt über eine scharfe Intelligenz, gespielten Zynismus, ehrliche Skepsis und Taktgefühl. Darüber hinaus ist er absolut vertrauenswürdig und rechtschaffen – eine Seltenheit in seinem Beruf wie in allen anderen. Als Agent ist er ein Glücksfall, als Freund eine Quelle des Trostes und der Freude.

Er hält sich bedeckt und geizt mit Vertraulichkeiten über seine Vergangenheit, insbesondere seine Kindheit und Jugend während des Krieges; sobald die Rede darauf kommt, verschanzt er sich hinter schwarzem Humor.

Als wir einander zum erstenmal begegnen, residiert er in der 55. Straße West; das kleine Apartment hat zwei Zimmer, eines davon ist das Büro, in dem er mit seiner Sekretärin und Assistentin Anne zusammenarbeitet, einem jüdischen Mädchen aus New Jersey. Auf dem Weg zum Flughafen kündigt mir Georges eines Tages seine Hochzeit an; und zwar so: »Habe ich Ihnen schon gesagt«, läßt er ganz nebenbei fallen, »daß Anne sich dazu entschlossen hat, ihren Namen zu ändern?« Sie haben es weit gebracht seither.

Georges Borchardt also sucht nach einem amerikanischen Verleger für mich. Aber die großen Verlage zögern, ungeachtet des Vorworts von Mauriac und der guten Aufnahme durch die französische, belgische und schweizerische Presse, da wird lange beraten, gemurrt, gejammert und schließlich bedauernd abgewinkt. Den einen ist das Werk zu schmal (anscheinend schwärmt der amerikanische Leser eher für dicke Wälzer), den anderen zu deprimierend (anscheinend hat's der amerikanische Leser lieber optimistisch); den einen ist das Thema zu abgedroschen, anderen wieder zu abgelegen. Kurz: Georges sollte es lieber nebenan probieren. Wacker klopft er an jede Tür. Aber die Antworten ähneln einander und sind nur der Form nach zu unterscheiden: mehr oder weniger höflich, mehr oder weniger aufrichtig, mehr oder weniger einfallsreich. Ich habe Georges schon vor langer Zeit geraten, sie einmal zu veröffentlichen - um einen bestimmten Geisteszustand zu dokumentieren.

Endlich nimmt ein kleiner Verlag, Hill and Wang, das Risiko einer Veröffentlichung auf sich. Arthur Wang möchte mit mir reden. Dieser menschlichste aller Verleger verachtet wirtschaftliche Zwänge zutiefst; in gewisser Weise ähnelt er Paul Flamand, nur daß er kein anderes Glaubensbekenntnis hat als das zur Literatur, an die er noch immer glaubt, wie andere an Gott glauben. Zehn Jahre älter als ich, beeindruckt er durch seinen jugendlichen Schwung, und trotz einer (angeborenen?) Behinderung ist er ausgesprochen gewandt und sprüht vor Lebensfreude. Er ist ein guter Zuhörer und ein guter Leser. Wenn ihm etwas nicht gefällt, sagt er das, aber nett. Er spielt nicht, er betrügt nicht. Er hat nichts Kleinliches an sich, nichts Falsches. »Ich kann Ihnen keine Millionen versprechen«, sagt er zu mir. »Ich kann Ihnen nur versprechen, gute Arbeit zu leisten, das heißt, mein Bestes zu geben.« Und dieses Versprechen hat er gehalten. Das Buch verkauft sich zwar nicht besonders gut (eigentlich eher schlecht: zweitausend Exemplare in zwei Jahren), aber es zieht die Aufmerksamkeit gewisser literarischer und religiöser Kreise auf sich. Auf dem Gipfel meines Ruhmes werde ich gebeten, für die *Times Book Review* (die Literaturbeilage der *Times*) Literaturkritiken zu schreiben. Und obwohl uns die großen Verlagshäuser für *Morgengrauen* und *Tag* bessere Konditionen bieten, beschließen

Georges und ich ganz selbstverständlich, dennoch Hill and Wang, das heißt Arthur, treu zu bleiben.

Als Journalist gebe ich mir immer die größte Mühe, interessante Themen für Nachrichten und Artikel zu finden, doch Scoops sind selten. 1962 lächelt mir schließlich das Glück und beschert mir einen Sieg über die Konkurrenz. Ich schäme mich nicht, zu gestehen, daß ich stolz und einigermaßen glücklich darauf bin.

Es ging um einen kleinen Jungen, Jossele Schuhmacher. Sein Großvater hatte ihn entführt, weil er überzeugt war, daß die Eltern die religiöse Erziehung des Jungen vernachlässigten, und angeblich seine Seele retten wollte. Diese Geschichte stürzte ganz Israel in heillose Aufregung. Die Wohnungen aller möglichen Verdächtigen wurden auf den Kopf gestellt, jedes extremistische Grüppchen wurde unter die Lupe genommen, das gesamte Landesinnere sorgfältig durchkämmt. Nichts. Die Öffentlichkeit war empört, und Jossele wurde zu einer nationalen Besessenheit. Auf Anordnung des Premierministers David Ben Gurion schwärmte der israelische Geheimdienst in alle vier Himmelsrichtungen aus, stellte Nachforschungen in sämtlichen jüdischen Gemeinden an und unterwanderte die Kreise der Ultraorthodoxen. Die ganze Operation wurde von Issar Harel geleitet, dem legendären Mossad-Chef, der die Entführung Adolf Eichmanns in Buenos Aires organisiert hatte. Aber alle Mühe war vergebens. Der bekannteste kleine Junge Israels war wie vom Erdboden verschluckt, von den Wächtern des Fanatismus verschleppt. Zehn heiße Spuren verliefen im Sand. Alle israelischen und jüdischen Zeitungen lauerten auf Neuigkeiten.

Dow ruft jede Woche an: »Gibt's was Neues?« Leider nein. »Er soll in Brooklyn sein.« Und wo da? Brooklyn ist groß, größer als Manhattan. »Nutz mal deine Kontakte zu den Lubawitschern! Die Chassidim bei euch hecken irgendwas aus.« Also gut, ich will es versuchen. Meine Kontaktpersonen lachen mir ins Gesicht: Josseles Verschwinden hat die eher gemäßigte jüdische Gemeinde in eine unangenehme Lage gebracht. Jetzt will sie ihn selber finden und ermittelt so gründlich wie Ben Gurion, aber auf eigene Faust. An einem Freitag nachmittag ist Dow noch aufgeregter als sonst: »Man hat uns Informationen zugespielt, nach denen er sich in deiner Gegend befindet. Kannst du das überprüfen?« Kann ich. Ich rufe meinen Freund Israel Gur-Arje an, einen Nachkommen des Bescht. Er ist israelischer Konsul, und es wird gemunkelt, daß er der Mossad-Verbindungsmann in New York sein soll. »Das war falscher Alarm«, beschwichtigt er mich. Sicher? »Ganz sicher.« Ehrenwort? »Versprochen.« Und du sagst mir, wenn sich etwas tut? »Selbstredend.« Ich rufe Dow zurück: »Gur-Arje kann ich vertrauen«, versichere ich ihm. »Welchen Grund sollte er haben, mich anzulügen?« – »Bleib wachsam!« mahnt Dow. »Wenn du nicht aufpaßt, geht dir noch die sensationellste Meldung der letzten paar Jahre durch die Lappen.« Na gut, werde ich eben meine Aufmerksamkeit verdoppeln. Aber am nächsten Tag ist Sabbat, und am Sabbat passiert in Brooklyn normalerweise nichts Außergewöhnliches. Nur leider habe ich nicht bedacht, daß am Vorabend zum Sabbat allerhand passieren kann.

Als Dow mich am Sonntagmorgen anruft, hört er sich eher spöttisch an als wütend: »Na, hast du immer noch so großes Vertrauen zu deinem Freund?« Es dauert eine Zeitlang, bis ich begriffen habe, worum es geht. »Ach so, du weißt es noch gar nicht?« tut Dow erstaunt. »Die Mossad-Agenten haben den kleinen Jossele wiedergefunden – in Brooklyn.« Unfähig, auch nur ein Wort zu erwidern, lege ich auf. Ich muß Gur-Arje unbedingt noch zu Hause erreichen. Um fünf Uhr früh? Womöglich wecke ich seine Frau auf, die reizende, liebenswürdige Schula. Aber es muß sein. Notfalls entschuldige ich mich eben bei ihr, nur bei ihr, nicht bei ihrem Mann, diesem Lügner ... Sie hebt ab. »Israel ist nicht da«, sagt sie. »Aber ich weiß, daß er Sie sprechen will. Ich gebe Ihnen die Nummer, unter der Sie ihn erreichen können.« Dort ist dauernd besetzt. Erst beim zehnten Versuch komme ich durch. Vor Empörung schäumend, will ich meinem alten Freund gleich meine Meinung über sein Verhalten sagen, aber er kommt mir zuvor: »Ich konnte nicht anders, das mußt du verstehen. Es war viel zu gefährlich. Die geringste Indiskretion hätte die ganze Operation platzen lassen können. Der Junge war noch nicht in unserer Hand. Wir haben ihn erst seit zwei Stunden. Wir wußten zwar, wo er steckte, aber wir brauchten noch die Zustimmung der amerikanischen Behörden ... Ich wollte dich gerade anrufen ...« Ich denke nicht daran, ihm zu verzeihen, und verstehen werde ich überhaupt nichts. Er hat mich getäuscht, er hat mich vor Dow blamiert und mich um meinen Scoop gebracht. »Glaub mir, es tut mir wirklich leid.« Auf sein Beileid kann ich verzichten. Er hätte mich nicht anlügen sollen; einen Freund lügt man nicht an, auch wenn man zum Mossad gehört. »Ich will es dir erklären«, sagt Gur-Arje. »Man kann einfach nie wissen, wann und von wem man abgehört wird.« Aber hätte er mir nicht sagen können, daß er nicht auf dem laufenden sei, statt von falschem Alarm zu reden? Warum mußte er mich in die Irre führen? »Ich hatte keine andere Wahl. Ich mußte dich anlügen. Sonst hättest du Nachforschungen angestellt, Leute aus Brooklyn angesprochen und am Ende, ohne es zu wollen, unseren Plan zu Fall gebracht ...« Er redet und redet, aber ich lege keinen Wert auf seine Erklärungen. Das ist ihm auch klar. »Du hast vollkommen recht mit deinem Vorwurf«, sagt er leise. »Hör zu, sagen wir, ich habe Ehrenschulden bei dir. Ich werde schon einen Weg finden, sie zu begleichen.«

Noch am selben Nachmittag sagt mir der Nachkomme des Bescht ein Exklusivinterview mit dem kleinen Jossele zu. »Aber du mußt schwören, daß du seinen Aufenthaltsort nicht verrätst.« Ich schwöre. »Und daß du ihm keine Fragen über die Umstände seiner Entführung stellst.« Ich schwöre. »Und daß du nicht sagst, daß ich derjenige war, der ...« Ich schwöre. »Und daß du vorsichtig bist.« Auch das schwöre ich. »Worüber wirst du mit ihm reden?« Über den Talmud. »Über den Talmud?« Ja. Warum nicht? »Meinst du das ernst?« fragt Gur-Arje. Vollkommen ernst.

Mit seiner Kippa und den Peot erinnert mich Jossele an die jüdischen Jungen meiner Stadt. Bevor er sein Morgen- und sein Abendgebet aufsagt, wäscht er sich die Hände, und er spricht den passenden Segen, bevor er das Glas Wasser trinkt, das ihm gereicht wird. Ich mag sein melancholisches, unschuldiges Lächeln (ich mag jedes melancholische Kinderlächeln); ich sage ihm, daß ich in seinem Alter genauso fromm war wie er. Das beeindruckt den kleinen Mann gar nicht. Wie er seine Tage in Brooklyn verbracht habe? »Ich habe studiert.« Was er studiert habe? Welche Frage! Die Parascha der Woche, die wöchentliche Bibelpassage. Und was noch? Raschi. Und? Den Talmud. Welchen Abschnitt daraus? Berachot, die Segenssprüche. Zufällig gibt es in dem Apartment die ganze Sammlung des babylonischen Talmuds in der Wilnaer Ausgabe; der fragliche Abschnitt wird herbeigeschafft. Und dann vergessen wir beide die Agenten des Mossad und des FBI und stürzen uns in das Studium der Texte, die uns mit der alten Zeit verbinden, als das Leben noch einfacher war. Bevor wir uns trennen, fragt mich Jossele, wer ich eigentlich bin.

»Rate!«

»Botschafter.«

»Wieso Botschafter?«

»Weil jeder Mensch eine Botschaft in sich trägt.«

(Einige Jahre später lese ich in *Jediot Achronot* eine Reportage über Jossele: Er ist kein Fanatiker geworden und nimmt nicht einmal mehr am religiösen Leben teil.)

Die Veröffentlichung unseres Gesprächs erregt Aufsehen. Dabei habe ich nichts Sensationelles enthüllt: weder daß eine zum Judentum konvertierte ehemalige Varieté-Tänzerin (die spätere Frau Reb Amram Blaus, des Führers der antizionistischen, antiisraelischen Neturej Karta) den als Mädchen verkleideten Jossele illegal außer Landes geschafft hat, noch daß Entführung, Flucht und Einreise nach Amerika von einer Sekte fanatischer Extremisten geplant und durchgeführt worden ist. Ich habe nur unsere Talmudstunde beschrieben.

Dow ist ganz glücklich. Und ich bin Gur-Arje, der nun wieder mein Freund ist, zu großem Dank verpflichtet. Man entzweit sich eben nicht mit einem Abkömmling des Bescht, selbst wenn er ein Mossad-Agent sein sollte.

In Frankreich muß ich mir einen neuen Verleger suchen: Lindon eröffnet mir ohne Umschweife, er habe *Nacht* so sehr gemocht, daß ihm *Morgengrauen* nicht gefalle. Außerdem veröffentliche er nur Bücher, die er selber gern geschrieben hätte. Seine erfrischende Offenheit ist nicht im mindesten verletzend. Er rät mir, das Ende des Romans umzuschreiben und einen trockeneren, unbeteiligteren Ton anzuschlagen.

Anläßlich einer seiner jährlichen Reisen nach Paris kommt Georges Borchardt eines Morgens bei Le Seuil vorbei, wo Monique Nathan ihm erzählt, sie habe *Nacht* gelesen, und aus purer Neugier fragt, ob ich auch noch etwas anderes geschrieben hätte. »Ja«, erwidert Georges. »Übrigens habe ich zufällig das Manuskript bei mir.« Er gibt es Monique, die sich in ihr kleines Büro zurückzieht, um es zu lesen. Monique und ich können von Glück sagen, daß die Erzählung nicht allzu lang ist. Denn Georges ist noch mitten im Gespräch mit Paul Flamand, als sie aus ihrem Büro gelaufen kommt, um ihm einen Vertrag über das Buch anzubieten, falls Minuit es nicht wollte. Jérôme Lindons Ablehnung kann sie nicht nachvollziehen. Und da sie die Redlichkeit in Person ist und einem konkurrierenden Verlag niemals einen Autor abspenstig machen würde, ruft sie Lindon an, um ihm mitzuteilen, daß er ihrer Ansicht nach im Begriff sei, einen großen Fehler zu begehen. Aber Jérôme ist dickköpfig, und so behält Monique das Manuskript.

Mit Ausnahme einer gewissensbedingten Unterbrechung von sechs Jahren (und vier Titeln) bleibe ich bei Le Seuil. Hier fühle ich mich heimisch. Paul Flamand, der (gemeinsam mit Jean Bardet) das Haus führt, ist ein umsichtiger und mutiger Verleger und ein überaus kluger und einfühlsamer Gesprächspartner, der dem Autor Orientierung und Klärung bietet, ohne ihn zu verletzen, ein gewissenhafter Humanist, umfassend gebildet und begeisterungsfähig. Eine Stunde mit ihm in seinem Büro oder zwei in einem Restaurant sind mir jederzeit eine Reise nach Frankreich wert. Er weiß den Geist anzuregen und so das Herz zu besänftigen. Der Verleger wurde zum Freund - unmöglich, ihn nicht zu mögen. Die Verträge, die er an Georges schickt, sind von besonderer Art: Er überläßt es uns, die Garantiesumme einzusetzen.

Die Übergabe eines Manuskripts an Paul war von einem unabänderlichen Ritual begleitet: Er befühlte es, streichelte es, roch daran, legte es hin und nahm es gleich wieder in die Hand, um darin zu blättern. Schließlich stopfte er es in seine prallgefüllte Aktentasche, die er mit nach Hause nahm. Wenn wir dann am nächsten Tag, nach einer Woche oder auch nach einem halben Jahr mit Marguerite (seiner sanften Frau mit traurigen Augen, warmem Herzen und klarem Verstand) und Marion zusammen beim Essen saßen, kam er auf das Buch zurück und nahm das Thema, den Aufbau und jede einzelne Figur auseinander - aber immer zu ihrem Besten, wenn man so sagen kann. Und hatte er etwas nicht verstanden, versuchte er mir freundlich klarzumachen, daß ich es selbst nicht ausreichend verstanden hätte.

Ich schätzte unsere Gespräche. Als erklärter, aber aufgeklärter Katholik interessierte Paul sich für jüdische Tradition und Kultur, um seine eigene besser zu verstehen. Ich schätzte auch seine feinfühlige und rücksichtsvolle Art, einen Text in Frage und dessen Autor zur Rede zu stellen. Er brauchte bloß sein »So, so« fallenzulassen, schon fühlte man sich an seine Grenzen getrieben - und darüber hinaus. Bei ihm konnte man sicher sein, daß es nicht bei Oberflächlichkeiten bleiben würde.

»Was ist denn mit dir los? Du schaust ja drein wie...« Ich meine Saul. Saul Friedländer. Das letzte Mal haben wir uns 1958/59 bei einer gemeinsamen Freundin in Manhattan getroffen. Damals arbeitete er für Nahum Goldmann. So niedergeschlagen wie heute habe ich ihn noch nie erlebt.

Wir sitzen auf der Terrasse eines Cafés am Boulevard Saint-Germain. Er schluckt eine Valium und erzählt mir dann von seinem Kummer: Bei seiner Doktorarbeit über die Diplomatie des Dritten Reichs ist er auf sensationelle Dokumente über die Politik Pius' XII. gegenüber Nazideutschland gestoßen. Aber kein Verleger hat mehr Interesse an dieser Zeit. Ich kenne das Problem aus eigener Erfahrung und verspreche ihm, mit jemandem zu reden, der ihm helfen kann.

Am nächsten Tag nehme ich Saul zu Le Seuil mit und stelle ihn Paul Flamand vor. Es ist das Ende einer Depression und der Beginn einer Karriere.

Zehn Jahre lang, bis zu ihrem frühen Tod, wird sich Monique, die unvergleichliche Lektorin und begabte Verlegerin, um meine Manuskripte kümmern: eine zum Katholizismus konvertierte Jüdin von großer Bildung, süchtig nach Spiritualität, furchteinflößend in ihrer schonungslosen Offenheit. Sie ist radikal, ohne borniert zu sein. Vom goldenen Weg des Maimonides hält sie nichts: Sie ist entweder ganz dafür oder ganz dagegen. In Verlagskreisen heißt es: Monique Nathan, das ist jemand. *Morgengrauen* und *Tag* hat sie regelrecht auseinandergenommen. Ein Kapitel aus *Gezeiten des Schweigens* muß ich überarbeiten, weil es ihr zu realistisch, zu sinnlich ist. Sie hat recht. Aus den *Pforten des Waldes* soll ich ein ganzes Kapitel streichen. Wieder hat sie recht. Zwischen uns herrscht vollkommenes Einverständnis. Ich bin ganz ihrer Meinung, daß eine Passage, die entfällt, deshalb nicht unbedingt aus dem Text verschwindet: Der Leser spürt sie und nimmt sie in sich auf. Mit den ersten drei Fassungen des *Bettlers von Jerusalem* ist Monique gar nicht glücklich: Eine ist ihr zu wenig poetisch, die andere zu esoterisch, die dritte nicht erzählerisch genug. Die vierte findet endlich Gnade vor ihren Augen. Auch die Essaysammlung *Entre deux soleils* (ein Titel, den Manès Sperber vorgeschlagen hat; mir ist der Titel der amerikanischen Ausgabe lieber: *One Generation After*) wurde von Monique betreut.

Während Moniques Abwesenheit (nur wenige wissen, daß sie an Krebs leidet) nimmt sich Claude Durand der Essays aus *Gesang der Toten* an. (Ich will gleich vorausschicken, daß mich sein Verhalten in der Affäre Attali bestürzt und enttäuscht hat.* Literarisches und historisches Pflichtgefühl müßten einen Verleger doch davon abhalten, ein Werk zu vertreiben, das so viele Ungenauigkeiten und Entstellungen enthält: Ich werde noch darauf zurückkommen.) *Die Juden in der UdSSR* wurden bei Le Seuil in die Reihe »L'Histoire immédiate« aufgenommen. Luc Estang und Paul-André Lesort kümmern sich um *Salmen oder Der Wahnsinn Gottes* und den *Schwur von Kolvillág*. Dann löst Bruno Flamand sie ab. Er wird mein Verbündeter und Vertrauter. Diesem emeritierten Professor, nüchtern, gewissenhaft, ausgewogen und ausgeglichen, gelingt, was vielen Verlegern schwerfällt: sich mehr mit dem Buch zu identifizieren als mit dem Autor. Unglaublich, wie er meine Arbeiten über die Bibel und ihre Auslegungen, den Talmud und seine Kommentare, den Chassidismus und seine originellen und geheimnisvollen Meister durchdringt. Am Ende wird er mehr von einem (übersetzten) hebräischen Text verstehen als manch vorgeblich gebildeter jüdischer Denker, der sich mit seiner »Rückkehr zu den Quellen« brüstet. Eine fruchtbare Zusammenarbeit entwickelt sich. Auch als ich mich gezwungen sehe, Le Seuil (vorübergehend) den Rücken zu kehren, berührt das unsere Beziehung nicht.

Mein Konflikt mit Le Seuil hat mit dem Libanon-Krieg zu tun. Es ist Sommer 1982, der Krieg hat gerade begonnen. Michel Chodkiewicz, Nachfolger Paul Flamands, ein geborener Katholik, der zum Islam übergetreten ist, veröffentlicht in *Le Monde* einen offenen Brief, in dem er Israel des Völkermords bezichtigt. Das empfinde ich als beleidigend. Und da sich Chodkiewicz auf seine Eigenschaft als Verleger beruft, ist auch der Verlag betroffen. Zumindest ist das mei-

* Jacques Attali, bis 1991 persönlicher Berater von François Mitterrand, nahm an allen Gesprächen Mitterrands teil, auch an solchen, die dieser »unter vier Augen« führte. Er protokollierte sie teilweise und veröffentlichte seine Protokolle 1993 unter dem Titel *Verbatim*. Wie der Zufall oder die Dummheit Attalis so spielt, finden sich darin seitenweise und wortwörtlich Auszüge aus Elie Wiesels Gesprächen mit Mitterrand, die gerade als Buch erschienen sind und demnächst auch in Deutschland erscheinen. Der Verlag prozessiert gegen Attali und dessen Verlag. Demnächst erscheint auch *Verbatim II*. A. d. Ü.

ne Ansicht. Ich verlange keinen Widerruf von ihm, sondern nur eine Klarstellung. Er soll nicht seine politischen oder religiösen Anschauungen über Israel und die Palästinenser ändern, sondern bloß seine Gedanken präzisieren. Ich bitte ihn, ein paar Zeilen an die Zeitung zu schicken, in denen er einräumt, daß er im Eifer des Gefechts ein Wort gebraucht habe, das manche Menschen in ihren Empfindungen verletzen könnte... Er weigert sich kategorisch und führt die freie Meinungsäußerung ins Feld. Ich lasse nicht locker: Im Umgang mit dem Wort Völkermord sei äußerste Vorsicht geboten, man dürfe es keinesfalls leichtfertig gebrauchen. Oder sollte er tatsächlich überzeugt sein, Israel habe die Auslöschung des gesamten palästinensischen Volkes zum Ziel? Die Verbohrtheit Michels überrascht und bekümmert mich. Unsere Beziehungen waren immer hervorragend. Wir teilen die Liebe zu mystischen Dingen. Ich bewundere sein Wissen und schätze seine Unbestechlichkeit. Warum ist er plötzlich so starrköpfig? Er weiß doch,daß ich mich von Le Seuil trennen muß, wenn es keine Lösung gibt. François Wahl lädt mich zu einer Verlagskonferenz ein. Die Herausgeber und Lektoren, die daran teilnehmen, kenne ich alle. »Seit über zwanzig Jahren bin ich bei diesem Verlag«, beginne ich, »und in dieser ganzen Zeit habe ich noch nie um etwas gebeten. Jetzt aber geht es um die Ehre meines Volkes; und deshalb bitte ich Sie, Ihre Meinung zu sagen und einzugreifen.« Außer einer jungen Frau, einer Jüdin, sind alle einverstanden. Sie versuchen, Michel umzustimmen, aber der bleibt starrköpfig. Nach sieben Monaten unerquicklicher Diskussionen beschließe ich zu gehen – aber ohne Aufsehen. Ich bin dem Verlag viel zu sehr verbunden, um ihm schaden zu wollen.

Zwei Alternativen bieten sich an: Antoine Gallimard und Bernard-Henry Lévy von Grasset kommen im Abstand von einer Woche nach New York, um mich zu besuchen. Für Gallimard spricht das Prestige des Verlags; außerdem sind Antoine und ich uns vom ersten Augenblick an sympathisch: Ich schätze seine Geradheit, seine Begeisterung, seine Fürsorge den Autoren gegenüber, seine Vision von der Rolle der Literatur in der Gesellschaft und seine Auffassung von Freundschaft. Nur die Größe seines Hauses erschreckt mich ein bißchen. Und Grasset ist für mich in diesem Moment Bernard-Henry Lévy. Bernard habe ich zum erstenmal an der kambodschanischen Grenze getroffen, wo wir beide am Marsch gegen den Hunger teilgenommen haben. Gleich bei seinem ersten Besuch zeige ich ihm die Fahnen von *Paroles d'étranger* (teilweise enthalten in: *Macht Gebete aus meinen Geschichten*). Sein Glückwunsch freut mich; die Sammlung wird seinen ersten Roman beeinflussen. Bernard macht mich auch mit Jean-Claude Fasquelle bekannt, dessen Charakterstärke und Diskretion ich schätzen lerne. Er spricht wenig, schweigt aber gut. Und seine Frau Nikki hat den besten Sinn für Humor in der ganzen kleinen Pariser Literaturszene. Marion, Georges und ich verbringen Stunden damit, gemeinsam die Vorzüge der beiden Verlagshäuser zu erörtern. Die Troika von Grasset (Fasquelle, Bernard und Yves Berger) arbeitet sachlich und effektiv. Ihr vertraue ich den *Fünften Sohn* an. Paul Flamands schmerzlich kurzer Brief enthält nur einen Satz: »Ich bin niedergeschmettert.« Das ist nicht meine Schuld. Zwischen mir und Le Seuil steht das Wort von Chodkiewicz. Aber es ist keine Scheidung: Le Seuil bleibt meine Familie, Grasset wird meine Adoptivfamilie. Le Seuil ist mein Stammhaus; Grasset mein Landhaus. Bernard kommt oft nach New York. Da er als Philosoph ebenso brilliert wie als Beobachter der gesellschaftlichen Szene, weiß er immer über die neuesten Intrigen in der Pariser Literaturwelt zu berichten. Ich kenne niemanden, der so gut über alles Bescheid weiß, was in diesen Kreisen ausgeheckt wird.

Bis zu dem Tag, an dem der Wissenschaftler Claude Cherki den Mystiker Michel Chodkiewicz ablöst, bleibe ich bei Grasset. Le Seuil, sagt man in Paris, ist ein eigenartiger Verlag: Von den drei Männern, die ihn bisher geführt haben, war der erste Katholik, der zweite Muslim, und der dritte ist Jude... Mit Claude entspannt sich die Atmosphäre. Bei meiner Rückkehr zu Le Seuil gibt es ein freudiges Wiedersehen.

Auch in Amerika wechsle ich wiederholt den Verlag. Aber hier ist das üblich. Nur wenige Schriftsteller veröffentlichen ihr ganzes Werk in ein und demselben Haus. Nach *Tag* empfiehlt mir Arthur Wang in aller Freundschaft, meinen nächsten Roman einem bedeutenderen Verleger anzuvertrauen: »Mein Haus ist zu klein, um Ihnen die Unterstützung zu bieten, die dieses Buch verdient.« Eine außergewöhnliche Haltung, der ich mit Hochachtung begegne. Und ein guter Rat, dem ich Folge leiste.

Es sind sinnvolle, oft notwendige Wechsel, aber sie bringen Unruhe in mein Leben, und ich habe es lieber beständig. Meist sind es persönliche Gründe, die mir meine Entscheidung erleichtern oder mich dazu zwingen: Ich folge ganz einfach meinen Freunden. Wenn sie den Verlag wechseln, gehe ich mit ihnen.

Bei Holt, Rinehart und Winston betreute Arthur Cohen meine Bücher. Er schwärmt für Theologie, und meine Begegnungen mit Schoschani beschäftigen ihn derart, daß er daraus viele Anregungen für seinen Roman über einen falschen neuen Messias schöpft. Bei unseren gemeinsamen Essen geht es eher um Metaphysik als um Literatur. Eines Tages kommt er mir niedergeschlagen vor; den Tränen nahe, gesteht er mir, daß er seine Frau verlassen habe. »Ich konnte nicht mehr«, sagt er. »Ich bin verliebt.« Ich finde ein solches Geständnis peinlich, viel zu vertraulich. Sentimentale Ergüsse waren mir schon immer ein Greuel. Arthurs Monolog will nicht enden, und ich bin kurz davor zu sagen: »Mach doch kein solches Drama daraus... So was kann schon mal passieren. Du verläßt deine Frau wegen einer anderen, vielleicht weil sie dich aus dem Alltagstrott herausgeholt hat...« Aber dazu komme ich nicht, denn er läßt einen Satz fallen, bei dem mir der Käse im Hals steckenbleibt: »Du kennst ihn übrigens...« Sein allmächtiger Boß, der diese sexuelle Orientierung mißbilligt, zitiert ihn in sein Büro und gibt ihm eine Stunde Zeit, seine Sachen zu packen.

In der Reihe meiner amerikanischen Verleger folgt ihm Jim Silbermann, der Leiter von Random House. Als er geht, folge ich ihm. Aber diese Geschichte kommt erst später dran.

Peter Mayer ist ein hervorragender junger Lektor, aber etwas sonderbar: schwierig, zugeknöpft und undurchschaubar. Eine Zeitlang gilt er als das Wunderkind das Verlags. Was er anfaßt, wird ein Erfolg. Er ist so ehrgeizig wie alle seiner Art, aber phantasievoller als die meisten. Er kümmert sich um die Taschenbuchausgaben meiner Bücher und ist so fasziniert von der Welt, die in ihnen beschrieben wird, daß er mich nach Sighet und nach Jerusalem begleitet. Ohne die geringste Vorbereitung wohnt er dem Freitagabend-Gottesdienst an der Klagemauer bei und bricht in Schluchzen aus. Seine Karriere sollte ihn von Avon Books zu Penguin führen. Nach seinem Aufstieg zum Papst des britischen Verlagswesens schrieb er mir einen Brief, in dem er mir seine Ablehnung des *Vergessenen* erklärte: Das Buch lasse sich nicht verkaufen. Geschäft ist eben Geschäft.

Jim Langford, der den halbkatholischen Verlag der Notre-Dame-Universität in Michigan leitet, läßt sich weniger von wirtschaftlichen Zwängen leiten. Ihm vertraue ich zwei Bücher über die Bibel und den Chassidismus an.

Arthur Kurzweil war mein Schüler am City College und wollte über meine Arbeit ein Buch schreiben. Davon riet ich ihm aber ab und schlug vor, er solle lieber etwas machen, was ihn wirklich persönlich betreffe. Daraufhin stürzte er sich auf die genealogische Forschung und hat später einen kleinen, aber feinen Verlag geleitet.

Als *Gezeiten des Schweigens* in Paris erschien, fragte mich ein Reporter des belgischen Rundfunks wortwörtlich: »Wie lange wollen Sie sich noch im Leiden suhlen?« Die Kritiker in Frankreich und den Vereinigten Staaten fanden mittlerweile, daß es langsam an der Zeit sei, mit dem Thema abzuschließen. Ihre Einwände waren allerdings weniger literarischer als persönlicher Natur. Hätten sie meinen Stil für schlecht befunden, die Personen für zu durchsichtig oder zu undurchsichtig gehalten, meine Wahl der Bilder oder der Worte kritisiert, dann hätte ich mich damit auseinandersetzen können. Aber sie verlagerten die Debatte auf eine andere Ebene und befaßten sich fast nur noch mit dem Stoff, der Thematik und dem Autor. Offen oder verdeckt warfen sie mir letztendlich vor, daß ich als jüdischer Zeuge eine andere Vergangenheit hatte als sie. Auch wenn mein Thema die Bibel, der Talmud, das Mittelalter oder der Chassidismus war – irgendwie gelang es den Nörglern, alles auf den Holocaust zurückzuführen, nur um dann sagen zu können: Jetzt ist es genug. Um ihre Zustimmung zu finden, hätte ich mich jedes Ausdrucks enthalten und ganz und gar verstummen müssen. Einige Zeitungen übergingen meine Romane stillschweigend oder räumten ihnen höflichkeitshalber ein gewisses Interesse ein. *Der Bettler von Jerusalem* wurde nur von drei, vier Rezensenten überhaupt zur Kenntnis genommen; erst als ich dafür den Prix Médicis erhielt, fand die Kritik ein paar anerkennende Worte für das Buch. Damals unterstellte man den Juden noch nicht, aus Auschwitz Profit schlagen zu wollen, aber sowohl in Frankreich als auch in den USA hörte ich in Interviews oft Fragen wie: »Wollen Sie nicht damit aufhören, über die Tragödie der Juden zu schreiben? Meinen Sie nicht, daß es auch in der Gegenwart dramatische Ereignisse gibt, mit denen man sich auseinandersetzen müßte?« (In den achtziger Jahren soll ein Mitglied der Jury, die den Prix Goncourt verleiht, über mich gesagt haben: »Er wird den Preis bekommen, sobald er uns einen Roman über ein anderes Thema liefert.«) Gelegentlich beantwortete ich solche Fragen mit einem Satz von Manès Sperber, der seinerseits einen Spruch aus dem Talmud abwandelte: »Und wenn ich nichts anderes und über nichts anderes schreiben würde - es wäre nicht genug; und wenn alle Überlebenden nichts anderes tun würden, als über ihre Erlebnisse zu schreiben - es wäre nicht genug.« Dann sagte ich dazu gar nichts mehr, zumal mir hier und da bösartiger Tratsch zu Ohren kam: Man warf mir und anderen Autoren, deren Werk vom Holocaust handelte, vor, wir wollten uns damit nur bereichern. Manès, den ich immer um Rat gefragt hatte, bemerkte in den sechziger Jahren einmal gereizt: »Was sie jetzt von den einen sagen, werden sie bald auch von anderen sagen. Diesen Verleumdungen muß man Einhalt gebieten, sonst werden sie uns alle treffen!« Wir wußten nur beide nicht, wie. War es später schon zu spät? Hätte ich widersprechen, klarstellen, deutlich machen müssen, daß von meinen sechsunddreißig Büchern nur zwei kurz auf den Bestsellerlisten standen? Und daß alle beide, *Der Bettler von Jerusalem* und die *Chassidische Feier*, mit Auschwitz wenig zu tun haben? Auf Gemeinheiten sollte man nicht antworten, sondern ihnen den Rücken kehren. Von allen Vorhaltungen ist das die infamste; sie ist einer Entgegnung nicht würdig. Wie demütigend ist es, immer wieder sagen zu müssen, daß die Tragödie wirklich stattgefunden hat und daß unsere Eltern und Großeltern tatsächlich ermordet wurden, nur um jenen, die den Holocaust leugnen, den Wind aus den Segeln zu nehmen; wie erniedrigend, sich andauernd rechtfertigen zu müssen, daß man nicht Zeugnis ablegt, um sich daran zu bereichern... Alle Autoren des Holocaust, ob Romanschriftsteller, Philosophen oder Historiker, mußten sich in ihrem Leben gegen diese Art von Gesinnungsjustiz zur Wehr setzen - eine niederschmetternde, entwürdigende Situation, in der man sich ohnmächtig und besudelt fühlt. Und doch ist es notwendig, diese Niedertracht immer wieder anzuprangern, denn sonst würde es ihr letzten Endes noch gelingen, all jene zum Schweigen zu bringen, die sich mittelbar oder unmittelbar auf den Holocaust beziehen. Bekommen etwa Historiker, deren Werke vor Theorien warnen, in denen der Holocaust verharmlost oder geleugnet wird, keine Tantiemen? Und was ist mit den Chronisten? Und den Buchhändlern? Und den Lehrern und Universitätsdozenten, die über dieses Thema lehren? Und den Dokumentarfilmern, die so Wesentliches zur Rettung des Andenkens beitragen?

In meinem *Plädoyer für die Überlebenden* heißt es: »Sie haben ihre Todesqual nicht erlebt, Sie sprechen ihre Sprache nicht, Sie beweinen ihre Toten nicht; warten Sie, bevor Sie die Überlebenden entstellen und verraten, ... bis der letzte Zeuge von uns geschieden ist ...«

Man müßte den feigen und engstirnigen Besserwissern, die uns so gern ihre eigene Gemeinheit in die Schuhe schieben, endlich sagen, sie sollten wenigstens soviel Anstand aufbringen, nicht in unseren geheimsten Gedanken herumzustöbern oder unsere Motive in Zweifel zu ziehen, mit einem Wort: zu schweigen und uns keine Lektionen zu erteilen.

Trotz allem - ich schäme mich fast, es zuzugeben - hat dieser Verdacht auf Geschäftemacherei mich (wie eine Reihe von Schriftstellerkollegen, die ebenfalls von weither gekommen sind) von Anfang an verletzt. Von Hemmungen und Gewissensbissen gequält, teile ich das Geld aus meinen beiden französischen Preisen mit Piotr Rawicz und Arnold Mandel, so als wollte ich mich von einer Schuld freikaufen. Und 1970 kündigte ich in einem Nachwort zu *Entre deux soleils* meine Absicht an, das Kapitel zu beenden: »Und nun, Erzähler, wende die Seite. Sprich uns von anderen Dingen. Deine verrückten Propheten, deine Greise, trunken von sehnsuchtsvollem Warten, deine Besessenen sollen endlich an ihren nächtlichen Ort zurückkehren. Sie haben ihren Tod mehr als ein Vierteljahrhundert überlebt, das sollte ihnen genügen. Wenn sie sich weigern zu gehen, laß sie zumindest schweigen. Um jeden Preis. Mit allen Mitteln. Sag ihnen, daß das Schweigen, mehr als das Wort, Wesen und Zeichen dessen bleibt, was ihre Welt war, und daß es so zwingend ist wie das Wort und genauso nach Mitteilung schreit.« Dieser Epilog trug mir einen herzzerreißenden offenen Brief des jüdischen Historikers Joseph Wulf ein, der einige Jahre später in Berlin Selbstmord beging: »Sie haben nicht das Recht, sich davonzustehlen, sondern die Pflicht, zu reden, zu berichten, zu erinnern ...« In Wahrheit habe ich damals schon nicht verstanden, was ich auch heute noch nicht verstehe: Warum sollte ein Schriftsteller den Zeugen in sich zum Verstummen bringen? Will man die Überlebenden mundtot machen, um sich nicht die Ohren verstopfen zu müssen? Ist denn nicht vollkommen offensichtlich, daß ein zum Schweigen verurteilter Zeuge die Lebenden genauso verrät wie die Toten?

In Frankreich tut sich ein jüdischer Kritiker durch die Heftigkeit seiner Angriffe gegen mich besonders hervor. Ursprünglich in der kalten Sphäre des Rechts beheimatet, verhängt er in einem Artikel, der im Jahr 1980 erscheint, ganz ungeniert noch weitere zehn Jahre Schweigen über mich. Er ist der lebende Beweis für Mauriacs Prophezeiung: Nachdem er meine ersten Bücher mit Lobeshymnen überschüttet hat, bezeugt er nun eine Abneigung mir gegenüber, die meinen Freunden Kummer bereitet. Ich weiß lange Zeit nichts darüber, weil ich in New York lebe, und er selbst darf das zweifelhafte Vergnügen für sich in Anspruch nehmen, mich davon in Kenntnis gesetzt zu haben.

1966 besucht er mich in meinem kleinen Hotel in Paris. Ich bin gerade aus Moskau gekommen, wo ich wegen meines Buches über *Die Juden in der UdSSR* beinahe verhaftet worden wäre. Ich habe ganz andere Dinge im Kopf als Literatur. Als er anruft, nehme ich an, daß er mit mir über die Tragödie der sowjetischen Juden reden will. Irrtum: Er muß mir unbedingt erklären, warum er seine Einstellung mir gegenüber geändert hat: »Ich bin enttäuscht von Ihnen«, sagt er. »Sie halten zu sehr an Gott und an Israel fest.« Das mag ja sein, aber aus den Kreisen, in denen er verkehrt, ist auch die Ansicht zu vernehmen, daß da noch etwas anderes im Spiel sei: Mein »Ruhm«, mein »Renommee« sollen ihm ein Dorn im Auge sein. Und das betrifft nicht mich allein. Auch André Neher, Emmanuel Levinas und Leon Ashkenazi (Manitou) wirft er in wütenden, verwirrenden Artikeln den Einfluß vor, den sie seiner Meinung nach haben und der sich in einer Art Götzenverehrung niederschlage. Gibt es darauf eine Antwort? Ja: Schweigen.

Solche Scherereien kommen von selbst, wenn man, wie es hier heißt, an »Boden gewinnt«: Das gehört einfach zum »Spiel«. Davon können auch andere Autoren ein Lied singen, ob Philosophen oder Romanschriftsteller. Kaum ist man mehr oder weniger bekannt, schon werden einem »Reichtum«, »Erfolg«, Stellung, Tantiemen, Titel und Verbindungen mißgönnt. Das ist völlig normal. Seit Jahrhunderten schon plagt die Literaten der Neid. Auch im Talmud wird Kin'at Sofrim, die Scheelsucht der Schriftsteller, erwähnt. Tolstoi zeiht Shakespeare der Schreibwut. Strindberg bezichtigt Tolstoi des Plagiats. Victor Hugo hält Goethe für ein Ungeheuer. Max Nordau schmäht Ibsen als untalentierten Stückeschreiber. Ich will mich nicht mit ihnen auf eine Stufe stellen, aber diese Mißgunst findet auf allen Ebenen statt.

Am Ende der täglichen Amida bitten wir den Herrn, uns von dem Neid auf andere und dem Neid der anderen zu verschonen. Seit ich begonnen habe zu schreiben, verstehe ich dieses Gebet viel besser: Was hat man nicht alles über mich gesagt: Den einen bin ich zu mystisch, den anderen bin ich es nicht genug. Ich bin zu jüdisch oder nicht jüdisch genug, zu fromm oder nicht fromm genug, zu deutlich oder zu unverständlich… Sage ich zu allem ja, ernte ich ein Lächeln, sage ich nichts, werde ich beschimpft. Man hält mich für mächtig und leitet daraus gewisse Ansprüche ab. Mein »Erfolg« verpflichtet mich, jedem Beistand zu gewähren, der ihn fordert. Wie viele Autoren nehmen es mir übel, daß ich keine Lobeshymnen auf ihre Werke zu Papier gebracht habe, daß ich mich – natürlich mit freundlichen Worten – geweigert habe, einen kleinen Werbesatz für ihr Buch zu verfassen, oder daß ich es nicht schaffte, ihr Manuskript bei einem großen oder einem kleineren Verlag unterzubringen! Ein zweitklassiger jiddischer Journalist – nennen wir ihn Schulamisch – hat mich einmal gebeten, ein humoristisches Werk aus seiner Feder zu besprechen. Einige Kollegen rieten davon ab: Der Mann verdiene meine Unterstützung nicht, ich solle eine Ausrede erfinden. Leider habe ich den Fehler gemacht, nicht auf sie zu hören. Der Kerl ist kleingewachsen und kleinkariert, eingebildet und hinterhältig und sieht einem nicht in die Augen. Die Überlebenden verachten diesen Journalisten, der sich erdreistet hat, ihnen Lehren zu erteilen, obwohl er die Kriegsjahre in Australien zugebracht hat, und er ist wirklich verachtenswert: Er hat ein schlechtes Buch über den Holocaust geschrieben und rächt sich jetzt an denjenigen, die mehr Begabung zeigen. Der gute Wille allein macht eben noch keinen Schriftsteller.

Es ist doch so: Wer etwas bezeugen will, schreibt nicht, um anzukommen oder sich einen Namen zu machen. Und schon gar nicht, um Geld zu scheffeln. Wer das nicht versteht, dem ist nicht zu helfen.

Ich weiß, ich sollte mich nicht so lange bei diesem eher unerfreulichen Thema aufhalten, schließlich habe ich mir vorgenommen, keine persönlichen Rechnungen zu begleichen. Aber ich muß noch von Alfred Kazin berichten, denn dieser besondere Fall geht über eine reine Privatangelegenheit hinaus. Ich erwähne ihn nicht ohne Unbehagen, denn er hat mich sehr enttäuscht. Irgend jemand sagte einmal: Wen die Götter zugrunde richten wollen, den machen sie zum Freund von Kazin. Er gehört zu den wenigen Menschen, bei denen ich es bedaure, jemals ihren Weg gekreuzt zu haben. Dieser mehr gefürchtete als geachtete Kritiker ist in Frankreich ein Niemand, aber in Amerika eine Autorität. Zu einer Zeit, da ich als Schriftsteller noch ein unbeschriebenes Blatt war, veröffentlichte er in *The Reporter*, einem Wochenblatt für Intellektuelle, eine Eloge auf *Nacht* und trug so dazu bei, daß ich bekannt wurde. Als dann aber einige meiner Bücher endlich Leser fanden, tat er alles, um mir diese wieder abspenstig zu machen. Ich weiß nicht, ob er etwas gegen mich persönlich hatte; er soll aber auch mit anderen Schriftstellern ähnlich umgesprungen sein. Sein Großmut hält selten lange an. Unlängst hat er einen kleinen Skandal angezettelt, der durch die Presse ging, als er seinen alten Freund Saul Bellow des ... Rassismus bezichtigte. Was mich betrifft, so glaube ich, daß er einfach die Überlebenden nicht leiden kann; er lehnt sich gegen die moralische »Macht« auf, die ihnen ihre Vergangenheit verleiht.

Über einen großen Schriftsteller, der ein bemerkenswertes Œuvre hinterlassen hat, schrieb Kazin folgendes: »Jerzy Kosinski hat Selbstmord begangen - auf sensationelle Weise natürlich: Er saß in der Badewanne mit einer Plastiktüte über dem Kopf.« Der Autor des *Bemalten Vogels* bringt sich vor Verzweiflung um - und für Kazin ist das nur eine andere Art, auf sich aufmerksam zu machen. »Es war mir unmöglich, auch nur ein einziges Wort von dem zu glauben, was er sagte«, berichtet Kazin im *New Yorker*. »Er setzte sich immer öffentlich in Szene. Zweifellos hatte das damit zu tun, daß er den Holocaust überlebt hatte...« Damit entlarvte er sich einmal mehr: Kazin beargwöhnte, verleumdete und verdammte Kosinski, weil der ein Überlebender war.

Anfangs trafen wir uns regelmäßig oder telefonierten miteinander. Er gehörte der Jury eines von Überlebenden aus Bergen-Belsen gestifteten Literaturpreises an; auf den Sprecher dieses Kreises, Jossel Rosensaft, werde ich später noch eingehen. Kazin fuhr mit uns nach Belsen und nach Jerusalem und wurde von Jossel mit Freundlichkeiten überhäuft: Er erhielt ein höchst komfortables Hotelzimmer, Taschengeld und Geschenke für sich und seine Frau. Später lud ihn Jossel sogar zu sich nach Hause ein. Und alles, was dieser New Yorker Intellektuelle in seinem schwülstigen, selbstgefälligen Artikel über diesen Besuch zu sagen hatte, war, daß Jossels Frau nicht nur ein luxuriöses Apartment ihr eigen nenne, sondern auch eine riesige, auf den Arm tätowierte Nummer - als hätte sie sich die bei Cartier stechen lassen. Schließlich kreidete er mir noch mein trauriges Gesicht und meinen mageren Körper an (als wäre das Absicht; dann wäre aber auch seine verkniffene Miene Absicht). Am allerschlimmsten aber ist ein Text, wo er versucht, sich zu »erinnern«, was er Primo Levi und mir verdankt. Es würde ihn nicht wundern, schreibt er da, wenn ich die Szene in *Nacht*, in der drei Menschen erhängt werden, frei erfunden hätte. (Ob er dreist genug wäre, sich Jaakov Hendeli aus Saloniki gegenüber, der dabei war, verwundert zu zeigen? Oder meinem Kameraden Freddy Diamond aus Los Angeles gegenüber? Sein Bruder Leo-Jehuda war der jüngste der drei zum Tode Verurteilten; die beiden anderen waren Nathan Weisman und Janek Grossfeld.) Von allen Gemeinheiten, die dieser Intellektuelle, der mit dem Alter immer schlimmer wurde, in seinem Leben schreiben konnte, ist diese mir am unerträglichsten.

Der Zeuge hat nur seine Erinnerung. Was bleibt ihm denn, wenn sie ihm abgestritten wird? In letzter Konsequenz unterstützt Kazin auf seine Weise jene, die den Holocaust leugnen: Wenn er sich weigert, mir zu glauben, warum sollten sie dann anderen Überlebenden glauben? Kazins Angriff zielt auf uns alle. Er rechtfertigt solche Zweifel und ermächtigt damit jeden x-Beliebigen, die Überlebenden zu verhöhnen, indem er sich besten Gewissens zum Richter über sie aufschwingen kann.

Es ist einfacher und bequemer, sich einzureden, daß das Geschehene gar nicht stattgefunden hat; daß es nur eine literarische Erfindung ist. Eine Hollywood-Produktion. Ein Alptraum. Wie soll man diesen Schreiberlingen begreiflich machen, daß es sich dabei um eine Erfahrung handelt, die man sich nicht vorstellen kann, die man nicht vorführen darf?

Verfolgen wir diesen Gedanken ruhig bis ans Ende: Warum sollte man sich derlei ausdenken? Um ein besseres Verständnis zu erzielen für die unerbittliche, unsagbare Wahrheit von Auschwitz? Um zu beweisen, daß sich aus Birkenau »Literatur machen« läßt? Um der Karriere willen? Auf diesem Niveau, ich sage es noch einmal, halte ich jede Diskussion für demütigend, jede Erklärung für erniedrigend. Vielleicht muß ich Geduld haben, und diese Dinge gehen vorüber. Außerdem – worüber beklage ich mich eigentlich? Habe ich wirklich geglaubt, daß alle Welt meine Bücher lesen und schätzen würde? Oder daß ich die Natur und das Denken der Menschen verändern könnte? Der Holocaust hat sie nicht verwandelt, sondern kristallisierend gewirkt: Die Guten wurden besser, die Bösen schlimmer. So ist es auch mit den Büchern über den Holocaust: Sie sprechen das Beste in den Guten an oder das Schlimmste in den Bösen. Man darf nur nicht aufgeben, das ist das Entscheidende. Aber für den Moment schmerzt die Gemeinheit, auch in kleinen Dosen.

Ich möchte etwas klarstellen: Es liegt mir fern, die Kritiker zu tadeln. Sie tun ihre Pflicht. Manche nach bestem Wissen und Gewissen, manche nicht. Damit muß man eben leben. Und es übergehen. Ein Schriftsteller, der nur mit Lob rechnet, ist entweder unbedarft oder dumm. Aber er hat das Recht, sich Beleidigungen und persönliche Angriffe zu verbitten. Ich vertraue dem Leser, denn ich weiß, daß er mich verstehen wird. Dafür soll er wissen, daß er von mir die ungeschminkte Wahrheit zu hören bekommt. Ich schreibe, weil ich nicht anders kann – und weil ich nichts anderes kann. Sing oder stirb, sagte Heine. Wenn du aufgibst, gehst du unter. Man schreibt oder man verschwindet. Kazin und ich vertreten unterschiedliche Richtungen. Unsere Vorstellungen vom Schreiben sind nicht dieselben. Unsere Beweggründe auch nicht. Für ihn und seinesgleichen ist Literatur an sich ein Ereignis; für mich nicht. Ich glaube nicht mehr an die Kunst um der Kunst willen. Vermutlich halten sie es für die einzige Berufung, den einzigen Auftrag eines Schriftstellers, ein erfolgreiches Buch zu veröffentlichen. Ich nicht. Meiner Ansicht nach muß Literatur einen ethischen Anspruch erheben und erfüllen. Ich möchte über die Literatur hinausgehen. Ich will helfen, die Aufmerksamkeit des Lesers zu schärfen. Ich habe nicht dafür gelebt, überlebt, um »Romane« zu produzieren. Was ich schreibe, soll Zeugnis ablegen; nicht gefällig oder beruhigend wirken, sondern verstörend. Das haben auch andere schon gesagt; ich will es nur noch einmal bekräftigen. Weil ich es wage, aus meinem Glauben heraus Gott zu prüfen, der die Quelle allen Glaubens ist, verstöre ich den Gläubigen. Ich verwirre den Ungläubigen, weil ich trotz all meiner Zweifel und Fragen den Bruch mit der religiösen und mystischen Welt ablehne, die mich geprägt hat. Am meisten verunsichere ich diejenigen, die es sich in einem politischen, psychologischen oder theologischen System bequem gemacht haben. Denn wenn ich etwas gelernt habe im Leben, dann ist es das Mißtrauen gegenüber der Bequemlichkeit des Geistes.

Ich bin mir auch im klaren darüber, daß der Überlebende manchem Schriftsteller, Drehbuchschreiber und Filmemacher lästig ist, weil er ihn (mich?) nicht so sehr als Individuum begreift denn als Symbol, eine Art Hüter der Wahrheit. Im Talmud wird berichtet, daß zur Zeit des Tempels die Pergamente des Heiligen Buches dort im Original auslagen, damit die Schriftgelehrten nachsehen und mögliche Fehler korrigieren konnten. Mit dem Überlebenden ist es ähnlich. Solange er noch da ist, solange die letzten Davongekommenen noch am Leben sind, wissen alle anderen, auch wenn sie es nicht zugeben, daß sie sich eine Schändung des Allerheiligsten nicht erlauben dürfen. So habe ich oft heftige Kritik geübt an Fernsehsendungen, Filmen oder Theaterstücken, die die jüdische Erinnerung trivialisieren: William Styron etwa hat es mir nie verziehen, daß ich die Verfilmung seines Romans *Sophies Entscheidung* bedauerlich und schamlos genannt habe. Die Filmemacher und Drehbuchschreiber Hollywoods werfen mir vor, daß ich den Holocaust als mein Privatrevier betrachte. Hätte ich bloß geschwiegen oder ein paar freundliche Worte über ihre durchaus mit bester Absicht produzierten Phantasiegebilde fallengelassen! Und hätte ich auch noch einen Artikel voll falscher Lobhudeleien verfaßt: Eine ganze Reihe mächtiger Fürsprecher wäre mir sicher gewesen. Aber ich habe nicht überlebt, um mich beliebt zu machen. Oder mich zu bereichern. Oder als Autor und Vortragsredner »Erfolg« zu haben. Sondern um dem Tod ein paar Fetzen, Tränen, Blicke der Opfer zu entreißen, die nur die Erinnerung davor beschützen kann, zu namenlosen Schatten zu werden.

Aber auch Politik und Ideologie spielen bei den Kritikern eine Rolle: Manche Linke nehmen mir meine Liebe zu Israel und zum Volk Israel übel. Das ist ihr gutes Recht und ihre freie Wahl. Ich werde auf dieses Thema noch zurückkommen.

Aber erst einmal, kann man sagen, lacht mir das Glück. Ich arbeite, und was ich mache, mache ich gern. Gelegentlich empfinde ich Zorn oder Dankbarkeit, niemals Bitterkeit. Ich habe Freunde gewonnen, auf die ich stolz bin: Hochschullehrer, Schriftsteller, Studenten oder Künstler – sie sind mein wahrer Lohn. Ich habe sie gern um mich. Sie helfen mir über die Momente des Zweifels hinweg. Wenn ich schreibe, schreibe ich auch für sie. Ihre Kommentare haben mir immer wieder Halt gegeben und neue Wege eröffnet. Sie lehrten mich, die Dinge und mich selbst besser zu verstehen. Und mit jedem von ihnen habe ich Augenblicke großer Freude und wahrer Brüderlichkeit genossen.

Am meisten aber bewegen mich die Briefe junger Menschen. Hunderte Schüler schreiben mir jedes Jahr. Kinder Überlebender wollen mir von ihren Eltern oder ihren Großeltern erzählen. Ein Satz hier, eine Anspielung da. Ein Zeichen. Ein einfacher Leserbrief. Eine anonyme Botschaft. Ein Murmeln auf der Straße. Ein unbekanntes Gebet. Eine alte Frau spricht mich an: »Danke, daß Sie überlebt haben.« Eine jüngere, in der Schlange der Wartenden am Flughafen La Guardia, nach einer Fernsehdiskussion mit Wissenschaftlern und Experten über die Gefahren der Kernspaltung: »Sie waren ein menschliches Vorbild.« Ein Überlebender bedankt sich bei mir »für unsere Kinder«, ein anderer »für unsere Eltern«. Warum sollte ich es leugnen: Solche Mitteilungen junger oder weniger junger Juden oder Christen weiß ich zu schätzen. Wenn mich die Mutlosigkeit überfällt, helfen sie mir dabei, mich wieder aufzuraffen. Und sie sind ein Gegengewicht zu den Schmähungen und Todesdrohungen, die sich zunehmend auf meinem Schreibtisch häufen. Ich fasse wieder Mut, schließe die Augen vor den Widrigkeiten und mache weiter.

Der Tisch ist gedeckt wie für ein Festmahl. Rosch ha-Schana vielleicht? Wahrscheinlich, denn mein Großvater ist da und sitzt am Kopfende. Ich bitte ihn zu singen; anscheinend will er mich nicht hören. Ich bitte meinen Vater zu sprechen, aber der ist so in seine Gedanken versunken, daß er nicht zuhört. Dann wendet sich meine kleine Schwester an mich und sagt: »Los, sing du!« – »Ja«, sage ich, »ich werde für dich singen.« Aber mit Entsetzen stelle ich fest, daß ich alle Lieder vergessen habe, die ich einmal gelernt habe. »Wenn du schon nicht singen willst«, beharrt meine kleine Schwester, »dann erzähl mir wenigstens eine Geschichte.« – »Ja, gut«, sage ich, »ich werde dir eine Geschichte erzählen.« Aber ich habe auch die Geschichten vergessen. Ich möchte schreien: »Großvater, Großvater, so hilf mir doch, meine Erinnerung wiederzufinden!« Habe ich geschrien? Großvater sieht mich verblüfft an. »Aber du bist doch kein Kind mehr! Sieh dich mal an: Du bist fast so alt wie ich.« Mir verschlägt es den Atem: Ich soll alt sein? Ich suche nach einem Spiegel, aber es gibt keinen. Natürlich: In einem Haus, wo getrauert wird, verhängt man die Spiegel mit einem schwarzen Tuch, oder man hängt sie ab. Aber wer ist eigentlich gestorben? Ich richte einen fragenden Blick auf meine Angehörigen. Und sie scheinen ihn mitleidig zu erwidern.

Mitte der sechziger Jahre macht mich ein israelischer Konsul mit einem französisch-amerikanischen Diamantenhändlerpaar bekannt, von dem ich wiederum einer Freundin vorgestellt werde, einer aus Österreich stammenden jungen Mutter, die in Scheidung lebt.

»Meine Freunde haben mir von Ihnen erzählt«, erklärt sie mir. »Sie wollten schon seit längerem, daß wir uns einmal kennenlernen. Ich habe mich aber geweigert.«

Sind es ihre ebenmäßigen Züge, die mich so besonders anziehen, ihre lebendige Art zu sprechen oder ihr weitreichendes Wissen über Kunst, Theater und Musik?

Gleich in der nächsten Woche lade ich sie in ein Restaurant gegenüber den Vereinten Nationen zum Essen ein, um Eindruck bei ihr zu machen. Von dem Omelette, das ich bestellt habe, esse ich keinen Bissen, denn ich höre ihr die ganze Zeit wie gebannt zu.

Sie hat sehr viele Geschichten zu erzählen, genau wie ich, nur wußte ich das vorher nicht: von ihrer Kindheit in Wien, den Ferien bei ihrem Großvater in Lemberg, der Flucht nach Belgien, dann nach Frankreich und von dort in die Schweiz...

Zunächst also höre ich ihr zu und hoffe nur, daß sie meine Angst nicht merkt, mich zu verlieben; während sie spricht, betrachte ich sie verstohlen.

Wir sehen uns wieder. Tauschen Geheimnisse aus. Schließen Freundschaft. Von Liebe ist noch nicht die Rede. Ich empfehle ihr, Robert Musil, Elio Vittorini, Cesare Pavese zu lesen. Thomas Mann kennt sie besser als ich. Und auch über das Theater weiß sie besser Bescheid: Sie hat Theaterwissenschaften studiert. Manchmal gehen wir zusammen ins Konzert. Wir hören David Oistrach in der Carnegie Hall. Und verbringen einen besonders schönen Abend im Saal des Metropolitan Museum mit Rudolf Barshai und seinem Moskauer Kammerorchester.

Sie beherrscht vier oder fünf Sprachen und bereitet gerade die Gründung eines Berufsverbands für Übersetzer vor. Sie wird meine Frau werden, aber das wissen wir zu dieser Zeit noch nicht.

Sie heißt Marion.

Ihre Tochter Jennifer ist das hübscheste und klügste kleine Mädchen in ganz New York, was sage ich, auf der ganzen Welt.

Noch führe ich in meinem Turm am Riverside Drive das disziplinierte, oft puritanische Leben eines Junggesellen, das ganz dem Journalismus und diversen anderen Arbeiten gewidmet ist.

Ich stehe um sechs Uhr morgens auf und arbeite bis zehn an dem Roman, den ich gerade schreibe. Dann beginnen die Termine, ich gehe zu den Vereinten Nationen, besuche Pressekonferenzen, verfasse meine Korrespondentenberichte. Wieder zu Hause, mache ich mich sofort an die Arbeit. Beim Schreiben höre ich Kammermusik, Choräle oder chassidische Gesänge. Schallplatten sind mein einziger Luxus.

Es gehört zu den Vorteilen des Journalistendaseins, stets eine höfliche Ausrede für gesellschaftliche Veranstaltungen parat zu haben und jedes Abendessen unter dem Vorwand, man müßte noch ein dringendes Telegramm aufgeben, vorzeitig verlassen zu können... Sofern ich es mir leisten kann, esse ich lieber ein Sandwich im koscheren Deli am Broadway, Ecke 100. Straße.

Wenn es nicht zu kalt ist, gehe ich manchmal, allein oder mit einem Kollegen (am Sabbat immer mit Heschel), am Riverside Drive spazieren. In jener Zeit ist es noch nicht gefährlich, allein durch die Straßen Manhattans zu schlendern.

Im folgenden ein Auszug aus *Jude heute*:

»Du bedauerst es?«

»Überhaupt nicht.«

»Und wenn du es noch einmal tun müßtest?«

»Würde ich es wieder tun.«

»Doch du weißt bereits: die Menschen ändern sich nicht; sie hassen es, sich zu erinnern.«

»Das ist ihre Sache. Ich werde jedenfalls nicht vergessen.«

»Sie werden sich rächen.«

»Was sie mir tun können, haben mir bereits andere angetan. Ich habe keine Angst.«

»Aber ich habe Angst um dich. Du bist in meinem Alter, und du wirst alt werden; aber ich werde älter bleiben als du. Ich kenne die Menschen. Ich weiß, wessen sie fähig sind. Sie mögen es nicht, wenn man sie stört; sie mögen keine Zeugen.«

»Auch das ist ihre Sache. Ich werde weitermachen. Ich habe keine Wahl. Du hast mir keine Wahl gelassen.«
»Ich weiß, Sohn. Ich weiß. Deshalb habe ich Angst.«

»Ich hatte dich vorher angelächelt... erinnerst du dich?«
»Eine oder zwei Stunden vorher. Ich hatte dir ein bißchen warme Suppe gebracht, und du hast mich angelächelt.«
»Nicht wegen der Suppe. Ich habe dich gefragt, ob du dich erinnern würdest, und du hast geantwortet: ja, ich werde mich erinnern. Ich habe dich gefragt: an alles? Und du hast geantwortet: ja, an alles. Da habe ich dich gefragt; wirst du fähig sein zu erzählen? Und du hast geantwortet: ja, ich werde dazu fähig sein. Ich habe gefragt: alles? Und du hast geantwortet: ja, alles. Dann hast du dich verbessert: ich werde es versuchen, ich werde mein Bestes tun. In diesem Augenblick habe ich dich angelächelt.«
»Weil du mir nicht geglaubt hast?«
»Im Gegenteil. Ich habe dir geglaubt. Ich habe dich angelächelt, weil ich dir geglaubt habe.«
»Und jetzt?«
»Was jetzt?«
»Glaubst du mir immer noch?«
»In gewissem Sinn, ja.«
»Nur in gewissem Sinn? Habe ich denn mein Versprechen nicht gehalten?«
»In gewissem Sinn, ja. Nur in gewissem Sinn. Du hast geglaubt, daß du erzählst, du hast es versucht. Du hast die Lippen bewegt. Der Wind der Nacht hat deine Worte, ihre Geschichte und ihre Helden verweht. Er hat alles verweht, der Wind der Nacht.«
»Und doch... ich habe geschrien!«
»Du hast geglaubt, daß du schreist.«
»Ich habe gebrüllt.«
»Du hast geglaubt, daß du brüllst.«
»Es war also umsonst?«
»Nicht ganz umsonst. Ich habe dich gehört. Wir haben dich gehört.«
»Ist das genug?«
»Nein. Nichts wird je genug sein.«
»Soll ich darin einen Trost sehen?«
»Wer spricht von Trost? Im Gegenteil, ich bin deinetwegen trau-

rig. Vielleicht war es falsch von uns, das Überleben für den größten Segen zu halten. Wenn es uns nicht gelungen ist, die Menschen zu ändern, wem wird es dann je gelingen? Sag mir, Sohn: wer wird den Menschen ändern? Wer wird ihn vor sich selbst retten? Sag mir, Sohn: wer wird für den Menschen sprechen? Wer wird für mich sprechen?«

»Wir versuchen es. Du mußt mir glauben. Wir versuchen es. Wir sind müde. Die Überlebenden sind müde, Vater. Sind es müde, zu kämpfen, zu sprechen.«

»Arme Generation. Arme Menschheit. Arme Kinder. Wir haben euch zurückgelassen, und wir sind euretwegen traurig.«

Seit der Essaysammlung *Entre deux soleils* versuche ich eine neue Erzählsprache zu finden. Eine eher ungebräuchliche Sprache, die nur aus Dialogen besteht. Und aus kahlen Worten ohne Eigenart und Körper.

Und wenn der Leser das nicht versteht? Macht nichts. Die Überlebenden, die Davongekommenen werden es verstehen. Und ihre Kinder werden versuchen, es zu verstehen. In Wahrheit galt meine eigentliche Sorge immer den Davongekommenen. Meine ersten Werke waren für sie bestimmt. Wollte ich für sie sprechen, in ihrem Namen? Ich wollte sie zum Sprechen bringen.

Sie haben viel zu lange zurückgezogen und abgeschieden gelebt. Sie wendeten den Blick ab, denn sie fürchteten, andere könnten sich an ihm verletzen oder verbrennen. Sobald die Zeit von 1939 bis 1945 erwähnt wurde, bissen sie die Zähne zusammen und wechselten das Thema. Sie ließen sich durch nichts dazu bewegen, ihr Inneres preiszugeben und die kaum vernarbten Wunden wieder aufzureißen. Sie waren mißtrauisch und glaubten, niemand würde sich für das interessieren, was sie zu sagen hatten, und keinesfalls würde es jemand verstehen. Mit dem, was ich geschrieben habe, versuchte ich sie zu überzeugen, daß es möglich und nötig ist, Zeugnis abzulegen. »Macht es wie ich«, schlug ich vor. »Berichtet, erzählt, auch wenn ihr dafür eine eigene Sprache erfinden müßt; legt die Last eurer Erinnerungen, eurer Zweifel nieder, auch wenn es niemanden gibt, der sie aufnehmen will.« Immer und immer wieder sagte ich zu ihnen, es sei unsere Pflicht, zu berichten, wie es die Pflicht des Lesers sei, zuzuhören. »Und wenn der Leser seiner Pflicht nicht nachkommt, sind wir deshalb von unserer Pflicht befreit?« Ich wiederhole meine Überzeugung, daß es die Sache der Überlebenden sei, alles, selbst das Schweigen, zu bewahren und weiterzugeben: »Gepriesen sei die Erinnerung an das Schweigen, aber das Schweigen der Erinnerung sei verpönt.«

Ich brauchte einen langen Atem, aber schließlich hatte ich Erfolg. Allmählich trudelten Manuskripte bei mir ein: Memoiren, Berichte, Tagebücher. Ich schrieb hier ein Vorwort, dort einen Kommentar dazu, machte mich bei meinen Bekannten für sie stark und nutzte meine Beziehungen. Und doch frage ich mich immer wieder, ob ich genug getan habe.

Die Überlebenden, eine im Verschwinden begriffene Menschenart, sie sind meine Umgebung, eine Familie, der keine andere gleicht. In ihrer Gesellschaft fühle ich mich wohl. Sie wissen, was ich weiß; sie fürchten, was auch mir angst macht; wir verstehen einander, ohne viel zu reden. Dieselbe Vergangenheit verfolgt uns, dieselben Probleme beschäftigen uns, dieselbe Aufgabe treibt uns an. Unsere Freunde und Feinde sind dieselben. Und doch sind wir alle verschieden: Es gibt Weise und Nörgler unter den Überlebenden, Optimisten und Pessimisten, Warmherzige und Hitzköpfe. Manche stellten ihr Überleben in den Dienst des Erfolgs. Das ist nur natürlich: Sie, die alles verloren hatten, wollten wieder eine Familie, eine Existenz gründen, und sie wollten es gern gut haben. Manche wurden dabei reich, einige sogar sehr reich, und andere haben viele Jahre gebraucht, um sich ihrer Aufgabe bewußt zu werden und am Kampf gegen das Vergessen mitzuwirken. Das holen sie jetzt nach.

Meine Artikel in der jiddischen Presse und mein erstes Buch haben mir die Freundschaft eines gewissen Jossel Rosensaft und seiner Freunde eingetragen.

Als erstes stach mir der Widerspruch zwischen Jossels schlichter Sprache und seinem fürstlichen Lebensstil ins Auge: Von lauter Meisterwerken umgeben, residierte er in einem prunkvollen Apartment. Er stammte aus Polen, war in Auschwitz und Belsen gewesen. Darüber schwadronierte er ununterbrochen und völlig ungehemmt. Ich muß gestehen, daß mich das anfangs abgestoßen hat. Damit wollte ich nichts zu tun haben, das war weder mein Stil noch meine Art. Ich hatte den Eindruck, daß er unsere gemeinsame Erfahrung entweihte, statt sie aus dem Alltag herauszuheben. Und dennoch ging von seiner Persönlichkeit ein Zauber aus, dem man sich nur schwer entziehen konnte. Er war ein Selfmademan, der

Schriftsteller und Intellektuelle schätzte und versuchte, sie an sich zu binden. In der Malerei bewies er einen sicheren Geschmack; davon zeugten seine Picassos, Chagalls, Renoirs und Manets. Klein und vor Lebenslust sprühend, konnte er lachen und weinen, andere zum Lachen bringen oder zu Tränen rühren, Feste feiern, singen, seinen Freunden boshafte Streiche spielen oder sie zum Singen bringen. Er wurde von ihnen geradezu abgöttisch geliebt.

Nachdem sich jemand abfällig über Belsen geäußert hatte, wollte ich ihn für *Jediot Achronot* interviewen. Er erzählte von der wundersamen Wandlung des Lagers Belsen unmittelbar nach Kriegsende. Unter seiner Führung wurde aus dem Lager, in dem die Displaced persons von überallher zusammenkamen, so etwas wie eine provisorische, aber autonome, nahezu unabhängige jüdische Siedlung – mit eigenen Ordnungskräften, Gerichten, Krankenhäusern, Schulen, Synagogen, Theatern, Zeitungen, Vereinen, politischen Parteien... Anscheinend hat ihm mein Artikel gefallen, denn er lud mich wieder zu sich ein. Zur vereinbarten Zeit nahm ich den Aufzug und fuhr hoch, um Cézanne und Chagall zu begrüßen – er selbst war nicht zu Hause. Ich wartete fünf Minuten, zehn Minuten. Manet riet mir, geduldig zu sein, Picasso war eher empört: Was zuviel ist, ist zuviel, hier ging es schließlich um meine Berufsehre. Ich riß eine Seite aus meinem Notizheft und kritzelte ein paar böse Worte darauf: »Ihr Geld verleiht Ihnen gewisse Rechte, aber nicht das Recht, mir meine Zeit zu stehlen.« Und als ich ging, knallte ich im Geiste die Tür zu seinem Palast hinter mir zu.

Natürlich rief er gleich an, um sich zu entschuldigen: Das Ganze sei ein Mißverständnis, ein bedauerlicher Irrtum, wahrscheinlich habe er sich in der Zeit verhört, er würde mich auch mit seiner Limousine abholen lassen, wenn ich doch bloß wiederkommen wollte. Ich ließ ihn wissen, daß ich leider sehr beschäftigt sei – und dabei blieb es für die nächsten paar Jahre.

Sam Bloch, Jossels bester Freund, bemühte sich, die Wogen zu glätten. Sam Bloch kam aus Litauen und hatte als Partisan gekämpft. Er war der Umtriebigste und der Angenehmste der Gruppe und trug immer ein Lächeln auf den Lippen. Als geborener Vermittler konnte er, wie der Hohepriester Aaron, Zerwürfnisse überhaupt nicht ertragen. Er spielte seine Rolle gut: Ich bin selten jemandem begegnet, der soviel Zeit und Energie dafür aufwandte, Eintracht zwischen seinen Mitmenschen herzustellen. Aber an mir biß er sich die Zähne aus. Mit dem Argument: »Meine Zeit gehört mir« weigerte ich mich schlicht, seinen Freund wiederzusehen. Erst 1965 sollte er sein Ziel erreichen. Diesmal hatte Jossel selbst um ein Treffen gebeten. Er lud mich ein, die »Belsener«, wie er seine Gruppe nannte, auf einer Gedenkreise in das ehemalige Lager zu begleiten. Irgend etwas an seinen Worten oder an seinem Tonfall ließ mich weich werden. Also beschloß ich, es gut sein zu lassen, und nahm seinen Vorschlag an. Danach habe ich ihn oft wiedergesehen, in Jerusalem, San Remo oder Manhattan, immer umgeben von seinen Belsenern, mit denen er ständig tragische oder komische Geschichten wieder auffrischte: »Erinnerst du dich noch an den Kerl, der mit seiner Kuh aufgekreuzt ist? Und an den britischen Offizier, der uns immer auf den Wecker fiel, weil wir die illegale Einwanderung nach Palästina unterstützt haben? Und an den Wirbel, den unsere Abordnung auf dem zionistischen Kongreß in Basel hervorgerufen hat?« Jossel hielt furchtbar gern Reden auf jiddisch - sein Englisch war alles andere als fehlerlos -, die alle mit den Worten begannen: »Wenn wir zurückblicken...«

Unter der Schirmherrschaft seines Vereins verwirklichte er tausenderlei Projekte. Er veranstaltete jährlich ein großes Dinner, berief Versammlungen ein, verfaßte mehr oder weniger politische Erklärungen und veröffentlichte Luxusausgaben jiddischer Werke über den Holocaust (bei deren Vertrieb er sich eher ungeschickt anstellte). Jedenfalls hat ihn nie jemand untätig oder resigniert erlebt.

Ich lernte bei ihm einige jüdische und nichtjüdische Berühmtheiten kennen: israelische Politiker und jiddische Schriftsteller, Nahum Goldmann, Meyer Weisgal, Levi Eschkol - und die Schauspielerin Angie Dickinson. Einige wollten Geld von ihm - einmal habe ich gesehen, wie er einem Abgesandten des Rabbis von Ger tausend Dollar in bar aushändigte -, andere (darunter große Kenner und Kunsthistoriker) kamen nur, um seine Bilder zu bewundern.

Wie jeder Mensch hatte er Feinde, die zahlreiche Gründe für ihre Abneigung ins Feld führten (die meisten verachteten ihn wegen seines Reichtums, mit dem er sich brüstete), und Freunde, die ebenso viele Gründe fanden, ihn zu verteidigen (sie bewunderten ihn für die Hingabe, mit der er die Erinnerung an den Holocaust pflegte).

Seine Aufopferung für die Belsener, deren Bankier, Anwalt und Therapeut er war, wurde nur noch von der für seine Frau und ihren gemeinsamen Sohn Menachem übertroffen. Was tat er nicht alles für ihn! Und was ließ er nicht alles für ihn tun. »Helfen Sie ihm«, sagte er oft, vielleicht zu oft. »Er ist ein jüdisches Kind aus Belsen«. Ein unwiderstehliches Argument? In meinen Augen ja: Aus ebenso einsichtigen wie unerklärlichen Gründen sind alle Kinder von Überlebenden für mich etwas Kostbares.

Niemand ahnte etwas, aber eines Tages war dieser großzügige Geschäftsmann ruiniert. Er starb in London, in der Empfangshalle des Claridge Hotels, an einem Herzschlag. Nach seinem Tod machten bösartige Gerüchte über einen Selbstmord die Runde. Ich glaube das nicht. Das war nicht seine Art.

Die Trauerfeier fand in der Synagoge unseres gemeinsamen Freundes, des Rabbiners Joseph Lookstein, statt. Es war am Abend vor Jom Kippur. In meiner Gedenkrede verabschiedete ich mich von ihm auf jiddisch: »Wenn Ihre Seele zum Himmel steigt, werden sechs Millionen unserer Brüder und Schwestern Sie dort empfangen...«

Ich blieb mit den Belsenern in Kontakt. Da war Manès Schwarz, in Auschwitz geboren und von entwaffnender Sanftmut. Berl Laufer, ein überschwenglicher Rotschopf. Max Zilbernik, ein stiller Riese. Der kleine, schüchterne Izik Putterman, der sich aus Angst, bemerkt zu werden, nicht traute, seine Stimme zu erheben; Jossel Rosensafts Sturz zog den seinen nach sich. Mendel Butnik hatte nach Belsen in Paris Zuflucht gefunden und war dort Schauspieler am jiddischen Theater geworden. Seine Frau, die schöne Dora, fiel nach einer Embolie ins Koma, und wir gingen davon aus, daß sie nicht mehr lang zu leben hätte. Wie würde Mendel den Tod seiner Gefährtin verkraften? Dann erhielt ich in Paris von meiner Sekretärin eine kurze Mitteilung aus New York, wann und wo das Begräbnis stattfinden sollte. Noch am selben Abend gelang es mir, Sam Bloch zu erreichen. Als ich sagte: »Das ist sicher schwer für Mendel«, erwiderte er: »Jetzt nicht mehr.« So erfuhr ich, daß Mendel gestorben war; Dora dagegen lag noch ein Jahr im Koma.

Im Umfeld der Belsener lernte ich auch Vladka und Ben Meed kennen. Vladka war Verbindungsperson des (bundistischen) jüdischen Widerstands im besetzten Warschau. In ihrer Autobiographie (zu der ich das Vorwort geschrieben habe) erzählt sie von den sozialistischen Träumen ihrer Jugend. 1944 – die polnische Hauptstadt war verwüstet, sie und ihre Genossen befanden sich im Untergrund – feierten sie den Ersten Mai, indem sie solidarische Grüße an die

Arbeiter und Proletarier der freien Welt schickten. Unglaublich, aber bezeichnend, daß es die Erniedrigten und Unterdrückten waren, die gejagten Männer und gehetzten Frauen, die ihren freien, bewaffneten Kameraden Mut zusprachen, statt umgekehrt... Kaum war der Krieg zu Ende, heirateten Vladka und Ben und beschlossen, nach Amerika auszuwandern. Dort gelang es Ben, mit ein paar Dollar in der Tasche ein Import-Export-Geschäft aufzumachen. Mitte der sechziger Jahre gehörten sie zu den ersten, die eine Gedächtnisfeier für den Aufstand im Warschauer Ghetto veranstalteten, die seither jedes Jahr stattfindet. Daß die beiden in den Memoiren von Antek, dem Helden der jüdischen Kampforganisation im Warschauer Ghetto, eine so kleine Rolle spielen, hat mich verwundert.

Ein anderer Belsener ist Joe (Jossele) Tennenbaum aus Toronto: Seine gute Laune verscheucht die trübsten Stimmungen. Seine Leidenschaft gilt der hebräischen Dichtung, die er gern auswendig vorträgt. Seine Frau Genia ist Bildhauerin.

Ebenfalls aus Toronto kamen Rita und Johnny Bressler, Verwandte von Marion. Johnny und ich waren im selben Lager. In derselben Baracke. Wir haben im selben Kommando gearbeitet. Er ist gesellig und fühlt sich mit aufbrausenden Iren genauso wohl wie mit melancholischen Juden. Er hat die Fähigkeit, mit jedem, mit dem Penner genauso wie mit dem Milliardär, ins Gespräch zu kommen und Freundschaft zu schließen. Er lacht gern, und sein Lachen ist ansteckend.

Doktor Hillel Seidmann ist Historiker, Journalist und ein begeisternder Polemiker. Der ehemalige Generalsekretär der jüdischen Gemeinde von Warschau lebte im Ghetto. Im Alter stellte er seine Begabungen in den Dienst Israels, kämpfte zum Wohl des Landes, für seine Ideale und gegen die Trivialisierung der jüdischen Erinnerung.

Sam Halperin und seine Geschäftspartner in New Jersey – die Pantirers, die Wilfs, die Bukiets, alles große Baulöwen von internationalem Format, die dem jüdischen Staat und dem jüdischen Volk mit Leib und Seele ergeben sind. Joe Bukiets Sohn ist ein vielversprechender junger Schriftsteller.

Felix Lasky hat die erste Vereinigung ehemaliger KZ-Häftlinge in Amerika gegründet und scheint nur für diese zu leben: Wie oft hat er mich angerufen, zu jeder Tages- und Nachtzeit, damit ich zugunsten eines Kranken, eines Hilfsbedürftigen eingreife. Seit neuestem kämpft er darum, daß Bonn ein Altersheim für diejenigen finanziert, die aus den Lagern zurückgekommen sind...

Al Ronald ist ein wahrer Held. Dieser bescheidene und verschwiegene Mann aus Deutschland hat 1944/45 ein Fallschirmtraining absolviert, um bei Buchenwald abzuspringen und in das Lager einzudringen. Seine Erinnerungen verdienten die Aufmerksamkeit des Lesers, also eines Verlegers.

Von all diesen Überlebenden ist vor allem Sigmund Strochlitz zu meinem Freund und engen Vertrauten geworden. Er ist Ford-Händler und die graue Eminenz im politischen Leben von New London, Connecticut. Seit wir uns 1965 kennenlernten, stand nie etwas Trennendes zwischen uns. Er ist mir der wichtigste und wertvollste Mitarbeiter. Ob es darum geht, in einer jüdischen Angelegenheit etwas zu unternehmen oder gegen die Feinde Israels zu protestieren - wir tun nichts, ohne vorher miteinander zu beratschlagen. Gesunder Menschenverstand, ein lebhafter Geist und Aufrichtigkeit zeichnen Sigmund in höchstem Maße aus. Mich beeindruckt er immer wieder durch seine Nächstenliebe. Selbstverständlich spielt er eine entscheidende Rolle in meinen Plänen für die Zukunft.

Während der ereignisreichen sechziger Jahre arbeite ich in der Redaktion des *Jewish Daily Forward (Forverts)*. Dort lebt man, wie bei *Jediot*, in der Vergangenheit; der sehnsüchtige Blick zurück überwiegt. Wo sind die rosigen Zeiten geblieben, als die Zeitschrift unter der Leitung des legendären Abe Kahan in Hunderttausender-Auflagen erschien? Angeblich war sogar Trotzki unter den Mitarbeitern, und ich erinnere mich noch daran, daß mir gelegentlich ein vornehmer, schweigsamer älterer Herr mit energischer Miene über den Weg gelaufen ist - das war einer von Lenins ehemaligen menschewistischen Ministern.

Meine Aufgabe besteht darin, Agenturmeldungen zu überarbeiten und die Nachrichten aus der *Times* zu übersetzen; manchmal schreibe ich auch Leitartikel, allerdings ohne sie namentlich zu zeichnen. Angeblich werden sie bisweilen sogar gelesen. Ich bin davon nicht recht überzeugt.

Damals ist der *Forverts* noch die einflußreichste jiddische Tageszeitung der Welt. Dichter und Komödianten, zionistische und bundistische Aktivisten geben sich dort ein Stelldichein. Ständig will irgendwer irgendwas, sei es die Besprechung eines eben erschienenen Buches oder einer Theateraufführung oder die Meldung über eine geplante Demonstration. Im Aufzug packt mich ein Dichter, der schon wie ein Dichter aussieht, am Ärmel und zwingt mich, mir sein letztes (oder schlimmer noch, sein vorletztes oder vorvorletztes) Meisterwerk anzuhören, das er mit großer Begeisterung vorträgt; eine Schauspielerin mittleren Alters erläutert mir, wie sie ihre Rolle als Naive versteht; ein nihilistisch-anarchistischer Tribun will mich (immer noch in demselben Aufzug) davon überzeugen, daß sein (immer noch unveröffentlichter) Aufsatz für das Überleben des jüdischen Volkes absolut unverzichtbar sei; und bevor wir im neunten Stock angelangt sind, versucht ein Humorist, mich zum Lachen zu bringen, und um ihn zufriedenzustellen, muß ich lauthals losbrüllen.

Mit meinen Kollegen verstehe ich mich gut. Hillel Rogoff ist ein sanftmütiger und fähiger Chefredakteur, allerdings kann er gelegentlich auch sehr ungehalten sein. Zu meiner großen Verwunderung spricht er mit seinen Mitarbeitern lieber Englisch als Jiddisch. Sein Stellvertreter, Lazar Fogelman, ist ein Träumer mit plötzlichen Anfällen von Humor; Realitätssinn zeigt er nur in seinen Träumen. Wiederholt habe ich ihn dabei beobachtet, wie er sich angeregt mit sich selbst unterhielt. Nummer drei ist mein Freund Schimon Weber. Wenn ich in der Nachrichtenabteilung arbeite, ist er mein Vorgesetzter, obwohl ich meine Artikel Rogoff und Fogelman vorlege und von ihnen absegnen lasse.

Weber ist gebildet, brennend interessiert an jüdischer und amerikanischer Politik, ein hervorragender Journalist von scharfem Verstand und mit Sinn für Ironie. Er hat seine Laufbahn beim Organ der jüdischen Kommunistischen Partei begonnen, ging dort aber schnell wieder weg, als er die ganze Verlogenheit und die Schrecken des Kommunismus durchschaute. Seinen Kollegen gesteht er alles zu außer Unfähigkeit. Als ich im Krankenhaus lag, freute ich mich über seine fast täglichen Besuche. Danach lud er mich öfter zu sich nach Hause ein. Ich erinnere mich an seine Tochter Liliane, die zu Recht sein ganzer Stolz war: Dunkelhaarig, begeisterungsfähig, unglaublich begabt, hat sie das Brooklyner Gymnasium mit Bravour gemeistert. Später zeigte ich ihr das Rodin-Museum in Paris.

Die Welt der jiddischen Literatur und Kultur ist klein. Ihre große Zeit ist vorbei. Ihre Glanzlichter verlöschen nach und nach. Wenn auch die Sprache selbst nicht stirbt, so leben doch kaum noch Menschen, die sie sprechen. Wie die Heimat und alles andere sind das jüdische Theater in der 2. Straße und die jüdische Presse nicht mehr, was sie einmal waren. Dennoch findet man im *Morgen Journal*, dem *Tog* und dem *Forverts* noch berühmte Namen. Ich bewundere Jacob Glatstein, dessen Gedicht »Auf dem Sinai wurde uns die Tora gegeben, und in Lublin wurde sie uns wieder genommen« eine ganze Generation von Lesern zutiefst erschüttert hat. Ich mag die (jüdisch-rumänischen) Erinnerungen von Schlomo Bikel und die religiösen Polemiken von Chajim Lieberman, S. Margosches und seine politischen Leitartikel, Chajim Grade und seine Essays über die Welt des Mussar, H. Lejeles und seine gefühlvollen Verse, Almi und seine pessimistische Philosophie, Izig Manger und seine Gedichte, die so schön und bezaubernd sind wie die der Troubadoure: In meinem großen Wissensdurst sauge ich ihre Kenntnisse, ihre Weisheit in mich ein. Ich lerne viel, und ich habe noch mehr zu lernen. Anfangs habe ich Artikel auf jiddisch geschrieben, ohne die ganz Großen dieser Literatur, was sage ich, dieser Kultur, wirklich zu kennen. So habe ich einmal, um den Ruhm Isaac Bashevis Singers noch zu steigern, ihm durchaus Ebenbürtige in unverzeihlich abfälliger Weise behandelt. Das hätte ich lieber nicht tun sollen. Es war unrecht von mir, sie zu verletzen. Um so mehr, als…

Der eine oder andere dieser Romanschriftsteller, Essayisten, Denker, Ideologen und Theoretiker kennt den einen oder anderen, aber jeder beneidet jeden. Da ich jünger bin als alle anderen, bin ich glücklicherweise vollkommen unbekannt: Ich werde zu ihrem Vertrauten. Ich höre ihnen gern zu, wenn sie von ihrer Vergangenheit reden.

Dank Jehuda Mozes lerne ich einen großen jiddisch-hebräischen Romancier kennen: Salman Schneur. Die Gespräche mit ihm sind ebenso verwirrend wie unterhaltsam. Er ist ein Klassiker wie Bialik und Tschernichowski. Seine Gedichte werden an allen israelischen Gymnasien gelesen. Sein gepflegter Bart und die Fliege lassen ihn wie einen echten Schriftsteller des 19. Jahrhunderts aussehen. Mit seiner Gattin plaudert er auf französisch, bis er eines Tages feststellt, daß mir diese Sprache nicht unbekannt ist.

Er glänzt besonders gern darin, mit seinem gnadenlosen Verstand Prominente aufs Korn zu nehmen. Einen ganzen Nachmittag lang klagt beziehungsweise spottet er über Ben Gurion, der ihm in einem Augenblick der Zerstreutheit wohl den gebührenden Respekt schuldig geblieben ist.

Es hieß, daß es ihm nicht genügte, Klassenbester zu sein, er wollte auch noch Zweitbester werden. Nichtsdestotrotz gab er vor, Schmeicheleien zu verabscheuen: »Das wäre ja, als würde man mir einen Topf Honig über den Kopf schütten: klebrig und unangenehm.«

Nach seinem und Jehuda Mozes' Tod hatte ich die Gelegenheit, ihren Briefwechsel einzusehen. Jehuda Mozes beschwört in seinen Briefen den blauen Himmel über Jerusalem und das romantische Geheimnis von Safed: Er schreibt als Poet. Schneur dagegen fordert ganz ungeniert seine Honorare ein. Der Scheck sei noch nicht angekommen, warum diese Verspätung, wann wolle man ihn denn endlich abschicken? Sein Sohn Elie, ein international bekannter Wissenschaftler, macht dem Vater Ehre. Aber ob er dessen Werk im Original liest...?

Ein Wochenende in Montreal: Der Rabbiner meiner Schwester, David Hartman, veranstaltet ein Kolloquium über den Grundsatz der Toleranz in der jüdischen Religion. Unter den Eingeladenen sind Rabbiner, Professoren und Intellektuelle aller drei Richtungen der Gemeinde: Orthodoxe, Konservative und Reformer. Da während dieser Zusammenkunft der Versuch unternommen werden soll, in einer aufgeschlossenen, freundschaftlichen Atmosphäre die Standpunkte einander anzunähern, legt man den Schwerpunkt auf den pluralistischen Aspekt des Judentums. Ich mache die Bekanntschaft des jungen Theologen Jiz Greenberg, des Philosophen Emil Fackenheim und des großen Martin-Buber-Kenners Maurice Friedman. Drei Tage und drei Abende lang höre ich sie über alle möglichen Themen diskutieren: über das Verhältnis zu dem am Sinai übergebenen Gesetz, über ihre Beziehungen zur nichtjüdischen Welt, über die Grenzen ihrer Auslegung der Tradition.

Und über den Holocaust fällt kein einziges Wort.

Das hat sich geändert. Seit damals stellen alle drei dieses Ereignis ins Zentrum ihrer Überlegungen.

Dank der segensreichen Green Card, später sogar mit einem amerikanischen Paß versehen, unternehme ich in den sechziger Jahren zahllose Reisen. In Kanada interviewe ich einen Zahnarzt, der seinen Anspruch auf den Thron Davids geltend macht. Er stellt mir seinen Sohn vor, einen jungen Studenten, der offensichtlich von ganz anderen Ehren träumt.

Mit zwei Kollegen aus Israel lerne ich auf Einladung von Fidel Castro Kuba kennen. Noch ist Castro kein Kommunist. Das wird er erst später. Jetzt bezeichnet er sich als Revolutionär. Diese Botschaft kommt an, daher seine Popularität. Die jungen Männer, die uns begleiten und führen, sehen aus, als seien sie kaum der Pubertät entwachsen, aber alle sind bereits hohe Beamte: Botschafter, Referenten oder Abteilungsleiter. Während der folgenden drei Wochen lernen wir all diese bezaubernden jungen Revolutionäre kennen, die mit Batista und seinem korrupten Regime Schluß gemacht haben; und alle führen nur ein einziges Wort im Mund: »Venceremos!« Mit diesem Schlachtruf: »Wir werden siegen« empfangen uns auch die Arbeiter in den Fabriken. In den Museen dieselbe Verheißung, in den Gesprächen mit Fidel, die manchmal die ganze Nacht dauern, dieselbe Hoffnung. Und ein einziger Schrei der erwartungsvollen, erregten, hypnotisierten Massen: »Venceremos!« Auch die jungen Milizionärinnen mit ihren Maschinenpistolen rufen »Venceremos!« Dabei lächeln sie und sehen reizend aus. Sie stehen an den Eingängen aller Regierungsbüros und Grandhotels und halten jeden an, der hinein will; verdächtige Personen durchsuchen sie mit einem Ernst, der nicht allzu ernst zu nehmen ist. Wie stellt man es bloß an, ihren Verdacht zu erregen? Ich brenne darauf zurückzufahren – zu Rosch ha-Schana will ich wieder in New York sein. Unglücklicherweise teilt mir das für uns zuständige, aber unfähige Büro des Außenministeriums mit, alle Flüge seien bis auf den letzten Platz ausgebucht. Bis wann? frage ich beunruhigt. Wie soll man das wissen? Zwei oder drei Wochen mindestens. Ich protestiere, schimpfe, bettle. Nichts zu machen. Selbst die israelische Botschaft muß ihre Ohnmacht eingestehen. Ein kubanischer »Funktionär« bietet mir einen Platz für den Flug von Havanna nach Prag an! Ist er noch ganz bei Verstand? Sind die alle verrückt geworden? Der ehemalige Flüchtling in mir wird rebellisch. Eine Kriegsfolge wahrscheinlich. Ich kriege Platzangst, fühle mich eingeschlossen, bedroht und einer Panik nahe. Schließlich kam ich nach einigen abenteuerlichen, überraschenden Wendungen doch noch rechtzeitig nach Hause, um Rosch ha-Schana in »meiner« Synagoge, mit Heschel, bei den Chassidim von Ger zu feiern.

Immer wenn ich in dieser Synagoge war, hatte ich das Gefühl, zu Hause zu sein, in Sighet. Alle Gläubigen kamen aus Europa und hatten die Lager durchgemacht. Sie beteten mit einer Beharrlichkeit und Inbrunst, die ich nirgendwo sonst erlebt habe: Als wollten sie den Herrn überzeugen, daß er wieder zum Vater ihres Volkes werden müßte, anstatt dessen Richter zu sein.

Ich erinnere mich an Schimon Zucker. Seine Berichte aus dem Ghetto von Lodz fallen mir ein. Die Razzien. Die Jagd auf jüdische Kinder. Die Schreie, die Wehklagen der Eltern. Wenn er an seinen kleinen Jungen dachte, der leben wollte, mußte er seine Tränen zurückhalten.

Und auch an Reb Abraham Zemba erinnere ich mich. Sein Onkel war Oberrabbiner von Warschau. Einmal zog er mich in eine Ecke und fragte mich, ob ich die talmudische Metapher kenne, nach der wir nicht die einzigen sind, die Gott Opfer bringen; auch der Engel Michael im Himmel muß das. Aber seine Opfer sind die Seelen der Gerechten … Es hat also da oben immer noch kein Ende? schrie Reb Abraham Zemba.

Alle hier haben Geschichten zu erzählen. Ihre Tränen sind wie Gebete.

Ich habe die Spur Menasche Kleins wiedergefunden, meines ehemaligen Leidensgefährten aus Buchenwald, Ambloy und Taverny. Seither besuche ich ihn regelmäßig. Ich habe schon weiter oben von ihm gesprochen: Er wohnt in Brooklyn und leitet dort eine Jeschiwa.

Er ist gealtert, mein Freund Menasche. Aber ich hätte ihn unter hundert Rabbinern wiedererkannt. Seine blauen Augen, sein entschlossener Blick, sein Schwung, seine Art, sich über den Talmud zu beugen – wie hätte ich sie vergessen können?

Nicht nachzugeben und sich nicht unterkriegen zu lassen ist seine Devise. Unser Volk hat schon viel Schlimmeres erlebt. Sicher, die Prüfung, die uns auferlegt wurde, bleibt einzigartig, aber uns obliegt es auch, sie zu meistern, wie unsere Vorfahren ihre Prüfungen gemeistert haben. Und wie machten sie das? Sie haben ihre Heiligtümer wiederaufgebaut, ihre Schulen wiedereröffnet und einander geholfen, denen zu widerstehen, die Unglück über sie brachten. Wir sollten uns ihrer Kraft und ihres Glaubens würdig erweisen, sonst wird der Feind siegen. Komm, laß uns die Bücher aufschlagen, die unserem Geist Nahrung gaben, sie warten schon auf uns...

Noch heute sehe ich Menasche jeden Monat, manchmal auch öfter. Wir arbeiten an einem gemeinsamen Vorhaben: In Jerusalem soll ein Bet Midrasch entstehen, ein Lehrhaus, das den Namen meines Vaters trägt.

Manchmal spreche ich mit dem Gott meiner Kindheit. »Warum hast Du eigentlich den Menschen erschaffen?« frage ich ihn dann. »Hast Du seiner bedurft? Was kann er für Dich tun? Worin besteht die Bedeutung seiner armseligen Triumphe und seiner absurden Niederlagen für Dich?« Ich suchte nach Antworten - in den Büchern, die Menasche mir empfohlen hat, und in anderen; aber ich habe keine gefunden.
Und trotzdem. Habe ich nicht in meinen eigenen Bibelkommentaren gesagt, daß der Beginn nicht des Menschen ist, sondern nur der Wiederbeginn?

Ich unternehme mehrere Reisen nach Frankreich, nach Israel und nach London. Dort sagt mir mein Verleger, daß *Nacht* ihm Sorgen bereitet: Es verkauft sich nicht gut. Genauer gesagt, es verkauft sich ziemlich schlecht. In Paris wohne ich einer Gipfelkonferenz zwischen de Gaulle, Eisenhower, Macmillan und Chruschtschow bei; Chruschtschow ist erbost darüber, daß der Luftraum der Sowjetunion von einem U2-Flugzeug verletzt wurde. Erstaunlicherweise sind meine neuen Freunde bei Le Seuil anscheinend zufrieden: *Morgengrauen* geht gar nicht schlecht. Ich lege mir eine neue Gewohnheit zu: Jedesmal, wenn ich nach Paris komme, besuche ich François Wahl in seinem Büro. Die Meisterschaft, mit der er meine Schriften analysiert, erinnert mich an unsere Französischstunden in Versailles. Ich frage ihn nach seinem umfangreichen Essay über Platon, von dem ich eine Fassung gelesen habe. Ich finde ihn gut, sehr gut sogar. Der Autor nicht. Er müßte zwingender sein, sagt François, viel zwingender. Nachsicht ist der Feind der Literatur. Mit François höre ich nie auf zu lernen.

Ich höre von einem Roman, der Aufsehen erregen wird: *Der letzte der Gerechten*, ein Meisterwerk von André Schwarz-Bart. Als mir der Autor in den Fluren von Le Seuil über den Weg läuft, gehen wir zusammen essen. Beide bestellen wir Omelette, beide rühren wir nichts an. Endlich habe ich einen Romanschriftsteller entdeckt, der noch gehemmter ist als ich. Wir verbünden uns auf der Stelle. Ich bewundere seine schriftstellerische Begabung, seine dichterische Eingebung. Es ist eine eigenartige Mischung aus Eifer und Besonnenheit in seiner Art zu reden, sich anzuvertrauen. Puristen und Neider werfen ihm fälschlich Plagiat und Unwissenheit vor. Er leidet darunter, und ich versuche ihn zu trösten, indem ich ihm sage, was mir Freunde nach dem Erscheinen eines bösartigen Artikels über mich gesagt haben: »Einfach nicht beachten, das Buch wird die Kritik überleben.« André lächelt skeptisch. Aber für den Schriftsteller ist das Gefühl, daß man ihn erwartet und ihm folgt, wichtiger als für den Kritiker der Wunsch, gefürchtet zu werden. »Und jetzt?« frage ich ihn. »Was hast du als nächstes vor?« Er habe noch gar keine Ahnung, erwidert er. Er würde gern studieren. Und was? Jüdische Schriften. Er habe das Gefühl, daß er sie nicht gut genug kenne, daß ihm der Zugang zu den Quellen fehle. Ich schlage ihm vor, nach New York zu kommen oder nach Jerusalem zu gehen. Ich empfehle ihm einige Lehrer, die glücklich wären, sich seiner anzunehmen. Der Gedanke reizt ihn. Aber zwischen zwei unserer Verabredungen trifft er Simone in der Metro. Und folgt ihr nach Guadeloupe.

In Israel berichte ich über den Eichmann-Prozeß. Ich will Reportagen für den *Jewish Daily Forward* und einen Essay für *Commentary* und *L'Arche* schreiben. Tagaus, tagein verfolge ich im »Haus des Volkes« die Aussagen der Davongekommenen. Gewissenhaft in den Einzelheiten, unerbittlich in ihrem Vorgehen, beschwören der Hauptankläger Gideon Hausner und seine Mitarbeiter das Verbrechen und die Tragödie mit einer Eindringlichkeit, deren Schwingungen sich auf das Auditorium übertragen. Manche schluchzen, andere scheinen weit weg zu sein. Die drei Richter sind Muster an Mäßigung und Würde, wie es die Gerechtigkeit erfordert. Sie wissen, wie man zuhört.

Ich beobachte den Angeklagten ununterbrochen. In seinem Glaskäfig verhält er sich wie ein ganz normaler Mensch. Undurchdringlich und unerschütterlich macht er sich Notizen. Die Verbrechen gegen die Menschlichkeit und gegen das jüdische Volk, die man ihm vorwirft, scheinen an seinen Zügen abzugleiten, ohne auch nur den geringsten Eindruck zu hinterlassen. Angeblich hat er einen gesunden Appetit und einen guten Schlaf. Es ist verblüffend: Offenbar verteidigt er sich recht geschickt und hält den niederschmetternden Anklagen stand. Weder dem Ankläger noch den Richtern gelingt es, ihn zu knacken und ihn an die Grenzen seiner Rechtfertigungen zu treiben.

Ich glaube mich an ihn zu erinnern: Er war in Sighet, um die Deportation zu überwachen. War er das, den ich am Bahnhof gesehen habe, düster, traurig, weil es keinen Transport mehr abzufertigen gab aus dieser Stadt, in der keine Juden mehr lebten?

Die Abende verbringe ich mit den israelischen Korrespondenten, die ständig vom Prozeß berichten: Chajim Gouri (lyrischer Dichter der Palmach, der *Nacht* und *Die Juden in der UdSSR* ins Hebräische übersetzen wird), Schmuel Almog (der zukünftige Fernsehintendant), Elijahu Amiqam (er schreibt für *Jediot*): Ihre Reportagen sind erlesen. Natürlich erscheinen auch weniger gute, pseudointellektuelle, pseudophilosophische, schwülstige oder platte Artikel. Ich erwähne das, um zu zeigen, daß der Gegenstand, so ernst er auch sein mag, nicht unbedingt alle, die sich mit ihm beschäftigen, zu großen Leistungen antreibt.

Ich rede mit den Israelis über die erstaunlichen Wendungen im Schicksal ihres Landes. Die jüdische Geschichte ist von einer verblüffenden Kraft der Vorstellung geprägt, da kann man sagen, was man will. Wer hätte zwischen 1941 und 1945 gedacht, daß Adolf Eichmann eines Tages in einem unabhängigen jüdischen Staat seinen Richtern Rede und Antwort stehen würde? Welche Forderungen erwachsen den Juden aus der wiedergewonnenen Souveränität? Hat sie ihnen nicht moralische Pflichten auferlegt? Müssen sie nicht der Geschichte einen neuen Takt vorschreiben, indem sie sie erfinden, statt sich ihr zu unterwerfen? Sollten sie nicht Gerechtigkeit und Wahrheit ebenso miteinander zu versöhnen suchen wie Macht und Menschlichkeit, um so die Erinnerung der kommenden Generationen zu prägen? Und welche Rolle spielt der Eichmann-Prozeß in dem Ganzen?

Hannah Arendt kommt mit Gefolge. Ich weiß nicht, was man in ihrer Umgebung über sie sagt. Die israelischen Journalisten scheinen sie zu meiden; sie gibt sich herablassend. Sie weiß alles vor jedem anderen und besser als jeder andere. Ich habe sie erst später, bei ihr zu Hause, kennengelernt. Eine große Zeitschrift hatte mir vorgeschlagen, ihre Theorien über die »Banalität des Bösen« zu zerpflücken, die von Überlebenden als vereinfachend und verletzend empfunden werden. Sie empfängt mich freundlich, geradezu freundschaftlich. Sie habe meine Bücher gelesen, sagt sie. Sind die Komplimente ernst gemeint? Oder pure Höflichkeit? Ihr Blick verwirrt mich - er ist zu kalt. Wie kann man sich in die Tragödie versenken und dabei diese Kälte in den Augen bewahren? Ich stelle ihr eine ganz einfache Frage: »Ich war dort und habe keine Erklärung; wie können Sie eine haben, wo Sie doch gar nicht dort waren?« - »Sie schreiben Romane«, erwidert sie darauf, »Sie können sich an den Fragen festhalten. Ich dagegen beschäftige mich mit den Wissenschaften vom Menschen und von der Politik, ich habe nicht das Recht, keine Antworten zu finden.« Mein *Plädoyer für die Toten* ist ein Versuch, ihre Vorwürfe gegen Israel und die Verachtung zurückzuweisen, die sie den Toten entgegenbringt. Gershom Scholem wird ihr in einem berühmt gewordenen Briefwechsel ihren Mangel an Ahawat Israel ankreiden, an Liebe zum jüdischen Volk.

Nach den Sitzungen des Gerichts schließe ich mich oft einer Gruppe von Intellektuellen an, die auf der Terrasse des King David Hotels ihren ungekrönten König, Joseph Kessel, umringt. Die besten Reporter der französischen Presse sind darunter. Kessel erinnert an andere Prozesse, andere Abenteuer. Ich mag seine mit Zärtlichkeit durchmischte Kraft, seine überwältigende Empfindsamkeit, seine Menschlichkeit. Was ist Eichmann für ihn, für uns? Ein Rätsel. Eine Herausforderung.

In meinem Kopf kreisen ständig dieselben Gedanken: Wie ist die Macht des Bösen zu erklären? Und die Beihilfe der »neutralen« Länder? Und die Tatenlosigkeit der amerikanischen Juden wie der jüdischen Gemeinde in Palästina? Und: Könnte man doch den Angeklagten unwiderruflich aus der menschlichen Rasse ausschließen, ihn zum Unmenschen erklären! Der Gedanke, daß Eichmann ein menschliches Wesen ist, empört mich; ich sähe ihn lieber mit dem Kopf eines Ungeheuers, mit drei Ohren und vier Augen wie bei Picasso.

Ich betrachte ihn stundenlang. Er macht mir angst, obwohl von ihm - in der Lage, in der er sich befindet, in seinem Panzerglaskäfig - keinerlei Gefahr ausgeht. Warum jagt er mir dennoch solche Angst ein? Kann sich das ontologische Böse derart in einem Menschen verkörpern, daß seine verhängnisvolle Macht spürbar wird, ohne daß es einer bestimmten Handlung oder Äußerung bedürfte?

Aus der juristischen Welt sind ausführliche verfahrenstechnische

Debatten zu hören – über die Notwendigkeit des Prozesses, dessen Verlauf und möglichen Ausgang. Hätte Israel die Aufgabe, Eichmann zu richten, nicht lieber einem internationalen Gerichtshof übertragen sollen?

Auch über die Strafe wird diskutiert: Gibt es überhaupt eine Strafe, die diesem ungeheuerlichen Verbrechen angemessen ist? Als Kain seinen Bruder Abel tötete, hat er die Hälfte des Menschengeschlechts ausgelöscht – und wurde doch nur dazu verurteilt, das Mal seines Verbrechens auf der Stirn zu tragen. Also am Leben zu bleiben, mehr noch: unberührbar. Niemand durfte ihm etwas antun. Und Eichmann? Martin Buber spricht sich gegen die Todesstrafe aus, und viele Persönlichkeiten von unbezweifelbarer moralischer Autorität stimmen darin mit ihm überein. Ich vertraue der israelischen Gerechtigkeit.

Jahre später, auf einer Reise mit Jugendlichen nach Birkenau, stehe ich zufällig neben einem stillen Mann mit durchdringendem Blick aus meiner Gegend, der auch deportiert und später in Israel Polizeibeamter wurde. Wir sprechen zusammen das Kaddisch. Er war der Mann, der Eichmann hingerichtet hat.

Gezeiten des Schweigens kommt 1962 heraus – mit einem verstörenden Satz Dostojewskis als Motto: »Ich habe einen Plan: verrückt zu werden.« Ich selbst habe einen anderen Plan: Ich will den Wahnsinn bekämpfen. Und es gibt nur eine einzige Methode gegen den Wahnsinn eines einzelnen, der uns alle zu befallen droht: Man muß versuchen, diesen Menschen davon zu heilen. *Gezeiten des Schweigens* ist ein lyrisch-mystischer Abenteuerroman über den Lebensweg eines Überlebenden: religiöse Kindheit, Deportation, Ankunft in Frankreich. Glaube, Zorn, Freundschaft. Der Held träumt davon, in seine Heimatstadt zurückzukehren, wird dort ins Gefängnis geworfen und muß seine Zelle mit einem stummen Wahnsinnigen teilen. Ich kann mich nicht beklagen: Mein viertes Buch findet freundliche Aufnahme und einhelliges Lob. Es erhält den Prix Rivarol, der an ausländische Autoren vergeben wird, die auf französisch schreiben; bei Le Seuil heißt er »Prix de l'Universalité de la langue française«. Die Jury besteht aus sieben Mitgliedern des Institut de France, darunter mehrere Angehörige der Académie française. François Mauriac, Gabriel Marcel und Jean Schlumberger haben sich für mich eingesetzt. Jules Romains dagegen zögerte, einen Staatenlosen wie mich zu krönen.

Auf dem Empfang sprechen mich Anna und Piotr Rawicz an: Anna, blond und dynamisch, ist Filmproduzentin. Und der gebeugte Piotr mit seinem verzweifelten und doch ironischen Blick ist der Vorjahrespreisträger: Er wurde für seinen meisterhaften Roman *Le Sang du ciel* ausgezeichnet.

Während ich diese Worte schreibe, sehe ich Piotr wieder vor mir, und mir schnürt sich die Kehle zu. Was für ein Schriftsteller! Was für ein Mensch! Ich werde noch von ihm und seinem Tod berichten. Aber später. Nicht jetzt, Piotr, noch nicht.

Meine Romane nehmen mich immer mehr in Anspruch, und so arbeite ich immer weniger für *Jediot*. Für den *Forverts* dagegen schreibe ich weiter über aktuelle Ereignisse aus der Welt der Politik und des Judentums. Bei den Vereinten Nationen springe ich manchmal für den ständigen Korrespondenten Schlomo Ben Israel ein, der bemerkenswerte Kriminalromane verfaßt hat.

Mit der Zeit erlauben mir Rogoff und Fogelman auch, über Albert Camus und Nikos Kazantzakis, Ernest Hemingway und André Schwarz-Bart, Samuel Josef Agnon und Nelly Sachs zu schreiben. Für diese Artikel brauche ich mich nicht zu schämen. Leider habe ich auch andere Rezensionen verfaßt, über unbedeutendere Autoren, deren Werke ich verrissen habe, weil ich es in meiner kindischen Eitelkeit für sinnvoll oder geboten hielt. Das tut mir heute leid. Ich hätte gewissenhafter sein müssen, umsichtiger. Aber ich war jung und fand es einfach unterhaltsam, meine »Macht« zur Schau zu stellen – über begabte, aber erfolglose Schriftsteller ebenso wie über solche, die sich für »arriviert« hielten in der jiddischen Welt. Außerdem brachte mir jeder abfällige Artikel die augenzwinkernden Komplimente meiner Kollegen ein, während ein Lob nur den so Gepriesenen erfreute. Ist das normal? Ja. Alle Sprachen haben ein Wort für den Neid, und der Midrasch sagt, daß nicht einmal der Himmel davor verschont ist – selbst Engel sind neidisch.

Die Mitarbeiter des *Forverts* waren allerdings keine Engel, sondern mehr oder weniger gute Dichter, Romanschriftsteller oder Essayisten, die alle einen Platz an der Sonne wollten. Und es genügte nicht, Erfolg zu haben – genauso wichtig war es, daß die anderen keinen hatten.

Nehmen wir zum Beispiel ihren Star, Isaac Bashevis Singer (für uns hieß er einfach Bashevis): Einige seiner Erzählungen sind ins Englische übersetzt worden – immerhin von Saul Bellow, der auch heute noch gern mit mir auf jiddisch plaudert. Unter seinen Kollegen ist er nicht sehr beliebt, sie kreiden ihm seinen Geiz an, seine Egozentrik und seine Eitelkeit. Natürlich beneiden sie ihn, aber hinterrücks machen sie sich über ihn lustig. Die Puritaner sind schokkiert über die Art, wie er Sinnlichkeit und Erotik ins jüdische Leben einführt, aber der Mehrheit der assimilierten und nichtjüdischen Leser gefällt das.

Ein Hochschullehrer für jüdische Zeitgeschichte hat einen glücklicherweise unveröffentlichten Essay über Singer geschrieben. Darin zeigt er, daß Singers jüdische Figuren den klassischen antisemitischen Archetypen und Stereotypen entsprechen: Sie seien auf Geld und auf Sex versessene Karikaturen. Daraus zieht der Autor den – wohlgemerkt – rein rhetorischen Schluß: Wären die polnischen Juden tatsächlich so gewesen, wie Bashevis Singer sie beschreibt, dann hätten ihre Feinde doch recht gehabt mit ihrem Haß, ihren Verfolgungen und dem Versuch, sie loszuwerden. Und warum sollten wir dann über ihr Verschwinden Tränen vergießen?

Meine Beziehungen zu Bashevis sind gut bis herzlich. Gelegentlich fahren wir gemeinsam mit der U-Bahn nach Hause. Manchmal sind wir beide bei den Webers eingeladen. Bashevis sieht in mir den ein wenig verlorenen Anfänger, einen harmlosen und zweifellos bedeutungslosen Frischling, der seine Romane nicht einmal auf jiddisch schreibt. Gelesen hat er sie wahrscheinlich nicht. Und über meine Artikel redet er nie. Ich lese seine zwar, verliere darüber aber kein Wort in unseren Gesprächen. Zum Drama kommt es erst, als Rogoff mich eines Tages bittet, eines von Bashevis' Werken zu besprechen. Die Rezension, die ich ausgesprochen wohlwollend finde, bringt mir einige unerfreuliche Bemerkungen seiner Feinde ein, was mich nicht wundert. Aber auch er läßt mich seine Unzufriedenheit spüren: Er hat eine Lobeshymne erwartet. Für diese Enttäuschung rächt er sich mit einer, sagen wir, mäßigen Kritik über *Die Juden in der UdSSR*. Schimon Weber ist empört darüber. Meine Erwiderung ist ein satirisches Porträt des »zweiten Sohns der Haggada«, in dem ich Singers Namen allerdings nicht erwähne.

Als ich Weber anrufe und ihm am Telefon meinen Artikel vorlese, bricht er in schallendes Gelächter aus: »Das ist er, wie er leibt und lebt; das mußt du Fogelman zeigen.« – »Aber wird er nicht Bashevis darin erkennen?« Weber ist der Ansicht, daß es den Versuch wert sei. Ohne Vorwarnung? Natürlich! Mit Unschuldsmiene halte ich Fogelman also meinen Text entgegen, als ginge es um irgendeine belanglose Reportage. Ob er ihn gelesen hat? Eine Woche später jedenfalls wird er gedruckt. Die Feinde meines Feindes jubilieren. Ich mache mich auf Fogelmans Vorhaltungen gefaßt, aber offenbar habe ich ihn unterschätzt: Er gratuliert mir zu dem Porträt, ohne das Vorbild zu erwähnen. Irgend jemand muß Bashevis übrigens auf den Artikel aufmerksam gemacht haben. Daß er ihn gelesen hat, sehe ich daran, daß unsere Beziehung merklich abkühlt, bevor sie schließlich ganz abreißt – keine Gespräche mehr, kein höfliches Lächeln im Aufzug. Wir wechseln kaum noch ein paar Worte miteinander. Als ich, diesmal in der *New York Times*, seinen Konkurrenten Chajim Grade rühme und ihn (mit Ernst und Überzeugung) als »den größten zeitgenössischen jiddischen Schriftsteller« bezeichne, schlägt seine Haltung mir gegenüber in offene Feindschaft um.

Das Porträt Singers zeichnete ich durch folgende Geschichte: Die Haggada erzählt von vier Söhnen und deren unterschiedlicher Einstellung zum wunderbaren Auszug des Volkes Israel aus Ägypten. Der Weise, der Gottlose und der Unschuldige kennen die Frage, aber nicht die Antwort; der vierte kennt nicht einmal die Frage. Wenn man den Text analysiert, merkt man, daß die ersten drei Söhne ungefähr dieselbe Frage stellen, sie aber unterschiedlich formulieren. Warum wird dann einer von ihnen als Gottloser, als Rascha dargestellt? Darauf geht die Haggada genauer ein: Der zweite Sohn ist gottlos, weil er sich durch seine Sprache aus der Gemeinschaft ausschließt:

> ... Wir hören seine Stimme und wissen, daß er immer nörgelt. Wir sehen sein Gesicht und wissen, daß es rot ist vor Zorn und vor Neid. Ungewollt zeigt er sich, wie er ist – ungeschminkt. Fassungslos steht er in seiner kleinen Welt vor der eigenen Häßlichkeit.
>
> Seltsam, daß nach der jüdischen Vorstellung der Begriff der Gottlosigkeit nicht mit dem Handeln, sondern mit dem Sein verknüpft ist. Es gibt einen Unterschied zwischen sündigen und gottlos

sein. Ein Sünder ist nicht notwendig gottlos. Ja, man kann keine einzige Sünde begehen und dennoch gottlos sein.
Man kann gottlos sein beim Studium des Talmuds und sogar beim Nichtstun. Ein Gottloser ist schlecht, unrein und verdorben; was er sieht, begehrt er für sich, und was er nicht erreichen kann, entstellt er.
Er neidet dem Weisen seine Weisheit, dem Unschuldigen seine Unschuld, dem Reichen seinen Reichtum und selbst dem Armen seine Armut. Er nährt sich von dem, was er anderen nimmt.
Deshalb hat der jüdische *Rascha* so viele Feinde; der Haß ist sein natürliches Element. Zuerst wird er Himmel und Erde in Bewegung setzen, um Freunde zu gewinnen; wenn er sie nicht mehr braucht oder benutzen kann, läßt er sie fallen und wird schließlich ihr Feind... In seinem Munde treiben die Meister Hurerei, die Führer Dieberei, und gewöhnliche Juden werden zu Ungeheuern. Nur der Feind entkommt seinen Klauen unbeschadet.
Weil er sich von der Gemeinschaft absondert, hält diese sich ihn vom Leib. Der jüdische *Rascha* spielt in der jüdischen Welt keine Rolle. Niemand kennt ihn. Man läßt ihn dort, wo er ist, also draußen. Man kann mit einem Atheisten streiten, aber nicht mit einem Gottlosen. Warum auch? Es gibt keine gemeinsame Sprache. Der Gottlose redet mit sich selbst, weil er der einzige ist, der ihm zuhört. Eigentlich müßte man ihn bedauern. Obwohl er gottlos ist, bleibt er doch Jude. Wie lange kann ein Mensch mit seinen Ungeheuern umgehen und sich an ihrer Gegenwart erfreuen? Wie lange kann er es in seiner von Ekel und moralischem Verfall beherrschten Innenwelt aushalten? Wie lange kann er so ohne Freunde, ohne Wärme und ohne Freude leben? Unter den vier Söhnen am Tisch ist der Gottlose der Einsamste. Während die anderen singen, knirscht er mit den Zähnen.
Wie alle Ausgeschlossenen verabscheut er die, die er braucht: Als Händler haßt er seine Kunden; als Arzt zürnt er seinen Patienten; als Schriftsteller verachtet er seine Figuren wie seine Leser. Er haßt sogar den, der ihn lobt, weil er ihn nie genug lobt. Außerdem glaubt er ihm nicht. Er hält jedes Lob für unaufrichtig. Die Gesellschaft besteht für ihn nur aus Heuchlern.
Unglücklicher *Rascha*: Er redet ständig von sich.
Und mit sich.

Als der Artikel erscheint, bin ich in jiddischen Künstlerkreisen so beliebt, wie man es nur sein kann. Ein Romanautor klopft mir auf die Schulter: Gut gemacht, er hat es nicht besser verdient! Ein anderer belohnt mich mit einem Augenzwinkern: Das wird ihm eine Lehre sein! Halb belustigt, halb betrübt stelle ich fest, wie unbeliebt Bashevis in der »jüdischen Straße« ist, wie man sagt. Jede Ehre, die ihm widerfährt, ist eine Kränkung für seine Rivalen. Der Tag, an dem er den Nobelpreis erhielt, war für manchen jiddischen Schriftsteller ein Trauertag.

Trotz allem haben seine zweiwöchentlich erscheinenden Artikel bemerkenswert viel Erfolg, vor allem bei der weiblichen Leserschaft. Begeistert und mit unbestreitbarem Talent schildert er dort seine Affären: Ja, unser Isaac Bashevis Singer ist eben ein richtiger Frauenheld.

Schriftstellerkollegen werfen ihm vor allem mangelnde Solidarität vor und die Manöver, mit denen er die Übersetzung ihrer Texte zu verhindern sucht.

In jiddischen Literatenkreisen nimmt man ihm übel, wie er sich als »letzter (lebender) Schriftsteller dieser toten Sprache« geriert. Solche Behauptungen ärgern natürlich andere jiddische Schriftsteller: »Er beerdigt uns schon zu Lebzeiten...« Manche sagen, unter den zeitgenössischen Autoren schreibe Chajim Grade die besseren Romane (der Meinung bin ich auch), andere munkeln, jeder x-Beliebige könne ihn übertrumpfen (der Meinung bin ich nicht).

Woher kommt diese Feindseligkeit? Woher kommen all diese böswilligen Verleumdungen?

Vielleicht hat ja mein Freund, der Wissenschaftler, doch recht. In jiddischen Kreisen jedenfalls wird Bashevis sein verzerrtes, entstelltes Bild der osteuropäischen Juden zur Last gelegt. Darf ein Autor im Namen der Freiheit des Wortes alles von jedem behaupten? Seine Helden, monieren die Puristen unter den jiddischen Schriftstellern, seien oft häßlich, sittlich verdorben, liebenswürdig, aber enthemmt, weise, aber pervers. Waren denn alle polnischen Juden Sexbesessene? Wie kann ein Rabbi, der Gott und seinen Geboten ergeben ist, am Abend vor Jom Kippur nichts als Ehebruch im Kopf haben?

Je mehr Singer von Christen und assimilierten Juden bewundert wird, desto heftiger wird er von jiddischen Literaten verworfen. Macht sein Erfolg sie mißtrauisch? Oder wollen sie so ihrer Überzeugung Nachdruck verleihen, daß Ruhm stets teuer erkauft ist? Und den Beweis dafür antreten, daß man sich von seinen Nächsten entfernt, wenn man nach fremden Verehrern schielt? Bashevis ist das nicht entgangen. Eines Abends eröffnet er mir: »Die Juden sind doch nie zufrieden. Ich kann ihnen bieten, was ich will – immer antworten sie: ›Von Ihnen hätten wir aber etwas anderes erwartet.‹ So undankbare Leser habe ich noch nicht erlebt.« Er lacht darüber, aber es ärgert ihn auch. Eigentlich ärgert ihn alles. Dennoch halten ihm seine zahlreichen und gebildeten Verehrer die Treue.

Ich schätze seine Phantasie und seinen Hang zum Okkulten. Seine Welt ist von Kobolden und Dämonen bewohnt. Und er glaubt auch an sie! Zur Nobelpreisverleihung lud er einen befreundeten Rabbiner ein, um den bösen Blick abzuwehren: Bei so vielen kleinen Teufeln allenthalben war die Anwesenheit eines Rabbiners sicher nicht verkehrt.

Ich schätze vor allem seine Kurzgeschichten. Er ist ein hervorragender Erzähler, dessen Stärke in der Kürze liegt.

Und seine Romane? *Der Zauberer von Lublin* etwa oder *Jakob der Knecht*? Man erliegt ihrem Zauber, das läßt sich gar nicht leugnen, obwohl ihnen in gewisser Weise der lange Atem fehlt. Sicher, ich finde Perez authentischer und auf jeden Fall wärmer, Der Nister begabter und tiefer, aber auch Isaac Bashevis Singer ist ein großer Romancier.

Sein Begräbnis war traurig. Nur wenige Leute kamen, die jiddische Literaturszene war praktisch nicht anwesend. Ein Rabbiner hielt die Grabrede; er redete Englisch und mischte ein oder zwei jiddische Sätze darunter. Wo sind seine Kollegen geblieben? Und seine Leser?

Ich gehörte nie zum großen Kreis seiner Verehrer und muß ihn darum auch nicht in Schutz nehmen. Er mochte mich nicht, und auch ich, warum sollte ich es verheimlichen, war ihm nicht gerade zugetan. Aber sein Tod – kaum bemerkt in einer Welt, die doch seine war: die jiddische – machte mich traurig.

Einem jiddischen (und hebräischen) Autor, einem Jugendfreund von Bashevis, fühle ich mich besonders verbunden: Aron Zeitlin. Ihn schätze ich als Mensch ebenso, wie ich ihn als Schriftsteller bewundere. Und das literarische und philosophische Werk seines Vaters, Reb Hillel Zeitlin, bewegt und verblüfft mich stets aufs neue. Es heißt, er habe das Warschauer Ghetto 1942 in seinen Tallit gehüllt und mit dem Sohar unter dem Arm verlassen und sich so mit mehreren tausend Juden zum Umschlagplatz begeben, wo die verplombten Viehwagen schon warteten, um sie nach Treblinka zu bringen.

Einmal im Monat besuche ich Aron, den letzten Überlebenden einer langen Ahnenreihe von Weisen und Gelehrten. Sein Kopf ist kahl, sein Gesicht fein, fast durchscheinend, das Blau seiner Augen von seltener Reinheit. Ich höre ihm gern zu. Er spricht schnell, mit kristallklarer Stimme. Er teilt seine Erinnerungen an das literarische Warschau mit mir, die Worte seines Vaters und seine Gedanken zu Zeitgenossen. Isaac Bashevis Singer hat öffentlich zugegeben, wieviel er ihm verdankt. Und sich dennoch geweigert, ihm bei der Suche nach einem amerikanischen Verleger zu helfen. Zeitlin war darüber keineswegs verbittert. Er kannte keine Bitterkeit.

Rachel, seine zweite Frau, ist eine Persönlichkeit für sich. Betriebsam, immer beschäftigt, hat sie ihr Leben dem ihres Mannes geweiht. Die Kriegsjahre verbrachte sie in Rußland, fern von Moskau. Jedesmal, wenn ich komme, gibt es Latkes, und um sie nicht zu kränken, muß ich auch jedesmal alles aufessen. Manchmal begleitet mich Marion: Sie ist in Zeitlin verliebt. Und wie ich hat sie, wenn sie zurückkommt, den Kopf voller Geschichten und den Bauch voller Latkes.

Reb Aron starb an einem Herzschlag. Nach den Trauerfeierlichkeiten schrieb ich in mein Tagebuch:

> Aron Zeitlin glaubte, daß der Engel des Todes keine Macht hat über den Menschen, dessen Wesen unsterblich ist. Zwei seiner Werke versuchen das zu zeigen. Die Toten leben seiner Ansicht nach in der anderen Welt weiter und halten den Kontakt mit der unseren aufrecht. Sie sprechen zu uns und warnen uns. Unglücklicherweise seien die Lebenden zu sehr mit ihren schlichten irdischen Angelegenheiten beschäftigt, um die Sprache aus der Welt der Wahrheit zu verstehen. Das könnte, meinte Zeitlin, die parapsychologische Wissenschaft beweisen. Er glaubte, daß Gott den Menschen nicht geschaffen habe, um ihn zu töten. Der Tod sei nur ein Übergang: Auf der anderen Seite warte eine andere Welt, wo alles Wahrheit sei und heilig, eine Welt, wo alles Ewigkeit atme.

Soll sein, Reb Aron. Nehmen wir an, Sie hätten recht. Aber dann sagen Sie mir bitte: Warum ist mein Herz gebrochen, als ich auf Ihrem Begräbnis war?

Ich erinnere mich an unsere Gespräche, die eigentlich faszinierende Monologe waren: In seiner Gegenwart wollte ich nur Zuhörer sein, nichts anderes. Ich lauschte ihm und nahm seine Gedanken in mich auf. Ich lernte.

Am Anfang bat ich ihn vor allem darum, die legendäre Persönlichkeit seines Vaters für mich heraufzubeschwören: Reb Hillel Zeitlin war eine Leuchte des polnischen Judentums.

Ich glaube, daß ich alles über ihn gelesen habe, was je veröffentlicht worden ist. Ich fühlte mich angezogen von diesem Mann, wenn nicht mit ihm verbunden, ich wollte ihn unbedingt besser kennenlernen, den Propheten, den Visionär, den Dichter der Klagelieder, den Denker, den Erwecker, den Tröster und schließlich den Märtyrer, der in der Mitte seiner Leser dem Tod entgegenging, als wollte er sie im Reich seiner Träume bergen...

Als der berühmte Sohn von seinem berühmten Vater sprach, glomm eine seltsame Flamme in seinen blauen Augen: »Ja, mein Vater, das war einer, das war einer...«

Und jetzt, lieber Reb Aron, wird man sagen: »Der Sohn Reb Hillels, das war einer, das war einer...«

Manche Schriftsteller sind Gottlose, andere Gerechte; Reb Aron gehörte zur zweiten Kategorie. Er war buchstäblich unfähig, sich über wen auch immer abfällig zu äußern. Er mied jede üble Nachrede, wie man ein häßliches, obszönes Spektakel meidet.

Er war ohne jede Bitterkeit. Auch wenn er seine Erfahrungen als Neueinwanderer oder die Einsamkeit, Angst und Verzweiflung der Kriegsjahre beschwor, begleitete er jeden Satz mit einem kurzen Lächeln – als wollte er sich entschuldigen, daß er niemand anderen dafür verurteilen konnte. Ich habe noch seine Stimme im Ohr: »Wie könnte ich einen anderen verdammen, wo ich doch die Probleme noch nicht gelöst habe, die ich mit mir selber habe? Ich versuche gerade, das Geheimnis meines Überlebens zu ergründen... Warum hat der Henker mich verschont statt meiner Brüder und Schwestern?«

Nur wenn das Kapitel der Vernichtung berührt wurde, verließ ihn seine heitere Gelassenheit. Sein Gesicht verfärbte sich, und Rachel ermahnte ihn zärtlich und liebevoll: »Arele, beruhige dich... Du sollst doch nicht... Die Ärzte haben es dir verboten... Dein Herz...« Seine Antwort höre ich heute noch: »Die Ärzte – was wissen denn die Ärzte davon, was in meinem Herzen vorgeht?«

Gedankenfetzen jagen durch meine Erinnerung: Die Synagoge ist voll. Rabbiner und Schriftsteller nahmen an der Beerdigung teil. Bewegende Grabreden auf Jiddisch, Hebräisch und Englisch. Ich höre ihre Worte, aber mein inneres Ohr vernimmt die Stimme von Reb Aron selbst: »Nein«, sagt sie, »Millionen Märtyrer sind nicht tot; von dort, wo sie leben, sehen sie uns zu und strafen uns mit Verachtung...« Und gleich darauf: »Warum hat das Schicksal mich verschont? Damit ich die Schriften meines Vaters veröffentlichen kann...« Dann: »Ein Jude, der nicht von *Ahawat Israel* beseelt ist, ein Jude, der sein Volk nicht liebt, ist kein Mensch...« Soll sein, Reb Aron. Nehmen wir an, Sie hätten recht und der Tod könnte nie den Sieg davontragen. Aber dann sagen Sie mir: Warum ist mein Herz gebrochen, als ich Ihrem Sarg gefolgt bin? Vielleicht, weil Sie der letzte Zeitlin sind? Und weil mit Ihnen mehr verschwindet als der Mensch, der Sie gewesen sind?

Stumm, mit gesenktem Blick, gehen Ihre Schüler und Freunde langsam, beinahe widerstrebend hinter dem schwarz verhüllten Sarg her, und es kommt mir vor, als gingen sie schon lange so, sehr lange...

Ein weiterer jiddischer Denker und Dichter, mit dem ich Freundschaft geschlossen habe, ist Abraham Joshua Heschel aus Warschau. Heschel ist ein Urenkel des Rabbis von Apt, dessen Namen er trägt, und hat eine entfernte Ähnlichkeit mit Trotzki: mittelgroß, feingliedrig, struppige Augenbrauen hinter Brillengläsern, buschige Haare und Bart. Aber da hört die Ähnlichkeit, wenn es sie denn gibt, auch schon wieder auf. Denn im Gegensatz zum ehemaligen Kommissar der Roten Armee ist Heschel tief jüdisch, tief gläubig und ein überzeugter Pazifist.

Er hat Lyrik auf jiddisch verfaßt (zu seinem Begräbnis trug ich eines seiner Gedichte vor) und eine hervorragende Arbeit über Rabbi Reb Mendel von Kotzk geschrieben; seine zweibändigen Talmudstudien erscheinen auf hebräisch, seine theologischen Werke auf englisch. Großzügig hilft er mir bei meiner Arbeit über die chassidischen Meister.

Wir telefonieren oft miteinander, und am Sabbat gehen wir zum Gottesdienst ins Schtibl von Reb Leibel Cywiak und seinen Freunden, alles Jünger des Rabbis von Ger. Da wir Nachbarn sind, lädt er mich anschließend zu sich zum Essen ein. Das wird uns bald so zur Gewohnheit, daß er seine Frau Sylvia gar nicht mehr vorwarnen muß, wenn ich komme. Nach dem Essen begleitet er mich nach Hause, dann drehen wir um, und ich begleite ihn; so verbringen wir Stunden auf der Straße und reden dabei über tausenderlei Dinge: über Gott und seine Gebete, den polnischen Chassidismus im Vergleich zum ungarischen, die jiddische Folklore in Litauen und die jüdische Literatur in Polen, Warschau und Frankfurt, wo er in den dreißiger Jahren von Martin Buber zu seinem Nachfolger am Jüdischen Lehrhaus ernannt wurde.

Es ist ein Vergnügen, mit diesem Mann, der von Humanismus und Bürgersinn ebenso beseelt ist wie von chassidischem Eifer, den Riverside Drive entlangzuschlendern. Heschel vergräbt sich nicht in seiner Suche nach dem Wissen; er ist auch ein Gegner des absurden und ungerechten Krieges in Vietnam. Eines Sabbatnachmittags vertraut er mir seine Sorgen an. Israelische Freunde - möglicherweise beeinflußt von amerikanischen Regierungsvertretern - hätten ihn ersucht, sich in seinem Kampf gegen die Politik Lyndon B. Johnsons in Südostasien nicht so sehr zu exponieren. »Was soll ich tun?« fragt mich Heschel. »Wie kann ich schweigen, wenn Woche für Woche Tausende vietnamesischer Zivilisten von unseren Bomben getötet werden? Wie sollte ich je die Rachamanut vergessen können, die jüdische Vorstellung von Barmherzigkeit und Nächstenliebe? Wie kann ich mich auf mein Judentum berufen, wenn ich unempfänglich bin für den Schmerz und die Trauer von Männern, Frauen und Kindern, die seit Jahren von nächtlichen Bombenangriffen aus dem Schlaf gerissen werden?« Da er mich darum gebeten hat, gebe ich ihm einen Rat: weiterzumachen, auch wenn das der Regierung nicht paßt. Schließlich ist Israel in diesen grausamen, mörderischen und moralisch unerträglichen Krieg nicht verwickelt.

Heschel ist der wichtigste Wortführer der jüdischen ökumenischen Bewegung, der jüdische Freund aller Unterdrückten. Er war einer der ersten, die sich für die russischen Juden einsetzten. Und, das sollte nachdrücklich betont werden, für die erniedrigten Schwarzen. Er stellte mir Martin Luther King vor, den er sehr verehrte. In der Bürgerrechtsbewegung wurde er Vater Abraham genannt. Wegen dieses Engagements übten gewisse orthodoxe Kreise ihm gegenüber Zurückhaltung: »Er ist den Christen zu nahe«, hieß es. Das tat ihm weh, und mich ärgerte es. Na und? Was ist schlecht daran, wenn ein Jude Nichtjuden das Judentum lehrt und vor ihnen für die Ehre und die Tradition seines Volkes eintritt? Und als er Papst Paul VI. in Rom aufsuchte, tat er es, um seinen Brüdern die zu allen Zeiten notwendige Unterstützung zu sichern. Es ist immer wieder derselbe Streit: Hat ein Jude nur den eigenen Leuten gegenüber Verpflichtungen? Soll er sich in einer Art geistigem Ghetto verschanzen und für immer von der Gesellschaft getrennt bleiben, die ihn umgibt oder ihm gegenübersteht? Ist es menschlich, ist es jüdisch, alles Nichtjüdische zu ignorieren? Die Schrift lehrt uns den Wert des menschlichen Lebens, allen menschlichen Lebens, ob jüdisch oder nicht. Unsere Weisen betonen die Pflicht zur Pikkuach Nefesch, die Pflicht, jedem zu Hilfe zu eilen, der in Gefahr ist, ungeachtet seiner ethnischen, sozialen oder religiösen Zugehörigkeit. Deshalb gibt es im Talmud auch zwei Varianten desselben Gebots: In der einen Fassung lautet es, ein Menschenleben retten heißt die Menschheit retten; in der anderen, das Leben eines Juden retten heißt die Menschheit retten. Damit soll übertriebener Universalismus ebenso gemildert werden wie übertriebener Partikularismus. Anders gesagt: Man kann durchaus Jude sein und sich um das Wohl von Nichtjuden kümmern. Das ist es, was Heschel auf seine Weise sagte und lebte, was auch ich auf meine Weise versuche.

An eine Anekdote über Martin Buber erinnere ich mich besonders gern. Als er einmal vor Priestern über den Unterschied zwischen Juden und Christen sprach, sagte er ungefähr folgendes: »Wir alle warten auf den Messias; aber Sie glauben, daß er schon einmal da war und wieder gegangen ist, wir nicht. Also schlage ich vor, daß wir gemeinsam warten. Und wenn er dann erscheint, fragen wir ihn: Sind Sie schon einmal hiergewesen? Ich hoffe«, fügte Buber hinzu, »daß ich in diesem Augenblick nahe genug bei ihm stehe, um ihm ins Ohr flüstern zu können: ›Um Himmels willen, antworten Sie bloß nicht!‹« Heschel war in dieser Hinsicht noch unverblümter und kämpferischer als Martin Buber.

Und Heschel erging es wie Martin Buber: Je mehr ihn die Christen bewunderten, desto mehr Wert legten gewisse jüdische Kreise darauf, sich von seiner Person und seiner Lehre abzugrenzen. Diese bittere Erfahrung mußte Heschel sowohl am (reformierten) Hebrew Union College von Cincinnati machen, wohin er während des Krieges berufen worden war, als auch am (konservativen) New Yorker Jewish Theological Seminary, wo er bis zu seinem Tod den Lehrstuhl für Mystik und Ethik innehatte. Die Menschenrechte lehrte er durch sein Vorbild.

Ich kam oft ins Seminary, das damals noch zu den großen jüdischen Hochschulen gehörte. Dank Louis Finkelstein, David Weiss-Halivni, Gerson Cohen, Seymour Siegel, Wolfe Kelman, Ginzburg, Spiegel und Schmelzer konnte ich meiner unersättlichen Leidenschaft frönen und mich endlich wieder - aber auf methodische, systematische Weise - in die jüdische Lehre versenken.

Und natürlich gab es da noch Saul Lieberman, der einzige, den ich innerlich je meinen Meister zu nennen bereit war.

In Paris lerne ich Manès Sperber kennen. Unsere Wege mußten sich eines Tages kreuzen, das war unvermeidbar, das war vorherbestimmt. Manès allerdings glaubt nicht an das Schicksal. Er ist ein freier Geist, und die Freiheit ist seine Religion. Ich höre ihn gern über die Freiheit reden. Eigentlich höre ich ihn über alles gern reden.

Manès Sperber ist ein Dialektiker, der seinesgleichen sucht, mit sokratischer Ironie und enzyklopädischem Wissen. Fast übergangslos kommt er von Puschkin über den Bescht auf Adler zu sprechen. Wer außer ihm hätte den glanzvollen Roman *Wie eine Träne im Ozean* schreiben können? Selbst Leib Perez nicht, unser beider Held. Ich genieße die stillen, beruhigenden, aber niemals einschläfernden Stunden mit ihm.

Manès hat in meinem Leben große Bedeutung. Selten habe ich all diese Qualitäten - seinen scharfen Verstand, seine schriftstellerische Begabung und sein humanistisches Weltbild - in einem Menschen vereint gesehen. Dem Anschein nach, aber nur dem Anschein nach, stehen Welten zwischen uns: Er war Kommunist, ich nie; er ist immer noch angezogen von Adlers Individualpsychologie, ich neige eher zur Mystik; er lehnt die Religion ab, ich komme immer wieder darauf zurück. Was uns miteinander verbindet, liegt viel tiefer. Ich empfinde ihn als Vorgänger, ja, als Vorfahren. Wie oft habe ich ihn um seine Meinung oder seinen Rat gebeten! (Seine Frau Jenka sagte mir nach seinem Tod, daß er in mir eine Art jüngeren Bruder gesehen habe.) Er ist immer kritisch, nie gefühlsselig, vor allem denen gegenüber, die er liebt. Aus jedem Treffen mit ihm gehe ich, wie soll ich sagen, hellsichtiger und wahrhaftiger hervor. *Das Testament eines ermordeten jüdischen Dichters* zu schreiben wäre mir nicht möglich gewesen, hätte ich nicht von ihm gelesen und gehört, was er im Dienst der Komintern in Jugoslawien erlebt und in seinen Romanen verarbeitet hat. Ich befolge seine Ratschläge und beherzige seine Ermahnungen: nicht dem Erfolg hinterherzulaufen und sich nicht vom Ruhm berauschen zu lassen, vor allem aber den bequemen Weg träger Gewohnheit zu meiden und das Vorhersehbare zu fliehen. Er schmeichelt nie, und was er sagt, ist immer ernst gemeint. In seinen Analysen findet man keine Schwachstellen und in seinen Sätzen keine Rührseligkeiten. Fast unbewußt scheut er davor zurück, sich beliebt machen zu wollen: Die Wahrheit, meint er, brauche sich nicht um die Zustimmung der großen Masse zu scheren.

Bei ihm lerne ich den Schriftsteller Jean Blot und den deutsch-jüdischen Romanautor Erich Kästen kennen. Auch dem schweigsamen Paul Celan, der den Eindruck vermittelt, als stünde er am Rand seiner inneren Abgründe, lauschte in sich hinein und hörte dort die *Todesfuge*, hat Manès mich vorgestellt.

Jedes Werk Sperbers ist ein Meisterwerk. Den *Verbrannten Dornbusch* und *Die verlorene Bucht*, die zur Romantrilogie *Wie eine Träne im Ozean* gehören, und viele andere habe ich verschlungen. Seine Essays über den Verrat des Kommunismus oder über die Vernichtung sind unvergänglich.

Natürlich haben wir auch Meinungsverschiedenheiten. So teilt er meine bedingungslose Treue zu Israel nicht: Da bin ich ihm zwar klar, aber nicht kritisch genug. Als ich einmal öffentlich behauptet hatte, das Schicksal des jüdischen Volkes hinge von dem des Staates Israel ab, machte er mir (in einem privaten Gespräch selbstverständlich) dafür Vorwürfe. Die nationalen Katastrophen und das Unglück, das über unser Volk gekommen sei, hätten zwar einen hohen Blutzoll gefordert und viele Friedhöfe gefüllt, aber seiner Ansicht nach die Existenz des jüdischen Volkes nicht wirklich bedroht.

Mein Freund Manès ist ein ausgezeichneter Lehrer und ein gewandter Redner. Kein Wunder, daß er mit André Malraux, Ignazio Silone und Arthur Koestler (den er in Frankreich herausgegeben und bekanntgemacht hat) auf vertrautem Fuße stand. Weniger bekannt ist, glaube ich, daß Frankreich ihm auch die Entdeckung des *Tagebuchs der Anne Frank* verdankt. Seine Vorlesungen über zeitgenössische Literatur sind mir bis heute im Gedächtnis geblieben. Ich mag es, wenn er sich über den philosophischen und moralischen Reichtum des jüdischen Humors im Schtetl ausläßt. Er liebt die Orte und Menschen aus seiner Kindheit - wie ich.

Auf Jenkas Bitte hin schreibe ich ein Vorwort zur amerikanischen Ausgabe der *Wasserträger Gottes*. Hier ist es:

Dieses Vorwort hätte ich gern als Brief geschrieben. Als Brief an Manès Sperber. Um ihm zu sagen, daß er mir fehlt. Daß ich seine Anwesenheit brauche, seine Weisheit, seine Charakterstärke, die mit einem leisen Hauch rührender Zärtlichkeit unterlegt war. Ich brauche sein strenges Auge ebenso wie seinen Sinn für Humor. Seine Ratschläge, seine Verweise, seine Vorträge im Geiste des Mussar - ich brauche sie, wie ich seine Freundschaft brauche: An ihn zu denken heißt ihn mir lebendig denken. Aber ich kenne ihn: Er würde über mich spotten; mit einer kleinen Handbewegung würde er mich ermahnen: »Du und deine ewigen chassidischen Narischkeiten... Wie oft soll ich dir noch sagen, daß es nach dem Tod gar kein Leben gibt?« Aber er irrt sich. Manchmal irrt sogar er sich. Mit dem Tod hört das Leben eines Menschen nicht auf, und schon gar nicht das eines solchen Menschen und Schriftstellers, wie er es war. Manès, mein Freund Manès lebt, denn sein Werk weist den Tod in die Schranken. Nein, Manès wird nicht untergehen, genausowenig wie die Bewunderung seiner Leser, die seine Stimme brauchen und seine Worte, um nicht selbst unterzugehen.

...Unsere erste Begegnung war mit dem Schicksal der sowjetischen Juden verknüpft. Zufällig? Die jüdische Geschichte kennt keine Zufälle. Sagen wir eher: symbolisch. Es ist das jüdische Leiden - oder das Leiden der Juden in der Ferne -, das uns zusammenführte.

Im Rahmen einer Konferenz über das Schicksal der sowjetischen Juden spricht Manès in Brüssel vor vollem Saal und aufmerksamem Publikum. Manès ist hochgebildet, seine Vorträge sind klar, interessant und anregend. Er legt die Tatsachen dar und überläßt es den Zuhörern, daraus Schlüsse zu ziehen, die zum Handeln auffordern. Die ethischen und die jüdischen Aspekte seines Vor-

trags beeindrucken mich derart, daß ich gar nicht umhinkann, diesen Mann näher kennenlernen zu wollen.
Sein Werk kenne ich bereits. Die Trilogie wird als eines der unumgänglichen Zeugnisse für die ideologischen und politischen Turbulenzen unseres Jahrhunderts bestehen bleiben. Alles ist vorhanden: die Sehnsucht nach Gerechtigkeit, das leidenschaftliche Eintreten für Menschlichkeit und die tiefe Liebe zum jüdischen Volk. Nichts ist zuviel: kein überflüssiger Satz, keine durchschaubare Inszenierung. Die Lauterkeit und Kargheit seines Stils erwächst aus der Anziehung, die die Tiefe von Menschen mit einem düsteren Geschick auf ihn ausübt. Seine schmerzhaft eindringlichen Figuren fesseln durch ihre Beispielhaftigkeit. Kommunisten erscheinen ebenso wahrhaftig wie fromme Juden. Er spricht nur von Dingen, die er kennt, die er erlebt hat. Bei unserer ersten Begegnung - die, wenn ich mich nicht irre, von einem gemeinsamen Freund arrangiert wurde - unterhalten wir uns lange über sein Schtetl in Zablotow, das mich merkwürdigerweise an mein eigenes erinnert.
Ich mag es, wenn er Geschichten und die bilderreichen, geheimnisvollen Legenden aus Zablotow erzählt. Es ist, als wäre er noch dort, so selbstverständlich spaziert er zwischen Hütten ohne Licht herum und durch die Lehrhäuser, in denen morgens und abends, besonders am Sabbat und an den Feiertagen, die Gläubigen Gesänge beten oder Gebete singen. Auch andere jüdische Schriftsteller haben versucht, das Schtetl in der ganzen Vielfalt seiner Farben zu beschreiben, aber keiner hat mit so großer Kenntnis darüber geredet; und mit soviel Zärtlichkeit.
Nein, Manès ist nicht religiös. Das sagt er und macht es unmißverständlich klar: Der idealistische Intellektuelle der Zukunft, der Sänger des Menschlichen, wird alle Religionen, meine, unsere eingeschlossen, verwerfen. Wie oft hat er mir meinen »Judäozentrismus« vorgehalten! Seiner Meinung nach habe ich ganz zu Unrecht so sehr darauf beharrt, daß die jüdische Religion (ich hätte besser sagen sollen: Tradition) eine wesentliche Rolle für die Renaissance des Judentums in der Sowjetunion spielte. Er hält das Ganze für ein soziokulturelles Phänomen: Jeder Mensch, auch der jüdische Mensch in der Sowjetunion, fordert Freiheit, er will frei sein von allen Zwängen, politischen oder religiösen. Und er kann und soll sich ihrer entledigen.

Im ersten Band seiner Autobiographie berichtet Manès von seinem ersten Bruch mit dem Glauben. Da ist er noch ein Kind, geht in den Cheder und in die Synagoge. Das Kaddisch für die Waisen erschüttert und verwirrt ihn. Er fragt sich, wie lange Gott dem Tod noch erlauben wird, Menschen hinwegzuraffen, damit Er dann von deren Kindern Lobpreisungen Seines Ruhms und Seines Erbarmens hört. Gerade dort, wo es auf Fragen keine Antworten mehr gibt, beginnt der Glaube. Aber Manès ist durch und durch Rationalist und mißtraut einem Glauben, der verblendet, statt zu erleuchten. Er schließt sich der Revolution an, weil sie ihm anfangs den Glauben ersetzt. Zehn Jahre später wird er die kommunistische Partei verlassen, weil er sie als neue Kirche betrachtet. Es ist die Zeit der Schauprozesse (der freiwilligen Geständnisse). In Moskau klagen sich die ehemaligen Genossen Lenins öffentlich aller Vergehen und Verbrechen der Welt an. Von den europäischen Intellektuellen werden diese Scheinprozesse im großen und ganzen mißbilligt, aber hingenommen. Nicht so von Manès. Manès ist gegen alle Gefängnisse, ob für die Menschen oder deren Gedanken. Manès will ein freier Mensch sein. Sein ganzes Werk legt dafür Zeugnis ab.
Und trotzdem, allem Aufbegehren und aller Widerrufe zum Trotz, bleibt er in der besonderen, gleichermaßen weltlichen wie religiösen Kultur unseres Volkes verwurzelt. Er bewundert die jiddische Literatur, und diese Bewunderung ist ansteckend. Er kann sich dem Zauber, ja, auch dem Einfluß der chassidischen Geschichten nicht entziehen. In den sechziger Jahren nehme ich ihn einmal zu einem Fest beim Lubawitscher Rabbi in New York mit. Manès ist glücklich. In der Menge werden wir angerempelt, Ellenbogen stoßen uns in die Rippen, aber Manès beklagt sich nicht. Er ist glücklich, sage ich Ihnen. Glücklich, sich in der Umgebung der Chassidim zu befinden. Glücklich, sich als Kind in Zablotow wiederzusehen. Ich stelle ihn dem Rabbi vor, der fragt ihn nach seiner Herkunft, nach seiner Arbeit. Manès antwortet auf jiddisch. Und strahlt. Er ist ganz in seinem Element. Und was ist mit der übertriebenen Anhänglichkeit der Schüler an ihren Meister? Und dem Glauben an Gott? Und dem Judäozentrismus? Die wird Manès kritisieren. Später. In diesem Augenblick ist er auf seiten dieser vor Inbrunst und Hoffnung vibrierenden Menge. Schließlich – was ist Lubawitsch anderes

als ein strahlender Sieg (des Judentums) über die kommunistische Diktatur?

In seiner Trilogie ist Manès auf authentische Art jüdisch. Auch wenn er gegen die jüdische Tradition (und deren Riten) rebelliert: Es ist der Jude in ihm, der rebelliert. Und der sich sucht. Und ihr doch angehört.

Nachdem die Trilogie nun endlich ins Englische übersetzt ist, wird sie die zahlreichen amerikanischen Leser mit Manès bekannt machen. Ich beneide sie um die Freude, diesen großen Schriftsteller zu entdecken, diesen wunderbaren Erzähler und furchteinflößenden Denker.

Daher werde ich diese (autobiographische) Trilogie immer wieder lesen, wie ich auch seine Romane immer wieder lesen werde: um immer wieder Manès zu begegnen, der weise ist und komisch, gebieterisch und großzügig, wie nur die großen, wahren Schöpfer es sind.

Bei unserer letzten Begegnung sprachen wir über die Probleme, die uns schon zwanzig Jahre zuvor in Brüssel beschäftigt hatten. Wir umarmten uns. Er weinte. Ich wollte weinen. Schweren Herzens verließ ich ihn. Deshalb werde ich seine Bücher wieder aufschlagen. Um ihn wieder lachen zu hören.

Bis zum Schluß hat Manès Sperber den Tod geleugnet; er stellte ihm nur nach, um ihn zu verwerfen. Für ihn lag der Sinn des Lebens im Leben selbst.

Ich erinnere mich: Er saß in seinem Sessel, eine Decke über den Knien. Er schien mir nahe zu sein, näher als früher, näher als je zuvor. Für einen Augenblick ließ Jenka uns allein. Manès sah mich an, und was ich in seinem Blick lesen konnte, erstaunte und berührte mich zutiefst.

Ich zögerte lange, bevor ich ging.

Manès, mein Freund. Ich wollte ihn niemals verlassen.

Aber dann hat er uns verlassen.

1964: Es ist an der Zeit, meine Heimatstadt wiederzusehen. Alice Morgaine bietet mir an, daraus doch etwas für *L'Express* zu machen, wo sie die Frauenseiten betreut. Sie stellt mich Françoise Giroud vor, deren funkelnde Intelligenz ihren Eindruck auf mich nicht verfehlt. Dann wäre ja alles geregelt. Außer... Außer was? Françoise Giroud erwartet politische Reportagen über das Tagesgeschehen; ich dagegen habe mich auf all meinen Reisen durch Osteuropa immer nur mit der Vergangenheit beschäftigt. Läßt sich die Vergangenheit in der Gegenwart wiederfinden? Ich werde doch nichts an *L'Express* schicken.

Ich mache mich also auf den Weg: Budapest, Bukarest, Baia-Mare. In Budapest besichtige ich das jüdische Viertel und suche dort nach Spuren vergangener Jahre. Was, wenn ich auf einen Vadàszcsendör treffe, einen jener Polizisten, die 1944 ihren überkommenen Antisemitismus an den ungarischen Juden austobten und mit ihrer sadistischen Brutalität das Drama der Vertreibung noch verschärften? Ich will die offiziellen Archive einsehen: Wer war dabei, wer saß in welchem Büro, als die Entscheidung über die Deportation der Juden aus Sighet und Umgebung gefällt wurde? Wie gern würde ich die kleine Sekretärin kennenlernen, die naiv und zuverlässig das alles aufgezeichnet hat! Nur um ihr ein paar Fragen zu stellen. Das Ghetto. Die unter dem Schutz Raoul Wallenbergs und der Schweizer Botschaft stehenden Häuser: Warum kam die humanitäre Hilfe der sogenannten freien Welt so spät? Auf dem Lànczhid, einer Hängebrücke, die von grimmigen Löwen bewacht wird, versuche ich eine Frau wiederzufinden, die ihren schwächlichen kleinen Sohn ins jüdische Krankenhaus bringt, wo ihn eine große Kapazität wegen seiner häufigen Kopfschmerzen untersuchen wird. Der Junge ist gewachsen, die Kopfschmerzen auch. Ich gehe in die Synagoge und rede mit den Gläubigen. Einer von ihnen will wissen, ob ich verheiratet sei. Nein, noch nicht. Warum? Er habe eine Tochter, die er ins Ausland schicken möchte; durch eine Scheinhochzeit wäre das möglich. In Bukarest höre ich von Zwi Ajalon, einem früheren General, der jetzt israelischer Botschafter ist, nur nichtssagende Klischees. Da mir die Erfahrung mit totalitären Regimes noch fehlt, kann ich seine Vorsicht und sein Mißtrauen nicht verstehen. In meinen Reportagen werde ich diese hölzerne Sprache zu Unrecht verdammen und lächerlich machen. Ich gehe ins Jiddische Theater, es ist ziemlich voll. Nicht alle Schauspieler sind Juden, und nur die Rumänen beherrschen das Jiddische vollkommen. Ich finde das gar nicht erstaunlich; unsere Maria konnte es ja auch wunderbar.

Maria, die Küche, der Hof, der Garten, der Sabbat, der Cheder – die Landschaft meiner Kindheit. So oft habe ich davon geträumt, daß dieser Traum zu einer Obsession geworden ist. In meinen Wahnbildern sehe ich mich nach Sighet zurückkehren. *Gezeiten des Schweigens* erzählt in fiktiver, romanhafter Weise von dieser Rückkehr: Mein Held, Michael, kommt nach Hause, aber niemand ist mehr da. Kaum angekommen, betritt er den Laden, der früher seinem Vater gehört hat. Ein Unbekannter fragt ihn nach seinen Wünschen. Kerzen, sagt Michael, überrumpelt. Wie er auf Kerzen gekommen ist, weiß er nicht. Er wird verhaftet. Die kommunistischen Polizeibeamten stutzen über die Kerzen - sicher sind darin verschlüsselte Botschaften und Mikrofilme versteckt - und schneiden sie in Stücke. Enttäuscht dringen sie in den Verdächtigen: Was er mit den Kerzen wollte? Warum er sie gekauft habe? Aber Michael weiß die Antwort nicht - ich wußte sie selbst nicht. Er war in das Geschäft gegangen und mußte erklären, warum, also ließ ich ihn Kerzen kaufen, ohne viel darüber nachzudenken. Ebensogut hätte er Knöpfe oder eine Schere verlangen können. Und trotzdem...

Als ich schließlich nach Sighet komme, will ich zuerst den Friedhof besuchen und an den Gräbern meiner Vorfahren und Verwandten in stiller Andacht verharren. Der Tradition gehorchend, will ich dort Kerzen anzünden. Aber wo und wie kann ich welche kaufen? Als ich einen Laden gefunden habe, erstehe ich dort zwei Kerzen und habe mit jedem Schritt mehr das Gefühl, einem Drehbuch zu folgen, das ein anderer geschrieben hat, der nur in meiner Vorstellung existiert. Michael wird zu meinem Pfadfinder und Wegbereiter. Schritt für Schritt trete ich in seine Fußstapfen. Ich sehe durch seine Augen, ich fühle, was er gefühlt hat, als ich zwischen Passanten, die mich nicht wiedererkennen, mich nicht einmal ansehen, durch die Straßen gehe und schließlich nach Hause komme - als Fremder im eigenen Haus.

Die kleine Stadt ist schwer einzuordnen. Obwohl oder weil sie sich nicht verändert hat, erkenne ich sie kaum wieder. Offenbar hat sie im Krieg nicht gelitten. Die Straßen sind voll geschäftiger Leute. Der Park ist noch so groß wie früher und auch nicht gepflegter. Die Bäume sind an ihrem Platz, die Bänke auch. Alles ist wie zuvor. Außer einem: Es gibt keine Juden mehr. Ich suche sie. Ich suche nach den Kindern, deren fröhliches Lachen den Garten um die Ecke erfüllte. Ich suche nach den Talmudschülern, deren melodiöser Singsang mich glücklich und sehnsüchtig machte. Ich halte Ausschau nach den Lastenträgern, die sich in der Dämmerung erschöpft an eine Wand lehnten, um das Mincha-Gebet zu sprechen. Ich suche nach den hungrigen und dennoch fröhlichen Bettlern, nach den Fürsten im Gewand des Verrückten und nach den Verrückten im Gewand des Weisen. Auch nach meinen von messianischen Träumen heimgesuchten Kameraden suche ich. Und alle sind sie verschwunden, von der Nacht verschluckt. In wessen Erinnerung sind sie noch am Leben? In der der Überlebenden, für eine Weile. Und dann? Primo Levi hat recht: in der der Toten, vielleicht.

Ich schlendere durch die Straßen, bleibe vor dem Kino stehen, gehe bis zum Krankenhaus. Keiner beachtet den Zurückgekehrten, der von weither gekommen ist. Es ist, als wäre ich ein Gespenst, als gäbe es mich gar nicht. Als hätte es mich nie gegeben. Haben hier wirklich einmal Juden gelebt, vor langer Zeit?

Freunde haben mir die Telefonnummer von Leibi Bruckstein gegeben, einem kommunistischen jüdischen Schriftsteller, der in »meiner« Straße wohnt. Ich rufe ihn an. Er hat Angst, mich allein zu sprechen: Wir schreiben das Jahr 1964, die Mauern haben Ohren. Wir treffen uns trotzdem für ein, zwei Stunden. Im Freien. »Ich werde einen Bericht abgeben müssen«, warnt er mich. Gut, soll er seinen Bericht schreiben. Ich verstehe ihn. Mein Besuch könnte ihm Ärger mit der Securitate einbringen. Wir müssen aufpassen.

Wir gehen spazieren. Dort steht das Haus, wo mein Freund David gewohnt hat. Und da das von Izu. Und etwas weiter das von Jiddele. Ich sehe seinen Großvater wieder vor mir, den Dajan, den rabbinischen Richter: immer elegant, verschwiegen, ein Lächeln auf den Lippen. Er hat 1944 mit meinem Vater zusammen die Abstammungsurkunden gefälscht, um ausländische Juden zu retten. Gegenüber steht ein ehemaliges Lehr- und Bethaus. »Darf ich hinein?« Mein Begleiter zögert erst, dann willigt er ein: »Ja, aber das wird in meinem Bericht stehen.« Ist ja gut, soll er doch in seinen verdammten Bericht schreiben, was er will. Ganz leise frage ich ihn: »Wie kannst du in dieser erstickenden Atmosphäre leben?« Er blickt sich ängstlich um; niemand beobachtet uns. »Ich würde ja gern nach Israel ausreisen. Aber das ist sehr kompliziert, sehr schwierig. Wenn man ein Ausreisevisum beantragt, wird man verdächtigt. Abgesondert. Abgestempelt. Und was sollte ich dort machen? Ich bin zu alt, um noch einmal von vorn anzufangen.« Von fern dringt ein Echo an mein Ohr: Mein Vater hat einmal eine ganz ähnliche Sprache gesprochen. »Bleib nicht hier«, sage ich zu diesem kommunistischen jüdischen Schriftsteller, der mehr jüdisch ist als kommunistisch. »Das Regime hier wird dich vernichten.« Ich trage ihm meine Hilfe bei der Erlangung eines Visums an. Er nickt zum Zeichen seiner Zustimmung. Ich werde darüber mit Doktor Mosche Rosen sprechen, dem Oberrabbiner von Bukarest. Und mit israelischen Freunden, die sich um Juden aus dem Osten kümmern. Leibi Bruckstein konnte tatsächlich mit Frau und Sohn nach Israel emigrieren. 1982 traf ich ihn zu meiner Verblüffung vor der Klagemauer in Jerusalem. Da stand er, der atheistische Kommunist, unter der ins Gebet versunkenen Menge, und stopfte einen Zettel in einen Spalt! Was wohl seine Bitte war? Später erfuhr ich, daß er und seine Frau schwer krank waren und ihnen nur noch wenig Zeit zum Leben blieb. Ihr Sohn Freddy ist heute Universitätsprofessor und ein angesehener Wissenschaftler, der in Israel und den Vereinigten Staaten lehrt.

Aber noch sind wir dabei, Sighet wiederzuentdecken. Die Judenstraße: so viele Fensterläden verschlossen, so viele Türen vernagelt. Und dahinter die leeren Wohnungen mit ihren kleinen, dunklen, muffigen Räumen. Wie konnten meine Freunde und ihre Familien in diesen Gemäuern leben? Plötzlich tritt mir – wie in einem verzweifelten Aufbäumen – die Wirklichkeit wieder vor Augen: Sie waren arm, die wunderbaren Juden von Sighet! Wir alle waren es, aber damals habe ich, wie ich nicht oft genug wiederholen kann, das in den jüdischen Vierteln herrschende Elend gar nicht wahrgenommen. Stück für Stück kommen Erinnerungen in mir hoch, zeichnen sich in Umrissen ab: Eine Witwe kommt freitags in den Laden und bittet, daß sie einmal noch anschreiben lassen darf. Ein Greis spricht mich am Morgen von Tisch'a be-Aw (dem Gedenktag anläßlich der Zerstörung des Tempels) am Eingang zur Synagoge an: »Fastest du heute?« fragt er und sagt dann: »Ich faste alle Tage im Jahr.« Und mein Vater, ich sehe meinen Vater wieder: schweißgebadet, angsterfüllt. Und meine Mutter, auch sie sehe ich wieder, wie sie, die Zärtlichkeit in Person, erschöpft von den langen Mühen des Tages und des Abends, am Ladentisch steht. Ich sehe sie beide an einem Winterabend, sehr spät. Sie haben Sorgen. Sie brauchen eine bestimmte Summe, um eine fällige Rechnung zu begleichen. Wer wird ihnen das Geld leihen? Eine Woge des Mitleids durchströmt mich. Dafür ist es jetzt zu spät, wie für vieles andere auch.

Ich will die Synagogen wiedersehen. Die meisten sind geschlossen. In einer stoße ich auf Hunderte von heiligen Werken, die im

Staub liegen: Sie sind in den verlassenen Häusern von den Machthabern aufgesammelt und hier deponiert worden. Fieberhaft beginne ich in dem Haufen zu wühlen und entdecke tatsächlich ein paar von meinen Büchern. Ich grabe weiter und weiter. In einem Buch mit Bibelkommentaren stoße ich auf vergilbte, zerfledderte Seiten, auf denen ich mit dreizehn, vierzehn Jahren in krakeliger Schrift wirre Gedanken festgehalten habe: meinen Kommentar zu den Kommentaren. Mir platzt fast der Kopf. Ich stürze hinaus. Auf der Straße plötzlich die Angst, verrückt zu werden: Vor mir sehe ich Bettler mit aufgehaltener Hand Almosen fordern, struppige Männer mit stumpfem Blick, Frauen ohne Alter mit wirren Haaren, in schwarze Lumpen gehüllt, und Krüppel, die sich auf ihre Krücken stützen - sind das die letzten Juden, die allerletzten Überbleibsel dessen, was einmal die große, blühende Gemeinde Sighets war? Wie konnten sie ahnen, daß ich hier sein würde, ich, der ich sie auf jeder Seite meiner Erzählungen willkommen heiße? Bin ich einem Trugbild zum Opfer gefallen? Ich verteile alles an sie, was ich bei mir habe: Zigaretten, Bonbons, Geld. Sie murmeln unverständliche Worte. Berichten sie von dem, was ihnen widerfahren ist? Plötzlich steigt wieder das Gefühl einer Bedrohung in mir auf, ich merke, wie mein Verstand nachgibt. Schnell weg, ich muß weg von hier, davonlaufen, mich wie ein Flüchtling aus dem Staub machen.

Ein paar Jahre später komme ich mit einem Fernsehteam des amerikanischen Senders NBC nach Sighet. Leibi, der jiddische Schriftsteller, ist immer noch da. Auf Anweisung der Behörden wird er unser offizieller Führer. Und hat immer noch Angst. Die Kameraleute machen Aufnahmen vom Hof meines Hauses, vom Friedhof, vom Büro für den kläglichen Rest der Gemeinde - etwa hundert Mitglieder, mehrheitlich aus den Nachbardörfern. Die längste Sequenz des Films wird meine Unterhaltung mit Mosche sein. Aber ich will nichts übereilen: Ich muß Ihnen noch ausführlicher von diesem seltsamen Kerl berichten.

Kurz vor meiner Ankunft in Sighet erhalte ich ein Telegramm von Martin Hoade, dem NBC-Redakteur, der mit seiner gesamten Crew schon vor Ort ist: »Wir haben durch einen Zufall Ihren Mosche wiedergefunden. Er wird in dem Film auftreten.« Ich bin sprachlos. Mit Marion, die mich auf meiner Reise begleitet, lese ich das Telegramm wieder und wieder. Er muß den Verstand verloren haben, der gute alte Martin, denke ich. Weiß er denn nicht, daß »mein« Mosche – über den ich so oft geschrieben habe: Mosche der Küster, Mosche der Verrückte, der *von dort* Zurückgekehrte, der Künder künftiger Katastrophen – nicht mehr am Leben ist, es nicht mehr sein kann? Ich habe ihn mit dem ersten Transport wegfahren sehen. Könnte es sein, daß er überlebt hat? Nach Sighet zurückgekehrt ist? Mit pochenden Schläfen stürze ich ans Telefon. Natürlich ist es unmöglich, nach Sighet durchzukommen. Ich würde viel darum geben, Genaueres zu erfahren. Von diesem Augenblick an denke ich nur noch an Mosche, meinen unglücklichen Freund, der in Kolomea und Kamenez-Podolski als erster den Tod am Werk gesehen hat. Kaum auf dem Flughafen von Baia-Mare gelandet, noch vor der hastigen Begrüßung, überfalle ich Martin Hoade mit meiner Frage: »Und Mosche? Ist es wahr, daß er lebt?« – »Das kann ich Ihnen versichern«, gibt er mir gelassen zur Antwort. »Ich habe ihn erst gestern gesehen.« Ich versuche meine Ungeduld im Zaum zu halten: Wer weiß, sage ich mir, vielleicht ist das amerikanische Fernsehen ja so mächtig, daß es auch Tote zum Leben erwecken kann. Während der ganzen Fahrt über die bergigen Straßen frage ich Martin aus: Wo hat er Mosche aufgestöbert? Wo lebt er? Wie sieht er aus? Welche Sprache spricht er? Martin antwortet ausweichend, wahrscheinlich um die Spannung aufrechtzuerhalten: Er möchte unser Wiedersehen als dramatische, authentische Überraschung inszenieren. Und dann ist es doch bloß eine halbe Überraschung. Denn Mosche hat nur denselben Vornamen wie »mein« Mosche und dieselbe Vergangenheit – die ohnehin allen Juden aus meiner Gegend gemeinsam ist. Macht aber nichts, ich mag ihn trotzdem gern, diesen Mosche. Er ist der letzte Chassid aus Sighet und Umgebung; altmodisch gekleidet, wie die Chassidim von einst – eine auffallende Erscheinung. Mit seinem weißen Bart, den hinreißend blauen Augen, dem wunderbar gütigen Gesicht, das ein Lächeln von wahrhaft kindlicher Sanftheit erhellt, hätte er Rembrandt als Modell für ein Porträt dienen können. Wir drücken einander die Hand. Was er denn in diesem gottverlassenen Kaff tue? Er sei der Schochet, der Schächter der Gegend, erklärt er. Martin ist überhaupt nicht enttäuscht. Er verlegt den Drehtermin auf den nächsten Tag, um uns im Gespräch zu filmen: zwei Juden vom gleichen Ort, zwei Überlebende, die ihre Erinnerungen und Eindrücke austauschen. Währenddessen plaudere ich weiter mit Mosche. Er lebt allein, in einem fensterlosen Verschlag, in den er hineinkriechen muß »wie ein Hund«. Was er mir zuraunt, klingt, ohne daß er davon weiß, wie das Echo eines gewissen Joseph K. Aber er beklagt sich nicht, er fühlt sich beseelt von seiner Aufgabe: Es gebe in Sighet und Umgebung, in den Karpaten, noch Juden, erzählt er, die koscher essen und daher seiner Dienste bedürften. Wie viele? Ein paar in Sighet, zwei oder drei in diesem Dorf, drei oder vier in jenem. »Die Zahl spielt doch keine Rolle«, sagt Mosche. »Wenn ich nicht wäre, könnten sie kein Fleisch zum Sabbatmahl essen.« Es ist spät geworden, ich muß ihn verlassen. Bevor ich in mein Hotel zurückkehre, frage ich ihn noch, ob ich etwas für ihn tun könnte, ob er etwas bräuchte. Er lächelt. »Ich brauche nichts«, sagt er. »Aber die Gemeinde leidet Not... Vielleicht könnten Sie uns dabei helfen, das Dach der einzigen Synagoge zu reparieren, die noch in Betrieb ist. Es regnet schon durch...« Das Geld, das ich ihm anbiete, weist er zurück: Er dürfe von Ausländern kein Geld annehmen. Sofort fällt mir etwas Besseres ein: Ich werde ihn im Zuge unseres Gesprächs vor der Kamera darum bitten, mir seinen sehnlichsten Wunsch zu nennen; darauf kann er mir dann zur Antwort geben, daß das Dach kaputt sei und dringend einer Reparatur bedürfe... Den Rest werden die rumänischen Behörden übernehmen, das verspreche ich ihm. Mosche ist einverstanden. Wir wiederholen meine Frage und seine Antwort. »Und Sie glauben wirklich, daß...« fragt er mit ungläubiger Miene. »Ganz sicher. Das Dach wird bald wieder in Ordnung sein.«

Ich schlafe schlecht. Im Traum fallen mich tausend Geister an; sie wollen mich zum Friedhof schleppen, ich sehe sie dort schon am Grab meines Großvaters hocken, dessen Namen ich trage – aber das ist eine andere Geschichte.

Am nächsten Tag treffen wir uns am Drehort. Im »Gemeindebüro« herrscht eine feierliche, gespannte Stimmung. Martin gibt seiner Mannschaft die letzten Anweisungen: Scheinwerfer im richtigen Winkel, Kameras in Position, Ton kontrollieren. Fertig? Fertig! Dann die rituellen Befehle: Ruhe im Saal! Licht an! Kamera ab! Mosche ist unglaublich – als hätte er in der Jeschiwa Schauspielunterricht genommen. Zuerst beschwören wir den Wischnitzer Rabbi herauf, dessen Schüler wir waren. Der Ton des Gesprächs ist einfach und herzlich. Fragen und Antworten sprudeln nur so hervor, verknüpfen sich und sprudeln ohne Unterbrechung weiter. Ich frage Mosche nach seiner Kindheit in den Bergen, nach seinen religiösen Studien, den Kriegsjahren: Deportation, Lager, Leere, Abgrund. Er ist vor allem gläubig, trotz allem. Wie er das macht? Mosche lächelt: Das sollte ich nicht ihn fragen, sondern den Heiligen, gelobt sei Er. Er führt einen Satz aus dem Talmud an: Die Gottesliebe komme von Gott, die Gottesfurcht dagegen sei Sache der Menschen. Er, Mosche, liebe Gott und fürchte Ihn, das sei gar nicht so schwer zu begreifen. Toningenieur, Kameramann und Techniker sind sichtlich gerührt, obwohl sie kein Wort von unserer auf jiddisch geführten Unterhaltung verstehen. Sie hat etwas Unwirkliches und zutiefst Erschütterndes. Mosche fühlt sich wohl in seiner Rolle, er redet, und ich lasse ihn reden. Schließlich mache ich eine bedeutungsschwere Pause und stelle ihm dann die bewußte Frage: »Haben Sie noch ein besonderes Anliegen?« Er zögert eine ganze Weile, bevor er mit sanfter, sehr sanfter Stimme antwortet: »Ja, ich hätte schon eines...« Sehr gut, Mosche, sehr gut, nur weiter so... Aber er ist schon wieder verstummt. Wie kann ich ihn bloß an unsere Abmachung erinnern? Das Dach, Mosche, das löchrige Dach, wo es durchregnet, das dringend repariert werden muß! Anscheinend denkt er an etwas ganz anderes. Das Schweigen dauert an und wird immer lastender. Unauffällig zeige ich mit dem Finger zur Decke. Keine Reaktion. Der gute Martin Hoade ist völlig aus dem Konzept gebracht und versteht gar nichts mehr; seine Miene versteinert. Mosche dagegen versenkt seinen Blick in meinen und seufzt: »Ja, ein Anliegen hätte ich schon...« Welches, Mosche, schnell, welches denn? »Daß der Messias kommt, daß Er sich zeigt, wir können nicht mehr, Er soll sich ein bißchen beeilen... Das ist mein sehnlichster Wunsch.« Mir stockt der Atem. Was ist passiert? Hat er unser ausgefeiltes Drehbuch vergessen? Oder ist er, wäre er etwa die Reinkarnation eines anderen Mosche, meines Mosche, des Künders? Ich fasse mich wieder: »Mosche, lieber Mosche, würden Sie sich vielleicht auch mit etwas weniger zufriedengeben?« Nein, etwas Geringeres wolle er nicht. Den Messias oder überhaupt nichts. Und da ich nicht davon überzeugt bin, daß das amerikanische Fernsehen, so mächtig es auch ist, ihm diesen Wunsch erfüllen kann, gebe ich auf und wechsle das Thema.

Später erfuhr ich, daß unsere erste Unterredung heimlich aufgezeichnet worden war. Mitten in der Nacht wurde Mosche von einem jüdischen Funktionär, der des Jiddischen mächtig war, geweckt und bedroht: Ob er nicht wisse, daß es verboten und außerdem gefährlich sei, sich zu beklagen? Ob er nicht wisse, daß solche

Behauptungen den sozialistischen Staat verunglimpften? Das kommunistische Dach der einzigen kommunistischen Synagoge von Sighet löchrig zu nennen, sei antikommunistische Propaganda, mithin ein Akt der Sabotage. Daraufhin bekam Mosche es mit der Angst zu tun, aber er fand keine Möglichkeit, mir vor dem Interview Bescheid zu geben.

Mit der Fortsetzung unseres Gesprächs hatte ich Schwierigkeiten: »Sie warten auf den Messias«, sage ich zu ihm, »ich auch. Ich warte in New York auf Ihn, Sie hier, eigentlich kann man überall auf Ihn warten; das wichtigste ist doch, daß man es überhaupt tut. Aber Sie sind alt und allein. Warum wollen Sie denn nicht in Israel auf den Messias warten?« Seine Antwort war zwingend: »Israel braucht junge Soldaten; also habe ich meine drei Söhne hingeschickt; die brauchen eine Mutter, also habe ich ihnen meine Frau geschickt. Aber ich? Was sollen sie mit so einem alten Mann dort anfangen? Und hier bin ich wenigstens für ein paar Juden zu etwas nütze...« Eine Stunde dauert das Gespräch. Schließlich sage ich: »Reb Mosche, nehmen Sie es mir bitte nicht übel, aber ich begreife einfach nicht, wieso Sie noch nie in Erez Israel waren, wenigstens als Tourist... Um es wenigstens einmal gesehen zu haben. Sie hätten doch hinfahren und wieder zurückkommen können. Sind sie denn gar nicht neugierig darauf, wie Jerusalem aussieht? Haben Sie gar keine Lust, durch die kleinen Gassen in der Altstadt zu spazieren und an der Mauer zu beten?« Mit einemmal wird Mosche traurig, und sein Lächeln erlischt. Unvermittelt schießt mir der Gedanke an »meinen« Mosche durch den Kopf, und mein Herz wird von Kummer überschwemmt. Sein Blick ist damals erloschen, als es um andere Städte ging, um Kolomea und Kamenez-Podolski.

»Neugierig?« fragt mein Gegenüber schwach. »Sie fragen, ob ich nicht neugierig bin? Ich? Das Wort ist viel zu schwach dafür. Ich träume davon hinzufahren, ich brenne darauf, dort zu sein, und wäre es nur für einen einzigen Augenblick, nur für die Zeit, die man braucht, um einmal Amen zu sagen...« – »Aber dann...«, beharre ich, obwohl es vielleicht nicht richtig ist, ihm so zuzusetzen; aber ich beharre trotzdem darauf: »...dann verstehe ich nicht, was Sie daran hindert, von hier wegzugehen, Reb Mosche. Sagen Sie es mir!« Er sucht nach einer Antwort, vielleicht auch nach einer Rechtfertigung, sein Atem wird langsam und schwer: »Das ist eine Frage, die mir sehr weh tut«, murmelt er. »Die ganze Zeit denke ich darüber nach. Ich verstehe mich selbst nicht… Manchmal sage ich mir, daß ich nicht würdig bin, dort zu sein…« Er versucht fortzufahren, seinen Gedanken weiter zu entwickeln, aber dann hält er inne; er hat alles gesagt. Da spüre ich, daß mir, wie dem Toningenieur, wie Marion, wie dem Kameramann, die Tränen in die Augen steigen. Er, der Gerechte aus den Karpaten (so heißt er in meinem Tagebuch), wäre nicht würdig, den Boden Jerusalems zu betreten? Und ich? Ist er nicht tausendmal besser und würdiger, als ich es je sein werde? Und wieder ertappe ich mich bei dem Gedanken an »meinen« Mosche, an Mosche den Verrückten, den Küster, den Bettler, der nicht wiedergekommen ist.

Und trotzdem.

Zwanzig Jahre, nachdem ich meine Stadt und die Berge, die sie umgeben, verlassen habe, veröffentliche ich *Die Pforten des Waldes*.

Es ist ein Lob der Freundschaft im Übermaß der Einsamkeit. Eine Flucht vom Ich zum Ich. Ein Lied des Dankes für Maria, unsere treue Haushälterin, die uns verstecken, uns retten wollte. Einige Themen habe ich schon in *Gezeiten des Schweigens* aufgegriffen und entwickelt: den Ruf Gottes, Sein forderndes Eingreifen in die Geschichte der Menschen; die Erkundung des Schweigens durch das Schweigen. Der ganze Roman schreibt sich in die Thematik des Glaubens ein, während in *Gezeiten des Schweigens* alles auf den Wahnsinn zielt. Die beiden Romane folgen aufeinander, ähneln sich aber kaum. Gabriel ist nicht Pedro, und Gregor ist nicht Michael.

Manchmal werde ich gefragt: Wer ist Gabriel eigentlich? Und wie verhält er sich zu Gregor? Ist er ein Visionär, der sich im Traum eines verfolgten jüdischen Jungen verirrt hat? Ich weiß nie, was ich darauf antworten soll. Nicht anders wäre es, wenn man mich fragte: Wer ist Pedro eigentlich? Wie verhält er sich zu Michael? Nur die Figuren selbst könnten solche Probleme lösen. Der Autor dagegen kann nur das Motto des Buches wiederholen, mit dem er die einleitende chassidische Geschichte beendet: »Gott erschuf den Menschen, weil er Geschichten liebt.« Und gleich will man wieder von mir wissen: Wer ist »er«? Gott oder der Mensch? Ich gebe lieber keine Erklärungen ab. Wenn die Schrift auf dem Geheimnis beruht – und die Schrift ist ihrer Natur nach Geheimnis –, dann birgt sie ihre eigene Erklärung in sich, die ihr nicht von außen erwachsen kann. Nur Gabriel steht es zu, sich zu erkennen zu geben. Wenn er es vorzieht zu schweigen, könnte sich vielleicht Gregor an seiner Stelle äußern.

Wenn ich mir Gregor vorstelle, sehe ich ihn in einem Bergdorf heranwachsen. Um in dieser feindseligen Umgebung von seit Generationen verblendeten Eiferern zu überleben, muß sich mein junger Held als taubstumm ausgeben. Er lebt ausgestoßen und für sich allein am untersten Ende der gesellschaftlichen Stufenleiter. Denn er weiß, daß die einzige Rolle, in der ihn die Gemeinschaft akzeptieren würde, die des beklagten und geschmähten Opfers ist.

Damit wollte ich jedoch nicht der Gesamtheit der Menschen Schuld und Mittäterschaft zuschreiben. Neben den haßerfüllten Schurken stehen auch Ileana, die ihr Leben für die Rettung eines jungen Juden aufs Spiel setzt, und Petruskanu, der Bürgermeister und Schloßherr, der im entscheidenden Augenblick Mut und Adel beweist. Gregor kann jedenfalls nicht behaupten, die ganze Welt habe sich gegen ihn verschworen.

Und Gott? Ohne Ihn kann man sich dem Problem des Leidens nicht stellen. Dessen ist Gregor sich bewußt – um so mehr, als er in Brooklyn einem chassidischen Rabbi begegnet. Wenn Gott sich aus der Gleichung zurückzieht, wie könnte dann der Mensch sich mit Seiner Schöpfung versöhnen? Ist der Mensch vertrauenswürdiger als Gott? So will der Roman eine Reihe von Fragen sein.

Bleibt zu klären, ob Gott die Fragen liebt, ich meine, die wirklichen Fragen, auf die Er allein Antworten wüßte, die die Würde Seiner Geschöpfe nicht verletzten.

1965. Dank einer unvorhergesehenen Reise in die Sowjetunion kann ich eine neue Seite im Buch meines Lebens aufschlagen. Denn von dem, was ich dort erlebe, bin ich so begeistert und beglückt wie nie zuvor. Zwei der gebildetsten und pflichtbewußtesten israelischen Diplomaten haben mich zu dieser Reise ermutigt und mich darauf vorbereitet: Meir Rosenne und Ephraim Tari, junge frankophone Intellektuelle, die einer direkt dem Büro des Premierministers unterstellten Abteilung des Außenministeriums angehören. Sie leiten, der eine in New York, der andere in Paris, die zu diesem Zeitpunkt noch geheimen Bemühungen der israelischen Regierung um die russischen Juden – eine knifflige Aufgabe voller Fallstricke. Die einflußreichsten jüdischen Gemeinden konnten noch nicht dafür gewonnen werden. Sie sind wohl bereit, Israel zu unterstützen, nicht aber die unglücklichen, verzweifelten Juden hinter dem Eisernen Vorhang. Die liegen ihnen so fern, als wären sie unsichtbar. Wie soll man denn wissen, ob sie wirklich wollen, was man für sie tut? Da ist es doch viel angenehmer, sich mit den heldenhaften Brüdern verbunden zu zeigen als mit den armen Vettern. Und weil es sich Israel, wie allgemein bekannt, aus außenpolitischen Gründen nicht mit dem Kreml verscherzen darf, ist die öffentliche Meinung auch dagegen. Außerdem haben die amerikanischen und die französischen Juden andere Prioritäten. Aber Meir und Ephraim lassen sich nicht entmutigen. Unermüdlich sprechen sie bei Senatoren, Abgeordneten, Journalisten und Geistlichen vor, veranstalten Seminare, organisieren Kolloquien und verfassen Petitionen: Immerhin geht es um das Leben unzähliger Menschen, die ihr Recht auf Würde und Hoffnung einklagen. Wie viele es wohl sind? Von Millionen ist die Rede - kann man das glauben? »Du mußt hinfahren«, beschwören mich die beiden Diplomaten, »du darfst dich dem nicht entziehen. Du nimmst die Rolle des Zeugen für dich in Anspruch - dann leg auch Zeugnis ab für die russischen Juden!« Wie sollte ich das ablehnen? Also lasse mich überreden. Gerson Jacobson, ein jiddischer Journalist aus Georgien, hilft mir bei der Wahl meiner Reiseroute. »Spezialisten« geben mir die notwendigen Ratschläge und Warnungen mit auf den Weg: Ich solle die klassischen Spionagefallen meiden und mich nicht von sowjetischen Schönheiten bezirzen lassen, die dazu fähig seien, mich splitterfasernackt auf meinem Zimmer oder in meinem Schlafwagenabteil zu erwarten - und sicher für den KGB arbeiten. Was also tun? Stark sein, der Versuchung widerstehen, meine Keuschheit um jeden Preis verteidigen. Strenge Zucht gewöhnt, fühle ich mich stark genug, allen Frauen ein »Weiche, Satan« entgegenzuschleudern. Allerdings sind diese Vorsichtsmaßnahmen gegenstandslos, weil - es macht mich etwas verlegen, das zuzugeben - der KGB leider keiner seiner Agentinnen den Auftrag erteilt hat, mich in die Falle zu locken.

Ich lege meine Reisepläne so, daß ich zu den Hohen Feiertagen in Moskau, Leningrad, Kiew und Tiflis bin, und komme verwandelt zurück: Ich wollte für die Toten sprechen und wurde zum Botschafter der Lebenden. Auf Anhieb fühle ich mich diesen vergessenen und dennoch standhaften Juden nahe. Ich bewundere ihre Fähigkeit zum Widerstand gegen die Unterdrückung ebenso wie die

Treue zu ihrem Volk. Trotz der Massaker in der Nazizeit und ungeachtet der stalinistischen Verfolgung bekannten sie sich noch im Gulag, in den Kellern von NKWD und KGB zu ihrem Judentum. Und ich rede hier nicht von den Lubawitscher Chassidim, die wie ihre spanischen Vorfahren, die Marranen, ihre Freiheit, manchmal sogar ihr Leben aufs Spiel setzten, weil sie heimlich die Tora lehrten und nach ihren Gesetzen lebten. Ich rede von denen, die weltlich erzogen wurden und der kommunistischen Utopie nachgelaufen waren.

Meir, Ephraim und Izo Rager, die diesem Kampf für die russischen Juden den Weg bereitet haben, sehe ich seither häufig: Izo mit seinen Anekdoten, Meir und sein unerschöpflicher Vorrat an Witzen: Mit seiner intellektuellen Redlichkeit als Rechtsberater des Außenministeriums hat er Henry Kissinger einige schlaflose Nächte bereitet. Ephraim wiederum beeindruckt durch seine große Klugheit. Alle drei haben später Karriere gemacht: Meir und Ephraim wurden Botschafter, Izo Rager Bürgermeister von Beer Schewa. Bei unseren Treffen in Paris, New York oder Jerusalem reden wir immer über die alten romantischen Zeiten. Ja, es waren romantische Zeiten – und wir ein Haufen junger Leichtsinniger, begeistert und zu allem bereit. Unser Entschluß stand fest: Die Notleidenden hinter dem Eisernen Vorhang sollten von uns die Kraft zur Freiheit und den Reichtum der Erinnerung bekommen, und wenn wir dem Kreml mitsamt all seinen Sicherheitskräften die Stirn bieten müßten... Mochte die ganze Welt Angst haben vor der Sowjetunion, wir waren ohne Furcht. Wir lebten für unsere Träume, denn wir hatten den Ruf der russischen Juden vernommen, die uns Halt und Kraft gaben. Das Verblüffendste, was wir damals herausgefunden haben: Von einigen berüchtigten Ausnahmen abgesehen, sind selbst die Kommunisten Juden geblieben.

Ein befreundeter Journalist erzählte, daß Sinowjew – ein Gefährte Lenins, der Stalin bewunderte und dann für seinen erfolglosen Kampf gegen ihn verdammt wurde – das Sch'ma Israel anstimmte, als er seinem Henker gegenübertrat. Bis dahin war er seinem Atheismus treu geblieben: Kommunist zu sein hieß für einen Juden, dem jüdischen Glauben, der jüdischen Tradition und der jüdische Geschichte abzuschwören. Viele haben sich schließlich zur Integration, zur Assimilation, zur Mischehe entschlossen: Sie taten alles mögliche, um ihren Kindern die Bindung ans jüdische Volk, ans jüdische Schicksal zu ersparen.

Ein Beispiel für diese Haltung? Ilja Ehrenburg und Wassili Grossman, der geniale Schöpfer von *Leben und Schicksal*, reisten in den letzten Kriegsjahren von Wilna nach Minsk, von Berditschew nach Kiew, Charkow und Odessa und suchten in Städten und Dörfern nach Chroniken und Zeugnissen von Überlebenden aus Ghettos und Lagern. Was sie fanden, stellten sie zu einer Anthologie menschlicher Grausamkeit und jüdischen Leidens zusammen. Manches darin ist so entsetzlich, daß es einem jede Hoffnung raubt. Doch das *Schwarzbuch* blieb unveröffentlicht*, weil Stalin von 1945 an seine Politik änderte – erst Deutschland, dann den Juden gegenüber. Die Wortführer und Propagandisten des Kreml wurden angewiesen, sich weder um die Verbrechen der Deutschen noch um das Martyrium ihrer jüdischen Opfer zu kümmern. Ehrenburg mußte das Originalmanuskript des *Schwarzbuchs* den zuständigen Stellen aushändigen, vermutlich, damit es von der Geheimpolizei vernichtet würde. So geschah es auch – und doch nicht: Eine Kopie war aufbewahrt und heimlich dem Archiv von Yad Vashem in Jerusalem übergeben worden. Aber von wem? Niemand wußte es. Das Geheimnis wurde erst zwanzig Jahre nach Ehrenburgs Tod gelüftet: Er selbst hatte die Kopie des Manuskripts einem zuverlässigen Freund anvertraut, der sie dann zu gegebener Zeit auf den Weg nach Israel brachte. Ehrenburg, der Romane und Pamphlete verfaßt und kommunistische, wenn nicht stalinistische Propaganda betrieben hat, war in seinem Herzen Jude geblieben; also wollte er das schützen, was von der jüdischen Erinnerung noch zu retten war. War er vielleicht eine Art Marrane? Kann sein. 1965 jedenfalls gab es davon in der Sowjetunion eine ganze Menge.

Meine Erfahrungen dort habe ich in dem Essay *Die Juden in der UdSSR* zu vermitteln versucht, und ich habe mich bemüht, die Sprache dieser warmherzigen, mutigen, begeisterten Juden, deren Kampf ich seitdem teile, durch ihren Blick zu beschreiben:

> Ihre Augen
> Von ihnen muß man zuerst sprechen, und sei es nur, um Worte

* Das *Schwarzbuch* über die Vernichtung der Juden in den besetzten Gebieten der Sowjetunion ist vor kurzem auf deutsch erschienen (Hamburg 1994); A. d. Ü.

zu finden und zu rechtfertigen. Sie muß man beschreiben, bevor man sich anderen Dingen zuwendet, denn sie stehen über allem und erhalten alles. Die Augen bringen uns ihrem Schweigen näher. Das andere kann warten und wird warten. Das andere wird nur vorhandene Kenntnisse bestätigen.

Wie auf die Quelle der Zeit gerichtet, scheinen sie dieser ihr Geheimnis zu verleihen. Die Urwahrheit verbrennt sie, aber verzehrt sie nicht. Der Ausländer, der die Sprache der Wahrheit nicht zu entziffern weiß, kann nur den Kopf senken und sich unterwerfen. Niemals wird er sehen, was sie widerspiegeln, was sie sehen.

Alterslose Augen jeden Alters und jeder Farbe; große, tiefe Augen voller Zärtlichkeit und Demut; schmale, stechende, besessene Augen; suchende Augen und Augen, die gefunden haben; flehende und herausfordernde Augen; Augen wie Wunden und Augen, die den Fremden lachen, erröten oder sein Herz schlagen lassen; müde, verbrauchte Augen und leuchtende, eigensinnige Augen, in denen Willenskraft und der Wunsch zu überleben steht; ewige jüdische Augen, die das Unaussprechliche aussprechen und eine fremdartige, unfaßbare Wirklichkeit schaffen und widerspiegeln. Diese Augen sehen weit, sehr weit: in die Vergangenheit, in die Zukunft und darüber hinaus...

Wenn sie nur sprechen könnten... Sie sprechen...

Überall sprechen diese Augen die gleiche Geheimsprache, erzählen die gleiche Geschichte, die die Gewalt einer tausendfach gehörten und gelebten grausamen Legende hat.

Ich habe beschlossen, ihnen zu antworten.

Indem ich von ihnen erzähle. Und ihre geheimen Zusammenkünfte schildere, die meistens auf dem Friedhof stattfanden; dort lernten die Neubekehrten Hebräisch und die israelischen Lieder. Ich beschreibe die Veröffentlichungen im Samisdat, diese verschlissenen, zerfledderten Blätter, die mit einer fast religiösen Ehrfurcht gelesen wurden. Die Angst der alten Männer in Kiew, die Freude der Chassidim in Leningrad, die Tora-Feier in Moskau, die jubelnde Menge vor der Synagoge in der Archipowa-Straße. Vor dem himmlischen Gericht wird man mich eines Tages fragen: »Was hast du besonderes getan, um unser Wohlwollen zu verdienen?« Und ich werde antworten: Ich war beim Tanz der jüdischen Geschichte in Moskau dabei.

Es war das Simchat-Tora-Fest: Wie im Schlaf wandelte ich durch die unübersehbare Menge junger Menschen, von einem Grüppchen zum nächsten, und nahm die berauschende Schönheit ihrer klangvollen Stimmen und die Eindringlichkeit ihrer herzzerreißenden Anrufungen in mich auf.

Ich schrieb:

Woher kommen sie? Wer hat sie geschickt, ihnen den Ort und die Zeit genannt? Wie haben sie erfahren, daß heute abend das große Ereignis stattfindet... Wer hat ihnen gesagt, daß sich heute abend vor der Synagoge Tausende versammeln werden, Jugendliche, die einander nicht kennen, nichts oder wenig von ihrem Erbe und dem Judentum wissen, die nur wissen, daß heute abend das Thorafest ist und daß man tanzen und singen und die Schleusen öffnen muß – wer hat ihnen das gesagt?

Trunken und traumverloren mischte ich mich unter sie. Dieses wogende Gebrodel, das ich mit allen Sinnen aufnahm, erstaunte und verwirrte mich. Schlagartig war die Traurigkeit, die sich in den vergangenen Wochen in mir aufgestaut hatte, gewichen, auch das Gefühl der Fatalität, das mich plagte und zermalmte. Alles war vergessen: die Spitzel, die Greise mit den Augen geschlagener Hunde und die Klagen der Bettler. Ich ließ mich treiben: in die Gegenwart, in die Zukunft. Mit einem Schlag hatten sich die Pforten zur Versöhnung und Verheißung geöffnet.

Schon lange nicht mehr hatte ich mich so stark und so stolz gefühlt. Zum Teufel mit den schönen Worten! Ich trank das Glück in vollen Zügen, das Herz schlug zum Zerbrechen.

Eine junge Frau von stolzem Wuchs erregte meine Aufmerksamkeit. Sie führte einen Sprechchor an: »Wer sind wir?« fragte sie. »Jewrei«, schrie die Menge, »Juden, wir sind Juden!« – »Wer waren wir gestern?« fuhr sie fort. *»Jewrei«*, kam es aus glühenden Mündern, »Juden waren wir, Juden wollen wir sein.« Es war, als stimmten alle Juden aus jedem Exil und aus allen Zeiten in diese Zwiesprache voll wahnhafter Besessenheit mit ein. Am Ende näherte ich mich der Wortführerin: »Was wissen Sie vom Judentum?« fragte ich. »Nicht viel«, gab sie zurück, »nur was mir meine Großeltern erzählt haben.« – »Aber warum ist es Ihnen dann so wichtig, Jüdin zu sein?« Sie zuckte mit den Schultern und antwortete nicht. Als ich aber zu einer anderen Gruppe weitergehen wollte, hielt sie mich am Ärmel meines Regenmantels fest: »Sie haben mir eine spannende Frage gestellt«, sagte sie. »Darauf schulde ich Ihnen eine aufrichtige Antwort. Sie wollen wissen, warum ich so gern Jüdin sein will? Weil ich gern singe, ganz einfach.« Ich hätte sie vor lauter Freude dafür küssen mögen. Ein Jude ist jemand, der singt: Er singt in dem verplombten Güterwagen, der nachts durch die besetzten Gebiete Europas rollt. Er singt auf dem Weg in die Lubjanka. Er singt, wenn er fröhlich ist, und er singt, wenn er es nicht ist. Er singt, weil er glücklich ist oder das Glück sucht oder auch am Glück verzweifelt. Er wird verfolgt und macht aus seinem Leiden ein Lied. Er wird ausgestoßen und macht aus seiner Einsamkeit ein gesungenes Gebet. »Danke«, sagte ich zu dem Mädchen, »ich werde die Lehre nicht vergessen, die Sie mir eben erteilt haben.«

Jahre später landen die ersten russischen Juden, die über Wien aus der UdSSR gekommen sind, auf dem Flughafen von Lod. Zu dieser Zeit, 1971/72, bin ich gerade zu einem längeren Besuch in Israel. So oft wie möglich begebe ich mich zu meinem geheimen Beobachtungsposten im Flughafen; es ist für mich eine tröstliche Gewohnheit geworden, den anrührenden Wiedersehensszenen im Morgengrauen beizuwohnen. Alte und jüngere, fromme und ungläubige Juden knien nieder, um den Boden ihrer Vorfahren zu küssen. Verwandte finden sich wieder; sie berühren einander, um sich zu vergewissern, daß sie sich wirklich und wahrhaftig gegenüberstehen. Ihre überschwengliche Freude ist ansteckend. Sie weinen und lachen, klopfen einander auf die Schulter und umarmen sich. Ich sehe aus dem Hintergrund zu und bin glücklich. Eines Morgens sehe ich eine schöne junge Frau die Gangway herunterkommen und gehe auf sie zu, um sie zu begrüßen. Sie hat mich nicht wiedererkannt, verständlich, schließlich war ich ja mehr von ihr beeindruckt. Sie sagt etwas auf russisch, offenbar hält sie mich für einen Funktionär der Jewish Agency. Ich will sie gerade an unsere Begegnung in Moskau 1965 erinnern, als ihre Augen aufleuchten und ein strahlendes Lächeln ihr Gesicht erhellt. »Ach«, ruft sie aus, »was werde ich jetzt singen!« Zum zweitenmal möchte ich sie an mich zu ziehen, um mich bei ihr zu bedanken.

Die jüdische Seele drückt sich im Gesang aus, Melodien haben sie auch in den Stunden der Finsternis am Leben erhalten. In Moskau erzählte man mir, während der Trauerfeier für den großen jiddischen Regisseur Schlomo Michoels sei mitten im Winter ein Geiger auf dem Dach eines nahen Gebäudes aufgetaucht und habe begonnen, die Melodie des Kol Nidre auf der Violine zu spielen.

Als ich in der Sowjetunion war, fühlte ich mich von all den Begegnungen, von all den Erlebnissen so reich beschenkt, daß ich innerlich ganz schwer wurde und gleichzeitig so leicht, daß ich meinte, fliegen zu können. Ich versprach jedem, mit dem ich mich kurz unterhielt, ich würde ihn nicht vergessen, sämtliche Grüße an (namenlose!) Onkel und Vettern in Tel Aviv oder Brooklyn übermitteln und vor allem mich zum Sprecher ihrer Angelegenheit machen. Aber welche Aufgabe hatte ich mir da aufgebürdet! So klar mir diese Pflicht in der UdSSR erschien, so hart stieß ich nach der Rückkehr in Amerika und Frankreich an meine Grenzen. Mein Bericht, *Die Juden in der UdSSR*, erregte ein bißchen Aufsehen, aber das war auch alles. Obwohl Auszüge davon bereits als Vorabdruck in *L'Express* und der *Saturday Evening Post* erschienen waren, ging es mit der Unterstützung der russischen Juden nach wie vor nur schleppend voran.

Daher beschließe ich im Jahr darauf, zur selben Zeit wieder in die UdSSR zu reisen. Diesmal muß ich befürchten, daß mir die Polizei Schwierigkeiten machen wird – schließlich handelt es sich um ein kommunistisches Regime. Da der KGB anscheinend »vorsichtiger« ist, wenn man nicht allein ist, bitte ich Michel Salomon, mich zu begleiten: Michel, immer bereit, sich in jedwedes Abenteuer zu stürzen, wundert sich: »Glaubst du wirklich, daß sie dir ein Visum geben werden? Nach allem, was du geschrieben hast...« Da kann ich ihn beruhigen: Ich habe das Visum schon vor Erscheinen meines Buches beantragt. »Also kommst du mit?« Michel kommt mit. Wir nehmen dasselbe Flugzeug, fest entschlossen, uns möglichst unauffällig zu benehmen. Der Flug verläuft ohne Zwischenfälle. Kaum sind wir gelandet, sehe ich David Bartow, den Attaché der israelischen Botschaft, der mit seiner Frau Esther zum Flughafen gekommen ist, um uns abzuholen. Ich rufe ihn von weitem, und er antwortet mir auf hebräisch. Michel ist fassungslos: »Nennst du das unauffälliges Benehmen?« Ach, zum Teufel mit der Vorsicht. In Höchstgeschwindigkeit bringt uns Davids Diplomatenwagen zum Hotel National, wo zwei bequeme, geräumige Zimmer auf uns warten. Am Abend gehen wir mit den Bartows zur Aufführung eines jiddischen Wandertheaters. Das überwiegend junge Publikum ist begeistert. Alle scheinen sich zu kennen. Man grüßt sich, man erkundigt sich über die laufenden Ereignisse in Israel. Langer Beifall für die Schauspieler. Ich treffe ein paar alte Bekannte aus dem Vorjahr wieder: »Sieht man sich in der Synagoge?« Aber selbstverständlich. Nichts und niemand wird mich daran hindern können.

»Kommt nicht in Frage«, verkündet mir David am übernächsten Tag, »du wirst nicht zum Gottesdienst gehen; du wirst überhaupt nirgends mehr hingehen außer zum Flughafen. Es ist leider unumgänglich geworden, daß du das nächste Flugzeug in eine westliche Hauptstadt nimmst.« Ich verstehe nicht ganz; darauf erklärt er mir, er habe aus vertraulicher Quelle die Nachricht erhalten, daß der KGB von meiner Anwesenheit Wind bekommen habe. Der Verfasser von *Die Juden in der UdSSR* auf sowjetischem Boden! Man bereite meine Verhaftung vor. Ich weigere mich, diesen Gerüchten Glauben zu schenken. Das kennt man doch: Die sind so schnell wieder vergessen, wie sie in die Welt gesetzt wurden. David läßt nicht locker. In meiner jugendlichen Überheblichkeit beharre ich darauf, hier zu bleiben. »Du mußt verrückt sein, David. Morgen ist Jom Kippur. Wie soll ich denn das Kol-Nidre-Gebet sprechen und die Fastenregeln beachten? Glaubst du wirklich, ich lasse den Rabbi und die Gläubigen im Stich?« David versucht mich zu überzeugen, aber ich höre ihm gar nicht zu. »Ich kann den jungen russischen Juden doch unmöglich erklären, daß ich nicht zu ihrer Feier komme, obwohl ich in Moskau bin. Um nichts auf der Welt möchte ich das Simchat-Tora-Fest verpassen.« Sicherheitshalber findet unser Gespräch auf der Straße statt. »Schau dich um«, fordert David mich auf, als er merkt, daß ich nicht bereit bin, nachzugeben. »Siehst du die beiden Idioten, die so tun, als ob sie nach einer Hausnummer suchten?« Ich sehe sie. »Das sind *sie*; wir kennen sie; sie überwachen dich. Unsere Quellen sind zuverlässig. Sie haben den Befehl, dich bei der ersten Provokation deinerseits sofort zu verhaften. Tu mir den Gefallen und fahr nach Hause!« Es hilft alles nichts. Mit meiner Sturheit könnte ich selbst einer Dulcinea imponieren. Mein Freund gibt sich geschlagen. »Wenigstens kannst du nicht sagen, daß ich dich nicht gewarnt hätte«, stellt er resigniert fest.

Als ich zur Synagoge in der Archipowa-Straße komme, treffe ich auch alle Botschaftsangehörigen dort. Michel, der mich begleitet, fühlt sich anfangs nicht allzu wohl unter den vielen Betenden, den weinenden Frauen und den Spitzeln, die die Fremden belauern.

Nach ein paar Stunden wird es besser. Michel ist von der Stimmung berührt. Es fehlt nicht viel, und der Dichter in ihm finge ganz leise die Abendgebete zu singen an. Er feiert Jom Kippur mit uns, aber auf seine Weise. Dann beginnt das Tora-Fest, und Michel ist wie ausgewechselt. Hat ihn die Freude der Juden ergriffen? Verstohlen beobachtet er mich, wie ich mit den heiligen Schriftrollen in der Menge der Gläubigen tanze, und lächelt. Dann gesellt er sich trotz seiner Vorbehalte schüchtern zu uns. Ich sehe ihn an: Er drückt die Tora an seine Brust, er drückt sie heftig, er ist bewegt, das sieht man. Er, der immer behauptet, er sei von all dem »weit entfernt«, scheint nun doch nicht so weit weg davon zu sein.

Dieses Fest werde ich, wie das im Vorjahr, nicht vergessen. Michel auch nicht, das weiß ich. Die Bilder von der Menge auf der Straße, die dem Regime trotzt, die Fackelträger, die Tänze der mutigen jungen Dissidenten, echte *Refuseniks*, lange bevor es den Begriff gab, ihre Beredtheit und Schlichtheit haben ihn zutiefst erschüttert: »Jetzt«, meint er, »verstehe ich, warum du sie so sehr liebst.« Als Dichter wird er ihnen Gedichte voll feiner, herber Lyrik widmen.

Kurz vor Morgengrauen kehren wir ins Hotel zurück. Ein »Berater« der israelischen Botschaft begleitet uns bis zur Zimmertür. Eigenartig: Obwohl Michel französischer Staatsbürger ist und ich Amerikaner bin, nehmen sich Israelis unserer Sicherheit an. Lauter Paranoiker, spotte ich. Überall sehen sie den KGB. Als ob es nichts Wichtigeres gäbe. Ernst erwidert David: »Du mußt noch viel lernen über das Wesen dieses Regimes.«

Am Morgen gehe ich wieder zum Gottesdienst, diesmal ohne Michel. Er ist erschöpft und schläft sich aus.

Es herrscht dieselbe Fröhlichkeit wie am Vorabend, ich spüre dieselbe unbändige Freude, als ich die vertraut gewordenen Gesichter wiedersehe. Wieder werden mir kleine Zettel in die Taschen gesteckt: »Ich habe eine Tante, die in Chicago wohnt... Einer meiner Verwandten ist nach Rishon Le-Zion gegangen...« Jemand flüstert mir ins Ohr: »Vergessen Sie uns um Himmels willen nicht, bitte, vergessen Sie uns nicht.« Andere tuscheln mir zu: »Sagen Sie den amerikanischen Juden über uns Bescheid, alarmieren Sie die Juden in Europa.« Einer seufzt: »Könnten wir nur bis zum nächsten Jahr überleben.« Ich versichere ihnen, alles zu tun, worum sie mich gebeten haben, und weil ich weiß, daß ich unter ständiger Beobachtung stehe, versuche ich, die Lippen beim Sprechen möglichst wenig zu bewegen. Ich sage ihnen immer und immer wieder, was sie hören wollen, verspreche, ihnen die Treue zu halten und so bald wie möglich wiederzukommen, ganz sicher nächstes Jahr zu den Hohen Feiertagen. Ein alter Mann küßt mir die Hand, als wäre ich ein Rabbi. Ich weine, und die Tränen rinnen mir über die Wangen.

Ich komme zurück ins Hotel, und irgend etwas sagt mir, daß mein Zimmer durchsucht worden ist. Das wundert mich nicht. Im vergangenen Jahr habe ich einen KGB-Agenten auf frischer Tat ertappt, als er seelenruhig in meinen Sachen stöberte: Gelassen zuckte er die Achseln und machte eine Handbewegung, als wollte er sagen: Pech gehabt, na ja. Nichts für ungut. Ich sehe im Schrank nach: Alles an seinem Platz. Koffer, Schubladen, Badezimmer: Alles in Ordnung. Und doch habe ich das Gefühl, nein, ich weiß es, daß irgend jemand die Hefte geöffnet und die Hemden angefaßt hat. Plötzlich schießt mir ein Gedanke durch den Kopf: das Buch! Ich öffne noch einmal den Schrank, stecke meine Hand in die Innentasche des Regenmantels und ziehe sie sofort zurück, als hätte ich mich verbrannt: Das Buch ist nicht mehr da. Das einzige Exemplar von *Die Juden in der UdSSR* ist verschwunden. Ich hatte es mitgenommen, um es einem jüdischen Intellektuellen in der Sowjetunion zu schenken, der Französisch lesen kann - in dem kindischen Wunsch, ihn und seine Freunde, denen er darüber berichten würde, wissen zu lassen, daß ich meiner Pflicht nachgekommen bin, daß ich von ihnen, ja, für sie gesprochen habe. Jetzt ist es in den Händen des KGB. Ich rufe David an: Ich muß ihn sofort sehen; es ist dringend. Gut, ich soll auf ihn warten. Ich klopfe an Michels Tür. Auch er scheint beunruhigt: Mit gedämpfter Stimme erzählt er mir, daß auch sein Zimmer durchsucht worden ist, während er im Restaurant gefrühstückt hat.

Endlich kommt David. Wir gehen wieder auf die Straße, um zu reden. »Achtung, unsere Schutzengel«, murmelt er. »Heute sind es schon sechs.« Ich erstatte kurz und bündig Bericht. Sorgenvoll überlegt er einen Moment und entscheidet dann: »Michel hat nichts zu befürchten. Du schon. Mal sehen, was wir tun können.« Er weiß, daß wir Moskau am nächsten Tag verlassen; für mich ist der Frühflug der Aeroflot gebucht, Michel fliegt mit der Air France. »Bis morgen ist es noch lang hin«, bemerkt David. Er bleibt vor einem öffentlichen Telefon stehen, gibt ein paar kurze Anweisungen und geht dann mit uns beiden in mein Zimmer. Wir plaudern über dieses und jenes: über Theater, Museen und den Wetterbericht. Nach einer Viertelstunde klopft es: Michel und ich springen auf. David bleibt ruhig. Als er die Tür öffnet, kommen zwei seiner Männer herein, die ich schon irgendwo gesehen habe. Ohne Zweifel gehören sie zum israelischen Sicherheitsdienst. »Pack deine Sachen«, flüstert David mir zu. »Du wirst die Nacht bei mir verbringen. Morgen früh fahren wir dich zum Flughafen. Es ist sicherer so.« In drei Minuten bin ich fertig. Eigentlich verabscheue ich Melodramen, aber ich habe keine andere Wahl. Ich verabschiede mich von Michel: »Wenn mir etwas zustößt...« – »Stell dich nicht so an«, sagt er, aber er macht sich auch Sorgen, das sieht man an der Art, wie er nervös an seiner Pfeife zieht. Da ich mein Zimmer schon bei der Buchung über Intourist bezahlt habe, können wir das Hotel verlassen, ohne uns am Empfang aufzuhalten. Zwei Wagen des KGB folgen uns bis zum Diplomatenviertel. »Verstärkte Bewachung«, stellt David fest. Es ist nachmittags zwischen vier und fünf Uhr.

Meine Unruhe wächst. Jetzt hadere ich mit mir, daß ich unbedingt den Helden spielen wollte: Ich hätte das Buch nicht mitbringen dürfen. Aber es war gerade erschienen – die Versuchung war einfach zu groß. Das könnte mich jetzt teuer zu stehen kommen. David empfiehlt mir, mit ein paar Freunden im Ausland zu telefonieren, damit die Herren, die die Gespräche abhören, wissen, daß meine Verhaftung nicht unbemerkt bleiben wird. Ich rufe Ephraim an: »Wenn ich morgen nicht komme, sag bitte *Le Monde* Bescheid. Und Mauriac.« Er hat verstanden. »Es könnte sein, daß du morgen mit der *Times* Kontakt aufnehmen mußt«, sage ich zu Meir. »Und mit Senator Jacob Javitz.« Auch Marion rufe ich an, möchte sie aber nicht ängstigen. »Vielleicht muß ich meinen Aufenthalt in der UdSSR noch verlängern.« Dann verbringen wir eine schlaflose Nacht.

Punkt sieben Uhr sind Davids Männer zur Stelle. »Unten wimmelt es«, berichten sie. Hastig schütte ich eine Tasse Kaffee hinunter. Gehen wir? David gibt seinen Leuten Anweisungen: Körperdekkung, sie dürften mir nicht von der Seite weichen, bis ich an Bord sei. Nein, verbessert er sich: bis zum Abflug.

Auf den ersten Blick scheinen die Sicherheitsvorkehrungen übertrieben, wenn nicht überflüssig. Auf der Straße ist nichts Verdächtiges zu bemerken, nur die beiden Wagen von gestern sind wieder da. Es wird alles gutgehen, beruhige ich mich. Die Anwesenheit des KGB hat vielleicht nur damit zu tun, daß sie in dieser Woche eben alle Ausländer strenger observieren. Jedenfalls kommen wir unbehelligt bis zum internationalen Flughafen Scheremetjewo. Als ich mich bei der Intourist melde, lächelt die Angestellte mir zu. Beim Einchecken am Aeroflot-Schalter stempelt ein liebenswürdiges junges Mädchen mein Ticket, gibt mir meine Bordkarte und wünscht mir einen guten Flug. Ich bin trotzdem unruhig, und als ich mich an der Schlange vor der Paßkontrolle anstelle, sind meine Nerven gespannt. Die Schlange ist lang und kommt nur langsam voran. Der Mann hinter mir liest *L'Humanité* – er muß Franzose sein. Um mich ein bißchen zu beruhigen, spreche ich ihn an. Er ist Ingenieur, Kommunist und kommt gerade aus Nordkorea. Er ärgert sich, weil er seinen fast neuen Regenmantel verloren hat. Aber irgendein nordkoreanischer Genosse wird ihn finden, und man muß die tapferen Kämpfer für den Frieden in Nordkorea schließlich unterstützen. Meint er das ernst? Da stehe ich schon vor dem Schalter der Grenzpolizei. Der Unteroffizier läßt sich Zeit, blättert in meinen Papieren, begutachtet mich von oben bis unten, filzt mich ausführlich. Ich mache mich schon darauf gefaßt, daß er zum Telefonhörer greift oder auf einen Knopf drückt, um seine Vorgesetzten davon in Kenntnis zu setzen, daß ich vor ihm stehe, daß der Volksfeind angekommen sei und sie mich jetzt abholen könnten, aber zu meiner großen Überraschung klappt er den Paß wieder zu und gibt ihn mir zurück. Ich atme auf. Dann gehe ich zu den zwei Israelis, die mich die ganze Zeit nicht aus den Augen gelassen haben. »Seht ihr?« sage ich zu ihnen, »kein Problem mehr. Ihr könnt mich jetzt ruhig allein lassen.« Einer von ihnen telefoniert mit David, kommt wieder und schüttelt den Kopf. »Wir bleiben bei dir. Bis zum Abflug.« Mit einer Spezialerlaubnis kommen sie durch alle Sperren. Im Transitraum versichere ich ihnen noch einmal, daß mir nichts mehr passieren kann: Man wird mich doch nicht vor den Augen aller Ausländer hier verhaften. Außerdem gehen wir ohnehin gleich an Bord. Die Aeroflotmaschine steht schon bereit. Unten an der Gangway finden wie immer die letzten zwei Kontrollen statt: Rechts nimmt mir die Hosteß von Intourist die Bordkarte ab; links überprüft ein Offizier meinen Paß. Das Mädchen gibt mir ein Zeichen einzusteigen, aber der Offizier schreit irgend jemandem etwas zu. Von da an überstürzen sich die Ereignisse. In Sekundenschnelle sind die beiden Israelis an meiner Seite. Einer von ihnen reißt mein Flugticket an sich, der andere dem Offizier meinen Paß aus den Händen. Sie packen mich unter den Armen wie einen Kranken, ich baumle wie Stückgut zwischen ihnen. Dann rennen sie los, und ich renne mit. Trillerpfeifen, Gebrüll von Befehlen, Tumult. Ich weiß nicht mehr, wie wir es geschafft haben, durch alle Türen, alle Absperrungen zu kommen, dann springen wir in den Wagen der Botschaft und sind schon in halsbrecherischem Tempo unterwegs. Warum versperrt uns die Polizei nicht die Straße? Ich habe keine Ahnung. Ich bin viel zu verwirrt, um irgend etwas zu verstehen, viel zu benommen, um darüber nachzudenken. Vielleicht hat die diplomatische Immunität eine Rolle gespielt. Mag sein. Darüber kann ich mir später den Kopf zerbrechen. Wir haben bereits die schützende Botschaft erreicht. David macht mir die Wagentür auf: »Glaubst du mir jetzt?« Wir gehen in sein Büro hoch, und ich denke plötzlich an meinen Koffer: Er muß im Flugzeug nach Paris sein. Wie soll ich ihn wiederkriegen? David schüttelt den Kopf: »Das sollte deine letzte Sorge sein. Ist dir eigentlich klar, wie tief du in der Patsche sitzt? Denk daran, hier bist du sicher.« Betonung auf dem »hier«. Kalter Schweiß bricht mir aus: »Meinst du, daß das lange dauern kann?« Das Bild des ungarischen Kardinals Mindszenty taucht vor meinen Augen auf: Wie viele Jahre mußte er in der amerikanischen Botschaft in Budapest verbringen? David geht ins Nebenzimmer. Nach einer Viertelstunde kommt er wieder. Er hat seine »Quellen« kontaktiert: Es sieht schlecht aus für mich; »sie« sind entschlossen, mich dingfest zu machen, vielleicht, um ein Exempel zu statuieren. »Sind die denn verrückt geworden?« schreie ich panisch. Schon sehe mich in einer Zelle der Lubjanka schmoren, aber David lächelt mir zu: »Solange du denen nicht in die Hände fällst, mein Held, gibt es noch Hoffnung.« Er rät mir, Geduld zu bewahren und ihm zu vertrauen. Vertrauen will ich ihm gern. Aber das mit der Geduld ist eine andere Sache: Ich kann nicht stillhalten; ich reibe mich wund an der Zeit. Es ist immer noch diese Angst aus dem Krieg: die Angst, nicht wegzukommen, nicht nach Hause zu können. Die Vorstellung, hier eingeschlossen zu sein – eine Woche, einen Monat, mein ganzes Leben, wer weiß, vielleicht auch noch länger –, läßt mich verzweifeln. Und zu allem Unglück logiert auch noch ein gewisser Yoram in der Botschaft, ein junger Diplomat aus guter Familie, aber schleimig und aufgeblasen. Er redet ununterbrochen und fällt uns allen mit seinen »Ideen« und Ratschlägen auf die Nerven. Ich muß unbedingt nach Paris zurück, und wäre es nur, um ihm zu entgehen. Was tun? Ich schicke verzweifelte Hilferufe an Meir und Ephraim. Mauriac weiß Bescheid. Er soll schon bei General de Gaulle vorgesprochen haben, wird mir berichtet. David wiederum unterrichtet seine amerikanischen und europäischen Kollegen und läßt mich wissen, daß er seine »Kontakte« im kommunistischen Apparat spielen läßt. Aber die Stunden, verflucht seien sie, wollen nicht vergehen, sie kleben zäh an mir, und ihr Gewicht drückt mich nieder.

Drei Tage und drei Nächte verbringe ich in der Botschaft, dann erst gibt es grünes Licht. Wie David das wohl geschafft hat? Er hat es mir nie verraten, und, um die Wahrheit zu sagen, ich habe ihn auch nie danach gefragt, selbst wenn der Journalist in mir es gern gewußt hätte. Aber das einzig Wichtige für mich war, Moskau zu verlassen und meine Freiheit wiederzuerlangen.

Mit meinen beiden israelischen Leibwächtern, die mir nicht von der Seite weichen, fahre ich wieder zum Flughafen. Alles läuft, als wäre ich ein ganz gewöhnlicher Tourist. Die Angestellten von Intourist und Aeroflot empfangen mich mit einer (geheuchelt?) freundlichen Miene. Ich bin ein »Reisender ohne Gepäck«, frage aber nach meinem Koffer. Der wartet in Paris auf mich. Auch bei der Paßkontrolle geht alles glatt. Die Passagiere sind schon an Bord, man wartet nur noch auf mich. Ich schüttle meinen Schutzengeln die Hand. Die junge Intourist-Hosteß bittet mich einzusteigen, der Offizier wünscht mir einen angenehmen Flug. Das Flugzeug ist halbleer, ich habe die ganze erste Reihe für mich allein. Plötzlich entdecke ich den kommunistischen Ingenieur, der aus Nordkorea kam. Warum ist er nicht vor drei Tagen schon geflogen? Ich gehe auf ihn zu und will ihn begrüßen. »Verschwinden Sie«, schleudert er mir mit kaum verhohlener Wut entgegen. Als er meine verständnislose Miene sieht, fügt er hinzu: »Bleiben Sie hier nicht stehen wie ein Idiot, ich verbiete Ihnen, mich anzusprechen. Hauen Sie doch ab! Lassen Sie mich zufrieden, sage ich Ihnen, sonst rufe ich den Kapitän!« Mehr verblüfft als verletzt gehe ich wieder zu meinem Platz zurück: Was habe ich ihm denn getan? Die Antwort gibt er mir selber in Kopenhagen, wo wir zwischenlanden. Im Transitraum kommt er auf mich zu: »Ich weiß zwar nicht, wer Sie sind«, sagt er mit hochrotem Gesicht, »aber Sie sollten wissen, daß ich Ihretwegen gerade drei Tage und Nächte auf dem Polizeirevier verbracht habe und, sagen wir, eher unangenehme Verhöre über mich ergehen lassen mußte. Ich habe ihnen meinen Mitgliedsausweis der Kommunistischen Partei gezeigt, aber es hat nicht viel geholfen. Sie wollten von mir wissen, woher und seit wann ich Sie kenne, ob ich Ihr Komplize bin und ob ein gewisser Michel Salomon ein Freund von mir ist ... Erst heute morgen haben sie mich freigelassen.« Ich entschuldige mich bei ihm und will ihn auf ein Glas einladen. Er wirft mir einen haßerfüllten Blick zu: »Ich trinke nicht mit einem, der den Namen und das Ansehen der Sowjetunion in den Schmutz zieht.« Obwohl ich mich ein wenig schuldig fühle, kann ich doch nicht umhin, ihn zu fragen: »Haben Sie denn gar nichts aus Ihrem Gefängnisaufenthalt gelernt?«

Als ich nach Paris zurückkomme, findet gerade das Kolloquium jüdischer Intellektueller in Frankreich statt, das Jean Halpérin und André Neher alljährlich unter der Schirmherrschaft des Jüdischen Weltkongresses veranstalten. Statt über das diesjährige Thema (Gott und irgendwas) zu referieren, schildere ich meine Moskauer Eindrücke: die heimlichen Begegnungen, die Tänze und Gesänge an Simchat-Tora, die Hilferufe dieser Juden, die so bewundernswert sind in ihrer Einsamkeit und ihrem Trotz. Das Mikrofon ist kaputt, ich werde heiser, was den Romanautor und Essayisten Arnold Mandel zu der Bemerkung veranlaßt: »Dieses Publikum ist komisch; es hört Ihnen zu, obwohl es Sie nicht verstehen kann, und es versteht Sie, obwohl es Sie nicht hören kann.«

Kaum bin ich wieder in meinem kleinen Hotel, ruft mich Jacob Herzog an, Staatssekretär von Premierminister Levi Eschkol, der Paris gerade einen offiziellen Besuch abstattet. »Der Regierungschef möchte Sie sehen«, verkündet er mit feierlicher Stimme. Und in welcher Angelegenheit? »Das wird er Ihnen selbst sagen.« Wir vereinbaren ein Treffen am Samstag nachmittag im Bristol. Wie üblich bin ich zu früh da. »Er ist in einer Versammlung«, teilt Herzog mir mit. »Es wird später werden; er bittet Sie, ihn zu entschuldigen.« Aber es wird gar nicht später. Pünktlich, zur vereinbarten Zeit, empfängt er mich in der Suite, die ihm als Büro dient.

Jahre später erinnert sich Emil Najar: »Eschkol war zu sehr Jude und zu wenig Israeli. Stell dir vor: 1966 hat er alle europäischen Botschafter in Paris versammelt; die Tagesordnung war ziemlich dicht gedrängt. Da steht er plötzlich mitten in der Diskussion auf und bittet uns, ihn zu entschuldigen: Er müßte sich mit irgendeinem Juden treffen, der ihn über das Schicksal der russischen Juden unterrichten sollte ...« Der gute Emil wußte nicht, daß ich dieser Jude war.

Eschkol begrüßt mich herzlich. Er platzt fast vor Neugier und beginnt sofort, mich mit Fragen zu bombardieren: »Also? Was geht in Rußland vor? Was ist los mit den Juden? Leiden sie? Leben sie immer noch in Angst? Oder haben sie vielleicht Hoffnung? Haben sie noch Hoffnung? Ist es wahr, daß sie Juden bleiben wollen?« Er will alles wissen. Ich erstatte Bericht. Er unterbricht mich häufig, hakt bei Einzelheiten nach: »Und Sie sind ganz sicher, absolut sicher, daß es viele junge Juden dort gibt, die zum Judentum zurückkehren wollen? Und Sie haben sie am Abend von Simchat-Tora tanzen sehen, sagen Sie? Ist das auch wirklich wahr? Waren da wirklich Tausende auf der Straße?« Ich beantworte jede seiner Fragen, erzähle und erzähle. Von Zeit zu Zeit erhebt er sich, geht im Zimmer auf und ab, die Hände auf dem Rücken, und ruft aus: »Unglaublich ist das alles; nach fünfzig Jahren kommunistischer Erziehung und Unterdrückung; unglaublich ...« Unsere Unterredung zieht sich schon über zwei Stunden hin. Ein Sekretär tritt ein und flüstert ihm etwas ins Ohr. »Die können warten«, antwortet der Premierminister. Und nimmt seine Befragung wieder auf, die fast bis zum Abendessen dauert. Wir müssen zum Ende kommen. »Eine Sache noch«, sagt Eschkol, als er mich zur Tür begleitet. »Helfen Sie mir, ich brauche Ihren Rat. Was können wir für sie tun, das heißt, über das hinaus, was wir bisher schon für sie getan haben?« Ich will gerade etwas von entschiedenerem politischen Kampf, nachdrücklicheren Pressekampagnen und kämpferischen Reden bei den Vereinten Nationen sagen, da wird mir klar: Er weiß Bescheid über unser Unternehmen und dessen Grenzen, und jetzt ist nicht der richtige Zeitpunkt, uns damit aufzuhalten. Gibt es nicht noch etwas anderes? Doch: »In der Sowjetunion«, sage ich, »habe ich oft die israelischen Radiosendungen für russische Juden gehört, die dort mit religiösem Eifer verfolgt worden; meiner Meinung nach müßte man das Programm inhaltlich und richtungsmäßig verändern. Sie zeichnen ein viel zu ideales, vollkommenes, utopisches Bild von Israel – als ob es dort keine Anpassungsschwierigkeiten gäbe und alle immer glücklich und in Frieden lebten, ohne Arbeitslosigkeit und Kriminalität. Stellen wir uns vor, eines Tages öffnen sich die Grenzen, und russische Juden wandern massenhaft nach Israel ein: Müssen wir nicht fürchten, daß der Bruch zwischen Traum und Wirklichkeit sie enttäuscht und niedergeschlagen macht?« Eschkol hört mir aufmerksam zu. »Also, was sollen wir tun?« fragt er dann. »Die Wahrheit sagen«, erwidere ich, »auch wenn sie manchmal niederschmetternd ist.« Der Premierminister wird ernst, aber seine Stimme wird ganz sanft: »Sie und ich, wir wissen beide, daß das, was Sie befürchten, so bald nicht eintreten wird. In den nächsten Jahren werden sich die Grenzen nicht öffnen, und die russischen Juden werden bleiben, wo sie sind. Warum sollen wir ihnen Kummer bereiten? Lassen wir sie wenigstens träumen.«

Levi Eschkol, dieser wunderbar großzügige und gute Mensch, starb zu früh: Als die erste Welle jüdischer Einwanderer aus Rußland in Israel eintraf, hatte Golda Meir schon seine Nachfolge angetreten.

Zurück in den Vereinigten Staaten, werfe ich mich mit Leib und Seele in den Kampf für die Juden, die ich in der UdSSR kennen- und liebengelernt habe. Mein Bericht wirbelt hier ebenso wie in Frankreich viel Staub auf. Er sorgt für Aufregung, aber kaum jemand läßt sich davon zum Handeln anregen. Abraham Joshua Heschel und ich sprechen in den Sälen und Straßen von New York, Chicago, Toronto. Meine Vorträge haben meist dieselbe Eröffnung – ich frage Schüler und Gymnasiasten: »Wo sind eure Eltern? Warum wollen sie euch und uns nicht begleiten? Das nächste Mal müßt ihr sie zum Mitkommen zwingen!« Die armen Kinder! Statt Anerkennung für ihr Kommen ernten sie Vorwürfe, daß ihre Eltern nicht da sind – als ob sie dafür verantwortlich wären. Es ist, als würden wir ständig mit dem Kopf gegen die Wand zu rennen. Trotzdem machen wir weiter, mit Meir Rosenne, Ephraim Tari und später Izo Rager. Das Schicksal einer riesigen Gemeinde steht auf dem Spiel; die jüdische Diaspora im freien Teil der Welt ist ihre einzige Hoffnung. Aber wie sollen wir die mächtigen jüdischen Gemeinden aufrütteln und sie aus ihrer Erstarrung reißen? Ich schreibe einen Artikel nach dem anderen, für den *Forverts*, *Jediot* und das *Hadassah Magazine*, unterschreibe und sammle Unterschriften für Appelle und Petitionen, ich renne von einer Demonstration, von einer Versammlung zur nächsten und spreche in Universitätsinstituten, vor Rabbinern in Toronto, Miami und New Jersey und vor Wohlfahrtsvereinigungen, ich nehme jedes Interview in Fernsehen, Radio oder Presse an, aber nichts bewegt sich. Ich bin genauso unzufrieden wie Meir und Ephraim: Man müßte viel, viel mehr und anderes tun.

Der alte Gershon Swet, der aus Rußland stammt und für unsere israelische Korrespondentengruppe eine Art Doyen ist (später freundete er sich mit Swetlana Allilujewa-Stalin an), lädt mich zu einem Treffen einflußreicher jüdischer Intellektueller bei ihm zu Hause ein. Selbstverständlich nehme ich seine Einladung an. Ich erzähle von der Furcht und dem Schweigen der Alten und dem Mut und der Freude der Jungen. Ich betone, wie überrascht ich war, so viele Juden zu finden, die himmlischen und irdischen Gewalten trotzen, nur um Juden sein zu können. »Stellen Sie sich vor«, sage ich, »in Moskau wird der Talmud studiert! Ich war schließlich dabei...«

Fragen werden gestellt, und ich versuche, sie zu beantworten. Ein Mann mit blauen Augen und wachem Verstand beeindruckt mich besonders durch seine höflich formulierten, genauen und eindringlichen Fragen nach Einzelheiten über die Moskauer Talmudstudien: Zahl und Alter der Teilnehmer, Dauer der Sitzung, um welche Abhandlung ging es? Auch darauf antworte ich, so gut ich es vermag. Mein Gedächtnis läßt mich nicht im Stich – ich erinnere mich an jeden Augenblick meines Aufenthalts in der Moskauer Synagoge, an jedes Gespräch, an jede Bemerkung.

Nach einer Stunde bietet Gershon Swet uns an, Tee zu machen. Ich nutze die Pause, um ihn zu fragen, wer der Mann ist, der mir diese Fragen gestellt hat. »Den kennst du nicht? Das ist der berühmte Doktor Saul Lieberman.« Ich kann einen kleinen Aufschrei nicht unterdrücken. Das ist also der Mann, dessen gigantisches Werk über den Jerusalemer Talmud ich kenne und dessen Erkenntnisse zur Tossafot ich bewundere! Da kommt der alte Professor auch schon mit ausgestreckter Hand auf mich zu, mustert mich ein wenig ironisch und stellt mir sofort weitere Fragen, immer noch zu demselben Thema: »Unter uns«, sagt er, »jetzt, wo niemand uns hören kann, sagen Sie mir ehrlich: Stimmt es, daß Sie in der Moskauer Jeschiwa, wie Sie das nennen, den Sanhedrin-Traktat studiert haben?« Ja, das stimmt, nur war es keine richtige Jeschiwa. »Aber Sie sind sicher, daß es der Talmud war?« Da bin ich mir ganz sicher. Ich sagte doch, daß ich selbst dabei war. »Also interessiert Sie der Talmud?« Ja, der Talmud interessiert mich. »Seit wann?« Seit meiner Kindheit. Gershon Swet mischt sich ein: »Sie sollten mal zu einem seiner Vorträge im jüdischen Kulturzentrum kommen, ins YMHA...« Lieberman lächelt: »Ah, gut, Sie geben auch Unterricht?« Ich gehe hinter meiner Lieblingsabwehr, der Schüchternheit, in Deckung und antworte: »Ja, aber das ist nicht von Bedeutung.« Lieberman läßt nicht locker: »Und was unterrichten Sie?« Ein bißchen von allem, aber wirklich, es ist ganz unwichtig. »Trotzdem, worüber werden Sie in Ihrem nächsten Vortrag sprechen?« Ich schlucke und sage dann ganz leise, daß ich ein ... ein Thema aus dem Talmud behandeln werde. »Nein! Wirklich? Das interessiert mich aber jetzt!« Er ruft seine Frau Judith und bittet sie aufzuschreiben, wann mein Vortrag stattfindet. Anschließend nimmt Judith mich beiseite und warnt mich mit ihrer sanften Stimme, daß ich nicht beleidigt sein möge, aber ihr Mann würde zweifellos noch draufkommen, daß sein Zeitplan es ihm nicht gestatte, an diesem Abend seinen Schreibtisch zu verlassen ...

Aber sie hat sich geirrt: Die Liebermans sitzen tatsächlich am Donnerstag um acht Uhr im Saal. Obwohl ich mich so gut wie möglich vorbereitet habe, leide ich unter Lampenfieber. Wie kann ich es wagen, vor dem größten Talmudisten meiner Generation über den Talmud zu referieren! Ich sollte vielleicht mit dem Satz beginnen, daß ein Schüler sich schuldig macht, wenn er es wagt, in Gegenwart seines Lehrers die Halacha (die Gesetze) zu lehren, und dafür theoretisch sogar mit dem Tod bestraft werden kann. Glücklicherweise ist Lieberman (noch) nicht mein Lehrer. Und dann habe ich mir auch nicht die Halacha, sondern die Aggada vorgenommen, den erzählerischen Teil des Talmud. Wie habe ich es bloß geschafft, mich zu konzentrieren? Ich weiß es nicht. Ich weiß nur, daß Lieberman nach dem Vortrag draußen auf mich wartet und mir gratuliert. Freunde, die das hören, trauen ihren Ohren nicht: Ein Kompliment Liebermans wiegt die höchsten Auszeichnungen auf! »Besuchen Sie mich morgen doch einmal!« setzt Lieberman noch hinzu.

Ängstlich und nervös klopfe ich an die Tür seines Büros im Jewish Theological Seminary. Der alte Professor öffnet mir selbst und bittet mich, ihm zu folgen. Zum erstenmal bin ich in diesem Raum, der den Eindruck macht, er würde platzen, wenn man noch einen Band hineinstellte. Siebzehn Jahre lang werde ich zwei-, manchmal dreimal pro Woche hierher zurückkommen – buchstäblich bis zu seinem Tod.

Zu Beginn befragt Lieberman mich über mein früheres und mein jetziges Leben. Während ich ihm antworte, denke ich darüber nach, wie er wohl meinen Vortrag fand: Habe ich nicht zuviel Unsinn gesagt? Ich würde gern hören, was er dazu sagt, und mich seiner Kritik aussetzen, aber er ist noch dabei, sich einen Überblick zu verschaffen. Er hat meine Artikel über die Rußlandreise gelesen, jiddisch im *Forverts* und hebräisch in *Jediot Achronot*. Es gefällt ihm, daß ich Hebräisch kann. Er erzählt von seiner Heimatstadt Motele (bei Pinsk) und läßt mich von Sighet erzählen. Ich erwähne, daß mein Kindheitsfreund David Weiss-Halivni in seinem Seminar studiert hat. Schließlich kommt er ganz beiläufig auf das Thema zu sprechen, das mir unter den Nägeln brennt. »Gegen Ende der ersten Hälfte Ihres Vortrags«, sagt er, »haben Sie ein Problem erläutert, das sich in einem Text der Mechilta offensichtlich stellt... Stammt diese Erläuterung von Ihnen?« Mir stockt der Atem vor Scham. »Ich glaube schon«, presse ich mühsam hervor. »Ah, gut«, sagt er. »Glauben Sie...« Er steht auf, nimmt ein staubbedecktes Buch ganz oben aus dem Regal, blättert darin und schlägt schließlich eine Seite auf. »Sehen Sie«, sagt er. »Ihre Entdeckung wurde vor sechshundert Jahren schon einmal gemacht.« Falls er mich damit in Verlegenheit bringen wollte, hat er sich getäuscht: Das kränkt mich überhaupt nicht. Im Gegenteil, ich freue mich, auf den Spuren eines Vorläufers zu wandeln... Das sage ich ihm auch, aber sein spöttischer Blick läßt mich vermuten, daß er mir höchstens zur Hälfte glaubt, wenn überhaupt. Er eröffnet eine neue Runde desselben Spiels: »Kurz vor Ihrer Schlußfolgerung haben Sie ein Problem gelöst, das Maimonides in bezug auf Aristoteles aufgefallen war. Haben Sie diese Lösung auch selbst gefunden?« – »Ich glaube schon«, flüstere ich, noch gepreßter als zuvor. »Glauben Sie? Na gut, wir werden sehen...« Von neuem schlägt er einen Band auf, noch älter und noch staubiger, und zeigt mit dem Finger auf eine Seite voller Randbemerkungen: »Da ist es.« Enttäuscht? Im Gegenteil. Damit kann man meine Eitelkeit nicht verletzen. Ich wiederhole noch einmal denselben Sermon und füge hinzu, daß das Studium für mich nicht Entdeckung bedeute, sondern Wiederentdecken. Nicht Fragen zu beantworten sei mein Ziel, sondern Fragen zu erkennen und, wenn möglich, zu erfinden. Auch meine Mutter wollte, wie jede andere jüdische Mutter bei uns, nie von mir wissen, ob ich die Fragen des Melameden gut beantwortet hätte, sondern ob ich ihm eine gute Frage gestellt hätte. Ich spreche mit gesenkten Augen und belegter Stimme und hoffe, daß ich überzeugend oder zumindest aufrichtig wirke. Lieberman läßt eine ganze Weile verstreichen. »Zweimal die Woche«, sagt er dann. »Paßt Ihnen das?« Ob mir das paßt? Ich würde am liebsten die Freude hinausschreien, die mich durchströmt, und vor Glück tanzen. Gott sei Dank kann ich weder schreien noch tanzen.

Als Schüler Liebermans begreife ich, daß Jude sein bedeutet, dem

Glauben und der Erkenntnis einen besonderen Platz einzuräumen. Weil er die Gerechtigkeit Gottes erkennt, erhebt sich der Jude gegen die Ungerechtigkeit des Menschen. Weil ein Jude Gott verbunden bleibt, ist es ihm gegeben, Ihm Fragen zu stellen. Weil die Propheten das Volk Israel lieben, dürfen sie es auch züchtigen und seine Könige zurechtweisen. Alles hängt von dem Ort ab, den man einnimmt, sagte mir mein Lehrer. Mit Gott darf man alles sagen. Ohne Gott wird nichts erhört. Ohne Gott ist alles, was man sagt, nicht gesagt.

1966 erscheint *Gesang der Toten*. Auf englisch heißt diese Essaysammlung *Legends of Our Time*, Legenden aus unserer Zeit. Aus unserer Zeit? Für unsere Zeit wäre besser. Wie hindert man die Vergangenheit daran, sich zu weit zu entfernen? Wie erhält man die Toten am Leben, die aus dem Jenseits von Zeit und Wort nach uns rufen, aber nicht, um uns zu quälen, sondern um uns zu beruhigen, um uns zu versichern, daß sie uns nicht zürnen, weil wir am Leben hängen, sondern weil wir im Vergessen leben? Wie bleiben wir mit ihnen verbunden, ohne der Welt und dem Gewicht ihrer Wirklichkeit den Rücken zu kehren? Wie lassen sich die Forderungen der Erinnerung mit denen des Alltags vereinbaren?

An keiner Stelle der in diesem Band versammelten Essays und Erinnerungen (das letzte Kapitel ist mein »Plädoyer für die Toten«) finden sich Antworten auf diese Fragen. Ich weiß immer noch nicht, wie und mit welchen Worten ein Sohn das Andenken an den Tod des Vaters heiligen soll, der im Lager gestorben ist: Ich bete, ich zünde Kerzen an, ich sage das Kaddisch, ich versuche mich zu sammeln, um sein Gesicht wieder sehen zu können, aber ich weiß, daß es nicht genügt. Ich weiß, daß es niemals genügen wird.

Wie eine Kindheit beschwören, die unter der Asche begraben ist? Wie von den Meistern sprechen, deren Schatten von Schatten bedeckt ist und deren Blick weiterhin unseren verbrennt? Was tun mit jener der Stille entrissenen Stille, die zu jener Zeit Himmel und Erde verhüllte?

Nichts vergessen und nichts auslöschen, das treibt die Überlebenden um: Sie treten für die Toten ein und für die Erinnerung an sie, sie verteidigen ihre Ehre und ihre Menschlichkeit. Was wurde und wird nicht alles über die Toten gesagt! Sie wurden tausend Analysen unterzogen, seziert, ausgestellt, geschminkt, theologischen, wissenschaftlichen, politischen, geschäftlichen oder künstlerischen Zwekken dienstbar gemacht und wie Gegenstände behandelt; und man schämt sich nicht einmal, sie zu beschimpfen, zu erniedrigen und zu verraten. Was tun, um dieser Flut zu widerstehen? Die wenigen Überlebenden - und es werden von Tag zu Tag weniger - haben zur Verteidigung der Toten nur die Worte, ziemlich blasse, ziemlich armselige Worte. Also machen sie daraus Berichte, Geschichten und Plädoyers.

Sie können und wollen nichts anderes als gehört werden. Von den Lebenden und auch von den Toten.

JERUSALEM

Im Jahr 1967 ist ein Ereignis eingetreten, in dessen Glanz sich eine ganze Generation von Juden sonnen konnte: der Sechs-Tage-Krieg. Ich erinnere mich an jede Phase, an alle Einzelheiten dieses Krieges, als wäre er gestern ausgebrochen, als hätte ich selbst an ihm teilgenommen. Ich erinnere mich an die drei düsteren, spannungsgeladenen Wochen, die ihm vorausgingen, an die beleidigenden Äußerungen und offenen Gewaltandrohungen unserer Feinde – an das willfährige Schweigen unserer Freunde und Verbündeten. Ich erinnere mich sehr deutlich, wie allein Israel damals war, und ich spüre diese Einsamkeit noch heute. Wie heißt es doch bei uns: Die Geschichte ist ein Rad, das sich ewig dreht. Was gewesen ist, wird sein. Und wo ist Gott darin? Im Gegensatz zu Seinen Geschöpfen ist Gott geduldig. Oder besser gesagt: Gott ist Geduld.

Die Ereignisse von 1967 beginnen an einem Frühlingstag. Israel feiert den neunzehnten Jahrestag seiner Unabhängigkeit. Während der Militärparade in Jerusalem bekommt Premierminister Levi Eschkol eine kurze Nachricht: Im Süden regen sich die Ägypter. Am nächsten Tag wird bereits von Truppenbewegungen gesprochen. Niemandem entgeht der Ernst der Lage. Die Ereignisse werden sich bald überstürzen. Eine bewaffnete Auseinandersetzung scheint unausweichlich. Kairo geht zunächst politisch zum Angriff über: Ägypten läßt die Meerenge von Tiran für israelische Schiffe sperren und setzt die Entmilitarisierung der Sinai-Halbinsel aus. Um seine Truppen dort zusammenziehen zu können, fordert Gamal Abdel Nasser den Abzug der an der Grenze zu Israel stationierten UN-Friedenstruppe. Die Staatengemeinschaft ist überrascht, wie schnell UN-Generalsekretär U Thant dieser Forderung nachgibt. Über die Ziele des ägyptischen Vorstoßes gibt es keine Zweifel mehr, die Lage verschärft sich von Tag zu Tag. Es ist nur noch eine Frage der Zeit, wann der Krieg in seine militärische Phase eintreten wird, die mit der Tiran-Blockade eigentlich bereits begonnen hat, denn sie stellt nach internationalem Recht einen Kriegsfall dar.

Die israelischen Berichterstatter und ihre jüdischen Freunde bei den Vereinten Nationen folgen den Debatten im Sicherheitsrat mit wachsender Unruhe. Ahmed Schukairi, der Vorgänger Jassir Arafats an der Spitze der PLO, träumt ganz offen vom Ende des Staates Israel: »In Kürze wird es in Palästina kein Judenproblem mehr geben. Wir werden die Juden ins Meer jagen.« Und niemand verbietet ihm das Wort, niemand empört sich. Nahezu auf sich allein gestellt, enthüllt Gideon Rafael, Israels ständiger Vertreter, ein erfahrener und unermüdlicher Diplomat, die wahren Ziele der arabischen Länder. Seine Ausführungen stoßen auf taube Ohren: Die meisten Delegierten kümmern sich nur um ihre eigenen Angelegenheiten; vielleicht sind sie auch froh, daß es im Nahen Osten wieder einmal spannend wird, das bietet Zerstreuung in der Langeweile. Mit einer Ausnahme: Arthur Goldberg, der ehemalige Richter des Obersten Gerichtshofs, der von Präsident Lyndon B. Johnson zum Botschafter ernannt worden ist, kämpft Tag und Nacht für die Sicherheit und das Überleben Israels.

Die Regierung Eschkol entfaltet eine rege diplomatische Aktivität in allen westlichen Hauptstädten und tut ihr Bestes, um den Krieg zu verhindern. Eschkol verabscheut den Krieg. Er glaubt, wenn die Großmächte ihrer Rolle gerecht würden, käme es nicht zum Krieg. Deshalb schickt er seinen Außenminister Abba Eban nach Washington, London und Paris. Nicht alle Gipfelgespräche sind entmutigend, manchmal ist die Atmosphäre durchaus herzlich, aber am Ende ist niemand bereit, in den Konflikt einzugreifen. Die Großmächte machen sich ganz klein. In Israel drängen die Offiziere des Generalstabs Eschkol zu einem sofortigen Präventivschlag: Jeder Tag des Zögerns könnte noch mehr Menschenleben kosten. Ein junger General dringt in Eschkols Büro ein, reißt sich die Schulterstücke herunter und wirft sie auf den Tisch. Er wagt es, den Regierungschef, der zugleich Verteidigungsminister ist, abzukanzeln: Wenn er nicht unverzüglich den Befehl zum Angriff erteile, würde auch der Dritte Tempel zerstört werden, und das wäre das Ende des jüdischen Staates. Eschkol ist vorsichtig und versucht Zeit zu gewinnen, zumal die Mitglieder des Generalstabs nicht einhellig der Meinung sind, man müsse den Krieg sofort beginnen. Generalstabschef Jitzhak Rabin legt die Uniform ab und besucht David Ben Gurion in seinem Kibbuz in der Negev-Wüste, um den Vater von israelischer Armee und Nation nach seiner Meinung zu fragen. Auch Ben Gurion empfiehlt abzuwarten: Nur jetzt keinen Krieg, wiederholt er, und rät zu einer Strategie der Verschanzung. *»Titchapru«*, sagt er, »hebt Gräben aus«. Seiner Ansicht nach könnte der Krieg in einer nationalen Katastrophe enden. »Unser verehrter und vergötterter früherer Staatschef hatte das Vertrauen in die Armee verloren«, erklärte mir später Rabin.

Da ist mein Lehrer Saul Lieberman zuversichtlicher. Seine Gründe haben aber nichts mit der Kriegswissenschaft zu tun, sondern mit der Religion und... dem Geld. »Der Herr ist auch Bankier«, meint er. »Er hat so viel in die Geschichte unseres Volks investiert, daß Er sich nicht mehr zurückziehen kann, ohne Seinen Einsatz zu verlieren.«

Am Sonntag, dem 4. Juni 1967, treffe ich ihn besorgt, aber lächelnd bei der Jahresabschlußfeier des Jewish Theological Seminary, dessen Leiter er ist. Der Kanzler, Louis Finkelstein, hatte mir die Ehre erwiesen, mich um die »Commencement address« zu bitten, wie die Rede zur Verleihung akademischer Grade auf amerikanisch heißt, eine Abschiedsrede für die Studenten, die eine Stunde später schon keine mehr sein werden. In gewisser Weise gehöre ich auch zu ihnen, denn mir wird bei der Gelegenheit mein erster Doktortitel honoris causa verliehen. Unter den geladenen Gästen befindet sich auch Botschafter Gideon Rafael.

Meine Rede wurde später unter dem Titel »A un jeune Juif d'aujourd'hui« in *Entre deux soleils* veröffentlicht. Ich spreche darin über die Aufgaben und Pflichten junger Juden innerhalb unserer Gemeinschaft, dann über die gegenüber der gesamten Menschheit, und schließlich über unsere gemeinsamen Erinnerungen und unsere Hoffnungen. Allerdings fehlt im gedruckten Text eine kurze Anmerkung: Während des Vortrags hatte ich die Studenten dazu aufgerufen, dem von seinen Feinden bedrohten Israel beizustehen. »Wenn morgen der Krieg ausbricht«, so ungefähr drückte ich mich aus, »dann müßt ihr eurem Land zu Hilfe kommen.« Habe ich wirklich »morgen« gesagt? Freunde versichern es mir, aber ich glaube es nicht. Mir scheint, ich habe lediglich von irgendeinem Tag in der Zukunft geredet.

Am nächsten Tag weckt mich Gideon Rafael in aller Frühe. Er will wissen, woher ich es wußte. »Was wußte?« frage ich verschlafen.

»Daß heute der Krieg beginnt«, erwidert der Botschafter. Wäre es um etwas anderes gegangen, ich wäre in Gelächter ausgebrochen. Aber an diesem Tag, einem der dramatischsten seit 1945, ist mir nicht danach zumute. Denn die Nachrichten aus aller Welt sind eher entmutigend, und das Schweigen Jerusalems weckt düstere Vorahnungen. Wir wissen nicht, daß Mosche Dayan, der neue Verteidigungsminister, aus taktischen Gründen eine absolute Nachrichtensperre über die Lage an der Front verhängt hat. Die einzigen Informationen, die uns erreichen, kommen von den Arabern. Radio Kairo, Radio Damaskus und Radio Amman frohlocken: Die israelische Front sei durchbrochen worden, Beer Schewa stehe kurz vor dem Fall, die Armee löse sich auf, Tel Aviv brenne. In Wirklichkeit war die ägyptische Luftwaffe drei Stunden zuvor vernichtet worden, Ägypten hatte den Krieg bereits verloren, doch die arabische Welt und die amerikanische Öffentlichkeit wußten noch nicht Bescheid.

Was können wir tun? In Brooklyn versammeln sich die Menschen in den Lehrhäusern, um Psalmen zu sprechen (mit Ausnahme der chassidischen Anhänger von Satmàr und Neturej Karta, die die Niederlage Israels feiern). Die Diamantenbörse in Manhattan ist mehr oder weniger lahmgelegt: Überall finden sich Menschen zusammen, um Kommentare und Eindrücke auszutauschen. Überall wird Geld gesammelt. Reiche und Arme spenden für Israel. Greise geben ihre Ersparnisse, Verlobte verkaufen ihre Ringe. Studenten belagern Senatoren und Abgeordnete. Ärzte melden sich als Freiwillige, um ihren überlasteten israelischen Kollegen zu helfen.

Das gesamte jüdische Volk bietet Israel jetzt seine uneingeschränkte Unterstützung an. Es wird sein zuverlässigster und treuester Verbündeter. Von einer überraschend großen Welle der Anteilnahme erfaßt, wachsen die Gemeinden in der Diaspora über sich hinaus. Jüdische Intellektuelle, die ihre jüdische Identität bislang eher als Widerspruch hinnahmen, bekennen sich nun öffentlich zu ihrer Herkunft. Seit langem assimilierte Juden vergessen ihre frühere Haltung, Sektierer ihren Fanatismus. Jeder entdeckt seine Verantwortung für den gemeinsamen Überlebenskampf seines Volkes. Man telefoniert mit Tel Aviv, Haifa und Netanja, man fleht Eltern und Freunde an: »Schickt eure Kinder zu uns, bis alles vorbei ist.« Ein berühmter Geiger sagt Konzerte und Aufführungen ab, landet in Lod und erklärt: »Unsere Feinde beteuern, sie würden zweieinhalb Millionen Juden ein Ende bereiten. Jetzt können sie noch einen hinzufügen.«

Ich weiß, daß auch für mich der Augenblick gekommen ist: Ich muß nach Israel. Seit Beginn der Krise habe ich diesen Vorsatz, mich an die Seite Israels zu stellen, für Israel und in Israel Zeugnis abzulegen. Ein vielleicht anmaßendes und sinnloses, weil ganz sicher wirkungsloses Vorhaben, denn Israel kann Männer wie mich eigentlich gar nicht gebrauchen. Ich bin kein Held, ich habe keinerlei militärische Erfahrung, und so ungeschickt, wie ich bin, werde ich womöglich sogar zur Last fallen. Egal, ich muß hin, ich muß bis zum Ende ausharren, bis der Feind triumphiert. Im Grunde meines Herzens und ohne es mir selbst eingestehen zu können, bin ich nämlich davon überzeugt, daß dieser Krieg das Ende des jüdischen Staates, das Ende eines Traumes bedeuten wird. Darüber ärgere ich mich heute, ich hätte mehr Vertrauen in die israelische Armee haben sollen. Damals war ich ängstlich und eingeschüchtert. Als ich die Verlautbarungen der Araber hörte und die Tatenlosigkeit der westlichen Regierungen sah, dachte ich: Kein Zweifel, es ist wie früher, wie im Warschauer Ghetto. Die Juden kämpfen tapfer, doch sie sind zahlenmäßig unterlegen, haben keine Unterstützung, weniger Waffen, und deshalb werden die Araber Israel am Ende vernichten. Dann wird die sogenannte zivilisierte Welt scheinheilig ein paar Tränen vergießen und einige schwülstige Nachrufe auf uns verfassen. Ich sage »auf uns«, denn für mich ist der Tod Israels gleichbedeutend mit meinem. Das mag melodramatisch klingen, aber so haben ich und unzählige andere Juden es empfunden. Wie Raymond Aron, der kaum des Zionismus verdächtigt werden kann, legte ich keinen Wert darauf, in einer Welt weiterzuleben, in der kein Platz für einen unabhängigen und einigermaßen glücklichen jüdischen Staat war.

Es war ein unbegründeter, unangebrachter Pessimismus, denn kaum hatte der Krieg begonnen, wendete sich das Blatt zugunsten der Zahal. Meinen engsten Freunden teile ich mit, daß ich trotzdem fahre. Doch wer übernimmt die Reisekosten? *Jediot* jedenfalls nicht. Schimon Weber vom *Forverts* freut sich zwar darüber, endlich einen echten Kriegsberichterstatter zu haben, aber ehrenamtlich, versteht sich. Dann müssen eben meine Ersparnisse dran glauben! Zudem ist es gar nicht leicht wegzukommen. Die meisten Fluggesellschaften haben ihre Flüge nach Lod eingestellt, und die El Al hat kaum noch Plätze frei. Aber hier kann ich einmal meine Beziehungen spielen lassen. Am Spätnachmittag des 6. Juni, einem Montag, habe ich Glück: Ich bekomme einen Platz für den Flug Paris-Lod.

Ich springe ins Taxi, fahre zum Kennedy-Flughafen und erwische gerade noch eine TWA-Maschine nach Paris. In Orly steige ich um. Ich bin der letzte Passagier. Die Maschine startet sofort. Abgespannt, völlig erschlagen, schließe ich die Augen. Ein bißchen Ruhe wird mir guttun. Inzwischen weiß alle Welt, daß Israel außer Gefahr ist, doch meine Angst ist nicht völlig verschwunden, sie hat sich lediglich verlagert. Ich fürchte mich nicht mehr, mit Israel unterzugehen. Jetzt empfinde ich jene Angst, die uns überkommt, wenn wir an der Schwelle zu einem einzigartigen Ereignis, zum Unbekannten stehen, und wenn jeder Schritt mit der Gewißheit einhergeht, an einen im Dunkeln liegenden Wendepunkt zu gelangen, wo das Leben plötzlich eine unvorhergesehene Richtung einschlägt, wo sich Lebensrhythmus und Lebensgefühl plötzlich ändern. In diesem Augenblick bin ich sicher, Zeuge eines neuen Kapitels in der jüdischen Geschichte zu werden.

Eine schöne Stewardeß muntert mich auf. Die schlanke, anmutige Brünette bringt mir Kaffee und sagt mir ganz leise, im Vertrauen, daß sie mich kenne. Normalerweise verwirren mich solche Mitteilungen ebensosehr, wie sie mir schmeicheln. Am liebsten hätte ich geantwortet: Ich arbeite schon seit vierzig Jahren daran zu erfahren, wer ich bin, und Sie wissen es bereits? Doch die ernste Stimmung im Flugzeug hält mich davon ab – jeder rechnet damit, daß bei unserer Ankunft in Israel immer noch Krieg herrscht –, und so danke ich ihr lediglich. Kurz darauf gesteht sie mir, sie habe mein Buch gelesen, und es habe ihr sehr gefallen. »Mein« Buch? In der Einzahl? Um sie in Verlegenheit zu bringen, müßte ich jetzt eigentlich fragen: Welches Buch? Doch aus den schon genannten Gründen begnüge ich mich erneut mit einem: »Danke schön. Sie sind sehr freundlich, überaus liebenswürdig.« Im übrigen mißfallen mir Komplimente (die selten sind) von schönen Frauen (was noch seltener vorkommt) keineswegs.

Trotz meiner Anspannung versuche ich, ein wenig zu dösen. Die hübsche junge Stewardeß hat jedoch anderes im Sinn. Da sie nicht schlafen darf, möchte sie, daß ich ihr Gesellschaft leiste. Sie ist gebildet, hat viel gelesen, »besonders zwischen Paris und New York, wenn die Fluggäste schlafen und es ruhig ist im Flugzeug«. Sie ist eine schnelle Leserin, doch: »Ihr Roman hat mir so gut gefallen, daß ich mich gezwungen habe, langsam zu lesen. Im vierten Kapitel habe ich allerdings etwas nicht verstanden, Herr Schwarz-Bart...«

Augenblicklich werde ich wieder so bescheiden, wie es sich für mich geziemt. »Liebes Fräulein, ich glaube, Sie verwechseln mich. Ich bin nicht André Schwarz-Bart.« Ihre Handbewegung sagt alles über die Bedeutung, die sie meinem Einwand zumißt: »Seien Sie unbesorgt, ich weiß, daß Sie inkognito reisen, aber mir können Sie doch vertrauen. Ich verspreche Ihnen, niemand wird erfahren, daß Sie an Bord sind.« Ich sage noch einmal: »Mein Fräulein, glauben Sie mir bitte, ich bin nicht André Schwarz-Bart.« Mit verschwörerischem Lächeln steht sie auf und holt mir eine neue Tasse Kaffee, Kekse und Obst. Ich will den Namen und den Ruf eines berühmten Schriftstellers nicht mißbrauchen und komme abermals darauf zurück: »Hören Sie. Die Verwechslung ist verständlich und leicht zu erklären. André und ich haben vieles gemeinsam. Zum einen sind wir beide Schriftsteller. Ich schreibe nämlich auch, wissen Sie. Einige meiner Bücher handeln vom selben Thema wie seines. Und wir haben denselben Verlag. Wir sind sogar miteinander befreundet. Es scheint fast so, als sähen wir uns auch ein wenig ähnlich. Vor kurzem ist sogar ein Drucker unserer äußeren Ähnlichkeit aufgesessen: Er hat mein Foto für seinen Roman oder seines für einen meiner Romane genommen. Es ist also nicht weiter verwunderlich, wenn Sie sich ebenso irren.« Vergebliche Mühe. Sie glaubt mir kein Wort, und aus ihrer Bewunderung wird Zuneigung: »Ich dachte, ich wüßte alles über Sie und Ihr Werk, Herr Schwarz-Bart, aber ich hatte keine Ahnung, daß Sie auch noch Humor besitzen.« Zum Glück ruft ein Fluggast sie nach vorn und beendet unser Gespräch. Nichts wird sie von ihrer Meinung abbringen. Sie muß verrückt sein. Es ist höchste Zeit, an andere Dinge zu denken. Und ruhig zu werden. Ich muß mich vorbereiten: In zwei Stunden werden wir ankommen.

Zwanzig Minuten vor der Landung kehrt die immer noch hübsche, aber nicht mehr ganz so zuvorkommende Stewardeß zu mir zurück. Hatte sie sich vorhin noch zu mir hinuntergebeugt und leise mit mir gesprochen, so steht sie jetzt aufrecht vor mir und erhebt die Stimme, damit alle Fluggäste hören können, wie sie mich der Lüge bezichtigt: »Ich habe keine Ahnung, wer Sie sind, mein Herr...« – »Das wurde auch Zeit«, werfe ich ein, doch sie läßt sich nicht aus dem Konzept bringen. »... aber ich weiß, daß Sie nicht André Schwarz-Bart sind«, fährt sie triumphierend fort. Dummerweise kann ich mir eine Erwiderung nicht verkneifen: »Beweisen Sie es!« Sie wartet einen Augenblick, um ihre Rache auszukosten, bevor sie mir den letzten Stoß versetzt: »Sie sind nicht André Schwarz-Bart, weil André Schwarz-Bart nämlich dort sitzt!« Ich blikke in die Richtung, in die sie zeigt: Tatsächlich! Mein Freund André ist im Flugzeug. Er sitzt drei Reihen vor mir. Ich löse meinen Sicherheitsgurt, schiebe die Stewardeß beiseite und eile zu ihm. Wir fallen einander in die Arme: »André, was tust du hier?« – »Und du?« Das Flugzeug setzt schon zur Landung in Lod an, doch wir begrüßen uns noch immer. Die Stewardeß ist so verdutzt, daß sie uns nicht einmal auffordert, unsere Plätze einzunehmen. Was wir hier tun? Was soll man darauf antworten? Daß der Platz eines Juden bei seinem Volk ist? Natürlich befinden wir uns aus demselben Grund im Flugzeug, mit demselben Ziel: Zeugnis abzulegen. Es ist einfach so: Als jüdischer Schriftsteller fühle ich mich meinem Volk zutiefst verbunden. Sein Schicksal ist meines, und sein Gedächtnis ist meine Heimat. Ich habe seine Angst geteilt, habe gespürt, wie die Wunde in seinen Träumen brannte. Ich habe der nächtlichen Gemeinschaft im Reich der Toten angehört und werde von nun an zur bewunderten und begeisternden Gemeinde der ewigen Stadt Davids gehören. Dem jüdischen Schriftsteller obliegt es, Zeugnis von allem zu geben, was das jüdische Volk seit seinen Ursprüngen umtreibt. Das ist seine Aufgabe. Er soll nicht urteilen, sondern bezeugen. Und in unserer Tradition wiegt die Verantwortung des Zeugen schwerer als die des Richters: Wenn das Zeugnis wahr ist, wird das Urteil gerecht sein.

Am nächsten Tag schreibe ich in der Altstadt vor der zurückeroberten Klagemauer die ersten Seiten zu *Der Bettler von Jerusalem*. Ich spreche den Text vor mich hin wie ein Gebet.

Es war ein unvergeßlicher Tag. Auf dem Sinai dauerte der Krieg noch an, auf den Golanhöhen hatte er noch nicht begonnen, doch die Befreiung Jerusalems ergriff und begeisterte die Menschen. »Der Tempelberg ist unser«, rief der Befehlshaber der Fallschirmspringer, Oberst Motta Gur. Es war aus allen Radios, in allen Panzern und in allen Fahrzeugen zu hören. Soldaten und Offiziere begannen zu weinen. Überall im Heiligen Land wurde geweint. Plötzlich schien der Krieg innezuhalten. Von den Dächern feuerten versprengte Jordanier noch die letzten Gewehrschüsse ab, als Tausende von Juden schon in die Altstadt liefen, und keine Macht auf Erden konnte sie aufhalten.

Rabbiner und Kaufleute, Taldmud-Studenten und Bauern, Offiziere und Schüler, Künstler und Wissenschaftler ließen alles stehen und liegen und rannten los; jeder wollte zur Klagemauer, die Steine küssen, seine Gebete vor ihr sprechen und seine fast vergessenen oder noch ganz gegenwärtigen Bitten an sie richten.

Und auch ich bin gelaufen, schneller als je zuvor in meinem Leben. Nie habe ich mit soviel Kawwana »Amen« gesagt als in dem Augenblick, als ich die Fallschirmspringer das Mincha-Gebet sprechen hörte. Und mehr denn je habe ich an diesem Tag begriffen, was Ahawat Israel bedeutet.

Ein Greis, der wie in einem meiner künftigen Romane aus dem Nichts auftauchte, murmelte vor sich hin: »Weißt du auch, weshalb es uns gelungen ist, den Feind zu besiegen? Weil sechs Millionen jüdische Seelen für uns gebetet haben.« Ich berührte seinen Arm: »Wer sind Sie?« Er sah mich mit gütigem Blick an und antwortete: »Ich bin der, der betet.«

Hier einige Auszüge aus meinem Tagebuch, das ich auf jiddisch geschrieben habe:

> Es ist wie in dem Lied, das an Schawuot nach dem ersten Vers der Tora-Lesung gesungen wird:
> Akdamut millin, bevor wir anfangen, die Geschichte zu erzählen, müssen wir ihrer Entstehung gedenken: das erste Wunder, das erste Gebet, der erste Funke, der ihren Weg erleuchtete. Alles muß erzählt werden. Ich weiß nicht, wo ich beginnen soll. Daß die Bibel selbst mit einem Bet und nicht mit einem Alef beginnt, soll kein Hindernis sein. Doch eines weiß ich: Mehr denn je muß der Anfang jetzt Jerusalem sein, die Stadt, in der tausend Generationen von der Befreiung träumten und damit den Helden von heute den Weg ebneten, die alte und wiedererstandene Stadt, die Brücke zwischen dem Anbeginn und dem Ende aller Zeiten.
> Zwar haben die jungen Soldaten seinen Namen auch an anderen Fronten geheiligt, als sie ihr Blut für ihr Volk vergossen. Und diejenigen, die gestern noch ihre Nächte in den Kneipen von Tel Aviv verbrachten, sind plötzlich zu Gerechten geworden: Sie haben die jüdische Geschichte auf ihre Schultern geladen, und manch einer ist unter dem Gewicht zusammengebrochen.
> Doch zuerst kommt Jerusalem. Jerusalem hat Vorrang vor allem, denn alle Wege führen dorthin. In Jerusalem hat unser Volk erfah-

ren, was unsere Mystiker eine Alija Neschama nennen, den Aufstieg seiner Seele: Unsere Vorfahren und Vorgänger halfen ihr dabei, sich zu erheben und sich immer höher aufzuschwingen. Daher stellt sich die Frage: Wo und mit wem beginnen? Mit König David, der mit seiner Kraft und seinen Psalmen eine Stadt errichtete, die dem Frieden und der Ewigkeit geweiht war? Oder mit den Zeloten, die für sie gekämpft haben? Oder mit Rabbi Akiba und seinen Getreuen, die den Glauben des jüdischen Volkes an seine Mission heiligten, als sie als Märtyrer in den Tod gingen? Wann habe ich begonnen, Jerusalem zu lieben? Ich weiß es nicht. Gibt es einen Juden auf der Welt, der sich nicht in Liebe zu dieser Stadt verzehrt? Rabbi Jehuda Halewi drückt diese gemeinsame Sehnsucht in seinem Gesang aus: Wenn wir auch in der Ferne, in alle Himmelsrichtungen verstreut, auf diesem oder jenem Kontinent leben, so bleibt das Herz der Juden doch immer im Orient.

Ich bin in meinem Leben viel herumgekommen, habe viele Städte gesehen; ich habe den Zauber von Paris auf mich wirken lassen, und ich habe das Licht der Provence, das lebhafte Treiben von New York und die Farbenpracht Bombays bewundert. Etwas zu bewundern heißt jedoch nicht zwangsläufig, es zu lieben. Der Jude in mir liebt Jerusalem auf einzigartige Weise. Noch bevor ich sprechen konnte, träumte ich schon von jener Witwe Zion, die in den Mauern des Tempels von Jerusalem einsam auf ihren Geliebten wartet. Meine Mutter hatte immer ein Wiegenlied gesungen, und mit ihr wartete ich auf die sagenumwobene junge Ziege mit ihren Gaben, denn sie sollte mich in jene Stadt führen, die von jüdischem Leben erfüllt ist, in der selbst die Steine jüdische Geschichten über jüdische Könige und Prinzen aus unserer manchmal ruhmvollen, oft traurigen, aber immer aufregenden Vergangenheit erzählen.

Ich erinnere mich: Im *Cheder* hatten meine Freunde und ich die Fäden der jüdischen Geschichten aufgenommen und weitergesponnen. Auf Geheimgängen durch die Karpaten wollten wir nach Israel gelangen. Es hätte genügt, einen »Namen« auszusprechen, damit sich die unsichtbaren Türen vor uns öffneten. Dann wäre im Handumdrehen Schluß gewesen mit den Verfolgungen, dem Haß und der Angst. Oh, Herrscher über das Weltall, baten wir, wer wird uns diesen heiligen und allmächtigen »Namen« offenbaren? Doch kein Bote kam, um uns zu erleuchten.

Und jetzt bin ich in Jerusalem. In den wahren und unergründlichen Tiefen von Jerusalem. Ich habe lange gebraucht, um hier anzukommen, aber nun bin ich da. Ich träume, ich würde träumen. Ich träume, daß die Wörter zu meinen Lippen drängen und mir die Zunge verbrennen.
Es ist in der Tat Pflicht und Vorrecht zugleich, alles zu erzählen. Das Herz ist zum Überlaufen voll. Wenn es sich nicht öffnen darf, wird es bersten. Wie oft habe ich nicht den Wunsch verspürt, wie ein Verrückter zu singen, wie ein Kind vor Glück oder Unglück zu schluchzen, wenn ich durch die Gassen der Altstadt ging, ohne mich nach dem Grund dafür zu fragen? Um mit Rabbi Nachman von Bratzlaw zu sprechen: Ich muß aus meinen Tränen Worte machen.
Nichts von dem, was im Juni 1967 geschah, darf weggelassen werden. Alles muß in Erinnerung bleiben. Alles muß überliefert, mitgeteilt werden. Von Anfang bis Ende, auch wenn die Geschichte vor allem Anfang begonnen hat und ihr Ende weit entfernt davon sein sollte, das Ende zu sein. Denn hier handelt es sich um ein Ereignis, das über das Individuum hinausreicht und das diesen einen Augenblick transzendiert, wie ja auch Jerusalem mehr ist als die Häuser und die Schatten, die sie bewohnen ...

(Jahre später habe ich François Mitterrand gefragt, was er nach Ablauf seiner zweiten Amtsperiode zu tun gedenke. »Eine Weile in Jerusalem leben«, hat er geantwortet. Er möchte dorthin gehen, um nachzudenken, ich, um zu träumen.)

Mitte Juni in Scharm el-Scheich: Ein Sandsturm fegt über die Insel, die durch die Besetzung ägyptischer Truppen den Vorwand und die rechtmäßige Grundlage für die jüngsten Feindseligkeiten lieferte. Nachdem uns der Kommandeur des Stützpunkts empfangen hat, warten wir, daß der Sturm sich legt. Die Offiziere verbergen ihre Enttäuschung nicht: Sie haben den Ort kampflos eingenommen, die Ägypter haben keine einzige Kanone abgefeuert. Ein Angriff? Für die Soldaten der Zahal war es ein Spaziergang.

Wir platzen mitten in die Vorbereitungen zu einer Hochzeit. Der Bräutigam ist auf der Insel stationiert, die Braut kommt vom Sinai. Ein Militärgeistlicher wird die Trauung vollziehen. Es gibt schon ein Zelt, das als Synagoge dient. Es ist zum Lachen: Wegen dieser Insel schwebte die ganze Welt in Gefahr, und hier denkt man nur an das kommende Hochzeitsfest...

Was soll man dazu sagen außer Masal tow, ewige Freude dem jungen Paar, dauerhaftes Glück, und auch dir, Volk Israel, Masal tow! Laßt euch von unserer Fröhlichkeit tragen, wie wir uns von euren Erinnerungen tragen lassen.

Überall in Israel singt man das Loblied auf die tapferen Soldaten, die das Land gerettet haben: *»Kol ha-Kawot le-Zahal«* lautet die Parole, die auf allen Hauswänden und in allen Zeitungen prangt und die jeder im Munde führt. Erfahrene Beobachter verschweigen aber auch nicht die Melancholie der Sieger.

Wenn ich die Rede wiederlese, die General Jitzhak Rabin damals Ende Juli auf dem Berg Skopus hielt, finde ich darin dieselben bewegten und bewegenden Worte, die er sechsundzwanzig Jahre später in Washington verwendete, als er in Gegenwart von Bill Clinton und Jassir Arafat erklärte:

> Es ist schon merkwürdig, wenn man sieht, wie wenig Jubel unter den israelischen Soldaten herrscht. Fast könnte man meinen, sie wären der Freude verschlossen. Einige geben sich Mühe, fröhlich zu sein, aber sie sind nicht mit dem Herzen dabei. Andere haben nicht einmal Lust, es zu versuchen. Denn sie haben nicht nur den Ruhm erlebt, sondern in seinem Gefolge auch das Leiden. Sie haben ihre besten Kameraden zerfetzt und blutend fallen sehen... Und das ist nicht alles. Denn der Preis, den unser Feind zahlen mußte, wiegt auch für unsere Soldaten schwer. Die Vergangenheit des jüdischen Volkes läßt es nicht zu, den Stolz des Eroberers und den Überschwang des Siegers zu empfinden...

Im *Bettler von Jerusalem* nehme ich diese Gedanken Rabins auf und spreche von der Trauer, die die jüdischen Sieger angesichts der Besiegten empfinden, besonders der arabischen Kinder, die in ihnen nur die Sieger sehen und fürchten, sie könnten ihnen großen Schmerz zufügen.

Ich habe diese Kinder in den Straßen der Altstadt gesehen. Sie sind mir in Hebron über den Weg gelaufen, und ich bin in Ramallah und Nablus auf sie gestoßen. Sie hatten Angst vor mir. Zum erstenmal in meinem Leben flößte ich Kindern Angst ein.

Ihr Blick prägt sich David, meinem Helden, tief ins Gedächtnis ein als Zeichen einer Schuld, die er nicht auf sich nehmen will.

Eine Figur im Roman sagt:

> Er ein Sieger? Eine geliehene Rolle, ein geliehenes Leben. Jedesmal, wenn ein Mohammed oder ein Jamil ihn am Arm zieht, errötet er. Ihre Rolle ist nicht geliehen. Wenn sich die Sieger nicht gleichsehen, so haben die Besiegten überall den gleichen finsteren, gehetzten Blick, das gleiche flehende Lächeln. Die besiegten Kinder sind überall die gleichen: In einer eingestürzten Welt können sie nur Trümmer verkaufen.

Und später:

> Er sollte ein Sieger sein? Der Sieg kann das Leiden und das Wüten des Todes nicht ungeschehen machen. Wie soll man sich gegenüber den Lebenden verhalten, ohne die Toten zu verraten?

Dasselbe Gefühl finde ich auch in meinem Reisetagebuch wieder:

> Der Krieg ist zu Ende, ich suche im lärmenden Getümmel die Freude und finde sie nicht. Überall treffe ich nur auf Menschen mit ernsten Gesichtern und wehem Blick. Es sieht ganz so aus, als gelänge es ihnen nicht, die Bedeutung der erschütternden Erfahrung zu ermessen, die sie gerade gemacht haben. Sie scheint mehr im Bereich der Legende als in dem der Geschichte angesiedelt zu sein. Die wachsende Angst und Wut vor Kriegsausbruch, die vertauschten Rollen von Sieger und Verlierer. Das alles kam zu schnell, zu unvermittelt. Sieger und Besiegte werden Zeit brauchen, um Atem zu schöpfen, um den Sinn und die Folgen des Geschehenen zu erfassen. David hat Goliath besiegt und fragt sich jetzt, wie er es fertiggebracht hat. Das weiß keiner, David am wenigsten. Mehr als sein Sieg sollte dieses Erstaunen Bewunderung hervorrufen und Hoffnung wecken...
>
> Die Sieger hätten übrigens gern auf ihren Triumph verzichtet. Traurig, ohne Haß und Überheblichkeit sind sie nach Hause zurückgekommen, verunsichert und in sich gekehrt, als fragten sie sich nach den tieferen Gründen ihres Geheimnisses. Nie zuvor in der Geschichte hat es solche Sieger gegeben.

Dieses Ereignis hat eine moralische und vielleicht mystische Reichweite. Das habe ich an jenem Tag begriffen, als ich in der Altstadt von Jerusalem Tausende Männer und Frauen an der Klagemauer vorbeiziehen sah, dem einzigen Rest, der vom Tempel übriggeblieben ist. Zu meiner Überraschung legten sie eine eigenartige Gefaßtheit an den Tag. Plötzlich glaubte ich, sie wiederzuerkennen: die Lebenden und die Toten, die von allen Enden der Welt aus dem Exil zusammenströmten, von allen Friedhöfen und aus allen Gedächtnissen, in denen sie eingeschlossen waren. Einige schienen meiner Kindheit entsprungen zu sein, andere meiner Einbildungskraft. Da waren sie, die stummen Irren und verträumten Bettler, die Weisen mit ihren Schülern, die Sänger und ihre Verbündeten, die Gerechten und ihre Feinde, die Betrunkenen und die Märchenerzähler, die unsterblichen toten Kinder, alle Figuren aus meinen Büchern, ja, sie waren mir hierher gefolgt, um ihre Gegenwart zu zeigen, um mit mir und durch mich Zeugnis abzulegen! Dann gingen sie auseinander, und ich mußte sie rufen, um sie wieder zusammenzubringen.

Der Krieg ist zu Ende: Ich kehre nach Paris zurück, um mit Schaike Ben Porat, Saul Friedländer und David Catarivas bei »Dossiers de l'écran« mitzuwirken. Die Sendung beschäftigt sich diesmal mit dem Sechs-Tage-Krieg. Armand Jammot hat die Runde klug zusammengestellt: Vier Araber (noch spricht man nicht von Palästinensern) und vier Juden (davon drei Israelis) sollen an der Diskussion teilnehmen. Zu unserer Überraschung lehnen es die Araber ab, sich mit uns an einen Tisch zu setzen. Sie bestehen darauf, in einem Nachbarstudio zu sprechen. Wir halten Kriegsrat: Sollen wir aus Protest die Teilnahme absagen und dem Feind allein das Mikrofon überlassen? Gemeinsam mit Schaike arbeiten wir eine Strategie aus, die unerwarteten Anklang findet: David wird »unseren« Programmteil mit der Erklärung eröffnen, er sei nicht bereit, an einer »Diskussionsrunde« teilzunehmen, bei der die Gesprächspartner hinter einer Wand sitzen. Danach steht er auf und geht. Anschließend gibt Schaike einen Überblick über das Kriegsgeschehen, wird aufstehen und ebenfalls das Studio verlassen. Dann bin ich an der Reihe. Ich sage etwa das folgende:

Ich bin in diese Sendung ohne Haß und ohne falsche Vorstellungen gekommen, aber in der Hoffnung, einen Dialog zu beginnen. Jetzt muß ich erleben, daß ich hier zum Objekt gemacht werden soll. Ein solches Verhalten gesteht Gott nicht einmal sich selbst zu. Gott sieht im Menschen ein menschliches Wesen, kein Ding. Doch heute abend stellt man mein Menschsein in Frage. Man will mir nicht zuhören und will nicht mit mir sprechen. Ich finde das beleidigend und unannehmbar.
Als Jude und als Schriftsteller glaube ich an die Kraft der Sprache. Ich dachte, daß sich am heutigen Abend, trotz aller Spannungen, aller Bitterkeit, aller Ungerechtigkeiten und Leiden auf beiden Seiten Menschen gegenübersäßen, die einander in die Augen blikken können und gewillt sind, sich gemeinsam gegen alles aufzulehnen, was sie trennt. Ich habe mich getäuscht, und das treibt mich zur Verzweiflung.
Es treibt mich zur Verzweiflung, weil es mich an die Zeit erinnert, als der Feind uns zu Objekten in seiner Statistik gemacht hat. Sogar tot waren wir für den Feind keine Menschen.
Ich bin gern bereit, meine Ansichten zur Diskussion zu stellen, mir Schlechtes nachsagen, mich hart kritisieren zu lassen; aber wenn man mich behandeln will, als gäbe es mich nicht, als wäre ich eine Mauer, dann wehre ich mich dagegen.
Ich hege keinen Haß gegen die Araber. Ich hasse nicht einmal die Deutschen. Es ist höchste Zeit, den Nahost-Konflikt zu beenden. Doch zuvor müssen Menschen, die weit entfernt von ihrem Vaterland sind, einen Schlußstrich unter den Krieg in ihren Köpfen ziehen.
Ich bin heute abend in der Hoffung hergekommen, wir würden hier den Grundstein zu einem gemeinsamen Kampf gegen den Krieg legen und zusammen die ersten Schritte in diese Richtung gehen. Ich dachte, hier könnte ich einem Mann die Hand schütteln, der wie ich verzweifelt dem Tod und dem Verderben entgegentreten will. Ich würde ihm voll Schmerz und Unbehagen in die Augen sehen und zusammen mit ihm die Kräfte anprangern, die unsere Hoffnung ersticken. Und warum sollte ich nicht mit ihm über all das Böse und all das Leid weinen, das wir uns gegenseitig zugefügt haben?
Ich bin allein, wie mein Volk allein auf sich gestellt ist. Wie mein Volk vor einem Monat seiner drohenden Vernichtung allein ge-

genüberstand und kein anderer Staat ihm zu Hilfe kam. Diese Einsamkeit werde ich nie wieder hinnehmen. Wenn die Araber bereit sind, mich als Menschen und Gesprächspartner anzusehen, werde ich bleiben. Sonst bin ich allerdings nicht bereit, das Spiel nach ihren Regeln mitzuspielen.

Sie hätten den Gesichtausdruck des Moderators sehen sollen, als einer nach dem anderen von uns ging...

Habe ich eben gesagt, der Krieg in Israel sei zu Ende? Er ist es mitnichten. Er hat nur andere Formen angenommen. Aus Syrien und dem Libanon werden Saboteure und Terroristen eingeschleust, ägyptische Kanonen beschießen entlang des ganzen Suezkanals Ziele hinter der »Bar-Lew-Linie«, Flugzeuge werden entführt. Dann kommt es zum Jom-Kippur-Krieg, in dessen Folge Anwar el Sadat Jerusalem besucht und eine Rede vor der Knesset hält. Als Menachem Begin und Sadat damals im Weißen Haus waren, schüttelte ich ihnen die Hand, um sicher zu sein, daß ich nicht träumte. Viele Jahre später reichen sich Jitzhak Rabin und Jassir Arafat vor dreitausend geladenen Gästen und Milliarden von Fernsehzuschauern die Hand und tauschen ein Lächeln aus. »Schluß mit den Kriegen«, erklärt der Sieger des Sechs-Tage-Kriegs. »Schluß mit den Tränen, Schluß mit den Begräbnissen!«

Ein neuer Traum? Möge Gott mir noch so viele Tage schenken, daß ich ausführlicher darüber sprechen kann.

Eine schöne Erinnerung: 1968 läßt Paul Flamand mich nach Paris kommen. Ich soll für den *Bettler von Jerusalem*, »vielleicht«, wie er sagt, »den Prix Médicis erhalten«. »Vielleicht?« frage ich. »Vielleicht«, bekräftigt er. In seinem vornehmen Büro warten wir Gemeinsam auf die Entscheidung der Jury. Sie tagt irgendwo, niemand weiß Genaueres, aber höchstwahrscheinlich in einem Restaurant: In Paris wird alles in Restaurants entschieden. Wir unterhalten uns über Politik, über Literatur, über Israel und Amerika, nur nicht über den Preis. Wir trinken eine Tasse Kaffee nach der anderen. Paul ist ungeduldig: So nervös habe ich ihn noch nie erlebt. Er steht auf, setzt sich wieder, telefoniert mit der halben Welt: Noch immer nichts entschieden? Nein, nichts. Ich bin durch die Zeitumstellung erschöpft, aber gelassen. Er hält es kaum noch aus. »Sind Sie tatsächlich so schwer aus der Ruhe zu bringen? Oder bedeutet Ihnen dieser Preis gar nichts?« ruft er. »Doch, doch. Ich würde mich sehr über den Médicis freuen. Aber immer wenn mir etwas Angenehmes widerfährt, schließe ich die Augen und versetze mich fünfundzwanzig Jahre zurück. Plötzlich erscheint es mir nicht mehr ganz so berauschend. Und umgekehrt genauso. Wenn mir etwas Schlimmes passiert, schließe ich die Augen, sehe mich vor fünfundzwanzig Jahren, und schon erscheint mir alles nur noch halb so schlimm.« Es hängt eben alles vom Standpunkt des Betrachters ab.

Das heißt nicht, daß mich die Bosheit der anderen nicht verletzt oder ihre Wertschätzung mir keine Freude macht. Im Gegenteil: Als Überlebender bin ich zugleich sehr verletzbar und sehr stark. Der kleinste Angriff tut mir weh, und die geringste Zuwendung wühlt mich bis ins Innerste auf. Doch ich brauche mir nur meinen Lebensweg vor Augen zu führen, schon finde ich mein Gleichgewicht wieder und bleibe ich selbst.

Durch den Prix Médicis lernte ich zwei Autoren kennen, an die ich gern zurückdenke: Ich begegne Marguerite Yourcenar, die den Prix Fémina für *Die schwarze Flamme* erhielt, und Albert Cohen, dem die Académie française für *Die Schöne des Herrn* den Grand Prix du Roman verlieh.

Marguerite Yourcenar und ich saßen bei den üblichen Autogrammstunden nebeneinander und tauschten Erinnerungen und Beobachtungen aus, während wir den Käufern und möglichen Lesern unsere »besten Wünsche« in ihr Buch schrieben. Ohne viele Worte zu verlieren, beobachtete sie die Welt um sich voll skeptischer Anteilnahme.

Sie lud Marion und mich mehrmals ein, ein paar Tage in ihrem Haus im Bundesstaat Maine zu verbringen. Aus Respekt vor ihrem zurückgezogenen Leben habe ich die Reise immer wieder verschoben. Und eines Tages war es zu spät.

Albert Cohen habe ich in seiner Wohnung in Genf besucht. Den schmalen Körper stets in einen seidenen Schlafrock gehüllt, so empfing er seine Besucher und versetzte sie auf sonnige Inseln, wo sie seine tapferen Helden trafen. Ich mochte es, wenn er seine Vorstellung vom Propheten Ezechiel ausbreitete, auch wenn mir persönlich Jeremia lieber ist. Er interessierte sich für meine chassidischen Meister und verstand viel von ihnen. Ich erinnere mich an seine Augen und an das geheimnisvolle Leuchten, das von ihnen ausging. War er vielleicht das Vorbild für Solal, einen seiner literarischen Helden?

Meine Beziehung zu Professor Saul Lieberman wird von Woche zu Woche enger und intensiver. Beim Studium der Texte mit ihm lerne ich soviel wie noch nie. Zu Diskussionen kommt es lediglich über den Chassidismus. Als guter Litauer aus der Schule des Gaons von Wilna ist Lieberman ein Mitnagged geblieben, also ein Gegner der vom Bescht ausgehenden Bewegung, mit der er übrigens wenig vertraut ist. Er kennt lediglich die Schriften ihrer frühesten Gegner: Für ihn ist der Chassidismus eine Bewegung von Ungebildeten, die die Unwissenheit verherrlichte, allen voran der Bescht selbst. Ich brauche viele Monate, um sein Vorurteil ins Wanken zu bringen. Zuerst gebe ich ihm die gelehrten Werke der Gefährten des Bescht zu lesen. Sie waren alle große Meister. Sie wären dem damals völlig unbekannten Rabbi Israel Baal Schem Tow wohl kaum gefolgt, wenn er in den Schriften nicht ebenso bewandert gewesen wäre wie sie. Ja, sie kamen sogar alle aus dem Lager der Orthodoxie. Mit anderen Worten: Es waren Mitnaggedim, die, wenn ich so sagen darf, zum Chassidismus übertraten. Dagegen finden sich nur wenige Fälle von Chassidim, die ins Lager ihrer Gegner wechselten.

Nach und nach freundet sich mein Lehrer - dessen Freund und Vertrauter ich inzwischen geworden bin - mit dem Gedanken an, daß Chassidismus und Studium sich nicht ausschließen, daß die chassidischen Erzählungen nicht nur einen gewissen Reiz, sondern auch wahre Tiefe besitzen.

Schließlich kommt er sogar ins jüdische Kulturzentrum YMHA, um an meinem Seminar teilzunehmen, in dem ich die chassidische Lehre am Beispiel ihrer Gründer erkunde. Rabbi Menachem Mendel von Kotzk weckt seine Neugier, Rabbi Nachman von Bratzlaw mag er: Er bewundert sein Wissen ebenso wie seine Phantasie. Dieser große Meister, ein Nachkomme anderer Meister (er ist ein Urenkel des Bescht) und Vorläufer Kafkas, ist meiner Meinung nach der größte Erzähler der chassidischen Literatur. »Er ist auch ein Wissenschaftler, ein hochgebildeter Mann und ein großer Talmud-Forscher, meint Lieberman. Aus seinem Munde ist das ein seltenes Kompliment.

Die Besucher der Veranstaltung sehen einander an, als ob es mitten in den Hundstagen schneien würde: »Was? Lieberman hier? Auf einer Veranstaltung zum Chassidismus? Dann kann der Messias nicht mehr weit sein!«

Am nächsten Tag hält Lieberman mir in seinem Büro zuerst einen Vortrag über meinen Vortrag, bevor er den Talmud aufschlägt: Er versteht das Denken des Bratzlawers besser als ich.

Wir treffen uns mindestens zweimal in der Woche. Ohne große Vorrede nehmen wir an seinem Schreibtisch einander gegenüber Platz. Sowohl der palästinensische als auch der babylonische Talmud liegen aufgeschlagen vor uns, drum herum eine Menge Bücher mit Kommentaren. Jede Sitzung dauert drei Stunden. Manche Themenbereiche sind mir vertraut, ich habe mich bereits mit ihnen beschäftigt. Entschuldigung, ich muß mich verbessern: Ich habe sie zwar studiert, aber unzulänglich und flüchtig. Ich bin nicht in sie eingedrungen. Auch nicht mit Schoschani? Nicht einmal mit ihm. Schoschani war ein Illuj, eine Art Genie mit unermeßlichem, aber unscharfem Wissen, denn er hatte es sich nicht methodisch angeeignet. Erst am Ende seiner Reden ergab sich für den Zuhörer ein Gesamtbild. Sein Denken schweifte von den höchsten Höhen zu den tiefsten Tiefen, und vor allem schweifte es in weite Ferne, denn er schöpfte aus allen Quellen. Aber ich konnte ihm nur schwer folgen. Lieberman ist ein Illuj, ein Charif und ein Baki in einem, das heißt, sein Geist erfaßt die Gesamtheit und zerlegt sie dann vor den Augen seiner Schüler. Er reißt sie mit, begeistert sie; bei jedem Schritt wissen sie, wohin er sie führt, bei jedem Umweg verstehen sie, warum er ihn macht. So sprunghaft Schoschanis Unterricht war, so gegliedert ist der Liebermans. Schoschanis ungeheures Wissen läßt einen staunen; bei Lieberman ist es ebenso, doch es kommt noch etwas hinzu: die Logik seines Denkens. Er zeigt, wie alles zusammenhängt. Bei ihm sind die griechische und lateinische Kultur unerläßliche Bestandteile des Talmud. Man kann die Weisen von Zippori gar nicht schätzen, wenn man die alten Griechen nicht kennt. Ich muß wohl nicht extra betonen, daß Lieberman Altgriechisch und Latein beherrschte. Auch Französisch sprach er fließend. Als die Russische Revolution ausbrach, war er an der Universität von Kiew eingeschrieben. Er floh nach Nizza und begann dort Medizin zu studieren. Meine Schriften liest er im Original. Ich lege sie ihm seit unserem ersten Zusammentreffen vor. Oft erhalte ich sie mit Anmerkungen und Korrekturen versehen zurück. Alles, was ich über die Bibel und den Talmud, ja selbst über den Chassidismus geschrieben habe, trägt seinen kritischen Stempel. Auch die Romane.

Als ein hebräisches Wochenblatt ihn mit einem Porträt ehren wollte, ließ er durchblicken, daß er gern von mir vorgestellt würde. Am stärksten habe ich in meinem Beitrag die Bedeutung seines Werkes für das weite Feld der zeitgenössischen Judaistik herausgehoben. Er endet mit folgenden Worten: »Ich weiß nicht, wie Professor Lieberman am liebsten vorgestellt werden möchte, aber ich weiß, wie ich am liebsten vorgestellt würde: als sein Schüler.«

Seinen Einfluß auf mich spüre und erkenne ich täglich. Ich brauche nur eine x-beliebige Abhandlung aus dem Talmud aufzuschlagen, schon habe ich sein Lächeln vor Augen und höre seine Botschaft, die von einem Ausspruch im Talmud abgeleitet ist und die ich manchmal auf meinem Anrufbeantworter vorfand: »Reb Elieser, Reb Elieser, und was wird aus der Tora?« Damit meinte er: Was wird aus der Tora, wenn wir vergessen, sie zu studieren?

Nach einem meiner Vorträge sah er mich mit Marion zusammen vor dem Gebäude des YMHA. Am nächsten Tag verkündete er mir: »Wenn einer deine Trauung vollzieht, dann ich.« Damals wußte ich noch nicht, daß wir heiraten würden. Ihm war es bereits klar.

Außerdem beginnt er, mich in praktischen Dingen zu unterstützen. Wie verdiene ich meinen Unterhalt? Er schlägt vor, mir die Semicha zu erteilen, also mich zum Rabbiner zu ernennen: »Sollten sich deine Bücher schlecht verkaufen, hast du so wenigstens eine Stellung und ein sicheres Einkommen.« Dummerweise schlage ich das Angebot aus, und es ist das einzige Mal, daß ich ihm widerspreche: Ich eigne mich nicht zu einer Karriere als Rabbiner. »Ich mich auch nicht«, erwidert er und lächelt auf seine altbekannte schelmische Weise. Und trotzdem.

Ihm verdanke ich es, daß ich, oft bei ihm zu Hause, mit den großen israelischen und amerikanischen Talmudisten und Forschern in Berührung kam.

Gershom Scholem, der Begründer der modernen Forschung zur Mystik, war einer seiner engsten Freunde. Das heißt nicht, daß ihre Beziehung problemlos war. Scholem, vor dessen Urteil die gesamte akademische Welt zitterte, soll Lieberman gefürchtet haben. Stimmt das? Lassen Sie es mich so sagen: Er zollte ihm besondere Hochachtung. Scholem legte Wert darauf, bei meiner Hochzeit dabeizusein. Nicht meinetwegen, sondern seines alten Freundes wegen.

Groß, mager, angespannt und immer auf der Lauer: das ist Scholem. Er hat riesige Ohren und lebhafte Augen, seine Nasenflügel zittern, kurz: Er wirkt wie ein Soldat, der ständig auf der Hut ist. Vor wem? Vor dem Satan? Vor einem falschen Messias, einem falschen Propheten? Er scheint unermüdlich den ewigen Kampf zwischen den Kräften des Guten und des Bösen, zwischen den Söhnen des Lichts und denen der Dunkelheit zu kämpfen. In seiner privaten Bibliothek kommt mir die Abteilung über die Dämonen und Geheimwissenschaften ausgesprochen umfangreich vor. Ich bewundere die Spannbreite seines Wissens ebenso wie seine unendliche, zupackende Neugier. Sie macht einen schwindelig. Er möchte alles lernen, alles verstehen. Sein Ziel ist es, alles in ein System zu bringen, dessen Schlüssel, wenn nicht gar dessen Zentrum die jüdische Mystik ist. Sein Werk reicht weit über einen Kommentar hinaus. Er entdeckt Neues und schafft Neues. Heute ist es unmöglich, sich dem geheimnisvollen und verzaubernden Kosmos der Kabbala zu nähern, ohne seine Werke zu lesen und sie sprechen zu lassen. Sein Meisterwerk über Sabbatai Zewi liest sich wie ein Kriminalroman. Dasselbe gilt für seine Monographie über Jakob Frank. Seine Aufsätze über die Ursprünge der lurianischen Mystik oder die Geroneser Schule der Kabbala sind trotz ihrer komplexen Zusammenhänge von einem Licht durchdrungen, das die Lektüre zwar nicht einfach, aber befriedigend und spannend macht.

Im Laufe unseres ersten Zusammentreffens bei Norman Podhoretz, dem Chefredakteur des *Commentary Magazine*, unterhält er sich mit mir über meine Heimatstadt, als sei er dort geboren. Er kennt jede Gasse, jedes Haus. Als er mein Erstaunen bemerkt, sagt er: »Nein, ich habe niemals einen Fuß nach Sighet gesetzt, aber ich weiß Dinge über Ihre Stadt, von denen Sie selbst sicherlich nichts ahnen. Wußten Sie zum Beispiel, daß es bei Ihnen eine starke frankistische Sekte gab?« Nein, davon hatte ich keine Ahnung. Frankisten in Sighet? Juden, die einem falschen Messias folgten und die grundlegenden Gesetze des Judentums übertraten, um die endgültige Erlösung zu beschleunigen? Bei uns soll es Männer und Frauen gegeben haben, die insgeheim ein ausschweifendes Leben führten, die Ehebruch und sogar Inzest trieben? Scholem kostet meine Bestürzung aus, ohne es sich anmerken zu lassen. »In den Mauern eines eingestürzten Gebäudes fand man Schriften der Frankisten, gemeinsame Bekenntnisse und Litaneien.« Ich wußte nicht, daß die Anhänger Franks eine eigene Genisa hatten.

Am Tag nach unserer Hochzeit, dem ersten Tag des Pessach, besuchen Marion und ich ihn in seiner Wohnung in Jerusalem. Nur um ihm zuzuhören. Ich liebe es, ihn immer und immer wieder über die verborgenen Dinge meiner Heimatstadt auszufragen. Fania, seine ehemalige Schülerin, die eine beispielhafte Ehefrau geworden ist, beteiligt sich an unserem Gespräch. Die Übereinstimmung, die zwischen den beiden herrscht, gefällt mir. Ich erwähne Martin Buber.

Warum hat Scholem gewartet, bis der Philosoph alt war, um sein Gedankengebäude mit einem aufsehenerregenden Essay zu zerstören? »Hätte ich ihn etwa nach seinem Tod veröffentlichen sollen?« antwortet er mir entrüstet. Er hat den Sinn meiner Frage nicht verstanden oder nicht verstehen wollen: Warum hat er seine Kritik an Buber nicht veröffentlicht, solange dieser noch jung und in der Lage war, sie zurückzuweisen? Um schnell auf ein anderes Thema zu kommen, mache ich eine Bemerkung zu Lieberman. Scholem weicht geschickt aus und beginnt mit einem fesselnden Vortrag über die Vorstellung vom Dämon in der jüdischen Mystik.

Lieberman dagegen ziert sich nicht, mir von seiner schwierigen Beziehung zu Scholem zu erzählen. Wie finden ein Rationalist und ein Spezialist für Mystik zueinander? Darüber gibt es eine Anekdote (deren Richtigkeit mir Lieberman bestätigt hat): Als das Jewish Theological Seminary Scholem zu einem Vortrag einlädt, wird er selbstverständlich von seinem Rektor, dem berühmten Professor Lieberman, der intellektuellen Elite von New York ungefähr wie folgt vorgestellt: »Meine sehr verehrten Damen und Herren, Gershom Scholem ist Ihnen sicher ein Begriff. Er bekleidet den Lehrstuhl für Mystik an der hebräischen Universität von Jerusalem. Was aber ist Mystik?« Nach einer kurzen Pause fährt er mit tiefem Ernst fort: »Mystik, das ist… Unsinn.« Der Saal ist sprachlos. Die Zuhörer sehen sich verwundert an. Lieberman wartet, bis die Verblüffung nachläßt, bevor er den Faden wieder aufnimmt: »Meine Damen und Herren, Unsinn ist Unsinn, aber die Geschichte des Unsinns ist Gelehrtheit und Wissen.« Auf Englisch klingt dieser Satz noch treffender: *»Non-sense is non-sense, but the history of non-sense is scholarship.«*

Später erfuhr ich von Spannungen und Konflikten zwischen Scholem und einigen seiner Schüler. Die Beziehungen Liebermans zu seinen Schülern waren anderer Natur. Er zog sie an, achtete aber auf Abstand und Respekt: Sobald er auftauchte, mußten sich alle erheben. Es heißt, seine Schüler fürchteten ihn, und das stimmt. Er besteht darauf, daß ich sein Seminar ein Jahr lang besuche. Während dieser Zeit sehe ich ihn dreimal die Woche. Im Seminar ist er bissig und unnachgiebig. Obwohl er sich bemüht, die Stimmung zu lokkern und die zukünftigen Rabbiner zum Lachen zu bringen, zittern sie vor ihm. Werden sie den Tagesabschnitt »vorlesen« können? Seine Prüfungen hält er am späten Abend ab. Werden seine Schüler auf seine Fragen antworten können? Es ist unmöglich, ihn hinters Licht zu führen. Trotzdem wird er nie laut. Er gerät nie außer sich, versteht sich darauf, zu umgarnen, manchmal auch zu besänftigen. Doch er kann sich auch als unerbittlich erweisen. Eines Abends trifft einer seiner Schüler ihn im Aufzug. Sie sind zur Abschlußprüfung verabredet. Sie unterhalten sich über alltägliche Dinge. Der Fahrstuhl hält an, und, vor der Tür zu seinem Büro angekommen, wünscht ihm Lieberman einen »Guten Abend!« – »Aber was ist mit meiner Prüfung?« stottert der Student. »Das Wissen auszuloten kann lange dauern«, erwidert der Professor, »Unkenntnis aber läßt sich schnell feststellen.« Für gewöhnlich ist er jedoch gnädiger. Wie läßt sich erklären, daß er sich der Angst nicht bewußt war, die er einflößte?

In einem Flugzeug nach Israel unterhalten wir uns darüber. Lieberman hat gerade seine Frau verloren: Judith lag vierzehn Tage im Koma. Ich unterrichtete damals an der Universität von Florida und telefonierte jeden morgen mit meinem Lehrer. An jenem Tag rief er mich an und gebrauchte die Formel aus dem Talmud: »Hischlima«, es ist vorbei. Ich begriff, daß sie ihren Frieden gefunden hatte, und antwortete mit der rituellen Wendung: »Gelobt sei der Herr über Leben und Tod.« Er äußerte den Wunsch, daß ich die Trauerrede halte. »Und dann?« fragte ich weiter, denn ich wollte wissen, wo er die Schiwe, die Trauerwoche zubringen würde. Er sagte mir, er wolle den Sarg nach Jerusalem überführen und Judith dort beisetzen lassen. »Und wer fliegt mit Ihnen?« fragte ich, überzeugt davon, daß ihn ein Kollege aus dem Seminar begleiten wird. »Niemand«, antwortete er, worauf ich spontan reagierte: »In diesem Fall begleite ich Sie.« Statt zu antworten, brach er in Tränen aus. Es dauerte lange. Er legte den Hörer nicht auf, ich auch nicht. In diesem tragischen Augenblick wurde deutlich, daß ich nicht nur sein Schüler, sondern auch sein naher Freund war.

Diesen Flug, vierzehn Stunden Seite an Seite mit ihm, werde ich nie vergessen. Er erzählt mir von seiner Kindheit in Motele, von seiner Jugend an der Jeschiwa von Slobodka, wo er im Geist der Mussar-Bewegung unterrichtet wurde, von seinen Erfahrungen in Palästina, von seinen Begegnungen mit modernen Meistern, darunter Oberrabbinern wie Rabbi Abraham Isaak Kook und Rabbi Jitzhak Halewi Herzog. Den gesamten Flug über reiht er Anekdoten, Fundstücke aus dem Talmud und persönliche Gedanken aneinander.

Ich bin taktvoll genug, ihm gegenüber nie meine Freundschaft mit seinem Kollegen vom Seminar, Doktor Abraham Joshua Heschel, zu erwähnen. Er weiß lediglich, daß mir dieser hochangesehene Nachfahre des Rabbis von Apt nahesteht. Seite an Seite kämpfen wir für dieselben gesellschaftlichen Anliegen. Und wo liegt das Problem? Heschel und Lieberman verstehen sich überhaupt nicht. Ja, sie reden nicht einmal miteinander. Liegt der Grund darin, daß sie die alten Streitpunkte zwischen der chassidischen Bewegung und ihren litauischen Gegnern verkörpern? Oder gibt es eine andere Erklärung? Anfangs sollen sie unzertrennlich gewesen sein. Und jetzt? Was hat sich zwischen den beiden ereignet? Ich habe oft versucht, sie einander wieder näherzubringen, und einmal wäre es mir beinahe gelungen: Als Heschel einen Herzanfall erlitt, sagte ich zu Lieberman: »Geben Sie sich einen Ruck, und besuchen Sie ihn im Krankenhaus. Das wird ihm guttun.« Sollte die Versöhnung stattgefunden haben, war sie wohl nur von kurzer Dauer.

Noch vor meiner Hochzeit hat sich eine amüsante Geschichte ereignet, die mit den beiden zu tun hat.

Kurz nach dem Simchat-Tora-Fest im Oktober fragt mich Lieberman: »Weißt du schon, wo du am Festmahl zu Purim sein wirst?« – »Keine Ahnung. Es ist noch ein bißchen früh, um Pläne zu machen«, erwidere ich, denn Purim ist im März. »Prima«, sagt er, »dann kommst du zu uns.« Der Winter geht vorüber. Da ruft Heschel an, um mich zum Purim-Mahl einzuladen. »Tut mir leid, aber es ist mir nicht möglich...«, stottere ich, denn ich kann ihm ja schlecht sagen, daß... Heschel besteht auf seiner Einladung, ich auf meiner Ablehnung. »Schade«, sagt er schließlich, »dann gehe ich nach Brooklyn zu meinem Vetter, dem Rabbi von Kappizin.« Ausgezeichnet, denke ich. Denn Lieberman und Heschel wohnen zu allem Unglück im selben Haus... Wenn Heschel den Abend in Brooklyn verbringt, laufe ich wenigstens nicht Gefahr, ihm zufällig zu begegnen. Mit einer Flasche Wodka ausgerüstet, warte ich am Purim-Abend auf den Aufzug. Die Tür geht auf, und mir gegenüber steht Heschel mit seiner Frau Sylvia. »Was machen Sie denn hier?« fragt er mich höchst erstaunt. Diesmal besitze ich so viel Geistesgegenwart, daß mir sofort eine Antwort einfällt: »Ich wollte Ihnen ein Purim-Geschenk bringen.« Der Einfall ist tadellos, denn Purim-Geschenke sind Brauch bei uns. Ich halte ihm die Flasche hin. Woher ich denn gewußt habe, daß er zu Hause sei? »Ich wußte es nicht. Ich wollte die Flasche vor Ihrer Tür abstellen.« Warum ich sie denn nicht beim Hausmeister abgegeben habe? »Oh, ich habe kein Vertrauen in Hausmeister, es ist ein recht guter Wodka, er hätte ihn leicht in Versuchung führen können.« – »Na schön«, sagt Heschel, »dann lassen Sie uns nach oben gehen und ein Glas zusammen trinken, wie es sich gehört.« Soll ich ablehnen? Ich kann ihm doch nicht sagen, daß Lieberman mich erwartet... Um mir aus der Patsche zu helfen, flunkere ich ein bißchen. Am Purim-Abend ist das sicher erlaubt. »Tut mir leid, aber ich muß nach Hause zurück... und dann gleich wieder gehen. Man erwartet mich bereits...« Heschel läßt nicht locker. Wenn ich schon da bin, sollten wir auch zusammen auf das Fest anstoßen. Schließlich wird die Niederlage des Feindes nicht jeden Tag gefeiert. Das ist verständlich. Ich lasse mich überreden, und wir gehen in seine Wohnung hinauf. Er öffnet die Flasche, wir stoßen an. Ich sitze wie auf heißen Kohlen. In seinem bequemen Sessel sitzend, nimmt Heschel sich und mir viel Zeit. Er kramt in seinen Erinnerungen an das Purim-Fest in Polen und sucht eine chassidische Weise, die er offensichtlich vergessen hat. Immer wieder schaue ich flüchtig auf die Uhr: Ich werde zu spät kommen, ich bin schon jetzt zu spät. Endlich stehen wir auf. Vor dem Haus schlägt Heschel mir vor, mich mit dem Wagen nach Hause zu fahren. Auch das noch! Da ich ihm unmöglich sagen kann, daß ich hier erwartet werde, gebe ich vor, lieber zu Fuß nach Hause zu gehen. »Kommt nicht in Frage«, entscheidet Heschel. Einverstanden, es ist besser, wenn ich zustimme. Und vor allem schneller! Er setzt mich zu Hause ab. Ich warte drei lange Minuten und renne dann hinunter, um einen Laden zu suchen, der geöffnet hat. Ich kaufe noch eine Flasche Wodka. Dann springe ich schnell in ein Taxi... und stehe wieder vor demselben Haus. Lieberman öffnet. Er ist taktvoll genug, mir keine Fragen nach dem Grund für meine Verspätung zu stellen. Ich setze mich an den Tisch. Zu den Gästen gehören die bedeutendsten Persönlichkeiten der talmudischen Gemeinde und des kulturellen Lebens der Stadt. Schweigsam folge ich der brillanten, ideensprühenden Konversation. Ich beschränke mich aufs Zuhören, Staunen und Lernen. Um vier Uhr morgens ist das Essen zu Ende. Vor dem Fahrstuhl zögere ich: Soll ich lieber die Treppe nehmen? Nein, der Aufzug ist da. Gleich geht die Tür auf: Schnell bitte ich Gott, mir eine neuerliche Verlegenheit zu ersparen. Meine Bitte wird erhört. Niemand ist im Aufzug. Gott sei Dank! Wieder ein Stoßgebet: Mach, daß unten keiner wartet. Unten wartet niemand. Und auf der Straße? Auch nicht. Gott, Du bist gütig und groß. Jetzt noch ein Taxi finden. Da ist eines. Es hält vor mir. Lächelnd steigt Heschel aus: »Sehen Sie«, sagt er, »ich wußte, Sie würden ein Taxi brauchen.«

Dann kam der schicksalsschwere Tag... eine Woche vor Ostern 1983.

Rabbi Wolfe Kelman, ein langjähriger Freund, ruft mich an. Am Klang seiner Stimme merke ich, daß er eine schlechte Nachricht bringt. Ich bin entsetzt, und erschüttert, aber nicht überrascht. Eine Saite in mir reißt. Ich murmle: »Gelobt sei der Herr über Leben und Tod.« – »Es ist im Flugzeug passiert«, teilt Wolfe mir mit. Tränenlos weine ich. Kurz darauf ruft mich der Historiker Jossi Jeruschalmi an: »Ich habe eine traurige...« – »Ich weiß«, falle ich ihm ins Wort. »Er ist im Schlaf von uns gegangen«, weiß Jeruschalmi noch zu berichten. »Wann ist die Beerdigung?« frage ich. »In ein paar Stunden«, antwortet er. »Es ist unmöglich, daß du noch rechtzeitig ankommst.«

Wie gesagt, die Nachricht hat mich nicht überrascht. Ich erinnere mich genau an den Tag zuvor: Lieberman verhält sich anders als sonst. Als unsere Sitzung vorüber ist, stehen wir auf und umarmen uns; er wird am Nachmittag nach Jerusalem fliegen, wo er das Pessach-Fest mit seinem ältesten Bruder feiern will, und ich muß mich beeilen, um zu meinem Seminar an der Universität von Yale zu kommen. Er begleitet mich zur Tür. Plötzlich ruft er: »Komm, Reb Elieser, laß uns noch eine Stunde weitermachen!« Wir setzen uns und vertiefen uns wieder ins Studium. Ich erinnere mich an den Abschnitt: Es geht um den unbekannten Toten, der auf einem öffentlichen Platz entdeckt wird. Das Gesetz verlangt von den Gemeindeältesten, daß sie ein Sühneopfer darbringen. Der Kommentar meines Lehrers lautet: Worin liegt ihre Schuld? Sie haben einem Besucher, der allein war, keinen Begleiter zum Schutz gegeben. Nie waren Liebermans kurze Bemerkungen, zu denen ihn die Weisen Palästinas, sein hochverehrter Radak und der Gaon von Wilna inspirierten, so brillant... Die Stunde vergeht. Erneut stehen wir vom Schreibtisch auf. Er begleitet mich über den Flur, wir umarmen uns, ich steige in den Fahrstuhl, doch mein Freund und Lehrer hält mich am Arm fest und sagt: »Wir haben noch ein wenig Zeit, Reb Elieser, nicht wahr? Wir haben doch noch etwas Zeit...?« Wir kehren in sein Büro zurück, setzen uns und öffnen wieder den Talmud. Und noch eine Stunde vergeht. Inzwischen ist es schon 13 Uhr. Jetzt gibt es keine Möglichkeit mehr, den Abschied hinauszuzögern. Wir gehen auseinander. Ich gehe schweren Herzens, denn während unserer Sitzung war mir plötzlich eine Besonderheit aufgefallen: Sein gewöhnlich von Büchern, Zeitschriften und Papieren überhäufter Schreibtisch war völlig leergeräumt. Das brachte mir ein anderes Bild wieder in Erinnerung. Jahre zuvor hatte mich Heschel an einem Donnerstagmorgen angerufen: Er brauche dringend meine Hilfe, ob ich kommen könnte? Ich sprang in ein Taxi und eilte zum Seminar. Ich klopfte an Heschels Tür, und er öffnete. Ohne mich hereinzubitten, ohne ein Wort zu sagen, lehnte er den Kopf an meine Schulter und begann herzzerreißend wie ein Kind zu weinen. Ich habe selten einen Erwachsenen derartig weinen sehen. Plötzlich bemerkte ich von der Schwelle aus, daß sein Schreibtisch, auf dem normalerweise ein riesiges Durcheinander herrschte, jetzt richtig aufgeräumt war. Ohne noch ein Wort zu wechseln, sind wir auseinandergegangen. Tags darauf starb Heschel. Und jetzt ist Liebermans Schreibtisch leergeräumt... In meinem Unterbewußtsein fühle ich die bedrohliche Nähe des Todes, doch ich schiebe sie beiseite.

Vielleicht hat der Tod sie miteinander versöhnt? Der Talmud sagt, daß den Gerechten ihr bevorstehender Tod angekündigt werde. Damit sie sich auf ihn vorbereiten und ihre Angelegenheiten in Ordnung bringen können. Heschel und Lieberman waren Gerechte, jeder auf seine Art.

Lieberman fehlt mir sehr. Nie habe ich das talmudische Gesetz besser verstanden, das verlangt, ein Mann solle für seinen Lehrer Trauer tragen, wie er es für seine Eltern tut.

Wenn ein Lehrer aus dem Leben scheidet, werden seine Schüler zu Waisen.

Es ist seltsam, aber mit Lieberman habe ich nie über Glaubensfragen diskutiert. Er hielt mir keinerlei Moralpredigten und verlangte keine genauere oder strengere Einhaltung der Halacha von mir, denn er verstand meine inneren Schwierigkeiten auf diesem Gebiet. Solche Fragen habe ich eher mit Rabbi Menachem Mendel Schneersohn von Lubawitsch besprochen.

In den *Pforten des Waldes* erzähle ich ein wenig davon. Ich beschreibe eine chassidische Feier in Brooklyn: So sahen seine Feiern aus. Die Lieder, die Gelübde, der Eifer seiner Anhänger, das alles erinnerte mich an die Feiern beim Rabbi in meiner Heimatstadt.

Rabbi Menachem Mendel Schneersohn von Lubawitsch beeindruckt durch die geistige Kraft, die von seiner Person ausgeht. Man könnte ihn für einen Herrscher halten, der dafür gesorgt hat, daß man in Frieden leben und schaffen kann. Wenn er spricht, halten die Zuhörer den Atem an. Wenn er singt, schwingen alle Herzen mit. Was er fordert, bekommt er auch. Wenige der zeitgenössischen chassidischen Meister besitzen eine solche Macht. In allen fünf Kontinenten kann man seine Botschafter treffen. Es kommt vor, daß er einen jungen Studierenden zu sich ruft und ihm sagt: »Du gehst jetzt dahin oder dahin und hilfst den Juden dort, bessere Juden zu werden.« Ohne den geringsten Widerspruch und ohne jede Frage nach der praktischen Durchführung packen der Studierende und seine Familie ihre Sachen zusammen und machen sich auf den Weg.

Die Anhänger des Rabbis huldigen unermüdlich seiner Bildung, seinem Wissen, seiner Heiligkeit, seiner Kraft, seinem Sinn fürs Praktische, insbesondere in pädagogischer Hinsicht. Sie behaupten, er habe an der Sorbonne Naturwissenschaften und in Heidelberg Philosophie studiert. Er soll sechs Sprachen fließend sprechen. Manche glauben sogar, er besitze übernatürliche Kräfte.

Mein erster Besuch bei ihm hatte beinahe die ganze Nacht gedauert. Weitere Nächte folgten. Als Einstieg – vielleicht auch, um die Atmosphäre zu entspannen? – gestand ich ihm, daß ich ein Wischnitzer Chasside und kein Lubawitscher sei. Und daß ich nicht die Absicht hätte, den Wischnitzern untreu zu werden. »Wichtig ist nur, daß man Chassid ist«, antwortete er, »ganz gleich welcher Richtung.« Und schon wechselten wir das Thema. Der Rabbi hatte einige meiner Werke auf Französisch gelesen und wollte jetzt wissen, warum ich zornig gegen Gott war. »Weil ich Ihn zu sehr geliebt habe«, antwortete ich ihm. »Und heute?« wollte er wissen. »Auch heute noch liebe ich Ihn zu sehr. Und weil ich Ihn liebe, ärgere ich mich über Ihn.« Damit war der Rabbi nicht einverstanden: »Gott lieben bedeutet auch, daß man es hinnehmen muß, wenn man Ihn nicht versteht.« – »Kann man Gott lieben ohne Glauben?« fragte ich ihn, und er sagte, der Glaube müsse allem vorausgehen. »Rabbi«, wollte ich wissen, »wie können Sie nach Auschwitz noch an Gott glauben?« Er hatte die Hände auf den Tisch gelegt und betrachtete mich lange und schweigend. Dann antwortete er mit leiser, kaum hörbarer Stimme: »Und wie können Sie nach Auschwitz nicht mehr an Gott glauben?« Ich dachte eine Weile darüber nach, was er gesagt hatte. An wen sonst könnte man denn glauben? Hat nicht der Mensch in Auschwitz seine Rechte und Pflichten für immer aufgegeben? Bedeutet Auschwitz nicht die Niederlage der Menschheit, das endgültige Scheitern der Gesellschaft? Was bleibt uns außer Gott in einer Welt, die restlos von der Finsternis von Auschwitz beherrscht wird? Der Rabbi sah mich an und wartete auf meine Antwort. Und ich schaute ihm ins Gesicht, als ich schließlich sagte: »Rabbi, wenn das, was Sie sagen, eine Antwort auf meine Frage ist, dann weise ich sie zurück. Wenn es aber eine Frage ist, eine Frage mehr sozusagen, dann nehme ich sie an.« Ich bemühte mich zu lächeln, doch es gelang mir nicht.

Wir haben unseren Gedankenaustausch noch viele Jahre fortgesetzt. Jedesmal, wenn ein Buch von mir erschien, schrieb er mir dazu seine Kommentare. Er wollte unbedingt, daß ich ein Buch über das Leben und die Lehre des ersten Rabbis von Lubawitsch schreibe, über Rabbi Schneur Salman von Ladi, dem Verfasser der Tanja. Ich arbeite heute noch daran.

Ich erinnere mich an ein Simchat-Tora-Fest. Die Lubawitscher sind in Festtagsstimmung. Von seinem angestammten Platz in der Mitte der T-förmig aufgereihten Tische leitet der Rabbi inbrünstig und verzückt die Feier. Um ihn sitzen die Würdenträger, doch zum Zeichen der Hochachtung hat man die beiden Plätze links und rechts neben ihm frei gelassen. Mit meinem Regenmantel und meiner Baskenmütze auf dem Kopf (denn ich mag keine Hüte) wage ich es nicht, mich unter die Feiernden zu mischen, und bleibe am Eingang stehen. Außerdem werde ich von einem heftigen Migräneanfall geplagt. Sicher hält man mich für einen fremden Beobachter – einen Spion? –, der niemals verstehen wird, woraus die chassidische Freude und Erfahrung besteht. Glücklicherweise sind alle Blikke auf den Rabbi gerichtet; niemand kümmert sich um den Fremden am Eingang. Doch plötzlich bemerkt der Rabbi mich. Mit einer Handbewegung fordert er mich auf, näher zu treten. Ich tue so, als hätte ich ihn nicht gesehen. Wieder winkt der Rabbi mich herbei. Ich rühre mich nicht vom Fleck. Daraufhin ruft der Rabbi mich beim Namen. Als ich mich noch immer nicht rege, spüre ich, wie ich von kräftigen Armen hochgehoben und über die Köpfe hinweg zum mittleren Tisch getragen werde. Dort stellen sie mich wie ein Paket vor dem Rabbi ab. Am liebsten wäre ich in diesem Augenblick im Erdboden versunken. Weshalb lächelt der Rabbi? Macht er sich über mich lustig, statt mir zu helfen?

»Herzlich willkommen!« sagt er. »Das ist aber nett, daß ein Wischnitzer Chassid uns Lubawitscher besuchen kommt. Aber feiern die Wischnitzer das Simchat-Thora-Fest auch auf diese Weise?«

»Rabbi«, erwidere ich leise, »wir sind nicht bei den Wischnitzern, sondern bei den Lubawitschern.«

»Gut, dann feiern wir so, wie wir Lubawitscher es tun.«

»Und wie feiern die Lubawitscher, Rabbi?«

»Bei uns trinkt man und sagt Lechajim, auf das Leben!«

»Bei uns auch.«

»Ausgezeichnet. Dann trinken Sie auf das Leben.«

Er reicht mir ein Glas Wodka, randvoll eingeschenkt.

»Rabbi«, sage ich, »ein Wischnitzer Chassid trinkt nicht allein.«

»Ein Lubawitscher auch nicht«, antwortet der Rabbi und leert sein Glas in einem Zug. Ich tue es ihm gleich.

»Haben die Wischnitzer von einem Glas genug?« fragt der Rabbi.

»Für die Wischnitzer«, erwidere ich tapfer, »ist das nur ein Tropfen im Meer.«

»Für die Lubawitscher auch.«

Er reicht mir ein zweites Glas und füllt seines. »Lechajim« prostet er mir zu. Ich antworte: »Lechajim«, und wir leeren unsere Gläser – schließlich muß ich die Fahnen der Wischnitzer hochhalten, oder? Und weil ich es nicht gewöhnt bin zu trinken, beginnt sich in meinem Kopf alles zu drehen. Ich weiß nicht mehr, wo ich bin, noch was ich auf dieser Bühne und in diesem seltsamen Spiel, das man mit mir treibt, zu suchen habe. Mein Kopf glüht, mein Körper ist wie losgelöst von mir.

»Ein Lubawitscher hält nicht mitten auf dem Weg an, sondern geht weiter«, sagt der Rabbi, »Und ein Wischnitzer?«

»Ein Wischnitzer auch«, erwidere ich. »Ein Wischnitzer geht immer bis ans Ende des Weges.«

Der Rabbi macht ein ernstes Gesicht. Er gibt mir ein drittes Glas und füllt das seine. Meine Hand zittert, seine nicht. »Sie hätten einen Segen verdient«, bemerkt er und strahlt dabei vor Freude. »Sagen Sie einen.«

Was soll ich nur antworten? Und wie soll ich überhaupt antworten? Ich bin völlig benebelt.

»Möchten Sie vielleicht einen Segen mit dem Wunsch, wieder neu anfangen zu können?«

Ich bin zwar betrunken, doch seine Schläue entgeht mir nicht. Neu anfangen kann viel heißen: wieder zu trinken anfangen, zu leben anfangen, zu beten anfangen, zu glauben anfangen. Und schließlich ist an Simchat-Tora mein Geburtstag.

»Ja, Rabbi«, sage ich, »segnen Sie mich.«

Er segnet mich und gießt sein Glas Wodka hinunter. Ich meines auch, und dann verliere ich das Bewußtsein.

Als ich wieder zu mir komme, liege ich draußen im Gras, wohin mich (dieselben?) ausgestreckten Arme über die Köpfe der Feiernden hinweg getragen haben müssen. Ich höre, wie ein junger Chassid wenige Schritte von mir entfernt einem guten Dutzend Männern wortgewandt den »tieferen« Sinn, die mystische Bedeutung meines Wortwechsels mit dem Rabbi erläutert.

Eines Tages erhalte ich einen langen Brief von ihm, in dem er sich mit meiner Haltung zu Gott auseinandersetzt. Am Ende des Briefes schreibt er: »Und jetzt wollen wir einmal die Theologie beiseite lassen und über ein persönliches Problem sprechen: Warum sind Sie noch nicht verheiratet?«

Am Tag unserer Trauung überbringt man Marion und mir einen wunderbaren Blumenstrauß mit seinem Gruß und seinen Segenswünschen. Noch schöner ist der Blumenstrauß, den er uns zur Feier der Beschneidung unseres Sohnes sendet.

Seit meinem Aufenthalt in der UdSSR besuche ich ihn regelmäßig, um ihm die Lage der dortigen Juden zu schildern. Ich berichte ihm auch, wie enttäuscht meine Freunde sind, weil die jüdische Gemeinde tatenlos zusieht und stumm bleibt. Zu meiner Verwunderung verteidigt er diese Haltung. Auch er ist ein Befürworter der leisen Diplomatie.

Schade.

Schade auch, daß ihm seine Anhänger eine so maßlos übersteigerte Bewunderung und Liebe erweisen. Sie glauben im Ernst, er sei in der Lage, die Naturgesetze zu ändern. Den einen soll er von seinem Krebsgeschwür geheilt, den anderen vor dem Bankrott gerettet haben. Gut, dergleichen wurde auch schon von anderen behauptet und wird auch künftig von seinesgleichen behauptet werden. Früher waren viele chassidische Meister für ihre Wundertaten berühmt. Wenn die Anhänger eines Rabbis den Glauben an seine überirdischen Kräfte unbedingt brauchen, so ist das ihre Sache. Doch unter den Anhängern des Rabbis von Lubawitsch gab es welche, die in ihm den Messias sahen. Im Februar 1993 wollten sie ihn sogar zum »König und Retter« krönen. Ich halte diese Einstellung für sehr bedenklich und gefährlich. Sollten sie Sabbatai Zewi, den falschen Messias aus dem 17. Jahrhundert, schon vergessen haben? Wenn die Gemeinde einen Mann zum Messias macht, verurteilt sie sich jedesmal zur Hoffnungslosigkeit, denn letzten Endes wird sich der Erwählte immer als das erweisen, was er ist: ein Lügner. Ich rede mit einflußreichen Anhängern der Bewegung: »Warum macht ihr nicht Schluß mit diesem Unsinn? Seht ihr nicht, welches Unrecht ihr damit eurem geliebten Lehrer zufügt? Zumal er krank ist und sich nicht dagegen wehren kann.« Doch meine Bemühungen bleiben vergeblich.

Am 12. Juni 1994, einem regnerischen Nachmittag, befinde ich mich in der trauernden Menge, die seinem Sarg auf der Eastern Parkway in Brooklyn das letzte Geleit gibt. Aus Frankreich und Israel sind Zehntausende Männer und Frauen zusammengeströmt und gehen Psalmen sprechend hinter dem Sarg her. Kinder und Erwachsene säumen sie Straße, weinen und schreien: »Rabbi, Rabbi ...« An diesem Tag ist das ganze jüdische Volk Waise geworden. Ich erinnere mich an meine Begegnungen mit dem Rabbi, an sein ernstes Lächeln, seine blauen, durchdringenden Augen, seine Art zu singen und andere zum Mitsingen zu veranlassen. Das letzte Mal, als ich ihn sah, fragte er mich, warum ich das Buch über Rabbi Schneur Salman von Ladi noch nicht geschrieben hätte. Er gab mir seinen Segen für Marion und unseren Elischa. In den benachbarten Straßen sah ich an den Hauswänden alte Plakate, die heute völlig unleserlich geworden sind und in Fetzen herunterhängen: »Willkommen, König Messias!«

Doch machen wir einen Sprung zurück ins Jahr 1968: Ich bin immer noch in Gedanken bei den dramatischen Verhältnissen, in denen die russischen Juden sich so unerschrocken eingerichtet haben. Ich würde gern wirkungsvollere Hilfe leisten und berate mich darüber mit einem Freund, dem Regisseur Hy Kalus. Er ist Israeli amerikanischer Herkunft, ein Rotschopf, wie man ihn nur einmal trifft, und er strahlt genau die Schaffenskraft aus, die ich brauche. Wir unterhalten uns häufig über die Lage im Nahen Osten, die amerikanische Politik, die Studentenunruhen. Auf meine Frage, was ich noch unternehmen könnte, nachdem ich alles versucht habe, rät er, ohne mit der Wimper zu zucken: »Theater.« – »Wie bitte?« Ich glaube, ich habe mich verhört. »Theater! Schreib ein Stück für die Bühne.« – »Ich habe noch nie ein Theaterstück geschrieben, ich weiß überhaupt nicht, wie das geht. Mein Vater und mein Großvater sind nie im Theater gewesen, und ich glaube nicht, daß mein Großvater überhaupt wußte, was ein Theater ist...«, halte ich ihm entgegen. Hy versetzt ungerührt: »Du kannst es doch mal versuchen. Dabei vergibst du dir nichts.«

Heimlich mache ich mich an die Arbeit. Zuerst brauche ich ein Thema. Es liegt auf der Hand: die Verlassenheit der russischen Juden. Auch nach der Hauptfigur brauche ich nicht lange zu suchen: Ich nehme den Moskauer Oberrabbiner Jehuda-Leib Levine als Modell. Diese Würdigung bin ich ihm nämlich schuldig. Er war groß und kräftig, mit grauem Vollbart und Schnauzer. Das erste, was sich mir einprägte, waren seine Augen. In ihnen spiegelte sich eine unendliche Müdigkeit, die an Resignation heranreichte.

Bei unserer ersten Begegnung am Abend von Jom Kippur 1965 saß ich zusammen mit israelischen und ausländischen Diplomaten auf dem Podest zu seiner Linken (neben der Bima). Ich wagte nicht, ihn anzusprechen: Zwanzig Jahre vor den ersten, zögerlichen Anfängen der Perestroika hätte ihn das in Gefahr gebracht; es waren zu viele Spitzel unter den Versammelten. Doch ich konnte meinen Blick nicht vom unglücklichsten aller geistigen Führer der Juden auf diesem Planeten lösen. Im nächsten Jahr sah ich ihn bei der feierlichen Zeremonie des Kol Nidre wieder, als wir erneut auf dem erhöhten Platz bei der Bima saßen. Er erkannte mich wieder und lächelte, als er meine Hand drückte. Ich glaube, dies war seine Art, mir dafür zu danken, daß ich ihn nicht vergessen hatte, daß ich wiedergekommen war.

Während ich ihn beobachtete, blitzte plötzlich eine Idee in mir auf: Er muß das Schweigen brechen, unter dem seine Gemeinde seit Jahrzehnten zu ersticken droht. Er muß seinem Willen freie Bahn geben, seinen Zorn hinausschreien. Er muß diesen Tausenden von Juden offenbaren, was ihn insgeheim quält, was der Unterdrücker unserem gepeinigten Volk auferlegt. Ich schaute ihn eindringlich an, flehte im stillen mit all meiner Kraft: »Fassen Sie sich ein Herz, Rabbi! Ziehen Sie den Kopf nicht mehr ein! Richten Sie sich auf, selbst auf die Gefahr hin, zum Märtyrer zu werden! Schlagen Sie mit der Faust auf das Pult, unterbrechen Sie den Gottesdienst, und rufen Sie hinaus, daß hier der jüdische Glaube bedroht wird, daß man ihn verhöhnt und einsperrt. Tun Sie es, Rabbi, und Sie werden zu Lebzeiten in die Heldengeschichte Israels eingehen!« Aber der Oberrabbiner von Moskau war schon viel zu erschöpft. Nachdem er so lange unter der kommunistischen Herrschaft gelebt oder überlebt hatte, fand er nicht mehr die Kraft in sich, um zur unbeugsamen Stimme des Widerstands zu werden. In diesem Augenblick und während der folgenden Wochen tat es mir um ihn und seine Gemeinde unendlich leid.

Als ich über das Theaterstück nachdachte, das ich schreiben wollte, sah ich das gequälte und verzweifelte Gesicht des Oberrabbiners wieder vor mir. Wenn Malraux recht hat, dann gehört es zum Vermögen der Literatur, die Geschichte zu berichtigen, das Unrecht wiedergutzumachen. Also wollte ich auf der Bühne versuchen, die Ungerechtigkeit, die dem Rabbiner Levine angetan wurde, auszugleichen. Im Theater sollte er vollbringen, wozu er in der Synagoge von Moskau nicht den Mut hatte. Das war das Thema meines Theaterstücks.

Weil ich immer einen Verrückten brauche, um meinen Romanwelten Farbe zu geben, stelle ich dem Rabbiner einen gegenüber, den ich, ohne zu wissen, warum, Salmen nenne. (Später stoße ich in der Chronik der Sonderkommandos auf zwei Männer, die selbst in ihrer Lage noch zu Aufrichtigkeit und Mitgefühl fähig waren; alle beide hießen Salmen.) Mein Salmen soll auf den Rabbiner Einfluß nehmen, ihn drängen und dazu verleiten, am Abend von Jom Kippur verrückt zu spielen, das heißt, einer mitschuldigen und gleichgültigen Welt die Wahrheit seines stummen Leidens ins Gesicht zu schleudern.

Dem Stück fehlt noch eine Frau, also gebe ich dem Rabbi eine

Tochter, Nina. Sie ist zwischen dreißig und vierzig Jahre alt. Alexej ist ihr Ehemann, und er muß jüdischer Kommunist sein (mehr Kommunist als Jude), damit ich ihn dem Rabbi gegenüberstellen kann. Das Paar hat einen Sohn, den zwölfjährigen Mischa. Wenn sein Großvater ihn fragt: »Na, mein Junge, bereitest du dich auf deine Barmizwa vor?«, wird Mischa ihm antworten: »Was ist das, eine Barmizwa?« Für Salmen ist dies der Augenblick des Triumphs: »Siehst du, Rabbi?« ruft er, »dein Stamm ist am Aussterben. Höre nicht mehr auf deinen Verstand, sage ich dir. Schrei deine Wahrheit hinaus! Es ist deine einzige Chance und die einzige für mich und deinen Enkel! Deine Zukunft und die unseres Volkes hängen von dir ab! Von dir ganz allein!«

Andere Themen spielen in das Stück hinein: das Geheimnis des Überlebens der Juden, die Rolle der Erinnerung, die metaphysische Bedeutung des Lachens, die Grenzen des Zusammenlebens und der Kollaboration, die Bürde einer Einzeltat. Um welchen Preis darf, muß man Widerstand leisten? Was kann ein Mensch auf sich nehmen? Zuletzt wird der Rabbi verrückt; er sagt die Wahrheit, doch es nützt nichts.

Nachdem ich Geschmack daran gefunden habe, arbeite ich Tag und Nacht an dem Stück. Die Mitwirkung Hy Kalus' ist mir kostbar, ja unverzichtbar. Kaum habe ich eine Szene zu Papier gebracht, lese ich sie ihm vor. Ich ergänze, streiche, vertiefe, nehme weg, verbessere, schreibe diese etwas zu schwerfällige Passage neu, überarbeite jene, die etwas zu kurz geraten ist. Ich nehme eine Person zurück, die zu sehr im Vordergrund steht, ein andermal stelle ich eine mehr heraus, die noch zu blaß ist. Eine ebenso große Hilfe ist mir Marion, die Schauspiel studiert hat. Sie »spürt« es, wenn ein Dialog »sitzt«. Als das Manuskript fertig ist, schicke ich es an Le Seuil. Marin Karmitz, den ich seit 1968 kenne (und der damals noch keine Filme produzierte) vertraut es Madeleine Renaud an, die es Jean-Louis Barrault gibt... Haben sie auch nur einen Blick hineingeworfen? Ich zweifle daran. In der Loge der Schauspielerin äußern sich beide mit größter Liebenswürdigkeit, doch sehr vage, das Stück sei, »wenngleich es außerordentlich ist, nicht für das Théâtre de France geeignet. Sie verstehen...« Ich verstehe... Ist ja auch wahr: Ein Rabbi auf einer französischen Bühne – wie sieht das denn aus? Einfach unvorstellbar! René Jentet, ein hervorragender Regisseur, ein gebildeter, aufrichtiger Mann mit großem Talent und einer überschäumenden

Vorstellungskraft, nimmt das Stück schließlich für France-Culture an. In New York veranstalten Lily und Nathan Edelman eine private Lesung in ihrer Wohnung an der Columbia-Universität. Der berühmte Schauspieler Joseph Wiseman (der die Hauptrollen in dem Film *Viva Zapata* und im Theaterstück über Robert Oppenheimer spielte) zeigt *Salmen* befreundeten Produzenten und amerikanischen Regisseuren. Ein Glücksfall: Alan Schneider - der Regisseur von Bekkett und Albee - findet Gefallen an dem Text. Er spricht mit den Direktoren der Washington Stage Arena darüber, und sie stimmen einer Inszenierung zu. Mit Marion - wir sind in der Zwischenzeit verheiratet - als Assistentin bringt Alan eine kluge, bewegende Aufführung auf die Bühne. Sie wird mit einer Begeisterung aufgenommen, wie man sie sich nur wünschen kann, und die Kritiken sind voll des Lobes. Mel Gussov erinnert in seinem Bericht für die *New York Times* daran, daß ich angekündigt habe, ich würde nicht mehr für die Bühne schreiben, und fügt hinzu: »Hoffen wir, daß Mr. Wiesel seine Entscheidung noch einmal überdenkt.« Aufgrund des Erfolgs entschließt sich die Public Broadcasting Corporation, der Kultursender des öffentlich-rechtlichen Fernsehens, das Stück aufzunehmen und zur besten Sendezeit auszustrahlen. Irving Bernstein, der unermüdliche und unvergleichliche Leiter des jüdischen Sozialfonds, möchte, daß *Salmen* im Vorfeld der Jahresversammlung seiner Organisation gezeigt wird. Ort der Vorstellung ist die Carnegie Hall, Zeit: ein Donnerstagnachmittag im Dezember.

Bernstein besteht darauf, daß ich die Aufführung selbst einleite. Meine kurze Einführung trägt den Titel: »Hohelied für das russische Judentum«. Als der Film zu Ende ist, beeile ich mich, um noch vor Beginn des Sabbat nach Hause zu kommen. Auf meinem Schreibtisch finde ich einen Brief. Eine Frau aus Brooklyn schreibt mir: »Ich heiße Rivka und bin die Tochter des Oberrabbiners von Moskau.« Sie würde mich gern treffen. Was?! Rabbi Levine hatte eine Tochter? Das gibt es doch nicht! Ich lese den Brief noch einmal. Rivka hat auch ihre Telefonnummer angegeben. Ich greife zum Hörer. Zu spät: In Brooklyn beginnt der Sabbat offensichtlich früher als in Manhattan, die frommen Juden nehmen erst wieder am Samstagabend ab. Dieser siebte Tag ist lange, einer der längsten in meinem Leben. Und alles andere als ein Ruhetag. In Gedanken tue ich lauter Dinge, die ein gläubiger Jude am siebten Tag nicht tun darf: Ich telefoniere, rufe zurück, lasse nicht locker, ich reise bis Moskau und weiter bis Brooklyn. Irgendwie geht auch dieser Tag zu Ende, und schließlich funkeln die drei erforderlichen Sterne am weißgrauen, eisigen Himmel. Schnell der Anruf nach Brooklyn. Das Telefon klingelt und klingelt. Niemand nimmt ab. Ich versuche es wieder. Mit demselben Ergebnis. Ich gebe nicht auf, wähle die Nummer fünfmal hintereinander. Nötigenfalls würde ich es tausendmal tun. Endlich habe ich Glück: Eine Stimme antwortet, ein Mann. »Ja???« – »Kann ich Rivka sprechen?« platzt es ungeduldig aus mir heraus. Ich nenne natürlich ihren Familiennamen. »Wer ist am Apparat?« Ich stelle mich vor. Ein kurzes Zögern: »Sind Sie sicher, daß sie Sie sprechen will?« Macht der Kerl sich über mich lustig oder was? »Ich habe ihren Brief vor mir…« Schließlich geruht der Herr, seine Zweifel fallenzulassen: »Ist ja gut, regen Sie sich nicht auf!« Ich höre, wie er ruft: »Rivkaaa!« Dann habe ich endlich die Tochter des Oberrabbiners am Apparat. Sie bekräftigt ihren Wunsch, mich zu treffen, und ich sage ihr, wie gern ich sie kennenlernen würde. »Heute abend?« schlage ich vor. Unmöglich. Morgen früh? Unmöglich. Morgen nachmittag? Einverstanden. Morgen nachmittag. Vor Aufregung kann ich in der Nacht nicht schlafen. Und am nächsten Tag bekomme ich keinen Bissen hinunter. Lassen Sie mich ruhig ein wenig übertreiben, denn ich habe selten mit solcher Spannung auf eine Frau gewartet, schon gar nicht auf die Tochter eines Rabbiners. Ich versuche mir vorzustellen, wie sie ist: vielleicht jung, dunkelhaarig, klug?

Sie ist um die Vierzig. Wie meine Nina. Dunkelhaarig, traurig, mit traurigen Gesichtszügen, traurigem Herzen. Wie meine Nina. Sicher ist sie romantisch, wie es die Russen oder die Juden oder beide zusammen sind. Ein Verwandter begleitet Rivka. Eine fromme Jüdin darf nicht mit einem Mann allein in einem Zimmer sein. Marion gesellt sich zu uns, bietet uns zu trinken an, bringt Obst. Ich bemühe mich, nichts zu übereilen, doch meine Ungeduld gewinnt die Oberhand: »Jetzt sagen Sie mir doch: Haben Sie mein Stück gesehen?« Daraufhin erteilt sie mir eine Lehre in Sachen Bescheidenheit, die alle Theatermacher bisweilen nötig hätten, um sich nicht allzu ernst zu nehmen. »Ihr Stück?« fragt Rivka und macht große Augen. »Welches Stück? Ich weiß nicht, was Sie meinen.« – »Wissen Sie denn nicht«, rufe ich erstaunt, »daß ich ein Stück über Sie geschrieben habe? Es wurde in Washington gespielt. Es wird im Fernsehen gezeigt!« Etwas verwirrt schüttelt sie den Kopf: »Letzten Freitag wußten Sie noch nicht einmal, daß es mich gibt, und jetzt behaupten Sie, Sie hätten ein Theaterstück über mich geschrieben?« Zum Glück lasse ich mich nicht zu einem Vortrag über die Theorie und die Erfordernisse der Bühnenkunst hinreißen, sondern frage sie: »Aber warum wollten Sie mich dann sehen?« – »Ganz einfach, Herr Wiesel«, antwortet sie, ohne zu zögern, »ich habe einige Ihrer Werke im Samisdat gelesen, darunter auch die über die russischen Juden. Sie haben darin meinen Vater erwähnt. Erinnern Sie sich an meinen Vater? Als er alt und krank war, rief er mich eines Tages in Odessa an, wo ich als Zahnärztin arbeitete. Er bat mich, zu ihm zu kommen, er brauchte dringend meine Hilfe. Ich bin sofort hingefahren, ohne meinen Mann und meine Kinder. Blaß und dem Tode nahe teilte mir mein Vater seinen letzten Wunsch mit: ›Rivka, versprich mir, daß du alles tun wirst, damit deine Kinder als Juden aufwachsen. Und da das hier nicht möglich ist, solltest du nach Israel gehen. Und wenn du nicht nach Israel gehen kannst, dann geh nach New York, nach Brooklyn.‹ Ich habe es ihm natürlich versprochen. ›Schwöre es mir‹, beharrte er. Das waren seine letzten Worte. Selbstverständlich wollte ich mein Versprechen halten. Nur, das war nicht so einfach. Sie müssen verstehen, mein Mann war natürlich Jude, aber es ging ihm auf die Nerven, es war ihm lästig, Jude zu sein ...«

Ich würde sie gern unterbrechen und ihr sagen: »Wie mein Alexej, genau wie mein Alexej in dem Stück!« Aber ich lasse es bleiben und höre lieber zu. Auch Marion lauscht gespannt:

»... und er weigerte sich, unsere Kinder nach der jüdischen Tradition zu erziehen«, fährt Rivka fort. »Jeder Versuch, ihn zu überzeugen, war vergeblich, jeder Versuch, ihn umzustimmen, scheiterte. Unsere Kinder sollten Kommunisten werden wie er, Ungläubige, Gottlose, Gottesleugner ... Ich stritt mit ihm, ich weinte, ich beschwor meinen Eid, aber nichts zu machen. Der Abstand zwischen uns wurde immer größer. Wir stritten uns von morgens bis abends, führten endlose Auseinandersetzungen. Bis ich es satt hatte und beschloß, mich scheiden zu lassen und aus der UdSSR wegzugehen. Mit meinen Kindern natürlich. Mein Mann ließ zwar zu, daß ich unsere Töchter mitnahm, unseren Sohn aber behielt er. Meine Töchter sind dann mit mir ausgewandert. Eine ist in Israel verheiratet, die andere wird demnächst in Brooklyn einen Lubawitscher Chassiden heiraten.«

»Und wo ist Ihr Sohn?« Ich ahne, was kommt, und es schnürt mir die Kehle zu. Sie senkt die Stimme: »Mein Sohn ist bei meinem Mann geblieben.«

Bedrückt und traurig über die Ähnlichkeit des Schicksals ihres Jungen mit dem Los des jungen Mischa in *Salmen*, erinnere ich mich: Als ich die Personen entwarf, wußte ich nicht, wie seine Zukunft aussehen könnte. Sollte ich ihn seinem kommunistischen Vater lassen? Ich hatte nicht das Herz, ihn meinem Volk zu entreißen. Sollte ich ihn seinem Großvater anvertrauen? Versöhnliche Happy-Ends mag ich nicht. Ich war unsicher und ließ daher das Ende offen. Sollte sich das Publikum Mischas Zukunft doch selbst ausmalen. Und jetzt erfahre ich es aus dem Mund seiner Mutter! Mischa wird also kein Jude sein. »Und wie alt ist Ihr Sohn?« frage ich Rivka mit gepreßter Stimme. Mein Tonfall überrascht sie. »Heute? Knapp über dreizehn Jahre.« Vielleicht hat sie erraten, was ich sie daraufhin fragen wollte, denn sie kommt mir zuvor: »Zu meinem großen Bedauern hat er seine Barmizwa nicht erhalten. Sein Vater wollte es leider unter keinen Umständen.«

Zwischen uns ist eine ganz besondere Beziehung entstanden. Als gehörte ich, unsichtbar und geheimnisvoll, zu ihrer zerrissenen Familie. Wir teilen das Andenken an und die Sehsucht nach einer verlorenen Vergangenheit und die Liebe zu allem, was die Zukunft verkörpert. Vielleicht ist sie mir dankbar dafür, daß ich ihr Geheimnis erraten habe. Nachdem sie *Salmen* im Fernsehen gesehen hatte, schrieb sie mir einen herzlichen Brief: »Ich habe die ganze Sendung über unaufhörlich geweint und dabei gemurmelt: Genauso ist es, genauso hat es sich abgespielt.« Dann kehrte sie nach Israel zurück.

Monate später ruft mich ein amerikanischer Rabbi aus der Umgebung von New York an: »Ich weiß, daß Sie Geschichten mögen und besonders, wenn sie von russischen Juden handeln. Ich habe eine Geschichte für Sie, die Ihnen sicher gefallen wird.« Ich empfange ihn noch am selben Tag. »Sie werden es mir nicht glauben«, sagt er, »Sie werden mir nicht glauben, was ich erlebt habe.« Ich versichere ihm, ich werde ihm schon glauben, nur möge er mir doch bitte sagen, worum es geht. »Letzte Woche war ich in Israel«, nahm er begeistert den Faden wieder auf, »zuerst in Tel Aviv, dann in Jerusalem, wo ich Verwandte habe...« Ich werde immer ungeduldiger, aber langsam kommt er zur Sache. Ein Freund und Staatsbeamter hat ihn nach Massada mitgenommen, einer Festung, in die sich laut

Flavius Josephus die letzten Aufrührer des Großen Aufstands flüchteten, bevor sie sich in aussichtsloser Lage zum kollektiven Selbstmord entschlossen, um nicht vor den Römern auf die Knie fallen zu müssen. Seit einigen Jahren veranstaltet eine Panzerbrigade dort ihre öffentlichen Vereidigungen. »An diesem Tag hatte ich die Ehre«, fährt der Rabbi fort, »einer Doppelfeier beizuwohnen: Unter der Leitung eines Militärgeistlichen feierten etwa dreißig Kriegswaisen ihre Barmizwa. Ich sprach mit dem Militärgeistlichen und erzählte ihm, wie sehr es mich betrübte, daß so viele Kinder ihre Eltern bei Kämpfen verloren hatten. Er nickte mit dem Kopf. Die grausamen Folgen des menschlichen Wahnsinns waren unannehmbar. Doch plötzlich hellte sich sein Gesicht auf. Er zeigte auf einen Jungen in der ersten Reihe und sagte: ›Sehen Sie den Jungen dort? Der hat seine Eltern nicht im Krieg verloren. Er ist der Enkel des verstorbenen Oberrabbiners von Moskau.‹ Ich habe gedacht, das sollte ich Ihnen doch mitteilen...«, schloß der Rabbi aus New York. Ich weiß nicht, wie ich ihm meine Freude zeigen kann. Mir ist schwindelig, ich bekomme kaum Luft. »Ist Ihnen nicht gut?« fragt der Rabbi. Ich schaue ihn an und bin ihm unendlich dankbar. Und zugleich hat es mich in Wut versetzt, denn er hat mir einmal mehr bewiesen, wie beschränkt die Möglichkeiten eines jüdischen Schriftstellers sind: Er kann nichts erfinden.

Lily und Nathan Edelman habe ich bereits erwähnt. Sie haben es wirklich verdient, daß ich auf sie zurückkomme. Sie waren meine, unsere Freunde. Als ich sie in den sechziger Jahren kennenlernte, war ihre einzige Tochter, Jeanie, gerade dabei, die Oberschule abzuschließen. Die greise Mutter von Lily lebte in Miami. Lily arbeitete für eine große jüdische Organisation, B'nai B'rith, wo sie die Abteilung für Erwachsenenbildung leitete, Nathan hatte einen Lehrstuhl für romanische Sprachen und Literatur an der Johns Hopkins University. Wenige Zeit später wurde die Familie von schweren Schicksalschlägen heimgesucht: Jeanie, die einen Studienplatz am hervorragenden Swarthmore College erhalten hat, bricht während des Unterrichts zusammen. Sie ist sofort tot. Dann trifft es Nathan. Er erleidet einen Herzinfarkt. Dann die greise Mutter von Lily. Und schließlich Lily selbst. Nach ihrer Bestattung gab es niemanden mehr, der die Trauerzeit einhalten mußte.

Unsere Familien standen sich sehr nahe. Wir sahen uns häufig, manchmal wöchentlich. Lily war die Patin meines Sohnes und Nathan der Freund, der mir die wahre Größe des Skeptizismus von Montaigne erschloß. Eine ganze Generation von Wissenschaftlern verdankt ihm Karriere und Erfolg.

Und es gibt nur wenige israelische Schriftsteller, denen Lily nicht den Weg zum amerikanischen Publikum geebnet hat. Amos Oz, Jehuda Amichai, Dan Almagor, Abraham B. Jehoschua, Zwi Ankori und viele andere hat sie während ihres Aufenthalts in Amerika betreut. Sie kümmerte sich um Empfänge, Interviews und Lesungen; ohne zu zögern, beherbergte sie die Gäste in ihrer Wohnung an der Columbia University, wo Nathan gegen Ende seines Lebens lehrte.

Die Edelmans interessierten sich für alles, was mit der jüdischen Kultur, Geistestradition und Bildung zusammenhing. Mit unauffälliger Unterstützung ihres Mannes veranstaltete Lily Seminare, erarbeitete Lehrprogramme, gab Zeitschriften heraus, vergab Übersetzungen und Forschungsaufträge zu Maimonides und Raschi, der Mischna und jüdischen Dichtern des Mittelalters.

Sie gründete auch das Lecture Bureau im Rahmen des B'nai B'rith, dessen Einfluß auf die jüdische Gemeinde in Amerika dank ihrer Nachfolgerin Ruth Wheat unaufhörlich wächst. Und paradoxerweise war es diese Tätigkeit, die zumindest indirekt ihren Tod beschleunigte.

Ihre Mitarbeiter und Freunde wissen es: Ein israelischer Romanschriftsteller, der von einem Teil der französischen Kritik leider völlig überschätzt wird, trägt die Verantwortung dafür. Auf seiner Lesereise durch die Vereinigten Staaten unter der Schirmherrschaft des B'nai B'rith schlug er etwas über die Stränge: Er trank und flirtete herum, von überall her hagelte es Klagen in Lilys Büro. Es ging so weit, daß sie sich gezwungen sah, seine Lesereise abzubrechen und ihn nach Europa zurückzuschicken. Aus Rache zeichnete er in einem Roman ein Bild von unverzeihlicher Häßlichkeit und Gemeinheit von ihr. Ich meine wirklich: unverzeihlich. Nie habe ich diesem Halunken, dieser Memme, diesem Schurken von Schriftsteller die Hand gegeben, und ich habe nicht die geringste Lust, ihn jemals zu treffen.

Irgend jemand in Israel hielt es für notwendig, Lily die verleumderischen Seiten zukommen zu lassen. Mit Ausnahme von Almagor machte sich keiner ihrer Schützlinge die Mühe, öffentlich seine Stimme dagegen zu erheben. Sie war damals schon im Krankenhaus, wo sie kurz zuvor an einem Krebsgeschwür operiert worden war. Von morgens bis abends schluchzte sie unablässig. Sie weinte nicht über ihre Krankheit, sondern über die Ungerechtigkeit, deren Opfer sie war: »Das habe ich nicht verdient, das nicht!« wiederholte sie ständig. »Womit habe ich das verdient, so in den Schmutz gezogen zu werden?« Sie starb nicht an Krebs, sondern an ihrem Kummer. Sie starb, weil ihr Herz gebrochen war. Gebrochen und zerschmettert von einem bösartigen, schlechten Menschen, der ruchlos und von Haß zerfressen ist.

Gott wird ihn dafür strafen.

Salmen stand auf dem Spielplan vieler Bühnen in Europa und in den Vereinigten Staaten. Das Stück enthält zwei harte, sehr harte Monologe. Im ersten kämpft der »verrückt« gewordene Rabbi dafür, daß die Juden im Westen ihre russischen Glaubensbrüder nicht vergessen:

> Ich sage und verkünde laut, daß wir es nicht mehr aushalten!... hört die letzten Schreie einer Angst, die namenlos und ohne Zukunft ist!... erfahrt, daß die Funken in der alles einhüllenden Dunkelheit erlöschen! Unser Erbteil, ja selbst unser Schicksal ist staubbedeckt: Gebrochen sind die Schwingen des Adlers, der Löwe ist krank!... Wißt, daß ich es nicht mehr länger ertragen kann! Ich kann nicht mehr!

Im zweiten Monolog erklärt ein Abgeordneter (der Kommissar des KGB) dem niedergeschlagenen Greis, daß sein kühner und verrückter Aufstand zwecklos, daß sein Opfer umsonst war.

> Armer Held, armer Narr. Sie haben verloren, ich bedaure Sie. Ich bedaure Sie, weil Sie für nichts gekämpft haben. Sie wollten sich aufopfern, aber Ihre Opfergabe ist nicht angenommen worden. Sie wurde nicht einmal bemerkt. Sie haben auf Sand gebaut: Der Wind hat alles verweht... Wie konnten Sie so naiv, so verblendet sein? Glaubten Sie wirklich und wahrhaftig, daß ihre Tat weitreichende Wirkungen haben würde? Daß sie die Welt erschüttert hätte?

In Ihrer Phantasie sahen Sie die Juden schon durch die Straßen von Paris, London, New York und Jerusalem ziehen, erfüllt von Liebe und gerechter Entrüstung, getrieben von dem Bedürfnis, euch zu beweisen, daß ihr hier nicht allein seid?... Ihr Los rührt sie, aber es berührt sie nicht... Ihre Einsamkeit rührt sie überhaupt nicht.

Die Rede des KGB-Mannes ist grausam und hart. Er ruft dem Rabbi ins Gedächtnis, wie es während des Krieges war:

Tag für Tag und Nacht für Nacht verschwanden die Leichen in den Massengräbern und verglühten in den Flammen, die wütend in den Himmel schlugen... Vergnügt wurden Hochzeiten gehalten. Man feierte die Feste, wie es Sitte war: überschäumend, heiter, doch ohne Andacht. Man veranstaltete Wohltätigkeitsbälle, Tanzabende... Alles nahm seinen Lauf, als ob nichts geschehen wäre: als ob Auschwitz nicht existierte. Und heute? Das Leben geht weiter, und Menschen, die nicht leiden, wollen nicht auf das Leiden angesprochen werden. Noch weniger auf das jüdische Leiden.

Wenn ich, wo auch immer, an Demonstrationen gegen die Verfolgung von Juden teilnehme, denke ich häufig an diese Passagen. Ich weiß, daß der KGB-Mann im Unrecht war. Im Stück wird der Schrei des alten Rabbis gehört. Im zweiten Akt machen alle Personen eine Wandlung durch. Selbst seine Gegner verbünden sich mit ihm und kommen ihm zur Hilfe. Denn der Verzweiflungsschrei eines Menschen verhallt nie ungehört. Und das Opfer der russischen Juden war nicht umsonst. Zur Stunde, während ich dies schreibe, landen die russischen Juden zu Tausenden auf dem Flughafen von Lod. Wenn man sie heute aus Moskau und Kiew, aus Taschkent und Tiflis ziehen läßt, dann auch dank Rivkas Vater, der bis zu seinem letzten Atemzug mit seiner Tochter die Überzeugung teilte, daß die Ehre eines Juden in seinem Judentum liegt.

In Paris wurde das Stück nur auf einer kleinen Bühne gespielt, ich war enttäuscht. Die Schauspieler waren bewunderswert, und das habe ich ihnen auch gesagt. Bedauerlicherweise kann ich dasselbe nicht von der Inszenierung sagen: Sie war zu stilisiert, zu langsam, zu vereinfachend. Daniel Emilfork wollte aus unseren Erfahrungen bei den Aufführungen in Washington und New York nichts lernen. (Für die Aufführung in Washington haben wir uns zum Beispiel vom Originaltext entfernt und die Rollen von Berl dem Küster und Salmen zusammengeworfen.) Dennoch war die Kritik zu meinem großen Erstaunen bis auf eine Ausnahme gar nicht so schlecht. Die Ausnahme war ein rechter Kritiker der »meine« Juden verabscheute – vielleicht mochte er das Stück aber auch deshalb nicht, weil ein Jude der Autor war?

Von allen Inszenierungen *Salmens* war die in Tel Aviv allerdings die enttäuschendste für mich. Sie hätte beinahe zu einem Bruch zwischen Dow und mir geführt. Und sie stellte einen Wendepunkt in meinen Beziehungen nicht zu Israel, aber zu einigen Israelis dar.

Bis dahin kam man mir dort im allgemeinen mit großem Wohlwollen entgegen. Ich hatte Freunde im Regierungslager und in der Opposition. Man schätzte meine Objektivität. Ich habe immer versucht, mich aus den politischen Streitigkeiten herauszuhalten, die bis heute die israelische Nation und das jüdische Volk spalten. Es sah so aus, als fänden meine Reportagen, meine Kommentare und meine Gespräche bei allen Anerkennung. Meine Artikel für das Feuilleton riefen meistens breite Zustimmung hervor. Meine Bücher wurden in der Presse wohlwollend besprochen. Bei der Zeitung, wo man stets über alles im Bilde ist, wunderte man sich schon: Hatte ich denn gar keine Feinde? Mit der Zeit sollte sich das ändern, und der Wandel kam mit *Salmen*.

Alles beginnt mit dem verlockenden Vorschlag des Direktors der Habima, des Nationaltheaters in Tel Aviv, eines gewissen Gabriel, der im Restaurant des King David Hotels in Jerusalem zu uns an den Tisch kommt. Ohne sich die Mühe zu machen, sich hinzusetzen, platzt er mit seiner Entrüstung heraus: »Ich komme gerade aus Deutschland. Ich habe dort eine Aufführung von *Salmen* gesehen. Es ist ein Skandal!« Ich erkundige mich höflich, was denn so skandalös sei: vielleicht, daß er nach Deutschland gefahren ist? »Ihr Theaterstück hätte seine Weltpremiere hier haben müssen, nirgendwo anders!« Er macht einen aufrichtigen Eindruck. Und er scheint wirklich traurig darüber zu sein. Während er spricht, zieht er sich einen Stuhl heran. Marion und ich hören ihn an, ohne ihn zu unterbrechen. Sollen wir ihm sagen, daß wir nicht die geringste Ahnung haben, daß das Stück auf einer deutschen Bühne gespielt wurde? Ich warte, bis er Atem holt und versichere ihm dann, wie bekümmert ich sei, ihn meinetwegen so unglücklich zu sehen. »Ich würde gern die Rechte an Ihrem Stück erwerben. Was muß ich dafür tun?« Ich erwidere ihm, daß die Rechte bei Le Seuil liegen. Er soll sich an Paul Flamand wenden. Er schreibt sich den Namen auf, Adresse und Telefonnummer. »Es ist Zeit, daß *Salmen* zu den Seinen heimkehrt«, verkündet er feierlich. Wir drücken einander die Hand, dann geht er.

In New York haben wir den Vorfall vergessen, denn wir haben gelernt, daß man in der Welt des Theaters mit ihren leeren Versprechungen und falschen Hoffnungen diese Art von Verbindlichkeiten nicht sonderlich ernst nehmen sollte. Irrtum Nummer eins: Nach sechs oder acht Monaten teilt Le Seuil mir mit, daß das israelische Nationaltheater die Rechte für *Salmen* erwerben will. Mein Einverständnis hätte ich ja bereits gegeben, heißt es weiter in dem Brief. Ich berichtige dies auf der Stelle: Ich habe zu überhaupt nichts mein Einverständnis gegeben. Kurz darauf kommt ein Anruf aus Tel Aviv. Der Direktor des Theaters appelliert an meine Gefühle als Jude, an meine Liebe zu Israel: »*Salmen* muß unter allen Umständen die Spielzeit eröffnen. Es geht schließlich um die russischen Juden. Was gibt es für Sie Heiligeres als den Kampf um ihre Freiheit?« Außerdem, bemerkt der Direktor, werde man schon bald mit den Proben beginnen. Ich erhebe Einspruch und erkläre, daß er kein Recht habe, das Stück vor Unterzeichnung der Verträge auf den Spielplan zu setzen. Le Seuil könnte einen Prozeß gegen ihn anstrengen. Er beruhigt mich: Die Verträge, so sagt er, seien Sache der Agenten und Anwälte. Er wolle mir mit seinem Anruf, der über eine Stunde dauert, nur versichern, daß er die Hauptrollen mit den besten Schauspielern besetzen und die Inszenierung einem erstklassigen Regisseur anvertrauen werde. Der gesamte Text bliebe gewahrt, kein Wort solle hinzugefügt, keines gestrichen werden. Seine Leidenschaftlichkeit und seine Tatkraft lassen mich einlenken. Nicht zuletzt, weil er mir verspricht, mich in einigen Wochen zu den ersten Proben nach Tel Aviv einzuladen, damit ich gegebenenfalls Fehler verbessern kann, die sich natürlich immer mal einschlichen, was aber doch sehr unwahrscheinlich sei. Eine Woche vergeht, ein Monat, zwei Monate, ohne daß ich etwas von dem Direktor höre. »Siehst du«, sage ich zu Marion, »aus der ganzen Sache ist wieder nichts geworden. In Israel sind die Theaterleute wie überall: Erst versprechen sie das Blaue vom Himmel, dann vergessen sie es.« Zweiter Irrtum: Der Theaterdirektor ruft an, um mich zur Premiere einzuladen. Jetzt bin ich wirklich sauer: »Von welcher Premiere reden Sie eigentlich?«

»Die von Ihrem Stück selbstverständlich.«

»Und wann soll die sein?«

»In einer Woche.«

»Das heißt, Sie haben die Proben beinahe abgeschlossen und wollen ohne Vertrag spielen?«

Er bleibt gelassen: Der Vertrag sei ordnungsgemäß unterzeichnet, sein Agent habe Le Seuil davon überzeugt, daß ich einverstanden bin. »Sie sollten sich nicht so aufregen«, meint er. »Das Stück wird ein riesiger Erfolg werden.« Ich möge doch kommen und mich davon überzeugen, daß die Aufführung recht werkgetreu werde. Natürlich habe man hier und da ein paar kleine Veränderungen vornehmen müssen, aber nur geringfügige, das schwöre er mir. »Was für Veränderungen?« frage ich, denn mir schwant Übles. Nur geringfügige, wiederholt er. Ich fahre aus der Haut: »Und was zum Beispiel?« Joseph Milo, der große Regisseur, war nicht frei, also mußte ein anderer engagiert werden. Und weiter? Nicht Aharon Meskin, der bedeutendste israelische Schauspieler, wird die Hauptrolle spielen, sondern ein weniger bekannter Schauspieler. »Ist das alles?« – »Praktisch ja, und der Rest ist wirklich nicht der Rede wert.« Ich werde laut: »Welcher Rest? Was haben Sie noch verändert?« – »Ach, nichts von Bedeutung.« – »Was zum Beispiel?« – »Zum Beispiel den Titel«, erwidert er mit vollkommen unbeteiligter Stimme. »Wie heißt das Stück jetzt?« – »Die Juden in der UdSSR«, das gefiele ihm viel besser. Jetzt platze ich: »Aber so heißt ein anderes Buch! Ein Augenzeugenbericht! Sie bringen zwei Gattungen, zwei Werke durcheinander. Das hätte ich nie zugelassen...« Jetzt bin ich sicher, daß mir noch weitere Überraschungen blühen. Die Anmaßung kennt keine Grenzen, wenn man ihr nicht rechtzeitig entgegentritt. Wenn er das gewagt hat, muß ich mit dem Schlimmsten rechnen. Und tatsächlich: Der Regisseur fand es zweckmäßig, hier ein paar Abschnitte zu streichen und dort welche einzufügen. Mehr nicht, schwört der Theaterdirektor bei seinem Leben, das sei wirklich alles. »Wie ich Ihnen gesagt habe: Mit Ausnahme dieser paar Kleinigkeiten haben wir nichts an Ihrem Stück verändert.« Damit er weiß, woran er ist, gebe ich meiner Stimme den feierlichsten Klang: »Ich verbiete Ihnen ausdrücklich, mein Stück aufzuführen. Wenn Sie es dennoch tun, werde ich Sie vor Gericht bringen.« Dann lege ich auf.

Wütend rufe ich bei Le Seuil an. Der für den Verkauf von Lizenzen verantwortliche Mitarbeiter ist genauso verärgert wie ich. »Einen Vertrag will er unterzeichnet haben? Wo und mit wem? Wir haben keinen Vertrag gemacht!« Ich kann meine Empörung nicht mehr bremsen: »Die Inszenierung muß noch vor der Premiere gestoppt werden!« Sofort geht ein Telegramm mit einer Strafandrohung aus dem Haus. Ich muß nicht lange auf die Reaktion warten. Der Theaterdirektor ist am anderen Ende der Leitung: So etwas könnte ich Israel doch nicht antun, was würden die Leute da sagen, was die Russen und die Antisemiten, ob ich überhaupt an die Antisemiten gedacht hätte? Meine Antwort fällt knapp aus: Er hat mich belogen, und mit Lügnern will ich nichts zu tun haben. Jetzt wird er weinerlich. Die Premiere sei für diese Woche angekündigt. Gott und die Welt würden da sein. Premierministerin Golda Meir habe die Schirmherrschaft zugesagt. Diplomaten, Wissenschaftler, Politiker, Journalisten, die ganze kulturelle Elite des Landes werde zugegen sein: Man dürfe sie doch nicht enttäuschen! Das wäre eine Schande für den Staat Israel, und das israelische Volk würde in den Skandal hineingezogen werden. Ich bleibe hart: »Sie hätten mich eben nicht belügen dürfen.« Daraufhin kommt wieder ein Anruf. Ein berühmter Schriftsteller setzt sich für die Habima ein. Ich antworte: »Er hätte mich nicht belügen dürfen.« Schon ist der nächste in der Leitung. Es ist der Dichter Chajim Gouri. Er erhält dieselbe Antwort. Ein Abgeordneter der Arbeiterpartei greift ein, dann ein Kollege. Ich antworte ihnen, daß er mich eben nicht... Andere versuchen es auf dieselbe Weise. Man könnte den Eindruck haben, der Staat Israel hätte keine anderen Sorgen und seine Abgeordneten und Beamten hätten nichts Besseres zu tun. Schließlich ruft auch noch jemand im Namen Golda Meirs an. Da gebe ich auf. Sie haben mich mürbe gemacht. Und das Hauptargument kann ich zu guter Letzt nicht von der Hand weisen: Ein Prozeß gegen das Nationaltheater von Israel würde einen sehr schlechten Eindruck machen.

Bis auf Dr. Chajim Gamzu, den Kritiker des wichtigsten Morgenblatts *Ha'arez*, haben nahezu alle Kritiker die Aufführung verrissen. Und das zu Recht. Aber ich hätte mich nicht gleich mit Dow anzulegen brauchen, weil er die Besprechung des Kritikers von *Jediot* veröffentlichte, ohne zu erwähnen, daß ich mit dem Theaterdirektor und dem Regisseur nicht im geringsten einverstanden bin. Zu meiner großen Überraschung war das Stück von der finanziellen

Seite her ein voller Erfolg: Die Vorstellungen waren ausverkauft. Als ich mich einen Monat später entschlossen hatte, die Aufführung inkognito anzusehen, mußte ein Freund Himmel und Hölle in Bewegung setzen, um noch eine normale Eintrittskarte für den zweiten Rang aufzutreiben. An diesem Abend stand die Aufführung unter der Schirmherrschaft des Außenministers Abba Eban, dem es sehr gefiel.

Was ich jedoch auf der Bühne sah, übertraf meine schlimmsten Befürchtungen. Man hatte aus meinem Stück ein rührseliges, melodramatisches und zusammenhangloses Allerlei gemacht, vermischt mit Schofar-Klängen, Tänzen und einer Rezitation des Kaddisch. Die Inszenierung war dumm, kindisch und schamlos. Kitsch.

Und trotzdem waren die Zuschauer begeistert, klatschten Beifall, weinten. Ich fand das unerträglich. Was blieb mir noch zu tun? Ich suchte Golda Meir auf, die meine Entrüstung nicht verstand: Über was ich mich eigentlich beklagte, das Stück laufe doch gut? Und was die Wirkung in der Öffentlichkeit angehe, könne ich mich doch nur beglückwünschen. Jetzt spreche man überall von den russischen Juden. *»Sit back and enjoy it«*, riet sie mir: Reg dich ab und freu dich. Fest entschlossen, dem Publikum meine Haltung wenigstens zu erklären, trat ich im Fernsehen auf. In meiner Erklärung stellte ich eine ziemlich aufrührerische Frage: Hätte die Leitung des Theaters genauso gehandelt, wenn ich kein Jude und kein bedingungsloser Verfechter der Sache Israels wäre? Dieses Schauspiel, fügte ich hinzu, sei ein Verrat an mir, und ich forderte die Zuschauer auf, es nicht zu besuchen.

Einige Wochen später wurde das Stück vom Spielplan abgesetzt.

Natürlich hat dieser Vorfall einen bitteren Nachgeschmack bei mir hinterlassen. Zumal er, wenn auch in einem anderen Bereich, eine nicht weniger unangenehme Fortsetzung hatte. Während man in Tel Aviv noch *Salmen* spielte, besuchte mich ein Vertreter der Premierministerin, ein Mann namens Myron, und bat mich um Unterstützung für ein Komitee in Israel, das jüdischen Intellektuellen aus Rußland helfe. Ich sollte ihn mit reichen Leuten bekannt machen. Ich antwortete ihm mit ausgesprochener Höflichkeit, daß ich für Geldsammlungen nicht zuständig sei, auch wenn sie russischen Juden in Israel zugute kämen. Er verteidigte sein Anliegen so hartnäckig, daß ich ihm zu guter Letzt einen Vorschlag machte: Wie alle Einkünfte aus der amerikanischen Aufführung von *Salmen* an das

New Yorker Komitee für die Juden aus der Sowjetunion überwiesen werden, so sollten alle Einkünfte aus der Aufführung in Tel Aviv an sein Komitee gehen. Ich sagte ihm, daß ich Le Seuil noch am selben Tag eine entsprechende Mitteilung machen würde. Monatelang rief Myron mich zwei- oder dreimal pro Woche aus Jerusalem an, um sich bei mir zu beschweren: »Die Überweisung von Le Seuil ist immer noch nicht angekommen! Das ist eine Unverschämtheit!« Wenngleich sich alles ein wenig verzögerte, erhielt Myron schließlich einen Scheck über eine beträchtliche Summe. Ich wartete auf einen letzten Anruf, auf ein Wort des Dankes. Nichts.

Kehren wir noch einmal zu den sechziger Jahren zurück: Denn ich habe noch gar nichts zu den Ereignissen gesagt, die diesem Jahrzehnt ihren Stempel aufgedrückt haben. Ich meine den Vietnamkrieg, den Beginn der Ökumene, den Prager Frühling, die Studentenunruhen... Sie bewirken in Amerika wie in Europa eine Art Veränderung unserer Wahrnehmung, unserer Weltsicht und unserer Auffassung von der Verantwortung des Menschen.

Die »Chicago Seven« mit Abbie Hoffmann und Jerry Rubin, Daniel Cohn-Bendit und der Ruf »Wir sind alle deutsche Juden«, der Protest gegen alles Bestehende, die Besetzung der Sorbonne und der Columbia University, die Auseinandersetzungen mit der Polizei: Überall fordern die Studenten die Erneuerung, den sozialen Wandel in Europa, die politische Wende in den Vereinigten Staaten. Nein, nein, wirft ihr Prophet und enthusiastische Führer, der sympathische Maurice Clavel, sogleich ein. Es geht um viel mehr, um etwas ganz anderes, es geht um eine metaphysische Verwandlung, einen religiösen Aufbruch. Gar um eine Rückkehr zur Religion? Jedenfalls um eine Rückkehr zur Religiosität. Clavel ist nicht der einzige, der im Aufbegehren der Jugend eine Sehnsucht nach transzendenter Wahrheit und Gerechtigkeit sieht. Ich bin zu dieser Zeit gerade in Frankreich und höre ihm gern zu, lese ihn gern. Mir gefallen sein Kampfgeist, sein Großmut, seine Naivität. Darin drücken sich die Träume einer Jugend aus, deren poetische Anklänge mir zwar etwas oberflächlich erscheinen, aber auch schön und anrührend. »Alle Macht der Phantasie«, »Verbietet die Verbote«, »Das Leben ändern«: Das gefällt mir, das findet meinen Beifall. Dagegen schätze ich Parolen, die sich auf die jüngste Vergangenheit Frankreichs beziehen, nicht sehr. »CRS* = SS« ist eine schändliche Gleichsetzung. Bei den Auseinandersetzungen zwischen Polizei und Studenten im Quartier latin vertrete ich durchaus die Seite der Studenten, aber die Polizisten mit der SS von damals zu vergleichen, scheint mir historisch falsch, politisch eine Entgleisung und menschlich ein Zeugnis schlechten Geschmacks zu sein. Der Fehler lag nicht ausschließlich bei den Studenten. Die ganze 68er Philosophie knüpfte an die Zeit der Besatzung und der Résistance an, als wären diese jungen Intellektuellen und Studenten auf ihre Vorbilder und deren heldenhafte Erlebnisse eifersüchtig. Wenn man sie hörte oder las, fühlte man sich ins Jahr 1944 zurückversetzt, als das Leben noch Kampf gegen die althergebrachten Vorstellungen und die repressiven Gesetze bedeutete, Kampf für die Freiheit und für das Recht und die Möglichkeit, alles schreiben und alles sagen zu dürfen. Doch seit der Befreiung wurde nie soviel geredet, nie soviel geschrieben wie jetzt. Endlose Reden werden gehalten, Zeitungen und Zeitschriften gegründet; alle Mittel sind recht, um die alten Gepflogenheiten und überlieferten Idole über Bord zu werfen, damit der Mensch seinen Mitmenschen in Offenheit, in einer Atmosphäre der Brüderlichkeit begegnen kann.

In *Der fünfte Sohn* erzähle ich davon:

> Amerika, Europa, Asien erlebten tiefgreifende Veränderungen, die weltweit die jungen Menschen meiner Generation schüttelten. Ob in Paris, Frankfurt, Tokio, Chikago, Delhi: Auf allen Kontinenten gab es Unruhen und Tumulte, als grassiere eine schwere, mysteriöse Krankheit in allen Schichten der Bevölkerung. Man hatte den Eindruck, ein einziger großer Ekel triebe mit unergründlicher Gewalt Tausende von Jungen und Mädchen dazu, auf die lebenden und toten Götter, auf alle Idole und ihre Priester zu spucken. Ja, Ekel ist das richtige Wort, das am besten das Gefühl benennt, das meine ganzen bekannten und unbekannten Kameraden in dieser Epoche beherrschte. Ideen und Ideale, Schlagwörter, Prinzipien, Theorien und Systeme, die uns alt und starr erschienen, alles, was mit dem Früher und Gestern unseres irdi-

* Die »Compagnie Républicaine de Sécurité«, die französische Bereitschaftspolizei, ist berüchtigt für ihr hartes Einschreiten bei Demonstrationen. A. d. Ü.

schen Paradieses zu tun hatte, wurde von uns mit Hohn überschüttet und mit Wut im Bauch abgelehnt. Auf einmal bekamen die Eltern Angst vor ihren Kindern, die Lehrer vor ihren Schülern. Im Kino fand der Täter und nicht der Polizist unsere Zustimmung, die beste Rolle spielte nicht der Rächer, sondern der Verbrecher. Aus der Philosophie verschwanden Einfachheit und Klarheit, in der Literatur wurde der Stil negiert, in der Ethik der Humanismus belächelt. Es genügte, das Wort Seele zu verwenden, um die Gesprächspartner zum Lachen zu bringen. (In der Politik ging alles drunter und drüber.) Großartige, bombastische Demonstrationen jeder Art und unter Teilnahme aller gesellschaftlich Unterdrückten, aller Ausgebeuteten, aller Armen, aller ethischen Minderheiten. In Vietnam wurde gekämpft, aber die Front verlief quer durch den Campus der Hochschulen. Die Gegenwart wurde verzerrt und entstellt gezeichnet, aber in Wirklichkeit verwarf man die Vergangenheit, demaskierte die Politik und klagte die Macht an. An der Fakultät wurden nicht mehr Geisteswissenschaften und Soziologie gelehrt, sondern standen Revolution und Konterrevolution auf dem Plan, oder gar die Konter-Konterrevolution von rechts oder links oder von sonstwo her. Die Studenten waren nicht mehr imstande, einen Satz zusammenzusetzen oder einen Gedanken zu formulieren. Und waren noch stolz darauf. Wenn ein Professor einmal seine Mißbilligung zeigte, boykottierte man ihn, spielte ihm übel mit, lehnte seine akademischen Titel, seine wissenschaftlichen Arbeiten, seine überholten Vorstellungen ab und riet ihm, das nächste Mal in einer anderen Gesellschaft und zu einer anderen Zeit wieder auf die Welt zu kommen.

Was haben diese Rebellen mit ihren stürmischen und so ungeheuer anziehenden Träumen erreicht? General de Gaulle dankt ab. Ein Vatermord. Ob Georges Pompidou, sein Nachfolger, den französischen Studenten näher stand? Darüber kann man noch lange streiten.

Die aufständischen und kämpfenden Tschechen ereilt ein tragischeres Schicksal. Ihr Frühling erlischt. Unter den Ketten der sowjetischen Panzer erstickt das Feuer der Anhänger Alexander Dubčeks. Und die Welt greift nicht ein. Ja, ja, ich weiß: ein Aufschrei unter den großen Seelen, Betroffenheit, zur Schau gestellt von allen, die guten Gewissens sind – doch in Moskau lacht man nur darüber. Während die russischen Panzer den Prager Frühling niederwalzen, verhallt der Hilferuf der jungen Tschechen ungehört. Lenin wird nicht zurückkommen und seinen Schülern den Wahnsinn vor Augen führen, den sie anrichten.

In den Vereinigten Staaten wird die Demokratische Partei ein Opfer der Studentenunruhen. Hubert Humphrey verliert die Wahlen. Der Traum von Richard Nixon wird wahr: Er zieht ins Weiße Haus ein. Am Himmel der internationalen Politik geht ein Stern auf, der lange Zeit dort leuchten wird: Henry Kissinger, der einstige Flüchtling aus Deutschland und angesehene Politologe der Harvard University. Niemals hätte ich mir träumen lassen, daß wir eines gar nicht mehr so fernen Tages Freunde sein würden.

Die 68er Generation ist auch die Generation der Amphetamine. In den Parks von San Francisco und New York trifft man überspannte junge Männer und Frauen, die ganz unter dem überwältigenden Einfluß von LSD stehen. Ein Freund und Rabbiner, halb Dichter, halb Kabbalist, eine Art Guru, versucht mein Interesse zu wecken. Er verspricht mir eine fieberhafte Form der Anregung und himmlische Visionen, die meine Schriften schöpferisch beleben würden. Ich erwidere, ich bräuchte kein LSD, um meinen Figuren Leben einzuhauchen. Er ist so beharrlich, daß ich ihm einen Handel vorschlage: Wenn er mit Hilfe von LSD wieder einmal »auf Reisen geht«, möge er doch bei mir vorbeikommen, ich würde ihn beobachten und es dann vielleicht auch versuchen. Er kommt tatsächlich an einem Sommerabend und bleibt die ganze Nacht. Während ich ihn stundenlang beobachte, mache ich mir Notizen, die mir bei der Beschreibung einer Drogenerfahrung in *Der fünfte Sohn* sehr nützlich waren:

> Plötzlich, von einer unwiderstehlichen Macht getrieben, erblickte ich mich ganz fern und ganz klein an der Seite meines Vaters. Mitten im tiefsten Elend, zwischen ausgehungerten und verängstigten Menschenmassen. Auf unerklärliche Weise bestehe ich aus zwei Personen gleichzeitig. Ich betrachte ein zitterndes Kind und bin auch dieses Kind. Ich schmiege mich an meinen Großvater und suche gleichzeitig Zuflucht bei meinem Vater. Ich möchte weinen und doch nicht weinen, schreien und schweigen, davon-

laufen und unbeweglich auf der Stelle verharren, möchte leben und aufhören zu leben, ich sehe mich doppelt und nirgendwo, sehe mich ganz klein und ganz alt, habe wahnsinnige Schmerzen und fühle, wie mein Herz vor Angst und Glück zerspringt, vor Glück, soviel Schmerz zu empfinden, fühle, wie mein Körper mit der ganzen Schöpfung und mein Geist mit dem Schöpfergeist eins wird, fühle jedes kleinste Teilchen der Erde, spüre jede Fiber meines Körpers, jede einzelne Zelle meines Seins, und sie alle, so schwer oder so leicht sie sind, machen mich beklommen, ziehen mich zum Himmel empor und reißen mich gleichzeitig nach unten. Beginnen deshalb meine Tränen zu fließen, spreche ich deshalb mit ihnen, rufe ich sie deshalb, ziehe ich sie deshalb an mich, damit sie mich durchdringen, wie eine Flamme die Nacht durchdringt, um sie zu zerreißen und zu erhellen? Das tut weh, unsagbar weh, aber es stört mich nicht, daß ich Schmerz empfinde, weil ich weiß, daß es durch meinen Vater und für ihn geschieht, und daß ich seinetwegen plötzlich das Verlangen habe, mich zu verstecken, mich dort unten in einer Ecke des Zimmers, in einem Winkel des Planeten niederzukauern; seinetwegen schrumpfe ich immer mehr zusammen, um wieder klein und kleiner zu werden, das Kind in mir wiederaufleben zu lassen, sogar zu sterben an seiner Statt im Leeren, im schwarzen, brennenden Nichts...

Als er bei Morgengrauen wieder zu sich kam, erzählte mir mein Freund, der Rabbiner-Guru, mit ernster Miene, warum er eine Stunde zuvor mehre Male gelacht hatte: »In diesem Moment dachte ich, daß ich mehr Glück hätte als Mose, Rabbi Simon bar Jochai und der Bescht... Sie mußten es sich durch Andacht, Fasten und Gebet hart erarbeiten, in den Himmel aufzusteigen und von seiner Fülle zu kosten. Ich dagegen brauche nur ein kleines Stückchen Zucker...«

In späteren Jahren konnte er auf diese Art von Abkürzungen verzichten und führte ein geregeltes Leben als Theologie-Professor an einer angesehenen Universität.

Der Schriftsteller Jechiel Di-Nur, besser bekannt unter dem Namen Ka-Tzetnik, war mutiger und neugieriger mit dem Ausprobieren von LSD.

Jechiel ist ein außergewöhnlicher Mensch und ein außergewöhnlicher Augenzeuge; als Schriftsteller sprengt er alle Gattungen. Ich hatte gerade eine begeisterte Besprechung seiner Erzählung *Une horloge sur le mur* im *Forverts* veröffentlicht und wollte ihn unbedingt kennenlernen, als er aus Israel angereist kam. Wir trafen uns dann tatsächlich in Manhattan.

Ich hatte seine Bücher gelesen. Man versinkt bei der Lektüre wie in einem dunklen Graben, läßt alle Hoffnung fahren, bis man fast erstickt, um dann in der Seele getroffen und für immer verängstigt wieder aus ihr aufzutauchen. Er beschreibt Auschwitz literarisch völlig ungeschminkt. Es ist das nackte Grauen in seiner ganzen Wahrheit. Frauen, die zur Prostitution gezwungen sind. Geschundene Kinder. Ausgehungerte Männer, die im Kannibalismus enden. Wie vermochte er diese Erinnerungen zu erzählen, ohne daß ihn die Lust am Leben verließ? Ich hatte nicht den Mut, ihm diese Frage zu stellen.

Jechiel ist ein Schriftsteller im Verborgenen, wie er verborgener nicht sein kann. Deshalb entschied er sich dafür, unter einem Pseudonym zu veröffentlichen, das »der Mann im Konzentrationslager« bedeutet. Schüchtern und zurückhaltend, verriet er nur in seinen Büchern etwas über sich.

Als Zeuge während des Eichmann-Prozesses schilderte er den »anderen Stern«, dann brach er mitten in der Verhandlung zusammen. Er hatte einen Herzinfarkt erlitten. Nina, seine starke und tatkräftige Frau, rettete ihn.

Von Gideon Hausner weiß ich, daß Jechiel die Gewohnheit hatte, seine Sträflingskleidung aus dem Lager anzuziehen, wenn er schrieb. Er war von der Vergangenheit besessen und ließ sich von einem angesehenen holländischen Psychiater mit LSD behandeln. Unter der Wirkung von LSD konnte er seine Erlebnisse von »dort« noch einmal durchleben und sie in seinem faszinierenden Werk *Schiwiti* wiedergeben, das ich jedem wärmstens empfehle, der keine Angst davor hat, in den Abgrund zu blicken.

Jechiel war auf seine Art ein Revolutionär.

Wir schreiben den 2. April 1969. In der Altstadt von Jerusalem wird in einer alten Synagoge, die nach dem Ramban benannt ist, eine Hochzeit gefeiert. Die Trauung vollzieht Saul Lieberman, der darauf bestanden hat, daß ein ortsansässiger Rabbiner dabei ist und daß er für sein Amt auch bezahlt wird; schließlich lebt er davon. Eile ist angesagt. Es ist der Abend vor Pessach, und die Gäste müssen nach Hause zurückkehren, um das Fest vorzubereiten.

Bea und Hilda sind mit ihren Familien gekommen. Auch Vettern und Kusinen feiern mit. Die Gedanken des Bräutigams schweifen in der Ferne: Er sucht nach denen, die fehlen. Vor diesem Tag hat er sich gefürchtet. Jetzt sorgt er sich darum, daß er seine Gefühle vielleicht nicht beherrschen kann und unter ihrer Last zusammenbricht.

Die Braut strahlt vor Schönheit und Anmut. Sie vereint alle Tugenden, alle weiblichen Eigenschaften in sich. Der Bräutigam müßte glücklich sein bei dem Gedanken, daß seine Eltern diese Wahl sicher gutgeheißen hätten. Aber er ist nicht glücklich.

Während Ha-Raw Reb Saul Lieberman die sieben Gebete zur Trauung spricht und mit seinem Segen dem Paar wahre Freude und dauerhaftes Glück wünscht, wird der Bräutigam von Trauer überwältigt. Er sieht seine zwei Schwestern nicht mehr, sieht weder seine Neffen noch seine Vettern; er sieht die Kerzen in ihren Händen nicht und auch nicht die Schatten an den Wänden. Er sieht sich als Kind und dann als Jugendlichen in seinem fernen Zuhause. Er sucht die unsichtbaren Gäste. Er sieht seinen Vater wieder, mit gesenktem Haupt, und seine Mutter, die sich auf die Lippen beißt: Beide hatten sich so sehr gewünscht, ihn eines Tages unter die Chuppa zu geleiten.

Am Vorabend war ihm der Gedanke gekommen, sie, wie es der Brauch will, zur Hochzeit einzuladen. Vor den Feierlichkeiten geht er auf den Friedhof, verharrt einen Augenblick, eine Stunde oder ein Leben lang andächtig am Grab der Mutter und des Vaters und bittet sie voller Demut, ihm die Ehre ihres Besuches zu erweisen. Doch die Eltern des Bräutigams wurden wie Millionen andere nicht zu Grabe getragen. Ihr Friedhof ist der Himmel. Oder die ganze Schöpfung. Ihre Gräber hat er in seinem Herzen gegraben.

Da erschallt von allen Seiten der Ruf: Masal tow! Man wünscht dem jungen Paar Freude, Glück, Frieden, man hört sämtliche Segenswünsche, die im Wortschatz der Menschen zu finden sind. Auf daß in ihrem Leben Frohsinn und Heiterkeit herrschen. Daß ihnen ein jüdisches Zuhause in Israel beschert werde. Daß ihr Glück jeden lächeln und träumen lasse. Man drückt mir die Hand, küßt mich. Eli Hollander, ein Vetter, schlägt vor, ein passendes Lied anzustimmen, doch der Bräutigam bittet ihn, darauf zu verzichten: Die Zeit eilt, und es ist nicht der Augenblick, zu singen. Doch in Wahrheit hat der Bräutigam Angst. Er fürchtet, zuviel Ausgelassenheit könnte die Fehlenden kränken.

Deshalb wurde auf seiner Hochzeit nicht gesungen.

Am vorhergehenden Sabbat, dem Schabbat ha-Gadol, auch Hoher Sabbat genannt, war er mit seinem Freund Heschel wieder in der kleinen chassidischen Synagoge gewesen, die sie regelmäßig gemeinsam besuchten. Die kleine Gemeinde hatte zu seinen Ehren aus dem Stegreif einen Aufruf veranstaltet.

Heschel hatte mit Reb Leibel Cywiak alles in die Wege geleitet. Dieser verließ den Gottesdienst für einige Augenblicke, um seiner Frau Bescheid zu geben, denn er legte großen Wert darauf, daß die Bräuche beachtet wurden. Ich weiß nicht, wie sie es schaffte, am Sabbat in letzter Minute Rosinen und Mandeln aufzutreiben, aber ihr Gatte verteilte sie tatsächlich an die Glaubensbrüder, ohne daß der Bräutigam es bemerkte. Und als man ihn zur Tora rief, damit er die passenden Segenssprüche las, regnete es Mandeln, Rosinen und Bonbons auf seinen Kopf.

Nach dem Gottesdienst gab es einen Kiddusch. Weine, Liköre, Kuchen standen bereit: Es fehlte an nichts. Als alle um den Tisch versammelt waren, hielten Reb Leibel und Heschel der Tradition entsprechend eine Lobrede auf den Bräutigam. Dann wurden fröhliche Lieder angestimmt, um sein Anrecht auf Glück zu feiern. Es wurde sogar getanzt, wilde, chassidische Tänze, bei denen man sich vergißt und einen Sprung zum Allerhöchsten macht.

Der Bräutigam hatte die Augen geschlossen und konnte seine Tränen nicht mehr zurückhalten. Seit seiner Befreiung war es ihm immer gelungen, sich zu beherrschen. Jetzt ließ er ihnen freien Lauf.

Und je mehr ihn seine Freunde ermutigten zu singen, zu tanzen, sich ihrer Ausgelassenheit anzuschließen, desto mehr weinte er. Hatte er vielleicht noch eine Schuld zu begleichen? Waren das die Tränen, die damals, dort, und in all den Jahren seither nie hatten fließen dürfen?

Diskret übergingen es die Chassidim.

Wie es das rabbinische Gesetz vorschreibt, begleiteten zwei Zeugen das Brautpaar von der Synagoge bis zur Tür ihres Zimmers im sechsten Stockwerk des King David Hotels. Das Fenster ist geöffnet; man sieht auf die Altstadt. Alle Farben des Himmels wetteifern darin, sie in ein noch schöneres und geheimnisvolleres Licht zu setzen.

Seite an Seite, Hand in Hand stehen beide am Fenster. Sie schweigen. Sie brauchen keine Worte zu suchen, denn was in diesem Augenblick gesagt werden müßte, ließe sich ohnehin nicht in Worte kleiden.

Manchmal irrt auch der Volksmund. Nicht nur im Augenblick des Todes sieht man sein Leben wie einen Film an sich vorüberziehen. Am Hochzeitstag ist es genauso.

Woran denkt man, wenn man sich mit vierzig Jahren entscheidet, mit der Frau, die man liebt, ein Heim auf den Gesetzen Mose zu gründen?

Man sieht sich am Arm seiner Mutter. Sie murmelt vor sich hin. Spricht sie vom Messias? Am liebsten würde man zu ihr sagen: »Du bist gestorben, und Er ist nicht gekommen. Vielleicht wird Er noch kommen, aber es wird zu spät sein. Man sieht sich mit seinem Vater auf dem Weg zum Sabbat-Gottesdienst. Dann in den Reihen einer Kolonne von Toten. Man würde ihn gerne beruhigen, ihm Trost zusprechen: »Hab keine Angst, dein Sohn wird sich bemühen, ein guter Jude zu werden.« Aber man sagt nichts. Man ruft im stillen ein schönes und lächelndes kleines Mädchen, das ernst und gefaßt ist, und streichelt ihr über das Haar, das wie die Sonne glänzt. Soll man jetzt wieder Bilanz ziehen? Seine Gefühle unterdrücken oder ihnen freien Lauf lassen? Man läßt seine Gedanken Berge erklimmen, steile Wege hinunterrennen, sich auf unsichtbaren Friedhöfen verlaufen, man läßt sie die Einsamkeit suchen und die Menschen fliehen, man läßt sie bei Geschichten Zuflucht nehmen, die schon erzählt sind, und bei solchen, die später erzählt werden.

»Komm«, sage ich zu Marion. »Laß uns hinuntergehen. Wir werden erwartet.«

Es ist auch möglich, daß ich nichts gesagt habe.

GLOSSAR

Aggada Der erzählerische Teil des Talmud: Sagen, Legenden, Märchen, Gleichnisse, Geschichten jeder Art.

Ahawat Israel Die Liebe, Zuneigung zu Israel.

Alija Wörtl. der »Aufstieg« nach Jerusalem, heute die Rückkehr (Einwanderung) aus der Diaspora nach Israel.

Amida Achtzehnbittengebet (→ Schemone essre), heute allg. Bez. für den Hauptbestandteil des Synagogengottesdienstes.

Bachur Jeschiwa Schüler einer → Jeschiwa

Baki Geistvoller, belesener, gebildeter Mensch.

Barmizwa Feier am ersten Sabbat nach dem 13. Geburtstag; mit diesem Tag liest ein Jude erstmals einen Toraabschnitt und wird somit ein volles Mitglied der Gemeinde; ab jetzt zählt er beim → Minjan und legt zum Morgengebet → Tefillin und → Tallit um.

Betar 1920 gegründete Jugendorganisation der zionistisch-revisionistischen Bewegung; aus ihr gingen viele Untergrundkämpfer des → Irgun und der → Lechi hervor. Seit 1948 Jugendorganisation der Cherut-Partei bzw. heute des Likud-Blocks.

Bet ha-Midrasch (oder *Bet Midrasch*) Jüdisches Lehr- und Bethaus.

Bima Lesepult für die Toralesung in der Synagoge.

Bund Algemeyner Yidischer Arbeter Bund, jüdische sozialistische Bewegung (1897–1948) in Polen, Litauen und Rußland.

Charif Kluger, scharfsinniger Mensch.

Chassid (pl. *Chassidim*) Wörtl. der »Fromme«, allg. Anhänger des Chassidismus, der im 18. Jahrhundert im osteuropäischen Judentum entstandenen mystisch-religiösen Bewegung.

Cheder Jüdische Grundschule, wird bis Ende des 8. Lebensjahres besucht, bevor die Kinder in die Talmud-Tora-Schule gehen.

Chuppa Hochzeitsbaldachin.

Dimmi Bezeichnung für Juden in der islamischen Welt.

Erez Israel Das Land Israel.

Genisa Wörtl. »Haus der Aufbewahrung«, Ort zur Aufbewahrung unbenutzbar gewordener heiliger Schriften oder Kultgegenstände, manchmal in einem Raum der Synagoge, manchmal auch auf dem Friedhof, wo sie rituell bestattet werden.

Hagana Zionistische Untergrundarmee, 1920 in Palästina zum Schutz jüdischer Siedlungen vor arabischen Angriffen gegründet; ging nach 1948 in der → Zahal auf.

Haggada (schel Pessach) Die Weitergabe der jüd. Tradition durch die Erzählung des Exodus bei der häuslichen Feier am Vorabend von → Pessach (gehört zur mündl. Tradition → Aggada).

Halacha Das gesamte rabbinische Gesetz des Judentums; umfaßt alle Ge- und Verbote der schriftl. und der mündl. Überlieferung.

Hawdala Wörtl. »Unterscheidung«; Bezeichnung für eine Zeremonie, die das Ende des Sabbats oder eines Festtags vollzieht.

Illuj Vorbildlicher, erhabener Mensch.

Irgun »Irgun Zwai Leumi«, 1937 gegründete, extrem nationalistische Untergrundbewegung, die gegen die britische Mandatsregierung und die Araber kämpfte; nach 1948 Eingliederung in die →

Zahal; politische Nachfolgeorganisation ist die Cherut-Partei unter Menachem Begin.

Jeschiwa Eine Art Oberschule oder Talmudhochschule, die jedem Juden ab dem 13. Lebensjahr offensteht.

Jischuw Die jüdische Gemeinde in Palästina; in der Neuzeit wird damit die Gesamtheit aller jüdischen Siedlungen in Palästina von der ersten Einwanderung bis zur Staatsgründung bezeichnet.

Jiskor Gebet zur Erinnerung an die Toten, insbesondere an verstorbene Eltern.

Jom Kippur Der große Versöhnungstag, der letzte der zehn mit → Rosch ha-Schana beginnenden Bußtage.

Kabbalat Schabbat Wörtl. »Begrüßung des Sabbat«, Gebet zur Einleitung des Sabbat am Freitagabend.

Kaddisch Gebet der Trauernden und Waisen, das nach dem Trauerfall elf Monate lang und dann jährlich am Todestag am Ende jedes Gottesdienstes gesprochen wird.

Kawwana Gesteigertes Bewußtsein oder stärkere Hingabe beim Gebet oder bei einer religiösen Handlung.

Kiddusch Segensspruch bei einem Becher Wein am Vorabend des Sabbats und aller Feiertage, durch den die Feste geheiligt werden.

Kippa Traditionelle Kopfbedeckung.

Kol Nidre Erstes der fünf Gebete des Jom-Kippur-Gottesdienstes.

Lechi Abk. für »Lohame Cherut Israel«, »Kämpfer für die Freiheit Israels«, zionistisch-revisionistische Untergrundorganisation, die sich 1940 vom Irgun abgespalten hat; nach ihrem Gründer auch »Stern-Bande« genannt.

Maariw Abendgebet.

Machsor Gebetsbuch, das die Gebete, Regeln und Schriften für alle Festtage des jüdischen Jahres enthält.

Maggid Wanderprediger; in Osteuropa haben sie viel zur Entstehung der Volksliteratur und der chassidischen Literatur beigetragen.

Mapai Israelische Arbeiterpartei, gegr. 1930 von David Ben Gurion; nicht-religiöse, zionistische, sozialdemokratisch orientierte Partei.

Mazza Fladen ungesäuerten Brotes. Die Mazzot werden am → Pessach-Fest gegessen und sollen als »Brot des Elends« (5 Mose 16,3) an die Knechtschaft in Ägypten erinnern.

Melamed Lehrer.

Midrasch Bezeichnung für die Gesamtheit der rabbinischen Kommentare und Bibelauslegungen.

Mincha Mittagsgebet.

Minjan (pl. *Minjanim*) Gebetsquorum: Mindestanzahl von zehn Gläubigen, die zum Gottesdienst oder Gebet in der Synagoge anwesend sein müssen.

Mischna Sammlung von mündlich überlieferten Gesetzen und rabbinischen Lehrsätzen.

Mizwa Urspr. Bez. für alle religiösen Ge- und Verbote; heute Bez. für eine einzelne Pflicht, während die Gesamtheit aller Gesetze mit → Halacha bezeichnet wird.

Mussaf Gebet, das beim Gottesdienst gleich nach der Toralesung folgt und das die Bitte um die Rückkehr ins Heilige Land ausdrückt.

Mussar Mitte des 19. Jahrhunderts in Litauen entstandene Bewegung zur Bewahrung des traditionellen jüdischen Lebens und der Einheit der jüdischen Gesellschaft mit eigenen Schulen und Lehrmethoden.

Niggun Lied, Volksweise.

Palmach Abk. für »Pelugot Machaz«, linkssozialistische Eliteeinheit der → Hagana, die sich hauptsächlich aus Kibbuzim rekrutierte; einige Einheiten bildeten später den Kern der israelischen Luftwaffe und Marine.

Parascha Der jeweilige Wochenabschnitt, der während des Synagogen-Gottesdienstes aus der Tora vorgelesen wird.

Pardess Paradies.

Peot Schläfenlocken.

Pessach Jüdisches Osterfest, das erste der drei Wallfahrts- bzw. Erntefeste, dauert sieben Tage.

Purim Fest zur Erinnerung an die wunderbare Rettung der Juden vor dem Perserkönig Hamam; ein Freudenfest, das mit Geschenken, Spielen und einem besonderen Essen begangen wird.

Reb Anrede eines Juden, der sich dem Studium der Schriften widmet.

Rebbe Anrede eines chassidischen Meisters.

Rosch ha-Schana Jüdisches Neujahrsfest.

Rosch Jeschiwa Leiter einer Rabbiner-Akademie oder Jeschiwa.

Schawuot Jüdisches Pfingstfest; Wallfahrtsfest anläßlich der ersten Feldfrüchte.

Schechina Bez. für die Gegenwart Gottes in der Welt.

Schemone essre Achtzehnbittengebet, siehe → Amida.

Sch'ma Israel »Höre Israel! der Herr, unser Gott, der Herr ist einzig«; das wichtigste Gebet, das die Einzigartigkeit Gottes und die Anerkennung seiner Herrschaft bekundet.

Schofar Ausgehöhltes Widderhorn, das an → Rosch ha-Schana und an → Jom Kippur geblasen wird.

Semirot Gebete, die am Abend vor Sabbat und am Sabbat zu oder nach den Mahlzeiten gesungen werden.

Siddur Bez. für das jüdische Gebetsbuch für den Alltag (im Unterschied zum → Machsor für die Festtage).

Sidra Wöchentlicher Abschnitt bei der Toralesung, vgl. → Parascha.

Sohar »Buch des Glanzes«, Hauptwerk der Kabbala.

Sukkot Laubhüttenfest anläßlich der Obst- und Weinernte, ein Fest der Freude.

Tallit Wörtl. »Gebetsmantel«, viereckiges Tuch, das mit den → Tefillin zum Morgengebet und zu bestimmten anderen religiösen Anlässen getragen wird.

Tefillin Wörtl. »Gebetsriemen«, zwei schwarze Lederkapseln, die vier Verse aus der Schrift enthalten und die zum Morgengebet um den linken Unterarm und die Stirn gebunden werden.

Tisch'a be-Aw Der 9. Tag des Monats Aw: ein Trauertag, an dem zum Gedenken an die Zerstörung des Tempels gefastet wird.

Zaddik Wörtl. »Gerechter«: in der Bibel derjenige, der nach dem Gesetz lebt und gerecht handelt, im Talmud derjenige, der über die Erfüllung des Gesetzes hinausgeht. Im Chassidismus gilt der Zaddik als Vermittler zwischen Mensch und Gott, der auch Wunder vollbringen kann.

Zahal Abk. für »Zwa Hagana Le Israel«, die israelischen Verteidigungskräfte.

Rafael Seligmann

MIT BESCHRÄNKTER HOFFNUNG

Juden, Deutsche, Israelis

320 Seiten, gebunden

Respektlos entlarvt der Schriftsteller und Politologe Rafael Seligmann Probleme und Lügen im deutsch-jüdischen Verhältnis. Deutschland tarnt seine Interessenpolitik mit moralischen Leerformeln, Israel instrumentalisiert den Holocaust, und Deutschlands Juden verharren im Ghetto der Ängste. Besteht denn überhaupt Hoffnung, das »Sonderverhältnis« zwischen Deutschen, Juden und Israelis in absehbarer Zeit zu normalisieren? Ja, meint der Autor, wenn man sich der Gegenwart zuwendet, statt ausschließlich die Vergangenheit zu bewältigen.